D1753970

Blockchain mit SAP®

SAP PRESS

SAP PRESS ist eine gemeinschaftliche Initiative von SAP SE und der Rheinwerk Verlag GmbH. Unser Ziel ist es, Anwendern qualifiziertes SAP-Wissen zur Verfügung zu stellen. SAP PRESS vereint das Know-how der SAP und die verlegerische Kompetenz von Rheinwerk. Die Bücher bieten Ihnen Expertenwissen zu technischen wie auch zu betriebswirtschaftlichen SAP-Themen.

Damit Sie nach weiteren Titeln Ihres Interessengebiets nicht lange suchen müssen, haben wir eine kleine Auswahl zusammengestellt.

Lars Gregori
Machine Learning mit SAP
2019, 464 Seiten, geb.
ISBN 978-3-8362-6694-9
www.sap-press.de/4795

Holger Seubert
SAP Cloud Platform
Services, Nutzen, Erfolgsfaktoren
2018, 327 Seiten, geb.
ISBN 978-3-8362-6320-7
www.sap-press.de/4646

Elsner, González, Raben
SAP Leonardo
Konzepte, Technologien, Best Practices
2018, 323 Seiten, geb.
ISBN 978-3-8362-6414-3
www.sap-press.de/4684

Destradi, Kiesel, Lorey, Schütte, Lauterbach
Logistik mit SAP S/4HANA
2., akt. und erw. Auflage 2019, 616 Seiten, geb.
ISBN 978-3-8362-6671-0
www.sap-press.de/4789

Christophe Leske, Andreas Göbel, Steffen Joswig

Blockchain mit SAP®

Rheinwerk
Publishing

Liebe Leserin, lieber Leser,

vielen Dank, dass Sie sich für ein Buch von SAP PRESS entschieden haben.

Christophe Leske zeigte mir letztens ein Comic: Darin beschreibt ein Mitarbeiter seiner Vorgesetzten in blumigen Worten die Vorzüge der Blockchain. Von seiner Chefin gefragt, was Blockchain denn eigentlich sei, kann er aber nicht antworten, sondern wirft lieber schnell das nächste Buzzword in den Raum.

Ich muss zugeben, dass ich mich etwas ertappt fühlte. Zwar fielen mir, als ich dieses Projekt in unsere Verlagskonferenz einbrachte, viele Argumente ein, warum wir ein Buch zum Thema »Blockchain mit SAP« publizieren sollten – die Technologie hätte ich aber nicht erklären können. Zum Glück bin ich nach der Lektüre dieses Buches schlauer. Ich bin mir sicher, dass auch Sie das ein oder andere Aha-Erlebnis haben werden. Zudem werden Sie viele wertvolle Anregungen mitnehmen, wie Sie Blockchain-Technologie auf Basis der SAP Cloud Platform anwenden können.

Wir freuen uns stets über Lob, aber auch über kritische Anmerkungen, die uns helfen, unsere Bücher zu verbessern. Scheuen Sie sich nicht, mich zu kontaktieren. Ihre Fragen und Anmerkungen sind jederzeit willkommen.

Ihre Janina Karrasch
Lektorat SAP PRESS

janina.karrasch@rheinwerk-verlag.de
www.rheinwerk-verlag.de
Rheinwerk Verlag · Rheinwerkallee 4 · 53227 Bonn

Auf einen Blick

1	Blockchains und ihr Potenzial	21
2	Unterstützte Blockchain-Frameworks	65
3	Die SAP Cloud Platform	91
4	Geschäftliche Anwendungsszenarien für Blockchains	135
5	Erste Schritte zur Erstellung eigener Blockchains	171
6	Blockchain-Anwendungen mit Hyperledger Fabric entwickeln	215
7	SAP-HANA-Integration	295
8	Blockchain-Anwendungen mit MultiChain entwickeln	359
9	Hybride Netzwerkarchitektur	429
10	Zusammenfassung und Ausblick	463

Wir hoffen, dass Sie Freude an diesem Buch haben und sich Ihre Erwartungen erfüllen. Ihre Anregungen und Kommentare sind uns jederzeit willkommen. Bitte bewerten Sie doch das Buch auf unserer Website unter **www.rheinwerk-verlag.de/feedback**.

An diesem Buch haben viele mitgewirkt, insbesondere:

Lektorat Janina Karrasch
Korrektorat Annette Lennartz, Bonn
Herstellung Nadine Preyl
Typografie und Layout Vera Brauner
Einbandgestaltung Julia Schuster
Coverbild iStock: 935705246 © ismagilov
Satz Typographie & Computer, Krefeld
Druck Beltz Grafische Betriebe, Bad Langensalza

Dieses Buch wurde gesetzt aus der TheAntiquaB (9,35/13,7 pt) in FrameMaker. Gedruckt wurde es auf chlorfrei gebleichtem Offsetpapier (90 g/m²). Hergestellt in Deutschland.

Das vorliegende Werk ist in all seinen Teilen urheberrechtlich geschützt. Alle Rechte vorbehalten, insbesondere das Recht der Übersetzung, des Vortrags, der Reproduktion, der Vervielfältigung auf fotomechanischen oder anderen Wegen und der Speicherung in elektronischen Medien.

Ungeachtet der Sorgfalt, die auf die Erstellung von Text, Abbildungen und Programmen verwendet wurde, können weder Verlag noch Autor, Herausgeber oder Übersetzer für mögliche Fehler und deren Folgen eine juristische Verantwortung oder irgendeine Haftung übernehmen.

Die in diesem Werk wiedergegebenen Gebrauchsnamen, Handelsnamen, Warenbezeichnungen usw. können auch ohne besondere Kennzeichnung Marken sein und als solche den gesetzlichen Bestimmungen unterliegen.

Sämtliche in diesem Werk abgedruckten Bildschirmabzüge unterliegen dem Urheberrecht © der SAP SE, Dietmar-Hopp-Allee 16, 69190 Walldorf.

ABAP, ASAP, Concur, Concur ExpenseIt, Concur TripIt, Duet, SAP, SAP Adaptive Server Enterprise, SAP Advantage Database Server, SAP Afaria, SAP ArchiveLink, SAP Ariba, SAP Business ByDesign, SAP Business Explorer, (SAP BEx), SAP BusinessObjects, SAP BusinessObjects Explorer, SAP BusinessObjects Web Intelligence, SAP Business One, SAP Business Workflow, SAP Crystal Reports, SAP EarlyWatch, SAP Exchange Media (SAP XM), SAP Fieldglass, SAP Fiori, SAP Global Trade Services (SAP GTS), SAP GoingLive, SAP HANA, SAP Vora, SAP Hybris, SAP Jam, SAP Lumira, SAP MaxAttention, SAP MaxDB, SAP NetWeaver, SAP PartnerEdge, SAPPHIRE NOW, SAP PowerBuilder, SAP PowerDesigner, SAP R/2, SAP R/3, SAP Replication Server, SAP Roambi, SAP S/4HANA, SAP SQL Anywhere, SAP Strategic Enterprise Management (SAP SEM), SAP SuccessFactors, The Best-Run Businesses Run SAP, TwoGo sind Marken oder eingetragene Marken der SAP SE, Walldorf.

Bibliografische Information der Deutschen Nationalbibliothek:
Die Deutsche Nationalbibliothek verzeichnet diese Publikation in der Deutschen Nationalbibliografie; detaillierte bibliografische Daten sind im Internet über *http://dnb.d-nb.de* abrufbar.

ISBN 978-3-8362-6914-8

1. Auflage 2020
© Rheinwerk Verlag, Bonn 2020

Informationen zu unserem Verlag und Kontaktmöglichkeiten finden Sie auf unserer Verlagswebsite **www.rheinwerk-verlag.de**. Dort können Sie sich auch umfassend über unser aktuelles Programm informieren und unsere Bücher und E-Books bestellen.

Inhalt

Einleitung ... 13

1 Blockchains und ihr Potenzial ... 21

1.1 Distributed-Ledger-Technologien ... 21
1.2 Funktionsweise von Blockchains ... 24
    1.2.1 Betriebsarten von Blockchains ... 25
    1.2.2 Merkmale von Blockchains ... 27
    1.2.3 Technische Grundkonzepte und Sicherheitsmechanismen ... 30
    1.2.4 Konfliktlösungen in Blockchain-Netzwerken ... 47
    1.2.5 Vor- und Nachteile von Blockchains ... 51
1.3 Arten von Blockchain-Transaktionen ... 52
1.4 Blockchain im Geschäftsumfeld ... 56
    1.4.1 Sicherheit ... 57
    1.4.2 Performance ... 58
    1.4.3 Kosten und Aufwände ... 60
1.5 Blockchain-Angebote von SAP ... 62
1.6 Zusammenfassung ... 64

2 Unterstützte Blockchain-Frameworks ... 65

2.1 Hyperledger Fabric ... 65
    2.1.1 Die Hyperledger Foundation ... 67
    2.1.2 Hyperledger Fabric auf der SAP Cloud Platform ... 69
    2.1.3 Kosten und Aufwände ... 71
2.2 MultiChain ... 73
    2.2.1 MultiChain auf der SAP Cloud Platform ... 75
    2.2.2 Kosten und Aufwände ... 75
2.3 Quorum ... 77

2.4	Hyperledger Fabric und MultiChain im Vergleich	79
	2.4.1 Unterstütze Funktionen	79
	2.4.2 Nutzungsszenarien mit der SAP Cloud Platform	81
2.5	Zusammenfassung	89

3 Die SAP Cloud Platform 91

3.1	Grundlegende Konzepte der SAP Cloud Platform	91
	3.1.1 Entwicklung von Softwarelösungen auf der SAP Cloud Platform	92
	3.1.2 Continuous Integration	94
	3.1.3 Integration externer Services	95
3.2	Nutzung der SAP Cloud Platform	96
	3.2.1 Abrechnungsmodelle	96
	3.2.2 Trial-Account	98
	3.2.3 Service Marketplace	99
3.3	Laufzeitumgebungen	100
	3.3.1 Die Cloud-Foundry-Umgebung	101
	3.3.2 Die Neo-Umgebung	102
	3.3.3 Die ABAP-Umgebung	103
	3.3.4 Vergleich der Laufzeitumgebungen	103
3.4	Verwaltung der Accounts	107
3.5	Navigation in der SAP Cloud Platform	109
	3.5.1 Ebene »Home«	111
	3.5.2 Ebene des Global Accounts	114
	3.5.3 Ebene der Subaccounts	120
	3.5.4 Ebene der Spaces	127
3.6	Zusammenfassung	132

4 Geschäftliche Anwendungsszenarien für Blockchains 135

4.1	Digitale Lieferketten	136
4.2	Track-and-Trace-Szenarien	138
	4.2.1 Tracking von Gebrauchtfahrzeugdaten	139

	4.2.2	Tracking von Konsumgütern	140
	4.2.3	Verhinderung von Medikamentenfälschungen	142
4.3	**Blockchains als Workflow-Orchestrierer**		145
	4.3.1	Verwaltung der Infrastruktur eines Frachthafens	145
	4.3.2	Personalisierte Medizin	148
4.4	**Gerätemanagement**		151
	4.4.1	Gerätemanagement in der Mobiltelefonie	152
	4.4.2	Gerätemanagement in der Industrie	157
4.5	**Kontrolle von Inhaltsstoffen bei Verbrauchsgütern**		160
4.6	**Blockchains in der Energiewirtschaft**		164
	4.6.1	Abrechnung von Energieverbräuchen	164
	4.6.2	Handel mit erneuerbaren Energien	166
4.7	**Zusammenfassung**		168

5   Erste Schritte zur Erstellung eigener Blockchains 171

5.1	**Account für die Nutzung der Blockchain-Services vorbereiten**		171
5.2	**Erster Funktionstest eines Service**		173
5.3	**Blockchain Application Enablement**		175
	5.3.1	Timestamping-Serviceplan	177
	5.3.2	Proof-of-State-Serviceplan	179
	5.3.3	Proof-of-History-Serviceplan	180
5.4	**Erstellen einer MultiChain-Blockchain**		182
	5.4.1	MultiChain-Knoten anlegen	182
	5.4.2	MultiChain-Knoten verwalten	184
	5.4.3	Bildung eines MultiChain-Netzwerkes	190
5.5	**Erstellen einer Hyperledger-Fabric-Blockchain**		195
	5.5.1	Hyperledger-Fabric-Peer-Knoten anlegen	196
	5.5.2	Kommunikationskanal erstellen	200
	5.5.3	Kommunikationskanal verwalten	202
	5.5.4	Chaincode installieren	204
5.6	**Zusammenfassung**		213

6 Blockchain-Anwendungen mit Hyperledger Fabric entwickeln — 215

6.1 Architektur einer Hyperledger-Fabric-Blockchain — 216
6.2 Einfaches Entwicklungsbeispiel: ein digitales Telefonbuch — 218
    6.2.1 Aufsetzen der Blockchain und Installation des Chaincodes — 220
    6.2.2 Datenmodellierung und Entwicklung des Chaincodes — 227
    6.2.3 Chaincode testen — 236
    6.2.4 Service Key für die Blockchain erzeugen — 245
    6.2.5 Erstellung des Web-Frontends mit SAPUI5 — 247
    6.2.6 Deployment der Anwendung — 266
6.3 Fortgeschrittenes Entwicklungsbeispiel: ein dezentraler Energiemarktplatz — 269
    6.3.1 Datenmodellierung und Entwicklung des Chaincodes — 271
    6.3.2 Erstellung der Serverkomponente als Node.js-Anwendung — 275
    6.3.3 Erstellung des Web-Frontends mit SAPUI5 — 281
    6.3.4 Deployment der Anwendung — 287
6.4 Zusammenfassung — 293

7 SAP-HANA-Integration — 295

7.1 Architektur der SAP-HANA-Integration — 296
7.2 Anwendungsbeispiel: Zugriff auf den dezentralen Energiemarktplatz über SAP HANA — 298
    7.2.1 Einstellungen in der Blockchain — 299
    7.2.2 Einstellungen auf der SAP Cloud Platform — 314
    7.2.3 Einstellungen in der SAP-HANA-Datenbank — 326
7.3 Virtuelle Tabellenstruktur der Daten aus der Blockchain — 344
    7.3.1 Tabelle BLOCKS — 345
    7.3.2 Tabelle CONFIGURATION — 348
    7.3.3 Tabelle HEADER — 349
    7.3.4 Tabelle PAYLOAD — 350
    7.3.5 Tabelle TRANSACTIONS — 351
    7.3.6 Tabellen für benutzerdefinierte Datentypen — 353
7.4 Zusammenfassung — 357

8 Blockchain-Anwendungen mit MultiChain entwickeln — 359

8.1 Konfiguration der MultiChain — 359
8.2 Aufruf der MultiChain-API im SAP API Business Hub — 361
8.2.1 Erstellen eines Service Keys — 362
8.2.2 Arbeitsumgebung für die RPC-Aufrufe einrichten — 364
8.2.3 API-Aufrufe zur Interaktion mit der MultiChain — 366
8.3 Einfaches Entwicklungsbeispiel: Inventarliste für Medikamente — 368
8.3.1 Einen eigenen Stream in der MultiChain erstellen — 370
8.3.2 Programmierung der Webanwendung mit SAPUI5 — 380
8.3.3 Deployment der SAPUI5-Anwendung — 397
8.4 Fortgeschrittenes Entwicklungsbeispiel: dezentraler Energiemarktplatz — 399
8.4.1 Eigene Kryptowährungen in MultiChain realisieren — 400
8.4.2 Realisierung der Netzwerkteilnehmer — 414
8.4.3 Die Middleware-Komponente als Node.js-Anwendung — 418
8.4.4 Betrieb der SAPUI5-Anwendung — 424
8.5 Zusammenfassung — 428

9 Hybride Netzwerkarchitektur — 429

9.1 Varianten hybrider Netzwerkarchitekturen — 430
9.2 Exkurs: Camelot Hypertrust Platform — 433
9.3 Aufsetzen eines hybriden Blockchain-Netzwerkes ohne Framework-Unterstützung — 441
9.3.1 Hybrides Hyperledger-Fabric-Netzwerk — 441
9.3.2 Hybrides MultiChain-Netzwerk — 450
9.4 Aufsetzen eines hybriden Blockchain-Netzwerkes mit Framework-Unterstützung — 455
9.4.1 Hybrides Hyperledger-Fabric-Netzwerk mit Framework — 456
9.4.2 Hybrides MultiChain-Netzwerk mit Framework — 459
9.5 Zusammenfassung — 462

10 Zusammenfassung und Ausblick — 463

10.1	SAP Cloud Platform: Was war und was ist	463
10.2	SAP Cloud Platform: Was sein könnte	466
	10.2.1 Hyperledger Composer – eher nicht …	467
	10.2.2 Hyperledger Grid	468
	10.2.3 Database Bridges und virtuelle Währungen	471
10.3	Technischer Ausblick auf das Umfeld von Blockchains	471
10.4	Prognosen für die Nutzung von Blockchains	476
10.5	Zusammenfassung	477

Anhang — 479

A	Installation der Beispiele für dieses Buch	481
B	Checkliste: Für welche Anwendungsfälle eignen sich Blockchains?	487
C	Weiterführende Links und Publikationen	489
D	Die Autoren	491

Index ... 493

Einleitung

Das Wort *Blockchain* ist mit vielen Bedeutungen, Hoffnungen und assoziierten Konzepten aufgeladen. Daher erscheint es uns zu Beginn dieses Buches angebracht, einige dieser Bedeutungen zu beurteilen und manche Vorurteile zu widerlegen.

Das erste Vorurteil, mit dem es aufzuräumen gilt, heißt: »Blockchain ist Bitcoin.« Da die meisten Menschen vom Konzept einer Blockchain zum ersten Mal im Zusammenhang mit der Kryptowährung Bitcoin gehört haben, verwechseln sie das digitale Rückgrat, die Blockchain, mit der darauf laufenden Anwendung. Bitcoin beschrieb und benutzte zum ersten Mal erfolgreich eine Blockchain als verteiltes digitales Kontenbuch in einem dezentralen Netzwerk. Die Kryptowährung brachte damit quasi als Nebenprodukt das Konzept der Blockchain in die Welt.

Vorurteile gegenüber der Blockchain

Ein ebenso weit verbreiteter Irrtum ist es, dass zum Betrieb einer Blockchain eben eine solche Kryptowährung benötigt wird. Auch das ist nicht richtig. Es *kann* zwar in vielen Blockchains eine Währung verwaltet werden, muss aber nicht. In einer Blockchain können Transaktionen beliebiger Art verarbeitet werden, seien es Lebensmittel, Wertpapiere, digitale Rechte oder Dokumente. Eine Blockchain kann alles verwalten, solange dies durch Software modellierbar ist.

Wahr ist aber, dass es manchmal durchaus Sinn machen kann, eine eigene digitale Währung zum Begleichen von digitalen Dienstleistungen in einer Blockchain mitzuführen, da sich damit Abrechnungsprozesse stark vereinfachen lassen. So lassen sich Vorgänge beschleunigen, optimieren und noch größere Netzwerke bilden, in denen die Akteure in einem geschlossenen Finanzkreislauf agieren können zum (Kosten-)Vorteil aller.

Das nächste Vorurteil ist, dass Blockchains viel Strom verbrauchen und energetisch ineffizient arbeiten. Dieses Vorurteil speist sich wohl aus der Funktionsweise von Bitcoin und Ethereum, den beiden größten Kryptowährungen. Diese nutzen den umstrittenen Algorithmus *Proof of Work* zur Bestätigung neuer Datenblöcke und müssen dazu viel Energie aufwenden. Die in diesem Buch besprochenen Blockchains, wie etwa Hyperleger Fabric, sind allerdings allesamt sogenannte *Enterprise Blockchains*, die solch einen ineffizienten Konsensalgorithmus gar nicht betreiben. Damit ist auch das Argument des verschwenderischen Energieverbrauchs vom Tisch.

Räumt man diese Vorurteile beiseite, schafft dies Platz für die Neugier und Faszination an einer neuen Technologie mit dezentralem Ansatz. In der

Basis für ein Web 3.0

Blockchain sehen viele die technologische Basis für ein neues *Web 3.0*, in dem neben Informationen auch Besitz digital transferiert und vertrauenswürdig verwaltet werden kann.

Die daraus resultierenden potenziellen Anwendungsmöglichkeiten erfordern aber auch ein Umdenken der beteiligten Akteure: Blockchains sind Netzwerke mit Teilnehmern, die sich gegenseitig kontrollieren können und sich deswegen nicht unbedingt gegenseitig vertrauen müssen – gemäß der Devise »Vertrauen ist gut, Kontrolle ist besser«. Das effektivste Modell, um eine Blockchain zu betreiben, ist ein Konsortium von Firmen, die durch ein übergeordnetes Interesse zur Zusammenarbeit geleitet werden. Ein solches übergeordnetes Interesse kann etwa sein, dass sie alle der gleichen gesetzgeberischen Kontrolle oder Nachweispflicht unterliegen.

Konsortien mit übergeordneten Zielen

Erst der Zusammenschluss mit Konkurrenten, um übergeordnete Ziele zu verfolgen, nutzt das volle Potenzial dieser Technologie. Durch die Programmierbarkeit von Blockchains, den Einsatz sogenannter *Smart Contracts*, können Verträge in digitalen Programmcode überführt werden. Durch den Einsatz von Kryptografie können darüber hinaus komplexe Vorgänge automatisiert vertraulich und fälschungssicher unter den Teilnehmern abgewickelt werden, ohne dass Mittelsmänner wie Banken, Versicherungen oder Notare bemüht werden müssen. Das beschleunigt die Verfahren und spart Kosten.

Nutzung der Blockchain-Technologie

Eine vom Branchenverband Bitkom e. V. im April 2019 publizierte repräsentative Studie zum Thema Blockchain in Deutschland (*http://s-prs.de/ v691470*) hat über 1.000 Unternehmen zum Einsatz der Technologie befragt. Sie ist aus unserer Sicht zu recht überraschenden Ergebnissen gekommen:

- Nur 2 % aller befragten Unternehmen ab 50 Mitarbeitern setzen die Blockchain-Technologie bereits ein. Weitere 4 % planen den Einsatz, 2 % haben noch internen Diskussionsbedarf.
- Schaut man sich die Zusammensetzung der führenden 2 % genauer an, so wird deutlich, dass darin die Großunternehmen ab 500 Mitarbeitern mit 17 % die mit Abstand größte Gruppe bilden. Bei weiteren 27 % der Großunternehmen ist der Einsatz von Blockchain geplant, bei weiteren 11 % wird noch darüber diskutiert.
- Bei den Branchen mit der höchsten Akzeptanz der Blockchain-Technologie führt die Automobilindustrie mit 13 % das Feld an, gefolgt von der Energiebranche mit 9 % sowie Banken und Versicherungen mit jeweils 6 % Akzeptanz.

- Potenzielle Anwendungsbereiche der Blockchain-Technologie sehen viele Befragte hauptsächlich in der Verbesserung der Informationssicherheit, dem Datenqualitätsmanagement, der Verbriefung von realen Gütern und Finanztiteln sowie einer verteilten Datenvalidierung in Business-Ökosystemen. Folgerichtig werden auch die Bereiche Buchhaltung, Finanzen und Controlling, gefolgt von Logistik, Lagerhaltung und Versand sowie der Vertrieb als Einsatzgebiete angeführt – alles Themen, die fast jedes mittelständische Unternehmen beschäftigen dürften.
- In einer Sache sind sich die befragten Unternehmen weitestgehend einig: Effizienzsteigerung und Vertrauensbildung sind mit 87 % die entscheidenden Faktoren, die für einen Einsatz von Blockchain-Technologie sprechen. Aber nur erstaunliche 41 % nennen die Blockchain als eine Vertrauensinstanz in der Zusammenarbeit mit anderen Organisationen – dabei sollte dies doch eigentlich die Paradedisziplin von Blockchains sein.

Versucht man die Gründe für dieses eher ernüchternde Ergebnis auszuloten, erhält man als erste Antwort, dass sich viele deutsche Unternehmen ausgesprochen schwer damit tun, eigene Lösungen im Blockchain-Umfeld zu entwickeln:

- 88 % Prozent der Unternehmen in Deutschland sehen keine Use Cases für die Blockchain in ihrem Unternehmen. Dies ist insofern erstaunlich als sich Blockchain-Anwendungen laut den zuvor gemachten Aussagen besonders für die mittelständischen Kernthemen wie Logistik, Lagerhaltung, Vertrieb etc. eignen würden.
- An zweiter Stelle der Gründe, die gegen eigene Implementierungen sprechen, folgt mit ebenfalls knapp 90 % das fehlende qualifizierte Personal.

Insgesamt sehen 57 % der deutschen Unternehmen die deutsche Wirtschaft in Sachen Blockchain im internationalen Vergleich nur im Mittelfeld.

Diese Zahlen, zusammen mit Facebooks Ambitionen für eine weltweite Kryptowährung namens *Libra* (http://s-prs.de/v691471), haben wohl auch die Bundesregierung aufgeschreckt. Diese hat eine eigene umfassende Blockchain-Strategie erarbeitet (http://s-prs.de/v691472). Bei genauerer Analyse dieser Strategie lassen sich besondere Schwerpunkte in den Bereichen Finanzen und Energiemarkt ausmachen (http://s-prs.de/v691473).

Förderung der Blockchain-Technologie

Manche Entscheider bemängeln die Blockchain-Technologie als technisch nicht ausgereift – ein Kritikpunkt, den wir mit unseren Erfahrungen aus unseren Praxisprojekten klar widerlegen können. Die Technik ist stabil und definitiv für den produktiven Einsatz geeignet, und es werden damit erfolg-

Stabile Technologie

reich Großprojekte realisiert. Einige Beispiele für solche Projekte finden Sie in diesem Buch in Kapitel 4, »Geschäftliche Anwendungsszenarien für Blockchains«. Auch die Versionszahlen und die regelmäßigen Zwischenversionen der etablierten Blockchain-Technologien, wie etwa Hyperledger Fabric (zum Zeitpunkt der Drucklegung dieses Buches in Version 1.4.3 verfügbar), sind ein Indiz für die technische Ausgereiftheit der Software. An der Nachfolgeversion 2.0 wird schon gearbeitet, und das Innovationstempo ist hoch. Große Hersteller wie TradeLens (*https://www.tradelens.com/*) für digitale Supply Chains und Food Trust (*http://s-prs.de/v691474*) für die Verfolgung von Lebensmitteln bieten darauf basierend globale SaaS-Angebote an.

Die eigentliche Ursache für die verhaltene Resonanz scheint uns vielmehr psychologischer Natur zu sein: Der Einsatz von Blockchains erfordert oftmals ein Umdenken in der Firmenpolitik. Es müssen kurzfristige Ziele zugunsten langfristiger Ziele zurückgestellt werden. Kritische Prozesse müssen angepasst und Daten gegebenenfalls mit der Konkurrenz geteilt werden. Dies sind alles schwierige Themen für Entscheider.

Zielsetzung dieses Buches

Das vorliegende Buch soll Ihnen dabei helfen, ausreichendes Wissen für eine fundierte Bewertung der Blockchain-Technologie im SAP-Umfeld zu erlangen. Auch hoffen wir, Ihnen durch die gezeigten praktischen Beispiele einen Einblick in die Organisation und Arbeitsweise von Blockchain-basierten Lösungen geben zu können und die Vorteile dieser Technologie klar herauszustellen. Dazu geben wir Ihnen einen Überblick über die Blockchain-Angebote der SAP Cloud Platform, die als Blockchain-as-a-Service-Angebote (BaaS-Angebote) bereitgestellt werden. Wir zeigen Ihnen die Realisierung konkreter Beispielprojekte mit den Blockchain-Technologien MultiChain und Hyperledger Fabric.

Voraussetzungen

Wir haben uns bemüht, dieses Buch für technisch interessierte Leser ohne spezifische Vorkenntnisse zu konzipieren. Die besprochenen Themen, wie Cloud-Services, verkettete Listen und Hash-Funktionen, sind allerdings keine leichte Kost, die man sich ausschließlich durch Lesen aneignet. Ein wenig technische Vorerfahrung im Umgang mit Onlinediensten, speziell Platform-as-a-Service-Angeboten ist daher sicherlich hilfreich. Ebenso sind Kenntnisse im Bereich der Softwareentwicklung, speziell der Webentwicklung, und von Bibliotheken wie SAPUI5 von Vorteil.

Als Hardware genügt Ihnen ein normaler PC mit Internetzugang, damit Sie in Ihrem Konto der SAP Cloud Platform arbeiten können. Einen entsprechenden modernen Browser wie Chrome oder Firefox setzen wir dabei voraus. Die einfacheren Beispiele in diesem Buch lassen sich mit einem freien Trial-Account der SAP Cloud Platform realisieren. Die fortgeschrittenen

Anwendungen, speziell die für MultiChain, erfordern jedoch einen Enterprise Account mit entsprechenden dazugebuchten Optionen. Wenn Sie die Integration einer SAP-HANA-Datenbank nachvollziehen möchten, sollten Sie ebenso Zugang zu einer solchen Datenbank haben, die Sie oder ein Administrator entsprechend den Anweisungen konfigurieren können.

Wir gehen in **Kapitel 1**, »Blockchains und ihr Potenzial«, zunächst auf die Hintergründe der Blockchain-Technologie ein und betrachten in **Kapitel 2**, »Unterstützte Blockchain-Frameworks«, die Blockchains, die Sie mit den BaaS der SAP Cloud Platform produktiv nutzen können. Da Sie in den folgenden Kapiteln immer wieder mit den Benutzeroberflächen der SAP Cloud Platform umgehen müssen, führen wir Sie in **Kapitel 3**, »Die SAP Cloud Platform«, in die Arbeit mit der SAP Cloud Platform ein. In **Kapitel 4**, »Geschäftliche Anwendungsszenarien für Blockchains«, geben wir einen Überblick über Projekte, die bereits mit Blockchain-Technologie realisiert wurden oder sich damit typischerweise realisieren ließen.

Aufbau des Buches

In den darauffolgenden Kapiteln wird es dann konkret. Wir führen Sie durch verschiedene Praxisprojekte mit den beiden auf der SAP Cloud Platform wichtigsten Blockchain-Frameworks Hyperledger Fabric und MultiChain. Wir beschreiben die Architektur und Technik von Blockchain-Anwendungen und erklären, wie Sie die entsprechenden Angebote auf der SAP Cloud Platform ausrollen. In **Kapitel 5**, »Erste Schritte zur Erstellung eigener Blockchains«, zeigen wir Ihnen dazu, wie Sie erste eigene MultiChain- und Hyperledger-Fabric-Blockchains mit SAP Cloud Platform Blockchain anlegen. In **Kapitel 6**, »Blockchain-Anwendungen mit Hyperledger Fabric entwickeln«, zeigen wir Ihnen Schritt für Schritt die Implementierung eines einfachen und eines fortgeschrittenen Anwendungsbeispiels für Hyperledger Fabric. Dabei beschäftigen wir uns auch mit der Entwicklung von Chaincode.

In **Kapitel 7**, »SAP-HANA-Integration«, sehen wir uns an, wie Sie den Datenaustausch einer solchen Blockchain-Anwendung mit einer SAP-HANA-Datenbank einrichten können. In **Kapitel 8**, »Blockchain-Anwendungen mit MultiChain entwickeln«, folgen ein einfaches und ein fortgeschritteneres Anwendungsbeispiel für eine MultiChain-Blockchain. Dabei zeigen wir Ihnen auch die Implementierung einer Kryptowährung.

In den letzten beiden Kapiteln des Buches wird es um weiterführende Themen gehen. **Kapitel 9**, »Hybride Netzwerkarchitektur«, beleuchtet gemischte Blockchain-Architekturen mit lokalen und cloudbasierten Komponenten. **Kapitel 10**, »Zusammenfassung und Ausblick«, gibt einen Ausblick auf zukünftige Entwicklungen im Bereich der Blockchain und insbesondere des Blockchain-Angebots der SAP Cloud Platform.

Einleitung

Beispiele zu diesem Buch

Die Programmierbeispiele zu Kapitel 6 bis Kapitel 8 stellen wir Ihnen in einem ZIP-Archiv zum Download bereit. Dieses finden Sie auf der Website des Rheinwerk Verlags unter *www.sap-press.de/4865* im Bereich **Materialien zum Buch**. Daneben finden Sie die Dateien in einem Git-Repository zu diesem Buch, das Sie unter folgender URL aufrufen können: *https://github.com/CamelotITLab/Blockchain_mit_SAP*. Sie können die Beispiele direkt in die Arbeitsumgebung der SAP Web IDE auf der SAP Cloud Platform laden. Eine Anleitung dazu finden Sie in **Anhang A**, »Installation der Beispiele für dieses Buch«.

Informationskästen

In hervorgehobenen Informationskästen in diesem Buch sind Inhalte zu finden, die wissenswert und hilfreich sind, aber über die eigentliche Erläuterung hinausgehen. Damit Sie die Informationen in den Kästen sofort einordnen können, sind die Kästen mit Symbolen gekennzeichnet:

[»]
- In Kästen, die mit dem Pfeilsymbol gekennzeichnet sind, finden Sie Informationen zu *weiterführenden Themen* oder wichtigen Inhalten, die Sie sich merken sollten.

[+]
- Die mit dem Plussymbol gekennzeichneten *Tipps* geben Ihnen spezielle Empfehlungen, die Ihnen die Arbeit erleichtern können.

[!]
- Das Ausrufezeichen weist Sie auf *Besonderheiten* hin, die Sie beachten sollten. Es *warnt* Sie außerdem vor typischen Fehlern oder möglicherweise auftretenden Problemen.

[zB]
- *Beispiele*, durch dieses Symbol kenntlich gemacht, weisen auf Einsatzbeispiele aus der Praxis hin.

Danksagung

Es bleibt uns noch, uns bei den folgenden Kolleginnen und Kollegen für die Hilfe bei der Erstellung dieses Buches zu bedanken:

- Katrin Hecker (Camelot ITLab) für das Lektorat der Kapitel und die umfassende Unterstützung bei den Grafiken
- Julia Hauri (Camelot ITLab) für weitere Unterstützung
- Christian Jeschke und Frank Albrecht (SAP) für Fragen rund um das Blockchain Application Enablement und speziell die SAP-HANA-Integration
- Nico Flaig, Hershal Gandhe und Martin Clark (Camelot ITLab) für die Entwicklung, Bereitstellung und Auslieferung des Quellcodes für die Beispiele
- Camelot ITLab für die Unterstützung bei der Arbeit an diesem Buch

- nicht zuletzt den Menschen des Rheinwerk Verlags für die Geduld und Unterstützung bei der Realisierung dieses Buches, insbesondere unserer Lektorin Janina Karrasch

Wir hoffen, dass Ihnen die Lektüre dieses Buches die Augen für interessante und spannende Projekte in Ihrer Firma öffnen wird – let's blockchain!

Christophe Leske, **Andreas Göbel** und **Steffen Joswig**

Kapitel 1
Blockchains und ihr Potenzial

Der Begriff »Blockchain« ist Ihnen sicher geläufig. Aber wissen Sie auch, was Blockchains mit Distributed-Ledger-Technologien zu tun haben? Wissen Sie, welche verschiedenen Blockchain-Technologien es gibt und was sie jeweils auszeichnet? Unsere Einführung vermittelt Ihnen diese Grundlagen und erklärt, wie Blockchains arbeiten.

Blockchains sind eine Variante der sogenannten *Distributed-Ledger-Technologien* (DLT). In diesem Kapitel führen wir Sie deswegen zunächst in die Welt der DLT ein und erläutern Ihnen die damit verbundenen Konzepte.

Anschließend erklären wir die grundlegenden Funktionen und die Arbeitsweise einer Blockchain am Beispiel einer vereinfachten Bitcoin-Blockchain. Sie erfahren, warum der dezentrale Charakter von Blockchain-Netzwerken wichtig ist, was es mit den Hash-Werten auf sich hat und wieso eine Blockchain als fälschungssicher betrachtet werden kann.

Im Anschluss erklären wir die Idee der *Smart Contracts* – derjenigen Programme, die in einer programmierbaren Blockchain ausgeführt werden können. Solche Smart Contracts ermöglichen die Automatisierung von Transaktionen nach selbst definierten Regeln. Sie eröffnen damit neue Möglichkeiten und Perspektiven für geschäftliche und industrielle Anwendungen von Blockchains.

Des Weiteren gehen wir in diesem Kapitel auf die strategische Bedeutung von Blockchain-Lösungen im Unternehmensumfeld ein. Hierbei berücksichtigen wir jeweils die entstehenden Aufwände und Kosten. Schließlich stellen wir Ihnen die *SAP Cloud Platform* als Virtualisierungsplattform für Business-Prozesse in der Cloud vor.

1.1 Distributed-Ledger-Technologien

Distributed-Ledger-Technologien (DLT) sind eine recht neue Gruppe von Softwaretechnologien, mit denen sich verteilte Kontenwerke (*Bücher*) im Rahmen der Buchführung realisieren lassen. Mit einem herkömmlichen Kontenbuch kann ein Buchhalter Transaktionen zwischen Teilnehmern ei-

Verteilte Kontenbücher

ner Gruppe protokollieren. Bei verteilten Kontenbüchern gibt es dagegen keinen zentralen Buchhalter, der diese Tätigkeiten ausführt oder koordiniert. Vielmehr pflegt jeder Knoten eines Blockchain-Netzwerkes das Kontenbuch parallel zu den anderen Knoten. Konsens über den gemeinsamen Stand der Daten wird ermöglicht, indem sie miteinander in Kontakt stehen und dank vereinbarter Regeln und Algorithmen auch bei Streitfragen stets eine Lösung finden.

Bitcoin als erste Blockchain

Die Blockchain-Technologie als eine Variante der DLT ist mit der Kryptowährung *Bitcoin* entstanden.

> **Kryptowährungen**
>
> *Kryptowährung* ist ein etwas schwammiger Sammelbegriff für neue digitale Zahlungsmittel wie Bitcoin und Ethereum, die meist auf einer DLT basieren. Oft handelt es sich dabei um Blockchains. Mit Kryptowährungen können sich die Teilnehmer eines Netzwerkes virtuelle Besitzwerte (engl. *Assets*) in kryptografisch gesicherten Transaktionen übersenden. Dabei werden anonymisierte, auf kryptografischen Verfahren basierende Adressen verwendet – analog zu anonymen Nummernkonten.
>
> Im Fall der öffentlichen Kryptowährungen, wie etwa Bitcoin, kann jeder beliebige Internetnutzer an dem Netzwerk teilnehmen, vorausgesetzt, er hat Zugriff auf die nötige Software, etwa in Form einer Geldbörsenapplikation (engl. *Wallet*).

Die Blockchain bildet das buchhalterische Rückgrat für diese alternativen digitalen Zahlungsmittel. Die Blockchain ersetzte dabei systemische Vermittler (*Intermediäre*), wie etwa Banken oder Börsen. Die Teilnehmer können direkt miteinander interagieren. Die Blockchain erfasst dabei die *Transaktionen* aller Teilnehmer und bewahrt diese in chronologischer Reihenfolge auf fälschungssichere Art und Weise auf. Bei Bitcoin sind diese Transaktionen mit klassischen Überweisungen zu vergleichen: Teilnehmer A sendet einen Betrag an Teilnehmer B. Die Blockchain nutzt dabei kryptografische Verfahren, um die Daten auch gegen nachträgliche Manipulationen zu schützen.

Zunächst war der Einsatz der Blockchain nur auf Kryptowährungen beschränkt. Nach und nach setzte sich jedoch die Erkenntnis durch, dass sie auch in anderen Bereichen äußerst hilfreich sein könnte, etwa in der Logistik, dem Handel, der Finanzbranche, in der industriellen Fertigung oder für die Lieferketten von Unternehmen. DLT und insbesondere die bereits etablierten Blockchains wie Bitcoin und Ethereum sind seitdem Gegenstand rasanter Entwicklung und umfassender Forschung.

Neben den Blockchains existieren noch weitere alternative DLT-Systeme. Ein Beispiel ist *IOTA*, ein Projekt für die *Machine Economy*, gern auch *Industrie 4.0* genannt. IOTA beinhaltet ebenfalls eine Kryptowährung, ist allerdings viel mehr als das. Das Projekt entstand im Umfeld des *Internets der Dinge* (Internet of Things, kurz IoT), und sein Ziel ist die Etablierung einer maschinenbasierten Wirtschaft, in der Maschinen automatisiert andere Maschinen für Dienstleistungen bezahlen. IOTA ist somit das erste Maschinengeld oder die erste Währung für Roboter.

Weitere DLT-Systeme

Bei diesem speziellen DLT-System werden Transaktionen in einer Struktur namens *Tangle* gespeichert. Sie basiert auf einem gerichteten azyklischen Graphen, auf Englisch *Directed Acyclic Graph* (kurz DAG). DAG ist ein Konzept aus der Graphentheorie in der Mathematik und beschreibt Verbindungen zwischen verschiedenen Kontenpunkte ohne Zirkelbildung. Bei IOTA sind die Knotenpunkte die gespeicherten Transaktionen, und jede Transaktion muss mindestens eine Verbindung zu zwei neuen Transaktionen aufbauen und sie damit bestätigen. Die weiteren Details dieses Verfahrens sind unwichtig, wichtig ist hier nur, dass dieses Verfahren dasselbe garantieren kann wie eine Blockchain, nämlich dass Transaktionen nachweislich chronologisch und unverfälscht gespeichert werden.

IOTA

> **Weiterführende Informationen zu IOTA**
>
> IOTA hat mit seinen Plänen für eine Machine Economy in der (Automobil-)Wirtschaft scheinbar einen Nerv getroffen. Dass Partner wie BMW, VW, Fujitsu und Deutsche Telekom diese Technologie nutzen, belegt dies. Ironischerweise kämpft das IOTA-Projekt aber bis heute darum, auf technischer Ebene wahrhaftig dezentral organisiert zu sein und damit als wirkliche DLT zu gelten. Daher wurde der *Coordicide-Wettbewerb* vom IOTA-Projekt ins Leben gerufen, um das Problem der Dezentralisierung mithilfe externer Entwickler in den Griff zu bekommen (*https://coordicide.iota.org/*). Dennoch gilt IOTA heute neben Ethereum als eines der erfolgreichsten Projekte im Bereich der DLTs.
>
> Mehr Informationen zu IOTA und dessen Funktionsweise finden Sie unter der URL *http://s-prs.de/v691400*.

Die Entwicklungsplattform *Swirlds* als eine weitere alternative DLT nutzt hingegen sogenannte *Hashgraphs*, um die zeitliche und strukturelle Integrität von Transaktionen im Rahmen ihrer dezentralen Apps zu gewährleisten. Und die DLT *RadixDLT* nutzt ein Konstrukt namens *Tempo* zur Speicherung der Transaktionen.

Swirlds

> **RadixDLT und Tempo**
>
> Mehr Informationen zu RadixDLT und Tempo finden Sie unter:
> *http://s-prs.de/v691401*

Für diese Buch ist das Verständnis der verschiedenen DLT-Systeme im Einzelnen nicht wichtig. Wichtig ist nur, dass Sie wissen, dass es durchaus Alternativen zu Blockchains gibt. Einen kleinen Ausschnitt verfügbarer DLT-Technologien finden Sie in Abbildung 1.1.

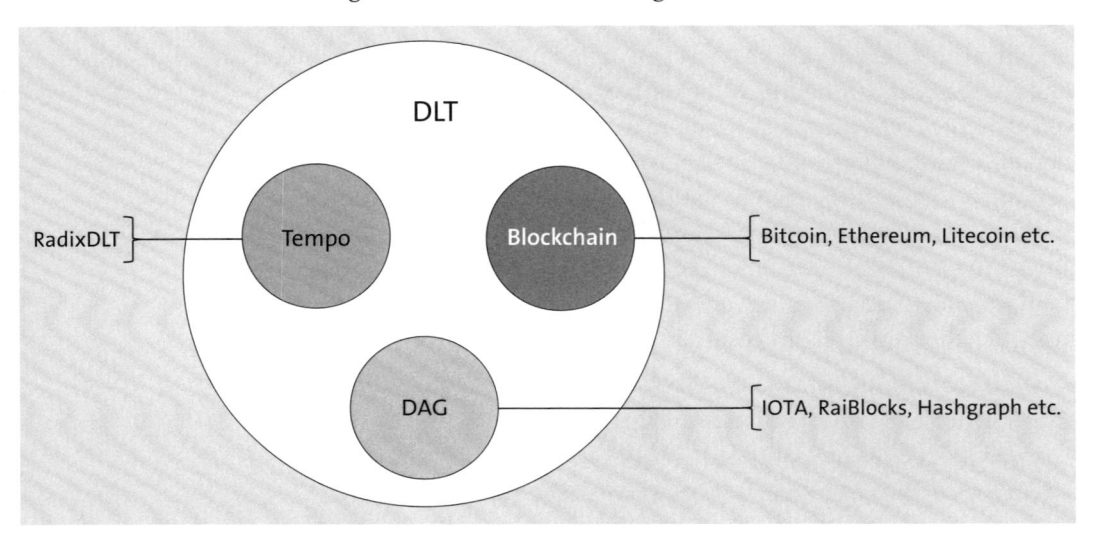

Abbildung 1.1 Verschiedene Distributed-Ledger-Technologien

1.2 Funktionsweise von Blockchains

Die erste Blockchain wurde in Zusammenhang mit der Kryptowährung Bitcoin beschrieben. Ein Unbekannter veröffentlichte im November 2008 unter dem Pseudonym Satoshi Nakamoto ein mittlerweile weltberühmtes Whitepaper mit dem Titel »Bitcoin: A Peer-to-Peer-Electronic Cash System« (*https://bitcoin.org/bitcoin.pdf*). In diesem Whitepaper wurde auf nur acht Seiten die Funktionsweise eines dezentral organisierten Geldsystems vorgestellt.

Bitcoin-Blockchain   Die in dem Whitepaper beschriebene virtuelle Währung Bitcoin arbeitet mit einer dezentral verteilten und blockorientierten Datenbank, der *Blockchain*. Diese Datenbank protokolliert alle Transaktionen zwischen den Teilnehmern eines Netzwerkes. Sie löst damit eines der zentralen Probleme bisheriger digitaler Währungen, nämlich das sogenannte *Double-Spending-Problem* – das mehrfache Ausgeben von Guthaben in betrügerischer Absicht.

Die Bitcoin-Blockchain stellt den autoritär-zentralistischen Strukturen der Finanzwelt eine kooperativ-dezentral verteilte Architektur gegenüber, in der gleichberechtigte Teilnehmer miteinander interagieren. Diese Teilnehmer müssen sich nicht mehr wie bisher auf Banken oder Mittelsmänner verlassen, um ihre Finanztransaktionen auszuführen, sondern vereinbaren stattdessen ein gemeinsames Regelwerk und vertrauen ausschließlich in die mathematischen Eigenschaften der verwendeten Algorithmen. Der Leitspruch der Kryptoszene lautet daher auch »in math we trust«. Die verwendete Mathematik macht das bisher zwingende Vertrauen in die Mittelsmänner überflüssig.

Dezentral verteilte Architektur

1.2.1 Betriebsarten von Blockchains

Blockchains lassen sich nach der Art ihres Betriebs in verschiedene Typen kategorisieren. Zumeist werden drei verschiedene Typen von Blockchains beschrieben:

Typen von Blockchains

- öffentliche (*Public Blockchains*)
- private (*Private Blockchains*)
- konsortiengeführte (*Federated Blockchains*)

SAP fügt diesen drei Betriebsarten noch die *semiprivaten Blockchains* hinzu, die effektiv jedoch die Kriterien einer privaten Blockchain erfüllen. Anstelle von öffentlichen und privaten Blockchains spricht man manchmal auch von offenen (*Open* oder *Permissionless*) Blockchains und zulassungsbeschränkten (*Permissioned*) Blockchains.

Public Blockchains sind öffentlich zugängliche Blockchains. Diesem Typ sind auch die Blockchains der bekannten Kryptowährungen wie Bitcoin, Ethereum und Litecoin zuzuordnen. Die Daten dieser Blockchains sind für jedermann im Internet frei zugänglich und offen einsehbar, etwa über einen der vielen freien Bitcoin-Blockchain-Explorer, wie z. B. unter *https://www.blockchain.com/de/explorer*. Es ist jedem Internetnutzer möglich, als Teil des Blockchain-Netzwerkes am Betrieb einer Public, also öffentlichen, Blockchain mitzuwirken. Die einzigen Voraussetzungen für die Teilnahme an einer Public Blockchain sind ein ausreichend ausgestatteter Rechner mit Internetanbindung sowie die Bereitschaft, alle bisher angefallenen Daten der Blockchain herunterzuladen und nachzurechnen. Im Fall von Bitcoin sind dies zurzeit über 250 GB und bei Ethereum über 670 GB. Hat man alle Transaktionen geladen und geprüft, kann man als vollwertiges Mitglied des

Public Blockchains

Netzwerkes alle Transaktionen in Echtzeit einsehen und verfolgen. Das klingt spannender, als es wirklich ist, denn die Zahlungsströme, genauer gesagt die Adressen der Sender und Empfänger, sind anonymisiert.

> **Realtime Bitcoin Globe**
> Unter der URL *https://blocks.wizb.it/* können Sie übrigens auf einem 3D-Globus eine Echtzeit-Animation der aktuell bestätigten Bitcoin-Transaktionen verfolgen.

Private Blockchains

Private Blockchains werden von nur einem Teilnehmer oder Unternehmen betrieben, zumeist auch in einem privaten Internet-Protocol-(IP-)Netzwerk. Diese Art von Blockchains ist nur auf Einladung hin zugänglich. Der Beitritt ist – neben dem Zugang zu einem privaten IP-Netzwerk – oft auch mit der Installation von kryptografischen Schlüsseln oder Zertifikaten verbunden. Ein Beispiel für eine solche Blockchain ist die Kryptowährung *Ripple*, die sich der Vereinfachung des Zahlungsverkehrs zwischen Banken verschrieben hat. Ripple wird von Ripple Labs betrieben, die Teilnehmer dieses Netzwerkes sind Unternehmen und Banken.

Auch Blockchains für den Einsatz im Unternehmensumfeld, sogenannte *Enterprise Blockchains* wie etwa *Hyperledger Fabric*, werden fast ausschließlich privat betrieben, etwa um komplexe Geschäftsvorgänge einer Firma mit verschiedenen Teilhabern zu verfolgen und zu dokumentieren.

> **SAP-Definition vs. landläufige Definition**
> Abweichend von der öffentlichen Definition privater Blockchains versteht SAP diese als rein interne Entwicklungsumgebungen, die nur zu Zwecken der Entwicklung innerhalb eines Unternehmens ausgerollt und unterhalten und mit niemanden geteilt werden.

Private Blockchains sehen sich dem Vorwurf ausgesetzt, nicht wirklich dezentral organisiert zu sein, da der jeweilige Betreiber der Blockchain die Netzwerkinfrastruktur kontrolliert und somit Daten zensieren oder manipulieren könnte.

Semiprivate Blockchains

SAP nennt auf seinen Blockchain-Seiten unter *http://s-prs.de/v691402* neben den Public und Private Blockchains noch die Variante der halbprivaten Blockchain, die *Semiprivate Blockchain*. Sie folgt im Prinzip den Kriterien der privaten Blockchain. Der Betreiber öffnet hier jedoch seine Infrastruktur für andere Teilnehmer. Egal, ob man diese Variante nun als Semiprivate oder (der landläufigen Definition folgend) als Private Blockchain bezeichnet

– es handelt sich hierbei um die bevorzugte Betriebsart für Unternehmen, die Blockchain-basierte Dienste für Subunternehmer oder Partner zur Verfügung stellen wollen.

Federated Blockchainss werden von einem Konsortium betrieben, also von Gruppen von Unternehmen, die ein gemeinsames, übergeordnetes Interesse verfolgen. Dazu wird die erforderliche Infrastruktur gemeinsam betrieben und unterhalten, sodass die Zuständigkeiten aufgeteilt sind. Federated Blockchains sind aus wirtschaftlicher Sicht das interessanteste Betriebsmodell, da bei diesem Modell Parteien mit konträren Interessen zusammenarbeiten und sich dabei gegenseitig kontrollieren können. Dies ist oft das Idealszenario für Enterprise Blockchains.

Federated Blockchains

Bitcoin ist *das* Beispiel für eine öffentliche zugängliche (Public Permissionless) Blockchain, die keiner Zustimmung bedarf. Die Kryptowährung ist für jedermann im Internet zugänglich und jederzeit offen für neue Teilnehmer. Auch sind die Transaktionsdaten dieser Blockchain standardmäßig nicht verschlüsselt.

Beispiele für die Blockchain-Typen

Das Gegenstück ist z. B. eine Hyperledger Fabric Blockchain, die typischerweise als private oder als Federated (konsortiengeführte) Blockchain betrieben wird. Neben dem Umstand, dass das Blockchain-Netzwerk oft ein abgeschirmtes Intranet ist, sind die Kommunikation der teilnehmenden Knoten sowie die Transaktionsdaten in der Blockchain zusätzlich verschlüsselt und für Dritte nicht einsehbar.

1.2.2 Merkmale von Blockchains

Wir befassen uns nun detaillierter damit, wie Blockchains aufgebaut sind und wie sie funktionieren, denn vom Prinzip her arbeiten sie alle gleich. Wir müssen dabei zwangsläufig etwas vereinfachen, denn es würde den Umfang dieses Buches sprengen, die Funktionsweise einer Blockchain bis ins letzte Byte erklären zu wollen – noch ganz außer Acht gelassen, dass es verschiedene technische Umsetzungen von Blockchains gibt. Wir entwickeln deswegen in den folgenden Ausführungen ein etwas vereinfachtes Modell der Bitcoin-Blockchain, um die wichtigsten Konzepte zu erläutern.

> **Kernkonzepte der Blockchain**
> Der Informatiker Anders Brownsworth hat eine empfehlenswerte Einführung für die einzelnen Kernkonzepte der Bitcoin-Blockchain entwickelt, die Sie online auf seiner Website unter *https://anders.com/blockchain/* nachlesen können.

1 Blockchains und ihr Potenzial

Protokollierung von Transaktionen

Blockchains sind dezentralisierte Konten- oder Rechnungsbücher. Was heißt das? Eine Blockchain ist in erster Linie eine Datenbank – genauer gesagt eine protokollierende Datenbank, die fortlaufend Vorgänge zwischen den Teilnehmern ihres Netzwerkes aufzeichnet. Diese Vorgänge nennt man Transaktionen. Eine Transaktion kann diverse Vorgänge abbilden: Bezahlvorgänge, Warenaustausche, Wertpapierkäufe, Etappen einer Lieferkette, Grundbesitzeinträge usw. Letztlich lässt sich mit einer Blockchain alles protokollieren, was fälschungssicher digital erfasst werden soll.

Blocks

Eine Blockchain sammelt diese Transaktionsdaten und bildet daraus Datenblöcke (*Blocks*). Anschließend signiert sie diese Blöcke, und verbindet sie mathematisch miteinander in chronologischer Reihenfolge. Die in der Blockchain erfassten Datenblöcke können nachträglich nicht mehr modifiziert werden – weder die erfassten Transaktionsdaten noch die Metadaten der Blöcke selbst.

Dezentralisierung

Im Gegensatz zu herkömmlichen Datenbanksystemen wie MySQL, Oracle oder Microsoft SQL Server sind Blockchains nicht zentral, sondern dezentral organisiert. Die zentralisierte Struktur eines klassischen Netzwerkes sehen Sie links in Abbildung 1.2. Im Gegensatz zu den herkömmlichen Datenbanksystemen gibt es bei Blockchains nicht den *einen* zentralen Datenbankserver, dem alle vertrauen müssen. Stattdessen gibt es den Schwarm aller teilnehmenden Rechner, die jeweils wie ein Server agieren. Es handelt sich also um einen Verbund von Servern. Alle Rechner kennen, verfolgen und verwalten zu jedem Zeitpunkt den kompletten Datenbestand. Diese dezentrale Struktur ist rechts in Abbildung 1.2 gegenübergestellt.

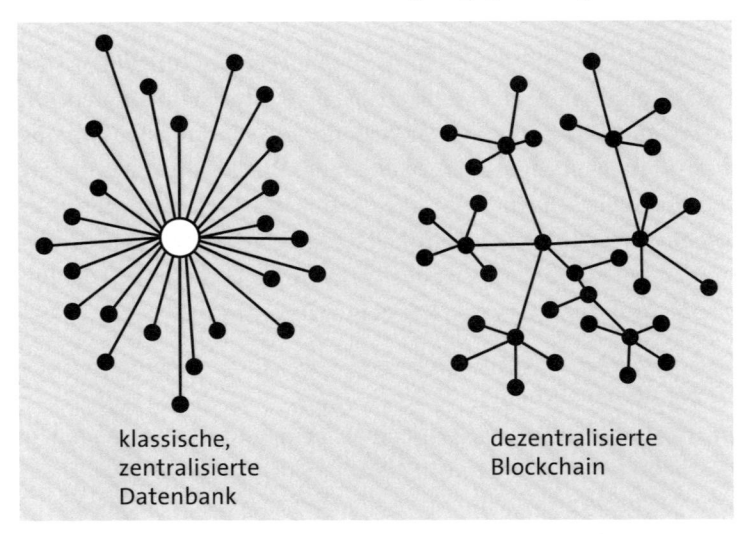

Abbildung 1.2 Gegenüberstellung klassischer, zentralisierter Netzwerksysteme und dezentraler Netzwerke

Bei dieser Art der Organisation müssen die Rechner ihren Datenstand untereinander abgleichen, um sich im Konfliktfall darüber einig werden zu können, welcher Datenstand der richtige ist. Die *Knoten* in einem Blockchain-Netzwerk klären dazu über einen sogenannten *Konsensalgorithmus*, welcher Datenstand verbindlich für alle gilt. Ein Konsensalgorithmus definiert, wie bei abweichenden Datenständen zu verfahren ist. Ein einfaches Beispiel für eine solche Verfahrensregel ist z. B. aus der Demokratie bekannt: Der Kandidat, der die Mehrheit der Stimmen für sich gewinnen konnte, gewinnt eine Wahl. Ähnlich ist es bei der Blockchain – was immer die meiste Anzahl von Knoten als die Wahrheit erachten, wird für alle verbindlich.

Aufgrund des dezentralen Charakters von Blockchains und des Umstandes, dass der Datenstand für jeden Knoten im Netzwerk repliziert wird, ist eine Blockchain bei zunehmender Knotenzahl immer mehr immun gegen Zensur oder Unterdrückung. Denn wird ein Knoten abgeschaltet, wird das Blockchain-Netzwerk zwar ein wenig kleiner, aber bei jedem der verbliebenen Knoten ist der komplette Datenbestand weiterhin vorhanden. Durch Abschaltung einzelner Rechner kann also der Datenstand in einem Blockchain-Netzwerk nicht kontrolliert werden.

Ein weiterer wichtiger Unterschied zwischen Blockchains und klassischen Datenbanken liegt in der Art der gespeicherten Daten. Herkömmliche Datenbanken speichern vorrangig *Daten*, meist ohne vorzuhalten, von wem sie stammen, wie sie zustande gekommen sind oder wie sich die Daten über die Zeit verändert haben. Blockchains hingegen fokussieren sich auf die *Prozesse*, die zum aktuellen Datenstand geführt haben. Sie verfügen immer über alle Transaktionsdaten, sodass sie jeden historischen Datenstand einfach durch Aufsummieren aller bis dahin angefallenen Transaktionen errechnen können.

Prozessorientierung

Den gerade aktuellen Datenstand einer Blockchain nennt man auch den *World State*, den »Weltzustand«. Diesen Datenstand kann man sich wie eine Excel-Tabelle vorstellen, die fortlaufend aktualisiert wird.

World State

Die Speicherung aller Transaktionen in der Blockchain führt zu ihrem fortlaufenden Wachstum. Blockchains werden mit der Zeit immer größer, und zwar je mehr Transaktionen durchgeführt werden. Die Bitcoin-Blockchain z. B. umfasste im Januar 2019 eine Größe von knapp 200 GB. In ihr sind alle Transaktionen erfasst, die die Teilnehmer seit Beginn der Aufzeichnungen am 3. Januar 2009 im Bitcoin-Netzwerk ausgeführt haben.

Fortlaufendes Wachstum

Warum macht man das? Die Antwort lautet: aus Gründen der *Transparenz*. Die in der Bitcoin-Blockchain gespeicherten Transaktionsdaten sollen für alle öffentlich einsehbar sein. Diese Transparenz ist gewollt, denn wenn ein

Transparenz

neuer Knoten zum Netzwerk hinzustößt, sollte er sich nicht einfach auf die Richtigkeit eines durch einen anderen Knoten zugerufenen Datenstandes verlassen müssen. Vielmehr muss er in der Lage sein, alle bisherigen Transaktionen aufzusummieren und so (hoffentlich) zum selben aktuellen World State wie die anderen Knoten zu kommen – Mathematik ist schließlich jederzeit und überall gültig.

Da jeder über dieselbe lückenlose Liste aller Transaktionsdaten verfügt, muss das Ergebnis am Ende für alle immer gleich sein, egal, wie oft es durchgerechnet wurde.

Ein weiterer Vorteil der Speicherung sämtlicher historischen Transaktionsdaten ist, dass Teilnehmer jederzeit jegliche Transaktionen im Netzwerk nachvollziehen und überprüfen können. Das ist für Bitcoin z. B. über Angebote wie den Blockchain Explorer (*https://www.blockchain.com/explorer*) möglich.

Da sich alle Teilnehmer auf ein gemeinsames, offengelegtes Protokoll mit standardisierten Algorithmen einigen, gibt es bei der Buchführung keine Möglichkeit der Abweichung oder Manipulation. Wenn allen bekannt ist, wer wem wann wie viel überwiesen hat, sind die Finanzströme für alle nachvollziehbar, und das globale Endergebnis muss für alle gleich lauten.

Sicherheit   Die Transaktionsdaten der Teilnehmer sind in der Bitcoin-Blockchain in jeweils 1 MB großen Blöcken erfasst, die als einzelne Dateien abgelegt werden. Die Blockgröße von 1 MB wurde bei Bitcoin willkürlich gewählt, um den Transaktionsdurchsatz zu optimieren. Andere Blockchains haben andere Metriken, aber das Verfahren ist dasselbe. Gesichert sind die Blockdaten mittels kryptografischer Prüfsummen, den sogenannten *Hash-Werten*. In Verbindung mit der redundanten Haltung von Daten werden damit nachträgliche Änderungen an den Daten und an deren Reihenfolge unmöglich gemacht. Da diese Sicherheitsmechanismen immanent für das Verständnis der Blockchain-Technologie sind, gehen wir im Folgenden noch etwas genauer auf sie ein. Um sie verstehen zu können, ist etwas kryptografisches Hintergrundwissen erforderlich.

1.2.3 Technische Grundkonzepte und Sicherheitsmechanismen

Die in einer Blockchain verwendeten technischen Grundkonzepte und Ideen waren zum Zeitpunkt der Publikation des Bitcoin-Whitepapers schon hinlänglich bekannt. Sie wurden jedoch auf eine innovative Art und Weise neu miteinander kombiniert. Diese Grundkonzepte, auf denen das Blockchain-Sicherheitskonzept aufbaut, sind:

- *Hash-Werte* und *Hash-Funktionen* und ihre Eigenschaften zur Absicherung von Datenströmen
- das Prinzip *verlinkter Listen*, in denen Einträge aufeinander verweisen
- eine *dezentralisierte Netzwerkarchitektur* zur Duplizierung von Daten und damit Verhinderung von Datenmanipulationen und Zensur
- dadurch bedingt die *Notwendigkeit von Konsensalgorithmen* wie dem Proof-of-Work-Algorithmus
- *Public-Key-Kryptografie* zur Sicherung der Transaktionen und Anonymisierung der Teilnehmer.

Hash-Werte und Hash-Funktionen

Hash-Werte werden von speziellen *Hash-Funktionen* erzeugt, die im Deutschen auch *Einweg-* oder *Falltürfunktionen* genannt werden. Sie heißen so, da sie aus einem gegebenen Datenstrom einen eindeutigen kurzen digitalen Fingerabdruck errechnen können, den *Hash-Wert* oder kurz *Hash*. Aus einem gegebenen Hash-Wert können keinerlei Rückschlüsse mehr auf die ursprünglichen Quelldaten gezogen werden, die ihn erzeugt haben – deswegen auch die Bezeichnung Einweg- oder Falltürfunktionen. Diese Funktionen können nur in eine Richtung durchlaufen werden, nämlich von den Quelldaten zum eindeutigen Hash für (nur genau) diese Quelldaten. Danach gibt es kein Zurück mehr. Es erfolgt somit eine Datenreduktion, allerdings unter Beibehaltung der Eindeutigkeit.

Hash-Funktionen

Es gibt viele verschiedene Hash-Funktionen, die für unterschiedliche Anwendungsfälle eingesetzt werden. In Abbildung 1.3 wurde die Zeichenkette »Dies ist ein Beispieltext für das SAP-Cloud-Platform-Buch.« von verschiedenen Funktionen verarbeitet. In der linken Spalte ist jeweils der Name der Funktion angegeben, rechts sehen Sie als Ergebnis die Hash-Werte.

Beispiele für Hash-Funktionen

Bitcoin verwendet den Hash-Algorithmus *SH-A256* (in Abbildung 1.3 in der fünften Zeile von unten zu sehen). SHA steht für *Secure Hash Algorithm*. Bei SHA handelt es sich um eine ganze Familie von Hash-Algorithmen, die Hashes mit unterschiedlichen Längen erzeugen können, etwa mit 224, 256, 384 oder 512 Bit Länge. Der dabei verwendete Algorithmus wurde als *Federal Information Processing Standard* (FIPS) im März 2012 publiziert (FIPS 180-4, Secure Hash Standard). FIPS ist ein US-amerikanischer Standard für die Informationsverarbeitung. Im August 2015 wurde der Algorithmus aktualisiert und gilt zurzeit (Stand Frühjahr 2019) als sicher. Er wird in vielen Softwareprodukten eingesetzt.

Secure-Hash-Algorithmus

Results	
Original text	Dies ist ein Beispieltext für das SAP-Cloud-Platform-Buch.
Original bytes	44696573206973742065696e20426569737069656c74657874... (length=58)
Adler32	5d9d146a
CRC32	b057a28d
Haval	4190f06705532a94104ed417419d05cd
MD2	471d934a5db6fd20104001721ac5038a
MD4	7e05ccaa048d5782c001010a3d9f7939
MD5	39221bebd34cb2baffc16658cbcae911
RipeMD128	793ff3146445a668519e7767fa31c9d9
RipeMD160	2b8efeacf6840591b06d38d6dd458ba32c0bbed2
SHA-1	3522accbb2858d7ddc75dba2fe462a229fe21700
SHA-256	ed212c2b2e02fb177bbae8ef8b6405055e565e86f29eeff8709de69a77b5f0d0
SHA-384	33ec92632e42e936eabf3fc82659ddc441fb3b0d6dc0f88ed598e37a134fed8be5b6853cd2e99042d61b630a68c713da
SHA-512	327c11fac3fa789dc95db28a2bd99ccd0232f04d722c9e05695e8575f9d8a66a971641a4a6eabfe1fd4f6402ceeb2f2464d2588da571caaf6ffdbd5e7f951e94
Tiger	eebad7dd1e1aa553a80e9bd1aa61a9344d4abc47b46e4c95
Whirlpool	1496c8f5d80c14bc2ba51609cc548e62abacec402c439a14d6f9624e5677041ae57c7c3e83373601d8df730002679267c2ed3ba971b63efe474eeb3f7407b4ad

Abbildung 1.3 Hash-Werte verschiedener Algorithmen für die Beispielzeichenkette »Dies ist ein Beispieltext für das SAP-Cloud-Platform-Buch.«

Mit dem SHA-256-Algorithmus haben die erzeugten Hash-Werte eine Länge von 256 Bit. Teilt man diese durch 8, lässt sich der Wert eines Hashs auch als eine Kette von 32 einzelnen Byte-Werten darstellen. Da Byte-Werte in der Programmierung gerne kompakter in zweistelliger Hexadezimal-Schreibweise angegeben werden, kommt man darüber zur typischen Darstellung des Hash-Wertes als gemischte Zeichen- und Zahlenfolge. Der SHA-256-Hash-Wert einer leeren Zeichenkette »« lautet z. B.:

```
SHA256("") =
e3b0c44298fc1c149afbf4c8996fb92427ae41e4649b934ca495991b7852b855
```

Standardisierung   Manche Hash-Funktionen finden Einsatz im Rahmen starker Kryptografie. Starke Kryptografie bedeutet in diesem Kontext, dass es sich um bisher ungebrochene Verfahren handelt, die vom US- und anderen Militär- und Abschirmdiensten eingesetzt werden. Die Hash-Funktionen stellen mit Ihren Eigenschaften die Grundbausteine für viele Verschlüsselungsverfahren dar. Deswegen werden sie von Behörden geprüft und publiziert, unter anderem von der amerikanischen Standardisierungsbehörde *National Institute of Standards and Technology* (NIST). Somit stehen die verwendeten Algorithmen fortlaufend in der öffentlichen Diskussion und unterliegen einer akademischen Prüfung. Sie gelten deswegen gemeinhin als besonders sicher.

Geprüfte und sichere Hash-Funktionen, die Verwendung bei Verschlüsselungsverfahren finden, nennt man deswegen auch *kryptografische Hash-Funktionen*. Sie weisen einige besondere Merkmale auf, darunter den sogenannten Lawineneffekt und die Kollisionsresistenz.

Ein wichtiges Merkmal einer kryptografischen Hash-Funktion ist der *Lawineneffekt*: Minimale Änderungen im Eingangsdatenstrom sollen möglichst starke Auswirkungen auf den erzeugten Hash-Wert haben. Dies ermöglicht eine breite zufällige Streuung der resultierenden Hashes.

| Lawineneffekt |

> **Erzeugung und Streuung von Hash-Werten**
>
> Die SHA-256-Hash-Funktion erzeugt den folgenden Hash-Wert aus der Zeichenkette »SAP Cloud Platform«:
>
> 00659AC854ABAC6BB55D2A7AD0D2CABC34E6F7A7B224D647DC2F2930E7E7E25C
>
> Die nur leicht abgewandelte Zeichenkette »SAP Cloud Plattform« (mit doppeltem t) erzeugt hingegen einen vollkommen anderen Hash-Wert:
>
> 273B2BD3BB7FB61574E46CC7056883954446B8D6D31F8BB4413F8EF2887B0C4B
>
> Das Hinzufügen eines neuen Buchstabens hat die Zeichenkette erweitert, weswegen ein veränderter Hash-Wert Sie möglicherweise nicht verwundert. Die gleich lange und somit ähnlichere Zeichenkette »SAP Cloud Platfoam« erzeugt allerdings ebenso einen stark vom ersten Hash-Wert abweichenden Wert:
>
> FD8D8FDE22ABFB97B982A7E9071A0F2E864A08D1748015A0791C11C0743D7C11

Wird nur ein einziges Bit im Datenstrom geändert, nimmt der daraus resultierende Hash idealerweise einen vollkommen anderen Wert an. Dies ist der Lawineneffekt: Eine minimale Änderung im Ausgangsdatenstrom erzeugt eine starke Abweichung im Ergebnis. Dazu kommt, dass mehrere bekannte Hash-Werte keinerlei Rückschlüsse auf die zugrunde liegenden Ausgangsdatenströme erlauben, selbst wenn sich diese sehr ähnlich sind. Dies liegt an der weiten zufälligen *Streuung*.

Ein weiteres Gütemerkmal für Hash-Algorithmen ist auch die sogenannte *Kollisionsresistenz*. Der in unserem Beispiel verwendete Datenstrom (die Zeichenkette »SAP Cloud Platform«) ist recht kurz und überschaubar. Die Länge des Ausgangsdatenstroms für eine Hash-Funktion ist aber nicht begrenzt – es können Bilder, Dateien, ganze ZIP-Archive oder Abbilder von Festplatten mit einem eindeutigen Hash-Wert versehen werden. Bei guten Hash-Algorithmen mit richtig gewählter Länge der Werte ist es dabei unmöglich, dass zufällig ein und derselbe Hash-Wert für zwei unterschiedliche Datenströme errechnet wird. Dies ist die Kollisionsresistenz.

| Kollisionsresistenz |

Weil jedoch bei der Ermittlung von Hash-Werten immer eine beliebig große Menge an Ausgangsdaten in eine endliche kleinere Menge möglicher Hash-Werte überführt wird, ist es theoretisch möglich, dass identische Hash-Werte, sogenannte *Kollisionen*, auftreten können. Deswegen ist die Wahl einer ausreichend großen Hash-Wert-Länge wichtig. Die Anzahl an möglichen Hash-Werten muss gleich oder größer sein als die Anzahl der möglichen Kombinationsmöglichkeiten der Eingangsdaten. Bei SHA-256 sind dies 2^{512} Kombinationsmöglichkeiten für eindeutig markierbare Datenmuster.

Es sind diese besonderen Eigenschaften kryptografischer Hash-Funktionen, die die nachprüfbare Eindeutigkeit der Daten in einer Blockchain und damit ihre Funktionsweise garantieren. Die ermittelten Hash-Werte für einen Datenblock werden auf besondere Art und Weise in einer verlinkten Liste miteinander verwoben, um eine fälschungssichere und gerichtete Kette zu erzeugen.

Verlinkte Listen von Datenblöcken

Transaktionsdaten

Eine Blockchain protokolliert die Transaktionen der Teilnehmer aus Effizienzgründen in einzelnen Datenblöcken fester Größe. Jede Transaktion besteht dabei aus ihren Einzelinformationen. Die genaue Struktur einer Transaktion unterscheidet sich bei den verschiedenen Blockchains, z. B. zwischen Bitcoin, Ethereum oder Hyperledger. Dem Grundsatz nach haben die Informationen aber immer denselben Kern: Wer hat wann wem wie viel gesendet?

[zB]

Transaktionen bei Bitcoin

Bitcoin-Transaktionen bestehen aus zwei Feldern:

- Output
- Input

Der *Output* beschreibt, wie viele Bitcoins an wen versandt wurden. Der *Input* beschreibt, aus welchen vorherigen Outputs die versendeten Bitcoins stammen, und enthält eine digitale Signatur des Absenders, um die Transaktion zu bestätigen.

Es ist wichtig zu verstehen, dass der Input einer neuen Transaktion immer auf den Output einer oder mehrerer vorheriger Transaktionen verweist, um die Herkunft des eigentlichen Betrags zu erklären. Daraus ergibt sich auch, dass es »den Bitcoin« an sich gar nicht gibt: Es gibt keine Datei oder Struktur, die man als Bitcoin in der Blockchain beschreiben könnte, sondern nur Zahlen und Adressen mit nachvollziehbaren Zahlungsströmen (wie auf herkömmlichen Kontoauszügen).

Eine unserer Ansicht nach gut verständliche Beschreibung und Demo für Bitcoin-Transaktionen finden Sie in dem Blog »The Royal Fork« unter der URL *http://s-prs.de/v691403*. Die ausführlichere technische Referenzbeschreibung zu Bitcoin-Transaktionen finden Sie unter der URL: *https://bitcoin.org/en/transactions-guide*

Zur Bildung eines neuen Datenblocks in einer Blockchain werden zuerst mehrere Transaktionen zu einem Bündel mit bestimmter Größe gesammelt – im Fall von Bitcoin beträgt diese Größe 1 MB pro Block. Sind genügend Transaktionen gesammelt, wird der Hash-Wert für die gespeicherten Transaktionen erzeugt und damit die Bildung des Datenblocks abgeschlossen.

Bildung von Datenblöcken

Die Datenstruktur eines Datenblocks, z. B. des Blocks 101 in Abbildung 1.4, besteht aus Metadaten und den eigentlichen Transaktionsdaten. Metadaten sind z. B. die fortlaufende Blocknummer, der Hash-Wert des vorhergehenden Blocks und der Hash-Wert des aktuellen Blocks. Das Datenlayout eines Datenblocks unterscheidet sich von Blockchain zu Blockchain. Auch kann sich die Größe eines Blocks unterscheiden.

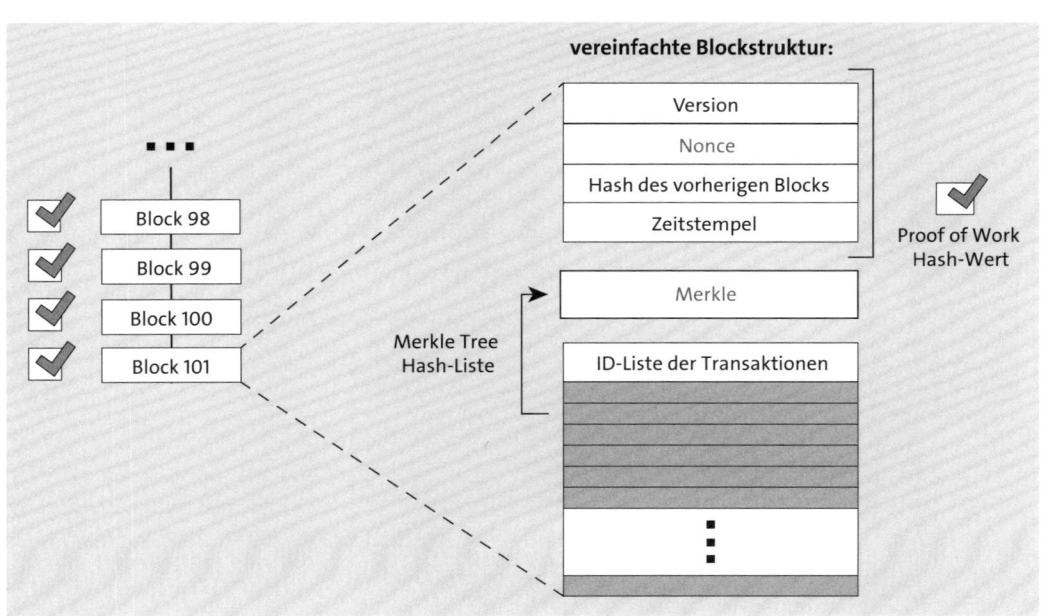

Abbildung 1.4 Vereinfachte Blockstruktur für einen Bitcoin-Datenblock

Bei Bitcoin haben die Datenblöcke eine Größe von 1 MB, beim schneller getakteten Ethereum variiert die Blockgröße elastisch nach dem Aufkommen zwischen einigen Kilobyte bis knapp 40 kB. Zur Datenstruktur eines Bitcoin-Blocks gehören auch ein Zeitstempel, ein Nonce-Wert für das Mining sowie ein Merkle-Hash als Zusammenfassung für den Datenblock. Auf diese Konzepte gehen wir im Folgenden noch ein.

Versiegelung der Transaktionsdaten

Unabhängig von der Art der Blockchain weist jeder Block den abschließenden Hash-Wert auf, der über den gesamten Block errechnet wird und den Datenblock wie ein Siegel verschließt. Abbildung 1.5 zeigt eine stark vereinfachte Darstellung eines Datenblocks in einer Blockchain. Er enthält die Transaktionsdaten, über die der finale Hash-Wert gebildet wird. Dadurch wird der Block versiegelt.

Durch die Errechnung des Hash-Wertes werden die Transaktionsdaten im Block eingefroren und können nicht mehr geändert werden. Würden sie dennoch geändert werden, würde der Hash-Wert bei einer Nachrechnung nicht mehr stimmen. Somit erfüllt der Hash-Wert die Funktion einer Prüfsumme oder die eines Siegels: Wer die im Block enthaltenen Transaktionsdaten mit der SHA-256-Hash-Funktion nachrechnet, muss zwangsläufig den gespeicherten Hash-Wert als Ergebnis erhalten.

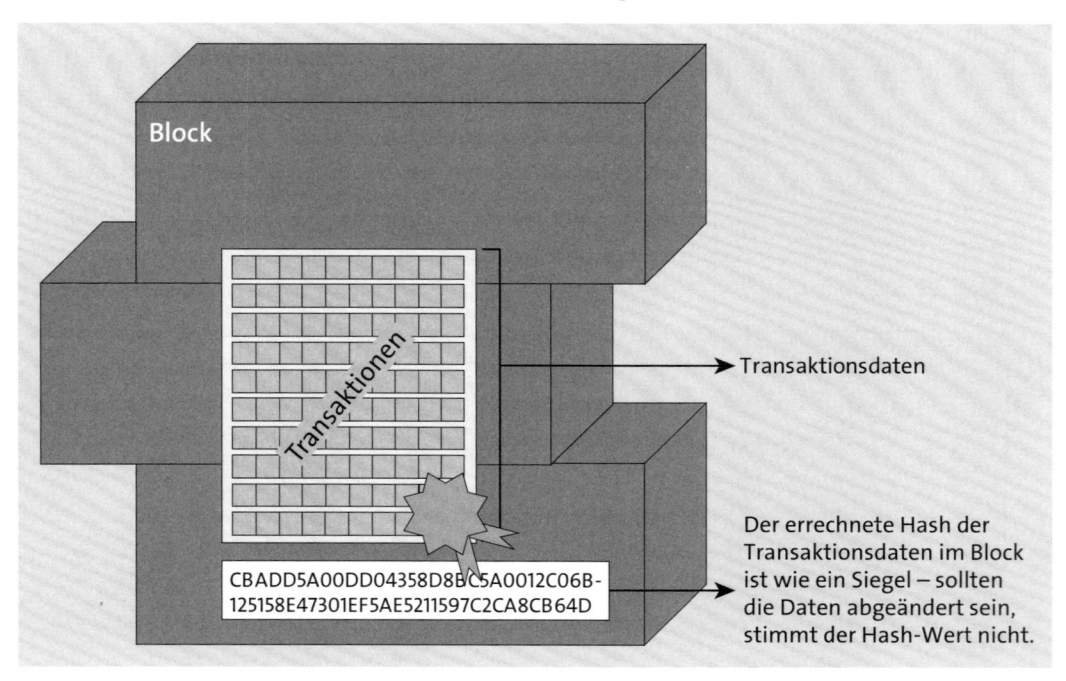

Abbildung 1.5 Versiegelung der Transaktionsdaten durch den Hash-Wert

Dieser finale Hash-Wert ist die eigentliche Prüfstelle, um die logische Konsistenz einer Blockchain zu garantieren. Der Datenblock wird von allen anderen Knoten im Netzwerk nachgerechnet, und der von diesen Knoten ermittelte Hash-Wert muss mit dem im Block eingetragenen Wert übereinstimmen, sonst kann er nicht von den anderen validiert werden. Sollte sich der eingetragene Hash-Wert vom errechneten Hash-Wert unterscheiden, kann dies nur bedeuten, dass der Inhalt des Blocks zwischenzeitlich verändert worden ist.

Diese Prüfung reicht aber noch nicht aus, um die Integrität der Blockchain sicherzustellen. Ohne zusätzliche Maßnahmen könnte z. B. die Reihenfolge der Blöcke verändert werden. Die fortlaufende Blocknummer und die Zeitstempel eines jeden Blocks lassen sich leicht fälschen. Wie kann man also sicherstellen, dass die Abfolge der Blöcke eingehalten wird? Der entscheidende Trick liegt im Verweben der Hash-Werte der einzelnen Blöcke: Der abschließende Hash-Wert eines Blocks dient gleichzeitig als Startwert für den nächsten Block und fließt in die Berechnung dessen Hash-Wertes mit ein, wie in Abbildung 1.6 dargestellt. Durch diesen Trick werden die Datenblöcke miteinander verbunden. Es entsteht eine gerichtete Kette von Datenblöcken, deren Hash-Werte aufeinander aufbauen.

Reihenfolge der Blöcke absichern

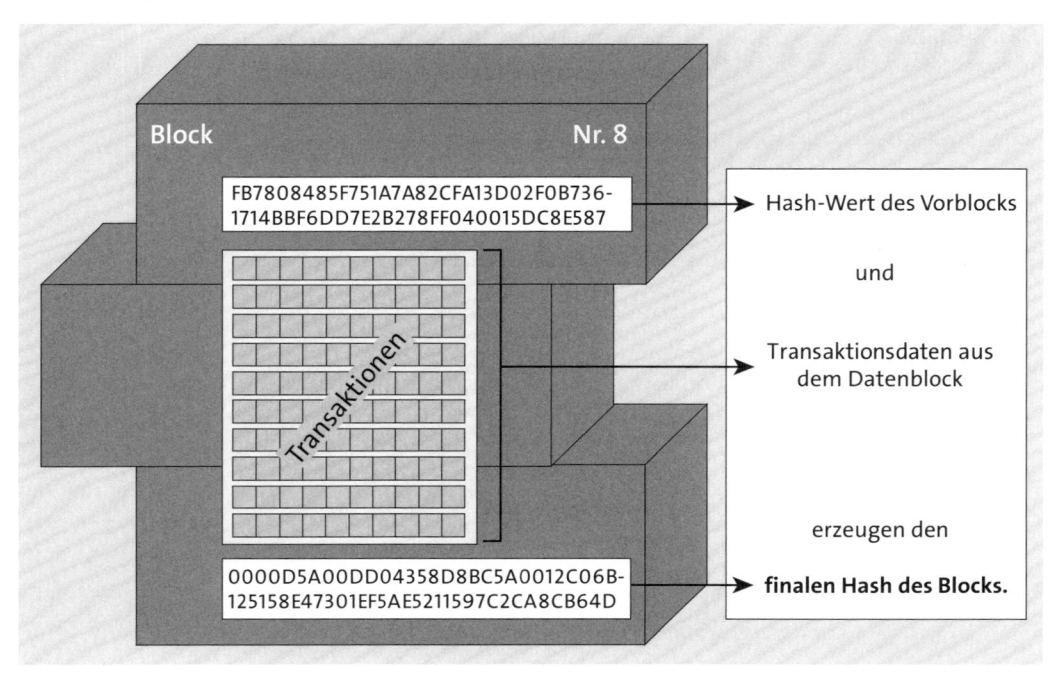

Abbildung 1.6 Erzeugung des finalen Hash-Wertes aus dem Hash-Wert des vorherigen Blocks und den Transaktionsdaten des aktuellen Blocks

Datenintegrität innerhalb der Blockchain

Fassen wir noch einmal zusammen: Die Reihenfolge zwischen den Datenblöcke einer Blockchain wird durch die Kombination der Hash-Werte gesichert:

Hash des Vorgängerblocks + Nutzdaten des aktuellen Blocks =
finaler Hash des aktuellen Blocks

Der finale Hash des aktuellen Blocks wird dann wiederum zum Hash des Vorgängerblocks für den darauffolgenden Block. Dies garantiert eine unabänderliche Reihenfolge der Blöcke in der Blockchain, weil die Hash-Werte der Datenblöcke aufeinander aufbauen.

In Abbildung 1.7 wurde der Hash-Wert vom dritten Block mit der Nummer 2 in Teilen aus dem Hash-Wert vom zweiten Block mit der Nummer 1 errechnet, der wiederum in Teilen von dem Hash-Wert vom ersten Block mit der Nummer 0, dem *Genesis-Block*, abgeleitet wurde. Dieser Hash-Wert wurde wiederum aus dem Hash-Wert des nullten Blocks erstellt. Damit ergibt sich eine eindeutige Richtung der Blöcke in der Kette, die später nicht mehr geändert werden kann.

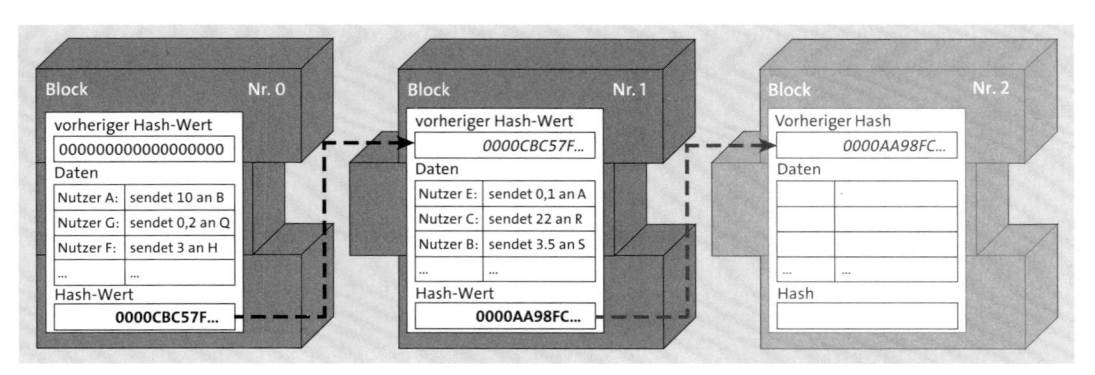

Abbildung 1.7 Hash-Wert eines Blocks als Startwert des nächsten Blocks

In einer unverfälschten Blockchain fügen sich die errechneten Hash-Werte der Blöcke in eine stimmige Abfolge ein, die von jedem jederzeit nachgeprüft werden kann. Man muss dazu nur den Hash des Vorgängerblocks mit den Transaktionsdaten des aktuellen Blocks kombinieren und daraus den SHA-256-Hash-Wert berechnen. Stimmt der errechnete Hash-Wert mit dem gespeicherten Hash-Wert des Blocks überein, ist der betreffende Block nicht manipuliert worden. Mehr noch lässt sich daraus ableiten: Auch alle Blöcke *vor* dem gewählten Block gelten damit als unverfälscht und stimmig. Abbildung 1.8 zeigt eine so erzeugte Blockchain.

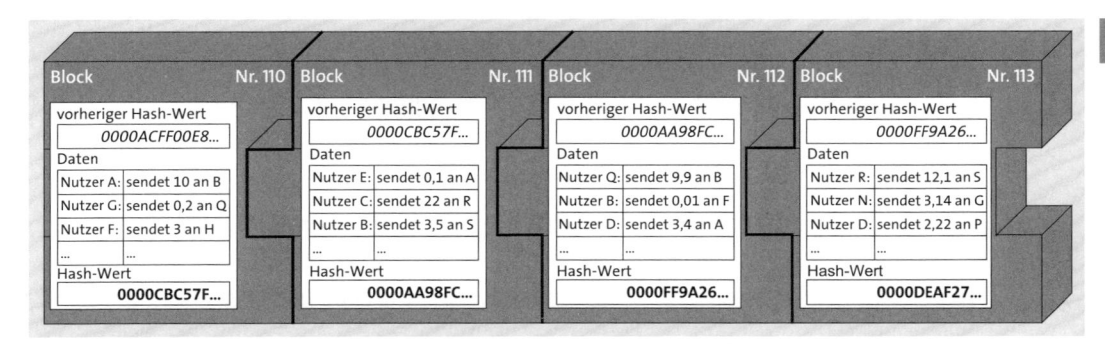

Block Nr. 110	Block Nr. 111	Block Nr. 112	Block Nr. 113
vorheriger Hash-Wert: 0000ACFF00E8...	vorheriger Hash-Wert: 0000CBC57F...	vorheriger Hash-Wert: 0000AA98FC...	vorheriger Hash-Wert: 0000FF9A26...
Daten:	Daten:	Daten:	Daten:
Nutzer A: sendet 10 an B	Nutzer E: sendet 0,1 an A	Nutzer Q: sendet 9,9 an B	Nutzer R: sendet 12,1 an S
Nutzer G: sendet 0,2 an Q	Nutzer C: sendet 22 an R	Nutzer B: sendet 0,01 an F	Nutzer N: sendet 3,14 an G
Nutzer F: sendet 3 an H	Nutzer B: sendet 3,5 an S	Nutzer D: sendet 3,4 an A	Nutzer D: sendet 2,22 an P
...	...	...	...
Hash-Wert: 0000CBC57F...	Hash-Wert: 0000AA98FC...	Hash-Wert: 0000FF9A26...	Hash-Wert: 0000DEAF27...

Abbildung 1.8 Blockchain mit aufeinander aufbauenden Hash-Werten für die einzelnen Blöcke

Dezentralisierte Netzwerkarchitektur

Sie kennen nun den inneren Aufbau einer Blockchain. In einem Blockchain-Netzwerk gibt es aber nicht nur eine solche Datenbank, sondern jeder teilnehmende Knoten hat eine eigene Version der Blockchain vorliegen, über die er sich mit den anderen Knoten austauscht. Wenn aber jeder Knoten eine eigene Version der Blockchain besitzt – was hält dann einen betrügerischen Knotenbetreiber davon ab, Teile seiner Blockchain zu seinen Gunsten zu modifizieren? Er könnte z. B. Transaktionen in einem Block verändern, die Hash-Werte des betreffenden Blocks sowie aller darauffolgenden Blöcke neu berechnen und dies dem Rest des Netzwerkes als richtige Version der Blockchain unterjubeln.

Dies wird durch die *Dezentralisierung* verhindert: Dem betrügerischen Knoten wird es aufgrund des dezentralen Charakters des Blockchain-Netzwerkes nicht gelingen, seiner Version der Wahrheit Geltung zu verschaffen. Die Mehrheit der Knoten im Netzwerk kennt eine andere Version der Blockchain.

Um dieses Prinzip zu verdeutlichen, spielen wir den Versuch einer betrügerischen Datenmanipulation einmal durch. Nehmen wir an, wir wollten als Betreiber eines Knotens in einem Blockchain-Netzwerk den Überweisungsbetrag einer gespeicherten Transaktion zu unseren Gunsten abändern. Wird ein Wert in einem der abgelegten Blöcke der Blockchain nachträglich verändert, stimmt der bisher errechnete Hash-Wert für diesen Block nicht mehr. Diesen Wert berechnen wir daher neu. Da alle Hash-Werte der nachfolgenden Blöcke von diesem Hash-Wert abhängig sind, müssen diese ebenfalls geändert werden – bis hin zum aktuellen Block.

Diese weit in die Vergangenheit zurückreichende Manipulation erzeugt eine ganze Kaskade fehlerhafter Prüfsummen bis in die Gegenwart hinein.

Abbildung 1.9 verdeutlicht dieses Problem anhand der Manipulation der Transaktionsdaten von Block 111. Die erzeugte alternative Version der Blockchain, die wir als neue Wahrheit verkaufen möchten, würde man in der Quellcodeverwaltung eine *Fork* nennen (dt. Gabelung), d. h. eine modifizierte parallele Version.

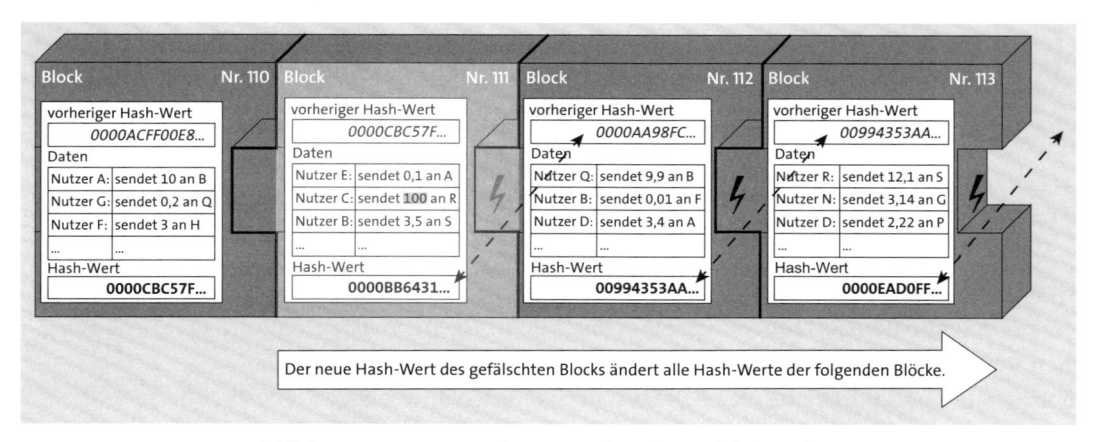

Abbildung 1.9 Neue Prüfsummen für alle nachfolgenden Blöcke nach der Manipulation der Transaktionsdaten des Blocks 111

Diese Abweichung fällt den anderen Knoten im Blockchain-Netzwerk auf – umso mehr, wenn wir als einziger Knoten dieses abweichende Ergebnis präsentieren. Wem würden Sie in einem solchen Fall glauben: der großen Gruppe von unabhängigen Knoten, die alle mit denselben Daten zum selben Ergebnis kommen, oder einem abweichenden Knoten, der eine Version der Blockchain hat, die keiner bestätigen kann? Die Antwort ist offensichtlich: Unsere abweichende Version der Ereignisse wird von den anderen Knoten verworfen. Wenn wir weiterhin am Netzwerk teilnehmen wollen, müssen wir die Blockchain der anderen Knoten übernehmen.

> **51-%-Attacke**
>
> Es gibt dennoch einen theoretischen Weg, wie eine manipulierte Version der Blockchain zur allgemeinen Version werden könnte. Er führt über die sogenannte *51-%-Attacke*, bei der wir mehr als 50 % der Rechenkraft im Netzwerk kontrollieren. Sollten wir mehr Rechenkapazitäten als alle anderen Teilnehmer des Netzwerkes haben, können wir damit die Bestätigung neuer Transaktionen verhindern und bereits getätigte Transaktionen rückabwickeln. Auf diese Weise könnten wir unsere Version der Blockchain gegenüber den anderen Teilnehmern im Netzwerk durchdrücken.

Algorithmen zur Konsensfindung

Da es in einem dezentral organisierten Netzwerk keine zentrale Autorität gibt, die eventuell auftretende Konflikte lösen kann, müssen andere Verfahren gefunden werden, und einen einheitlichen Datenstand zwischen den Teilnehmern zu gewährleisten. Dies ist das Feld der *Konsensalgorithmen*. Konsensalgorithmen sind ein sensibles Thema, denn sie hängen unweigerlich mit den Regeln zur Validierung neuer Datenblöcke zusammen. Teilnehmer einer Blockchain einigen sich auf ein verbindliches Protokoll zur Bildung und Anerkennung von neuen Blöcken, damit die Blockchain fortwährend weitergeschrieben werden kann. Wie dies funktioniert, erklären wir in diesem Abschnitt.

Konsensalgorithmen

Bei Kryptowährungen wie Bitcoin oder Ethereum gibt es eine finanzielle Belohnung für das Erzeugen eines validen neuen Datenblocks für die Blockchain. Der Hintergedanke dabei ist, dass alle, die am Wachstum der Blockchain mitarbeiten, eine Chance auf Belohnung für ihre Aufwände bekommen.

Mining

Das Erzeugen eines neuen Datenblocks für die Blockchain wird bei der Bitcoin *Mining* genannt. Die spezialisierten Knoten im Blockchain-Netzwerk, die Mining betreiben, heißen dementsprechend *Miner*. Der Begriff Mining lässt sich im Deutschen mit Schürfen übersetzen. Dieser Begriff ist insofern zutreffend, als man nach etwas Wertvollem sucht (dem neuen Datenblock) und dafür gegebenenfalls belohnt wird. Das Mining soll als Anreiz dienen, damit die Miner dem Bitcoin-Netzwerk weiterhin Ihre Ressourcen wie Rechenkraft, Zeit und Strom zur Verfügung stellen.

> **Belohnung für das Mining**
>
> Anfang 2019 wurden dem Erzeuger eines neuen Datenblocks in der Bitcoin-Blockchain 50 neue Bitcoins gutgeschrieben. Bei einem Kurs von ungefähr 3.800 US-Dollar pro Bitcoin ist dies ein Gegenwert von 190.000 US-Dollar. Der Mining-Prozess ist bei Bitcoin der einzige Weg, um neue Bitcoins zu erzeugen. Insgesamt wird es nur 21 Millionen Bitcoins geben können – das ist mathematisch über den Algorithmus begrenzt. Diese geplante künstliche Verknappung von Bitcoins soll einer Inflation entgegenwirken.
>
> Je mehr Bitcoins bereits ausgegeben wurden, desto geringer wird die Belohnung für einen neu gefundenen Datenblock. In einer nicht allzu fernen Zukunft (voraussichtlich 2023) werden Miner für neu gefundene Datenblöcke deswegen gar keine neuen Bitcoins mehr erhalten – einfach, weil alle 21 Millionen Bitcoins bereits ausgegeben wurden.
>
> Doch es gibt einen Ausweg: Miner erheben heute schon pro verarbeitete Transaktion zusätzlich eine mittlere Gebühr von 0,89 US-Dollar (Stand:

> 2. August 2019). Sollte man als Teilnehmer nicht bereit sein, diese zusätzliche Gebühr für eine Transaktion zu bezahlen, wird sie von den Minern zur Blockbildung nicht berücksichtigt. Eigentlich ist es sogar noch extremer: Miner wählen unbestätigte Transaktionen nicht zufällig, sondern nach der Höhe der gezahlten Gebühren aus.
>
> Wird es ab 2023 keine neuen Bitcoins mehr für erfolgreiches Mining geben, werden sich die Miner also allein über die erhobenen Transaktionsgebühren finanzieren müssen. Das Ganze ist etwas ironisch, denn durch die direkte Möglichkeit der Übertragung des Zahlungsmittels zwischen den Teilnehmern sollten ja undurchsichtige Mittelsmänner und die dazugehörigen Kosten eigentlich wegfallen.

Erzeugung von Blöcken in Enterprise Blockchains

Im Gegensatz zu den öffentlichen Blockchains für Kryptowährungen haben private Blockchains keine Miner. Stattdessen sorgen stark vereinfachte Konsensalgorithmen für schnellere Durchsätze und deutlich reduzierten Stromverbrauch. Es wird dabei davon ausgegangen, dass die Betreiber einer privaten oder konsortiengeführten Blockchain ein intrinsisches Interesse am Fortbestand des Netzwerkes haben und nicht extra belohnt werden müssen.

Hyperledger Fabric als typische Enterprise Blockchain etwa nutzt im einfachsten Modus einen sogenannten *Round-Robin-Algorithmus* zur Generierung neuer Blöcke für die Blockchain. Das bedeutet, dass jeder Knoten des Netzwerkes einmal reihum mit der Generierung eines neuen Blocks an der Reihe ist und es deswegen keinen Wettkampf gibt.

Mempool

Doch zurück zu Bitcoin: Neue, noch unverarbeitete Transaktionen landen vor ihrem Einbau in die Blockchain in einem sogenannten *Mempool*, einem Puffer voller unbestätigter Transaktionen, die zur Blockbildung herangezogen werden können. Jeder Miner hat Zugriff auf den Mempool und versucht, aus den vorliegenden Transaktionen einen neuen validen Datenblock für die Blockchain zu formen. Aufgrund der winkenden finanziellen Vergütung stehen die Miner dabei ständig untereinander im Wettbewerb.

Zur Generierung eines neuen Datenblocks wird ein Bündel an Transaktionen aus dem Mempool entnommen und daraus ein Datenblock gebaut. Dieser erhält unter anderem eine fortlaufende Blocknummer und einen Zeitstempel. Über diesen Datenblock wird am Ende der finale SHA-256-Hash-Wert errechnet.

Difficulty

Dabei kommt bei Bitcoin eine anpassbare Regel, die *Difficulty*, ins Spiel. Sie soll helfen, die Geschwindigkeit, mit der eine bestimmte Geldmenge ausgegeben wird, konstant zu halten. Sie wird dynamisch an die Rechenleistung des Bitcoin-Netzwerkes anpasst.

Die Rechenleistung des Netzwerkes ist die Geschwindigkeit, mit der Hash-Werte errechnet werden können – die sogenannte *Hash-Rate*. Ist die Hash-Rate durch mehr Miner oder stärkere Rechner im Bitcoin-Netzwerk angestiegen, wird die Difficulty automatisch schwieriger eingestellt. Wird das Netzwerk kleiner und schwächer, wird die Difficulty verringert. Die Difficulty sorgt dafür, dass trotz eventueller Fluktuationen in der Rechenleistung regelmäßig alle 10 Minuten ein neuer Datenblock geformt werden kann. Die Difficulty ist somit ein stabilisierender Faktor für das Netzwerk. Sie kann z. B. vorschreiben, dass ein valider Hash-Wert für einen Datenblock eine feste Anzahl führender Nullen aufweisen muss.

Doch wie kann so eine Forderung umgesetzt werden, wenn doch die erzeugten SHA-256-Hash-Werte per definitionem breit gestreut sein sollen und damit unvorhersehbar sind? Eine solche beeinflusste Erzeugung eines Hash-Wertes wird durch die *Nonce* ermöglicht.

Nonce

Die Nonce (Number only to be used once) ist ein spezielles Feld im Kopf des Bitcoin-Datenblocks. Es enthält einen Zahlenwert, der von den Minern frei gewählt werden darf (siehe Abbildung 1.10). Die Nonce eröffnet den Minern eine Möglichkeit, auf die Erzeugung des finalen Hash-Wertes des Blocks Einfluss zu nehmen, und ebnet somit einen Weg zur Generierung von Hash-Werten nach der aktuell geltenden Difficulty-Regel.

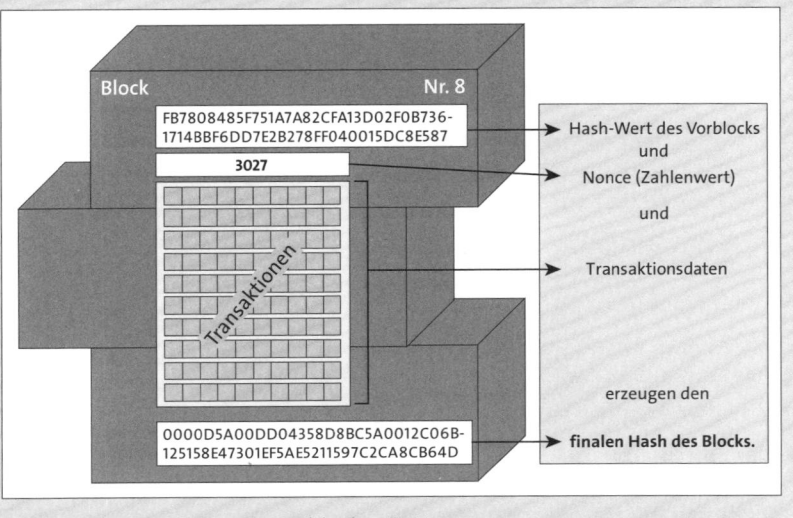

Abbildung 1.10 Bitcoin-Datenblock mit Nonce

Diese Einflussmöglichkeit der Nonce auf den resultierenden Hash-Wert ist ungerichtet, weil rein zufällig. Es gibt daher für die Miner nur eine einzige Strategie für die Nonce: Ausprobieren! Der Nonce-Wert wird also von den Minern so lange hochgezählt, bis der resultierende Hash-Wert aus Nonce und Datenblock, wie von der Difficulty verlangt, vier führende Nullen aufweist. Erst dann wird der neue Block auch von den anderen Teilnehmern akzeptiert und der Blockchain angehängt. Dieses blinde Ausprobieren des Nonce-Wertes bis zum Erzielen eines korrekten Hash-Wertes dauert im Schnitt um die 10 Minuten. So lange dauert die Generierung eines neuen Blocks, egal, unter welchen Bedingungen – das ist der Rhythmus, in dem das Herz des Bitcoin-Netzwerkes regelmäßig schlägt.

Proof of Work Den soeben beschriebenen Prozess bezeichnet man als Konsensalgorithmus *Proof of Work*. Dieser heißt so, weil der gewinnende Knoten mit dem neuen Block den anderen Knoten über den Difficulty-konformen Hash-Wert nachweisen kann, dass er ein gewisses Maß an Arbeit investiert hat, um diesen Block zu bilden. Er hat so lange nach einem passenden Nonce-Wert gesucht, bis ein valider Hash-Wert erzeugt wurde.

Andere Knoten können die behauptete Validität eines vorgeschlagenen neuen Blocks überprüfen, indem sie die Rechnung nachvollziehen. Sie müssen nur den neuen Datenblock unter Berücksichtigung der aktuellen Difficulty-Regeln selbst nachrechnen und ihren selbst errechneten Hash mit dem Hash im Block vergleichen. Stimmt er überein, so ist die Rechnung korrekt, und es gibt einen Gewinner.

> **Chancengleichheit in der Bitcoin-Blockchain?**
>
> Der Proof-of-Work-Algorithmus dient auch dazu, eine gewisse Chancengleichheit zwischen den teilnehmenden Minern herzustellen. Da die validen Hash-Werte zufällig im Zahlenraum verteilt sind, haben auch kleinere Miner die theoretische Chance, durch einen Zufallstreffer für Ihren Beitrag zur Blockchain entlohnt zu werden.
>
> In der Realität geht dieser Wunsch leider nicht auf. Große Pools von Bitcoin-Minern lassen sich mit Tippgemeinschaften beim Lotto vergleichen: Weil sie mehr Hash-Werte durchrechnen können, haben sie eine höhere statistische Chance auf eine Vergütung als kleinere oder gar einzelne Teilnehmer.
>
> Auch in Sachen Vergütung herrscht Verzerrung: Es ist ein offenes Geheimnis, dass die Mehrheit der Bitcoin-Netzwerkkapazitäten in China liegt, wo Strom generell billiger erzeugt werden kann, etwa durch Wasserkraftwerke an Stauseen. Mining auf dem europäischen Festland hingegen ist durch die hohen Energiepreise eher unrentabel, auch wenn sich diese

Bedingungen hin und wieder durch schwankende Kurse bei den Kryptowährungen ändern können. Lesen Sie zu diesem Thema etwa den folgenden Artikel bei Heise online: *http://s-prs.de/v691404*

Da sich Tausende Miner am Bitcoin-Netzwerk beteiligen, ist dieses mathematische Wettrennen aber vor allen Dingen eine gigantische Energieverschwendung. Am Ende gewinnt immer nur einer der Miner, und die eingesetzte Energie der anderen verpufft wirkungs- und ergebnislos, weshalb dieser Algorithmus zu Recht kontrovers diskutiert wird. Es wird mittlerweile geschätzt, dass das Bitcoin-Netzwerk einen Energieverbrauch von 73,12 TWh pro Jahr aufweist, was etwa dem jährlichen Stromverbrauch der Schweiz entsprechen soll und 0,21 % der weltweiten Stromerzeugung darstellt. Dies wird im Zusammenhang mit dem Klimawandel immer wieder kritisiert, und es werden alternative Algorithmen diskutiert, die weniger Energie verbrauchen.

Eine interessante Alternative ist z. B. der Algorithmus *Proof of Stake*, bei dem das Vorhalten einer größeren Summe der Kryptowährung in einem virtuellen Geldbeutel (*Online-Wallet*) zu der Teilnahme an der Lotterie zur Erstellung eines neuen Blocks qualifiziert. Proof of Stake honoriert somit aktive Investoren des Systems und verbraucht deutlich weniger Strom.

Bitcoin macht aber aus Kompatibilitätsgründen keinerlei Anstalten, seinen Konsensalgorithmus in Zukunft ändern zu wollen.

Ethereum wollte schon 2018 den Proof-of-Stake- anstelle des Proof-of-Work-Algorithmus einsetzen, aber die Einführung verzögerte sich ständig. Mittlerweile wird der alternative Algorithmus als Feature der neuen Ethereum-Version Serenity/ETH2.0 angeführt, die erst in den nächsten vier Jahren vollständig realisiert werden soll (Quelle: *http://s-prs.de/v691405*).

Die beiden größten Kryptowährungen stehen also aufgrund der Nutzung des ineffizienten Konsensalgorithmus Proof of Work als enorme Energieverschwender in der Kritik. Dies prägt die öffentliche Wahrnehmung von Blockchains, die als ineffiziente Energieverschwender verschrien sind, obwohl dies auf Enterprise Blockchains gar nicht zutrifft.

Die Konsensalgorithmen von Enterprise Blockchains sind deutlich einfacher, weil sie von der Problematik des Minings befreit sind. Hyperledger Fabric und MultiChain nutzen zur Erstellung eines neuen Datenblocks einfache Round-Robin-Verfahren, mit denen zwischen den teilnehmenden Knoten gewechselt wird. Dazu errechnet der designierte Knoten den neuen Block und fügt seine digitale Signatur an. Der Algorithmus sorgt dafür, dass im nächsten Durchgang ein anderer Knoten an der Reihe ist. So entsteht auch bei hohem Durchsatz eine gleichmäßige Auslastung im Netzwerk.

Konsensalgorithmen von Enterprise Blockchains

Public-Key-Kryptografie

Im realen Leben schützt Ihre Bank das Bankgeheimnis. In der Bitcoin-Blockchain werden die Teilnehmer stattdessen anonymisiert. Jeder Teilnehmer hat eine anonyme *Bitcoin-Adresse*, an die eine Transaktion angewiesen werden kann. Eine Bitcoin-Adresse lautet z. B. 19Qn7sRcdCuwADuAs2yQPnG1vabLJQNNDV. Solche Adressen finden auch in anderen Blockchains Verwendung, wenn auch in anderen Ausprägungen.

Sie können mithilfe von Tools wie dem Blockchain Explorer nachsehen, wie viel Geld an eine Bitcoin-Adresse geflossen ist. Wer aber der konkrete Nutznießer dieser Transaktion ist, können Sie hier nicht herausfinden, außer Sie können die öffentliche Bitcoin-Adresse einer konkreten Person zuordnen.

Asymmetrische Verschlüsselungsverfahren

Alle Blockchains nutzen zur Markierung ihrer Teilnehmer sogenannte *asymmetrische Verschlüsselungsverfahren*. Die von Bitcoin genutzten Adressen basieren auf *Public-Key-Kryptografie*. Dies ist ein asymmetrisches Verschlüsselungsverfahren, weil jeder Teilnehmer einen privaten und einen öffentlichen Schlüsselteil besitzt. Beide Schlüsselteile gehören zusammen und ergänzen sich, aber von dem einen Schlüsselteil kann nicht auf den anderen geschlossen werden:

- Der *öffentliche Schlüsselteil* kann und soll, wie der Name schon sagt, öffentlich publiziert werden. Dieser hat die Funktion einer Kontonummer. Damit wissen andere Teilnehmer, wohin sie Geld überweisen sollen.

- Der *private Schlüsselteil* darf nur dem jeweiligen Besitzer des Kontos bekannt sein. Er entspricht im realen Leben z. B. Ihrer Bankkarte mit der PIN. Nur wer Zugriff darauf hat, hat auch Zugriff auf Ihr Geld. Wenn Sie analog den privaten Schlüssel eines Bitcoin-Teilnehmers kennen, haben Sie auch Zugriff auf seine gespeicherten Assets in der Blockchain, also auf sein Geld.

> **Vereinfachungen**
>
> Teilweise sind Vereinfachungen notwendig, um die komplexen Technologien zur Verschlüsselung verständlich zu erklären. Die Diskussion zu den Bitcoin-Adressen der Teilnehmer ist eine solche notwendige Vereinfachung. Denn Bitcoin-Adressen basieren eigentlich auf dem P2PKH-Format. P2PKH steht für *Pay To Public Key Hash*. Diese Adressen haben 34 Zeichen und beginnen mit einer 1.
>
> Hier z. B. die Bitcoin-Adresse der Autoren:
> 19Qn7sRcdCuwADuAs2yQPnG1vabLJQNNDV
>
> Sollte Sie das genaue Adressschema der Bitcoin-Adressen interessieren, empfehlen wir einen Artikel im Bitcoin-Blog von Christoph Bergmann, den Sie unter der URL *http://s-prs.de/v691406* aufrufen können.

Überweisungen an einen Teilnehmer werden mit seinem öffentlichen Schlüssel versehen. Damit ist klar, an wen das Geld gehen soll. Der Absender wiederum bestätigt die geplante Transaktion, indem er sie mit seinem privaten Schlüssel signiert. Diese Signatur stellt die Freigabe der Transaktion dar. Der Empfänger kann sich anhand seines privaten Schlüssels versichern, dass die Zahlung an ihn gegangen ist. Wenn Sie den privaten Schlüssel für Ihr Bitcoin-Konto verlieren, gibt es keine Möglichkeit, diesen Schlüssel auf irgendeine Art und Weise aus der Blockchain zu extrahieren.

Bei Blockchains findet die Public-Key-Kryptografie also eher Anwendung im Sinne eines Adressierungssystems denn im Sinne eines klassischen Verschlüsselungsverfahrens. Die Anonymisierung der Teilnehmer durch die Kryptoadressen ist allerdings ein sehr willkommener Nebeneffekt. Allerdings hat dieser Umstand Bitcoin schon oft den Vorwurf der Geldwäsche eingetragen.

Adressierungssystem

1.2.4 Konfliktlösungen in Blockchain-Netzwerken

Wie verfährt ein dezentrales Blockchain-Netzwerk bei Konflikten? Es gibt dabei mehrere Fälle zu betrachten:

- Konsens
- Konfliktfall bei konkurrierenden Endblöcken der Blockchain
- Konfliktfall bei Betrug

Betrachten wir zunächst den positiven Fall, den Konsens. Ein Knoten hat einen neuen, regelkonformen Block gebildet und veröffentlicht. Die anderen Knoten prüfen den neuen Datenblock und bestätigen seine Legitimität. Es wurde demnach Konsens erreicht, und es entsteht ein neuer Datenblock in der Blockchain. In Abbildung 1.11 ist dieser positive Fall für den Datenblock 231 dargestellt. Auf diesen (positiven) Fall wird die Zusammenarbeit immer wieder hinauslaufen, da die Blockchain sonst nicht weiterarbeiten kann.

Konsens

Ein Konfliktfall kann entstehen, wenn zwei oder mehrere Knoten gleichzeitig valide Blöcke gebildet haben. Beide Enden der Blockchain stehen damit in Konkurrenz zueinander und haben ihre Berechtigung. In Abbildung 1.12 wird dies exemplarisch dargestellt. Der mittlere und der obere rechte Knoten liefern sich ein Kopf-an-Kopf-Rennen um das aktuell gültige Ende der Blockchain. Beide haben neue und valide Blöcke gebildet. Welches ist nun das wahre Ende der Blockchain und sollte von den anderen Knoten übernommen werden?

Konkurrierende Enden der Blockchain

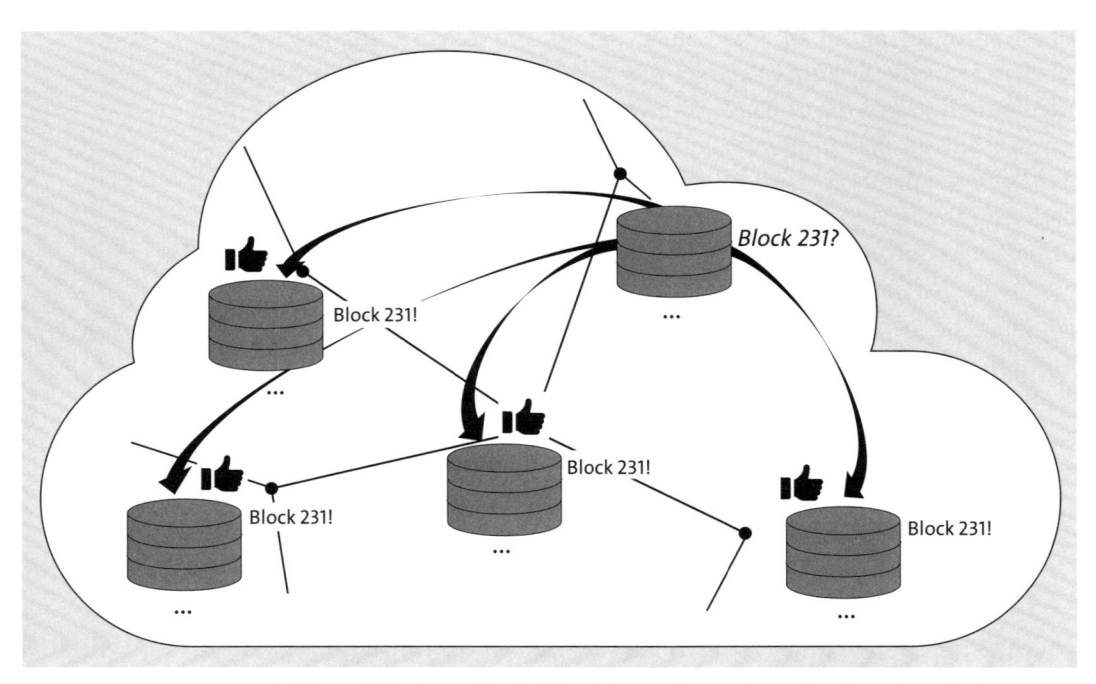

Abbildung 1.11 Neuer Block 231 wird von den anderen Knoten akzeptiert.

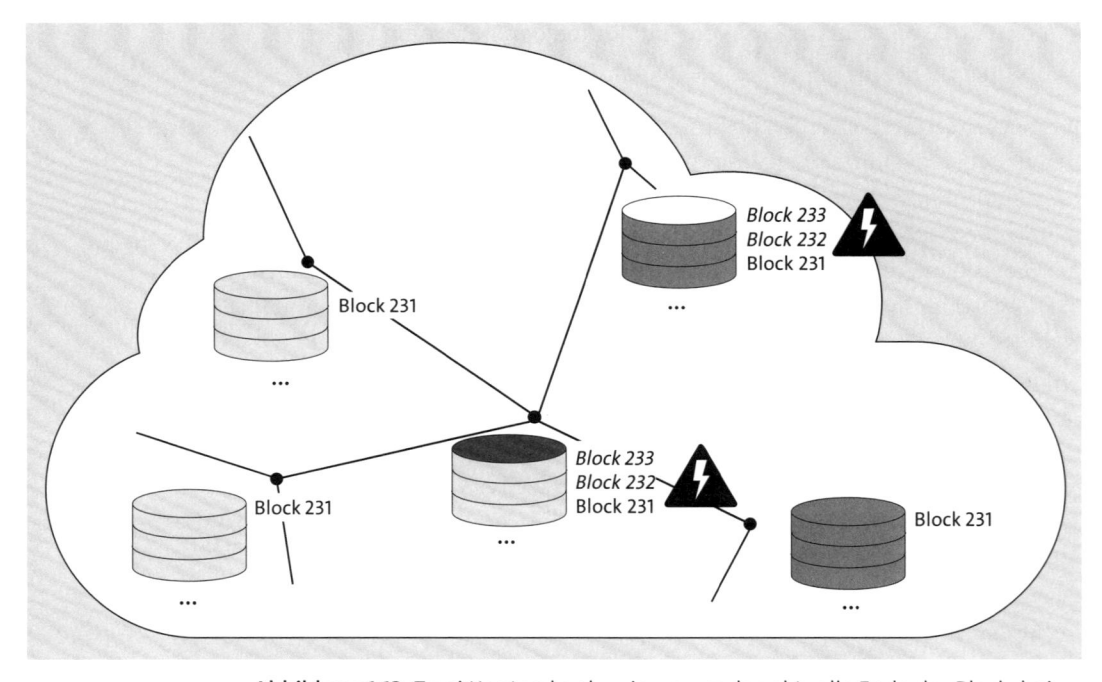

Abbildung 1.12 Zwei Knoten konkurrieren um das aktuelle Ende der Blockchain.

Für diesen Fall gibt es ein einfaches Verfahren: Es wird einfach abgewartet, bis sich ein längeres Kettenende durchgesetzt hat. Die Grundüberlegung basiert wieder auf dem Ansatz des Proof of Work: In das längste Kettenende wird vermutlich die meiste Rechenarbeit investiert worden sein. Dieses Ende wird zum gültigen Ende der Blockchain, und andere konkurrierende Enden werden wieder abgebaut. Die bereits verarbeiteten Transaktionen wandern wieder zurück in den Mempool und warten auf ihre erneute Verarbeitung.

> **Wartezeiten bis zur Transaktionsbestätigung bei Bitcoin**
>
> Die finale Bestätigung einer Transaktion kann bei der Bitcoin-Blockchain 1 Stunde und länger dauern. Es wird erst auf die Bestätigung des Blocks gewartet, der die Transaktion beinhaltet, d. h. auf seinen Einbau in die Blockchain. Zusätzlich wird die Bestätigung von drei bis sechs nachfolgenden Datenblöcken abgewartet, um sicherzustellen, dass sich der Strang mit der betreffenden Transaktion durchgesetzt hat und nicht zwischenzeitlich von einem anderen, eventuell konkurrierenden Strang abgelöst wurde.
>
> Drei bis sechs Datenblöcke der Bitcoin-Blockchain bedeuten in der Praxis 30 bis 60 Minuten Wartezeit. Zusammen mit dem Transaktionsgebühren, die man als Nutzer von Bitcoin für die Bearbeitung einer Transaktion an die Miner zahlen muss, führt diese lange Wartezeit das ursprünglichen Versprechen von Bitcoin, ein schnelles Zahlungsmittel ohne die mit Mittelsmännern verbundenen Gebühren zu sein, ad absurdum.

Ein anderer Konfliktfall kann auftreten, wenn ein oder mehrere Knoten abweichende Hash-Werte für einen Block ermittelt haben. Dies kann z. B. passieren, wenn die Daten in diesen Blöcken manipuliert oder durch einen Übertragungsfehler geändert wurden. Welche Version des Datenblocks ist dann richtig?

Betrug

Hier greift das Mehrheitsprinzip: Wahr bzw. gültig ist, was die Mehrheit der teilnehmenden Knoten errechnet hat. Knoten mit abweichenden Ergebnissen müssen ihre Datenblöcke verwerfen und sich der Mehrheit anschließen, oder sie werden aus dem Netzwerk ausgeschlossen. In Abbildung 1.13 wird ein solcher *Dissens* dargestellt: Der mittlere Knoten hat einen anderen Hash-Wert für den aktuellen Block errechnet als der Rest des Netzwerkes. Sein abweichender Block wird verworfen, und der betreffende Knoten übernimmt den entsprechenden Block der anderen Knoten. In gewisser Weise ist dies nur ein Sonderfall des Konfliktfalls bei konkurrierenden Enden, da auch in diesem Fall einem Knoten ein anderes Kettenende vorliegt.

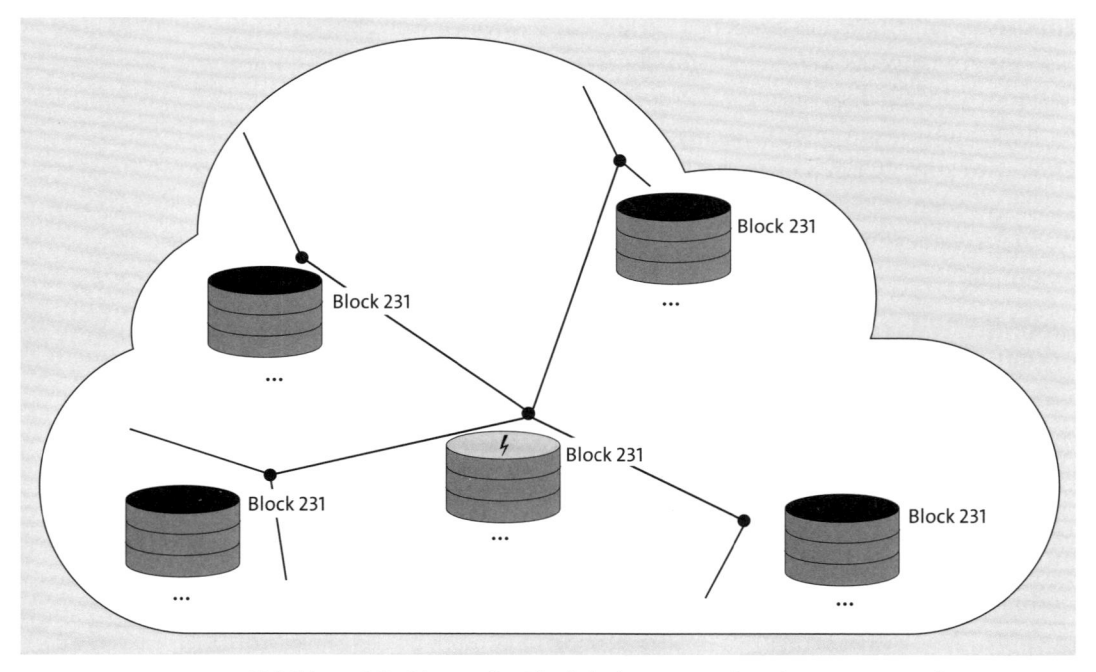

Abbildung 1.13 Dissens im Blockchain-Netzwerk – ein Knoten errechnet einen anderen Hash-Wert als die anderen Teilnehmer.

Eine Blockchain?
Anhand dieser Ausführungen wurde hoffentlich deutlich, dass es die *eine* Blockchain im laufenden Betrieb eines Blockchain-Netzwerkes gar nicht wirklich gibt, sondern dass *die* Blockchain immer nur ein Konsens zwischen den zustimmenden Knoten mit identischen lokalen Blockchains ist. Es gibt immer unterschiedliche Versionen der Blockchain:

- Zum einen gibt es die per Konsens zwischen den teilnehmenden Knoten eines Netzwerkes gefundene Blockchain als theoretisches Konstrukt. Dies ist die Datenblockkette, auf die sich alle Knoten nach den gemeinsamen Regeln einigen konnten.
- Zum anderen gibt es die konkrete, lokal vorliegende Blockchain eines der teilnehmenden Knoten. Diese kann mit konkurrierenden Kettenenden von lokalen Blockchains anderer Knoten temporär koexistieren.

Bei der Bitcoin-Blockchain herrscht am aktuellen Ende der Kette ein ständiger Konflikt um das Privileg, die Kette fortschreiben zu dürfen. Dabei gewinnt, wer am schnellsten einen neuen Block errechnet. Das kann zu temporär uneindeutigen Situationen führen, etwa zu einem Kopf-an-Kopf-Rennen verschiedener Knoten mit gleich langen, aber unterschiedlichen Blockchain-Enden. Schlussendlich gewinnt immer das längste Kettenende, und die gemeinsame Blockchain wird im Konsens fortgeschrieben.

1.2.5 Vor- und Nachteile von Blockchains

Alle in diesem Abschnitt beschriebenen Verfahren und Strategien führen dazu, das Blockchains folgende Vorteile zugeschrieben werden (siehe Abbildung 1.14):

Vorteile von Blockchains

- **Fälschungssicherheit**
  Blockchains weisen dank der eingesetzten Verfahren zur Absicherung der Datenblöcke und dank des dezentralen Netzwerkansatzes, der für Datenredundanz sorgt, eine hohe Fälschungssicherheit auf. Eine einmal erfasste Transaktion kann nicht mehr nachträglich modifiziert werden, weil sonst der kryptografische Hash-Wert des zugehörigen Blocks abweichen würde. Man spricht hier auch von *Immutabilität*, es ist keine Rücknahme oder Modifikation einer einmal erfassten Transaktion mehr möglich.

  Konsensverfahren entscheiden außerdem bei Mehrdeutigkeiten oder Konflikten darüber, wie diese aufzulösen sind, und verhindern Datenmanipulationen durch einzelne Teilnehmer. Die dezentrale Netzwerkarchitektur macht eine Zensur oder Unterdrückung unmöglich, da die Daten redundant auf allen Knoten gespeichert sind.

- **Nachvollziehbarkeit**
  Alle jemals getätigten Transaktionen sind vollständig nachvollziehbar. Da es jederzeit möglich ist, die Hash-Werte der einzelnen Blöcke nachzurechnen, kann die gesamte Transaktionshistorie zu jedem Zeitpunkt von jedem Teilnehmer nachvollzogen werden.

- **Transparenz**
  Mit der Nachvollziehbarkeit jeder Transaktion ergibt sich eine vollständige Transparenz. Jeder kann einsehen, wie der aktuelle Stand der Blockchain zustande gekommen ist, welche Transaktionen ein anderer Teilnehmer wann durchgeführt hat und wie die Kontostände unter den verschiedenen Adressen der Teilnehmer aussehen – allerdings sind die Teilnehmerkennungen in öffentlichen Blockchain-Netzwerken anonymisiert.

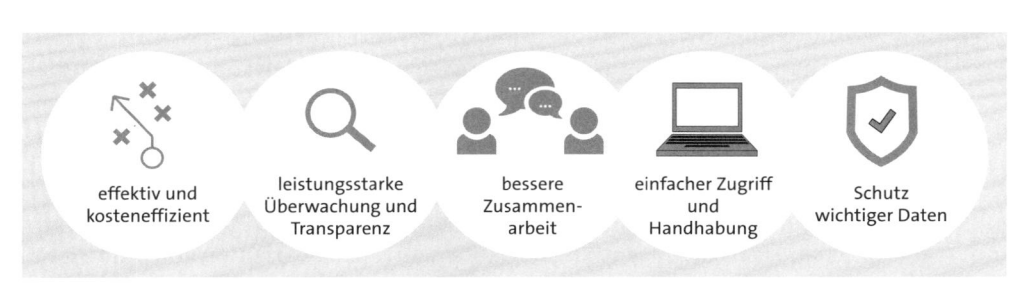

| effektiv und kosteneffizient | leistungsstarke Überwachung und Transparenz | bessere Zusammenarbeit | einfacher Zugriff und Handhabung | Schutz wichtiger Daten |

Abbildung 1.14 Vorteile einer Blockchain

Ein oft zitierter Nachteil von Blockchains ist der dezentralen Architektur des Netzwerkes geschuldet und liegt in der Performance. Da die Überprüfung neuer Blöcke notwendig ist und damit eine Synchronisierung zwischen den Knoten einhergehen muss, ist der Durchsatz in Transaktionen pro Sekunde deutlich langsamer als bei herkömmlichen Datenbanken. Es benötigt eben eine gewisse Zeit, bis ein neuer Datenstand an alle Knoten propagiert wurde.

Auch bedarf es zusätzlicher Regeln und Prozesse, sollte es zu Unstimmigkeiten zwischen den einzelnen Datenständen kommen. Sie sind aufgrund des dezentralen Charakters der Blockchain erforderlich, bei der es keine übergeordnete Instanz gibt, die Widersprüche zwischen den Teilnehmern auflösen könnte. Stattdessen muss herausgefunden werden, was die Mehrheit der Knoten als richtig erachtet. Gerade ineffiziente Verfahren wie der Proof-of-Work-Algorithmus von Bitcoin und Ethereum sind aufgrund ihres hohen Energiebedarfs in die Kritik geraten.

1.3 Arten von Blockchain-Transaktionen

Fast alle Blockchains kennen die sogenannten *Single-Signature-Transaktionen* für einzelne Teilnehmer sowie die *Multisignature-Transaktionen* (kurz *Multisig*) für mehrere Teilnehmer. Daneben sind auch automatisierte Transaktionen mithilfe von Smart Contracts möglich, die sich aber nicht von den Transaktionsarten normaler Teilnehmer unterscheiden.

Single-Signature-Transaktionen

Die Bezeichnung Single-Signature-Transaktionen weist schon darauf hin, dass bei diesen Transaktionen eine einzelne Unterschrift (engl. *Signature*) für die Ausführung der Transaktion ausreicht. Mit Signature ist die Applikation des Private Keys, dem privaten Schlüssel eines Teilnehmers gemeint, mit dem er eine Transaktion virtuell signiert und damit validiert. Solche Single-Signature-Transaktionen stellen den Normalfall dar. Sie können auch automatisiert und anonym von Smart Contracts in der Blockchain auf den Weg gebracht werden.

Multisignature-Transaktionen

Multisignature-Transaktionen sind Transaktionen, bei denen mehr als eine Signatur vorliegen muss, damit sie ausgeführt werden können. Das beinhaltet immer mehrere Teilnehmer, und dabei gibt es mehrere Möglichkeiten. Es kann festgelegt werden, wer Mitglied in einer Gruppe von Berechtigten ist und unter welchen Umständen eine Transaktion vorgenommen werden darf.

Es sind je nach Anwendungsfall unterschiedliche Varianten von Multisignature-Transaktionen möglich (siehe Abbildung 1.15):

- Bei einem treuhänderischen Fond ist es z. B. denkbar, dass alle Gruppenmitglieder einer Auszahlung zustimmen müssen.
- Bei einem Anlagefond genügt vielleicht die Freigabe durch eine einfache Mehrheit der berechtigten Gruppenmitglieder.
- Für ein normales Geschäftskonto genügt die Signatur eines zeichnungsberechtigten Mitglieds der Geschäftsführung, um Mittel anzuweisen.

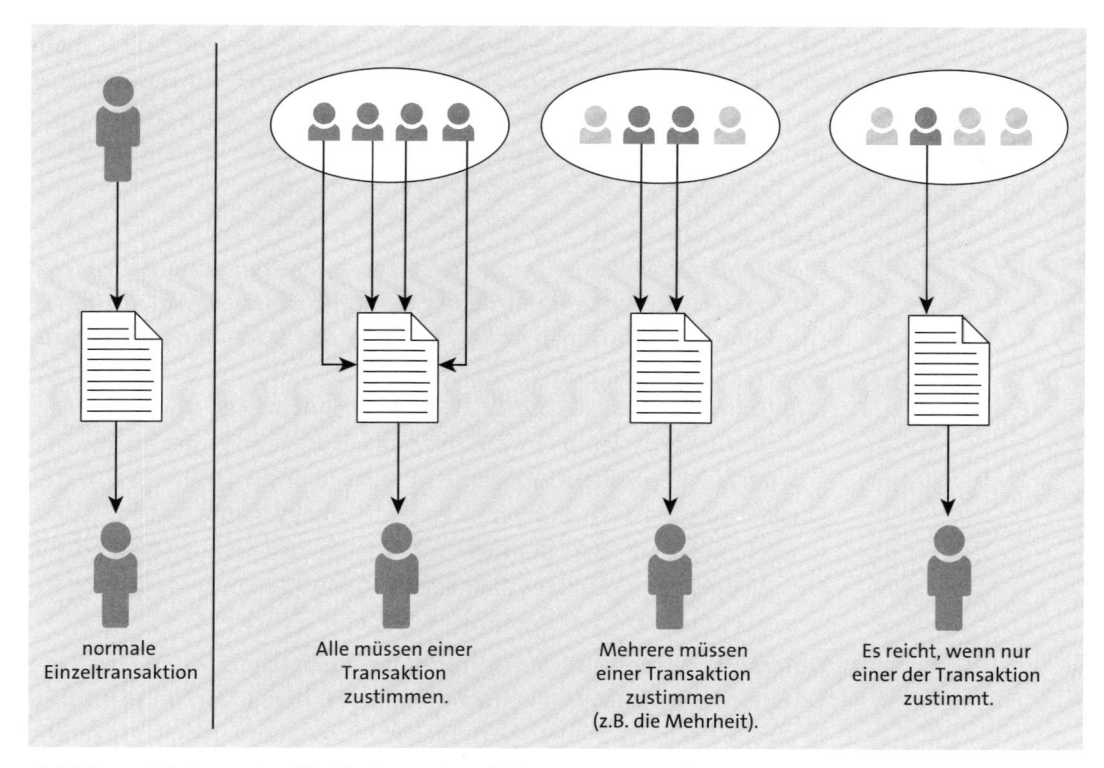

Abbildung 1.15 Szenarien für Single- und Multisignature-Transaktionen

Alle diese Szenarien können als gültige Regelungen in einer Blockchain definiert werden. Das klassische Beispiel für ein Multisignature-Szenario ist das sogenannte *Two-of-Three*, bei dem zwei von drei Teilnehmern der Ausführung einer Transaktion zustimmen müssen, bevor sie ausgeführt wird. Alle anderen Kombinationen wie in Abbildung 1.15 sind ebenfalls anwendbar, aber in der Praxis nicht so häufig anzutreffen.

Die Freigabe einer Transaktion wird technisch über die Public-Key-Kryptografie umgesetzt (siehe Abschnitt »Public-Key-Kryptografie« in Abschnitt 1.2.3). Die Transaktionsdaten enthalten den öffentlichen Schlüssel des Empfängers, und der oder die absendenden Teilnehmer signieren mit ihren privaten Schlüsseln die Transaktion, wodurch die Freigabe erfolgt. Die Blockchain prüft dann für das Konto, ob die Bedingungen zur Ausführung erfüllt sind, führt die Transaktion aus und speichert sie dann ab.

Automatisierte Transaktionen — Die zweitgrößte Kryptowährung nach Bitcoin ist Ethereum – und hierbei handelt es sich um deutlich mehr als nur um eine weitere Kryptowährung mit eigener Blockchain. Ethereum greift die Idee einer dezentral verteilten Datenbank auf und erweitert sie um neue Konzepte. Sie implementiert z. B. einen virtualisierten Rechner, die sogenannte *Ethereum Virtual Machine* (EVM). Dies ist ein eingebetteter Softwarecomputer, der in der Blockchain existiert und darin gespeicherte Programme ausführen kann. Das Ganze ist vergleichbar mit der *Java Virtual Machine* (JVM). Aus dem Konzept einer eingebetteten virtuellen Maschine ergeben sind zahlreiche neue Möglichkeiten für die Blockchain:

- **Programmierbarkeit**
  Die Blockchain wird durch eine virtuelle Maschine programmierbar, und es können eigene Programme dafür geschrieben und aufgerufen werden. Diese Programme können Code ausführen und etwa Kontostände prüfen, Prüfungen und Berechnungen anstellen und dann wiederum weitere Transaktionen auslösen. Ethereum nennt dieses Konzept *Smart Contracts* und hat damit ein griffiges Schlagwort geprägt, das aus der Diskussion um Blockchains nicht mehr wegzudenken ist. Da der Begriff Smart Contracts vom Ethereum-Projekt geprägt wurde, geben andere Blockchain-Frameworks demselben Konzept einen anderen Namen: Bei Hyperledger Fabric heißt es *Chaincode*, bei MultiChain sind es *Smart Filters*. Das Konzept ist jedoch immer dasselbe.

- **Unterstützung verschiedener Programmiersprachen**
  Da es sich bei der EVM um einen Computer handelt, der intermediären Bytecode ausführt, können verschiedene Programmiersprachen für die Entwicklung der Smart Contracts genutzt werden. Sie müssen nur in den ausführbaren Bytecode der EVM übersetzt werden. Ethereum unterstützt dazu mit *Solidity* eine Variante der populären Programmiersprache JavaScript und kann bei Bedarf um weitere erweitert werden. So wurden beispielsweise schon Smart Contracts mit *Serpent*, einem Python-Derivat, oder *EthSharp*, einem C#-Dialekt, programmiert. Diese Flexibilität steigert die Attraktivität des Projekts, weil dadurch mehr potenzielle Entwickler angesprochen werden können.

- **Dezentrale Anwendungen**
  Verbunden durch die weltweite geografische Verteilung der Ethereum-Blockchain entsteht durch die EVM eine Art *Weltcomputer*, ein programmierbarer, global verfügbarer Rechner mit einem fälschungssicheren und dezentral verteilten Datenspeicher, der von überall kontaktiert wer-

den kann und gegen Ausfälle, Zensur und Manipulationen resistent ist. Dies wiederum ermöglicht neuartige Applikationen, wie etwa die *Decentralized Apps* (DApps) – Applikationen rund um die Blockchain, die serverlos und fälschungssicher Daten verarbeiten und nicht zensiert oder unterdrückt werden können.

> **State of the DApps**
>
> Die Website *https://www.stateofthedapps.com* liefert eine Auflistung dezentraler Anwendungen, sortiert nach verschiedenen Blockchain-Technologien. Es geht dieser Website darum, einen Überblick über das ausufernde Biotop der dezentralen Anwendungen zu ermöglichen. Motivation ist dabei, Ausschau nach der nächsten *Killerapplikation* zu halten, die das entscheidende Zünglein an der Waage zur Etablierung der darunterliegenden technischen Plattform sein könnte. Die Website verfolgt dezentrale Apps für insgesamt sieben verschiedene Blockchain-Technologien.

Abbildung 1.16 zeigt mögliche Architekturoptionen einer DApp. Die Ethereum-Blockchain agiert hier als Backend. *Whisper* ist z. B. ein Protokoll, mit dem DApps untereinander kommunizieren können (*https://github.com/ethereum/wiki/wiki/Whisper*), und die Speicherplattform *Swarm* kümmert sich um den Aspekt der dezentralen Datenspeicherung (*https://ethersphere.github.io/swarm-home/*). Die Nutzer greifen auf solche DApps entweder per Web-Frontend zu (gekennzeichnet durch das übliche Trio HTML, CSS und JavaScript) oder über andere Wege, wie etwa Smartphone- oder Desktop-Apps, die z. B. mit dem *Qt-Framework* entwickelt werden können. Die Layout-Sprache *QML* beschreibt in einer solchen Qt-basierten App das Layout, das von der QTQuick Lib umgesetzt wird.

DApps

Die EVM und DApps beflügeln Innovationen wie Industrie 4.0, d. h. die Vernetzung von Liefer- und Produktionsketten, in denen Maschinen mit anderen Maschinen kommunizieren und automatisiert mit Digitalwährungen für erbrachte Dienstleistungen und Güter bezahlen. Aber das ist noch nicht alles. Denkbar sind auch nur noch rein virtuell existierende Unternehmen, die in der Blockchain leben und somit an keinen physischen Ort mehr gebunden sind, sogenannte *Decentralized Autonomous Organizations* (kurz DAO). Solche dezentralen autonomen Organisationen verwalten ihre finanziellen Mittel in Smart Contracts und bezahlen ihre Angestellten automatisiert.

Blockchain als Innovationstreiber

Mehr zu dieser interessanten Idee finden Sie in einem Wikipedia-Eintrag unter folgender URL: *https://de.wikipedia.org/wiki/Ethereum#The_DAO*

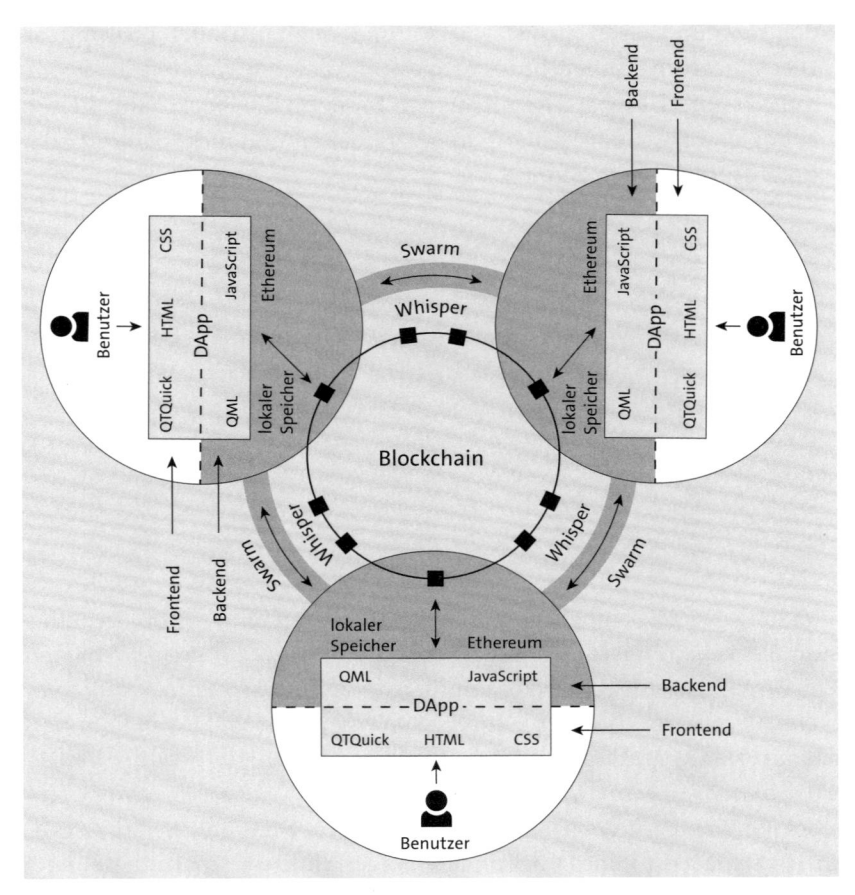

Abbildung 1.16 Mögliche Architektur einer dezentralen Anwendung auf Basis der Ethereum-Blockchain

1.4 Blockchain im Geschäftsumfeld

Einsatzbereiche in Unternehmen

Die Finanzbranche, speziell Banken und Versicherungen, sind aufgrund ihrer thematischen Nähe zu den Kryptowährungen stark an den neuen Blockchain-Anwendungen interessiert. Gefühlt sprießen im Finanzsektor fast täglich neue Angebote und Ideen aus dem Boden, die »irgendwas mit Blockchain« machen wollen, um Vermögenswerte zu verkaufen, zu verwalten oder zu überschreiben. Aber auch andere Branchen, wie etwa das produzierende Gewerbe oder die Logistik, können von Blockchain-Lösungen profitieren: Schiffscontainer können damit beispielsweise rund um die Welt verfolgt und die Herstellung von Produkten bis zurück zu den einzelnen Rohstoffen zertifiziert und laufend überprüft werden. Bei der Auslieferung von temperaturempfindlichen Stoffen oder Medikamenten kann die Blockchain im Rahmen sogenannter Track-and-Trace-Szenarien die Einhaltung von Kühlketten kontrollieren, was speziell für die Lebensmittel- und Pharmaindustrie von Interesse ist.

Auch bei der Sicherung von Urheberrechten oder der Verhinderung von Produktfälschungen kann die Blockchain helfen. Digitale Zertifikate und Authentizitätsbeweise lassen sich zum Schutz der Produkte und Verbraucher mit der Blockchain erfassen, um Fälschungen auszuschließen oder zumindest deutlich zu erschweren. Blockchain-basierte Lösungen können dabei helfen, die Authentizität von Produkten zu garantieren.

Die hier skizzierten Geschäftsszenarien besprechen wir ausführlicher in Kapitel 4, »Geschäftliche Anwendungsszenarien für Blockchains«. In diesem Abschnitt stellen wir vorab die besonderen Anforderungen an Geschäftsanwendungen bezüglich ihrer Sicherheit und Performance heraus und erörtern, wie Blockchain-Technologie Sie dabei unterstützen kann, diese Anforderungen zu erfüllen.

1.4.1 Sicherheit

Enterprise Blockchains im Geschäftsumfeld müssen anderen Anforderungen genügen als etwa die öffentlich zugänglichen Blockchains der Kryptowährungen. Eine öffentliche Einsicht in die Daten der Blockchain ist in der Regel nicht erwünscht. Aus diesem Grund werden im Geschäftsumfeld vorrangig private Blockchains genutzt.

Sicherheit privater Blockchains

Um Zugang zu diesen Blockchains zu erhalten, muss man Teil eines privaten Netzwerkes werden und sich gegenüber der Blockchain als berechtigter Teilnehmer ausweisen können. Dies geschieht in der Regel über ein kryptografisches Zertifikat oder eine Zugangsberechtigung. Auch arbeiten diese Netzwerke oft in abgeschotteten Umgebungen, etwa in firmeneigenen Netzwerken oder einem VPN.

Die in privaten Blockchains abgelegten Daten können zusätzlich nur für bestimmte Teilnehmer zu sehen sein. Ein entsprechendes Berechtigungssystem oder die Anbindung an bestehende Zugangs- und Sicherheitssysteme wie *Leightweight Directory Access Protocol* (LDAP) oder *Kerberos* ist z. B. Teil des Angebots von Hyperledger Fabric. Auch bieten Blockchains oft eigene Sicherheits- und Berechtigungssysteme zur granularen Zugangskontrolle. Hyperledger Fabric bietet z. B. die Möglichkeit, bei fehlender externer Sicherheitsinfrastruktur selbst signierte Zertifikate zu erzeugen und zu nutzen. Mehr Informationen dazu finden Sie in der Hyperledger-Fabric-Dokumentation unter dem Stichwort »Membership Service Providers (MSP)« (*http://s-prs.de/v691407*).

> **Sicherheit für Hyperledger Fabric auf der SAP Cloud Platform**
> Die in diesem Buch aufgeführten Beispiele orientieren sich an den Möglichkeiten des Blockchain Service auf der SAP Cloud Platform. Dort müssen Sie keine zusätzlichen Sicherheitssysteme für Ihre Blockchain-Applikationen aufbauen oder bereitstellen, da die SAP Cloud Platform Ihnen diese Arbeit abnehmen kann. Wenn Sie allerdings hybride Setups zwischen den lokal in Ihrem Firmennetzwerk und auf der SAP Cloud Platform betriebenen Komponenten realisieren wollen, wie in Kapitel 9, »Hybride Netzwerkarchitektur«, beschrieben, wird das Thema Sicherheit und Zertifikate sehr wohl relevant. Wenn Sie entweder eine externe Komponente in die SAP Cloud Platform einbringen oder umgekehrt Komponenten aus der SAP Cloud Platform an Ihr Netzwerk anschließen möchten, benötigen die externen Komponenten jeweils entsprechende Zugangsberechtigungen und Zertifikate.

1.4.2 Performance

Da Blockchains in privaten Netzwerken in der Regel nicht für Kryptowährungen konzipiert werden, fällt das Problemfeld des Minings und eventueller Gebühren weg. Es ist daher bei privaten Blockchains leichter, Regeln zur Konsensfindung bei neu errechneten Blöcken zu definieren und umzusetzen. Weniger komplexe Regeln bedeuten weitaus höhere Transaktionsdurchsätze als bei den öffentlichen Blockchains.

Die Anzahl der Knoten in privaten Netzwerken richtet sich nach der Anzahl der Stakeholder in einem Prozess, und die ist in der Regel überschaubar. In der Praxis bleibt es meist bei unter zehn Teilnehmern, was sich weiter günstig auf den potenziellen Datendurchsatz auswirkt.

Dazu ein Vergleich: Im Bitcoin-Netzwerk wird etwa alle 10 Minuten ein neuer Block erzeugt, und man benötigt mindestens drei, besser bis zu sechs weitere Folgeblöcke als Bestätigung für die erfolgreiche Speicherung einer Transaktion. Insgesamt braucht Bitcoin somit von der Freigabe bis zur Bestätigung einer Transaktion einen Zeitraum von 1 Stunde oder mehr.

Ein durchschnittlicher Datenblock kann bei Bitcoin um die 1.800 Einzeltransaktionen umfassen. Der Durchsatz liegt somit bei etwa drei Transaktionen pro Sekunde. Um ihn zu errechnen, teilt man die 1.800 Transaktionen durch die 10 Minuten Erstellungszeit:

1.800 Transaktionen ÷ (10 × 60 s) = 3 Transaktionen/s

Diese Zahlen werden auch von Websites bestätigt, die auf Statistiken für Bitcoin spezialisiert sind, z. B. Bitcoin Visuals (*https://bitcoinvisuals.com/chain-tx-second*).

Bei Ethereum ist die Lage etwas anders. Dort ist die Blockbildung schneller getaktet: Die Blockbildung dauert nur zwischen 10 und 20 Sekunden, und die Blockgröße kann den Anforderungen entsprechend elastisch angepasst werden. Dennoch wollen wir Ihnen für Ethereum eine zu den Bitcoin-Transaktionen vergleichbare Zahl bieten.

Am 8. Januar 2019 wurden z. B. in 24 Stunden insgesamt 558.200 Transaktionen erfasst. Daraus lässt sich auf die Anzahl von Transaktionen pro Sekunde schließen:

24 h × 60 Minuten × 60 s = 86.400 s

558.200 Transaktionen ÷ 86.400 s = 6,4 Transaktionen/s

Ethereum ist damit mehr als doppelt so schnell wie Bitcoin und kann durch die Skalierung der Datenblöcke noch sehr viel mehr Daten verarbeiten, wenn ein hohes Datenaufkommen entsteht.

Vergleicht man diese Zahlen der öffentlichen Blockchains von unter zehn Transaktionen in der Sekunde mit den Durchsatzraten klassischer Datenbanksysteme, erscheinen sie zunächst hoffnungslos unterlegen. Denn klassische Datenbanksysteme schaffen üblicherweise einen Durchsatz von 10.000 Transaktionen/s oder mehr auf Standardhardware.

Hyperledger Fabric als typischer Vertreter einer Enterprise Blockchain für den Einsatz im Geschäftsumfeld kann immerhin mit Werten von bis zu 3.500 Transaktionen/s aufwarten. Allerdings sind diese Zahlen mit Vorsicht zu genießen, da sie von einer Reihe von Faktoren abhängig sind, wie etwa der Größe einer Transaktion (die bei Hyperledger frei programmierbar ist), der Größe und Geschwindigkeit des Netzwerkes sowie der Anzahl der Knoten.

Messung der Performance von Blockchains

Es gibt Diskussionen und Ansätze zur Standardisierung von Performancemetriken für Blockchains, um reproduzierbare Messungen zu ermöglichen. Für Hyperledger Fabric finden Sie diese z. B. unter der URL *http://s-prs.de/v691408*.

Das Projekt *Hyperledger Caliper* ist ein speziell entwickeltes Benchmarking-Framework für die Blockchains der Hyperledger-Familie, das anhand vordefinierter Szenarien aussagekräftige Vergleiche ermöglichen möchte (*https://www.hyperledger.org/projects/caliper*). Es unterstützt folgende Blockchains:

- Fabric 1.0 und neuer
- Sawtooth 1.0 und neuer
- Iroha 1.0 beta-3
- Burrow 1.0

Bei den Testläufen werden folgende Metriken erfasst:

- Erfolgsrate
- Durchsatz Transaktionen/Lesen
- Latenz für Transaktionen/Lesen (Minimum, Maximum, Durchschnitt, Perzentil)
- Ressourcenverbrauch (CPU, Speicher, Netzwerk-Durchsatz ...)

So dröge dieses Thema auch klingen mag – nur durch standardisierte Tests und Vergleichsläufe können verschiedene Blockchain-Technologien aussagekräftig miteinander verglichen werden. Leider ist Hyperledger Caliper nur für Blockchains der Hyperledger Foundation ausgelegt. Es wäre wünschenswert, vergleichbare Messungen auch für andere Technologien durchführen zu können, um einen objektiven Vergleich verschiedener Blockchain-Frameworks zu ermöglichen.

1.4.3 Kosten und Aufwände

Kostenfaktoren

Die Kosten und Aufwände einer Blockchain-Lösung sind abhängig von der genutzten Technologie, der Netzwerkgröße und der Art der verwendeten Infrastruktur. Folgende Kostenfaktoren sollten Sie im Blick haben:

- Als erster Faktor sind die Kosten für die Bereitstellung der Infrastruktur zu nennen: Rechner, Netzwerk- und Internetanbindungen, Firewalls, Speicherlaufwerke etc.
- Der nächste Kostenpunkt betrifft die Verwaltungskosten der Rechner: ihre Einrichtung, Administration und Wartung im laufenden Betrieb. In der Regel sind diese Kosten recht gut planbar, da die Knotenrechner im laufenden Betrieb nur im Fall von Problemen oder Updates gewartet werden müssen.
- Ein weitaus größerer Kostenfaktor sind die Entwicklungskosten für die Programmierung der Blockchain. Dazu gehören auch die vorbereitenden Maßnahmen, wie die Anforderungsanalyse und die Entwicklung eines Datenmodells. Schließlich fallen Kosten für die Umsetzung in Programmcode, das Testen, die Wartung und eventuelle Aktualisierungen

an. Da all diese Vorgänge äußerst wichtig sind und Fehler hier enorme Schäden anrichten können, sollte besonderes Augenmerk auch auf die Qualitätssicherung gelegt werden.

- Auch für die Aktualisierung der verwendeten Blockchain-Komponenten im laufenden Betrieb muss man Aufwände einplanen. Hyperledger hat z. B. einen festen Releasezyklus von ein bis zwei Monaten. Natürlich muss man nicht zwingend jedes Update einspielen, häufig ist dies aber erforderlich, da Aktualisierungen oft aus Fehlerbehebungen bestehen. Wenn die Verschlüsselung aufgrund eines Softwarefehlers ausgehebelt wird oder Datenverlust droht, ist ein Update Pflicht. In seltenen Fällen kann nach einem Update der Blockchain-Komponenten auch ein Update des eigenen Chaincodes notwendig werden.

All diese Kostenfaktoren werfen die Frage auf, ob man den Aufwand zum Betrieb einer Blockchain *on premise* bei sich im Unternehmen auf sich nehmen möchte oder ob man stattdessen lieber die Infrastruktur in die Cloud auslagert. Cloud-Anbieter wie SAP, Microsoft, Amazon und Google bieten eine Alternative zum Betrieb on premise mit überschaubaren und planbaren Kosten. Die Provider versprechen, die benötigten Softwarekomponenten aktuell zu halten, und vereinen die Handhabung der verschiedenen Softwaremodule unter einer einheitlichen Weboberfläche. Durch Containerisierung und Virtualisierung sowie zusätzliche Services wie Datensicherungen werden flexible Architekturen und Service Level Agreements mit geringen Ausfallraten ermöglicht. Die anfallenden Kosten sind in der Regel geringer als für selbst unterhaltene In-House-Lösungen.

On premise oder Cloud?

Falls ein Ausbau der Infrastruktur erforderlich wird, kann das Angebot in der Cloud auch leichter skaliert werden als eine Lösung on premise. Beim Cloud-Provider müssen dem Account nur weitere Ressourcen oder zusätzliche Instanzen zugewiesen werden. Die vereinfachte Handhabe der verwendeten Softwarekomponenten und Ressourcen trägt zur Steigerung der Servicequalität bei und erlaubt es Ihnen als Kunde, sich voll und ganz auf Ihre Geschäftsaufgaben zu konzentrieren. Nicht umsonst sind cloudbasierte Angebote derzeit stark im Kommen: Die SAP Cloud Platform wies zwischen 2018 und 2019 einen Wachstumsschub von 42 % zum vorherigen Halbjahr auf und machte dabei laut dem halbjährlichen SAP-Geschäftsbericht 3.247 Millionen Euro Umsatz (*http://s-prs.de/v691409*). Dieses Angebot in Zukunft weiter auszubauen, ist eines der erklärten Ziele der Firmenstrategie von SAP.

1.5 Blockchain-Angebote von SAP

Die Blockchain-Angebote von SAP lassen sich in zwei Bereiche unterteilen:

- Die cloudbasierten Angebote zum Aufbau und Betrieb eigener Blockchains werden unter dem Servicenamen *SAP Cloud Platform Blockchain* zusammengefasst. Damit lassen sich eigene Lösungen, etwa auf Basis von Hyperledger Fabric, entwickeln.
- *SAP HANA Blockchain Service* dient der Integration von Blockchain-relevanten Diensten und Daten in eine SAP-HANA-Datenbank.

SAP Cloud Platform Blockchain

Die SAP Cloud Platform ist SAPs Angebot für die Virtualisierung von Unternehmensprozessen in der Cloud. Teil der SAP Cloud Platform sind auch die Angebote für Blockchain-Lösungen, die angelehnt an inzwischen gängige Begriffe wie *Software as a Service* (SaaS) und *Platform as a Service* (PaaS) auch als *Blockchain as a Service* (BaaS) bezeichnet werden. Wie Sie die BaaS-Angebote der SAP Cloud Platform nutzen können, besprechen wir ab Kapitel 5, »Erste Schritte zur Erstellung eigener Blockchains«, ausführlich anhand von Beispielen. Der Service beinhaltet Komponenten zum Aufbau eigener Blockchain-Netzwerke mit Technologien wie MultiChain und Hyperledger.

SAP HANA Blockchain Service

Der SAP HANA Blockchain Service schlägt die Brücke aus der Welt der Blockchains in die Welt der SAP-Software. Der Service kann unter anderem die Daten aus einer Blockchain mit denen einer SAP-HANA-Datenbank zusammenführen. Anschließend können diese Daten dann per SQL abgefragt werden, um konsolidierte Analysen zu erstellen (siehe Abbildung 1.17).

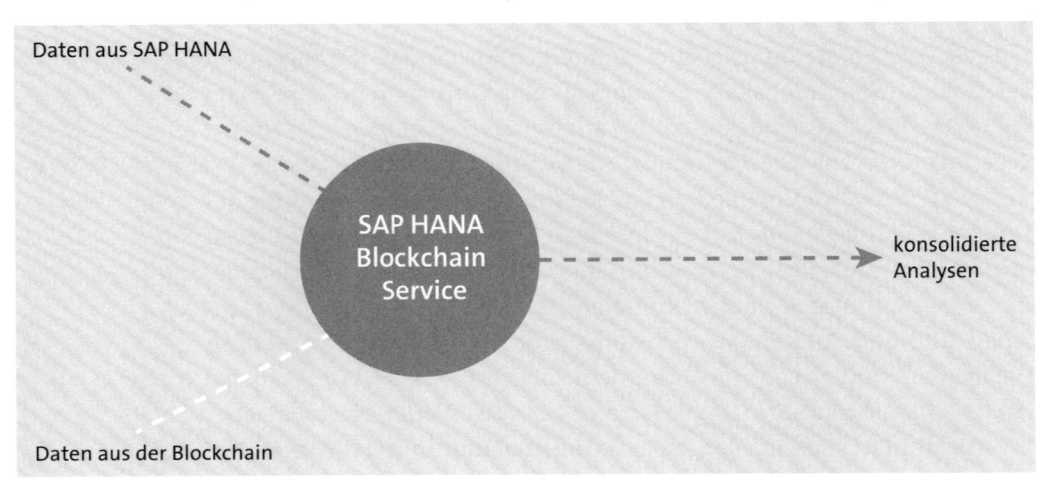

Abbildung 1.17 Datenkonsolidierung aus SAP HANA und einer Blockchain mit SAP HANA Blockchain Service

Dem SAP HANA Blockchain Service widmen wir uns in Kapitel 7, »SAP-HANA-Integration«, ausführlicher. Dort zeigen wir Ihnen, wie Sie eine Hyperledger-Fabric-Blockchain anbieten, deren Daten in SAP HANA importieren und per SQL auslesen.

Die SAP Cloud Platform bietet zur Realisierung ihrer Angebote mehrere Laufzeitumgebungen an. Für unterschiedliche Aufgaben kommen dabei unterschiedliche Laufzeitumgebungen zum Einsatz:

- Die *Cloud-Foundry-Umgebung* basiert auf der Open-Source-Laufzeitumgebung *Cloud Foundry*. Auf der SAP Cloud Platform wird diese Laufzeitumgebung für SAP-spezifische Dienste und Möglichkeiten erweitert.
- Die *Neo-Umgebung* erlaubt die Entwicklung von HTML5-, Java- und nativen SAP-HANA-Applikationen auf Basis der *SAP HANA Extended Application Services* (SAP HANA XS). Webentwickler können hier auch die bekannte SAPUI5-Frontend-Bibliothek nutzen, um Rich-Client-Applikationen für das Web zu entwickeln. Auch wird die Ausführung von virtuellen Maschinen von der Neo-Umgebung unterstützt.
- Die *ABAP-Umgebung* können Entwickler verwenden, um Erweiterungen z. B. für SAP S/4HANA Cloud oder andere neue Cloud-Applikationen zu entwickeln.

Laufzeitumgebungen

Tabelle 1.1 vergleicht die beiden wichtigsten Umgebungen Cloud Foundry und Neo. Die meisten BaaS-Angebote werden in der Cloud-Foundry-Umgebung der SAP Cloud Platform realisiert.

Eigenschaft	Cloud Foundry	Neo
Verfügbarkeit	Open Source	proprietär von SAP
unterstützte Sprachen	Unterstützt viele Sprachen, inklusive NodeJS, PHP, Java, Ruby, Go, Python, etc.	Unterstützt nur Java, HTML5 und SAP HANA XS.
Bring your Own Language	Möglichkeit zur Verwendung eigener Sprachen	keine Möglichkeit, eigene Sprachen zu verwenden
Datenzentren	unterstützt von verschiedenen Datenanbietern wie Amazon AWS, MS Azure, und Google Cloud Computing	nur von SAP-eigenen Datenzentren unterstützt

Tabelle 1.1 Vergleich der Laufzeitumgebungen Cloud Foundry und Neo

1.6 Zusammenfassung

Mit der Einführung in die Distributed-Ledger-Technologien und die Funktionsweise von Blockchains haben Sie einen ersten Einblick in die Arbeitsweise und die Möglichkeiten dieser neuen Technologie erhalten. Sie sollten nun wissen, was öffentliche und was private Blockchains sind, welche andere Blockchain-Betriebsmodelle es gibt und wie Blockchains generell funktionieren.

Die Eigenschaften kryptografischer Hash-Funktionen zusammen mit der dezentralen Architektur von Blockchains sorgen dafür, dass die Daten in den Blöcken einer Blockchain fälschungssicher abgelegt sind. Die Vorteile einer Blockchain wie Fälschungssicherheit, Unabänderlichkeit, Nachvollziehbarkeit und die damit verbundene Transparenz machen sie zu einem idealen Datenspeicher für viele Szenarien. Bereichert um das Konzept der Smart Contracts eignen sich Blockchains für viele neue Aufgaben.

Die SAP Cloud Platform unterstützt Sie bei der Umsetzung Ihrer Geschäftsprozesse mit entsprechenden Blockchain-as-a-Service-Angeboten. Auch die Überführung der Daten aus einer Blockchain in eine SAP-HANA-Datenbank ist dabei möglich.

Im folgenden Kapitel widmen wir uns eingehender den von der SAP Cloud Platform unterstützten Blockchain-Technologien Hyperledger Fabric und MultiChain und beleuchten jeweils deren technische Möglichkeiten.

Kapitel 2
Unterstützte Blockchain-Frameworks

In diesem Kapitel erfahren Sie, welche Blockchain-Frameworks wir im Rahmen dieses Buches betrachten. Dazu werden die wichtigsten Blockchain-Technologien der SAP Cloud Platform vorgestellt und miteinander verglichen.

Die SAP Cloud Platform unterstützt im Rahmen ihres BaaS-Angebots (Blockchain as a Service) die folgenden Frameworks:

- Hyperledger Fabric von der Hyperledger Foundation
- MultiChain von CoinSciences Ltd.
- Quorum von J. P. Morgan (auf Ethereum basierend)

Die Unterstützung von Quorum befindet sich zum Zeitpunkt der Drucklegung dieses Buches in der Erprobungsphase für die Trial-Accounts (siehe *http://s-prs.de/v691410*). Die Quorum-Services auf der SAP Cloud Platform benötigen die Cloud-Foundry-Laufzeitumgebung und sind in den geografischen Regionen Frankfurt und US East (VA) verfügbar.

2.1 Hyperledger Fabric

Hyperledger Fabric ist derzeit das führende Enterprise-Blockchain-Framework. Es wurde von der Firma *Digital Asset* im Rahmen eines von IBM veranstalteten Hackathons entwickelt und anschließend von diesen beiden Firmen in die Obhut der *Hyperledger Foundation* übergeben. Der Quellcode wurde mit diesem Schritt unter eine Open-Source-Lizenz gestellt.

Hyperledger Foundation

Mitte 2016 wurde die Version 1.0 veröffentlicht. Zum Zeitpunkt der Drucklegung dieses Buches ist die Version 1.4.3 aktuell, die am 27. August 2019 veröffentlicht wurde. Seit dem 10. April 2019 ist auch eine Alpha-Preview-Version der kommenden Version 2.0 verfügbar. Auf der SAP Cloud Platform wird laut den Release Notes vom 10. Mai 2019 die Version 1.4 unterstützt.

Framework für Permissioned Blockchains

Hyperledger Fabric ist ein Blockchain-Framework auf modularer Basis. Das bedeutet, dass Kernkomponenten der Blockchain austauschbar sind und den Anforderungen gemäß angepasst werden können. Das Framework kann zum Entwurf und Betrieb zustimmungspflichtiger und konsortiengeführter Enterprise-Blockchain-Netzwerke (*Permissioned Blockchain*) eingesetzt werden. Bei zustimmungspflichtigen Blockchains kommt der Zugang durch eine Einladung zustande, verbunden mit kryptografischen Zertifikaten oder Schlüsseln, die für den Zugang installiert werden müssen.

Hyperledger Fabric hat dank seiner Smart-Contract-Engine die Möglichkeit, Programme in der Blockchain zu installieren und auszuführen. Allerdings nennen sich Smart Contracts bei Hyperledger Fabric *Chaincode*, wohl um sich von dem durch das Ethereum-Projekt geprägten Schlagwort abzusetzen.

> **Begriff »Smart Contracts«**
>
> Die Smart-Contract-Engine ist der programmierbare Anteil einer Blockchain. Das Schlagwort *Smart Contract* hat sich so weit verbreitet, dass es für Blockchains aller Hersteller genutzt wird, auch wenn die Hyperledger Foundation oder die Entwickler von MultiChain eigene Worte für dieses Konzept in ihren Produkten gefunden haben. Hyperledger Fabric beschreibt sich allerdings auch selbst als eine Distributed-Ledger-Technologie (DLT) mit Smart-Contract-Engine (sic!, siehe *https://www.hyperledger.org/projects/fabric*).
>
> Smart Contracts, Chaincode und Smart Filters sind daher im Rahmen dieses Buches alle als Synonyme zu verstehen. In Diskussionen über Blockchains wird meist nur das Schlagwort Smart Contracts genutzt, egal, von welchem Technologiekontext die Rede ist.

Die Hyperledger-Fabrics-Architektur basiert auf bereits bewährten Standardsoftwarekomponenten, die zu einer Blockchain kombiniert wurden. Dabei wurde die Programmiersprache *Go* (häufig auch GoLang genannt) verwendet, um die einzelnen Komponenten miteinander zu verbinden. Go ist eine Open-Source-Programmiersprache von Google und speziell für die Entwicklung verteilter Systeme entworfen wurden. Ein Beispiel: der aktuelle Datenstand in einer Blockchain, der World State, ist bei Hyperledger Fabric mit der *State Database* realisiert, einer normalen Datenbank wie die NoSQL-Datenbank *CouchDB*. Bei Bedarf kann diese gegen die flexiblere *LevelDB* ausgetauscht werden.

Channels

Die Kommunikation zwischen den Teilnehmern der Blockchain findet in kryptografisch abgesicherten Kommunikationskanälen, den *Channels*, statt.

2.1.1 Die Hyperledger Foundation

Die Hyperledger Foundation ist ein Konsortium beteiligter Firmen, das unter der Leitung der *Linux Foundation* steht. Das Blockchain-Framework Hyperledger Fabric ist nur eines von vielen Projekten dieses Konsortiums. Hyperledger dient dabei als eine Art Dachmarke für verschiedene Initiativen rund um quelloffene Distributed-Ledger-Technologien (DLT). Das erklärte Ziel ist es, Open-Source-DLT-Frameworks für den professionellen Einsatz im Geschäftsumfeld zu entwickeln. Diese Mission wird in der Charta der Hyperledger Foundation wie folgt zusammengefasst (Quelle: *https://www.hyperledger.org/about/charter*):

Mission der Hyperledger Foundation

»*The mission of HLP [Hyperledger Project, Anm. der Autoren] is to […] create an enterprise grade, open source distributed ledger framework and code base, upon which users can build and run robust, industry-specific applications, platforms and hardware systems to support business transactions.*«

Abbildung 2.1 zeigt eine Übersicht der Hyperledger Foundation sowie der von der Organisation betreuten Projekte. Oben sind zunächst die Blockchain-Frameworks aufgeführt, darunter ergänzende Tools. Auf die Unterschiede zwischen den verschiedenen Blockchain-Frameworks gehen wir im Folgenden ein.

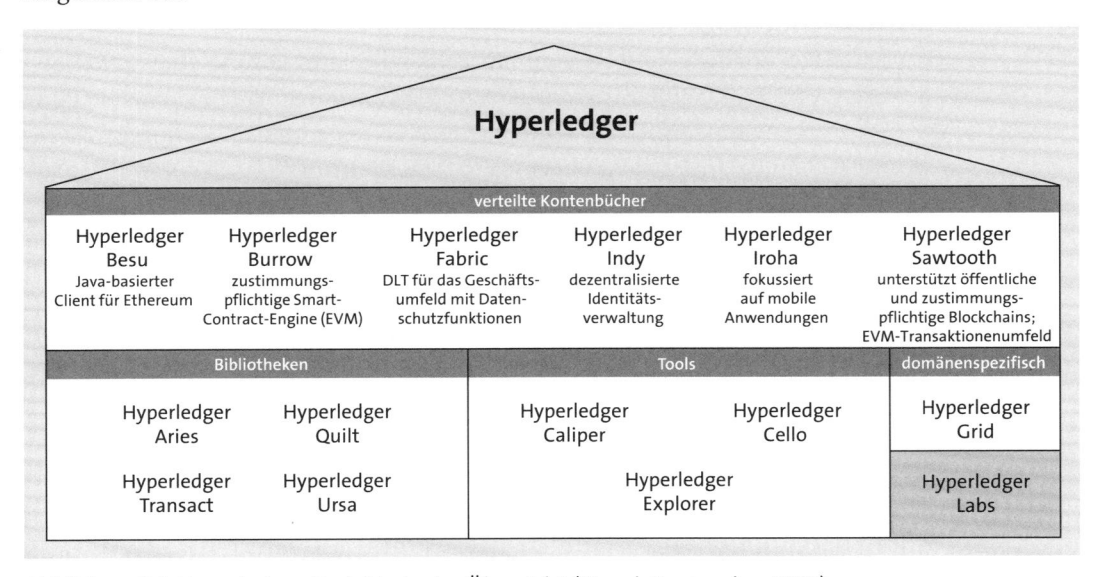

Abbildung 2.1 Hyperledger-Projekte in der Übersicht (Stand: September 2019)

Die Hyperledger Foundation finanziert sich primär aus Spenden und den Beiträgen der Mitglieder. Es gibt *Premier*, *General* und *Associate Members*

Finanzierung

sowie *akademische Partner*, die die Projekte unterstützen. Zu den Partnern gehören Firmen wie Accenture, Airbus, American Express, der Betreiber der chinesischen Suchmaschine Baidu, Cisco, IBM, Deutsche Bank, Daimler, Intel, SAP, Fujitsu, Hitachi, J. P. Morgan und NEC. Man könnte dies als einen Querschnitt durch die Industriesektoren lesen, die sich Vorteile von der Blockchain-Technologie erhoffen.

Die Hyperledger Foundation bietet neben dem bereits vorgestellten Framework Hyperledger Fabric mehrere weitere Blockchain-Frameworks sowie ergänzende Tools an. Die folgende Liste der Blockchain-Frameworks bildet den Stand im Juli 2019 ab:

- **Hyperledger Besu**
  Hyperledger Besu ist das neueste Projekt der Hyperledger Foundation und ist eine Java-basierte Ethereum-Client-Software. Sie wird nicht im Rahmen dieses Buches besprochen.

- **Hyperledger Burrow**
  Hyperledger Burrow ist ein modularer Blockchain-Client mit einem Smart-Contract-Interpreter, der teilweise auf den Spezifikationen der Ethereum Virtual Machine (EVM) basiert. Das Projekt befindet sich noch in der Entstehungsphase. Dieses Framework ist nicht Gegenstand dieses Buches.

- **Hyperledger Indy**
  Hyperledger Indy ist eine Blockchain-basierte Lösung zur Verwaltung von Benutzeridentitäten, die eine plattformunabhängige Bereitstellung von Benutzerprofilen ermöglichen soll (*Self-sovereign Identities*). Dieses Framework ist nicht Gegenstand dieses Buches.

- **Hyperledger Iroha**
  Hyperledger Iroha ist ein C++-basiertes Blockchain-Framework mit einer Smart-Contract-Engine und Hilfsbibliotheken. Das Framework läuft auf Desktop-Rechnern sowie mobilen Endgeräten. Es ist ebenfalls nicht Gegenstand dieses Buches.

- **Hyperledger Sawtooth**
  Hyperledger Sawtooth ist ein weiteres Blockchain-Framework mit Smart-Contract-Engine, basierend auf den Spezifikationen der Ethereum Virtual Machine (EVM).

Ergänzende Tools Neben diesen Blockchain-Frameworks sind ergänzende Tools entwickelt worden, die die Arbeit mit den Blockchains erleichtern sollen:

- **Hyperledger Caliper**
  Hyperledger Caliper ist eine Benchmarking-Plattform zur Messung der Performance verschiedener Blockchains anhand von standardisierten Anwendungsfällen.

- **Hyperledger Cello**
  Hyperledger Cello ist ein Bereitstellungs- und Betriebssystem für Blockchain. Es erleichtert die Orchestrierung von Netzwerken, die aus mehreren Knoten bestehen. Dabei ist unerheblich, wie diese Knoten realisiert sind – als echte Server, virtuelle Maschinen oder Docker-Hosts. Hyperledger Cello vereinfacht die Verwaltung der Infrastruktur und erlaubt es unter anderem einen eigenen BaaS-Dienst aufzuziehen. Das Projekt befindet sich noch in der Entstehungsphase.

- **Hyperledger Composer**
  Hyperledger Composer ist eine Rapid-Prototyping-Umgebung zur schnellen Modellierung und Entwicklung von Blockchain-Prototypen auf Basis von Hyperledger Fabric. Die Umgebung kann mit einem Sandbox-System verglichen werden. Sie kann sowohl online als auch lokal ausgeführt werden und basiert auf NodeJS.

- **Hyperledger Explorer**
  Dieser Blockchain Explorer ermöglicht die Visualisierung der Aktivitäten einer Blockchain in Echtzeit. Dargestellt wird etwa die Blockbildung, die Anzahl der Teilnehmer, die Transaktionen sowie weitere Parameter.

- **Hyperledger Quilt**
  Hyperledger Quilt ist ein Projekt, das die Implementierung des *Interledger Protocols* (ILP) zum Ziel hat. Dieses Protokoll soll verwendet werden können, um Daten zwischen verschiedenen Blockchains auszutauschen. Das Projekt befindet sich noch in der Entstehungsphase.

2.1.2 Hyperledger Fabric auf der SAP Cloud Platform

Hyperledger Fabric wird von der SAP Cloud Platform in vollem Umfang unterstützt. Neben der breiten Palette an Szenarien von der Entwicklung bis hin zum produktiven Einsatz gibt es mit der SAP-HANA-Integration Schnittstellen zu anderen Diensten. Auch bietet die SAP Cloud Platform einige interessante Werkzeuge an, die den Betrieb einer Hyperledger Fabric Blockchain erleichtern, wie etwa den Blockchain Explorer und die visualisierte Chaincode-Verwaltung.

2 Unterstützte Blockchain-Frameworks

Blockchain Explorer Mit dem Blockchain Explorer der SAP Cloud Platform kann die Erzeugung der Blöcke einer Blockchain im laufenden Betrieb visuell verfolgt werden. Sie können hier nach einzelnen Blöcken oder Transaktionen suchen und diese als rohe Byte-Folge darstellen. Den Blockchain Explorer zu einer in der SAP Cloud Platform betriebenen Blockchain rufen Sie über das Dashboard eines Blockchain-Knotens über den Menüeintrag **Explore** auf (siehe Abbildung 2.2).

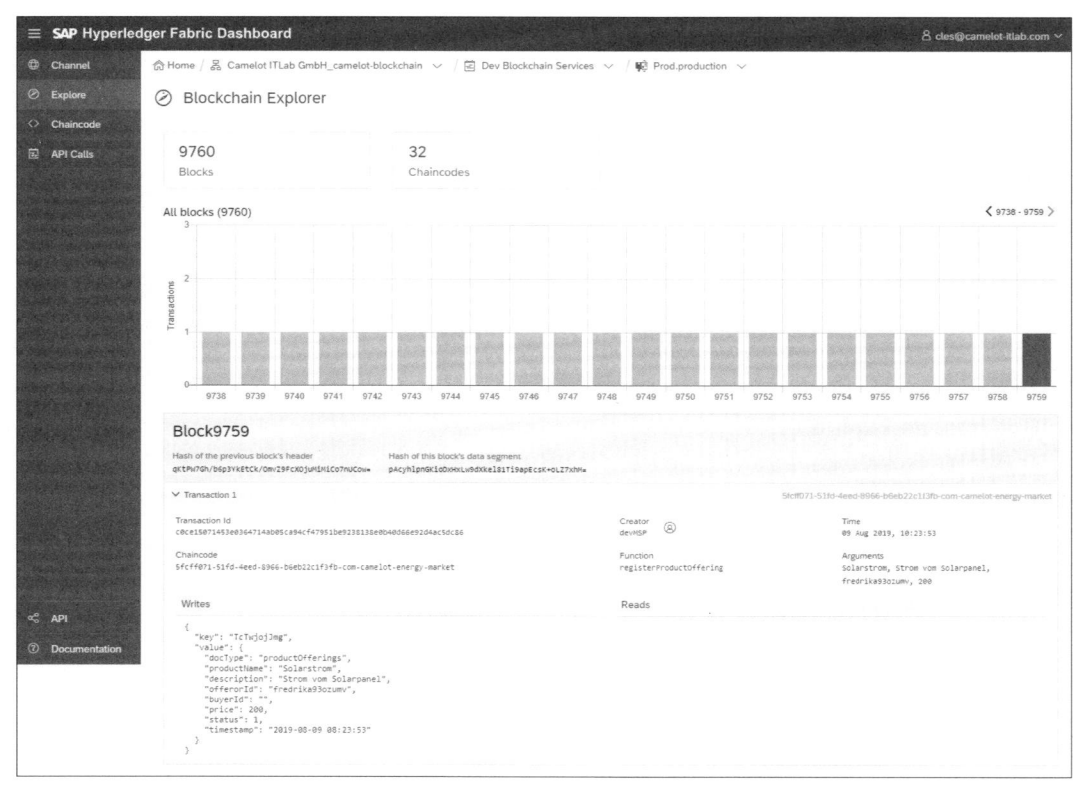

Abbildung 2.2 Blockchain Explorer für einen Knoten einer Hyperledger-Fabric-Blockchain

Chaincode-Verwaltung Die SAP Cloud Platform bietet außerdem eine grafische Oberfläche für die Installation von Chaincode und Updates an. Die installierten Chaincodes werden hier übersichtlich in einer Liste dargestellt (siehe Abbildung 2.3). Über diese Liste lassen sich Updates hochladen, die zu einem gewählten Zeitpunkt per Knopfdruck die Blockchain aktualisieren können. Dies erleichtert die Verwaltung der Blockchain und Handhabung von Updates enorm im Vergleich zur manuellen Arbeit über die Kommandozeile.

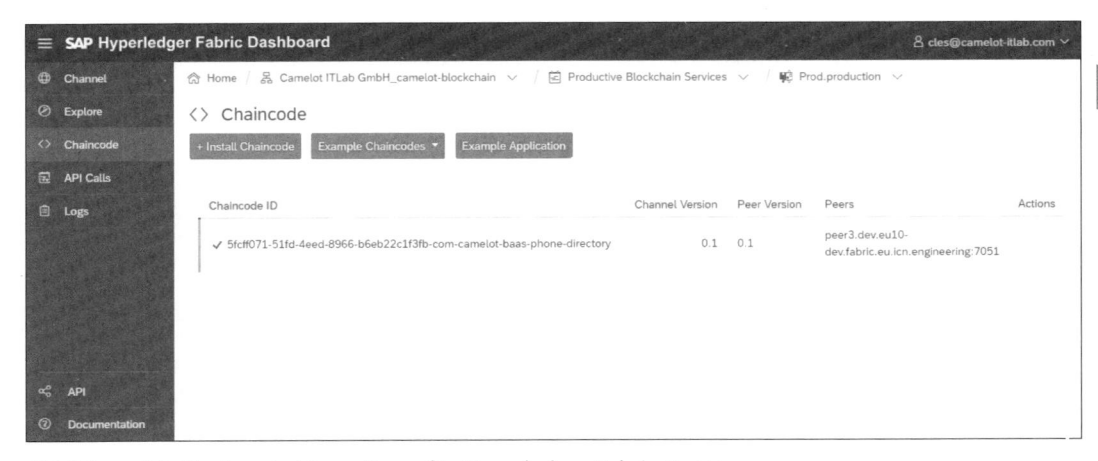

Abbildung 2.3 Chaincode-Verwaltung für Hyperledger Fabric-Knoten

2.1.3 Kosten und Aufwände

In diesem Abschnitt wollen wir uns kurz die Kosten einer Nutzung von Hyperledger Fabric auf der SAP Cloud Platform ansehen, um diese mit der Nutzung anderer Frameworks vergleichen zu können. Beachten Sie dabei, dass die hier genannten Preise aus August 2019 stammen und daher mitunter nicht mehr aktuell sind. Kontaktieren Sie den SAP-Support, um die aktuellen Konditionen zu erfragen. Unsere Angaben können lediglich der groben Orientierung dienen.

> **Informationen zu Preisen und Konditionen der SAP Cloud Platform**
>
> Die hier gemachten Angaben stammen von der Seite *http://s-prs.de/v691411*. SAP bietet außerdem einen Rechner an, mit dem Sie die zu erwartenden Kosten für ein Hyperledger-Fabric-Netzwerk auf Basis der SAP Cloud Platform abschätzen können: *http://s-prs.de/v691412*

Tabelle 2.1 zeigt die für Hyperledger Fabric angebotenen *Servicepläne* auf der SAP Cloud Platform. Ein Serviceplan ist ein auf ein bestimmtes Szenario zugeschnittenes Kontingent von Hard- und Softwareressourcen auf der SAP Cloud Platform.

Servicepläne für Hyperledger Fabric

Name	Monatliche Pauschalkosten (Flat Fee)
Connect Your Own Network	225 €
Dev	225 €

Tabelle 2.1 SAP-Cloud-Platform-Servicepläne für Hyperledger Fabric

Name	Monatliche Pauschalkosten (Flat Fee)
Testnet	425 €
Backbone	2.500 €
Node	1.200 €

Tabelle 2.1 SAP-Cloud-Platform-Servicepläne für Hyperledger Fabric (Forts.)

Preisbeispiel mit Use Case

SAP bietet auch ein konkretes Rechenbeispiel für die zu erwartenden Kosten in Form eines Use Cases an. In diesem Use Case möchte ein Lebensmittelhersteller seine Marke durch mehr Sicherheits- und Compliance-Maßnahmen schützen. Dies soll erreicht werden, indem er alle Inhaltsstoffe der hergestellten Lebensmittel mithilfe einer Blockchain kontrolliert und nachverfolgt. Das Netzwerk des Lebensmittelherstellers besteht aus fünf Zulieferern und fünf Verkaufsfilialen, die alle in das neue Blockchain-System eingebunden werden sollen.

Realisierungsphasen

Das Vorhaben wird in drei Einzelschritte unterteilt, die mit verschiedenen Serviceplänen realisiert werden:

1. Entwicklung mit dem Serviceplan *Dev*
2. Testen mit dem Serviceplan *Testnet*
3. produktiver Einsatz mit dem Serviceplan *Backbone* und je fünf Knoten für die Zulieferer und Verkaufsfilialen, realisiert durch den Serviceplan *Node*

Entwicklungsphase

Die Entwicklung beginnt beispielsweise zum 1. August. Der zugehörige Serviceplan Dev wird für den ganzen Monat, also 31 Tage lang, bezahlt. 31 Tage mit je 24 Stunden ergeben bei 0,309 €/h folgende monatliche Kosten:

31 × 24 × 0,309 = 229,90 €

Der Serviceplan Dev stellt dazu eine Entwicklungsumgebung für die Erstellung und das Testen des Chaincodes auf einem mit anderen Entwicklern geteilten Knoten in der Blockchain auf der SAP Cloud Platform bereit.

Testphase

Nach 2 Wochen Entwicklungszeit wird am 15. August der Serviceplan Testnet dazugebucht, um den Chaincode unter realistischen Bedingungen testen zu können. Dieser Serviceplan wird für 17 Tage benötigt. 17 Tage mit je 24 Stunden ergeben bei 0,584 €/h folgende Kosten:

17 × 24 × 0,584 = 238,27 €

Für 1 Monat Entwicklung und Testen ergeben sich demnach folgende Gesamtkosten:

229,90 € + 238,27 € = 468,17 €

Laut dem Szenario werden ab dem 1. September die Servicepläne Backbone und Node hinzugebucht. Der Serviceplan Backbone ist zur Bereitstellung und Konfiguration des Hyperledger-Fabric-Blockchain-Netzwerkes notwendig. Er schlägt mit 3,434 €/h zu Buche, was (wenn wir annehmen, dass jeder Monat 31 Tage hat, was natürlich nicht der Fall ist) folgende monatliche Gesamtkosten ergibt:

Produktiver Einsatz

31 × 24 × 3,434 = 2.554,90 €

Diese Kosten decken nur die Bereitstellung des benötigten Netzwerkes für die teilnehmenden Knoten ab.

Als Teilnehmer des Netzwerkes sind jeweils fünf Zulieferer und fünf Verkaufsfilialen vorgesehen. Da für jeden Teilnehmer ein eigener Knoten aufgesetzt werden soll, sind somit 5 + 5 = 10 Node-Servicepläne zu buchen. Pro Node-Serviceplan ergeben sich Kosten von 1,648 €/h. Im Monat ergibt das folgende Kosten:

31 × 24 × 1,648 = 1.226,11 €

Für zehn Teilnehmer würde dies insgesamt folgende monatlichen Gesamtkosten verursachen:

10 × 1.226,11 € = 12.261,10 €

Diese Kosten entstehen bei Monaten mit 31 Tagen. Die Kosten verringern sich entsprechend in Monaten mit einer geringeren Anzahl von Tagen.

Die Gesamtkosten für den produktiven Einsatz der Netzwerkinfrastruktur und der zehn Knoten betragen demnach:

Gesamtkosten

2.554,90 € + 12.261,10 € = 14.816 €/Monat

Die Gesamtkosten für Entwicklung, Testen und Produktiveinsatz ergeben:

238,27 € + 468,17 € + 14.816 € = 15.522,44 €

Es sei erwähnt, dass die Anzahl der Knoten mit einem Knoten pro Teilnehmer in diesem Rechenbeispiel recht hoch gewählt ist. In der Praxis ließen sich günstigere Konstellationen, etwa mit nur zwei Knoten, entwerfen (jeweils einen für Zulieferer und einen für die Verkaufsfilialen). Auch der Serviceplan Testnet wird nicht unbedingt benötigt, da das Testen auch im Rahmen des Serviceplans Dev erfolgen kann.

2.2 MultiChain

Bitcoin gilt als Ursprung aller Blockchains. Es verwundert daher nicht, dass Bitcoin als Quelle vieler verschiedener Derivate gedient hat. Viele Blockchains wurden nur hinsichtlich einiger Parameter, wie etwa der Blockgröße, modifiziert, ohne dass dadurch ein echter Mehrwert hinzugefügt wurde. Eine positive Ausnahme ist das Blockchain-Framework MultiChain der englischen Firma Coin Sciences Ltd. Es wurde unter der Führung von Dr. Gideon Greenspan (CEO und Architekt), Dr. Michael Rozantsev (CTO) und Avrom Gilbert (COO und verantwortlich für Partnerschaften) entwickelt.

Bitcoin für private Netzwerke

Die grundsätzliche Idee der MultiChain ist es, die Bitcoin-Software für den Einsatz in privaten Blockchain-Netzwerken zu modifizieren. Dazu wurden Verschlüsselungsmechanismen und ein Berechtigungssystem hinzugefügt, sodass die einzelnen Knoten jeweils nur die sie betreffenden Transaktionen lesen können.

MultiChain beinhaltet keine eigene Kryptowährung mehr, kann aber zum Aufsetzen eigener Kryptowährungen genutzt werden. Diese Blockchain nutzt auch nicht mehr das kontrovers diskutierte Konsensverfahren *Proof of Work*, sondern ein deutlich einfacheres und energiesparenderes Round-Robin-Verfahren, bei dem alle teilnehmenden Knoten reihum neue Blöcke erzeugen müssen.

MultiChain glänzt mit Blockerzeugungszeiten von nur wenigen Sekunden (im Gegensatz zu 10 Minuten bei Bitcoin). Komplettiert wird das Angebot mit Software Development Kits (SDK) für mehrere populäre Programmiersprachen wie Python, JavaScript, Ruby, PHP und C#.

Versionen

Das Projekt wurde im Juni 2015 ins Leben gerufen. Die erste produktive Version 1.0 wurde am 2. August 2017 veröffentlicht. Zum Zeitpunkt der Drucklegung dieses Buches ist Version 2.0.3 aktuell, die offiziell am 16. September 2019 veröffentlicht wurde. Die Version 2.0 hat eine Smart-Contract-Engine, die ausführbare Programme in der Blockchain unterstützt. Diese werden hier *Smart Filters* genannt.

Der Sprung von Version 1.0 zu Version 2.0 war enorm: Während Version 1.0 nicht viel mehr als eine private Version der Bitcoin-Blockchain war, hat Version 2.0 mit einer auf der JavaScript-Engine V8 von Google basierenden Smart-Contract-Engine den Anschluss an andere Blockchains wie Hyperledger Fabric oder Ethereum geschafft. Auch wurde mit dieser Version ein neues Lizenzmodell eingeführt: Neben einer weiterhin kostenlosen Community-Version gibt es nun auch eine kommerzielle Enterprise-Lizenz für Geschäftskunden.

MultiChain nimmt für sich in Anspruch, die Entwicklung von Blockchains und deren Applikationen zu einer Freude zu machen (Quelle: Dokumentation für Entwickler, *https://www.multichain.com/developers/*):

> »*A platform which makes building blockchains and applications a joy.*«

Das Framework ermöglicht es Ihnen ebenso wie Hyperledger Fabric, zustimmungspflichtige Blockchains aufzusetzen, zu denen die Teilnehmer explizit eingeladen werden müssen. Damit lassen sich private Blockchain-Netzwerke oder Netzwerke im Rahmen eines Konsortiums betreiben.

Die MultiChain als Abkömmling von Bitcoin wurde zum Austausch von Finanzposten entwickelt, kann aber für andere Inhalte angepasst werden. Die Kommunikation zwischen den teilnehmenden Knoten ist durch Public-Key-Kryptografie gesichert, sodass Außenstehende keinen Einblick in die gespeicherten Daten haben. Die Software verfügt außerdem über ein globales Berechtigungsmodell für die Knoten und Teilnehmer.

2.2.1 MultiChain auf der SAP Cloud Platform

Zum Zeitpunkt der Drucklegung dieses Buches unterstützt die SAP Cloud Platform die beiden Versionen 1.0 und 2.0 der MultiChain, allerdings wird nur die Version 1.0 von SAP für den produktiven Einsatz zugelassen. Version 2.0 ist im Rahmen von Trial-Accounts verfügbar, aber noch nicht global nutzbar. Wie schon erwähnt, gibt es in Version 1.0 noch keine Programmiermöglichkeit für Smart Filters. Das beschränkt die Funktion der Blockchain auf einen fälschungssicheren dezentralen Datenspeicher, was jedoch für viele Anwendungsszenarien durchaus ausreichend sein kann.

Eingeschränkte Nutzung

Die Performance von MultiChain wird mit 100 Transaktionen auf typischen Einstiegs-Cloud-Instanzen mit geringen Hardwareressourcen und bis zu 1.000 Transaktionen pro Sekunde auf dedizierter Hardware angegeben – wenn die Transaktionsdatensätze wenige Daten umfassen. MultiChain eignet sich somit gut für erste Pilotprojekte eines Unternehmens und um Erfahrungen mit dem Medium Blockchain zu sammeln.

Performance

2.2.2 Kosten und Aufwände

Auch für MultiChain bietet SAP einen Kostenrechner sowie ein ausführliches Preisbeispiel mit Use Case an, mit denen Sie sich mit den Kosten für die Nutzung des Frameworks auf der SAP Cloud Platform vertraut machen können. Beides finden Sie unter der URL *http://s-prs.de/v691413*. Die Angaben in diesem Abschnitt stammen aus August 2019. Die Preise können sich mittlerweile geändert haben und sollen nur der ersten Orientierung dienen.

Tabelle 2.2 zeigt die auf der SAP Cloud Platform verfügbaren Servicepläne für die Nutzung des MultiChain-Frameworks.

Servicepläne für MultiChain

Name	Enthalten	Kosten
Connect Your Own Network	–	225 €
Small	1 CPU-Core, 2 GB RAM, 50 GB Speicherplatz	450 €
Medium	2 CPU-Cores, 3,7 GB RAM, 500 GB Speicherplatz	1.400 €
Large	8 CPU-Cores, 15 GB RAM, 1.000 GB Speicherplatz	2.900 €

Tabelle 2.2 MultiChain-Servicepläne in der SAP Cloud Platform

Das Einstiegsangebot heißt hier *Connect Your Own Network*. Mit diesem Serviceplan kann man ein bereits lokal existierendes Blockchain-Netzwerk an die SAP Cloud Platform anbinden. Es wird mit einer Flatrate von derzeit 225 € pro Monat beworben, erlaubt aber keine Installation oder Inbetriebnahme von weiteren Knoten in der SAP Cloud Platform.

Der Einstieg in die Cloud stellt der Plan *Small* dar, mit dem man einen eigenen MultiChain-Knoten auf der SAP Cloud Platform aufsetzen kann. Er schlägt mit monatlich 450 € zu Buche, basierend auf einem virtuellen Rechner mit einem CPU-Core, 2 GB Speicher und 50 GB Festplattenplatz. Der Serviceplan *Medium* bietet 2 CPU Cores, 3.7 GB RAM und 500 GB Speicherplatz und der Serviceplan *Large* 8 CPU Cores, 15 GB RAM mit 1.000 GB Speicherplatz.

Preisbeispiel mit Use-Case

Das Rechenbeispiel für einen exemplarischen Use Case (*http://s-prs.de/v691414*) nimmt an, dass ein Unternehmen den MultiChain-Serviceplan Small am 17. Januar eines Jahres aktiviert und die erste Nutzung Anfang Februar desselben Jahres erfolgt. Am 20. Februar wird dann der Serviceplan Medium aktiviert.

Für den Serviceplan Small fallen in der zweiten Januarhälfte (vom 17. bis 31.1.) Kosten für 15 Tage mit je 24 Stunden an. Die Rate von 0,618 €/h ergibt folgende Gesamtkosten:

$$15 \times 24 \times 0{,}618 = 222{,}48 \text{ €}$$

Im Februar (28 Tage) ergeben sich für den Serviceplan Small bei gleichem Stundensatz folgende Kosten:

$$28 \times 24 \times 0{,}618 = 415{,}30 \text{ € (gerundet)}$$

Zusätzlich muss ab dem 20. Februar der Serviceplan Medium bezahlt werden, und zwar für die restlichen 9 Tage bis zum Monatsende. Er kostet 1,923 €/h:

$$9 \times 24 \times 1{,}923 = 415{,}37 \text{ € (gerundet)}$$

Für den Monat Februar fallen damit folgende Gesamtkosten an:

415,30 € + 415,37 € = 830,67 €

Ist das ein realistisches Szenario? Einige Aspekte dieses Beispiels sind aus unserer Sicht fragwürdig:

- In der Kostenrechnung wird die zweite Januarhälfte komplett abgerechnet, das Angebot wird aber bis Anfang Februar gar nicht genutzt. Warum sollte man dies tun? Das ist verlorenes Geld.
- Auch geht das Beispiel nicht darauf ein, wie der eine Knoten des Serviceplans Small ab Februar sinnvoll genutzt wird. Ein einzelner Knoten ist in einem MultiChain-Netzwerk nicht sinnvoll, da es immer mindestens zwei Knoten zur Ausführung einer Transaktion braucht.
- Die Beispielrechnung basiert darauf, dass ab dem 20. Februar der Serviceplan Medium hinzugebucht wird, was zwei Knoten und damit ein erst ab dann sinnvoll nutzbares Szenario ermöglichen würde.

Trotz dieser Lücken erscheint ein Kostenrahmen von knapp 1.000 € für den Betrieb zweier MultiChain-Knoten über 1 Monat durchaus realistisch.

2.3 Quorum

Quorum ist eine von *Ethereum* abgeleitete Enterprise-Blockchain, die als Open-Source-Lösung von der US-amerikanischen Investment-Bank J. P. Morgan entwickelt wurde. Sie ermöglicht öffentliche und private Transaktionen und führt Smart Contracts aus, die im JavaScript-Dialekt *Solidity* programmiert sind. Auch Quorum ist auf die Unterstützung von Geschäftsprozessen ausgerichtet und als zustimmungspflichtige Blockchain konzipiert.

In gewisser Weise ist Quorum das Gegenstück zu MultiChain: So wie MultiChain eine Enterprise-Version der öffentlichen Bitcoin-Blockchain ist, ist Quorum als Enterprise-Version des öffentlichen Ethereum-Projekts konzipiert. Hinsichtlich der Nähe zu Ethereum lässt sich Quorum mit Hyperledger Fabric vergleichen.

Ethereum für private Netzwerke

J. P. Morgan selbst bestätigt diesen Eindruck (Quelle: *https://docs.goquorum.com/en/latest/*):

> »*Quorum is an Ethereum-based distributed ledger protocol that has been developed to provide industries such as finance, supply chain, retail, real estate, etc. with a permissioned implementation of Ethereum that supports transaction and contract privacy.*«

Partnerschaft mit Microsoft

Am 2. Mai 2019 gab Microsoft eine strategische Partnerschaft mit J. P. Morgan bekannt, um die Akzeptanz von Quorum-basierten Geschäftsanwendungen zu fördern (*http://s-prs.de/v691415*).

Eigenschaften von Quorum

Quorum erweitert die Ethereum-Blockchain um folgende Merkmale:

- **Datenschutz**
  Quorum unterstützt private Transaktionen und Verträge, indem öffentliche und private Daten voneinander getrennt werden. Es ermöglicht einen direkten privaten Nachrichtenaustausch zwischen den Netzwerkteilnehmern (*Peer-to-Peer*).

- **Alternative Konsensalgorithmen**
  Anstelle des von Bitcoin genutzten Konsensalgorithmus Proof of Work nutzt Quorum alternative Verfahren, um Konsens herzustellen.

- **Peer Permissioning**
  Unter der Bezeichnung *Peer Permissioning* wurde ein auf Smart Contracts basierendes Berechtigungssystem eingeführt, das sicherstellt, dass nur vertrauenswürdige Teilnehmer dem Netzwerk beitreten können.

- **Höhere Performance**
  Quorum bietet eine deutlich höhere Performance als die standardmäßige Client-Software von Ethereum namens *geth*.

Komponenten

Da Quorum auf der offiziellen Client-Software von Ethereum, geth, basiert, profitiert dieses Blockchain-Framwork auch automatisch von Updates der Ethereum-Software.

Die Software für Quorum besteht derzeit aus folgenden Komponenten:

- dem Quorum Node (die modifizierte geth-Client-Software)
- einem Privacy Manager namens *Constellation/Tessera*; dieser wiederum besteht aus einem Transaction Manager und der Enklave.

Zum Zeitpunkt der Drucklegung dieses Buches kann Quorum auf der SAP Cloud Platform noch nicht für den produktiven Einsatz genutzt werden, weswegen diese Technologie nicht Gegenstand dieses Buches ist. Es ist allerdings zu erwarten, dass dieses Angebot in Zukunft generell verfügbar sein wird.

> **Weiterführende Informationen zu Quorum**
> Mehr Informationen zu den Komponenten von Quorum finden Sie in dem folgenden Whitepaper: *http://s-prs.de/v691416*

2.4 Hyperledger Fabric und MultiChain im Vergleich

MultiChain und Hyperledger Fabric wurden für unterschiedliche Einsatzszenarien konzipiert. Der Vergleich beider Blockchain-Technologien lässt an einen Vergleich zwischen David (MultiChain) und Goliath (Hyperledger Fabric) denken. Bei allen Unterschieden gibt es aber dennoch auch Gemeinsamkeiten, denn beide wurden für den Einsatz im Geschäftsumfeld als zustimmungspflichtige, private Blockchains entwickelt. Die Kommunikation und die Daten sind bei beiden Blockchain-Frameworks verschlüsselt und damit vor Dritten gesichert. Hyperledger Fabric bietet durch sein Modell der dynamischen Kommunikationskanäle (Channels) zusätzlich die Absicherung der Kommunikation zwischen beliebig definierbaren Knotengruppen in einem bestehenden Netzwerk an. Dabei ist jeder neue Kommunikationskanal eine neue eigene Blockchain, die für andere Knoten verschlüsselt ist.

Zustimmungspflichtige Enterprise Blockchains

Um die Unterschiede zwischen den beiden Frameworks hervorzuheben, sehen wir uns in den folgenden Abschnitten jeweils die Umsetzung der Chaincode-Programmierung, die unterstützten Transaktionsarten sowie die Nutzungsszenarien genauer an.

2.4.1 Unterstütze Funktionen

Der größte technische Unterschied zwischen den beiden Blockchain-Frameworks ist, dass MultiChain in der Version 1.0 keine Smart-Contract-Engine aufweist und somit keine Programmierung unterstützt. Das liegt daran, dass MultiChain auf dem Quellcode von Bitcoin basiert. Mit der Version 2.0 hat sich dies geändert. Seit dieser Version unterstützt MultiChain die Programmierung von Chaincode in Form der Smart Filters. Daneben gibt es noch die sogenannten *Smart Streams* als persistente Speicherlösung in der Blockchain.

Smart Filter und Smart Streams bei MultiChain

Zum Zeitpunkt der Drucklegung dieses Buches unterstützt die SAP Cloud Platform MultiChain in der Version 2.0 allerdings nur für Trial-Accounts. Die Version 1.0 ist hingegen vollumfänglich verfügbar und auch für den Einsatz kommerzieller Projekte freigegeben. Sollten Sie also flexible Smart Contracts benötigen, müssen Sie Hyperledger Fabric mit seiner Chaincode-Unterstützung wählen.

Denn Hyperledger Fabric verfügt seit Tag eins über eine eigene Smart-Contract-Engine, die mehrere Programmiersprachen unterstützt und ausführen kann. Für Hyperledger Fabric gibt es SDKs für die Programmiersprachen

Chaincode-Engine bei Hyperledger Fabric

Go, Java und JavaScript. Diese weisen allerdings eine unterschiedliche Implementierungsqualität auf: Go wird als Entwicklungssprache am besten unterstützt, gefolgt von JavaScript.

> **Hyperledger Composer**
>
> Im Kontext der Chaincode-Entwicklung ist auch interessant, dass mit Hyperledger Composer eine gesicherte Sandbox-Umgebung zur Verfügung gestellt wird, in der man die Entwicklung eigener Objekte üben kann. Sobald die Einsatzszenarien komplexer werden, ist ein Umstieg auf die eigene Programmierung unserer Erfahrung nach jedoch ein Muss.
>
> Vollkommen überraschend und unerwartet wurde jedoch während der Arbeiten an diesem Buch das Hyperledger-Composer-Projekt im August 2019 eingestellt. Die Entscheidung ist insofern unverständlich, als dass der (weiterhin zugängliche) Composer eine Art Fahrschule für Blockchain-Entwickler darstellte. Gerüchten zufolge war der Hauptsponsor aber nicht zufrieden damit, dass so viele Ressourcen auf die Weiterentwicklung des Hyperledger Composer entfielen, während das Hauptprojekt Hyperledger Fabric nicht zügig genug weiterentwickelt wurde.

Single- und Multisignature-Transaktionen

Sowohl Hyperledger Fabric als auch MultiChain unterstützen sowohl Single-Signature-Transaktionen auch die Multi-Signature-Transaktionen. In letzterem Fall muss die Mehrheit oder müssen alle Mitglieder der Gruppe der Ausführung der Transaktion zustimmen.

Berechtigungssystem

Beide Blockchains bieten auch ein Berechtigungssystem für die Benutzer an, wobei Hyperledger Fabric eine genauere Kontrolle und sogar die Einbindung bestehender Systeme wie Kerberos oder Leightweight Directory Access Protocol (LDAP) erlaubt. Zusammengefasst lässt sich feststellen, dass die Community hinter Hyperledger Fabric deutlich größer und damit auch dynamischer ist als bei MultiChain, was sich auch an den Zielen und Roadmaps ablesen lässt.

SAP Cloud Platform

Die SAP Cloud Platform unterstützt beide Blockchain-Frameworks durch die Bereitstellung entsprechender Knoteninstanzen zum Aufbau rein cloudbasierter oder hybrider Blockchain-Netzwerke. Das weitaus größere Angebot gibt es hier für Hyperledger Fabric. Auf der SAP Cloud Platform gibt es für dieses Blockchain-Framework alles von der reinen Entwicklungsumgebung über einen Testnet-Zugang bis hin zur Infrastruktur für den produktiven Einsatz mit einer beliebigen Anzahl unabhängiger Knoten.

Tabelle 2.3 stellt die wesentlichen Eigenschaften von Hyperledger Fabric und MultiChain noch einmal übersichtlich gegenüber.

Merkmal	Hyperledger Fabric	MultiChain
Art der Blockchain	zustimmungspflichtig	zustimmungspflichtig
Konsensmethode	vereinfachter Solomodus für die Entwicklung	Round Robin, optional Proof of Work
Kryptowährung	nein	optional
Smart Contracts/ Chaincode	ja	nein (V1.0)/ ja (V2.0)
Multisignature-Transaktionen	ja	ja
Performance	Bis zu 3.500 Transaktionen/s	Bis zu 1.000 Transaktionen/s

Tabelle 2.3 Eigenschaften von Hyperledger Fabric und MultiChain im Überblick

2.4.2 Nutzungsszenarien mit der SAP Cloud Platform

Die Servicepläne für Hyperledger Fabric auf der SAP Cloud Platform basieren auf sogenannten Storys, die typische Nutzungsszenarien repräsentieren sollen. Insgesamt gibt es sechs dieser Storys, aus denen die Servicepläne und Zugangsberechtigungen abgeleitet werden:

Storys für Hyperledger Fabric

- Developer Story
- Testnet Story
- Production Story
- External Node Story
- Multi-Cloud Story
- Connect Your Own Network Story

Eine Übersicht der Storys finden Sie unter der URL *http://s-prs.de/v691417*.

Die *Developer Story* (siehe Abbildung 2.4) ist für Entwickler gedacht, die in erster Linie Chaincode entwickeln und testen wollen. Sie erhalten Zugang zu einem mit anderen Anwendern geteilten Hyperledger-Fabric-Knoten und den Application Programming Interfaces (APIs) zur Entwicklung von Anwendungen. Sie können beliebig viele Kommunikationskanäle (Channels) erstellen, um die Interaktion zwischen mehreren Gruppen oder Blockchains testen zu können. Außerdem erhalten Entwickler Vergünstigungen, wenn Sie ihren Serviceplan für den Produktiveinsatz oder zur Nutzung weiterer Knoten aufstocken möchten.

Developer Story

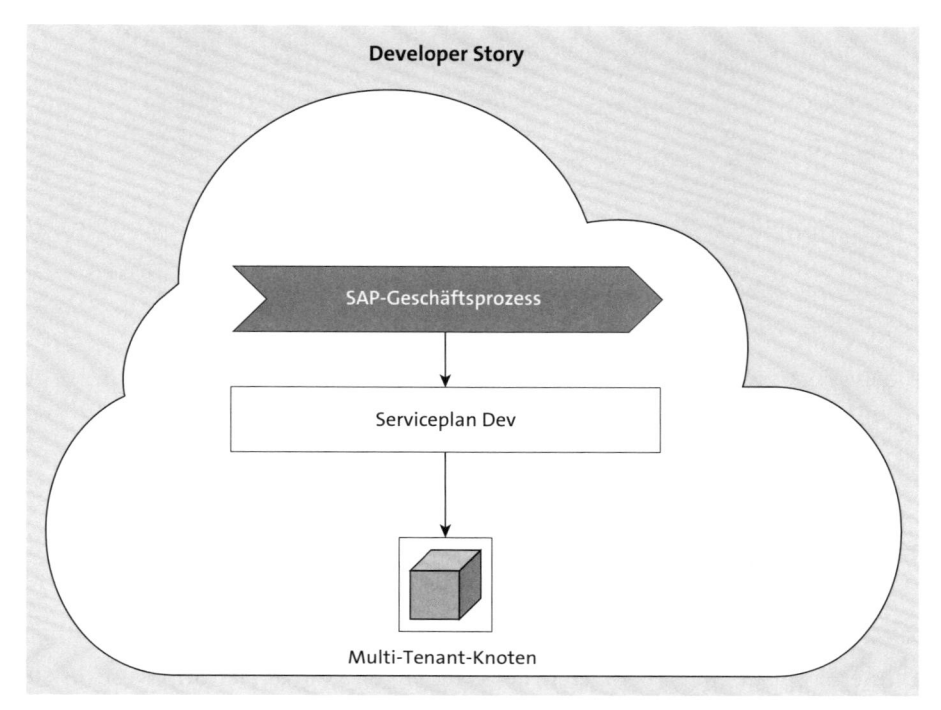

[Diagramm: Developer Story – Wolke enthält "SAP-Geschäftsprozess" → "Serviceplan Dev" → "Multi-Tenant-Knoten"]

Abbildung 2.4 Hyperledger-Fabric-Serviceplan für die Developer Story auf der SAP Cloud Platform

> **[»] Weiterführende Informationen zum Serviceplan Dev**
>
> Im SAP Help Portal finden Sie weiterführende Informationen und ein Tutorial unter dem Titel »Developer Story – Provision a Hyperledger Fabric Development Node«: *http://s-prs.de/v691418*

Testnet Story Die *Testnet Story* bietet sich für einen einfachen Einstieg in ein eigenes Blockchain-Netzwerk an und ermöglicht die Zusammenarbeit mit mehreren Teilnehmern in einem vorkonfigurierten Netzwerk. Der entsprechende Serviceplan wurde für Teams, SAP-Partner und ihre Kunden konzipiert, die Prototypen entwickeln oder einfache Projekte umsetzen möchten. So lässt sich die Integration eigener Lösung erproben. Testnet ist nicht für den produktiven Einsatz vorgesehen. Mit dem Testnet-Serviceplan erhalten Sie Zugriff auf einen Hyperledger-Fabric-Knoten in der Version 1.X (also 1.0 oder neuer, aber niemals einen Knoten in Version 2.0), einen Peer-Knoten sowie das vorkonfigurierte Netzwerk der SAP Cloud Platform (ebenfalls *Testnet* genannt, siehe Abbildung 2.5).

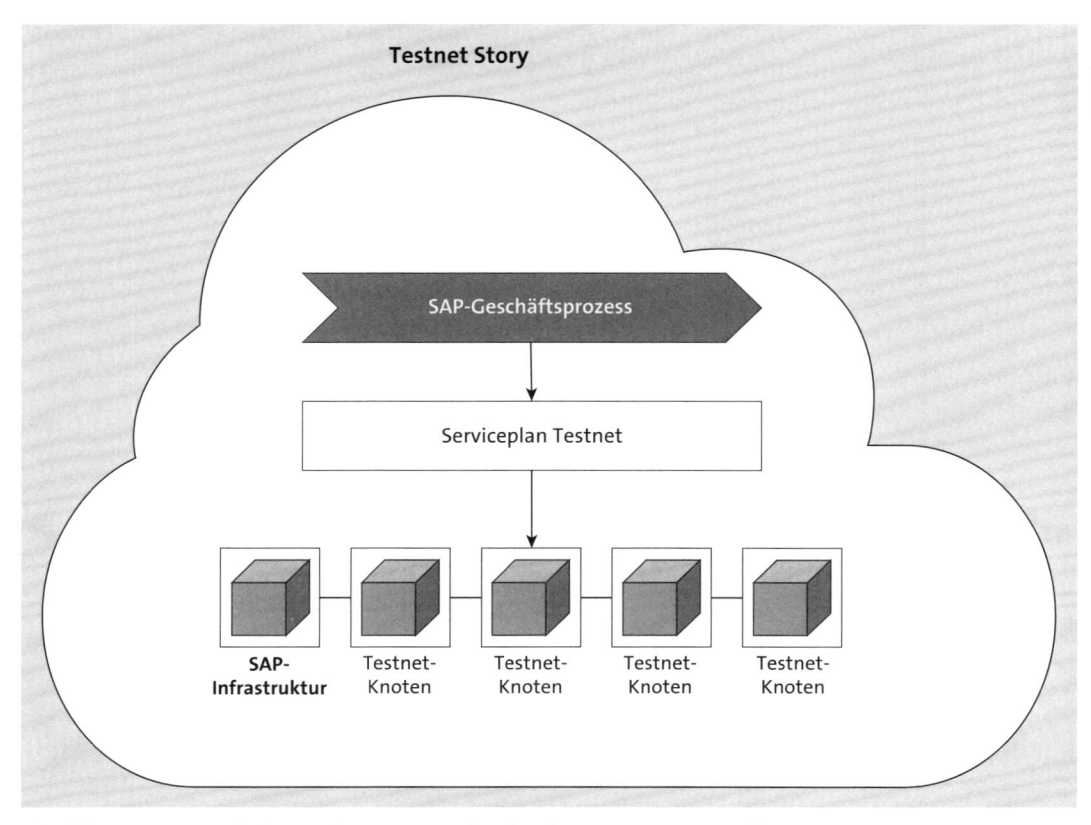

Abbildung 2.5 Hyperledger-Fabric-Serviceplan für die Testnet Story auf der SAP Cloud Platform

> **Weiterführende Informationen zum Serviceplan Testnet**
>
> Im SAP Help Portal finden Sie weiterführende Informationen und ein Tutorial mit dem Titel »Testnet Story – Join the Hyperledger Fabric Testnet Network«: *http://s-prs.de/v691419*

Die *Production Story* (siehe Abbildung 2.6) ist für den produktiven Einsatz der Hyperledger-Fabric-Blockchain vorgesehen. Mit den zugehörigen Serviceplänen können Sie ein dediziertes regionenübergreifendes Blockchain-Netzwerk mit mehreren Hyperledger-Fabric-Knoten aufbauen. Dafür stehen die folgenden Servicepläne zur Verfügung:

- Backbone

  Jedes Hyperledger-Fabric-Netzwerk benötigt genau einen Backbone-Knoten, der durch diesen Serviceplan bereitgestellt wird. Auf diesem

Knoten wird die gesamte Infrastruktur des Blockchain-Netzwerkes konfiguriert. Es ist nicht möglich, zwei Backbone-Knoten miteinander zu verbinden.

- **Node**

   Dieser Serviceplan stellt einen Peer-Knoten zur Teilnahme an einem bestehenden Hyperledger-Fabric-Netzwerk bereit.

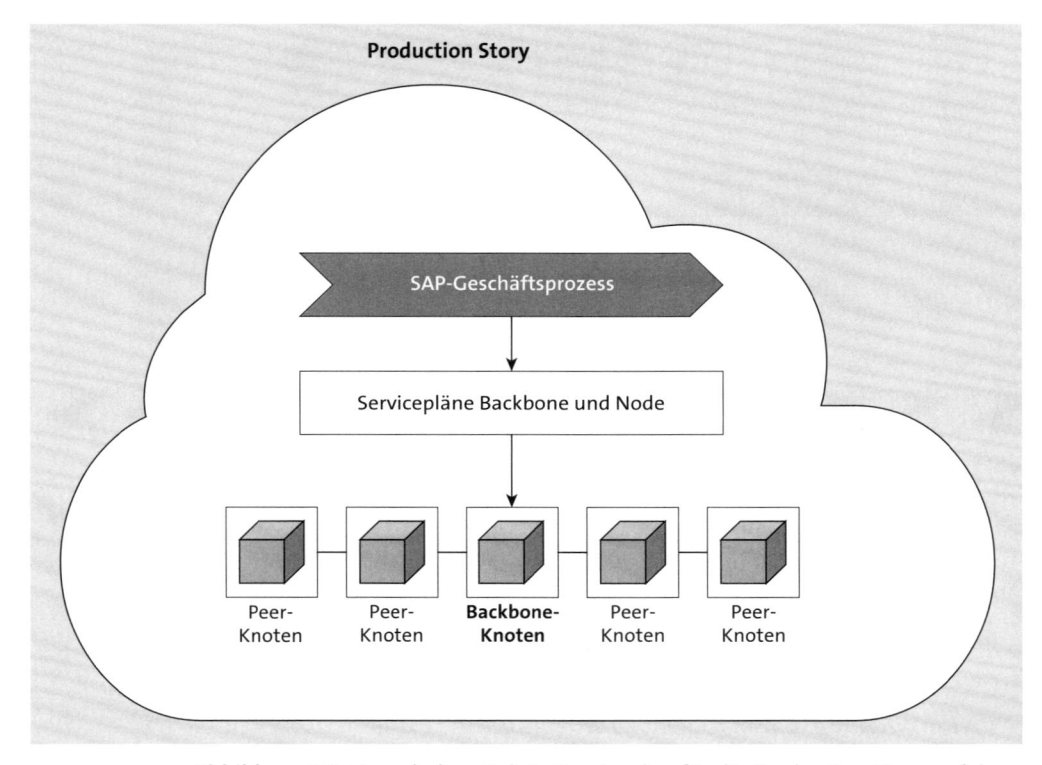

Abbildung 2.6 Hyperledger-Fabric-Serviceplan für die Production Story auf der SAP Cloud Platform

External Node Story Die *External Node Story* verweist auf die Möglichkeit, externe Knoten an ein auf der SAP Cloud Platform betriebenes Hyperledger-Fabric-Netzwerk anzubinden. Im Zusammenhang mit dem Serviceplan Backbone können dazu Zugangsdaten und Informationen bereitgestellt werden, um externe Knoten in das Netzwerk einzugliedern (siehe Abbildung 2.7). Dabei spielt es keine Rolle, ob diese in der eigenen Firma (on premise) betrieben werden oder von einem anderen Cloud-Provider vorgehalten werden.

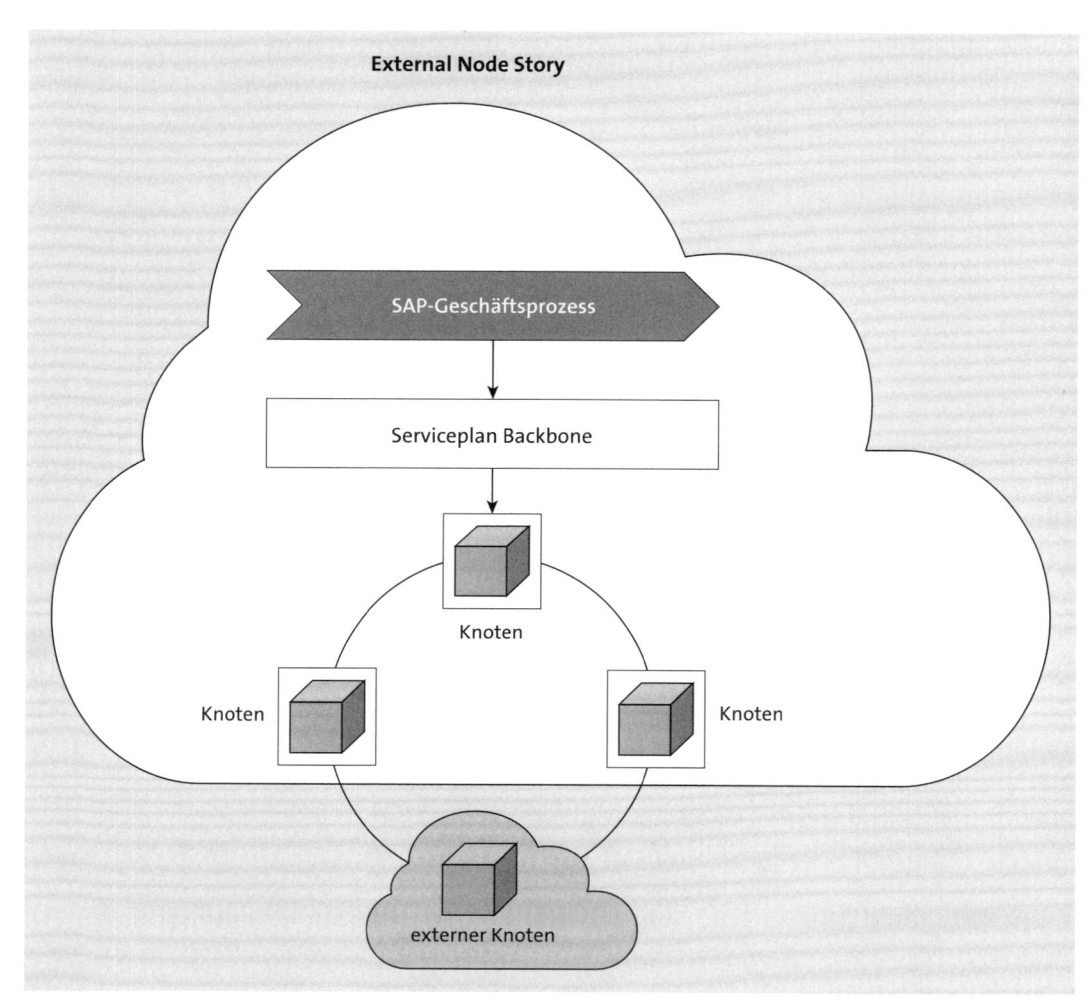

Abbildung 2.7 External Node Story für Hyperledger Fabric auf der SAP Cloud Platform

Die *Multi-Cloud Story* unterstützt die offene Zusammenarbeit zwischen den Knoten auf der SAP Cloud Platform und den von anderen Cloud-Providern betriebenen Knoten (siehe Abbildung 2.8). In gewisser Hinsicht handelt es sich um einen Sonderfall der External Node Story – Sie können damit einen oder mehrere externe Knoten mit den Knoten auf der SAP Cloud Platform zu einem hybriden Blockchain-Netzwerk verbinden.

Multi-Cloud Story

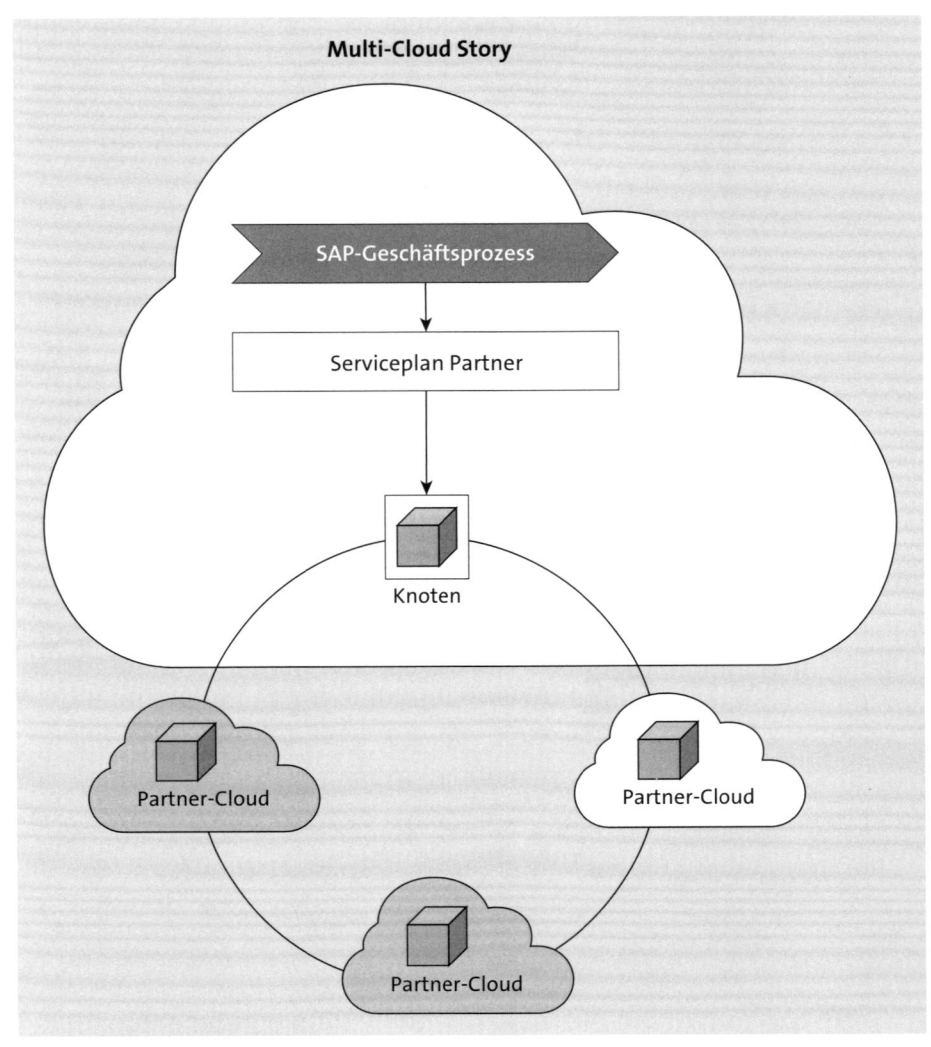

Abbildung 2.8 Multi-Cloud Story für Hyperledger Fabric auf der SAP Cloud Platform

Connect Your Own Network Story
Die *Connect Your Own Network Story* bindet Ihr eigenes Firmen-Blockchain-Netzwerk an auf der SAP Cloud Platform gehostete Komponenten an. Damit können komplexe, genau auf die Anforderungen Ihres Unternehmens zugeschnittene Szenarien in Zusammenarbeit mit der SAP Cloud Platform realisiert werden (siehe Abbildung 2.9).

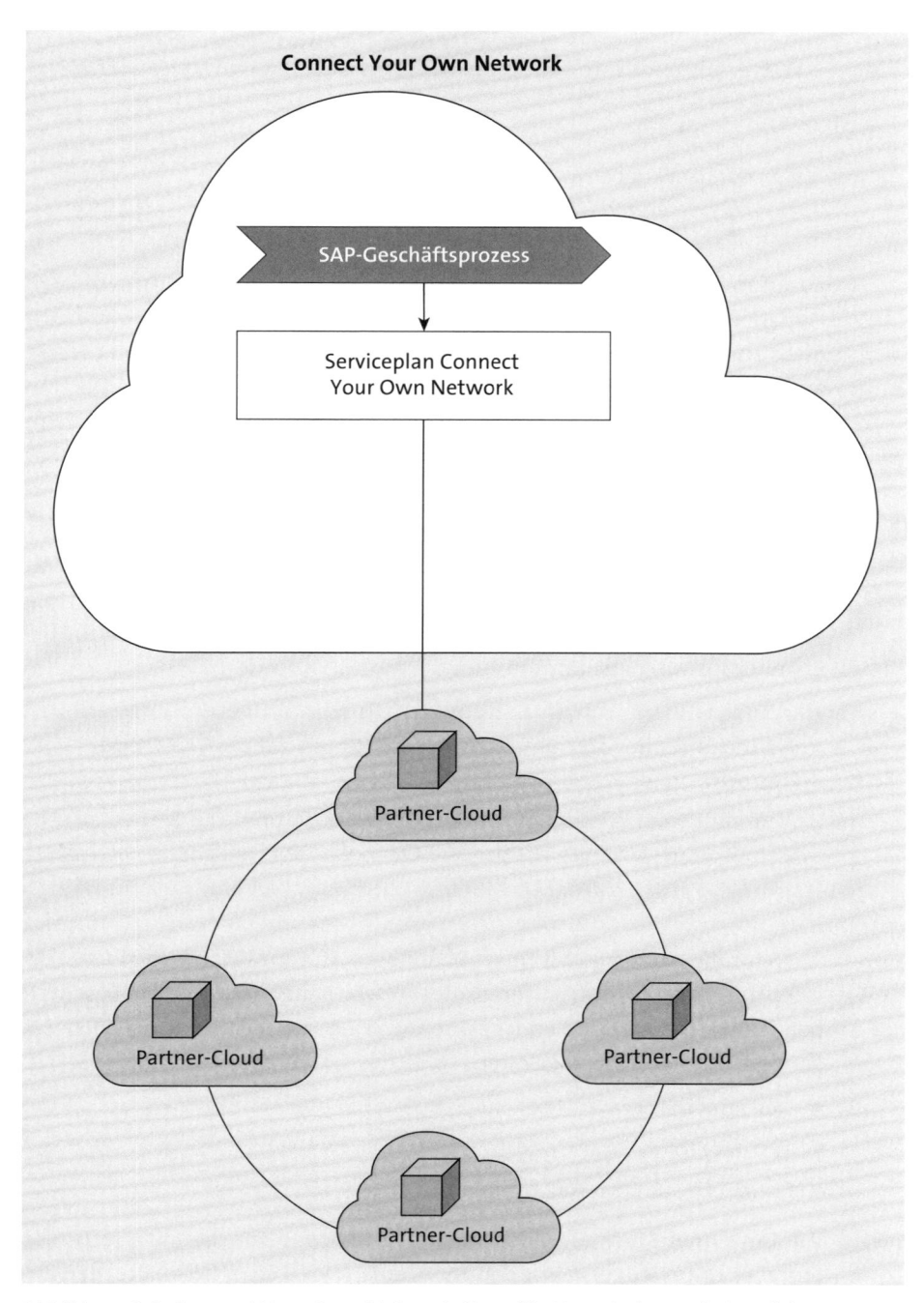

Abbildung 2.9 Connect Your Own Network Story für Hyperledger Fabric auf der SAP Cloud Platform

> **Weiterführende Informationen zum Serviceplan Connect Your Own Network**
> Im SAP Help Portal finden Sie weiterführende Informationen zum Serviceplan Connect Your Own Network unter folgender URL:
> *http://s-prs.de/v691420*

Zusammengefasst bieten die hier aufgeführten Storys für die Nutzung von Hyperledger Fabric auf der SAP Cloud Platform alle möglichen Kombinationen zur Anbindung an interne, externe und rein cloudbasierte Prozesse an, von der Entwicklung bis hin zur Einbindung externer Partner. Die teuerste Variante ist der Unterhalt eines eigenen Netzwerkes mit eigenem Backbone-Knoten und eigenen Peer-Knoten. Diese Variante bietet aber auch die meisten Möglichkeiten in puncto Entwicklung, Anbindung externer Prozesse und Skalierung der Teilnehmeranzahl.

Nutzungsszenarien für MultiChain
Für MultiChain bietet SAP keine vergleichbaren weiterführenden Nutzungsszenarien an. Es gibt lediglich einen Serviceplan für die Einführung und den Aufbau eines MultiChain-Netzwerkes sowie Servicepläne für die Erweiterung um neue Knoten.

> **Weiterführende Informationen zu MultiChain auf der SAP Cloud Platform**
> Weiterführende Informationen zur Konfiguration und zum Betrieb eines MultiChain-Netzwerkes auf der SAP Cloud Platform finden Sie unter der URL: *http://s-prs.de/v691421*

Nutzungsszenarien für Quorum
Auch für die Nutzung von Quorum auf der SAP Cloud Platform gibt es Servicepläne, die auf *Storys* basieren, die typische Nutzungsszenarien beschreiben sollen. Neben den Serviceplänen werden aus diesen Storys auch Zugangsberechtigungen abgeleitet:

- Developer Story
- Testnet Story
- Connect Your Own Network Story

Developer Story
Die Developer Story für Quorum umfasst ebenso wie die entsprechende Story für Hyperledger Fabric den Serviceplan Dev. Dieser beinhaltet den Zugang zu einer Entwicklungsumgebung mit allen benötigten APIs, um die Solidity-basierten Smart Contracts zu entwickeln und zu testen. Dazu wird ein vorkonfiguriertes Netzwerk mit einem Knoten bereitgestellt, den Sie

sich mit anderen Teilnehmern teilen. Private Transaktionen sind dabei nicht möglich, und der produktive Einsatz ist untersagt.

Der im Rahmen der Testnet Story angebotene Serviceplan bietet einen Quorum-Knoten im Rahmen eines organisationsübergreifenden Testnetzwerkes, der für die Entwicklung und das Testen von verteilten Applikationen genutzt werden kann. Der produktive Einsatz ist hier ebenfalls untersagt. Diese Story ist mit der Testnet Story von Hyperledger Fabric vergleichbar.

Testnet Story

Für eine offene Zusammenarbeit und für Fälle, in denen das komplette Netzwerk außerhalb der SAP Cloud Platform konfiguriert und betrieben wird, ermöglicht die Connect Your Own Network Story die Anbindung von SAP-Geschäftsprozessen an das externe Netzwerk. Der zugehörige Serviceplan ist streng genommen nicht Blockchain-spezifisch, sondern kann für die Anbindung jeglicher externer Dienste und Prozesse an die SAP Cloud Platform genutzt werden.

Connect Your Own Network Story

> **SAP-Hilfeseiten für die unterstützten Blockchain-Frameworks**
>
> Die Übersichtsseiten für die jeweiligen Blockchain-Frameworks sind in der SAP-Onlinehilfe zur SAP Cloud Platform derzeit nur in englischer Sprache verfügbar. Sie finden diese unter den folgenden URLs:
> - Hyperledger Fabric: *http://s-prs.de/v691422*
> - MultiChain: *http://s-prs.de/691423*
> - Quorum: *http://s-prs.de/v691424*

[«]

2.5 Zusammenfassung

In diesem Kapitel haben Sie die Blockchain-Frameworks Hyperledger Fabric, MultiChain und Quorum kennengelernt und erfahren, wie sie von der SAP Cloud Platform unterstützt werden. MultiChain in der Version 2.0 sowie Quorum sind derzeit nur im Rahmen von Trial-Accounts nutzbar und noch nicht für den produktiven Einsatz freigegeben.

Hyperledger Fabric ist nur eines von mehreren interessanten Projekten und Tools der Hyperledger Foundation, einem Industriekonsortium, das sich der Schaffung quelloffener DLT-Technologien verschrieben hat. Hyperledger Fabric unterstützt sogenannten Chaincode, ist modular aufgebaut und kann deswegen flexibel Ihren Projektanforderungen angepasst werden.

MultiChain hingegen ist eine mittlerweile eigenständige Fork der Bitcoin-Software und erweitert die Bitcoin-Technologie um Verschlüsselungsmechanismen und die Unterstützung privater Blockchain-Netzwerke. In der Version 1.0 ist hier keine zusätzliche Chaincode-Programmierung in Form von Smart Filters möglich, in der Version 2.0 hingegen schon.

Wir haben die Möglichkeiten, Kosten und Nutzungsszenarien für den Einsatz von MultiChain und Hyperledger Fabric auf der SAP Cloud Platform verglichen und, wo sinnvoll, auch Vergleiche zum noch nicht für den produktiven Einsatz unterstützten Quorum-Framework gezogen. Im folgenden Kapitel beschäftigen wir uns eingehender mit den Möglichkeiten der SAP Cloud Platform. Sie finden dort eine Übersicht und Einführung in Terminologie und übergreifende Konzepte der SAP Cloud Platform.

Kapitel 3
Die SAP Cloud Platform

In diesem Kapitel machen wir Sie mit der SAP Cloud Platform und ihren Services vertraut. Sie erfahren etwas über die Abrechnungsmodelle, den Trial-Account und was es mit den verschiedenen Laufzeitumgebungen auf sich hat.

Die SAP Cloud Platform ist ein Cloud-Computing-Angebot von SAP. Es handelt sich um ein spezialisiertes PaaS-Angebot (Platform as a Service), ausgerichtet auf den Einsatz im Umfeld von Geschäftsanwendungen. Es soll Unternehmen bei der Migration ihrer Geschäftsprozesse in die Cloud unterstützen.

Dazu bietet die SAP Cloud Platform angepasste Softwarekomponenten, die in standardisierten Laufzeitumgebungen, wie z. B. der Cloud-Foundry-Umgebung, laufen. Die technische Infrastruktur wird zum einen von SAP, zum anderen von anderen IaaS-Providern (Infrastructure as a Service) wie Amazon Web Services (AWS), Microsoft Azure und Google Cloud Platform bereitgestellt. Geografische Regionen wie Nordamerika, Europa, Asien, Australien und Neuseeland ermöglichen eine globale Abdeckung und Annäherung an die Endbenutzer.

Um die BaaS-Services (Blockchain as a Service) von SAP nutzen zu können, ist es Voraussetzung, die Angebotsstruktur der SAP Cloud Platform zu verstehen. Daher führen wir Sie in diesem Kapitel in die verschiedenen Laufzeitumgebungen, Abrechnungsmodelle und Account-Strukturen ein. Wir erklären die logische Struktur eines Global Accounts und wie Sie daraus Subaccounts und Spaces generieren. Der Navigation zwischen den einzelnen Ebenen der SAP Cloud Platform widmen wir den letzten Abschnitt des Kapitels.

3.1 Grundlegende Konzepte der SAP Cloud Platform

Auf der technischen Infrastruktur der SAP Cloud Platform werden verschiedene Laufzeitumgebungen zur Ausführung von Softwarekomponenten, den sogenannten *Services*, bereitgestellt. Die Laufzeitumgebungen heißen

Laufzeitumgebungen

Cloud Foundry, Neo und ABAP. Sie stellen jeweils spezifische Komponenten und Adapter für SAP-Software bereit. Der große Vorteil von PaaS-Angeboten wie der SAP Cloud Platform liegt in der Vereinheitlichung und Standardisierung dieser Laufzeitumgebungen. Sie erleichtern die Entwicklung und den Betrieb von Softwarelösungen.

Platform as a Service

Für die Entwickler von Geschäftsanwendungen hat dies den Vorteil, von der Konfigurations- und Einrichtungsarbeit der benötigten Standardkomponenten entlastet zu werden. Sie benötigen für ein Projekt eine neue Datenbank? Dann ist eine entsprechende neue Serverinstanz über die SAP Cloud Platform in wenigen Sekunden einsatzbereit.

Im laufenden Betrieb profitiert man so von der elastischen Skalierbarkeit der bereitgestellten Services. Wird beispielsweise eine neue Website so gut angenommen, dass Sie mehr Ressourcen benötigen, können Sie ihr über die SAP Cloud Platform mit wenigen Klicks mehr CPU-Kerne und mehr Speicher zuweisen. Auch architektonische Änderungen wie eine horizontale Skalierung sind möglich. Zum Lastausgleich können z. B. mehrere neue Webserver hinzugefügt werden, die sich die Last der Anfragen teilen. Im Backend arbeitet hingegen weiterhin nur eine Datenbank, wenn sich die Anfragen in Grenzen halten.

Virtualisierung

Dies alles ist der *Virtualisierung* zu verdanken. Software wie *Docker* und *Kubernetes* schaffen es, aus den Ressourcen leistungsstarker Rechner unabhängige Serviceinstanzen in schlanken *Containern* zu machen, die sicher zu starten und zu verwalten sind. Um diese Techniken zu vereinheitlichen, wurden Standards wie Cloud Foundry entwickelt, die die Entwicklung von PaaS-Angeboten vereinfachen. Diese zugrunde liegenden technischen Details verbirgt die SAP Cloud Platform jedoch vor Ihnen als Kunden unter einer leicht und intuitiv zu bedienenden Oberfläche.

3.1.1 Entwicklung von Softwarelösungen auf der SAP Cloud Platform

Modulare, servicebasierte Entwicklung

Software wird mit der SAP Cloud Platform nicht mehr monolithisch auf einem Computer entwickelt, sondern ganz im Sinne der *Zwölf-Faktoren-App* in funktionale Module unterteilt. Diese Module werden *(Micro-)Services* genannt. Sie laufen in eigenen virtualisierten Umgebungen, den Containern. Mehrere dieser Services werden wie Bausteine miteinander kombiniert, bis sie die gewünschte Funktionalität der Applikation ergeben. Gleich einem Puzzle oder dem Zusammenbauen von Lego-Bausteinen wird also die Anwendung aus größeren Standardkomponenten zusammengestellt und konfiguriert.

Zwölf-Faktoren-App

Die Zwölf-Faktoren-App beschreibt Leitlinien zur Realisierung einer modernen, servicebasierten Anwendung (*https://12factor.net/*). Diese Leitlinien umfassen eine auf die Anforderungen der Entwicklung von SaaS-Diensten (Software as a Service) und cloudbasierten Apps abgestimmte Arbeitsorganisation mit einem definierten Workflow von der Entwicklung bis zur Bereitstellung. Dabei wird auf eine flexible Skalierung im Betrieb Wert gelegt. Die beschriebenen Leitlinien können hier nur gekürzt wiedergegeben werden. Wir empfehlen Ihnen zum genaueren Verständnis die deutsche Version des Manifests unter *https://12factor.net/de/*.

Die zwölf Faktoren lauten:

1. ein zentrales Versionierungssystem für die Codebasis
2. die Deklaration und Isolation von Abhängigkeiten
3. die externalisierte Konfiguration der Dienste, vorzugsweise per Umgebungsvariablen
4. die Behandlung unterstützender Dienste als angehängte Ressourcen
5. die strikte Trennung der Umgebungen für Entwicklung (Build), Bereitstellung/Staging (Release) und Betrieb (Run)
6. Prozessorientierung als Ziel
7. Export von Diensten durch das Binden von Ports
8. Nebenläufigkeit, d. h. Skalierung mit dem Prozessmodell
9. Forcierung eines zustandslosen Einweggebrauchs der Apps, inklusive robuster und schneller Starts und problemloser Stopps
10. Vergleichbarkeit der Umgebungen für Entwicklung, Bereitstellung und Produktivbetrieb
11. Behandlung von Protokollen als Strom von Ereignissen (Events)
12. Anlage von Administrationsaufgaben als einmalige Vorgänge

Den Dreiklang Build, Release, Run greift SAP z. B. mit der empfohlenen Einrichtung von Subaccounts für die SAP Cloud Platform wieder auf. Es wird empfohlen, jeweils eine Subaccount für Entwicklung, Bereitstellung und Betrieb anzulegen. Alle anderen Leitlinien müssen Sie selbst berücksichtigen, wenn Sie eigene Applikationen auf der SAP Cloud Platform entwerfen und programmieren. Es liegt an Ihnen, die entsprechenden Dienste und Ihren Arbeitsstil an diesen zwölf Faktoren auszurichten.

Services haben wie Anwendungen unter dem Betriebssystem Unix jeweils nur eine einzige Aufgabe, die sie aber bestmöglich erfüllen sollen, um in einem verketteten Prozess miteinander kombiniert zu werden. Ein Service kann z. B. eine Datenbank sein, die sich mit einem anderen Service, wie etwa einem Webserver, über eine externe Schnittstelle verbindet. Durch diese Modularität wird die Entwicklung schneller und flexibler, weil sie vom Ballast der Installation der Softwarekomponenten befreit wird und die Entwickler sich auf den Zusammenbau und die Konfiguration der geplanten Applikation konzentrieren können. Zusätzlich kann das fertige Angebot leichter skalieren, weil dazu nur die benötigten Hardwareressourcen der einzelnen Services angepasst werden müssen.

3.1.2 Continuous Integration

Die SAP Cloud Platform realisiert den Ansatz der *Continuous Integration*, auf Deutsch etwa »permanente Integration«. Durch diesen Ansatz werden Best Practices für die Entwicklung von Onlineangeboten definiert, die schnellere Entwicklungszeiten ermöglichen.

Commit, Build, Test, Deploy

Das sich ständig wiederholende Arbeitsmantra lautet bei diesem Ansatz Commit, Build, Test, Deploy (siehe Abbildung 3.1). Neuer Programmcode wird dabei in ein zentrales Versionierungssystem eingecheckt bzw. freigegeben (*Commit*) und anschließend neu kompiliert (*Build*). Es folgt die Installation der neuen Software in einer Staging-Umgebung, um automatisierte Tests zu durchlaufen (*Test*). Werden diese Tests bestanden, kann optional das Ausrollen der Software angestoßen werden (*Deploy*). Diese Variante bezeichnet man auch als *Continuous Delivery* oder *Continuous Deployment*.

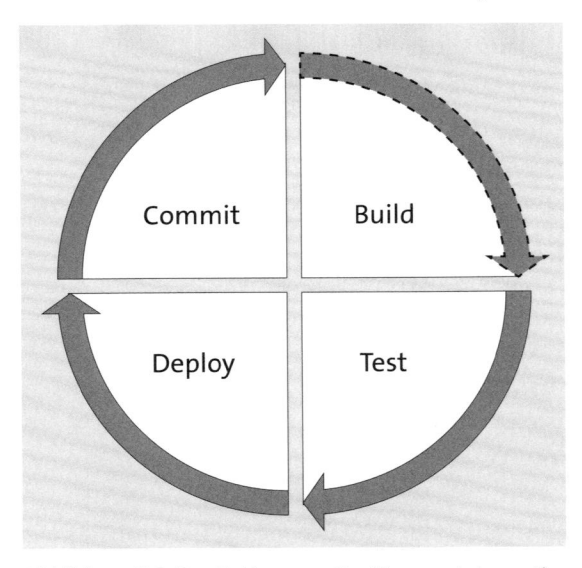

Abbildung 3.1 Der Zyklus von Continuous Integration

Dieser Zyklus wird ständig wiederholt und führt dazu, dass man Problemen und Fehlern schon während der Entwicklung auf die Spur kommt und diese schneller beheben kann. Ein weiterer angenehmer Nebeneffekt ist, dass es immer eine funktions- und damit demonstrierbare Version der zu entwickelnden Applikation gibt. Die SAP Web IDE als Entwicklungsumgebung der SAP Cloud Platform unterstützt Sie dabei z. B. mit entsprechenden Optionen wie dem direkten Entwickeln und Debuggen im Browser und der Verzahnung mit den anderen Services der Plattform.

> **Weiterführende Informationen zu Continuous Integration und Continuous Delivery auf der SAP Cloud Platform**
>
> SAP hat zur Vertiefung der Themen Continuous Integration und Continuous Delivery eine kostenlose Learning Journey zusammengestellt, auf die Sie über folgende URL zugreifen können:
> *http://s-prs.de/v691425*
>
> Sie vermittelt in kleinen Lektionen einen Überblick über die Thematik und gibt Hinweise und Anregungen für eigene Lösungen.

Zusammengefasst erlaubt die SAP Cloud Platform es Entwicklern, neue Applikationen durch die Standardisierung der Komponenten sicherer und in kleinen iterativeren Schritten schneller in Betrieb zu nehmen. Angestrebt werden dabei agile Geschäftsanwendungen, die nicht mehr on premise installiert werden müssen, also vor Ort im Unternehmen und auf eigener Hardware, sondern schlank und elastisch anpassbar in der von SAP verwalteten Cloud-Umgebung im Internet laufen.

3.1.3 Integration externer Services

Die SAP Cloud Platform bietet neben vielen eigenen Services auch die Möglichkeit an, externe Dienste und Server zu integrieren, die zum Betrieb einer hybriden Applikation mit Komponenten der eigenen Infrastruktur und der SAP Cloud Platform notwendig sind. Sie kann sich damit nahtlos in eine bestehende IT-Landschaft einfügen und verschiedene Teilaufgaben erfüllen (siehe Abbildung 3.2).

SAP Cloud Platform in der IT-Landschaft

Dazu haben Sie auf der SAP Cloud Platform die Möglichkeit, externe *Destinations* festzulegen, um Datenendpunkte aus der SAP Cloud Platform heraus zu definieren. Außerdem können Sie externe Datenquellen definieren und Daten in die SAP Cloud Platform importieren.

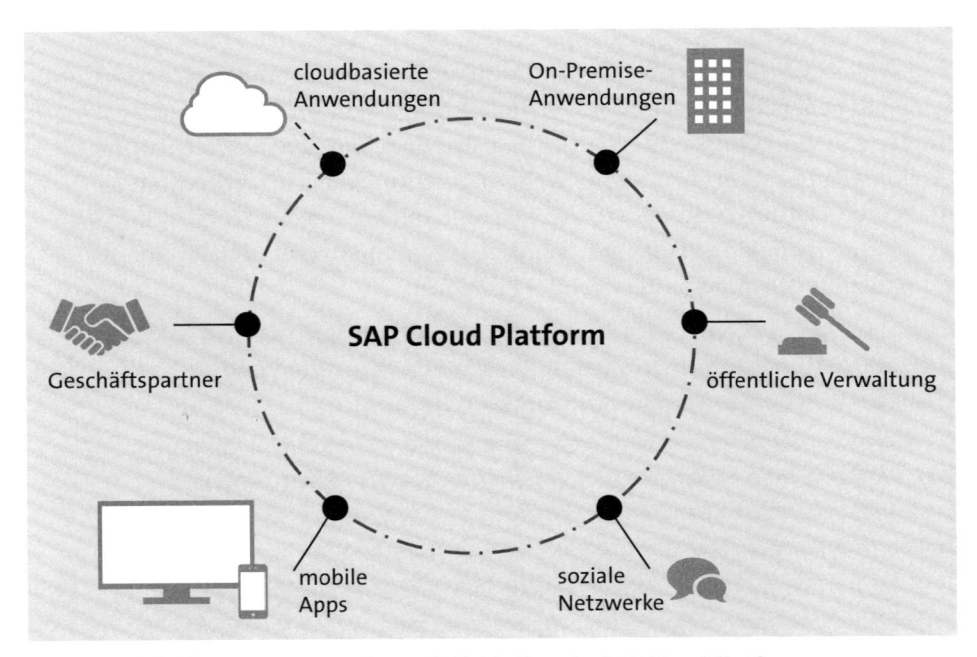

Abbildung 3.2 Integrationsmöglichkeiten der SAP Cloud Platform

Connect Your Own Network
Ein gutes Beispiel für die Integrationsmöglichkeiten mit Partnerlösungen und den Netzwerken anderer Cloud-Provider sind die Servicepläne *Connect Your Own Network*, die wir in Abschnitt 2.4.2, »Nutzungsszenarien mit der SAP Cloud Platform«, für die Blockchain-Frameworks Hyperledger Fabric und Quorum vorgestellt haben. Sie erlauben eine flexible Verknüpfung von Firmennetzwerken oder bereits existierenden Servern mit der SAP Cloud Platform über das Internet.

3.2 Nutzung der SAP Cloud Platform

In diesem Abschnitt stellen wir Ihnen die verschiedenen Abrechnungsmodelle für die Nutzung der SAP Cloud Platform vor, erklären, wie Sie einen Trial-Account erhalten und wie Sie einzelne Services über den Service Marketplace buchen.

3.2.1 Abrechnungsmodelle

Verbrauch vs. Flatrate
Die SAP Cloud Platform bietet zwei unterschiedliche Abrechnungsmodelle für die Nutzung ihrer Services an:

- ein dynamisches, *verbrauchsbasiertes Modell* (abhängig von der Nutzungsdauer der verwendeten Ressourcen)
- ein *Subscription-Modell*, das einem Abonnement gleicht (hierbei ermöglicht eine Flatrate die unbegrenzte Nutzung eines Angebots für einen vereinbarten Zeitraum)

Tabelle 3.1 stellt die beiden Abrechnungsmodelle gegenüber.

Merkmal	Verbrauchsbasiertes Modell	Subscription-Modell
Vertragsdauer	Verbrauchszeitraum (12 Monate oder mehr)	Abozeitraum (typischerweise 12 Monate oder mehr)
verfügbare Services	Alle Services der SAP Cloud Platform können genutzt werden, es werden keine zusätzlichen Verträge bei einem Wechsel der Verbrauchsmuster fällig.	Nutzung vertraglich vereinbarter Services, weitere Services bedürfen einer Ergänzung des Vertrags.
Preis/Kosten	Vorabkauf von Cloud-Credits, die dem Verbrauch entsprechend verrechnet werden	Fixkosten für den vereinbarten Nutzungszeitraum, unabhängig von der Nutzungsdauer
Bezahlung	zu Beginn sowie bei jedem Auslaufen des Guthabens im Verbrauchszeitraum	vorab zu Beginn des Vertragszeitraumes
Erneuerungsintervall	zum Ende des vereinbarten Nutzungszeitraumes	zum Ende des vereinbarten Abozeitraumes

Tabelle 3.1 Vergleich der beiden von der SAP Cloud Platform angebotenen Abrechnungsmodelle

Auf der Seite *http://s-prs.de/v691426* stellt SAP einen Preisrechner zur Verfügung, der es Ihnen erlaubt, die anfallenden Kosten für die Blockchain-Angebote vorab zu bestimmen. Er berücksichtigt auch Abhängigkeiten zu anderen Services (siehe Abbildung 3.3). Sie wählen dazu die gewünschten Dienste aus dem Angebot der SAP Cloud Platform aus und fügen diese als Posten Ihrer Gesamtrechnung hinzu. Um zu starten, klicken Sie auf den Button **Add Service**. Damit öffnen Sie das Verzeichnis aller verfügbaren Dienste. Die Services für Hyperledger Fabric und MultiChain finden Sie z. B. unter der Rubrik **Data-Driven Insights**.

Preisrechner

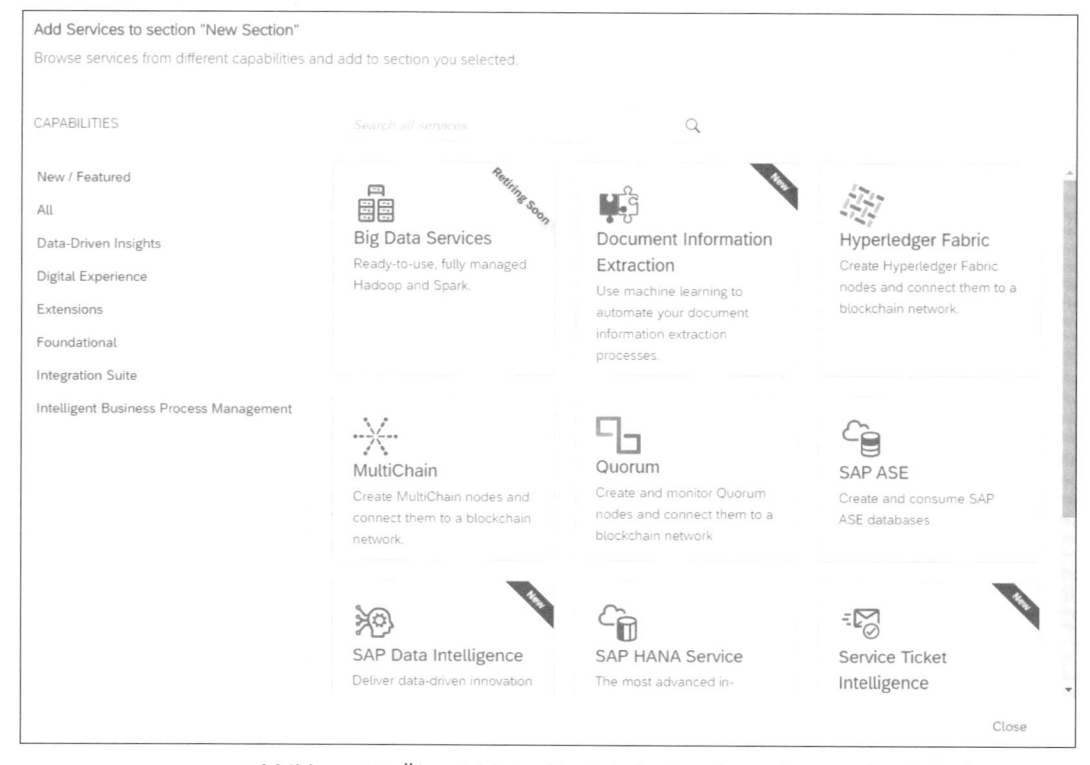

Abbildung 3.3 Übersicht der Blockchain-Angebote der SAP Cloud Platform im Kostenrechner

3.2.2 Trial-Account

Account zum Ausprobieren

Niemand kauft gerne die Katze im Sack. Deshalb bietet SAP für die SAP Cloud Platform ein Probeangebot an. Dieser Trial-Account ist 30 Tage lang gültig und lässt sich bis zu zweimal verlängern. Mithin erlaubt das Probeangebot es Ihnen also, bis zu 90 Tage lang kostenlos mit der SAP Cloud Platform zu arbeiten.

Dabei ist der Zugang zu einigen rechenintensiven Services allerdings eingeschränkt oder komplett unterbunden. Mit dem Trial-Account ist es z. B. möglich, einen Hyperledger-Fabric-Knoten für die Entwicklung aufzusetzen und zu nutzen, um erste Schritte in der Blockchain-Entwicklung zu unternehmen. Es ist aber nicht möglich, MultiChain-Knoten aufzusetzen. Diese werden im *Service Marketplace*, dem Verzeichnis der für Ihren gewählten Subaccount verfügbaren Services, gar nicht aufgeführt, sondern müssen kostenpflichtig hinzugebucht werden.

Ihren Trial-Account können Sie unter folgender Adresse einrichten: *https://www.sap.com/cmp/td/sap-cloud-platform-trial.html*. Geben Sie dazu Ihren Namen und Ihre Anschrift, ebenso wie Ihre Telefonnummer und E-Mail-Adresse an. Sie erhalten dann eine Bestätigung per E-Mail, zusammen mit Ihren Zugangsdaten.

Trial-Account einrichten

Alle Trial-Accounts für die Cloud-Foundry-Umgebung werden mit 4 GB Speicher für Applikationen und bis zu zehn selbst definierbaren Netzwerkrouten ausgestattet, mit denen Services miteinander verbunden werden können. Dies erlaubt die Erstellung und Konnektierung einfacher Prototypen. Unterschiede im Funktionsumfang zwischen einem kostenpflichtigen Enterprise Account und dem kostenlosen Trial-Account finden Sie unter folgender URL: *http://s-prs.de/v691427*

Cloud-Foundry-Umgebung

MultiChain-Blockchains erfordern einen kostenpflichtigen Enterprise Account und können nicht mit dem Trial-Account erstellt werden. Mehr Informationen zu diesem Thema sowie den damit verbundenen Optionen und Preisen finden Sie unter folgender URL: *http://s-prs.de/v691428*

Enterprise Account

Eine genauere Auflistung der Modalitäten und Preise für Hyperledger Fabric finden Sie unter folgender URL:
http://s-prs.de/v691429

In Abschnitt 3.4, »Verwaltung der Accounts«, erfahren Sie, wie Sie die produktiven Global und Subaccounts auf der SAP Cloud Platform einrichten.

3.2.3 Service Marketplace

Die für den Subaccount gewählte Laufzeitumgebung bestimmt, welche Services verfügbar sind. Die für Ihre Umgebung und Ihren Subaccount verfügbaren Services finden Sie im *Service Marketplace*, einer Art zentralem App-Store, aus dem Sie sich die für Ihre Zwecke benötigten Services zusammenklicken können. Wechseln Sie dazu in einen bestehenden Subaccount, oder erstellen Sie sich einen neuen. Sie finden dann den **Service Marketplace** unter dem Eintrag **Services** in der Navigationsleiste auf der linken Bildschirmseite.

Abbildung 3.4 zeigt z. B. den Service Marketplace mit den verfügbaren Services eines Subaccounts mit Cloud-Foundry-Laufzeitumgebung. Die für dieses Buch relevanten Services besprechen wir jeweils in den folgenden Kapiteln.

Cloud-Foundry-Umgebung

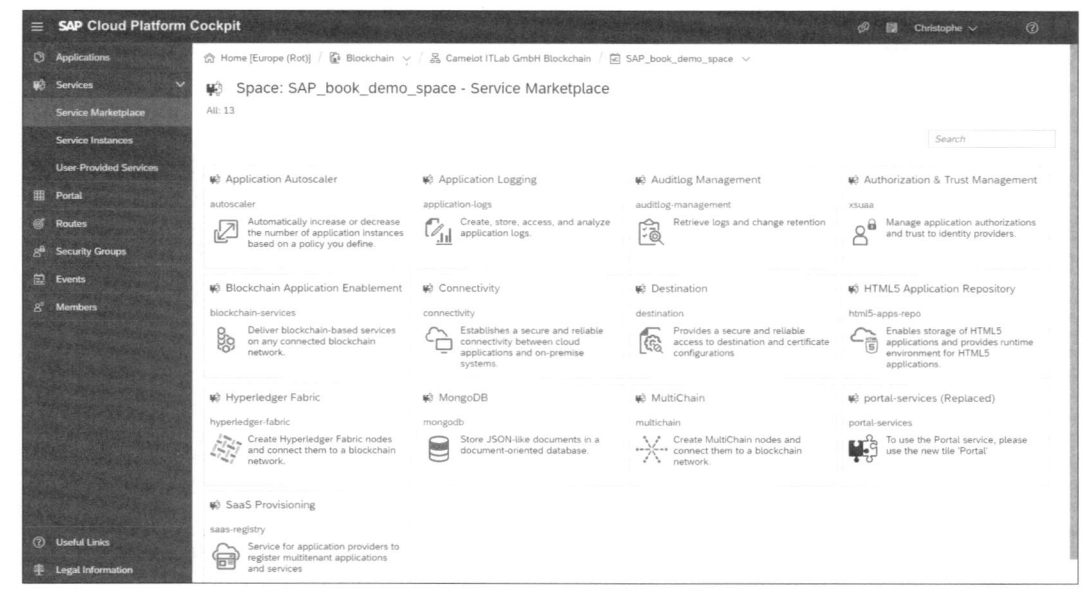

Abbildung 3.4 Service Marketplace für eine Cloud-Foundry-Umgebung

3.3 Laufzeitumgebungen

Environments

Die SAP Cloud Platform bietet verschiedene Laufzeitumgebungen an, die auch *Environments* genannt werden. In diesen Umgebungen laufen die angebotenen Services. Die folgenden Umgebungen stehen zur Verfügung:

- Cloud-Foundry
- Neo
- ABAP

In diesen Umgebungen werden jeweils unterschiedliche Werkzeuge angeboten, wie etwa eine interaktive Shell oder ein Kommandozeilen-Interpreter (Command-Line Interface, kurz CLI). Mit diesen Werkzeugen können Anwendungen für den Betrieb konfiguriert werden. Die meisten Services für die Laufzeitumgebungen werden aber einfach über die Weboberfläche der SAP Cloud Platform gestartet und gestoppt. Die Entwicklungsumgebung *SAP Web IDE* ist z. B. so eng mit der SAP Cloud Platform verzahnt, dass man die mit ihr erstellten Applikationen direkt per Mausklick in die entsprechende Laufzeitumgebung deployen kann. Wir werden sie in Kapitel 6, »Blockchain-Anwendungen mit Hyperledger Fabric entwickeln«, nutzen, um webbasierte Benutzeroberflächen zu den Funktionen unserer Blockchains anzubieten.

3.3.1 Die Cloud-Foundry-Umgebung

Die Cloud-Foundry-Umgebung der SAP Cloud Platform basiert auf einer quelloffenen PaaS-Lösung der *Cloud Foundry Foundation*.

Cloud Foundry stellt den De-facto-Standard für die Erzeugung von PaaS-Angeboten dar – es handelt sich also um eine Art Baukasten für Cloud-Dienste. Die Laufzeitumgebung orientiert sich an den DevOps-Regeln der Zwölf-Faktoren-Entwicklungsleitlinie. *DevOps* ist ein Kunstwort aus »Development« und »(IT) Operations« und beschreibt Prozesse zur vereinfachten Softwareentwicklung in standardisierten Umfeldern. Die in solchen Umfeldern erstellten und bereitgestellten Cloud-Anwendungen sollen über ihren gesamten Lebenszyklus hinweg automatisierbar, skalierbar und einfach zu verwalten sein.

PaaS zur Softwareentwicklung

Als Grundlagen hierfür dienen die Container-Software *Docker* und die Steuerungssoftware *Kubernetes*. Auf deren Basis lassen sich in der Cloud-Foundry-Umgebung mehrteilige Container-Anwendungen orchestrieren. Die Webapplikationen können in dieser Umgebung mithilfe unterschiedlicher Frameworks und Sprachen entwickelt und deployt werden.

Tabelle 3.2 führt die Services auf, die in der Cloud-Foundry-Umgebung der SAP Cloud Platform unterstützt werden. Die verwendeten Begriffe sind spezifische Features von Cloud-Foundry und werden hier nur der Vollständigkeit halber wiedergegeben.

Unterstützte Services

Unterstütze Services	Nicht unterstützte Services
Diego Runtime	Container-to-Container Networking
SSH	Isolation Segments
Docker	TCP Routing
Running Tasks	Custom Domains
Zipkin Tracing	Sharing Service Instances
Websockets	
Space-Scoped Service Brokers	
Route Services (nur benutzerdefinierte und Fully-Brokered Services)	

Tabelle 3.2 Unterstützte Cloud-Foundry-Services auf der SAP Cloud Platform

Die Cloud-Foundry-Umgebung bildet die Basis für alle in diesem Buch vorgestellten Blockchain-Beispiele.

> **Einführung in die Cloud-Foundry-Umgebung**
>
> SAP bietet zur Einführung in die Cloud-Foundry-Umgebung eine ausführliche Learning Journey an, die Sie unter folgender URL starten können: *http://s-prs.de/v691430*
>
> Hier finden Sie z. B. Informationen zur Account-Verwaltung und Anleitungen zur Entwicklung bestimmter Anwendungstypen.

3.3.2 Die Neo-Umgebung

Web- und native SAP-HANA-Applikationen

Die Neo-Umgebung der SAP Cloud Platform wurde von SAP selbst entwickelt. Sie wird häufig genutzt, um Cloud-Foundry-basierte Applikationen um einen Webserver zu ergänzen, um die Darstellungsebene der Anwendungen zu implementieren. Die Umgebung unterstützt die Entwicklung von HTML5-, SAPUI5- und Java-basierten Webapplikationen. Auch native Applikationen für SAP HANA können auf Basis der SAP HANA Extended Application Services, Advanced Model (SAP HANA XSA) in dieser Umgebung erstellt werden.

SAP Web IDE

Dazu unterstützt die Neo-Umgebung die SAP Web IDE. Die SAP Web IDE ist eine webbasierte, in die SAP Cloud Platform eingebettete Entwicklungsumgebung zur Entwicklung von SAPUI5-Applikationen. Diese Entwicklungsumgebung wird Ihnen in den folgenden Kapiteln dieses Buches immer wieder begegnen, wenn wir ansprechende Web-Frontends für unsere Blockchain-Anwendungen bauen.

Neben diesen Angeboten zur Entwicklung von Webanwendungen können laut SAP als zusätzliches Feature in der Neo-Umgebung eigene virtuelle Maschinen gestartet werden. Davon werden wir aber im Kontext dieses Buches keinen Gebrauch machen.

> **Einführungen in die Neo-Umgebung**
>
> Es gibt auf der SAP Cloud Platform keine Learning Journey, die in die komplette Neo-Umgebung einführt. Stattdessen gibt es Einführungen zu Einzelthemen, etwa zur Entwicklung mit SAPUI5 oder der SAP Web IDE:
>
> - »SAPUI5 in SAP Cloud Platform«: *http://s-prs.de/v691431*
> - »SAP Cloud Platform Web IDE«: *http://s-prs.de/v691432*

3.3.3 Die ABAP-Umgebung

Die ABAP-Umgebung der SAP Cloud Platform erlaubt die Entwicklung und Ausführung von Erweiterungen für ABAP-basierte Produkte, wie z. B. SAP S/4HANA. Auch bereits existierende Erweiterungen von SAP-Lösungen können in die Cloud migriert werden.

Die ABAP-Umgebung beinhaltet das neue ABAP-RESTful-Programmiermodell, das speziell für die Erweiterung von SAP S/4HANA geschaffen wurde. Demnach unterstützt die Umgebung auch das in SAP S/4HANA verwendete Oberflächen-Framework *SAP Fiori* und die Datenmodellierungstechnologie *Core Data Services* (CDS). Auch bietet die ABAP-Umgebung Zugang zu anderen Services der SAP Cloud Platform, wie Destinationen, die Machine-Learning- und IoT-Integration (Internet of Things bzw. Internet der Dinge). Die ABAP-Umgebung ist für die Beispiele in diesem Buch nicht relevant und wird hier nur der Vollständigkeit halber erwähnt.

> **Einführung in die ABAP-Umgebung**
>
> Eine ausführliche Learning Journey zur ABAP-Umgebung der SAP Cloud Platform finden Sie unter folgender URL:
> *http://s-prs.de/v691433*

3.3.4 Vergleich der Laufzeitumgebungen

Derzeit werden die Cloud-Foundry- und Neo-Umgebung in der Praxis weit häufiger genutzt als die spezialisierte ABAP-Umgebung. Tabelle 3.3 stellt die Eigenschaften der drei Laufzeitumgebungen einander gegenüber.

Merkmal	Cloud Foundry	Neo	ABAP
Szenarien	<ul><li>Zwölf-Faktoren-App und Microservice-basierte Anwendungen und Dienste</li><li>IoT- und Machine-Learning-Szenarien</li><li>XSA-Applikationen</li><li>Nutzung von Java, Node.js sowie weiterer Sprachen möglich (Bring Your Own Language)</li></ul>	<ul><li>HTML5</li><li>SAP HANA XS</li><li>Java-basierte Anwendungen</li></ul>	<ul><li>ABAP-basierte Anwendungen und Erweiterungen</li><li>Migration von On-Premise-ABAP-Code in die Cloud</li></ul>

Tabelle 3.3 Merkmale der Laufzeitumgebungen der SAP Cloud Platform in der Übersicht

Merkmal	Cloud Foundry	Neo	ABAP
unterstützte Buildpacks/ Sprachen	■ SAP Java Buildpack ■ Node.js ■ Node.js Security Buildpack (Beta) ■ Python	■ Java ■ HTML5 ■ SAP HANA XS	■ ABAP
weitere Buildpacks	■ Java ■ statische Dateien ■ Ruby ■ Go ■ PHP ■ Binary ■ Bring Your Own Buildpack	–	–
maximaler Speicher für eine App-Instanz	8 GB	16 GB	8 GB
Programmierumgebung für SAP HANA	SAP HANA XSA (Advanced Model)	SAP HANA XS (Classic Model)	ABAP-verwalteter Zugriff auf SAP-HANA-Funktionen
virtuelle Maschinen	–	in einigen Regionen verfügbar	Basis der ABAP-Umgebung
Docker-Unterstützung	Docker mit Diego	–	–
Zertifizierung	–	■ ISO 27001 ■ SOC1 Type 2 ■ SOC2 Type 2	–
Anbindung	On-Premise-Anbindung per HTTP verfügbar	■ On-Premise-Anbindung per HTTP ■ On-Premise-Service-Channels zur Cloud ■ LDAP-Integration ■ On-Premise-Anbindung per Remote Function Call (RFC)	verfügbar für SAP S/4HANA Cloud
Entwicklung von Erweiterungen	nur ausgesuchte Szenarien	für SAP SuccessFactors und SAP S/4HANA	für SAP S/4HANA

Tabelle 3.3 Merkmale der Laufzeitumgebungen der SAP Cloud Platform in der Übersicht (Forts.)

Die SAP Cloud Platform unterstützt abhängig vom gewählten Account und der Laufzeitumgebung das Deployment für verschiedene geografischen Regionen. In jeder Region wird ein Datencenter von SAP oder von Partnern wie Amazon Web Services (AWS) oder Microsoft Azure betrieben.

Regionen

Durch die Wahl einer geeigneten Region in der Nähe Ihrer Kunden können Sie die Antwort- und Latenzzeiten Ihrer Anwendungen optimieren. In der Praxis ist die Wahl der Region vor allem eine Kostenfrage – die Nutzung europäischer Datencenter ist in der Regel etwas teurer.

Die folgenden Tabellen führen jeweils die für die einzelnen Laufzeitumgebungen zum Zeitpunkt der Drucklegung dieses Buches verfügbaren Regionen auf.

Die Cloud-Foundry-Umgebung wird von verschiedenen IaaS-Providern bereitgestellt, darunter AWS, Microsoft Azure sowie Google Cloud Platform (siehe Tabelle 3.4).

Cloud-Foundry-Umgebung

Account	Region	Iaas-Provider
Enterprise Account	Brasilien (São Paulo)	Amazon Web Services
	Japan (Tokyo)	Amazon Web Services
	Australien (Sydney)	Amazon Web Services
	Singapur	Amazon Web Services
	Kanada (Montreal)	Amazon Web Services
Enterprise und Trial-Account	Europa (Frankfurt)	Amazon Web Services
	Europa (Niederlande)	Microsoft Azure
	USA Ost (VA)	Amazon Web Services
	USA Zentral (IA)	Google Cloud Platform

Tabelle 3.4 Verfügbare Regionen für die Cloud-Foundry-Umgebung der SAP Cloud Platform

Die Neo-Umgebung wird von SAP als IaaS-Provider bereitgestellt und in eigenen, weltweiten Datenzentren betrieben (siehe Tabelle 3.5).

Neo-Umgebung

Die ABAP-Umgebung wird derzeit lediglich aus einem Datenzentrum angeboten (siehe Tabelle 3.6). Ein Trial-Account für diese Umgebung ist noch nicht verfügbar.

ABAP-Umgebung

Account	Region	IaaS-Provider
Enterprise Account	Australien (Sydney)	SAP
	Brasilien (São Paulo)	SAP
	Kanada (Toronto)	SAP
	Europa (Amsterdam)	SAP
	Europa (Frankfurt)	SAP
	Europa (Rot)	SAP
	Japan (Tokyo)	SAP
	Königreich Saudi-Arabien (Riad)	SAP
	Russland (Moskau)	SAP
	Vereinigte Arabische Emirate (Dubai)	SAP
	USA Osten (Ashburn)	SAP
	USA Westen (Chandler)	SAP
	USA Osten (Sterling)	SAP
	USA Westen (Colorado Springs)	SAP
Trial-Account	Europa (Rot)	SAP

Tabelle 3.5 Verfügbare Regionen für die Neo-Umgebung der SAP Cloud Platform

Account	Region	IaaS-Provider
Enterprise Account	Europa (Frankfurt)	Amazon Web Services

Tabelle 3.6 Region für die ABAP-Umgebung der SAP Cloud Platform

[»] **Weiterführende Informationen zu den Laufzeitumgebungen der SAP Cloud Platform**
Detaillierte technische Informationen zu allen Laufzeitumgebungen finden Sie in der SAP-Onlinehilfe zur SAP Cloud Platform unter folgender URL: *http://s-prs.de/v691434*

> Aktuelle Informationen zu unterstützten Regionen für die einzelnen Laufzeitumgebungen stellt SAP auf folgender Seite bereit:
> *http://s-prs.de/v691435*

3.4 Verwaltung der Accounts

Die SAP Cloud Platform stellt ihren Kunden den Zugriff auf Services und Ressourcen über *Accounts* bereit. Neben den kostenfreien Trial-Accounts, die wir in Abschnitt 3.2.2 bereits vorgestellt haben, gibt es die kostenpflichtigen Zugänge für Unternehmenskunden, die sogenannten *Enterprise Accounts*.

Als Unternehmen, das die Services der SAP Cloud Platform nutzen möchte, schließt man zunächst einen sogenannten *Enterprise Global Account* ab. Im Gegenzug erhält man ein entsprechendes Kontingent an Rechenzeit und Speicherplatz zur weiteren Aufteilung in *Subaccounts* und *Spaces*.

Enterprise Global Account

Der Enterprise Global Account ist in erster Linie dazu gedacht, den Unternehmenszugang von einem Administrator aus Ihrem Unternehmen verwalten zu lassen. Dieser Administrator sollte daraus abhängig von den Anforderungen Ihres Unternehmens voneinander unabhängige Subaccounts generieren. Einem Subaccount kann ein Limit für die verfügbaren Ressourcen, ein sogenanntes *Quota*, zugeteilt werden. Wird dies nicht gemacht, können die verfügbaren Ressourcen des Enterprise Global Accounts frei verbraucht werden.

In der Verwaltung des Enterprise Global Accounts wird auch eine Liste der Mitglieder Ihres Accounts geführt. Diese findet der Administrator des Accounts im Bereich **Members**, auf den wir in Abschnitt 3.5.3, »Ebene der Subaccounts«, zurückkommen. Diese Liste führt alle zur Mitarbeit berechtigten Personen auf, also alle Mitarbeiter, die an Projekten mitarbeiten können. Die Accounts der einzelnen Member müssen hier registriert sein, bevor sie einem Subaccount zugewiesen werden können.

Verwaltung der Members

Die Mitgliederliste im Global Account umfasst somit die Gesamtmenge aller berechtigten Mitarbeiter. Aus dieser Gesamtmenge können Teams oder Gruppen für einzelne Subaccounts generiert werden. Die Subaccounts enthalten dann wiederum die konkreten Arbeits- oder Projektumgebungen, die Spaces. Abbildung 3.5 verdeutlicht diese Account-Struktur.

3 Die SAP Cloud Platform

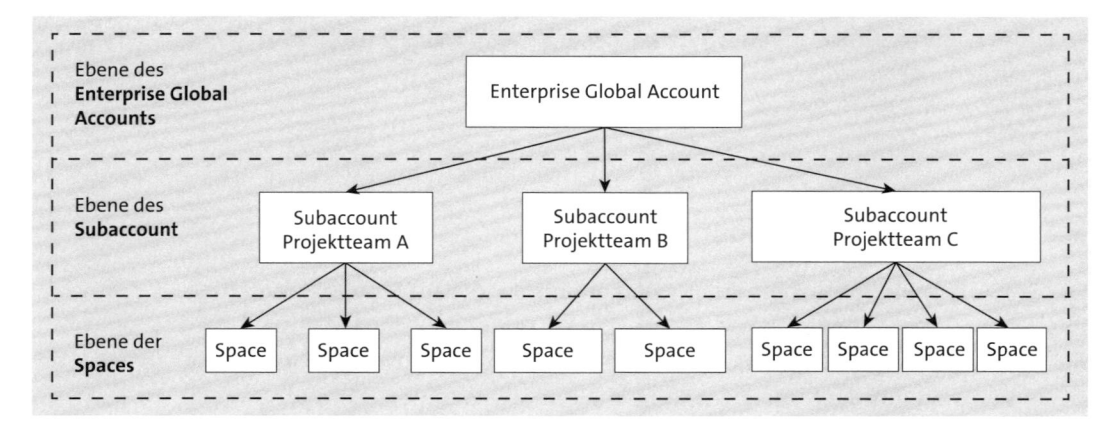

Abbildung 3.5 Logische Ebenen eines Enterprise Global Accounts

Subaccount
Ein Subaccount bildet idealerweise ein geschlossenes Team oder eine thematische Struktur ab. Jedem neu erstellten Subaccount muss zunächst eine geografische Region zugeordnet werden, z. B. die Region Europa (Frankfurt). Ebenso muss einem Subaccount eine gewählte Laufzeitumgebung (z. B. Cloud Foundry oder Neo) zugeordnet werden.

Ganz im Sinne der Leitlinien der Zwölf-Faktoren-App (siehe Abschnitt 3.1.1, »Entwicklung von Softwarelösungen auf der SAP Cloud Platform«) empfehlen SAP und auch wir Ihnen, drei Subaccounts für die voneinander zu trennenden Umgebungen zur Entwicklung, zum Testen und zur Veröffentlichung von Anwendungen anzulegen. Ein Subaccount kann beliebig viele Mitglieder mit unterschiedlichen Rollen haben (siehe Abbildung 3.6). Außerdem können jedem Subaccount eigene Apps und Services zugewiesen werden.

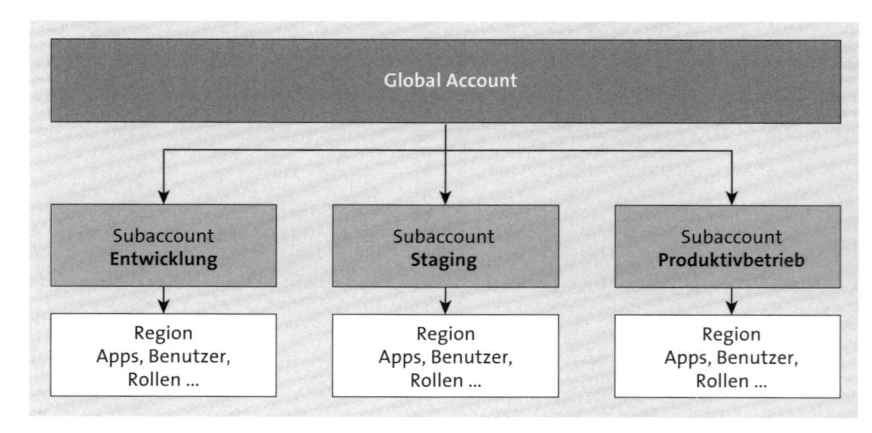

Abbildung 3.6 Von SAP empfohlene Struktur der Subaccounts für Entwicklungsprojekte

3.5 Navigation in der SAP Cloud Platform

Aus einem Subaccount heraus können wiederum Spaces definiert werden – das sind die Projektumgebungen. Bildet ein Subaccount beispielsweise ein Team oder eine Projektgruppe ab, werden die einzelnen (Unter-)Projekte in Spaces realisiert. Abbildung 3.7 verdeutlicht, wie aus der Mitgliederliste des Enterprise Global Accounts eine Untermenge für einen Subaccount erzeugt wird, aus der wiederum Mitarbeiter für ein konkretes Space rekrutiert werden können.

Spaces

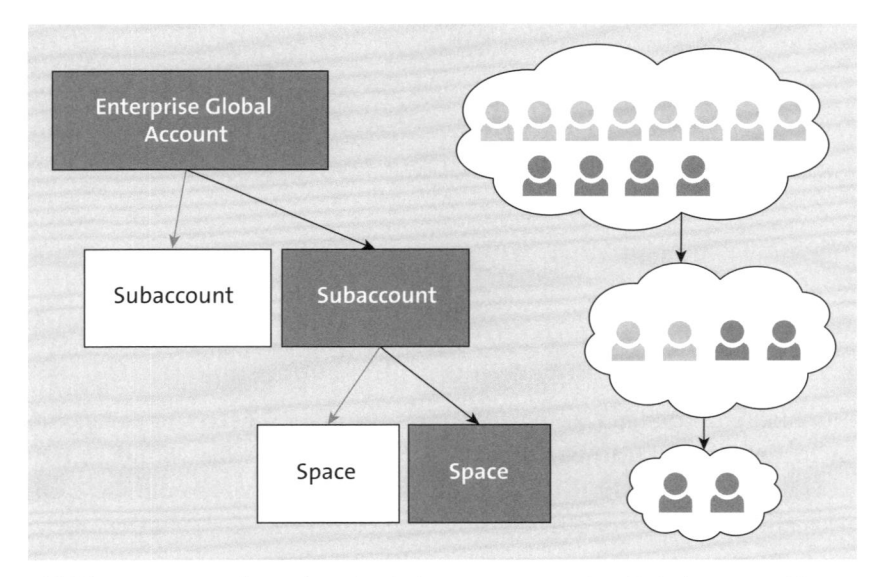

Abbildung 3.7 Verteilung der Mitarbeiter vom Enterprise Global Account bis zu den Spaces

3.5 Navigation in der SAP Cloud Platform

Die Navigation auf der SAP Cloud Platform kann für ungeübte Nutzer zu Beginn ein wenig gewöhnungsbedürftig sein. Der Grund dafür ist, dass die Webseiten zwar alle ein einheitliches Design aufweisen, sie bei der Navigation aber zwischen hierarchisierten Objekten und Ebenen wechseln, die unterschiedliche Inhalte haben. Speziell die blaue Navigationsleiste auf der linken Seite ändert bei der Navigation zu einem tiefer liegenden Objekt ihre Inhalte, was zunächst für Verwirrung sorgen kann.

In der Regel werden Sie nach dem Login erst in einen Subaccount und von dort weiter in ein darunterliegendes Space navigieren, um dort zu arbeiten. Dazu ein Beispiel: Sie starten in der Ansicht Ihres Global Accounts. Von dort können Sie in die verfügbaren Subaccounts wechseln. In Abbildung 3.8 sind

Navigation vom Global Account zum Space

109

das z. B. die Subaccounts **Camelot ITLab GmbH** und **Camelot ITLab GmbH Blockchain**.

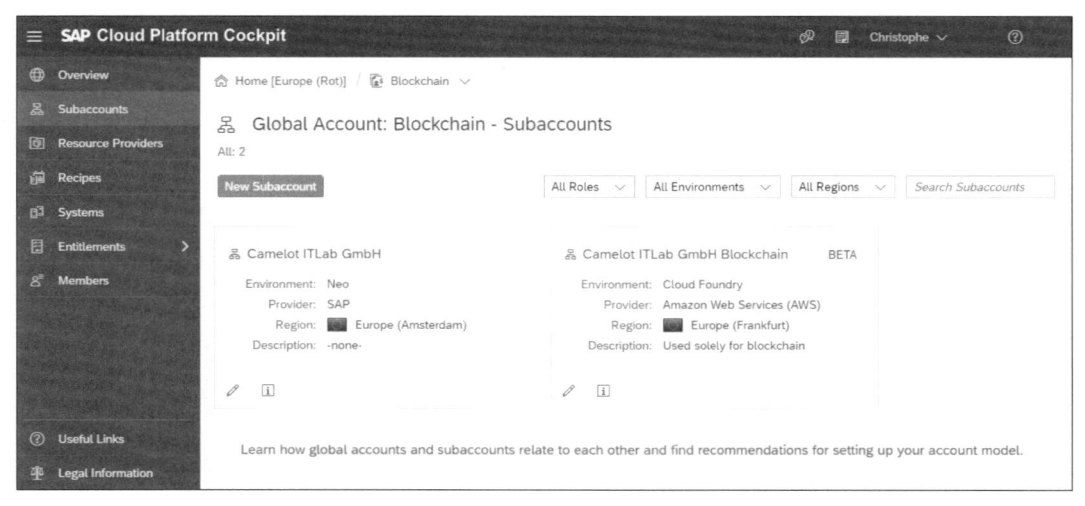

Abbildung 3.8 Ebene des Global Accounts mit zwei Subaccounts

Anschließend können Sie eine Ebene tiefer in einen Subaccount navigieren (siehe Abbildung 3.10). Beim Wechsel in die Ebene des Subaccounts ändern sich die Navigationsmöglichkeiten auf der linken Seite, obwohl diese optisch ähnlich wie zuvor aussehen. Sie finden hier nun die Funktionen, die Ihnen über den gewählten Subaccount zur Verfügung stehen.

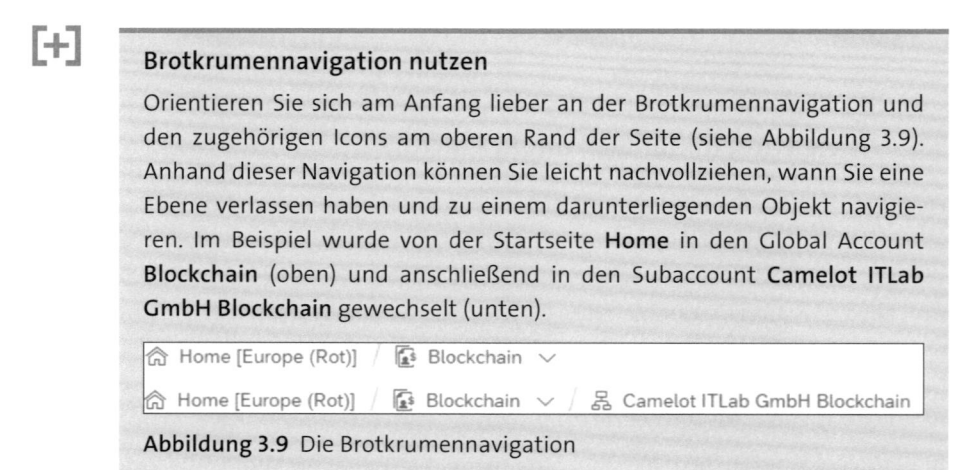

[+] **Brotkrumennavigation nutzen**

Orientieren Sie sich am Anfang lieber an der Brotkrumennavigation und den zugehörigen Icons am oberen Rand der Seite (siehe Abbildung 3.9). Anhand dieser Navigation können Sie leicht nachvollziehen, wann Sie eine Ebene verlassen haben und zu einem darunterliegenden Objekt navigieren. Im Beispiel wurde von der Startseite **Home** in den Global Account **Blockchain** (oben) und anschließend in den Subaccount **Camelot ITLab GmbH Blockchain** gewechselt (unten).

Abbildung 3.9 Die Brotkrumennavigation

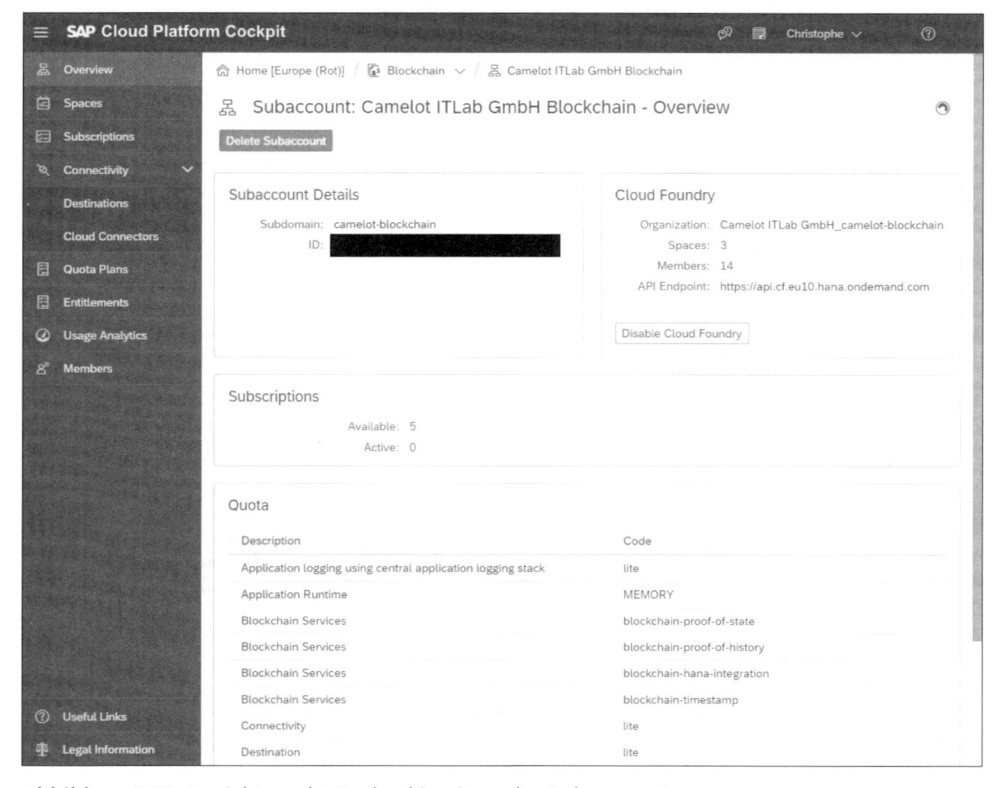

Abbildung 3.10 Ansicht nach Wechsel in einen der Subaccounts

3.5.1 Ebene »Home«

Nach dem Einloggen befinden Sie sich auf der Ebene **Home**, der obersten Navigationsebene der SAP Cloud Platform. Sie werden mit der Übersicht aller Ihrer globalen Accounts begrüßt (siehe Abbildung 3.11, der Bereich **Global Accounts** ist ausgewählt).

Auf der Übersichtsseite der **Global Accounts** sehen Sie neben der Navigationsleiste links eine Übersicht Ihrer globalen Accounts in Form von Kacheln. Hier finden Sie Metainformationen über Ihre Global Accounts der SAP Cloud Platform, z. B. die Anzahl der enthaltenen Subaccounts und Regionen. Von hier aus können Sie durch Klick auf eine der Kacheln in einen globalen Account wechseln.

Global Accounts

Im Bereich **Regions** finden Sie eine Übersichtsseite mit einer Liste aller aktuell verfügbaren geografischen Regionen, sortiert nach Laufzeitumgebungen (Abbildung 3.12 zeigt den Stand vom August 2019). Die Wahl einer geeigneten geografischen Region in der Nähe Ihrer Kunden bestimmt maßgeblich die Reaktionszeit Ihrer Webservices.

Regions

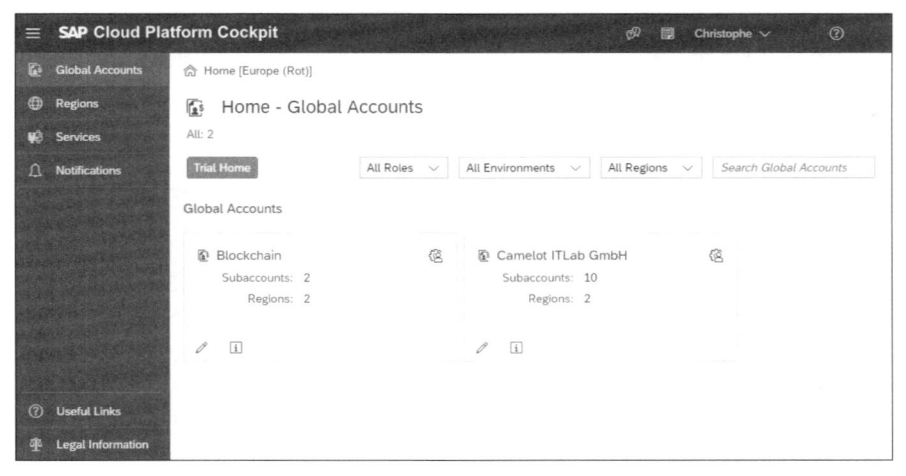

Abbildung 3.11 Die Übersichtsseite Ihrer globalen Accounts nach dem Login

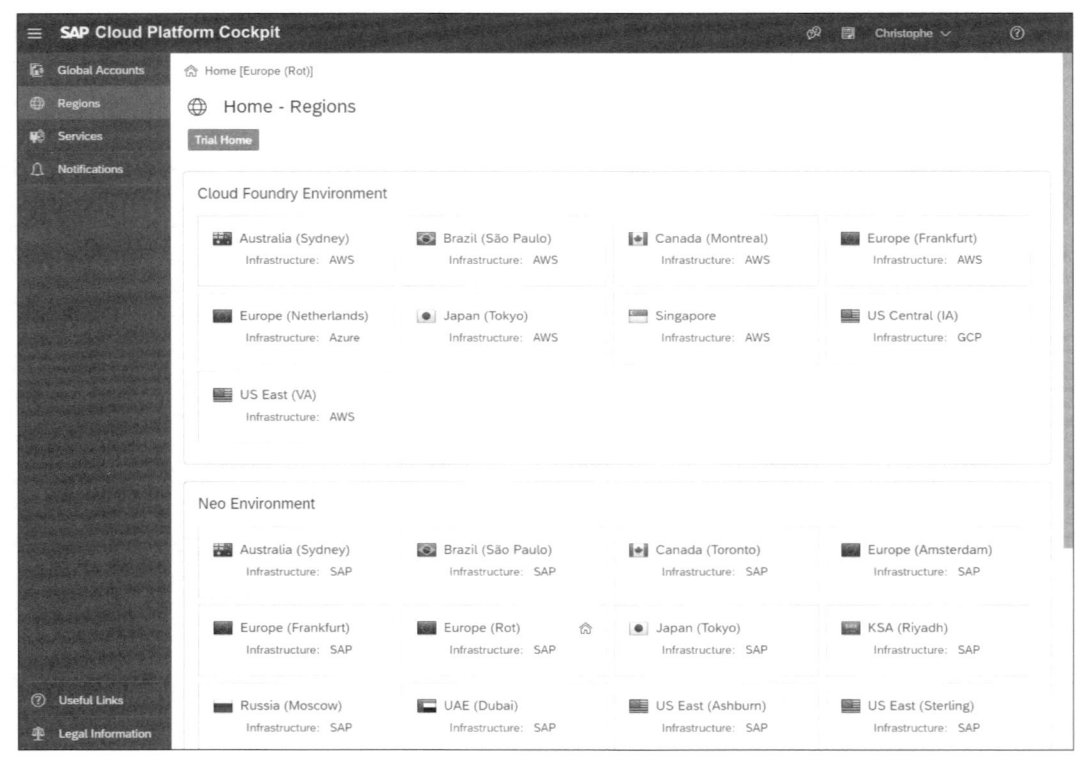

Abbildung 3.12 Übersicht aller aktuell verfügbaren Regionen, sortiert nach Laufzeitumgebungen (Cloud Foundry, Neo, ABAP)

Im Bereich **Services** erhalten Sie eine Auflistung aller derzeit auf der SAP Cloud Platform verfügbaren Services (siehe Abbildung 3.13). Um einen Service nutzen zu können, müssen Sie erst einen Subaccount sowie ein dazugehöriges Space erstellen. Erst im Space können Sie eine neue Instanz des Service starten. Die Übersicht auf der Ebene **Home** dient somit lediglich der Orientierung unter allen global angebotenen Services der SAP Cloud Platform.

Services

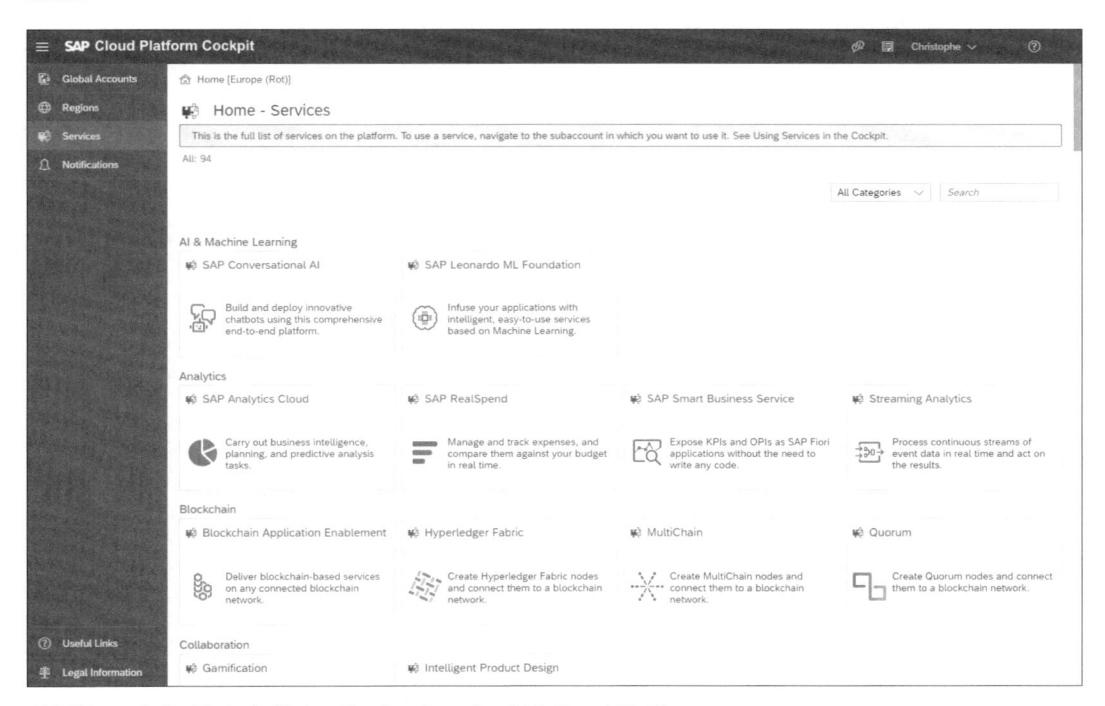

Abbildung 3.13 Globale Liste aller Services der SAP Cloud Platform

Im Bereich **Notifications** verbergen sich systemweite Hinweise und Nachrichten, die sich auf Applikationen Ihres Global Accounts beziehen (siehe Abbildung 3.14).

Notifications

Von der Ebene **Home** aus werden Sie in den meisten Fällen in einen konkreten Global Account wechseln. Sie verlassen damit die Ebene **Home** und navigieren eine Ebene tiefer in den gewählten Global Account. Dadurch wird sich Ihre Navigationsleiste an die neuen Möglichkeiten des Global Accounts anpassen. Achten Sie auf die Brotkrumennavigation im Kopfbereich der Seite, die damit um ein neues Icon und einen neuen Eintrag erweitert wird.

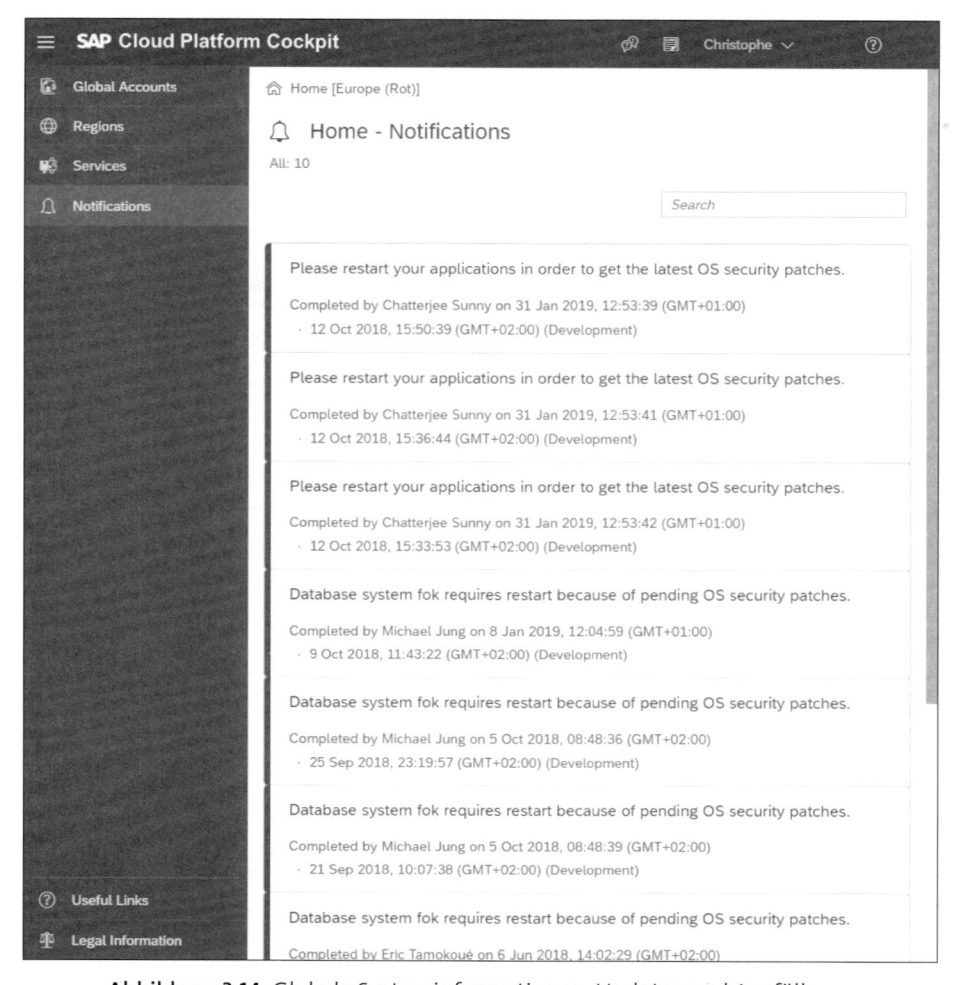

Abbildung 3.14 Globale Systeminformationen, Updates und Ausfälle

3.5.2 Ebene des Global Accounts

Overview
Nachdem Sie einen spezifischen Global Account ausgewählt haben, wird Ihnen dessen Übersichtsseite präsentiert, d. h., Sie befinden sich im Bereich **Overview**. Hier geben Tabellen und Grafiken Aufschluss über die monatliche Nutzung des Accounts sowie den aktuellen Ressourcenverbrauch (siehe Abbildung 3.15).

Subaccounts
Unterhalb des Bereichs **Overview** in der Navigationsleiste finden Sie den Bereich **Subaccounts**, die Übersicht der einzelnen generierten Subaccounts (siehe Abbildung 3.16).

3.5 Navigation in der SAP Cloud Platform

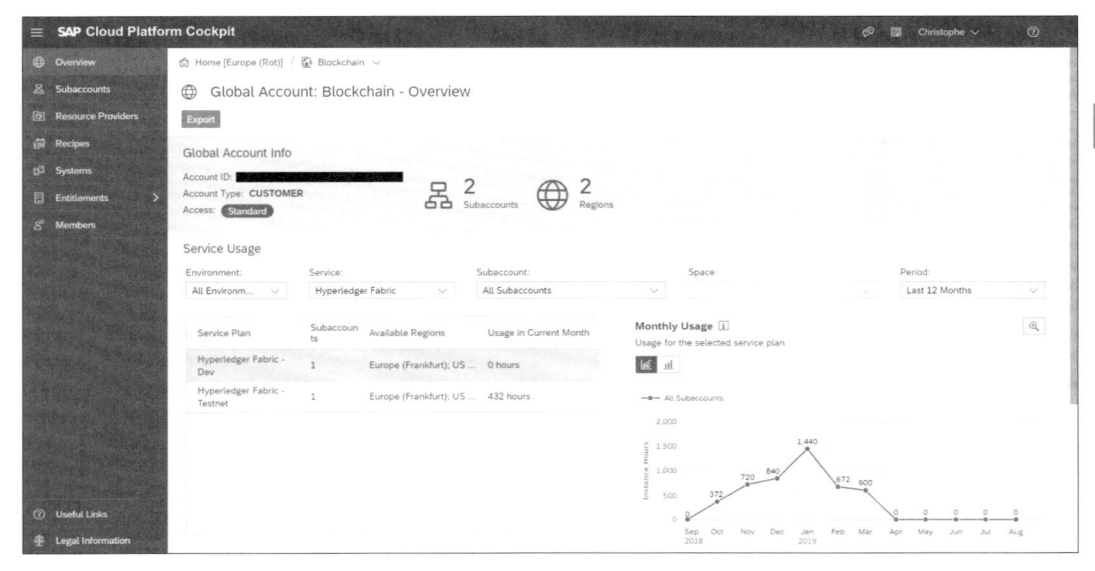

Abbildung 3.15 Übersichtsseite eines globalen Accounts

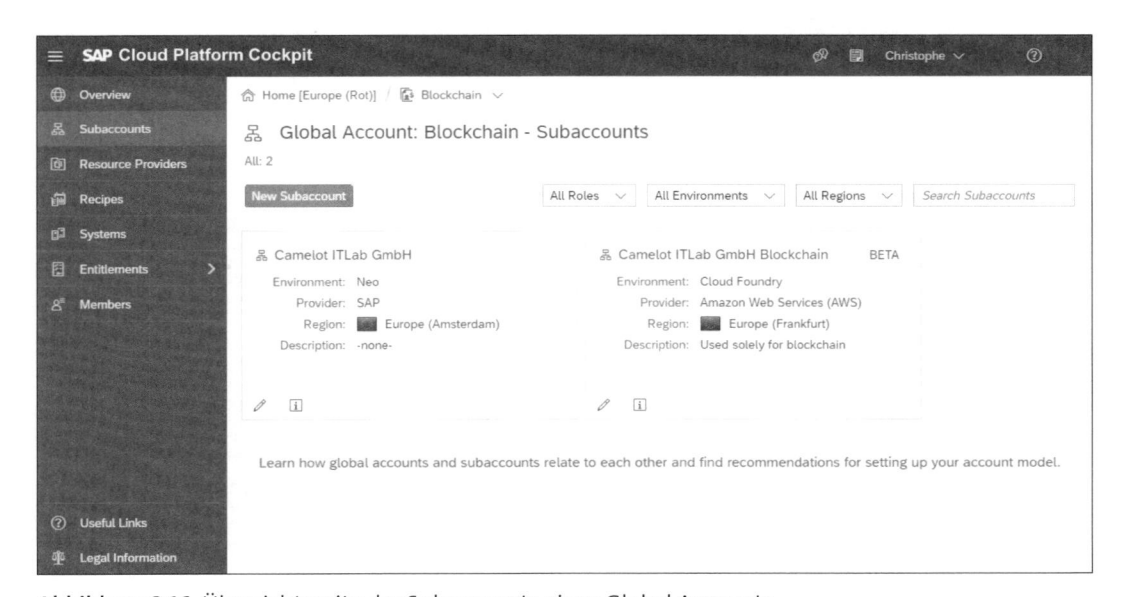

Abbildung 3.16 Übersichtsseite der Subaccounts eines Global Accounts

Jede Subaccount-Kachel enthält den Namen des Subaccounts, die Laufzeitumgebung, den IaaS-Provider, die Region sowie ein optionales Notizfeld **Description**, das frei gefüllt werden kann. Abbildung 3.17 zeigt ein Beispiel.

3   Die SAP Cloud Platform

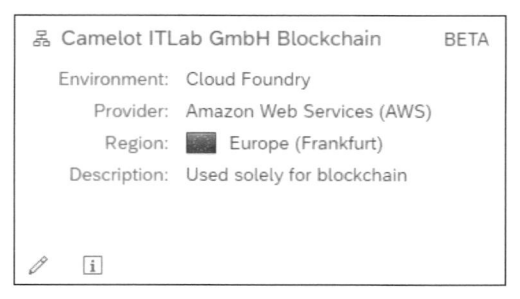

Abbildung 3.17 Kachel zu einem Subaccount

Resource Providers   Der Bereich **Resource Providers** erlaubt die Definition externer Cloud-Datenquellen. Hier werden Ressourcen bei einem anderen Datenanbieter wie den Amazon Web Services definiert und in eigene Applikationen eingebunden (siehe Abbildung 3.18). Weitere Informationen zu der Vorgehensweise finden Sie unter folgender URL: *http://s-prs.de/v691436*

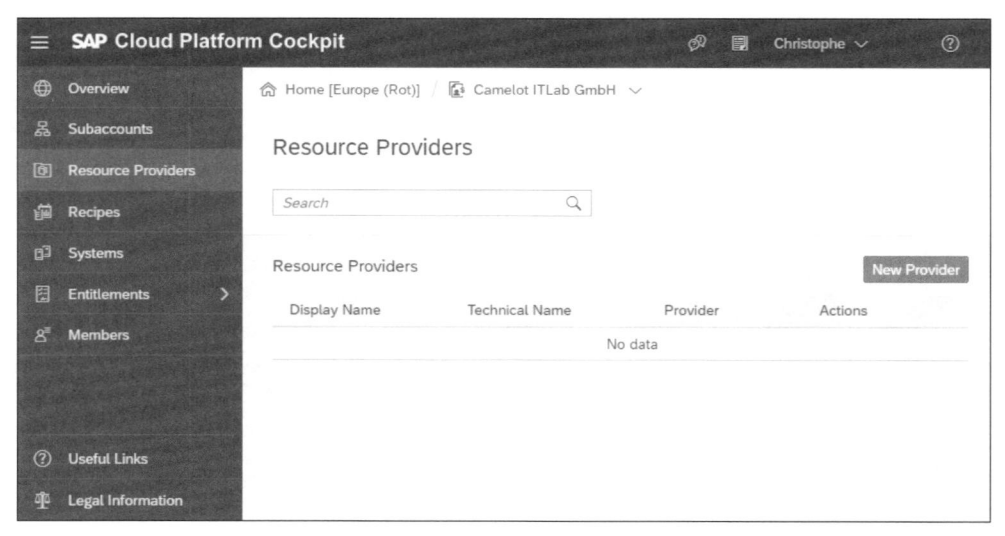

Abbildung 3.18 Der Bereich »Resource Providers« zur Einbindung externer Cloud-Accounts

Recipes   Der Bereich **Recipes** stellt Schnellstart-Anleitungen und Tutorials zum Bauen eigener Applikationen bereit. Sie finden hier Informationen zur Nutzung von Services der SAP Cloud Platform (siehe Abbildung 3.19).

3.5 Navigation in der SAP Cloud Platform

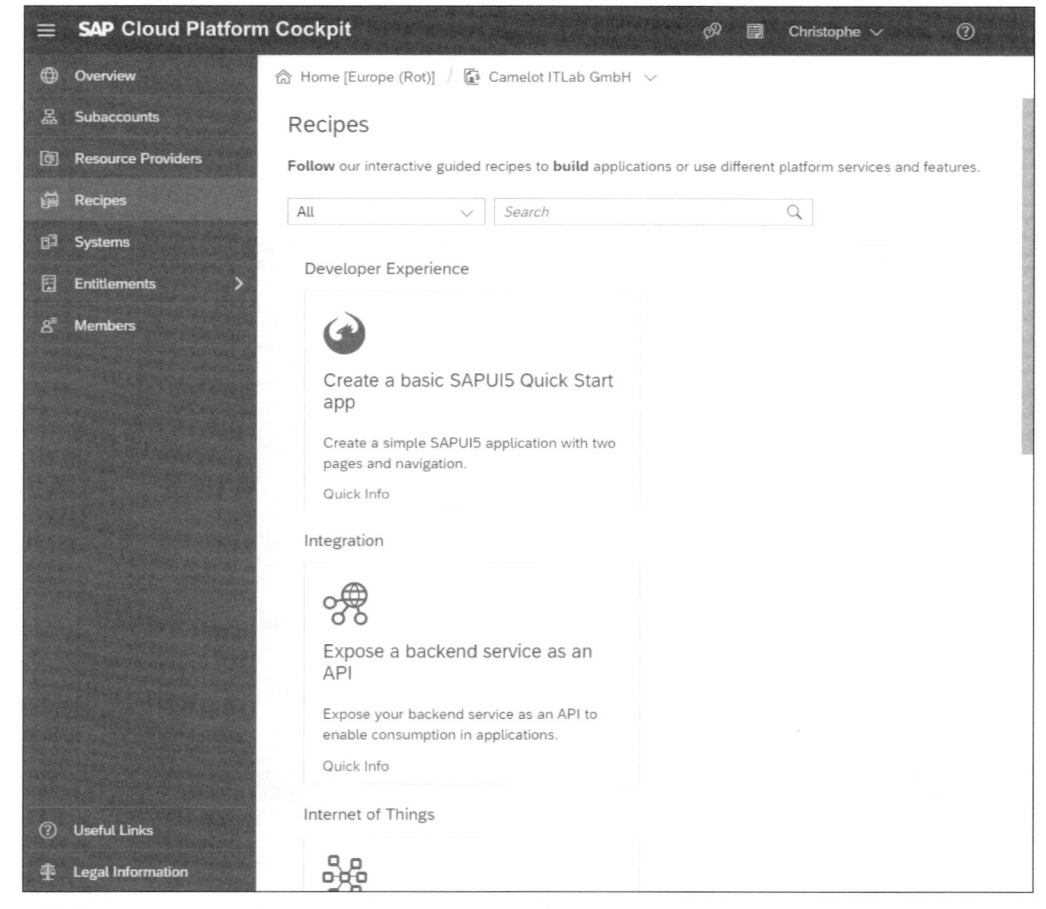

Abbildung 3.19 Kurzanleitungen zum Bau von Applikationen oder zur Nutzung von Services

Der Bereich **Systems** erlaubt die Registrierung bereits bestehender oder neuer Systeme, die Sie an Ihren Account der SAP Cloud Platform anbinden möchten. Sie können hier z. B. Instanzen von SAP S/4HANA Cloud unter einem eigenen Namen verwalten (siehe Abbildung 3.20).

Systems

Im Bereich **Entitlements** können Sie den Subaccounts kostenpflichtige Zusatzdienste zuweisen, z. B. einen *Auto-Scaler* oder das *Application Logging* für die Subaccounts. Mit dem Auto-Scaler-Dienst können Ihren Applikationen nach Bedarf etwa automatisch zusätzliche Ressourcen zugewiesen werden, und das Application Logging erlaubt das Erfassen von Statusinformationen aus Ihren Applikationen.

Entitlements

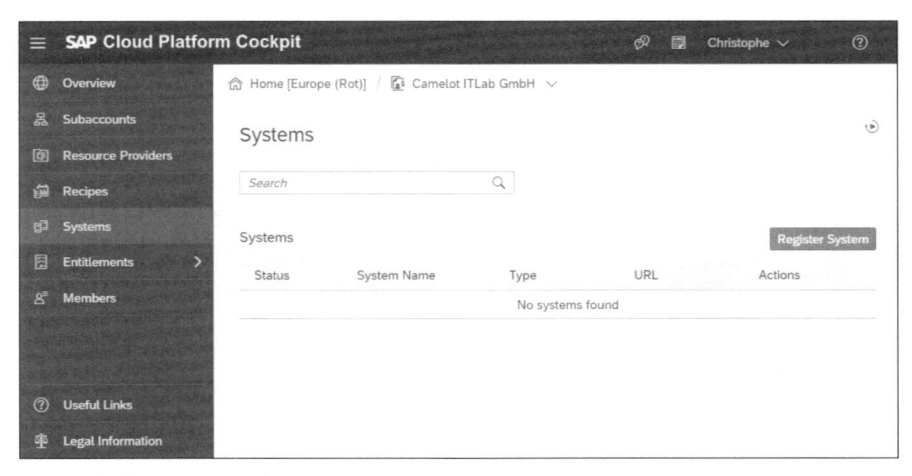

Abbildung 3.20 Erfassung externer Systeme

Der Bereich **Entitlements** unterteilt sich in zwei Unterbereiche:

- **Subaccount Assignments**
  Im Unterbereich **Subaccount Assignments** werden die laufenden Services für den jeweils ausgesuchten Subaccount gelistet. Abbildung 3.21 zeigt ein Beispiel für den Subaccount **Development**, dem die beiden Services **Java Quota** und **SAP HANA** zugewiesen sind.

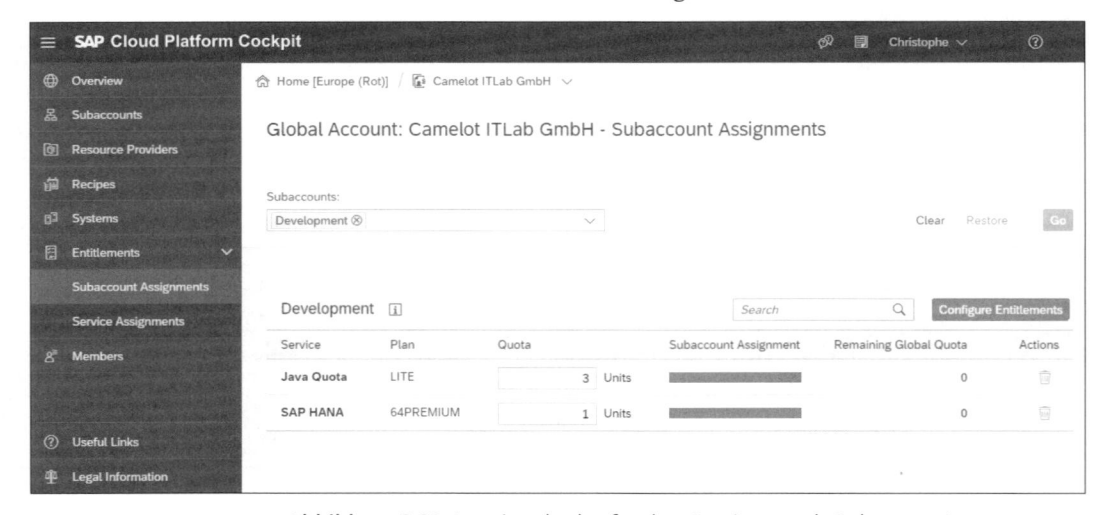

Abbildung 3.21 Anzeige der laufenden Services nach Subaccount

- **Service Assignments**
  Im Unterbereich **Service Assignments** finden Sie eine Liste *aller* laufenden Services des Global Accounts, die thematisch sortiert wurde (siehe Abbildung 3.22).

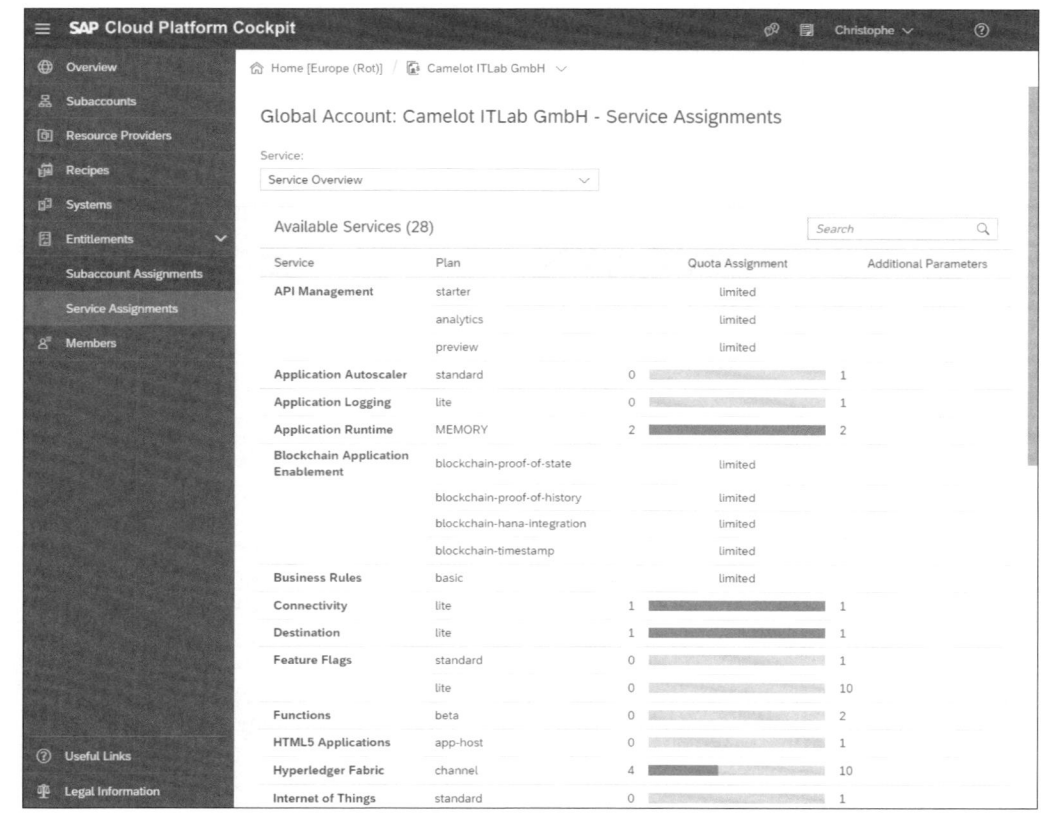

Abbildung 3.22 Laufende Serviceinstanzen und Ressourcen eines Global Accounts

Im Bereich **Members** finden Sie die Benutzerverwaltung. Sie ermöglicht die Einbindung neuer Mitarbeiter in diesen globalen Account. Diese Mitarbeiter können dann später einzelnen Subaccounts zugewiesen werden. Auf globaler Ebene ist die Benutzerverwaltung recht einfach gehalten. Sie erlaubt die Verwaltung der Liste aller zugelassenen Mitarbeiter mit ihren IDs für die SAP Cloud Platform (siehe Abbildung 3.23). Diese IDs haben in der SAP Cloud Platform die Funktion von Benutzernamen. Die Benutzer werden erst in den jeweiligen Subaccounts den Projekten zugeordnet. Die Benutzerverwaltung auf der Ebene des Global Accounts bildet somit den Pool aller überhaupt für die SAP Cloud Platform registrierten Benutzer des eigenen Unternehmens ab.

Members

Damit haben wir unseren kurzen Rundgang durch die Bereiche des Global Accounts abgeschlossen. Die meisten Anwender werden sich hier nur kurz aufhalten und direkt in einen zugeordneten Subaccount wechseln.

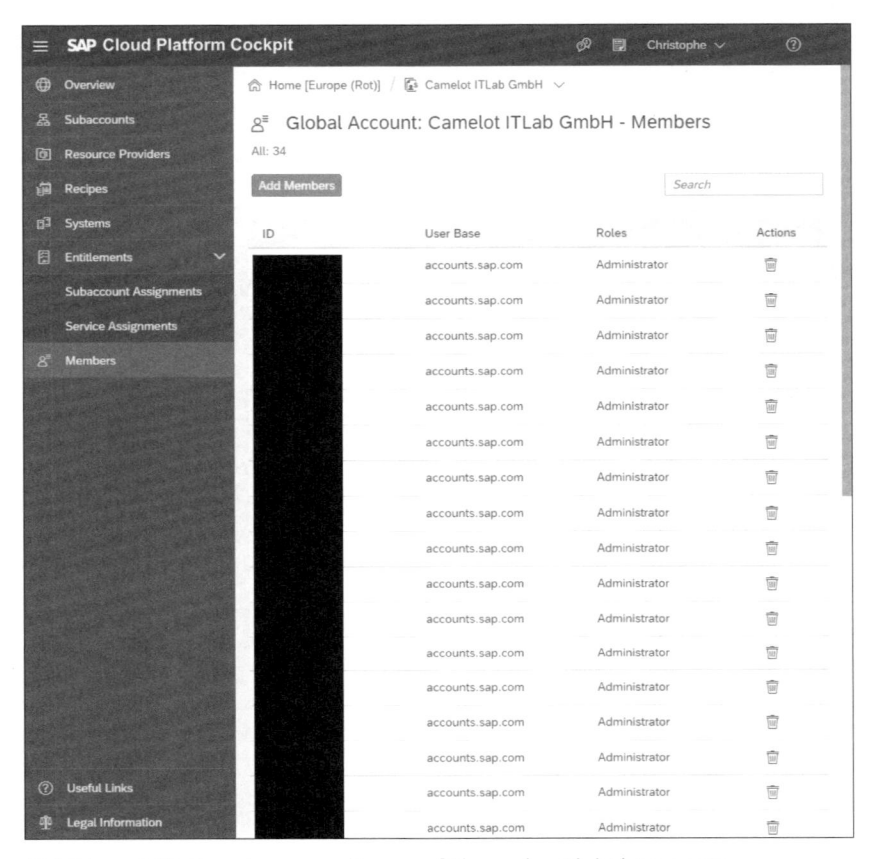

Abbildung 3.23 Benutzerverwaltung auf Ebene des Global Accounts

3.5.3 Ebene der Subaccounts

Ein Subaccount wird ausgehend vom übergeordneten Global Account definiert und ausgewählt. Im Subaccount werden wiederum Spaces definiert, die Arbeitsumgebungen bzw. konkreten Projekte. Dem Space werden die Ressourcen und Mitarbeiter aus dem Ressourcenpool des Subaccounts zugewiesen.

Overview Abbildung 3.24 zeigt die Übersichtsseite (**Overview**) eines Subaccounts, die Ihnen direkt nach der Auswahl des Subaccounts angezeigt wird. Sie führt alle wichtigen Informationen zum Subaccount in Kurzform auf, etwa die **ID**, die gewählte Laufzeitumgebung, die Anzahl der abonnierten Servicepläne (**Subscriptions**) sowie eventuelle Limitierungen in Bezug auf die Ressourcen (**Quota**). Beachten Sie auch hier, dass sich die angezeigten Bereiche in der Navigationsleiste links im Vergleich zur Sicht des Global Accounts geändert haben.

3.5 Navigation in der SAP Cloud Platform

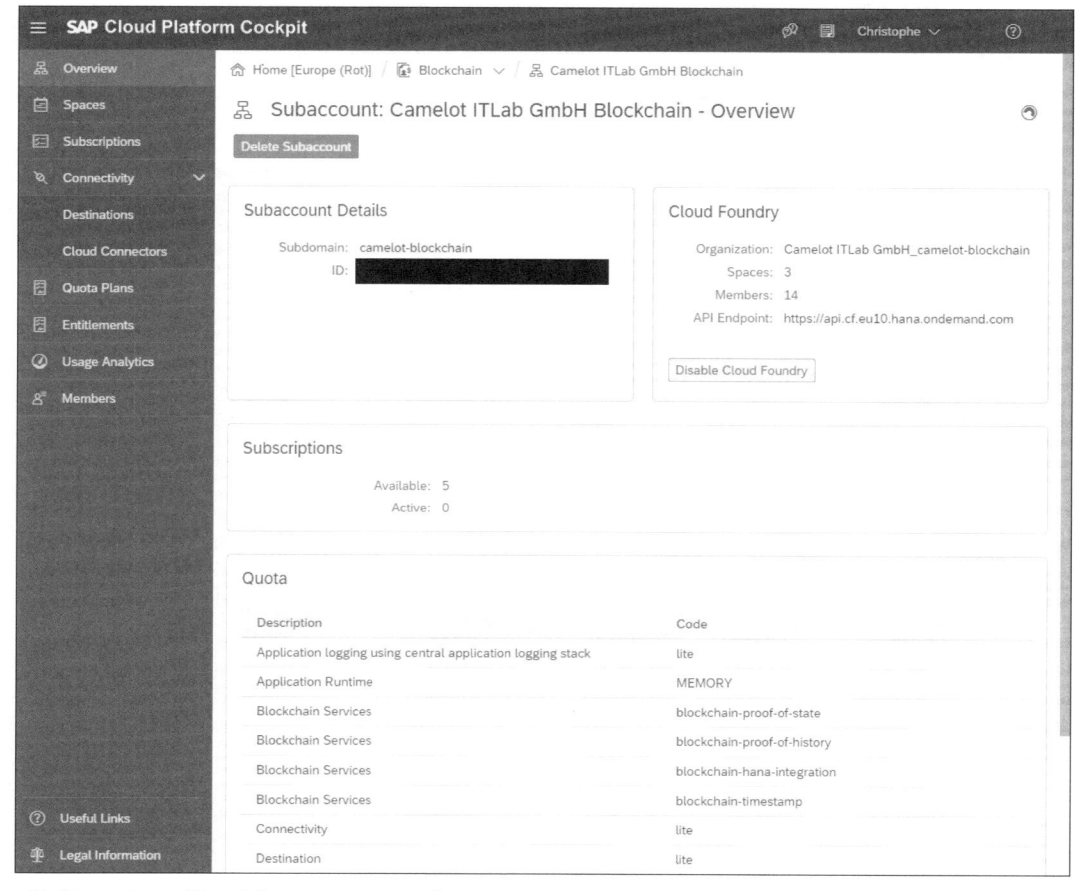

Abbildung 3.24 Übersichtsseite eines Subaccounts

Diese Übersichtsseite wird in der Praxis nur selten benötigt, stattdessen navigieren Sie in der Regel direkt in eines der **Spaces**. Der Bereich **Spaces** ist der wichtigste Bereich eines Subaccounts. Hier sind die konkreten Arbeitsumgebungen für Projekte aufgeführt. Über den Button **New Space** können Sie beliebig viele Spaces anlegen (siehe Abbildung 3.25).

Spaces

Die Spaces basieren auf der für den Subaccount gewählten Laufzeitumgebung. Bei der Neuanlage eines Space können Sie einen Namen für dieses Space vergeben, z. B. »SAP_book_demo_space« wie in Abbildung 3.26. Außerdem weisen Sie eine Beschreibung, eine Laufzeitumgebung, einen Provider und eine Region zu. Ihrem Benutzer-Account werden standardmäßig die Rollen *Space Manager* und *Space Developer* zugewiesen.

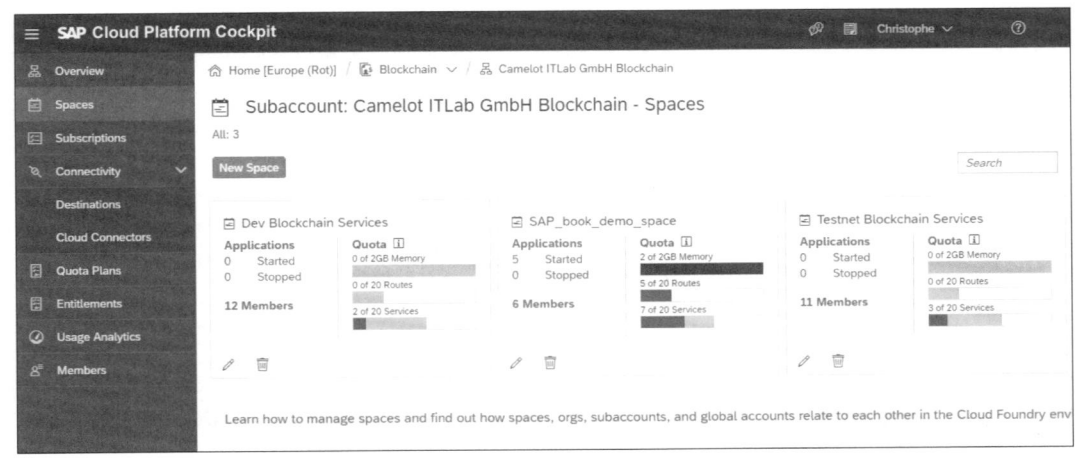

Abbildung 3.25 Übersichtsseite verfügbarer Spaces eines Subaccounts

Abbildung 3.26 Erstellen eines neuen Space mit Namen

Den Spaces werden Benutzer zugeordnet, und es laufen dort Instanzen der von Ihnen gewählten Services. Diese werden dann einer Applikation zugeordnet. Die einem Space zugeordneten Ressourcen können Sie über die sogenannten *Quota Plans* begrenzen.

Subscriptions

Als *Subscriptions* werden abonnierbare Zusatzdienste für den Subaccount bezeichnet, die Sie im gleichnamigen Bereich verwalten können (siehe Abbildung 3.27). Im Rahmen dieses Buches werden wir diese Dienste nicht verwenden.

3.5 Navigation in der SAP Cloud Platform

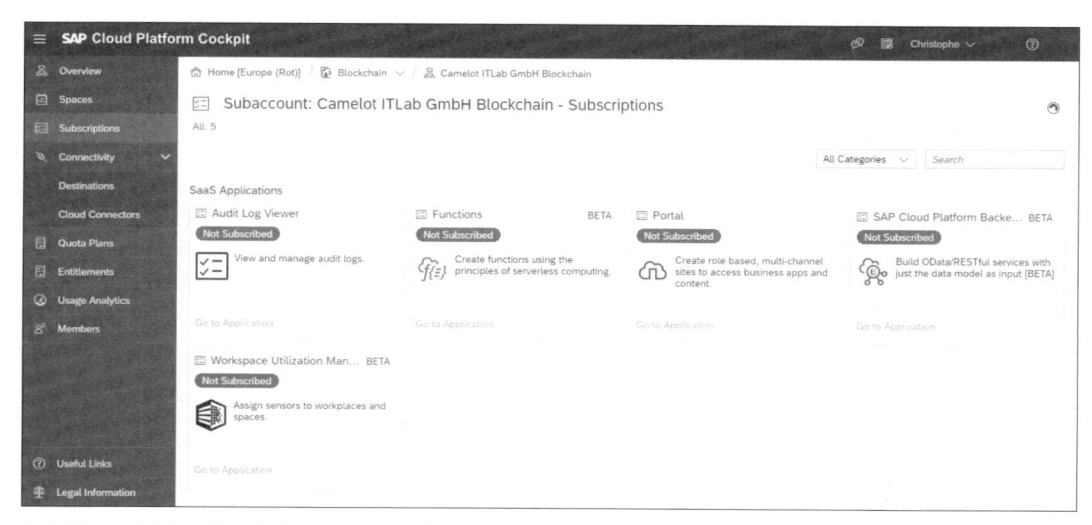

Abbildung 3.27 Subscriptions – Zusatzdienste für den Subaccount

Im Bereich **Connectivity** können Sie Endpunkte definieren, um Ihre über die SAP Cloud Platform betriebenen Systeme für das Internet zu veröffentlichen oder um Endpunkte aus anderen Clouds anzubinden. Sie finden hier die Unterbereiche **Destinations** und **Cloud Connectors**:

Connectivity

- **Destinations**
  Hier können Sie die Destinations, also die Datenendpunkte für Services und Ihre Applikationen, konfigurieren und freigeben, um aus der SAP Cloud Platform im Internet oder in anderen Netzwerken zu veröffentlichen (siehe Abbildung 3.28). Unterstützt werden dabei die folgenden Protokolle:
  - HTTP
  - LDAP
  - E-Mail
  - RFC

  Mit diesen Protokollen können Dienste freigegeben werden. Die meisten Entwickler entscheiden sich wohl für die Freigabe per HTTP-Protokoll.

- **Cloud Connectors**
  Im Bereich **Cloud Connectors** definieren und verwalten Sie Konnektoren zu anderen Cloud-Diensten. Diese werden im Rahmen dieses Buches nicht benötigt.

3 Die SAP Cloud Platform

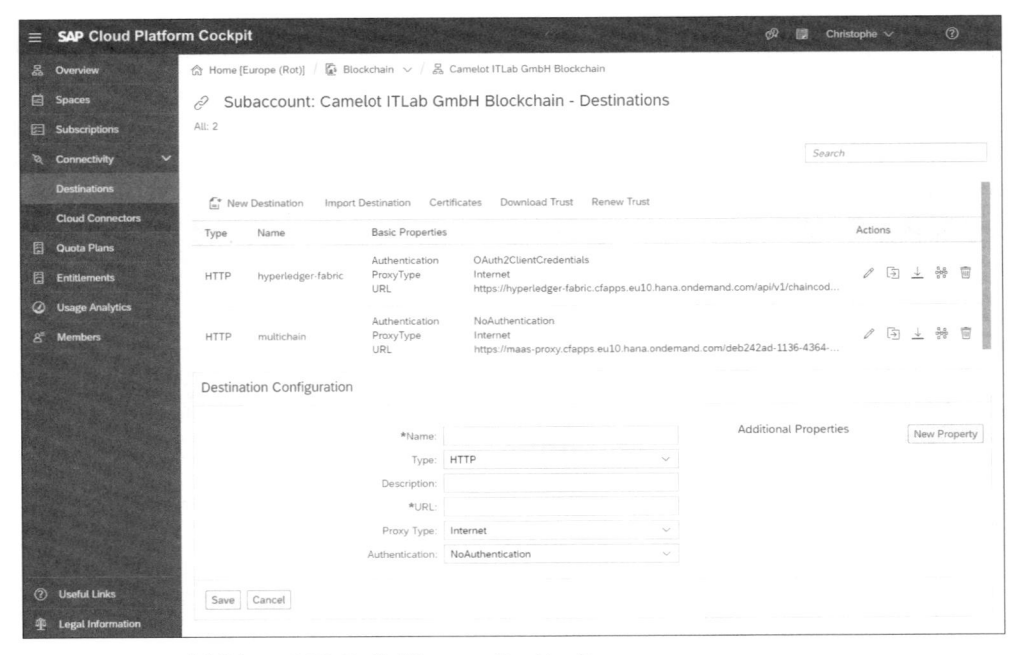

Abbildung 3.28 Definition von Destinations

Quota Plans
Im Bereich **Quota Plans** können Sie Vorgaben für den Verbrauch von Ressourcen wie CPU, Speicher und Speicherplatz erstellen (siehe Abbildung 3.29). Diese Ressourcen können einzelnen Spaces zugewiesen werden. Dies erlaubt eine genauere Kontrolle der kostenpflichtigen Verbräuche.

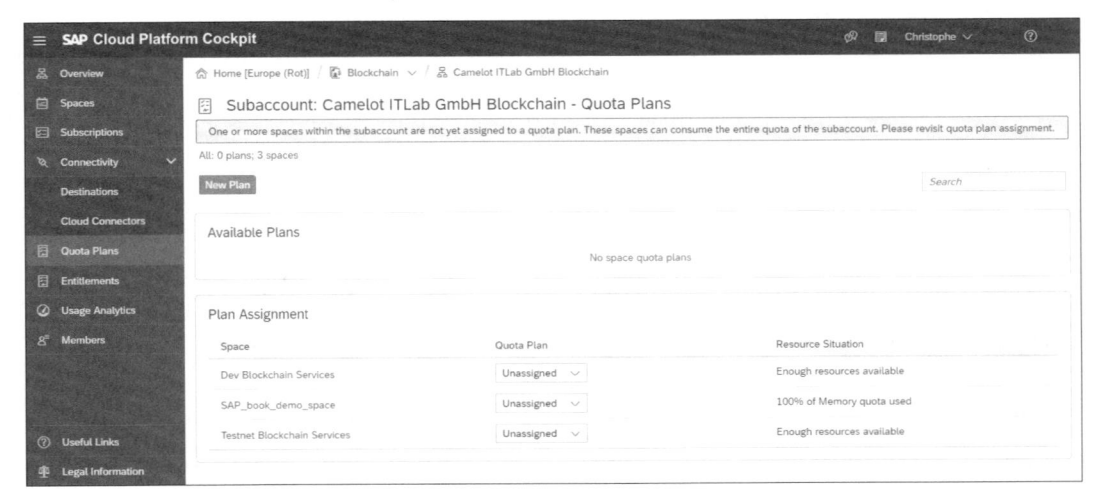

Abbildung 3.29 Definition von Quota Plans

3.5 Navigation in der SAP Cloud Platform

Bei der Definition eines neuen Quota Plans können Sie die einzelnen Ressourcen limitieren, in Abbildung 3.30 z. B. den Speicherplatz. Machen Sie hier keine Vorgaben geltend, werden Standardvorgaben angewendet.

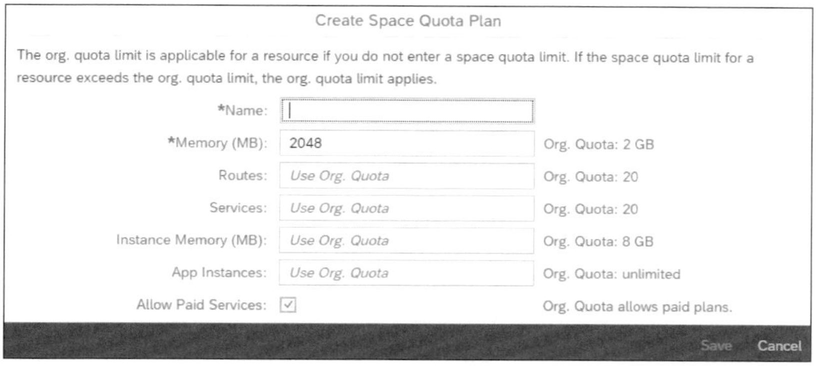

Abbildung 3.30 Begrenzung der Ressourcen des Subaccounts in einem Quota Plan

Im Bereich **Entitlements** werden zusätzliche Dienste wie Datenbankinstanzen verwaltet, die unabhängig und gesondert von den Ressourcen des Global Accounts bezahlt werden müssen. Auch deren Verbrauch kann hier limitiert werden (siehe Abbildung 3.31).

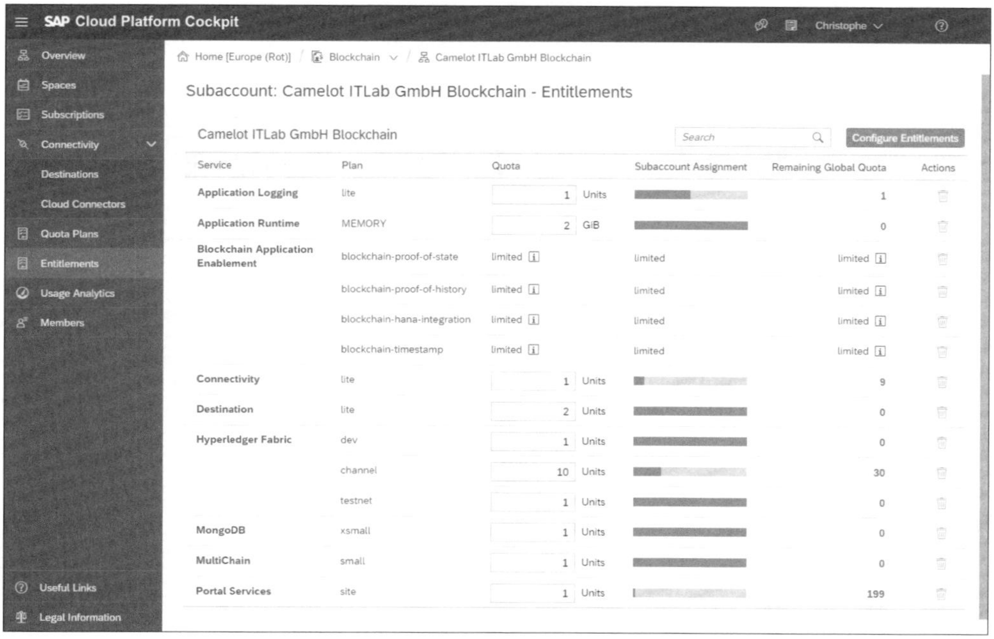

Entitlements

Abbildung 3.31 Verwaltung zusätzlicher kostenpflichtiger Dienste im Bereich »Entitlements«

Usage Analytics Im Bereich **Usage Analytics** können Sie ersehen, wie viele Ressourcen bzw. wie viel Zeit von den verschiedenen Serviceinstanzen in den Spaces verbraucht wurden. Dies hilft Ihnen, eventuelle Ausreißer zu erkennen und allzu hohen Verbräuchen einen Riegel vorzuschieben. Abbildung 3.32 zeigt einen Ausschnitt der hier aufgeführten Informationen.

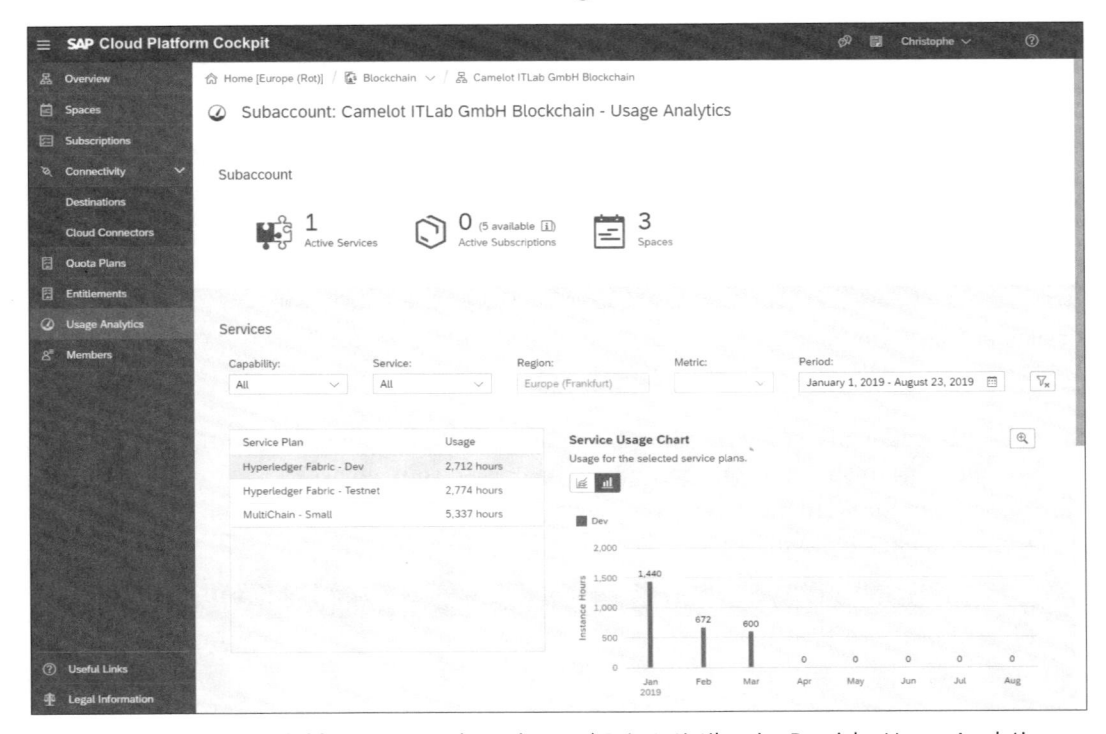

Abbildung 3.32 Verbrauchs- und Zeitstatistiken im Bereich »Usage Analytics«

Members Im Bereich **Members** verwalten Sie schließlich die Mitglieder des Subaccounts und können diesen jeweils bestimmte Rollen zuweisen (siehe Abbildung 3.33). Diese Mitgliederverwaltung unterscheidet sich inhaltlich von der Mitgliederverwaltung des Global Accounts: Während Sie im Global Account angeben, wer Teil des gesamten Teams ist, verwalten Sie hier die Menge der dem Subaccount zugeteilten Mitglieder und deren Rollen.

Damit haben wir die Tour durch die Ebene des Subaccounts ebenfalls abgeschlossen. Die nächstniedrigere Ebene ist die der Spaces, d. h. der Arbeitsumgebungen.

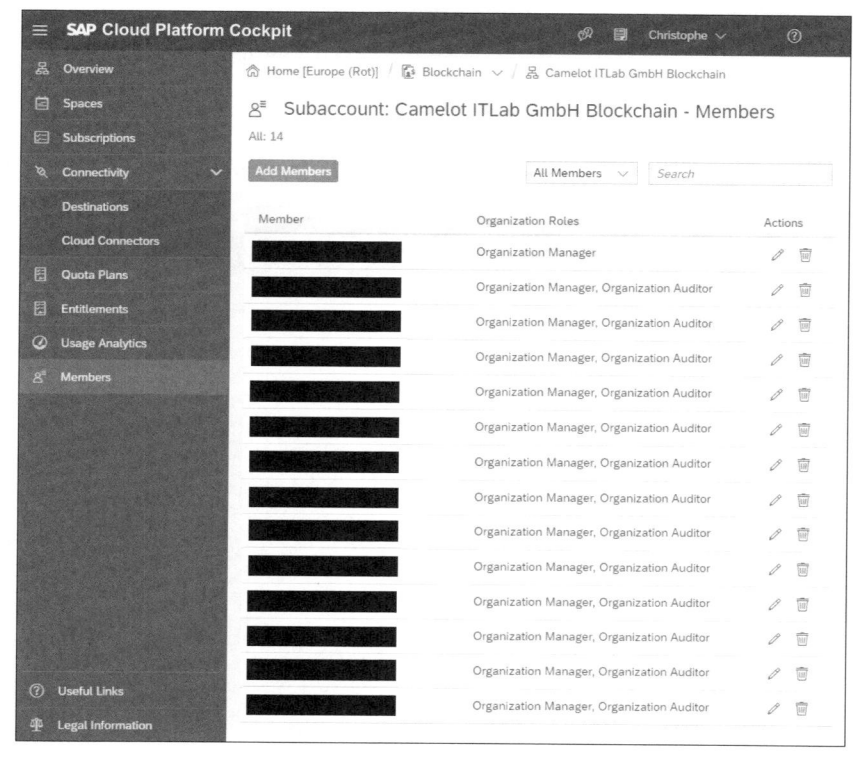

Abbildung 3.33 Rollenverwaltung der Subaccounts der Mitglieder

3.5.4 Ebene der Spaces

In den Spaces werden die konkreten Projekte eines Subaccounts verwaltet. Auf Ebene der Spaces werden die Instanzen der Services über den Service Marketplace gestartet. Auch auf dieser Ebene finden Sie wieder verschiedene Bereiche, die Sie über die Navigationsleiste auf der linken Seite aufrufen können.

Navigieren Sie zu einem Space, gelangen Sie zunächst in den Bereich **Applications**. Hier werden alle selbst entwickelten Anwendungen aufgelistet (siehe Abbildung 3.34).

Im Bereich **Services** finden Sie drei Unterbereiche:

- **Service Marketplace**
  Der **Service Marketplace** zeigt eine Liste der für die Laufzeitumgebung des gewählten Space verfügbaren Services (siehe Abbildung 3.35). Hier können Sie einzelne Services auswählen und Instanzen davon starten. Die Auswahl der verfügbaren Services ist abhängig von der gewählten Laufzeitumgebung und dem Serviceplan.

Daher finden Sie beispielweise keine Blockchain-Services im Service Marketplace für die Laufzeitumgebung Neo. Die erforderlichen Services starten Sie durch Auswahl der entsprechenden Kachel und anschließender Auswahl eines Serviceplans. In Kapitel 5, »Erste Schritte zur Erstellung eigener Blockchains«, zeigen wir Ihnen das anhand einfacher Beispiele.

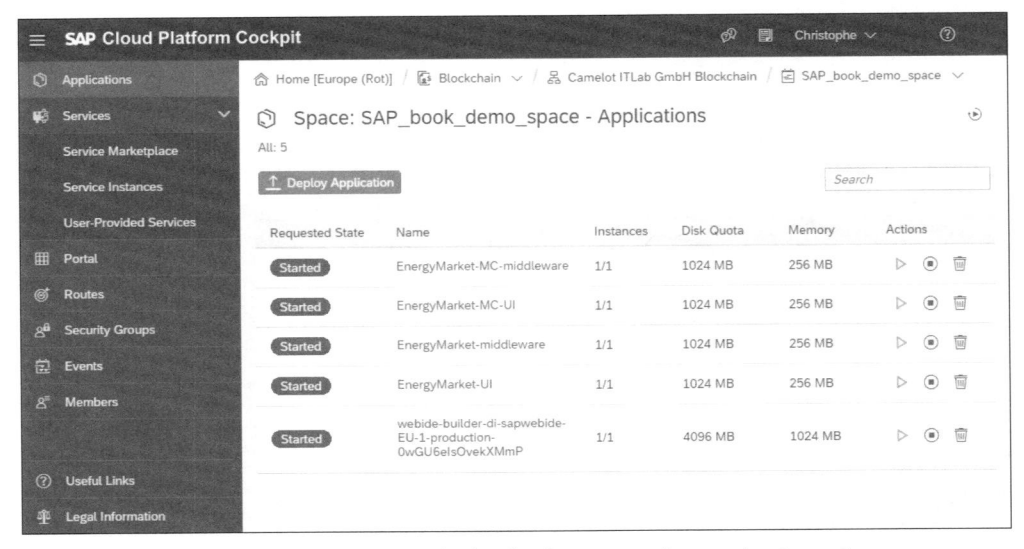

Abbildung 3.34 Liste der laufenden Anwendungen in einem Space

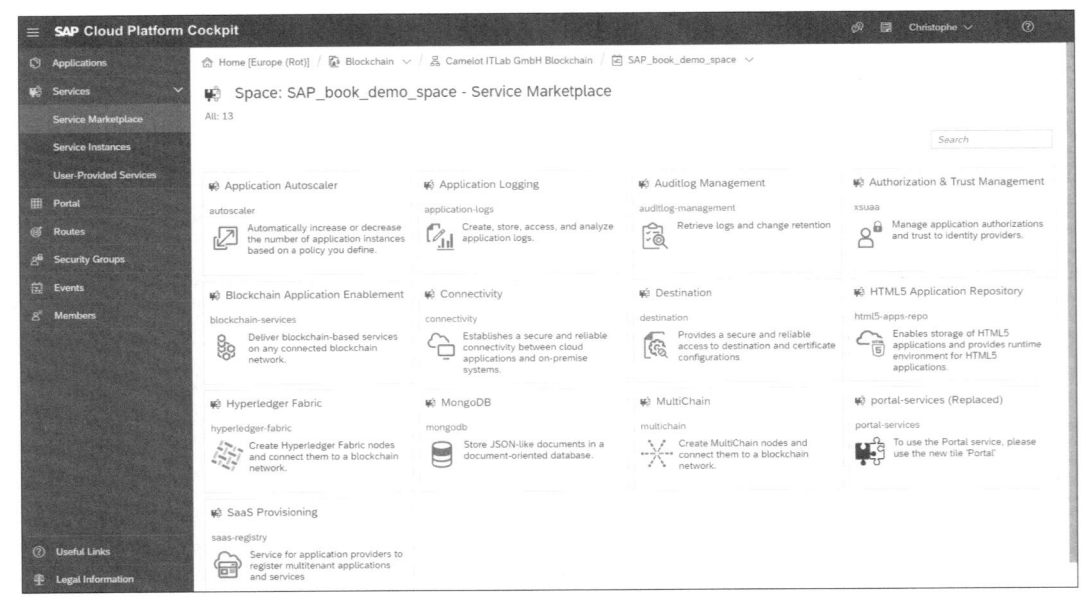

Abbildung 3.35 Der Service Marketplace für das aktuelle Space

3.5 Navigation in der SAP Cloud Platform

Aus dem Service Marketplace wählen Sie den oder die Dienste aus, die in Ihrem Space laufen sollen, und erstellen in einem zweiten Schritt dann eine Serviceinstanz dieser Services. Diese für das jeweilige Space gestarteten Instanzen werden im Bereich **Service Instances** dargestellt (siehe Abbildung 3.36).

Service Instances

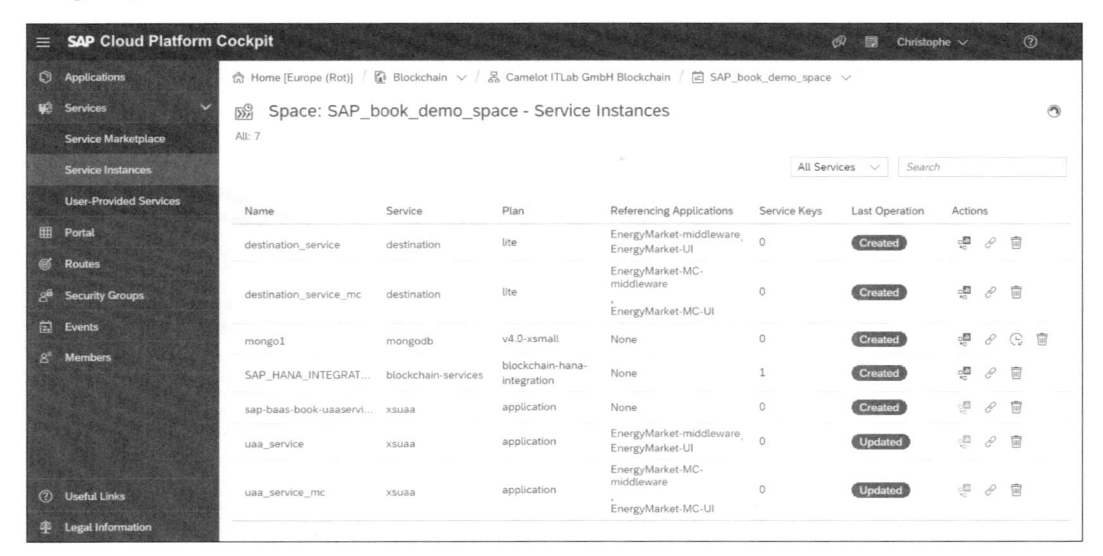

Name	Service	Plan	Referencing Applications	Service Keys	Last Operation	Actions
destination_service	destination	lite	EnergyMarket-middleware, EnergyMarket-UI	0	Created	
destination_service_mc	destination	lite	EnergyMarket-MC-middleware, EnergyMarket-MC-UI	0	Created	
mongo1	mongodb	v4.0-xsmall	None	0	Created	
SAP_HANA_INTEGRAT...	blockchain-services	blockchain-hana-integration	None	1	Created	
sap-baas-book-uaaservi...	xsuaa	application	None	0	Created	
uaa_service	xsuaa	application	EnergyMarket-middleware, EnergyMarket-UI	0	Updated	
uaa_service_mc	xsuaa	application	EnergyMarket-MC-middleware, EnergyMarket-MC-UI	0	Updated	

Abbildung 3.36 Serviceinstanzen im Space »SAP_book_demo_space«

Beachten Sie die letzte Spalte **Actions**, in der Sie eine Reihe von Icons finden. Über das erste Icon erhalten Sie Zugang zu einem Dashboard zur Verwaltung und Konfiguration des Dienstes. Hier können Sie Feineinstellungen für Ihre Instanz vornehmen, z. B. einen neuen sogenannten *Service Key* erstellen. Die Erzeugung eines neuen Service Keys ist ein häufiger Arbeitsschritt. Der Service Key ermöglicht die Verbindung von Diensten. Für die Beispiele in diesem Buch ist dieser Schritt z. B. erforderlich, um einen Blockchain-Knoten mit einem Web-Frontend zu verbinden. Dazu wird ein neuer Service Key für den Blockchain-Knoten definiert, der an die Konfiguration des Service Blockchain Application Enablements weitergeleitet wird. Für diesen Service muss ebenfalls ein eigener Service Key erstellt werden, um sich mit dem Webserverdienst für das Web-Frontend verbinden zu können. Auch dies zeigen wir Ihnen in Kapitel 5, »Erste Schritte zur Erstellung eigener Blockchains«, anhand eines einfachen Beispiels.

Dock zurück zu den Icons in der Spalte **Actions**: Das zweite Icon bindet die Serviceinstanz an eine übergeordnete Applikation, zu der sie gehören soll. Wenn Sie also einen Blockchain-Service haben, können Sie diesen an die Webapplikation binden, die das Frontend Ihrer Anwendung bildet.

Das dritte Icon, der Mülleimer 🗑, beendet und löscht die laufende Instanz.

User-Provided Services
Der nächste Unterbereich heißt **User-Provided Services**. Über dieses Feature von Cloud Foundry können Sie zusätzliche Zugangsinformationen und Passwörter für den Zugang zu externen Services und Applikationen in Umgebungsvariablen im JSON-Format speichern. Sie werden dieses Feature im Rahmen dieses Buches allerdings nicht benötigen.

Portal
Hinter dem Bereich **Portal** verbirgt sich ein Feature zur Schaffung von Einstiegsseiten für Applikationen, sogenannter *Portale*. Die Portale können sowohl auf der SAP Cloud Platform als auch on premise gehostet werden.

Routes
Im Bereich **Routes** können Sie die Netzwerkrouten von Angeboten aus verschiedenen Laufzeitumgebungen definieren und diese über diese Routen verbinden oder im Internet veröffentlichen (siehe Abbildung 3.37).

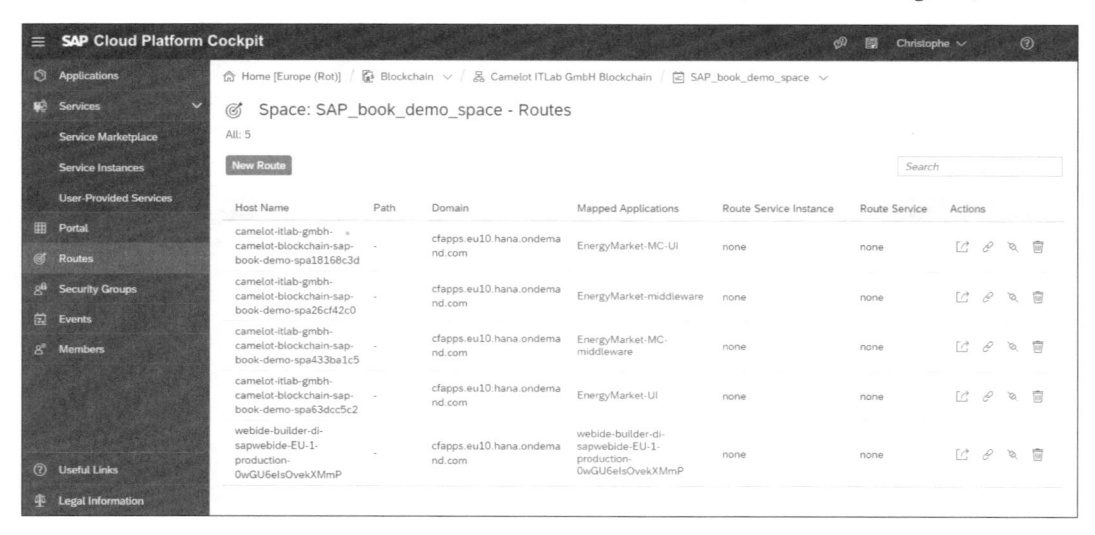

Abbildung 3.37 Definierte Routen für Ihre Applikationen

Security Groups
Im Bereich **Security Groups** definieren Sie Regeln, welche Ports und Protokolle für das jeweilige Space verwendet werden dürfen (siehe Abbildung 3.38). Diese Regeln erfüllen einen ähnlichen Zweck wie Firewalls, indem sie nur bestimmte Dienste und Ports öffnen oder kontrollieren.

Events
Im Bereich **Events** finden Sie eine Übersicht über die definierten Ereignisse, die von Komponenten der SAP Cloud Platform angestoßen werden. Events sind im Kontext Ihrer Programmierung selbst definierte Ereignisse, die Zustandsänderungen in anderen Softwarekomponenten auslösen sollen und die der Kommunikation dienen.

3.5 Navigation in der SAP Cloud Platform

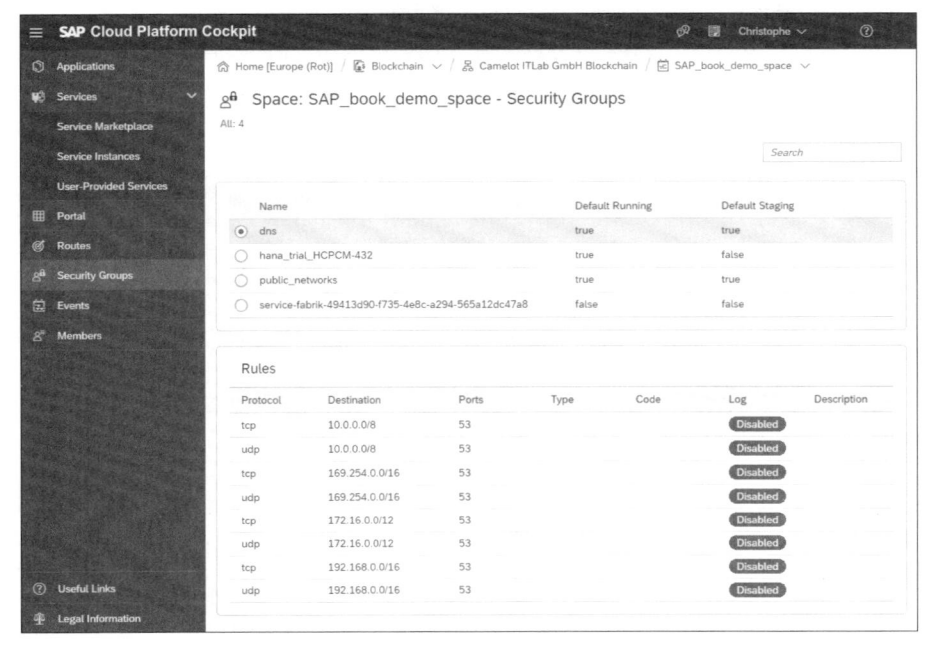

Abbildung 3.38 Definition von Security Groups, vergleichbar mit Firewalls

Ein Event könnte z. B. sein, dass eine bestimmte Funktionen in der Blockchain aufgerufen oder dass Parameter als falsch erkannt werden. Mehr Informationen zu Events und zu dem Thema Enterprise Messaging finden Sie in der SAP-Hilfe unter folgender URL: *http://s-prs.de/v691437*

Schließlich finden Sie auf der Ebene der Spaces wieder einen Bereich **Members**. Hier werden die dem Space zugewiesenen Benutzer und deren Rollen angezeigt. Über die Symbole in der Spalte **Actions** können Sie die Rollen anpassen oder Benutzer entfernen (siehe Abbildung 3.39).

Members

Nachdem Sie nun die verschiedenen Ebenen der SAP Cloud Platform kennengelernt haben, sollten Sie in der Lage sein, aus einem globalen Account in einen Subaccount zu wechseln, um eine neue Serviceinstanz in einem Space zu starten, zu konfigurieren oder mit einem neuen Service Key zu versehen.

Sie werden feststellen, dass sich beim Arbeiten in der SAP Cloud Platform bestimmte Arbeitsschritte häufig wiederholen. So müssen Sie nach einem Login immer erst durch die hierarchische Struktur zu Ihrem Arbeitsbereich navigieren, bevor Sie einen neuen Service starten oder eine bereits laufende Serviceinstanz ändern können. Das mag sich zunächst trivial anhören, aber wenn Sie erst einmal mehrere Subaccounts und Spaces verwalten müssen, werden eine saubere Dokumentation der Account-Struktur und regelmäßiges Aufräumen immer wichtiger.

Dokumentation häufiger Arbeitsschritte

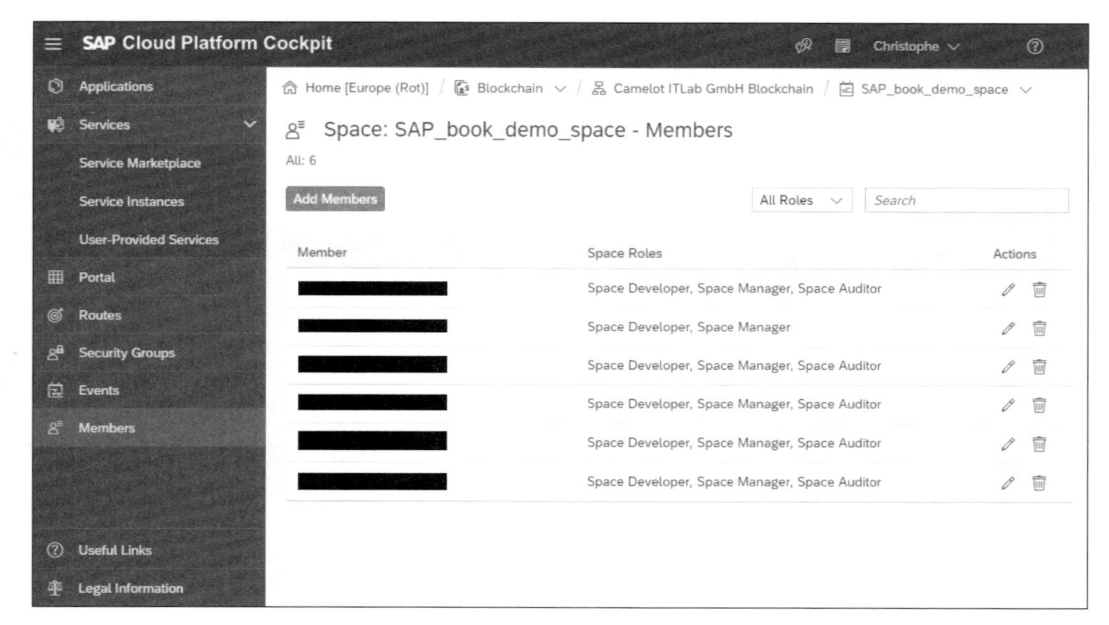

Abbildung 3.39 Mitgliederliste mit Rollenverteilung im Space »SAP_book_demo_space«

3.6 Zusammenfassung

Die SAP Cloud Platform ist ein flexibles PaaS-Angebot für Enterprise-Anwendungen. Sie bietet zwei verschiedene Abrechnungsmodelle an: ein verbrauchsorientiertes Modell und ein Subskriptionsmodell mit einer Flatrate für die gebuchten Dienste. Sie haben die Möglichkeit, das Angebot im Rahmen eines Trial-Accounts erst zu prüfen. In diesen Trial-Accounts sind allerdings einige Services wie die MultiChain-Blockchain-Knoten nicht zugänglich.

Die SAP Cloud Platform hat drei verschiedene Laufzeitumgebungen: Cloud Foundry, Neo und ABAP. Jede dieser Laufzeitumgebungen wird in unterschiedlichen geografischen Rechenzentren betrieben. Das inhaltliche Angebot für die verschiedenen Laufzeitumgebungen wird über den Service Marketplace bereitstellt, in dem alle verfügbaren Services für die gewählte Laufzeitumgebung aufgelistet werden.

Ein Zugang zur SAP Cloud Platform erfolgt über einen Global Account, der in einzelne Subaccounts untergliedert wird. In den Subaccounts können Projektumgebungen eingerichtet werden, die Spaces, in denen Instanzen der gebuchten Services laufen.

Zur Entwicklung von Applikationen mit der SAP Cloud Platform werden gemäß den Leitlinien der Zwölf-Faktoren-App einzelne (Micro-)Serviceinstanzen wie Lego-Bausteine miteinander kombiniert und jeweils einzeln konfiguriert.

> **Weiterführende Informationen zur SAP Cloud Platform**
> Wenn Sie sich über die in diesem Buch beschriebenen Blockchain-Services hinaus weitergehend mit den Möglichkeiten der SAP Cloud Platform beschäftigen möchten, verweisen wir Sie auf das Buch »SAP Cloud Platform« von Holger Seubert (SAP PRESS 2018).

Im folgenden Kapitel stellen wir Ihnen verschiedene Anwendungsszenarien von Blockchain-Lösungen vor, bevor wir uns in den darauffolgenden Kapiteln mit der konkreten Umsetzung von Beispielsszenarien beschäftigen werden.

Kapitel 4
Geschäftliche Anwendungsszenarien für Blockchains

Was sind typische Szenarien für Geschäftsanwendungen auf Basis der Blockchain-Technologie? Track-and-Trace-Szenarien sind hier ebenso zu nennen wie die Verwaltung sensibler Daten, bei denen jede Änderung nachvollzogen werden können muss.

Blockchain ist bekannt als die Technologie hinter der Kryptowährung Bitcoin. Doch in ihr steckt weit mehr Potenzial als nur ein Zahlungssystem. Blockchains können für mehr Transparenz und Sicherheit sorgen. Die Vorteile des Blockchain-Konzepts lassen sich am deutlichsten anhand von Anwendungsbeispielen darstellen, die wir in verschiedenen Szenarien genauer beschreiben werden. Es handelt sich dabei sowohl um tatsächlich realisierte Anwendungen als auch um viel diskutierte theoretische Use Cases:

- Als erstes Thema möchten wir zeigen, wie es Blockchains ermöglichen, globale Märkte durch *digitale Lieferketten* miteinander zu verbinden.
- Der darauffolgende Anwendungsfall befasst sich mit *Track-and-Trace-Szenarien* im Bereich von Konsumgütern und der Pharmaindustrie. Die heutigen Anforderungen an Kühlketten sowie der Schutz vor Marken- und Produktpiraterie stehen hier im Mittelpunkt.
- Im nächsten Punkt geht es um die Programmierbarkeit von Blockchains: Dies eröffnet auch neue Felder im Bereich der *Prozesssteuerung* und *Workflow-Orchestrierung*.
- Das nachfolgende Beispiel stammt aus der Telekommunikationsbranche und betrifft Mobilfunkanbieter: Blockchains könnten in Zukunft den Diebstahl von mobilen Endgeräten sinnlos machen. Neben dem *Schutz vor Diebstahl* bei Smartphones bietet ein ähnlich gelagerter Anwendungsfall auch den Schutz vor Diebstahl von industriellen Geräten.
- Als vorletzten Anwendungsfall beschreiben wir die Automatisierung zur *Regulierung von Inhaltsstoffen* bei Konsumgütern. Da es gilt, immer strengere Richtlinien zu erfüllen, kann der Einsatz von Blockchains den

gesamten Produktionsprozess beschleunigen und somit unnötig hohe Kosten vermeiden helfen.

- Der letzte Anwendungsfall beschreibt die Nutzung einer Blockchain-Lösung im Bereich der Energiewirtschaft. Durch sie könnte eine *automatische Vergütung* von Maschine zu Maschine ermöglicht werden. Auch lässt sich in der Blockchain z. B. die Herkunft und die Art des in das Energienetz eingespeisten Stroms speichern.

Diese und weitere Anwendungsfälle demonstrieren die vielseitigen Einsatzmöglichkeiten der Blockchain-Technologie. Abbildung 4.1 zeigt unsere Beispielszenarien und weitere mögliche Szenarien im Überblick. Bei den in diesem Kapitel vorgestellten Beispielen handelt es sich nur um einen kleinen Ausschnitt. Blockchains können auch über diese Szenarien hinaus vielseitig eingesetzt werden und für viele Branchen unternehmensübergreifende Vorteile schaffen.

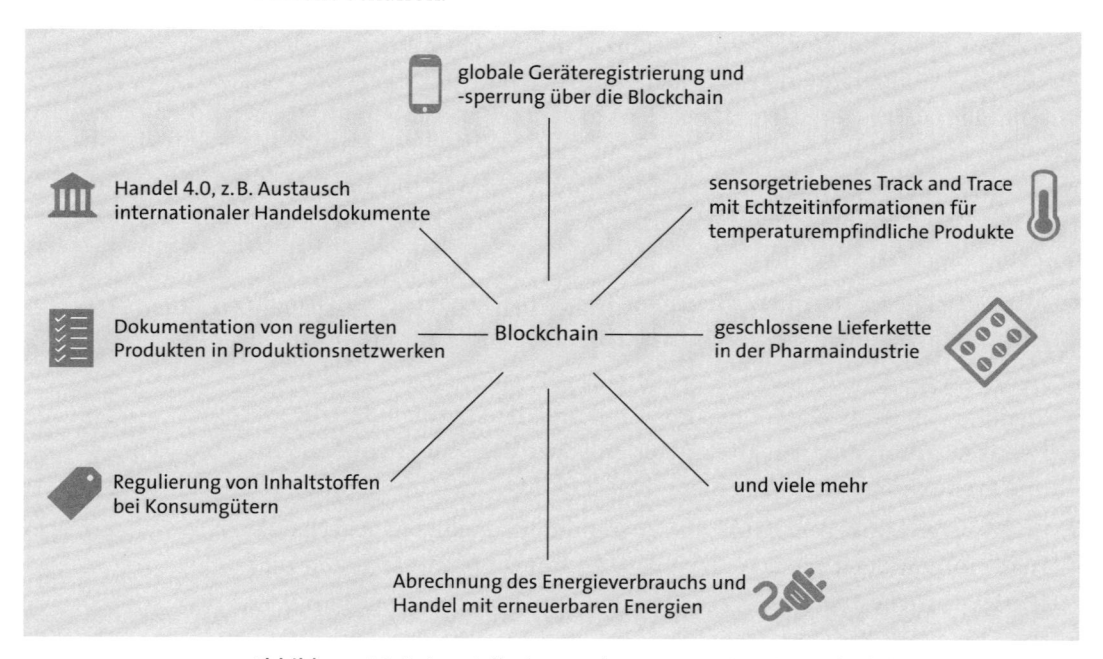

```
                    globale Geräteregistrierung und
                    -sperrung über die Blockchain

Handel 4.0, z. B. Austausch              sensorgetriebenes Track and Trace
internationaler Handelsdokumente         mit Echtzeitinformationen für
                                         temperaturempfindliche Produkte

Dokumentation von regulierten  —— Blockchain ——  geschlossene Lieferkette
Produkten in Produktionsnetzwerken               in der Pharmaindustrie

Regulierung von Inhaltsstoffen            und viele mehr
bei Konsumgütern

                    Abrechnung des Energieverbrauchs und
                    Handel mit erneuerbaren Energien
```

Abbildung 4.1 Potenzielle Anwendungsszenarien einer Blockchain

4.1 Digitale Lieferketten

Globale Lieferketten

Die Digitalisierung ist in vollem Gange. Jeder spricht davon, und in fast allen Bereichen finden sich Anwendungsfälle. Durch die Digitalisierung ist es möglich, die ganze Welt zu vernetzen. Auch Lieferketten werden nicht mehr nur regional koordiniert, sondern weltweit. Zum reibungslosen Ablauf müssen alle Teilnehmer einer Lieferkette miteinander arbeiten und Störfälle schnellstmöglich beheben. Dies stellt eine große Herausforderung für global agierende Unternehmen dar. Hohe Kosten und unzufriedene Kunden sind die Folge von Lieferengpässen. Im schlimmsten Fall kommt es sogar zu Ausfällen.

Wie können sich Unternehmen gegen solche Risiken wappnen? Digitale Lieferketten in Verbindung mit einer Blockchain machen dies möglich. Das dezentral organisierte System, basierend auf einer Blockchain, verbindet alle Parteien der Lieferkette miteinander und dokumentiert jeden einzelnen Schritt von der Produktion über die Logistik bis hin zur Auslieferung beim Kunden. Dieser soll in Zukunft die Echtheit und Eigenschaften der Waren selbst kontrollieren können, beispielsweise durch einen QR-Code und sein Smartphone.

Probleme wie Fälschungen und Missbrauch von Produkten oder Rezepturen, die marken- und urheberrechtlich geschützt sind, gehören durch die Blockchain der Vergangenheit an. Kosten können eingespart werden, indem die Lagerbestände genauestens bestimmt und die Auslastung von Produktionsstätten sichergestellt werden. Erhöhte (Transaktions-)Kosten werden so vermieden.

Herausforderungen komplexer Lieferketten

Verschiedenste Stakeholder lassen sich über den Chaincode bzw. Smart Contracts problemlos einbeziehen und bei Bedarf benachrichtigen. Zu diesen möglichen Teilnehmern gehören z. B. Lieferanten, Produzenten, Behörden, Logistikunternehmen sowie der Vertrieb.

Mögliche Teilnehmer

Die Vorteile für die Supply-Chain-Prozesse liegen auf der Hand. Prozesse werden transparenter, und es kann schneller auf Lieferausfälle reagiert werden bzw. diese werden sogar ganz vermieden. Die Transaktionskosten werden so gering wie möglich gehalten. Das hat wiederum eine positive Auswirkung auf die Gesamtbilanz des Unternehmens.

Vorteile einer Blockchain-Lieferkette

Mit der Digitalisierung der Supply Chain sollen kostspielige Unterbrechungen vermieden und alle Teilnehmer der Lieferkette miteinander verbunden werden. Die Blockchain-Technologie bietet dafür vielversprechende Möglichkeiten und wird die Art des Wirtschaftens nachhaltig verändern. Prozesse werden optimiert und kostengünstiger. Durch die Zugänglichkeit aller Daten und der Verbindung aller Teilnehmer der Supply Chain in der Blockchain wird ein hohes Maß an Vertrauen aufgebaut. Alle Vorgänge sind klar dokumentiert und transparent.

Wie aber wirken sich die neuen Technologien auf den Supply-Chain-Markt aus? Welche Anwendungsmöglichkeiten von Blockchains bestehen, und welche Herausforderungen bringen sie mit sich? In der Transport- und Logistikbranche steckt der Einsatz von Blockchains noch in den Kinderschuhen – hat aber enormes Potenzial. Lassen Sie uns in den folgenden Abschnitten unter anderem einen Blick auf das Einsatzpotential von Blockchains im Supply-Chain-Bereich werfen und wie genau die Technik für verschiedene Anwendungsbereiche funktioniert. Sie werden erstaunt sein, wie vielfältig der Einsatz von Blockchains ist.

4.2 Track-and-Trace-Szenarien

Die Vielseitigkeit von Blockchains spiegelt sich auch in den vielen Varianten des sogenannten *Track-and-Trace-Szenarios* wider. In diesem Abschnitt beschreiben wir drei Varianten dieses Szenarios:

- Im ersten Szenario werden die Daten von Gebrauchtfahrzeugen in der Blockchain gespeichert, um Tachometermanipulationen unmöglich zu machen.

- Das zweite Szenario beschäftigt sich mit dem Endkundengeschäft mit Konsumgütern. Dabei gibt es in der Regel bestimmte Indikatoren, die die vorgesehene Qualität und Güte der Produkte sicherstellen. Als Beispiel ziehen wir die Kontrolle der Temperatur in einer Kühlkette heran.

- Das dritte Beispiel befasst sich mit der Vermeidung von Medikamentenfälschungen in der Pharmabranche. Dies wird durch eindeutige Marker erreicht, die in der Blockchain digital hinterlegt und zur Identifikation herangezogen werden.

Anwendungsmöglichkeiten von Track and Trace

Natürlich kann ein Blockchain-basierter Lösungsansatz im Rahmen eines Track-and-Trace-Szenarios ebenso gut auch für andere Güterarten Anwendung finden (siehe Abbildung 4.2). Der Vorteil der Blockchain in Bezug auf den Track-and-Trace-Ansatz ist die lückenlose Dokumentation der gesamten Lieferkette, sei es von Fahrzeugen, der Herkunft von Fleisch- und Fischprodukten oder anderen Konsumgütern bis hin zu Medikamenten. Die Möglichkeiten reichen von der Speicherung der unterschiedlichen Rohstoffinformationen (Inhaltsstoffe, Herkunft, Haltbarkeit) über die Nachverfolgung des Produktionsprozesses und die Identifikation einzelner Chargennummern bis hin zur letztendlichen Authentizitätskontrolle durch den Endverbraucher für das erworbene Produkt.

4.2 Track-and-Trace-Szenarien

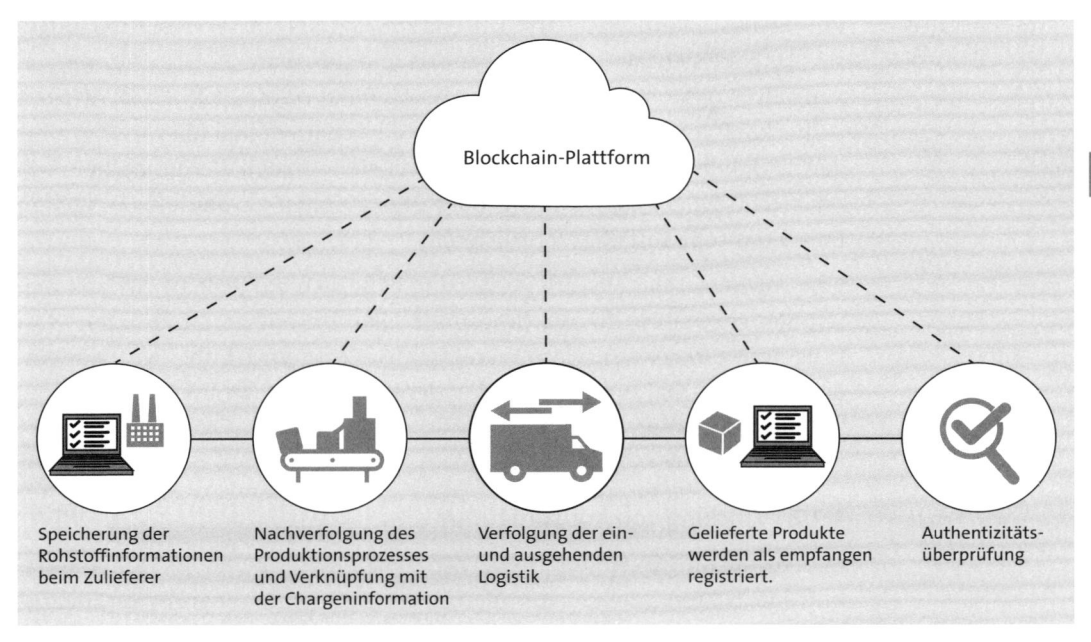

Speicherung der Rohstoffinformationen beim Zulieferer — **Nachverfolgung des Produktionsprozesses und Verknüpfung mit der Chargeninformation** — **Verfolgung der ein- und ausgehenden Logistik** — **Gelieferte Produkte werden als empfangen registriert.** — **Authentizitätsüberprüfung**

Abbildung 4.2 Track-and-Trace-Szenario mit der Blockchain

4.2.1 Tracking von Gebrauchtfahrzeugdaten

Ein bekanntes Problem auf dem Gebrauchtwagenmarkt ist die Fälschung von Tachometerständen. Je weniger ein Fahrzeug gefahren wurde, desto höher ist in der Regel sein Wiederverkaufswert, was eine Fälschung der Kilometeranzeige lohnenswert macht. Nach Schätzungen der Europäischen Kommission sind 12 % aller Gebrauchtwagengeschäfte von diesem Problem betroffen, bei grenzüberschreitenden Geschäften sogar bis zu 50 % (siehe *http://s-prs.de/v691438*). Dabei entstehen jährlich europaweit Schäden von bis zu 9,6 Milliarden Euro.

Private Käufer können solche Täuschungen nicht ohne Weiteres entdecken. Auch die Fahrzeugunterlagen bieten hier nur einen begrenzten Schutz, schließlich könnten die Serviceeinträge gefälscht oder unvollständig sein.

Eine öffentliche Blockchain könnte hier Abhilfe schaffen: Bei jedem Wartungstermin könnte der Händler Kilometerstand und Fahrgestellnummer in der Blockchain erfassen. Zur Anonymisierung der Daten würde es reichen, die Fahrgestellnummer als Hash-Wert zu speichern. Damit wäre es nicht möglich, aus den Daten in der Blockchain auf ein konkretes Fahrzeug zu schließen, und der Datenschutz bliebe gewahrt. Bei Abfragen zu einem konkreten Fahrzeug würde dessen Fahrgestellnummer in den Hash-Wert überführt und dieser in der Blockchain abgefragt.

Erfassung von Kilometerständen

Historie eines jeden Fahrzeugs · Würde dieses Verfahren verpflichtend für Händler und Werkstätten eingesetzt, ergäbe sich damit eine lückenlose und transparente Historie eines jeden Fahrzeugs, die für Käufer ausschlaggebend werden kann. Das Attribut »scheckheftgepflegt« könnte dank der Blockchain digital überprüfbar werden. Durch die ständig fortschreitenden Zeitstempel in der Blockchain wären nachträgliche Fälschungen oder Ergänzungen an den eingetragenen Daten nur sehr auffällig zu realisieren.

Eine solche Art der Historienerfassung ließe sich auf jegliche Art von Maschinen ausweiten, die Wartungsintervallen unterliegen und deren Wartung über offizielle Servicepunkte durchgeführt wird. Dabei wird ein eindeutiges Merkmal zur Identifikation der einzelnen Maschine vorausgesetzt, z. B. eine Seriennummer.

4.2.2 Tracking von Konsumgütern

In der Konsumgüterindustrie werden die Einhaltung und die Dokumentation der strikten Qualitätsanforderungen zu einer immer größeren Herausforderung. Durch den Einsatz einer Blockchain können Parameter zu einem Produkt wie Temperatur, Lieferstatus und weitere Daten unabänderlich gespeichert und bei Bedarf einem bestimmten Personenkreis zur Verfügung gestellt werden. Bei verderblichen Lebensmitteln ist etwa die einzuhaltende Temperatur oft die wichtigste Messgröße. Der Transport vieler Waren bedarf einer Kühlkette, in der bestimmte Werte nicht über- und/oder unterschritten werden dürfen.

Einbeziehung von IoT-Sensoren · Für dieses Szenario muss die Temperatur des Produkts oder seiner Umgebung gemessen und protokolliert werden. Daher handelt es sich bei diesem Anwendungsfall nicht um ein reines Blockchain-Szenario. Wie bei anderen Anwendungsfällen, bei denen Messgrößen eine Rolle spielen, kann die Lösung nur im Zusammenspiel mit IoT-Sensoren (*Internet of Things*, dt. *Internet der Dinge*) umgesetzt werden. Basierend auf den Sensordaten wird ein sogenannter *digitaler Zwilling* (engl. *Digital Twin*) erzeugt, also ein digitales Abbild des jeweiligen Produkts in der Blockchain. Damit kann in Zusammenarbeit mit allen beteiligten Parteien eine lückenlose Historie der Temperaturdaten während des Transports protokolliert werden.

Speicherung der Messwerte · Dazu wird während der gesamten Lieferkette die Temperatur durch einen IoT-Sensor in der Verpackung oder dem Transportbehälter erfasst (siehe Abbildung 4.3). Der digitale Zwilling des Produkts in der Blockchain bildet dabei eine lückenlose Historie des Transports ab und hält diese fälschungssicher und nachvollziehbar fest. Dies schafft einerseits Vertrauen unter allen beteiligten Parteien innerhalb der Lieferkette, andererseits ermöglicht das Szenario eine papierlose Dokumentation des Lieferprozesses.

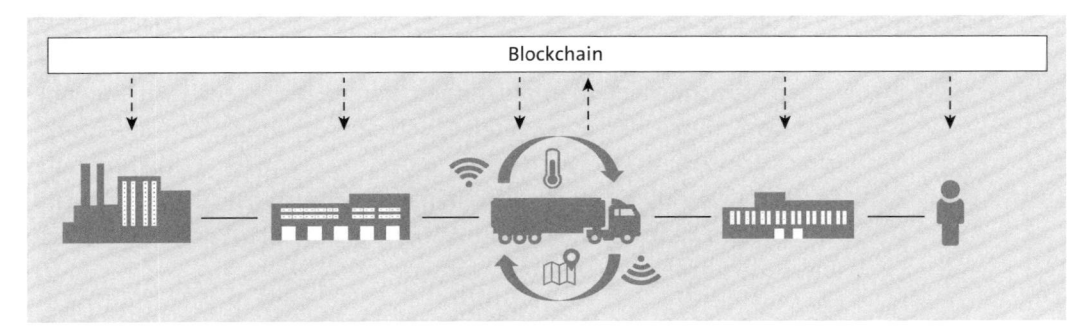

Abbildung 4.3 Track-and-Trace-Szenario für temperaturempfindliche Produkte

Abhängig von der Datenmenge werden alle anfallenden Messpunkte, nur einige davon oder lediglich schwellenwertüberschreitende Temperaturspitzen in der Blockchain gespeichert.

Nehmen wir z. B. an, ein bestimmtes Produkt wird während der Lieferung im Lkw höheren Temperaturen ausgesetzt, als gesetzlich vorgeschrieben. Mittels der Blockchain wird in diesem Fall unwiderruflich dokumentiert, dass es verdorben ist. Alle nachfolgenden Empfänger – Händler oder Endkunden – können darüber informiert werden und geeignete Maßnahmen einleiten. Dabei spielt die dezentrale Datensicherung in der Blockchain eine zentrale Rolle, weil sie garantiert, dass die Einträge nicht von einer Partei manipuliert werden können. Das Konzept kann auch eingesetzt werden, um Hinweise an den Hersteller oder Transportdienstleister senden zu können, wenn sich das Produkt gerade einem kritischen Temperaturwert annähert. Dabei kommen zusätzlich Methoden von *Predictive Analytics* auf Basis der erfassten Echtzeitdaten zur Anwendung.

Die größte Herausforderung bei Blockchain-Anwendungen ist die Zustimmung aller Akteure, an dem dezentralen Netzwerk teilzunehmen. Alle Teilnehmer müssen sich auf gemeinsame Standards und Prozesse einigen (gegebenenfalls unter Bildung eines Konsortiums bei gleichberechtigten Industriepartnern). Außerdem müssen die Teilnehmer die Blockchain-Lösung zu gleichen Anteilen betreiben und ihre Daten ausnahmslos damit erfassen.

Herausforderungen der Umsetzung

Bei solchen Track-and-Trace-Netzwerken sollte es sich optimalerweise um öffentlich einsehbare Blockchains handeln, damit auch Endkonsumenten von den Informationsvorteilen profitieren können. Bei geschlossenen

Vorteile einer Track-and-Trace-Lösung

Blockchains wäre eine Datenübermittlung nur über Service-Provider möglich, was wieder die Gefahr der Datenmanipulation birgt.

Durch Blockchain-basierte Track-and-Trace-Lösungen können Lieferketten vollständig und einschließlich bestimmter Qualitätsindikatoren abgebildet werden. Nachträgliche Manipulationen werden verhindert. Der Datenbestand wird durch das unabhängige, vertrauenswürdige und fälschungssichere Blockchain-Netzwerk garantiert, auf das jeder Teilnehmer der Lieferkette gleichberechtigten Zugriff hat. Durch zusätzliche Echtzeitanalysefunktionen kann ein qualitativ hochwertiger Standard über die gesamte Lieferkette hinweg sichergestellt werden.

[zB]
Blockchain-Lösung bei Walmart

Die Supermarktkette Walmart hat in den USA eine Blockchain-basierte Lösung zur Verfolgung ihrer Lebensmittel auf Basis von Hyperledger Fabric in Betrieb genommen. Mit dieser Lösung werden die Herkunft und Lieferung der Produkte vom Bauernhof bis zum Regal protokolliert. Damit soll die Warenqualität nachprüfbar eingehalten werden, außerdem unterstützt die Lösung bei der Eingrenzung möglicher Ursachen und Fehlerquellen im Fall von Problemen. Weitere Informationen hierzu finden Sie in folgendem Artikel: *http://s-prs.de/v691439*

4.2.3 Verhinderung von Medikamentenfälschungen

Im Vergleich zu Konsumgütern gibt es bei Medikamenten und pharmazeutischen Produkten noch weitere Anforderungen an eine eindeutige Nachvollziehbarkeit der Produktions- und Transportschritte. Im Zuge der sukzessiv einzuführenden weltweiten Serialisierung sollen Produktfälschungen langfristig ausgeschlossen werden. Vor allem in Dritte-Welt-Ländern werden viele Medikamente gefälscht, d. h. ohne aktive oder mit falschen Inhaltsstoffen an Ärzte, Krankenhäuser und Patienten verkauft. Dieses Problem verursacht laut einer Pressemitteilung des Amtes der Europäischen Union für geistiges Eigentum (EUIPO) allein in Europa Schäden in Höhe von geschätzten 10,2 Milliarden Euro pro Jahr (Quelle: *http://s-prs.de/v691440*). Blockchain-basierte Track-and-Trace-Lösungen zur Sicherstellung der Authentizität von Pharmaprodukten sollen dem entgegenwirken.

Blockchain als Teil des Lösungsansatzes

Damit eine lückenlose Nachvollziehbarkeit zum Schutz vor Fälschungen möglich werden kann, muss schon vor dem Einsatz einer Blockchain angesetzt werden. Sicherheitsmerkmale, die lediglich per Barcode oder Produktumverpackung festgehalten werden, sind durch das branchenübliche häufige Aus- und gegebenenfalls Neuverpacken der Medikamente sehr fehleranfällig und führen später schnell zu Lücken innerhalb des Trackings. Daher kann eine Blockchain die Fälschungssicherheit zwar unterstützen, ist aber nur eine Komponente einer weit umfassenderen Planung von Prozessen, Verfahren und Systemen.

Es bedarf also mehrschichtiger Verfahren zur eindeutigen Kennzeichnung der Medikamente, entweder auf Chargenebene oder, bei sehr teuren Medikamenten, auf Einheitenebene, also für jede einzelne Tablette oder jeden Flüssigkeitsbehälter.

Kennzeichnung der Medikamente

Folgende Maßnahmen werden zu diesem Zweck bereits heute von Pharmafirmen eingesetzt:

- **Fälschungssichere Barcodes und Umverpackungen**
  Die Verpackung der Medikamente wird mit einem Code versehen, der ein genaues Verfolgen der Verpackung über die Lieferkette hinweg ermöglicht. Der Code wird entweder mit speziellen *Barcodemechanismen*, wie z. B. für das Auge unsichtbaren Punktrastern, aufgetragen oder direkt in das Druck- und Farblayout der Umverpackung eingedruckt. Diese Mechanismen führen allerdings nur für die Umverpackung zum gewünschten Kopierschutz.

- **Hologrammdrucke**
  Auf der Umverpackung oder dem Medikament selbst werden aufwendige *Hologramme* aufgebracht, die ähnlich einem eindeutigen Barcode eine digitale Seriennummer enthalten. Beim direkten Druck auf Tabletten kann von einem besonders effektiven Schutz ausgegangen werden, da das Hologramm zu einem Bestandteil der Materialoberfläche wird und so nur schwer zu entfernen oder nachzugestalten ist.

- **Signaturstoffe**
  Sogenannte *Signaturstoffe* werden dem Medikament zugesetzt. Häufig handelt es sich dabei um hochkonvertierende Nanopartikel, die wie Barcodes digitale Informationen enthalten und mithilfe entsprechender Scanner durch Fluoreszenz ausgelesen werden können. Somit sind die Informationen über die Herkunft eines Medikaments eindeutig.

- **Raman-Spektroskopie zur Inhaltsbestimmung**
  Bei der Serialisierung im Pharmaumfeld geht es grundsätzlich nicht nur um die Authentizität, also um die Frage, ob das Medikament wirklich vom erwarteten Hersteller kommt, sondern auch um Inhaltskonformität, d. h. darum, ob das Medikament die erwarteten Inhaltsstoffe enthält. Durch physikalische Geräte, sogenannte *Spektrometer*, können noch vor dem Verkauf der Medikamente deren genaue Inhaltsstoffe erfasst und in serialisierter Form vorgehalten werden. Zu einem späteren Zeitpunkt

können diese dann durch erneute Spektroskopieaufnahmen ausgelesen werden. Entsprechende Geräte sind jedoch mit 30.000 bis weit über 100.000 € noch recht teuer. Daher ist von einer Verwendung in Entwicklungsländern für die Bestimmung von z. B. Antibiotika leider vorerst nicht auszugehen.

Speicherung der Serialisierungsdaten — Alle zuvor genannten Serialisierungsdaten, unabhängig davon, welche Methodik verwendet wird, können in einer dezentralen Blockchain gespeichert und verwaltet werden. Da in einer solchen Blockchain keine einzelne Instanz die Kontrolle über diese Daten hat, kann Missbrauch oder Manipulationen vorgebeugt werden. Gerade die vielversprechenden neuen Maßnahmen, wie z. B. Signaturstoffe oder die Raman-Spektroskopie, ergeben nur mithilfe eines Blockchain-artigen Speicher- und Verwaltungssystems wirklich Sinn. Eine Blockchain bildet dabei die gesamte Supply Chain ab und verfolgt jedes einzelne Medikament.

Speicherung der Inhaltsstoffe — Die Inhaltsstoffe des Medikaments können ebenfalls in der Blockchain hinterlegt und von den einzelnen Instanzen der Lieferkette jeweils erneut mittels Spektroskopie nachgemessen werden. Die Ergebnisse können dann jeweils mit dem in der Blockchain hinterlegten Referenzrezept abgeglichen werden. Zusätzlich könnte man realisieren, dass das Referenzrezept anonymisiert als Hash-Wert in der Blockchain hinterlegt wird. Das hätte den Vorteil, dass man diese Inhaltsstoffe überall in der Lieferkette prüfen könnte, ohne die Liste der Inhaltsstoffe veröffentlichen zu müssen.

Herausforderungen der Umsetzung — Die Herausforderungen in diesem Anwendungsfall sind vergleichbar mit den in Abschnitt 4.2.2, »Tracking von Konsumgütern«, beschriebenen Szenarios. Stärker ins Gewicht fallen hier die Anforderungen an die Infrastrukturen der Arzneimittelhersteller und Transportdienstleister, um Merkmale wie Nanopartikel oder Spektroskopiedaten erfassen und auswerten zu können.

Alle Teilnehmer mit ins Boot zu holen könnte hier eine besondere Herausforderung sein. Die Pharmabranche ist bereits stark reguliert. Es existieren bereits viele Bemühungen, der Serialisierungspflicht nachzukommen. Hier hat man die Möglichkeiten für den Aufbau einer gemeinsamen Initiative verpasst: Es kam bisher zu keiner Gründung eines globalen Serialisierungskonsortiums. Gründe dafür sind die traditionell stark ausgebildeten Geschäftsstrukturen, die vorrangig an Wettbewerbsvorteilen und kurzfristigen Gewinnen ausgerichtet sind. Die Erreichung dieser Ziele scheint die Einführung von dezentralen Blockchains zunächst nicht zu fördern. Grundsätzlich ist auch hier daher die Bildung eines gemeinsamen Interessenverbundes die größte Herausforderung. Dessen Gründung allein gestaltet sich schon schwierig und langwierig.

4.3 Blockchains als Workflow-Orchestrierer

Die meisten Track-and-Trace-Szenarien sind ein sehr naheliegendes Anwendungsfeld für Blockchains. Wirklich neue und spannende Anwendungsfelder eröffnen sich aber, wenn man die Perspektive wechselt und die Möglichkeiten von Blockchains im Zusammenhang mit der Programmierung von Chaincode bzw. Smart Contracts erkennt: Die Programmlogik kann selbstständig unter formulierten Bedingungen Daten prüfen, Aktionen auslösen und Benachrichtigungen versenden. Kombiniert mit Sensoren können Blockchains somit autonomer werden und damit Prozessketten überwachen. Sie werden damit zu *Workflow-Orchestrierern*. Wir stellen Ihnen dazu zwei Beispiele vor, die Verwaltung eines Frachthafens und die Sicherstellung einer geschlossenen Lieferkette in der personalisierten Medizin.

Automatisierte Prozesssteuerung

4.3.1 Verwaltung der Infrastruktur eines Frachthafens

Ein geeignetes Beispiel, um die neue Rolle von Blockchains als Workflow-Orchestrierer zu demonstrieren, ist das Management einer komplexen Infrastruktur, wie etwa der eines Frachthafens. Ein solcher Hafen besteht in der Regel aus mehreren unabhängigen Zonen, in denen Waren angeliefert, geprüft, verschifft und gelöscht werden. Zu den logistischen Aufgaben dieser Zonen gesellen sich zusätzliche bürokratische Fragen, wie etwa die des Zolls, der Hafenbehörde, der Reedereien und Logistikunternehmen.

Komplexe Infrastrukturen

Beim Versenden einer Ladung müssen alle diese Parteien in irgendeiner Form kontaktiert werden:

1. Ein Logistiker meldet die zu verschiffenden Waren bei der Reederei an, und bereitet eventuelle Zollpapiere vor.
2. Der Fahrer der Ladung erhält von der Hafenbehörde einen Termin für die Lieferung der Ladung.
3. Eventuell kommt noch der Zoll hinzu, wodurch zusätzliche Wartezeiten zur Kontrollierung der Frachtpapiere und Ladung einkalkuliert und gegebenenfalls Gebühren gezahlt werden müssen.
4. Erst dann können Verladung und Schiffe koordiniert werden.

All dies sind Dienstleistungen, die in Zahlung gestellt werden. In der Praxis realisieren mehrere unabhängige Systeme der einzelnen Teilnehmer des Prozesses den Informationsaustausch. Das ist häufig ineffizient und resultiert in Wartezeiten und häufigen Nachfragen zu den Zuständigkeiten. Die Verantwortung für den Gesamtablauf und die Bereitstellung der richtigen

Unterlagen obliegt meist nur einer der involvierten Parteien, meist ist dies die Logistik.

Prozesskoordination durch die Blockchain

Alle diese Systeme lassen sich durch eine einzige Blockchain ersetzen, die alle Teilnehmer des Frachthafens in einer dezentral organisierten Lösung zusammenführt. Dank der Anwendung von Chaincode kann die Blockchain über den korrekten Ablauf eines Frachtvorgangs wachen und jeder beteiligten Partei nur den Ausschnitt der Gesamtdaten darstellen, die sie für ihre Arbeit wirklich benötigt. Sie koordiniert dabei den Waren- und Informationsfluss und regelt die Freigabe der ankommenden oder zu verschiffenden Ladung. Dabei berücksichtigt sie eventuell anfallende Zahlungen zwischen den Parteien, die optional mit einer virtuellen Währung umgesetzt werden oder nur als Zahlungsstände in der Blockchain gespeichert werden können. Zudem wird alles fälschungssicher mitprotokolliert. Abbildung 4.4 zeigt den Ablauf des gesamten Prozesses und die beteiligten Parteien.

Durch die direkte Vernetzung der Parteien können alle Abläufe besser miteinander koordiniert und kontrolliert werden. Die Blockchain weiß jederzeit, wo sich was und wie befindet und kann entsprechend agieren. Ein Fahrer der Partei Logistik kann seine Ladung noch vor der Ankunft im Hafen per Smartphone anmelden, sodass kein Check-in mehr nötig ist. Während der Fahrt weist ihm die Blockchain bereits einen Lieferplatz zu, kontrolliert die Zollpapiere und veranlasst im Idealfall die sofortige Verschiffung der Ladung nach Ankunft.

Vorteile der Lösung

Die Vorteile einer solchen Lösung liegen auf der Hand:

- Der Hafen ist besser ausgelastet, wodurch es zu weniger Warte- und Transitzeiten für die Waren kommt.
- Die beteiligten Parteien können sich jederzeit aus der Blockchain die benötigten und konsolidierten Daten zu einer Ladung oder einem Container ziehen und für ihre Zwecke abgleichen.
- Die Teilnehmer werden automatisch kontaktiert und koordiniert, die Blockchain überwacht den Workflow. So erfährt der Zoll z. B. sofort, welche Ladungen neu angekommen sind und eventuell kontrolliert werden müssen.
- Die Verrechnung von kostenpflichtigen Dienstleistungen zwischen den Parteien wie Hafenbehörde, Zoll und Logistik kann über eine virtuelle Kryptowährung zum Vorteil aller Teilnehmer stark vereinfacht werden.
- Über jeden Vorgang existiert ein lückenloses und transparentes Ablaufprotokoll mit Zeitstempel, das fälschungssicher abgelegt ist und Aufschluss über jede Ladung gibt.

4.3 Blockchains als Workflow-Orchestrierer

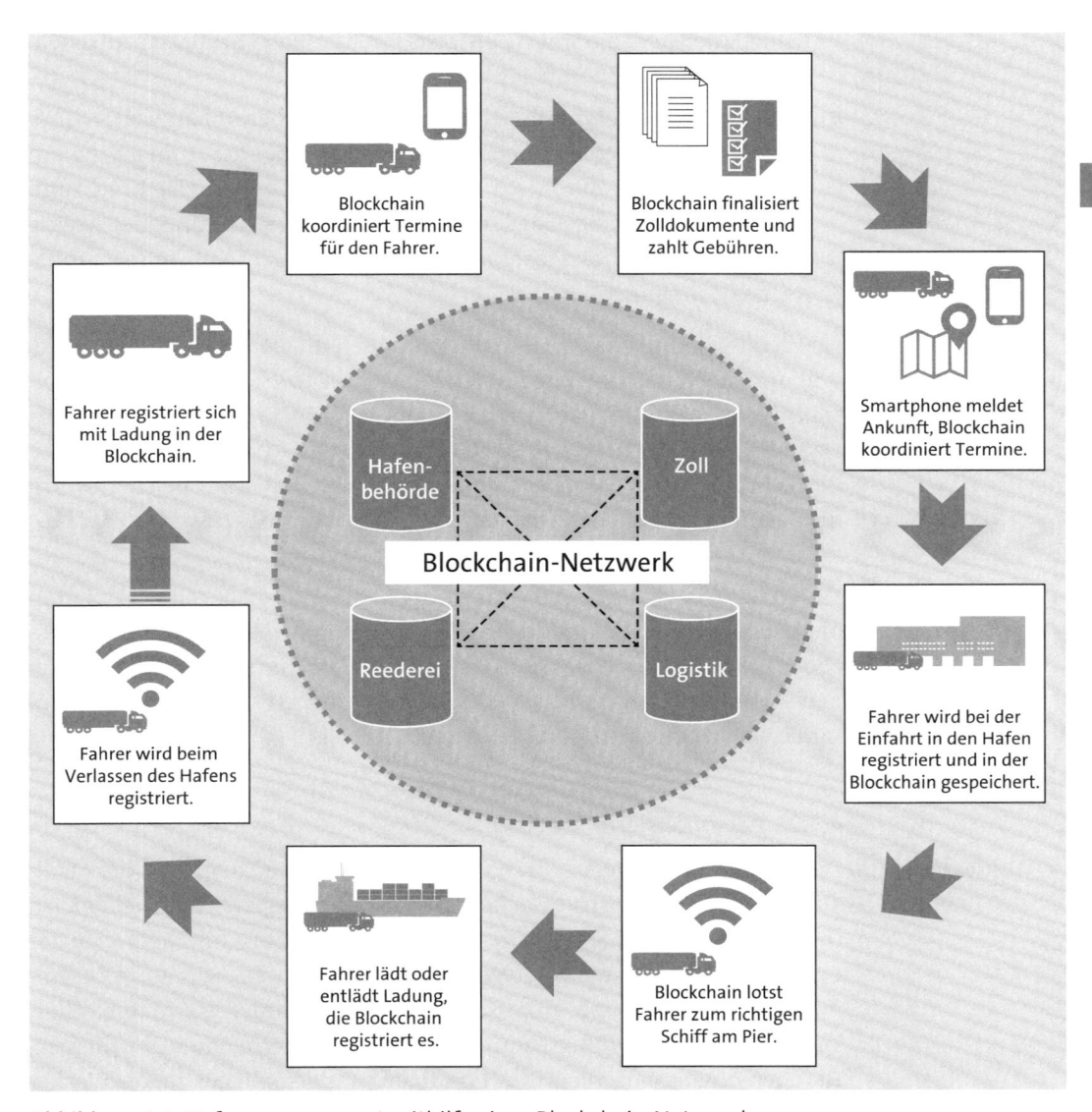

Abbildung 4.4 Hafenmanagement mithilfe eines Blockchain-Netzwerkes

- Die Smart Contracts in der Blockchain wachen über die Einhaltung der richtigen Reihenfolge im Workflow: Eine Ladung kann erst verschifft werden, nachdem z. B. Zahlungsmodalitäten und Zoll geklärt worden sind.
- Neue Parteien können jederzeit an das System angeschlossen werden. Gibt es z. B. neue Hafenlotsen, die mitkoordiniert werden müssen, genügt es, einen neuen Knoten in das Netzwerk einzubinden und gegebe-

nenfalls den oder die Smart Contracts für diese neue Gruppe anzupassen. Das System skaliert mühelos.

- Im Zusammenspiel mit IoT-Sensoren lässt sich der Ablauf weiter automatisieren und beschleunigen: Der Lkw kann bei der Anlieferung am Gate automatisch durch ein RFID-Tag erfasst werden, der Kran kann automatisch den abgeladenen Container registrieren, und gleichzeitig wacht ein Temperatursensor über die Einhaltung der Kühlkette im Inneren des Containers.

Durch die Bildung eines Konsortiums können die Entwicklungskosten geteilt und die Verantwortung für den Betrieb der Blockchain-Lösung dezentralisiert werden. Alternativ kann eine übergeordnete Instanz, wie etwa die Hafenbehörde, das Netzwerk betreiben und externe Partner einbinden. Die Blockchain agiert dabei als kombinierte Management- und Speicherlösung, die die unterschiedlichen Partner zur Verbesserung des Gesamtablaufs zusammenbringt.

Herausforderungen der Umsetzung

Die konkreten Probleme der Umsetzung in diesem Fall liegen wohl eher in der politischen Herausforderung, alle beteiligten Parteien aus dem öffentlichen Dienst und der Privatwirtschaft an einen Tisch zu bringen und sie von den Vorteilen und natürlich auch den erforderlichen Kosten einer gemeinsam betriebenen Lösung zu überzeugen.

4.3.2 Personalisierte Medizin

Personalisierte Medizin

Die *personalisierte Medizin* ist eines der kommenden Themen in der Medizin- und Pharmaindustrie. Der Begriff beschreibt die persönlich auf den Patienten zugeschnittene Therapie und Medikation, meist mit Methoden der Gentechnologie. Für die personalisierte Medizin ist deswegen die Zusammenarbeit einer Vielzahl unterschiedlicher Teilnehmer wie Ärzten, Kliniken, Laboren, Behandlungszentren und Logistikunternehmen erforderlich. Darüber hinaus unterliegt die Handhabung persönlicher medizinischer Daten strengen Datenschutzvorgaben.

Geschlossene Lieferkette

Die ersten *personalisierten Medikamente* wie Kymriah und Yescarta erreichten 2017 den Markt als zugelassene pharmazeutische Produkte. Dabei handelt es sich um innovative autologe Zelltherapien. Diese Therapien erfordern eine geschlossene Liefer- und Datenkette (engl. *Closed-Loop Supply Chain*), die von der Gewebeentnahme bis zur Wiedereinsetzung sicherstellt, dass nur der betroffene Patient seine eigenen aufbereiteten Zellen in der erforderlichen Zeit und Qualität erhält. Abbildung 4.5 zeigt die Teilnehmer einer solchen geschlossenen Lieferkette zur Versorgung des Patienten.

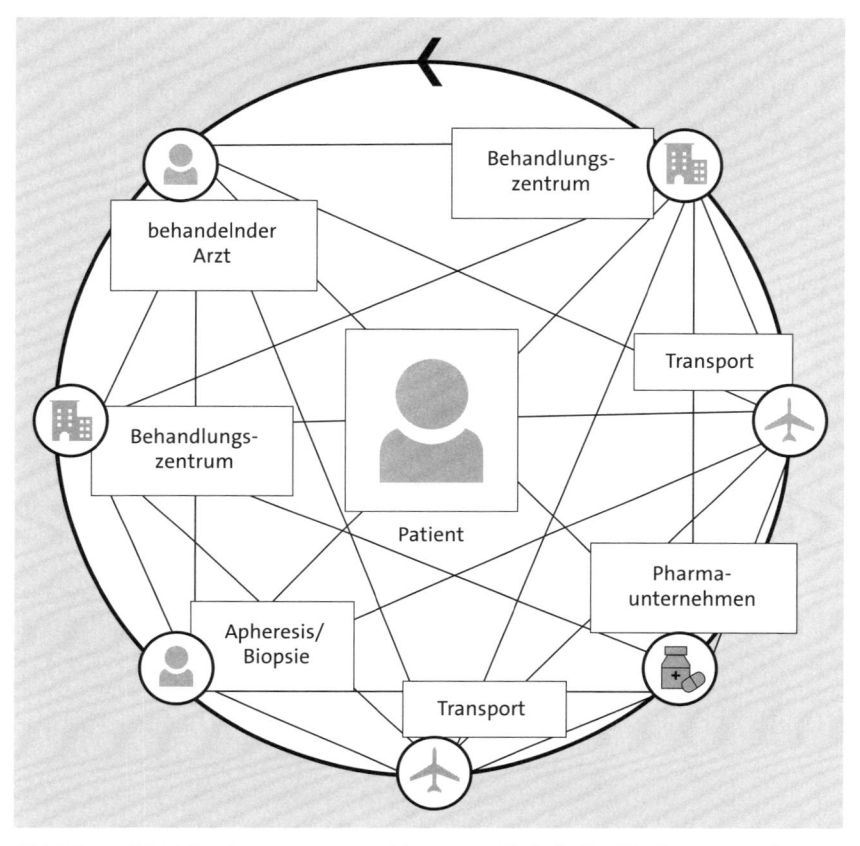

Abbildung 4.5 Teilnehmer einer geschlossenen Lieferkette für die personalisierte Medizin

Der Ablauf einer solchen Therapie ist in Abbildung 4.6 dargestellt: Die Zellen oder das Gewebe werden im Rahmen einer Apherese oder Biopsie vom Patienten entnommen. Daraufhin werden sie für den Transport gekühlt und zur Aufbereitung und/oder Vervielfältigung in ein spezielles Labor transportiert. Nach der Behandlung werden die Zellen oder das Gewebe gekühlt und mit speziellen Transportdiensten in das behandelnde Zentrum oder Krankenhaus gebracht und dem Patienten wieder zugeführt.

Ablauf der Therapie

Sollte die Identifikationskette unterbrochen werden und der Patient die Zellen eines anderen erhalten, könnte dies schwerwiegende Folgen bis hin zum Tod haben. Hinzu kommen noch Anforderungen in Bezug auf den Datenschutz, die eine Identifikation des Patienten, außer durch den behandelnden Arzt, ausschließen sollen. Das Sicherstellen einer hohen und stabilen Qualität entlang der gesamten Behandlungskette kann unter solchen Bedingungen eine Herausforderung darstellen.

Besondere Anforderungen

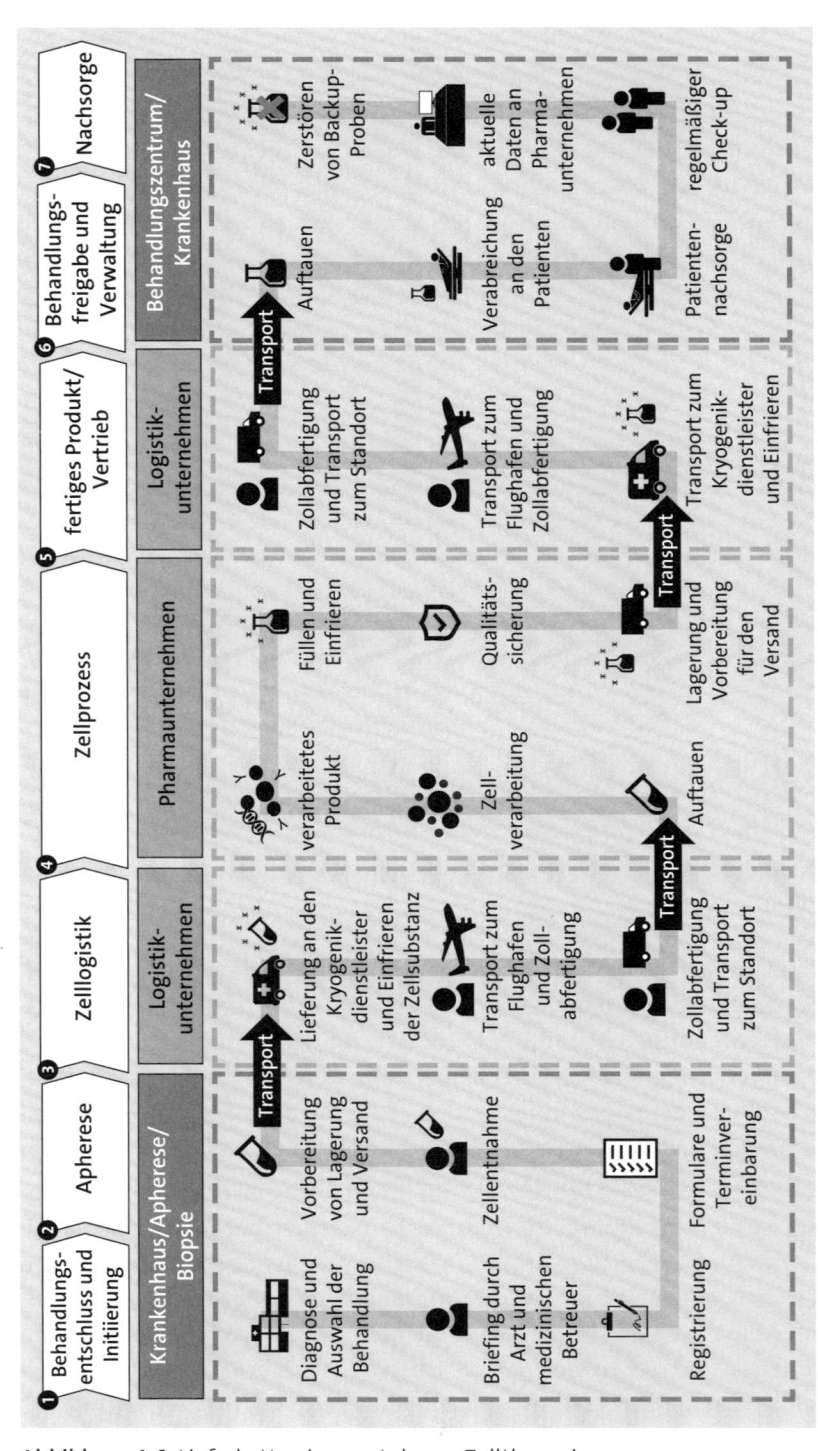

Abbildung 4.6 Lieferkette einer autologen Zelltherapie

Umgesetzt wird dies in der Praxis durch eine Anonymisierung der Patientendaten in der Blockchain und damit auch alle beteiligten Parteien. Durch die Regulierungen der europäischen Datenschutz-Grundverordnung (DSGVO) ist es nicht erlaubt, Patientendaten in der Blockchain zu speichern. Die DSGVO besagt, dass die personenbezogenen Daten jederzeit löschbar sein müssen. Durch die Verkettung der Blöcke in der Blockchain und die Unveränderbarkeit bestehender Blöcke ist eine Löschung der Daten in der Blockchain jedoch nicht möglich. Dies ist eigentlich ein systemimmanenter Vorteil der Blockchain, um völlige Transparenz und Sicherheit zu gewährleisten. Im Fall von Patientendaten dürfen diese allerdings nicht in der Blockchain abgelegt werden, da sie so nicht mehr löschbar sind. Deshalb wird nur ein Hash-Wert, also eine eindeutige Zahlen- und Buchstabenfolge zur Verschlüsselung des Datensatzes, in der Blockchain abgelegt. Nur wenige berechtigte Personen können diesen Hash wieder mit dem persönlichen Datensatz in Verbindung bringen, etwa durch den Zugriff auf eine externe gesicherte Datenbank oder einen Dateiserver.

Umsetzung mit Blockchain

Mithilfe der Blockchain kann die geschlossene Lieferkette zur autologen Zelltherapie kontrolliert und damit aus Patientensicht effektiv, effizient und sicher gestaltet werden. Auch für die einzelnen, am Gesamtprozess beteiligten Parteien schafft die Lösung großen Nutzen, weil sie den Prozess für alle transparent gestaltet und so größere Anforderungen antizipiert werden können. Auch treten aufgrund der lückenlosen Protokollierung weniger bis gar keine Konfliktfälle mehr auf, es kann immer festgestellt werden, wer zuletzt das Gewebe des Patienten wann wie bearbeitet hat.

Vorteile der Lösung

Herausforderungen für dieses Projekt liegen vor allen Dingen in der geforderten Anonymisierung der Patientendaten nach der DSGVO und anderen anwendbaren Datenschutzrichtlinien. Ebenso ist die flexible softwaremäßige Abbildung des Workflows mit einzuhaltenden Bedingungen nicht ganz unproblematisch. In dem hier beschriebenen Fall wurde ein spezielles Tool zur visuellen Erstellung des Workflows und der Abbildung der Abhängigkeiten im Browser entwickelt.

Herausforderungen der Umsetzung

4.4 Gerätemanagement

Sensoren, die temperatursensible Lieferungen tracken, Alarmanlagen in Fabrikhallen verwalten oder gestohlene Geräte von der Produktion aussperren – all das sind Szenarien des *Industrial Internets of Things* (IIoT). Durch immer neue IIoT-Anwendungsfälle beschränkt sich das Gerätemanagement (*Device Management*) längst nicht mehr nur auf den Bereich der Mobiltelefonie. Der Einsatz von Blockchain-Technologie eröffnet Unterneh-

Industrial Internet of Things

men neue Möglichkeiten für eine sichere Steuerung und Registrierung von Geräten. Zunächst beschreiben wir einen Anwendungsfall für Smartphones, darauffolgend dann ein Bespiel aus der Industrie. Beide Anwendungsbeispiele befassen sich mit der Vermeidung von Diebstahl.

4.4.1 Gerätemanagement in der Mobiltelefonie

Mobilfunkgeräte und vor allem Smartphones sind aus dem heutigen Alltag nicht mehr wegzudenken. Die fünf absatzstärksten Hersteller verkauften laut dem Marktforschungsunternehmen Gartner alleine im 2. Quartal 2018 weltweit mehr als 374 Millionen Geräte (*http://s-prs.de/v691441*). Dieser Zahl steht leider auch eine vergleichbar große Zahl an gestohlenen oder abhanden gekommenen Geräten gegenüber. Laut dem Wirtschaftsmagazin Forbes sind es alleine in den USA 1,4 Millionen pro Jahr (*http://s-prs.de/691442*).

Schutz vor Diebstahl Wenn ein Smartphone heute gestohlen wird oder verloren geht, ist es zwar möglich, die SIM-Karte sperren zu lassen, aber mit der SIM-Karte eines anderen Anbieters kann das Gerät meist problemlos weiterverwendet werden. So erhalten Unbefugte Zugriff auf die gespeicherten Daten. Über eine Blockchain-basierte Liste der Identifikationsnummern jedes Geräts wäre es möglich, den Besitzstand immer eindeutig nachzuvollziehen. Als gestohlen gemeldete Smartphones wären damit bekannt und könnten über eine schwarze Liste (durch sogenanntes *Blacklisting*) von weiterer Verwendung ausgeschlossen werden.

Globale IMEI-Ablage Die Idee dazu ist so simpel wie einleuchtend: Alle Smartphone-Hersteller registrieren ihre produzierten Geräte mithilfe einer eindeutigen ID, der sogenannten *IMEI-Nummer* (International Mobile Equipment Identity), in einem dezentralen Blockchain-Netzwerk. Der Besitzer der Geräte wird fortan in diesem Netzwerk erfasst, auch wenn ein Gerät an einen anderen Besitzer übergeht, z. B. an einen Wiederverkäufer, einen Telekommunikationsdienstleister oder den Endkunden. Nur der jeweils eingetragene Besitzer hat das Recht, den Besitz auf eine andere Organisation oder Person zu übertragen oder das Gerät durch das Blacklisting als gestohlen zu markieren (siehe Abbildung 4.7).

Alle Telekommunikationsdienstleister wären bei diesem Szenario in der Pflicht, vor der Erbringung von Dienstleistungen zu prüfen, ob das jeweilige Gerät als gestohlen gemeldet wurde. Handelt es sich bei einem Endgerät tatsächlich um ein gestohlenes Gerät, werden die Dienstleistungen verwehrt, es kann also nicht mehr verwendet werden. Abbildung 4.8 zeigt die verschiedenen Teilnehmer eines solchen Netzwerkes vom Gerätehersteller bis zum Telekommunikationsdienstleister.

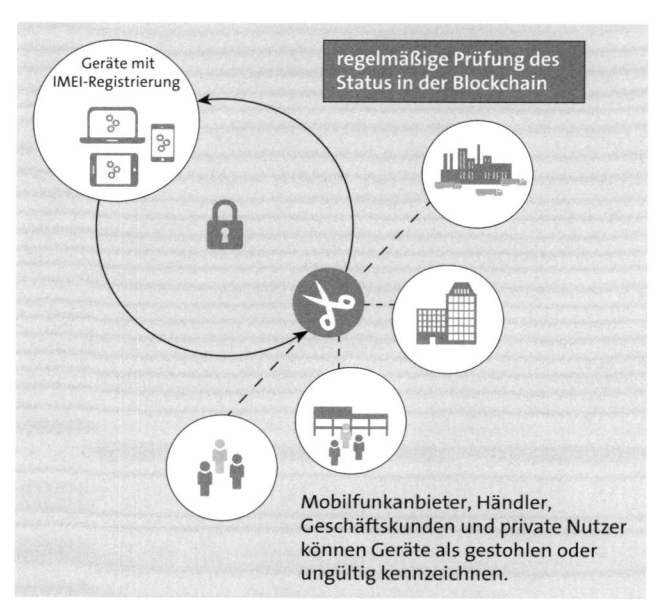

Abbildung 4.7 Registrierung der Geräte-IMEI gegen unbefugte Nutzung

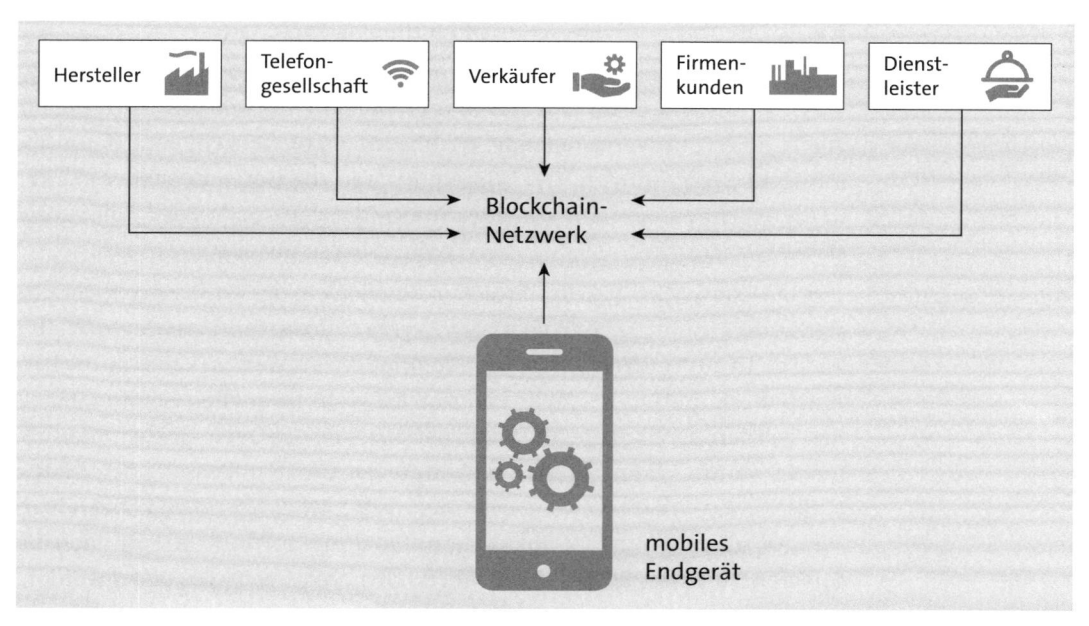

Abbildung 4.8 Teilnehmer eines Mobilfunkmarkt-Netzwerkes auf Basis von Blockchain-Technologie

Gestaltung der Blockchain

Im Blockchain-Netzwerk wird jede Besitzstandsänderung für die mobilen Endgeräte erfasst. Über eine gespeicherte Liste der Identifikationsnummern ist es möglich, den Besitzstand eines Geräts jederzeit eindeutig nachzuvollziehen:

1. Nach der Produktion ist das Smartphone zunächst Eigentum des Herstellers.
2. Danach geht es in den Besitz von Vertriebspartnern oder Telekommunikationsdienstleistern über.
3. Diese verkaufen das Smartphone dann an den Endkonsumenten. Dieser wird demnach als Besitzer in die Blockchain eingetragen.

Alle Parteien kommunizieren sicher über eine asymmetrische Verschlüsselung mit dem Blockchain-Netzwerk. Chaincode bzw. Smart Contracts prüfen bei jeder Aktivität in der Blockchain mithilfe des öffentlichen Schlüssels, ob die jeweilige Partei der rechtmäßige Besitzer des Geräts ist. Für jedes Gerät wird zusätzlich ein Wächter (*Guardian*) bestimmt, der im Fall eines Schlüsselverlusts handlungsfähig bleibt. Sollte ein Endkunde z. B. keinen Zugang zur Blockchain haben, überwacht der Wächter in Form eines Telekommunikationsdienstleisters den Besitz und kann im Fall des Verlusts angewiesen werden, aktiv zu werden. Sobald das Gerät als gestohlen gemeldet wird, erhalten alle Teilnehmer der Blockchain den Hinweis, dass das Smartphone mit besagter Identifikationsnummer gesperrt ist.

Herausforderungen der Umsetzung

Auch im stark vom Konkurrenzkampf geprägten Telekommunikationssektor ist die Bildung eines Provider-übergreifenden Konsortiums, um eine für alle Parteien zufriedenstellende Applikation zu entwickeln, eine der größten Herausforderungen. Des Weiteren wären die Gerätehersteller stärker in die Pflicht zu nehmen, um etwa mit Initiativen wie *Trusted Computing* sichere Programmbereiche in den Geräten bereitzustellen.

Trusted Computing

Trusted Computing beschreibt sichere Bereiche in der Hardware, in der nur signierter Programmcode geklärter Herkunft ausgeführt werden darf, der auch nicht zur Laufzeit analysiert oder modifiziert werden kann. In solchen Trusted-Computing-Enklaven könnten Programme auf den Geräten installiert werden, die über die Blockchain abfragen, ob das Gerät als gestohlen gemeldet wurde. Wäre dies der Fall, könnte das Gerät vollständig den Dienst versagen. Es wäre somit auch nicht mehr in WLAN-Netzwerken verwendbar, sondern gänzlich nutzlos. Ebenso könnten durch solche Konzepte auch die privaten Daten des Besitzers auf dem Smartphone besser geschützt werden.

Vorteile der Lösung

Mit diesem Anwendungsbeispiel zeigen sich die Vorteile der Blockchain: Alle involvierten Teilnehmer sind immer auf dem aktuellen Stand und erkennen jegliche Veränderungen über den Status des mobilen Endgeräts.

Dies liefert Transparenz. Auch für Großkunden, wie Unternehmen, die Diensthandys zentral verwalten, kann der direkte Zugriff auf ein solches Netzwerk von Nutzen sein. Sie sind damit in der Lage, ihre Endgeräte bei Verlust eigenhändig zu sperren und damit sensible Daten vor Missbrauch zu schützen.

Durch die Blockchain wird der Zustand eines Geräts leichter überprüfbar. Dadurch entsteht Sicherheit und Vertrauen sowohl aufseiten des Mobilfunkanbieters als auch aufseiten der Nutzer der Smartphones. Im Fall eines privaten Wiederverkaufs (z. B. auf Portalen wie eBay) sind ebenfalls Services denkbar, die den Verkäufer des Geräts als tatsächlichen Besitzer bestätigen.

Langfristig kann so eine Blockchain zur vollständigen Eindämmung von Handydiebstählen führen. Eine solche Initiative führt sicher auch zur stärkeren Kundenzufriedenheit und damit verbunden zu einer erhöhten Kundenbindung und Markenwertsteigerung.

Damit die Teilnehmer auf den Blockchain-basierten IMEI-Tracker zugreifen können, wird eine Weboberfläche entwickelt, z. B. mithilfe von SAPUI5 in der SAP Web IDE. Abbildung 4.9 zeigt die Liste der erfassten Geräte in einer solchen Webanwendung. Hier finden alle Teilnehmer des Netzwerkes die IMEI-Nummern und den Status der Geräte.

Benutzeroberfläche eines IMEI-Trackers

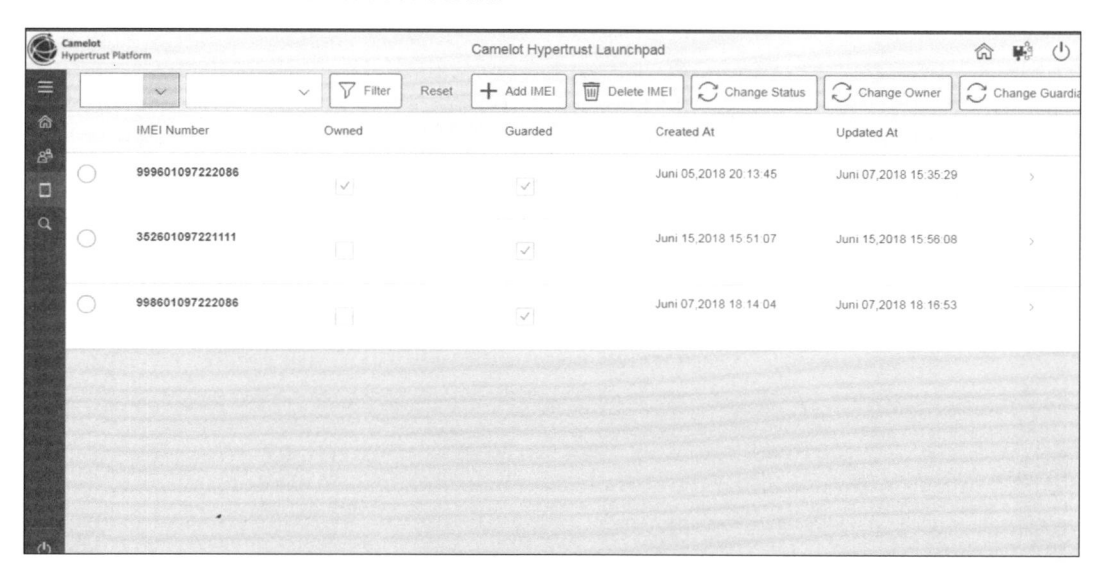

Abbildung 4.9 Liste der registrierten Geräte mit ihrem Status

Die Änderung des Besitzstandes eines Endgeräts durch den letzten Besitzer erfolgt ebenfalls über diese Weboberfläche. Er erfasst den neuen Eigentümer, wie in Abbildung 4.10 gezeigt.

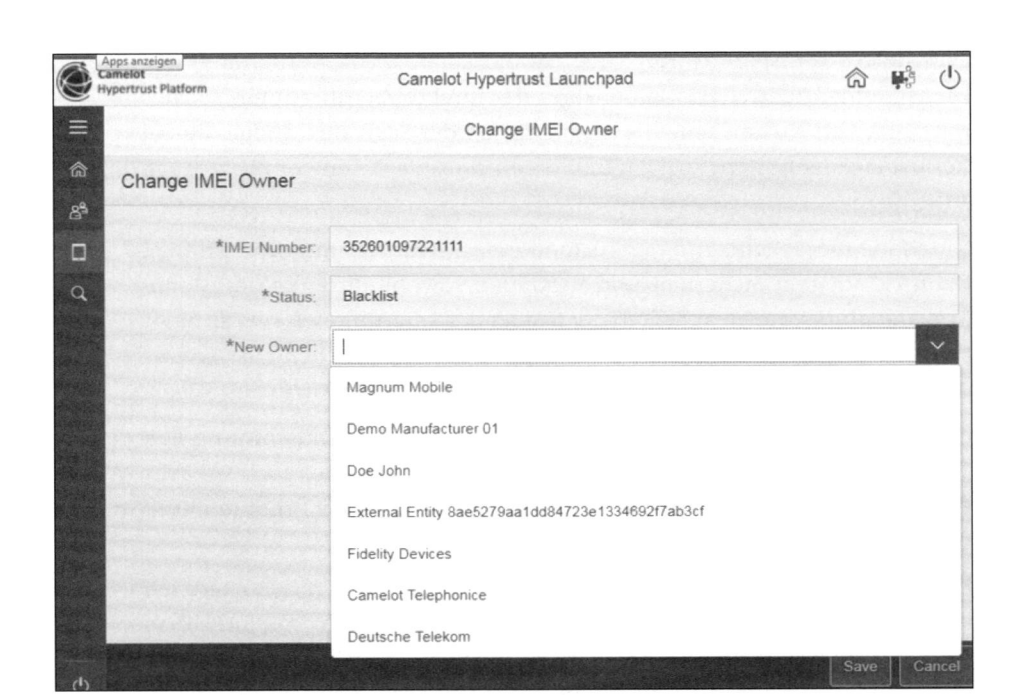

Abbildung 4.10 Zuweisung eines neuen Eigentümers nach Blacklisting (Sperren) eines Endgeräts

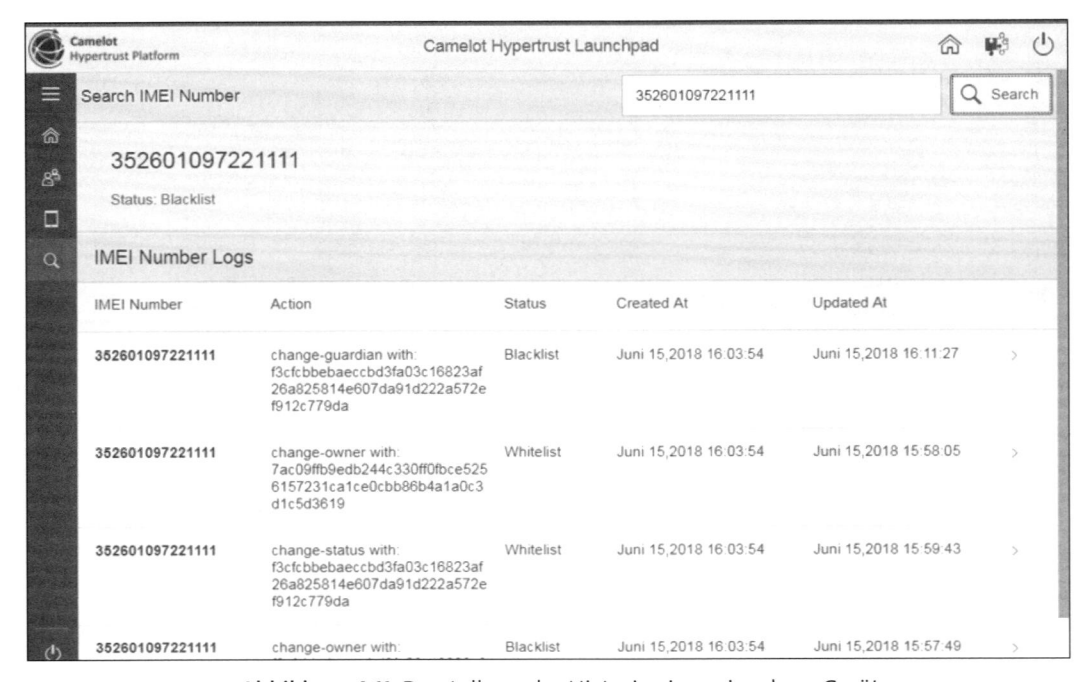

Abbildung 4.11 Darstellung der Historie eines einzelnen Geräts

Alle Änderungen des Besitzstandes eines Geräts können in einer Änderungshistorie erfasst werden, die z. B. wie in Abbildung 4.11 aussehen kann.

Für die Statusabfrage kann zusätzlich eine mobile App entwickelt werden. So eine App erlaubt es, auch von unterwegs auf den Status eines Geräts zuzugreifen.

In Kapitel 6, »Blockchain-Anwendungen mit Hyperledger Fabric entwickeln«, zeigen wir Ihnen anhand zweier Beispiele, wie Sie solche SAPUI5-basierten Weboberflächen mit einer Blockchain verknüpfen können.

4.4.2 Gerätemanagement in der Industrie

Beim IIoT geht es darum, reale Objekte in ein universales digitales Netz zu integrieren. So werden etwa Sensoren durch den Einbau von Mikrochips smart gemacht und können sich direkt über das Internet mit anderen Sensoren verbinden, ohne dass menschliche Eingriffe nötig sind. In diesem Prozess erhalten alle beteiligten Gegenstände (*Things*) eine eindeutige Identität, mit der sie im Internet repräsentiert und angesteuert werden können. So verknüpft sich die Welt der Dinge mit der Welt der Daten. Im Kontext von IIoT werden daher häufig Konzepte wie *Machine to Machine Communication* (der automatisierte Informationsaustausch zwischen Maschinen), *Smart Factory* (selbstorganisierende Fabriken) und *Smart Grid* (intelligente [Strom-]Netzwerke, die sich selbst konfigurieren und auslasten) genannt.

Vernetzung der Dinge

Mit der zunehmenden Vernetzung und dem verstärkten Einsatz von IT in der Fabrikautomation und Prozesssteuerung haben aber auch die Cyberbedrohungen zugenommen. Durch das Internet der Dinge wird eine große Menge an sensiblen Daten über das Internet ausgetauscht. Die Brisanz möchten wir an einigen Beispielen aus dem privaten Bereich verdeutlichen:

Sicherheitsrisiken

- Ein Saugroboter, der die Wohnung scannt, könnte Einbrechern eine Karte dieser Wohnung zur Verfügung stellen.
- Fitnesstracker, die personenbezogene Daten aufzeichnen, bieten eine Angriffsfläche für die illegale Erstellung von Bewegungsprofilen und sensible Daten zur persönlichen Gesundheit.
- Was im smarten Kühlschrank an Lebensmitteln fehlt, weiß der Supermarkt bereits. Es besteht die Gefahr, dass Einzelhändler auf Basis solcher Daten unbefugt Persönlichkeitsprofile erstellen.

Diese Beispiele aus dem privaten Umfeld lassen erahnen, wie groß erst die Herausforderungen in der Industrie sind, die Geräte in den Netzwerken sicher zu steuern und entstandene Daten zu schützen.

Wie kommt die Blockchain hier ins Spiel? Als hochsichere Datenbanktechnik, die sich dezentral über viele Knoten eines Netzwerkes erstreckt, ermöglicht sie eine fälschungssichere Aufzeichnung von Datenpunkten, bei der Fälschungen im Nachhinein unmöglich sind. So könnten Geräte eindeutig und unveränderbar zugeordnet, gemessen und gesteuert werden. Dies bietet eine große Chance für IIoT-Szenarien.

Der IoT-Markt wächst jährlich stark: 2016 waren noch 6,4 Milliarden Geräte über IoT miteinander verbunden, 2020 werden es mehr als doppelt so viele sein: 20,4 Milliarden (Quelle: *http://s-prs.de/v691443*). Durch den Einsatz einer Blockchain-Lösung kann nicht nur dem Diebstahl von Geräten ein Riegel vorgeschoben werden, sondern deren Eigentümerschaft kann über ihren vollständigen Lebenszyklus hinweg dokumentiert werden.

Eindeutige Geräte-ID

Dazu kann jeder Hersteller von netzwerkbasierten Geräten diese anhand einer eindeutigen ID, wie etwa der *MAC-Adresse* (Media-Access-Control, die Hardwareadresse eines Netzwerkadapters), zusammen mit weiteren Merkmalen wie Modell, Marke und Herstellungsdatum in einer globalen Blockchain registrieren lassen. Der Besitzstatus der Geräte wird fortan im Netzwerk erfasst, z. B. bei Verlagerung in eine andere Produktionsstätte oder beim Weiterverkauf. Wie in dem Smartphone-Anwendungsbeispiel in Abschnitt 4.4.1, »Gerätemanagement in der Mobiltelefonie«, hat jeweils nur der aktuelle Besitzer die Möglichkeit, den Besitz auf eine andere Person oder Organisation zu übertragen. Auch hierbei wird der Wechsel der jeweiligen Person oder Instanz dokumentiert. Im Fall eines Missbrauchs oder Diebstahls wird das Gerät auf eine Blacklist gesetzt und somit als gestohlen markiert.

Herausforderungen der Umsetzung

Eine Aufgabe für die Hersteller wäre es, jedes Gerät mit einem eigenen Anmeldeschlüssel zu versehen, der in der Blockchain gespeichert wird. Für den Fall, dass das Gerät tatsächlich als gestohlen gemeldet wird, besteht dann keine Möglichkeit mehr, das Gerät im Netzwerk zu verwenden, weil es keine Freigabe erhält. Es wäre damit nutzlos.

Dazu ein konkretes Beispiel: Wenn heutzutage ein Scanner oder Drucker verloren geht oder gestohlen wird, kann das Gerät von Fremden weiterverwendet werden. Dabei ist häufig das Problem, dass der Verlust von Geräten gar nicht auffällt oder dokumentiert wird. Durch die eindeutige Identifizierung eines Geräts in der Blockchain kann dies nicht mehr passieren. Alle Drucker, Sensoren und sonstigen Smart Devices sind über die Blockchain mit dem Unternehmen verbunden und werden somit verfolgt. Voraussetzung dafür ist, dass ein digitaler Zwilling des realen Geräts, z. B. des Druckers in der Produktionshalle, auf der Blockchain hinterlegt wird und somit immer auffindbar, steuerbar und zuzuordnen ist.

Innerhalb des Blockchain-Netzwerkes wird die vollständige Kette an Besitzübergängen des Geräts digital erfasst. Über eine auf der Blockchain gespeicherte Liste der Identifikationsnummern aller Geräte ist es möglich, den Besitzstand immer eindeutig nachzuvollziehen. Direkt nach der Herstellung ist der Drucker beispielsweise Eigentum des Herstellers. Danach geht er in den Besitz von Vertriebspartnern über. Diese verkaufen ihn dann an den Endkunden, wo er in der Produktionshalle eingesetzt wird. Dieser Endkunde wird dann als Besitzer in die Blockchain eingetragen.

Alle Parteien kommunizieren sicher über Schlüsselpaare mit dem Blockchain-Netzwerk. Aus diesem Grund sind für diesen Anwendungsfall Smart Contracts zwingend erforderlich. Diese prüfen bei jeder Aktivität auf der Blockchain, ob die Partei mit dem zur Verfügung gestellten öffentlichen Schlüssel der rechtmäßige Besitzer des Geräts ist.

Prüfung der Schlüssel über Smart Contracts

Auch bei diesem Anwendungsszenario wird, ebenso wie in dem Mobiltelefonie-Beispiel, für jedes Gerät zusätzlich ein Guardian bestimmt. Dieser Wächter kann im Fall eines Schlüsselverlusts hinzugezogen werden, wodurch jede Partei auch in einem solchen Fall handlungsfähig bleibt. Sollte der Endbenutzer z. B. keinen Zugang zu der Blockchain haben, überwacht der Wächter (z. B. ein Abteilungsleiter) den Besitz und kann im Fall des Verlusts vom Besitzer instruiert werden.

Sobald das Gerät als gestohlen gemeldet wird, erhalten alle Teilnehmer der Blockchain den Hinweis, dass der Drucker mit besagter Identifikationsnummer gesperrt wurde und nicht mehr verwendet werden kann. Langfristig kann die Zuordnung und Steuerung von Industriegeräten via Blockchain zu einer vollständigen Eindämmung von Gerätediebstählen führen.

Bevor diese Vorteile zum Tragen kommen können, muss jedoch der Datenschutz geklärt werden. Eine der wichtigsten Eigenschaften der Blockchain ist die Unveränderbarkeit der Daten. Diese Eigenschaft macht die Blockchain zu einer besonders vertrauenswürdigen Technologie für das Speichern von Informationen. Doch sicher im Sinne des Manipulationsschutzes heißt nicht sicher im Sinne des Datenschutzes. Informationen in einer Blockchain sind standardmäßig von allen Teilnehmern des Netzwerkes einsehbar. Gerade diese Transparenz birgt im Kontext von Geschäftsanwendungen Herausforderungen. Kein Unternehmen hat ein Interesse daran, seinen Geschäftspartnern, Lieferanten oder gar der Konkurrenz Zugang zu sensiblen Geschäftsdaten zu geben.

Datenschutz

Um Blockchains für den Einsatz im Unternehmen produktiv nutzbar zu machen, ist daher häufig ein Zwischenschritt nötig, der die sensiblen Daten verschlüsselt. Die verschlüsselten Informationen werden dann nur lokal abgelegt und lediglich ihr Hash-Wert in der Blockchain registriert. Damit sind die Daten von ihrer Authentizitätsprüfung entkoppelt.

4.5 Kontrolle von Inhaltsstoffen bei Verbrauchsgütern

Alle Unternehmen, die Verbrauchsgüter herstellen, müssen gesetzliche Anforderungen einhalten. Dies gilt für Unternehmen, die Human- und Tiernahrung, Kosmetika und andere Arten von Verbrauchsgütern herstellen. Die Kennzeichnung des Endprodukts birgt besondere administrative und kommunikative Herausforderungen, da die gedruckten Informationen zu den Inhaltsstoffen eines Produkts in vielen Fällen von den Lieferanten des Herstellers oder von den Lieferanten ihrer Lieferanten stammen. Diese Situation wird zusätzlich verkompliziert, da einige Informationen zu den Zutaten Teil geheimer Produktrezepturen der Lieferanten sind, die zum geistigen Eigentum gehören.

Regularien für Inhaltsstoffe

Bei regulatorischen Änderungen, z. B. durch Behörden, entsteht ein finanzielles Risiko für die Hersteller von Endprodukten. Da es bis zu 2 Monate oder länger dauern kann, eine komplette Lieferkette manuell zu überprüfen, um die benötigte Information zu erhalten, ob sich eine bestimmte regulierte Zutat in einem Produkt befindet, könnte die Produktion über eine längere Zeit stillstehen. Das Haltbarkeitsdatum bereits produzierter Ware könnte währenddessen ablaufen und sie könnte nicht mehr verkauft werden.

Schutz des geistigen Eigentums

Durch den Einsatz einer Blockchain-basierten Lösung kann der Informationsfluss zu regulierten Stoffen in einer Lieferkette deutlich beschleunigt werden. Dabei kann das geistige Eigentum aller beteiligten Parteien durch bestimmte Maßnahmen umfassend geschützt werden. Ein solches Szenario kann z. B. mithilfe von SAP HANA, SAP Cloud Platform Blockchain und Trusted Computing umgesetzt werden.

Herausforderungen der Umsetzung

Der Herstellungsprozess von Verbrauchsgütern hat an Komplexität gewonnen, während sich die geforderte Time to Market gleichzeitig verkürzt hat. In dieser neuen Situation benötigen produzierende Unternehmen ein großes Ökosystem von Lieferanten und eine reibungslose Zusammenarbeit über die Grenzen dieses Ökosystems hinweg. Insbesondere im Hinblick auf Regulationen für die Verbrauchsgüter ist die Kooperationsfähigkeit der Partner von entscheidender Bedeutung, um die Risiken finanzieller Verluste aufgrund von Änderungen der Vorschriften zu minimieren. Dazu müssten allerdings teilweise konkurrierende Parteien zusammenarbeiten. Zu diesen Parteien gehören:

- die Hersteller von Konsumgütern
- die Lieferanten von Rohstoffen und vorproduzierten Materialien
- Aufsichtsbehörden, wie etwa die *U.S. Food and Drug Administration* (FDA), die *European Medicines Agency* (EMA) oder die *European Regulation on Registration, Evaluation, Authorization and Restriction of Chemicals* (REACH)

Die Produzenten der Endprodukte sind oft abhängig von den gelieferten Rohstoffen und vorproduzierten Materialien. Sie stützen sich insbesondere auf deren Informationen über regulierte Inhaltsstoffe der Vormaterialien, um diese auf ihren Verpackungen zu deklarieren. Kein Lieferant würde aber die vollständigen Rezepturen seiner Produkte veröffentlichen, da ansonsten die Gefahr bestünde, dass sie kopiert oder gefälscht werden. Lieferanten geben deswegen nur diejenigen Teile der Rezepturen frei, die sie der Gesetzgebung nach freigeben müssen. Folglich fehlt dem Lieferantennetzwerk die notwendige Transparenz, um die regulatorischen Kriterien zu erfüllen. Darüber hinaus erschwert die schiere Größe der Lieferantennetzwerke die Erfassung der Daten und die Sicherung der aktuellen Informationen.

Die Schwierigkeiten des Marktes wollen wir an einem Beispiel verdeutlichen: Ein Kosmetikhersteller ist bekannt für seine Handcreme. Die Nachfrage ist hoch, und die Produktion ist ausgelastet. Alles entspricht den geltenden gesetzlichen Bestimmungen. Die regulierten Inhaltsstoffe, die aus der Lieferkette bekannt sind, werden auf den Verpackungen des Endprodukts klar angegeben.

Nun ändert sich die Gesetzeslage auf einmal. Die Aufsichtsbehörde beschließt, Cyclomethicon zu regulieren, einen Stoff, der für diese Verwendungsbestimmung bisher nicht reguliert war. Aufgrund der hohen Produktionsauslastung gelangen die Informationen über die neue Verordnung mit Verzögerung zum Hersteller, nachdem dieser bereits mehrere Tonnen des Produkts vorproduziert hat. Der Hersteller hat nun das Problem, dass er die Bestände nicht verkaufen darf, bevor er abgeklärt hat, ob Cyclomethicon in seinem Produkt enthalten ist. Falls dies zuträfe, müsste er eine Umetikettierung des Produkts vornehmen. Im ungünstigsten Fall müsste er den Verkauf des Produkts sogar ganz einstellen, da eventuell neue Schwellenwerte für die regulierten Inhaltsstoffe gelten.

Um die benötigten Informationen aus der Lieferkette zu erhalten, erfolgt dann ein manueller, fehleranfälliger und langsamer Prozess: Der Hersteller ruft seine Lieferanten an und fragt, ob der Stoff in den gelieferten Materialien enthalten ist. Die Lieferanten wiederum müssen möglicherweise ihre eigenen Lieferketten durchgehen, um die gewünschte Information zu ermitteln. In umfangreichen Lieferketten kann dieser Prozess bis zu 2 Monate dauern, bevor die Information zum Produzenten des Endprodukts zurückfließt. Diese Verzögerung birgt enorme finanzielle Risiken für den Hersteller.

Automatisierte Regulierung — Abbildung 4.12 skizziert, wie der Prozess automatisiert und gleichzeitig das geistige Eigentum der Lieferanten geschützt werden kann. Die Prüfungsdauer könnte sich durch die Anwendung der vorgeschlagenen Blockchain-Architektur von 2 Monaten auf wenige Stunden verkürzen.

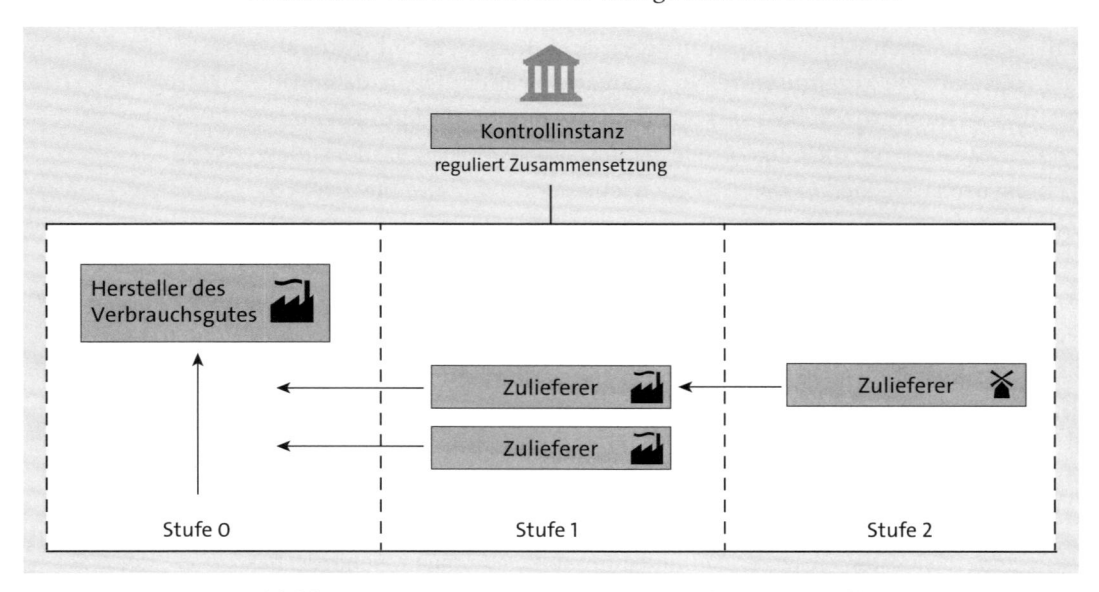

Abbildung 4.12 Automatisierte Regulierung für Inhaltsstoffe über die Blockchain

Prüfungsalgorithmus — Die Zielvorstellung ist, dass der Lieferant einen Algorithmus auf seine Daten anwenden kann, der aussagt, ob es eine Regulation für einen der Inhaltsstoffe gibt, und wenn ja, für welchen genau. Dieser Algorithmus vergleich die Einträge der privaten Liste von Inhaltsstoffen mit denen einer öffentlichen Liste von regulierten Inhaltsstoffen und meldet die Überschneidungen zurück. Dabei ist niemand in der Lage, zu überwachen, ob der Algorithmus richtig ausgeführt wird, da die Daten, mit denen er arbeitet, teils privater Natur sind. Der Prozess soll zwar auf die Daten Einfluss nehmen, nicht aber die Daten auf die Gestaltung des Prozesses.

Authentizität der Daten — Die Daten der geheimen Rezeptur dürfen niemals an Dritte weitergegeben werden. Dennoch muss ihr Besitzer Maßnahmen ergreifen, um die anderen Teilnehmer des Netzwerkes von der Authentizität der Daten zu überzeugen, die er in den Algorithmus einspeist. Außerdem wäre es wünschenswert, dass er einen Beweis zur Richtigkeit des Datenstandes erbringt, um nachweisen zu können, dass die Daten nicht zwischenzeitlich geändert worden sind.

Obwohl die Daten der geheimen Rezeptur geheim bleiben sollen, muss ihr Besitzer also aktiv daran mitarbeiten, dass die anderen Teilnehmer des Geschäftsprozesses auf die Authentizität und formale Richtigkeit seiner Angaben vertrauen können. Der Stand der geheimen Daten wird zu Beginn dokumentiert, indem ein eindeutiger Hash-Wert erzeugt und in der Blockchain gespeichert wird. Auf diese Weise ist der Zustand der Daten für alle Beteiligten transparent dokumentiert. Bei einer nachträglichen Änderung stimmt der errechnete Hash-Wert der lokalen Daten nicht mehr mit dem in der Blockchain gespeicherten Wert überein. Eine unerlaubte Zustandsänderung der Daten fällt somit auf.

Selbst wenn das Netzwerk der Authentizität der Daten vertrauen kann, ist allerdings immer noch unklar, ob die registrierten Daten sinnvoll sind und nicht nur Dummy-Daten darstellen, die der Täuschung der Netzwerkteilnehmer dienen. Daher sollte der Algorithmus auch die verarbeiteten Daten auf ihre formale Richtigkeit hin überprüfen können. Wenn ein Datenbesitzer seine Daten ändert, muss dies daher den anderen Teilnehmern automatisiert mitgeteilt werden und es muss eine erneute Validierung der enthaltenen Stoffe ausgelöst werden. Diesen Detailgrad lassen wir im Rahmen dieser Fallstudie zur Vereinfachung allerdings außer Acht. Ferner ist ein Abstimmungsprogramm oder eine ähnliche Maßnahme erforderlich, um auch den Missbrauch des Netzwerkes durch eine Regulierungsbehörde zu verhindern. Auch dieses Szenario klammern wir hier jedoch aus.

Trusted Computing

Der geschilderte Anwendungsfall ist ein Paradebeispiel dafür, wie eine verteilte Anwendung vollständig private Daten verarbeiten kann. Um die Vertrauenswürdigkeit der Blockchain auszunutzen und gleichzeitig die sensiblen Daten der Teilnehmer zu schützen, muss die Architektur der Lösung auf Rechnern mit *Trusted Computing* basieren. Der Verarbeitungsalgorithmus muss dazu vollständig außerhalb der Blockchain (*off-chain*) arbeiten. Seine Integrität wird durch die speziellen Trusted-Computing-Eigenschaften garantiert. Damit können die Lieferanten ihre geheimen Rezepturdaten weiterhin nur in ihren lokalen Umgebungen speichern. Dank der *Trustlets*, der in unabänderlichen Code gefassten Vereinbarungen zwischen den Teilnehmern, können sie ihre geheimen Daten dennoch in der Blockchain (*on-chain*) registrieren, indem sie diese kryptografisch signieren und mit einem Hash-Wert versehen, um eine eventuelle spätere Überprüfung ihrer Authentizität und ihres Zustandes zu ermöglichen. Während des Registrierungsprozesses der Daten, der als Trustlet basierend auf Intel Software Guard Extensions (SGX) implementiert ist, wird die formale Korrektheit der Daten überprüft, um die Registrierung von Dummy-Daten zu verhindern. So kann beispielsweise eine Strukturschemavalidierung zur Prüfung angesetzt werden.

4.6 Blockchains in der Energiewirtschaft

Neben den bisher beschriebenen Einsatzbeispielen kann eine Blockchain auch als sicherer Datenträger zur Stromabrechnung oder für den Handel mit erneuerbaren Energien eingesetzt werden.

4.6.1 Abrechnung von Energieverbräuchen

Zwischen Energieanbieter und Endverbraucher sind heute viele Onlineanbieter als Zwischenhändler zu finden, die in Abrechnungsszenarien berücksichtigt werden müssen. Durch die zahlreichen Onlineanbieter, die teilweise nur als Wiederverkäufer agieren, ist der Energiemarkt intransparenter geworden. Details zu den einzelnen Stromanbietern und ihren Lieferketten können nicht mehr unabhängig nachvollzogen werden. Man muss als Kunde den Angaben der Anbieter vertrauen. Durch die Anwendung eines verteilten Blockchain-Netzwerkes könnten die verschiedenen Teilnehmer des Abrechnungsprozesses wie die Anbieter, Zwischenhändler und lokalen Netzbetreiber auf einem gemeinsamen Datenbestand agieren. Der Endverbraucher hat somit die Möglichkeit, mit verschiedenen Energieanbietern im Austausch zu stehen, sich das beste Angebot auszusuchen und alle Verbräuche und Kosten der Energieabrechnung in einem transparenten Prozess genau nachzuvollziehen. Auch die unterschiedlichen Zwischenhändler und Onlineanbieter stehen durch die Blockchain miteinander im Austausch und können die Daten des Energielieferanten (z. B. Stadtwerke) für ihre Kunden einsehen. Sie agieren sozusagen als Vermittler zwischen Energielieferanten und Konsumenten.

Gestaltung der Blockchain

Dazu werden Energieverbrauchsdaten automatisch und vertrauenswürdig innerhalb einer Blockchain gespeichert. Der Stromanbieter teilt dazu seine Daten mit den weiteren Parteien (siehe Abbildung 4.13). Da den Stromanbietern durch die vollständige Transparenz ihrer Daten innerhalb einer Blockchain ein Wettbewerbsnachteil entstehen würde, muss mit einer Verschlüsselung für Datenschutz gesorgt werden.

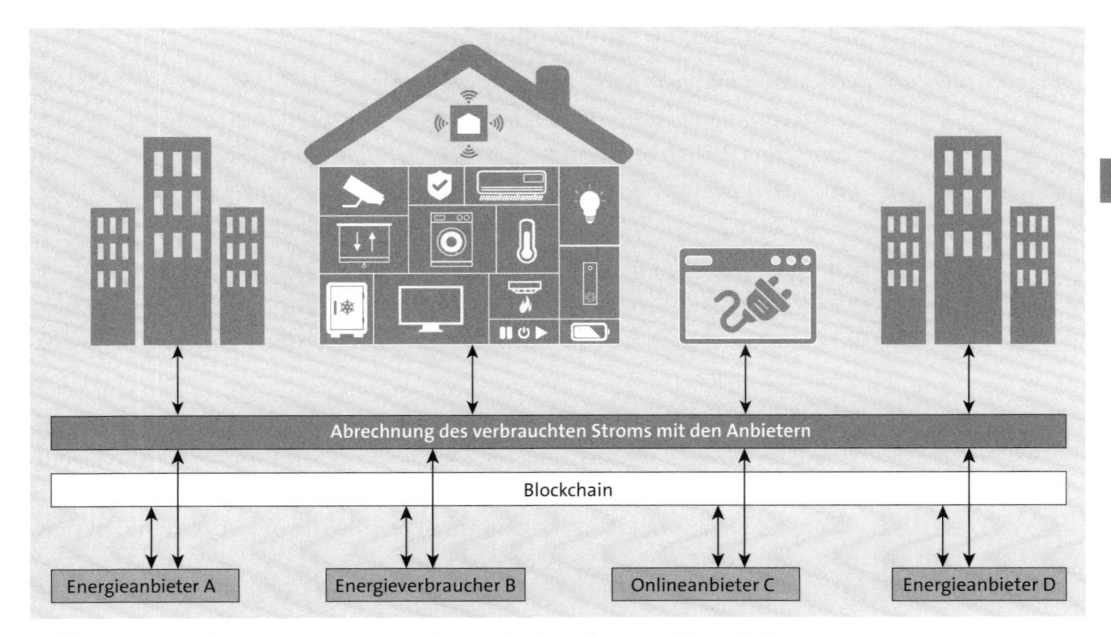

Abbildung 4.13 Abrechnung von Energieverbräuchen über die Blockchain

Die größte Herausforderung in der Energiebranche ist es – wie in vielen der bisher vorgestellten Beispiele – alle Teilnehmer von den Vorteilen einer Blockchain-basierten Lösung zu überzeugen, um ein Konsortium bilden zu können. Mit vielen kleineren Anbietern gibt es in der Energiebranche eher regional begrenzte Märkte, daher könnten auch kleinere regionale Konsortien gebildet werden. Aber nicht alle Energieanbieter befürworten die Transparenz eines verteilten Blockchain-Datenbestandes. Daher sind zusätzliche Datenschutzmaßnahmen, wie etwa Verschlüsselung, wichtig für die Akzeptanz der Lösung.

Herausforderungen der Umsetzung

Die klaren Vorteile einer Blockchain-basierten Lösung wären ein sichereres autonomes Datennetzwerk sowie eine transparente Liefer- und Preiskette statt unnötiger Mittelsmänner, undurchsichtiger Verträge und unklarer Preisgestaltungen. Die Anbieter können durch die Blockchain transparente Preise sicherstellen und den gesamten Abrechnungsprozess beschleunigen. Ebenfalls können die Stromzähler durch *Smart Metering* (intelligente, vernetzte Zähler für Ressourcen und Energien wie Wasser, Gas oder Strom) die verbrauchten Werte automatisiert an die Blockchain senden. Die Blockchain ermöglicht so einen kosteneffizienten und zeitsparenden, transparenten Abrechnungsprozess für alle Beteiligten.

Vorteile der Lösung

4.6.2 Handel mit erneuerbaren Energien

Die Intransparenz auf dem Markt für erneuerbare Energien macht es für Endverbraucher unmöglich nachzuvollziehen, ob der teuer bezahlte Ökostrom tatsächlich aus erneuerbaren Quellen stammt. Ebenso wenig kann eine Privatperson nachvollziehen, ob der selbst erzeugte eingespeiste Solarstrom auch tatsächlich als erneuerbare Energie vermarktet wird.

Mithilfe eines durch alle beteiligten Parteien getragenen Blockchain-Netzwerkes mit ergänzender vertrauenswürdiger Infrastruktur (Stichwort Trusted Computing) könnte eine umfängliche Verfolgbarkeit von Energie sichergestellt werden.

Daten zur Stromerzeugung

Über versiegelte Datenerfassungsgeräte (besonders robuste Smart-Metering-Geräte, die kälteresistent und bruchsicher sind und über versiegelte Anschlüsse verfügen) am Produktionsstandort muss dazu die von den Stromproduzenten erzeugte Strommenge erfasst werden. Neben der Menge werden zusätzliche Informationen benötigt:

- Stammt der erzeugte Strom aus erneuerbaren Quellen?
- Wenn ja, handelt es sich um Windenergie, Solarenergie oder Strom aus Wasserkraft?

Diese Informationen werden als zusätzliche Attribute in der Blockchain dokumentiert (siehe Abbildung 4.14). Durch die Gegenüberstellung dieser Produktionsdaten mit den von den einzelnen Stromanbietern verkauften Mengen von Ökostrom kann eine Massenbilanz erstellt werden, mit der eine Aussage über das Verhältnis zwischen produziertem und verkauftem Ökostrom gemacht werden kann.

Herausforderungen der Umsetzung

Auch in diesem Szenario müssen viele der anfallenden Daten in verschlüsselter Form verarbeitet werden, um eine wettbewerbsschädigende Transparenz zu verhindern. Trusted Computing kann nicht nur zur Datenerfassung herangezogen werden, sondern auch zur Verarbeitung von geheimen Daten, die nicht in der Blockchain gespeichert werden sollen.

Die Herausforderungen in diesem Szenario ähneln denen des in Abschnitt 4.6.1, »Abrechnung von Energieverbräuchen«, beschriebenen Szenarios. Umfassendere Anforderungen an die Infrastruktur der Stromproduzenten zur Lieferung von vertrauenswürdigen Daten stellen in diesem Fall eine zusätzliche Hürde bei der Bildung von Konsortien dar.

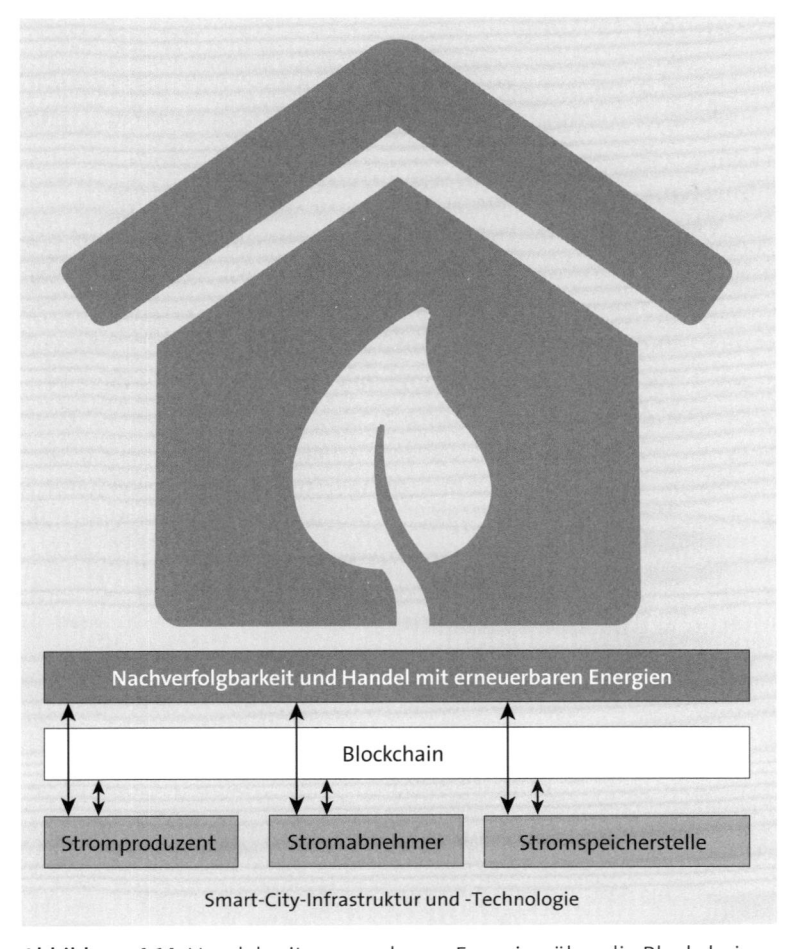

Abbildung 4.14 Handel mit erneuerbaren Energien über die Blockchain

Der große Vorteil für alle Beteiligten ist eine transparente Datenablage sowie eine automatisierte Übermittlung der Daten an alle beteiligten Parteien. Dadurch kann nachverfolgt werden, welche Menge Strom durch welchen Herstellungsprozess produziert und wo wieviel davon verbraucht wurde. Massenbilanzen können dann zur Kontrolle der Produktion der Energieversorger verwendet werden. Durch die Vergleichbarkeit der Daten könnten kleine und mittelständische Energieanbieter die entstehende Vertrauenswürdigkeit für ihre Kundenbindung nutzen.

Für den Endverbraucher entsteht der Vorteil, überprüfen zu können, ob er für seinen Ökostromvertrag auch tatsächlich erneuerbare Energie bekommt und nicht stattdessen billigeren Atomstrom erhält.

Vorteile der Lösung

4.7 Zusammenfassung

Wir haben Ihnen in diesem Kapitel einen kleinen Ausschnitt der Möglichkeiten aufgezeigt, wie Blockchains im Unternehmensumfeld eingesetzt werden können. Sie sollten nun besser einschätzen können, ob Blockchain-Anwendungen für Ihr Unternehmen infrage kommen.

Einsatzbeispiele

Als Beispiele haben wir unter anderem Track-and-Trace-Szenarien zur Verfolgung von Fahrzeugdaten, Verbrauchsgütern und zur Vermeidung von Produkt- und Medikamentenfälschungen vorgestellt. Blockchains zur Orchestrierung komplexer Workflows haben Sie am Beispiel einer Hafenverwaltung sowie am kontrollierten Ablauf einer autologen Zelltherapie kennengelernt. Die globale Registrierung eindeutiger Geräte-IDs in einer Blockchain zur Bekämpfung von Diebstahl haben wir im Kontext von Smartphones und im Rahmen von Industriegeräten vorgestellt. Schließlich kann die Blockchain auch in der Verbrauchsgüterindustrie bei der Kontrolle von Inhaltsstoffen in weit verzweigten Lieferketten helfen. Und in der Energiewirtschaft können die Herkunft und der Verbrauch von Ökostrom leichter kontrolliert und überprüft werden.

Nutzung unterschiedlicher Teilaspekte

Unserer Einschätzung nach haben sich bisher zwei große Aufgabengebiete für Blockchains herauskristallisiert, die unterschiedliche Teilaspekte der Technik nutzen:

- Die Blockchain als protokollierende Datenbank wird durch Szenarien genutzt, bei denen die lückenlose und transparente Erfassung und Wiedergabe von Daten im Vordergrund steht, wie z. B. bei den meisten Track-and-Trace-Szenarien.

- Die Nutzung von Blockchains als intelligente Steuerzentralen wird durch Chaincode bzw. Smart Contracts ermöglicht. Dabei rückt die Speicherung der Daten in den Hintergrund. Die neue Flexibilität durch die Programmierung von Chaincode ist die Basis für Szenarien wie die autologe Zelltherapie oder die Kontrolle von Inhaltsstoffen.

Integrierte Middleware mit Backend

Programmierung in Form von Smart Contracts oder Chaincode verwandelt dabei die Blockchain in eine integrierte Middleware mit Backend. Programmlogik und Datenspeicherung fusionieren zu einer neuen Softwarekomponente. Dies empfiehlt moderne Blockchains für den Einsatz in komplexen Arbeitsabläufen unter Einbindung verschiedener Stakeholder, bei denen eine bestimmte Reihenfolge vorgeschrieben ist oder bestimmte Bedingungen vor dem nächsten Arbeitsschritt erfüllt sein müssen.

> **Ist eine Blockchain die richtige Wahl für Ihre Geschäftsprozesse?**
> In Anhang B dieses Buches finden Sie eine Checkliste, um zu prüfen, ob sich die Prozesse Ihres Unternehmens für den Einsatz einer Blockchain eignen.

Im folgenden Kapitel werden wir uns mit den Vorbereitungen zur Realisierung eigener Blockchain-Anwendungen in der SAP Cloud Platform beschäftigen und erste eigene Blockchains mit Hyperledger Fabric und MultiChain erstellen.

Kapitel 5
Erste Schritte zur Erstellung eigener Blockchains

Sie möchten eine eigene Blockchain-Anwendung auf der SAP Cloud Platform einrichten? In diesem Kapitel informieren wir Sie, wie Sie Ihren Account für dieses Vorhaben vorbereiten und was die technischen Voraussetzungen sind, um erfolgreich eigene Blockchains mit der SAP Cloud Platform aufzusetzen.

In diesem Kapitel zeigen wir Ihnen die erforderlichen Schritte, um eigene Blockchain-Anwendungen auf der SAP Cloud Platform anzulegen. Wir besprechen zuerst, wie Sie Ihren Global Account strukturieren müssen und welche Laufzeitumgebung der SAP Cloud Platform Sie nutzen können. Anschließend zeigen wir Ihnen, wie Sie den zentralen Service Blockchain Application Enablement nutzen können und welche Funktionen er bietet. Schließlich erklären wir Ihnen, wie Sie eine einfache MultiChain- oder Hyperledger-Fabric-Blockchain anlegen.

5.1 Account für die Nutzung der Blockchain-Services vorbereiten

Wir gehen davon aus, dass Sie wie in Kapitel 3, »Die SAP Cloud Platform«, beschrieben, einen Enterprise Gobal Account für die SAP Cloud Platform eingerichtet haben. Abhängig davon, was für eine Applikation Sie auf der SAP Cloud Platform betreiben wollen, müssen Sie zudem weitere Services aktivieren, etwa das Blockchain Application Enablement oder den SAP HANA Blockchain Adapter. Letzteren benötigen Sie, wenn Blockchain-Daten in eine externe SAP-HANA-Datenbank eingebunden werden sollen. Wie Sie diese Services aktivieren, erfahren Sie in diesem und den folgenden Abschnitten.

Ihr Global Account ist für die Verwaltung durch Ihren Administrator gedacht. Seine Aufgabe sollte es sein, die verfügbaren Ressourcen des Global Accounts auf einzelne Subaccounts zu verteilen. Sollten Sie noch keinen de-

Subaccount einrichten

dizierten Subaccount für Ihre Blockchain-Anwendung eingerichtet haben, sollten Sie das als ersten Vorbereitungsschritt tun. Dazu finden Sie auf der Ebene des Global Accounts im Bereich **Subaccounts** den Button **New Subaccount**. Hier geben Sie einen Namen und eine Beschreibung für den neuen Subaccount an, wählen eine Laufzeitumgebung sowie eine Region aus (siehe Abbildung 5.1).

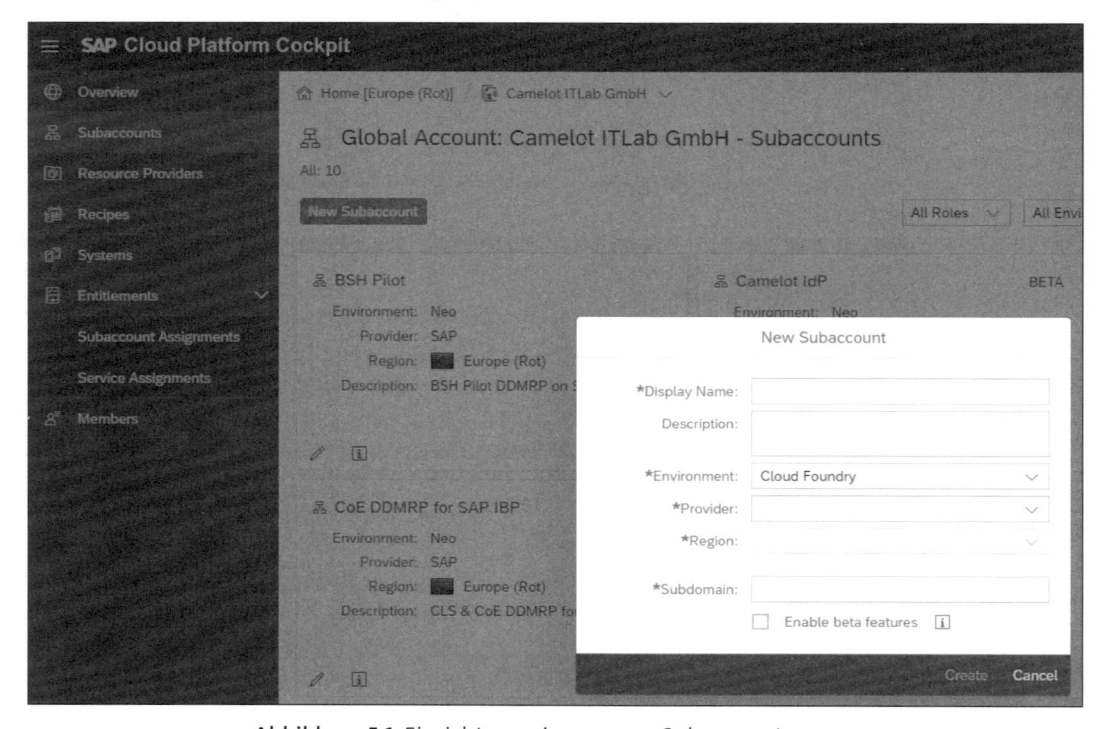

Abbildung 5.1 Einrichtung eines neuen Subaccounts

Cloud-Foundry-Umgebung einrichten
Bei der Einrichtung des Subaccounts für Ihr Blockchain-Vorhaben sollten Sie sicherstellen, dass Sie im Feld **Environment** die Unterstützung der Laufzeitumgebung **Cloud Foundry** aktivieren. Dadurch passt sich auf der Ebene des Subaccounts die Auswahl der verfügbaren Dienste und Servicepläne im Service Marketplace an (siehe Abbildung 5.2).

Blockchain Application Enablement aktivieren
Im Service Marketplace sollte Ihnen nun die Kachel **Blockchain Application Enablement** angezeigt werden, die wichtigste Komponente zur Integration Ihrer Blockchain mit anderen Diensten. Die Aufgabe dieses Service ist es, Aufrufe aus anderen Anwendungen über eine standardisierte Schnittstelle zu vereinheitlichen und zu abstrahieren. Dabei wird eine REST-API genutzt.

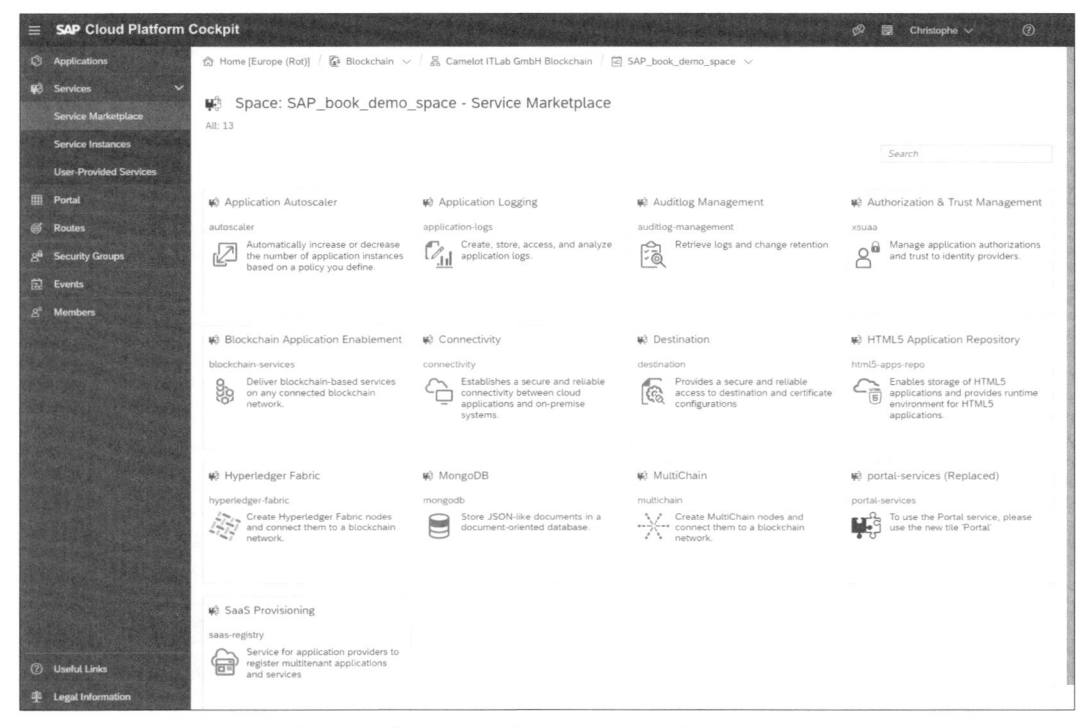

Abbildung 5.2 Service Marketplace für die Cloud-Foundry-Umgebung

REST steht für *Representational State Transfer* und beschreibt ein Verfahren, wie man Funktionen einer Programmierschnittstelle (*Application Programming Interface*, kurz API) über das HTTP-Protokoll aufrufen und verarbeiten kann. Dadurch wird die verwendete Blockchain-Technologie für die externen Dienste gekapselt und austauschbar. Aktivieren Sie diesen Service.

5.2 Erster Funktionstest eines Service

Allgemein bietet die SAP Cloud Platform nach Aktivierung eines Service oft ein einfaches, meist auf dem Open-Source-Tool *Swagger* basierendes Web-Interface an, mit dem ein erster rudimentärer Funktionstest vorgenommen werden kann. Abbildung 5.3 zeigt ein Beispiel für solch eine Swagger-basierte Oberfläche, im Fall von MultiChain bereitgestellt über den *SAP API Business Hub* innerhalb der SAP Cloud Platform.

Swagger-basierte Weboberfläche

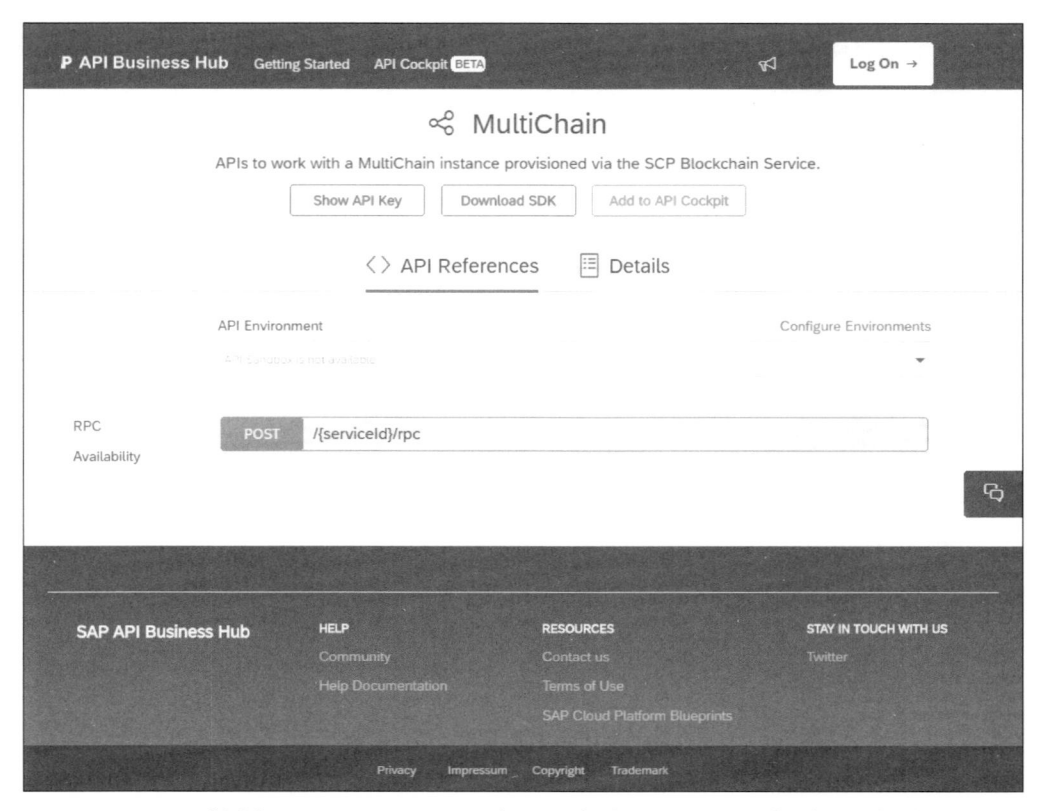

Abbildung 5.3 Remote-Procedure-Aufrufe per Swagger für die MultiChain

> **Swagger**
>
> Das Open-Source-Tool Swagger (*https://swagger.io*) vereinfacht die Arbeit mit den aufrufbaren Funktionen einer API, indem es automatisierte und standardisierte, programmiersprachenunabhängige Schnittstellenaufrufe für das HTTP-Protokoll erzeugt. Dazu stellt es eine einfach zu bedienende Benutzeroberfläche zur Verfügung. In Kapitel 6, »Blockchain-Anwendungen mit Hyperledger Fabric entwickeln«, zeigen wir Ihnen einige praktische Beispiele für REST-Aufrufe über eine solche Swagger-basierte Oberfläche.

RPC bei MultiChain Solche Tests können etwa dazu dienen, zu prüfen, ob eine neu aufgesetzte MultiChain online ist oder ob der neu installierte Chaincode bei einer Hyperledger-Fabric-Blockchain aufgerufen werden kann. Diese rudimentären Testseiten werden von der SAP Cloud Platform automatisch erzeugt. Abbildung 5.3 zeigt z. B. die Oberfläche für den Aufruf von sogenannten *Remote Procedure Calls* (RPCs) für MultiChain-Blockchains.

> **Remote Procedure Calls**
>
> Remote Procedure Calls sind externe Funktionsaufrufe. Bezüglich ihrer Aufgabe ähneln sie daher dem REST-Protokoll. Sie dienen der Interprozesskommunikation und können in einen laufenden Prozess (wie z. B. den MultiChain-Daemon) hineinrufen und dort Aufrufe auslösen.

RPCs müssen bei MultiChain-basierten Blockchains genutzt werden, um diese für die eigenen Zwecke einzurichten. So muss z. B. ein Schlüssel-Wert-Speicher in der MultiChain, ein sogenannter *Stream*, vor der Nutzung erst per RPC initialisiert werden. Letztlich ist die Nutzung von RPCs eine Designentscheidung der Entwickler der MultiChain: Optionen für die MultiChain werden per RPC-Aufruf konfiguriert, anstatt diese über andere Wege zugänglich zu machen. In Kapitel 8, »Blockchain-Anwendungen mit MultiChain entwickeln«, verdeutlichen wir das Prinzip dieser RPC-Aufrufe anhand von Praxisbeispielen.

> **Aufrufbare Funktionen der MultiChain-API**
>
> Eine Übersicht auf der Seite *http://s-prs.de/v691446* gibt genaue Auskunft über alle Möglichkeiten und aufrufbaren Funktionen der MultiChain-API.

5.3 Blockchain Application Enablement

Der Service *Blockchain Application Enablement* erlaubt die Anbindung von Blockchain-Frameworks an andere Dienste und eigene Applikationen. Abbildung 5.4 verdeutlicht seine Funktion im Rahmen der Architektur einer Blockchain-Anwendung auf Basis der SAP Cloud Platform.

Das Blockchain Application Enablement bietet eine ganze Reihe von optionalen zusätzlichen Diensten in Form von spezialisierten Serviceplänen an, die sinnvoll mit Blockchain-Anwendungen eingesetzt werden können, aber nicht müssen (siehe Abbildung 5.5):

- einen *Timestamping-Dienst* zur Erzeugung von Zeitstempeln
- einen *Proof-of-State-Dienst* zur Speicherung von Datenobjekten im JSON-Format
- einen *Proof-of-History-Dienst* zur Darstellung der Änderungshistorie von Datenobjekten
- den *SAP HANA Integration Service* zur Einbindung von Blockchain-Daten in eine existierende SAP-HANA-Datenbank

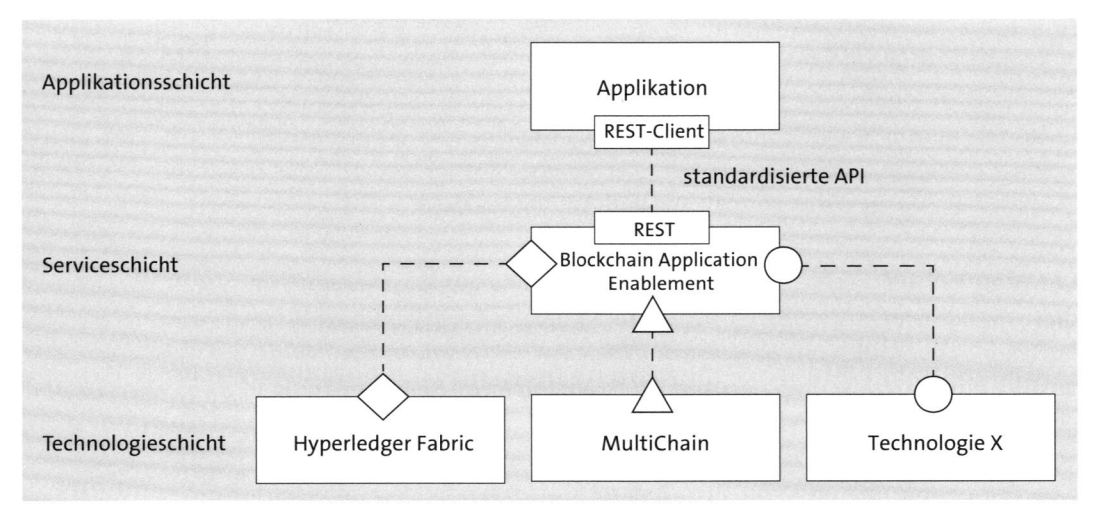

5   Erste Schritte zur Erstellung eigener Blockchains

Abbildung 5.4 Aufgabe des Service Blockchain Application Enablement

Auf die Funktionsweise der ersten drei Dienste gehen wir im Folgenden kurz ein. Die Integration von Blockchain-Daten in eine SAP-HANA-Datenbank beschreiben wir in Kapitel 7, »SAP-HANA-Integration«.

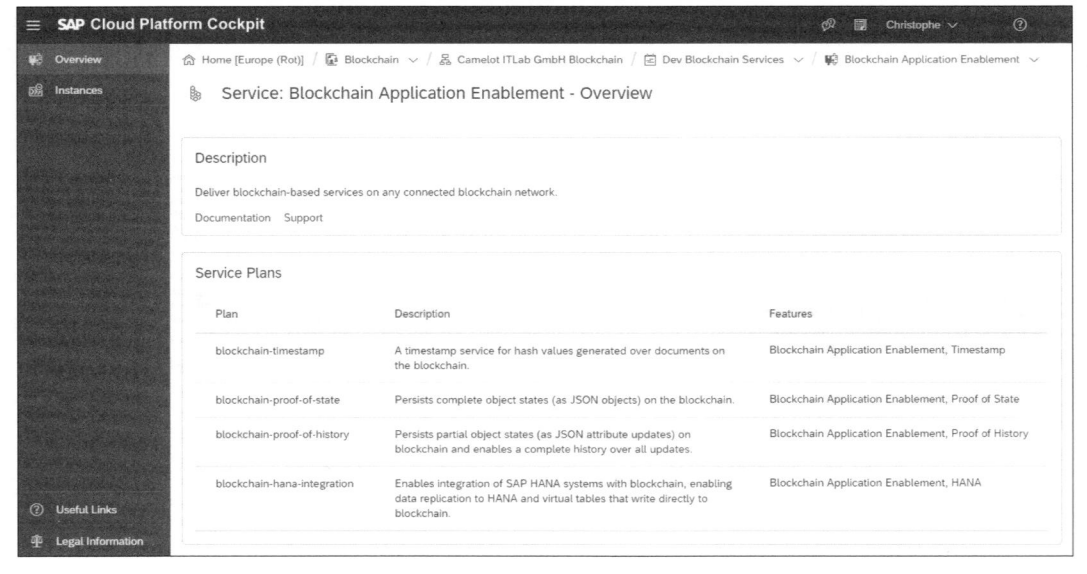

Abbildung 5.5 Übersichtsseite des Service Blockchain Application Enablement mit den Serviceplänen

5.3.1 Timestamping-Serviceplan

Als *Timestamping* bezeichnet man das Beglaubigen von Daten unter Verwendung einer vertrauenswürdigen Zeitangabe. Man lässt sich, wie bei einem Notar, die Existenz bestimmter Daten zu einem bestimmten Zeitpunkt von einer unabhängigen und vertrauenswürdigen Partei bestätigen.

Dieses Verfahren ist im *Time-Stamp Protocol* (TSP) im Request for Comments 3161 (RFC3161) grundlegend beschrieben (*https://tools.ietf.org/html/rfc3161*).

Zeitstempel-Verfahren

> **Request for Comments**
> Requests vor Comments sind öffentliche Vorschläge, die zur Etablierung von neuen technischen Verfahren im Internet zur Diskussion gestellt werden. Jeder interessierte Nutzer kann dazu Kommentare abgeben, um gemeinsam die beste Lösung zu erarbeiten, die anschließend in den Rang eines verbindlichen Standards erhoben wird. Der RFC2161 z. B. beschreibt das von Webbrowsern genutzte HTTP-Protokoll.

Schon bevor es Blockchains gab, wurden solche vertrauenswürdigen Zeitstempel mit kryptografischen Zertifikaten realisiert. Man sendet dazu einen aus den Daten erzeugten Hash-Wert an einen vertrauenswürdigen Zeitserver, den der Server mit seinem Zeitstempel quittiert, dann mit seinem privaten Schlüssel signiert und schließlich verschlüsselt zurücksendet.

Durch die Entschlüsselung mit dem öffentlich bekannten Schlüssel des Zeitservers und der damit verbundenen Überprüfung der Signatur kann später Folgendes zweifelsfrei geklärt werden:

- ob die zu prüfenden Daten tatsächlich dieselben sind wie damals, nachweisbar durch den Hash-Wert, der identisch sein muss
- dass die zu prüfenden Daten auch schon zum behaupteten Zeitpunkt existiert haben müssen, bewiesen durch die Kombination aus Daten-Hash und Zeitstempel, die man erfolgreich entschlüsseln konnte
- dass der Zeitstempel vom vertrauenswürdigen Zeitserver stammt, bewiesen durch die Tatsache, dass das signierte Paket mit dem öffentlichen Schlüssel des Zeitservers entschlüsselt werden konnte

> **Timestamping durch Bitcoin-Hacker**
> Timestamping ist neben der Verwaltung von Kryptowährungen eine der frühesten Anwendungsszenarien für Blockchains: Hacker veröffentlichen die Hash-Werte von Daten in der Bitcoin-Blockchain, um damit später beweisen zu können, dass sie schon früh im Besitz dieser Daten gewesen

sind. Da jeder Block der Bitcoin-Blockchain einen Zeitstempel hat und die Blockchain eine feste Richtung und Reihenfolge aufweist, funktioniert sie wie ein Zeitstrahl. Anhand eines gespeicherten Hash-Wertes kann zweifelsfrei festgestellt werden, ob jemand zu einem behaupteten Zeitpunkt schon im Besitz bestimmter Daten gewesen ist.

> **[zB] Nachweis einer Vorhersage**
>
> Die Funktionsweise des Timestampings wollen wir an einem Beispiel verdeutlichen. Nehmen wir an, Sie haben eine Zeitmaschine, mit der Sie unter anderem die Lottozahlen der Ziehungen der nächsten Wochen in Erfahrung bringen können. Da Ihnen das niemand glaubt, erzeugen Sie zum Beweis einen Hash-Wert über die Lottozahlenkombination der Zukunft und speichern diesen Wert in einer Blockchain.
>
> Die Lottozahlen für die nächste Woche seien beispielsweise 7, 14, 21, 35, 40, 43 und die Superzahl 1. Als Input für den Hash-Wert geben Sie »7,14,21,35,40,43,1« an. Daraus wird der folgende SHA-256-Hash-Wert generiert:
>
> CCBA70DBE352AD8B594FD9FFE8520AB6B8D847F402838F688CF4A3D4B6E2D341
>
> Wenn in der nächsten Woche nun Ihre vorhergesagten Lottozahlen gezogen werden, berechnen Sie den Hash-Wert der Zahlen. Damit können Sie zeigen, dass der Wert der frisch gezogenen Zahlen mit dem von Ihnen in der Blockchain gespeicherten Wert übereinstimmt. Der Zeitstempel der Transaktion in der Blockchain beweist, dass Sie die Zahlen tatsächlich schon vor einer Woche gekannt haben müssen.

Timestamping-Service

Der Timestamping-Service `blockchain-timestamp` des Blockchain Application Enablements auf der SAP Cloud Platform setzt Zeitstempel für selbst definierte Schlüssel-Wert-Paare in der Blockchain. Die zugrunde liegende Zeit für den Zeitstempel kommt dabei aus dem SAP-Netzwerk, genauer gesagt vom Knoten, der den entsprechenden Datenblock signiert hat. Dabei wird das Datum- und Zeitformat RFC3339 verwendet, auch bekannt als ISO-Format 8601. Ein solcher Zeitstempel hat folgendes JSON-Format:

```
{
  "timestamp": "2018-11-26T15:05:07Z"
}
```

Bildung eines Schlüssel-Wert-Paares

Diesen Zeitstempel können Sie als Wert eines Schlüssel-Wert-Paares speichern. Dabei kann der zugehörige Schlüsselname von Ihnen frei gewählt werden. Laut der Empfehlung von SAP soll er an einen generierten Hash-

Wert angehängt werden. SAP empfiehlt die Verwendung eines etablierten Hash-Algorithmus, wie etwa SHA-256 zur Bildung des führenden Hash-Wertes. Der angefügte Name, etwa in der folgenden Form, soll eine potenzielle Überschreibung von bereits beglaubigten Schlüsseln vermeiden:

```
BA7816BF8F01CFEA4141400DE5DAE2223B00361A396177A9CB410FF61F20015AD-
timestamp-IoT-Sensor-1
```

Wie so ein gespeicherter Zeitstempel aussehen würde, sehen Sie im folgenden Abschnitt.

5.3.2 Proof-of-State-Serviceplan

Der Proof-of-State-Serviceplan `blockchain-proof-of-state` erlaubt es, ein Objekt im JSON-Format in der Blockchain zu speichern. Dabei werden ein eindeutiger Schlüssel und ein Zeitstempel gespeichert.

Dies möchten wir Ihnen anhand eines Beispiels verdeutlichen. Nehmen wir an, Sie haben den folgenden, nach den im vorangegangenen Abschnitt vorgestellten SAP-Richtlinien erstellten Schlüssel:

JSON-Objekt mit Schlüssel und Zeitstempel

```
2A97516C354B68848CDBD8F54A226A0A55B21ED138E207AD6C5CBB9C00AA5AEA-
Testwert
```

Aus diesem Schlüssel generiert der Proof-of-State-Service das folgende JSON-Objekt und speichert es in der Blockchain:

```
{"testkey": "Dies ist ein Testwert."}
```

Dieses Objekt wird anschließend aus der Blockchain ausgelesen. Dazu wird unter Angabe des genannten Schlüssels eine Abfrage an die Blockchain erstellt. Als Ergebnis wird ein JSON-Objekt ausgegeben, wie in Listing 5.1 gezeigt.

```
{
  "id": "2A97516C354B68848CDBD8F54A226A0A55B21ED138E207AD6C5CBB9C00AA
5AEA-Testwert",
  "state": {
    "testkey": "Dies ist ein Testwert."
  },
  "timestamp": "2018-11-27T10:46:35Z"
}
```

Listing 5.1 JSON-Objekt mit Schlüssel und Zeitstempel

Im Eintrag `id` findet sich der Schlüsselname und in dem Eintrag `state` das ursprünglich gespeicherte JSON-Objekt. Das Objekt hat außerdem noch einen Zeitstempel `timestamp`.

Versionierung und Verwaltung des JSON-Objekts

Das Objekt kann mit dem Proof-of-State-Service auch aktualisiert und gelöscht werden. Ebenso lässt sich seine Änderungshistorie abfragen, da diese in der Blockchain gespeichert ist. Diese wird, wie in Listing 5.2 gezeigt, in JSON ausgegeben.

```
{
  "states": [
    {
      "id": "2A97516C354B68848CDBD8F54A226A0A55B21ED138E207AD6C5CBB9C00AA5AEA-Testwert",
      "timestamp": "2018-11-27T10:46:35Z",
      "state": {
        "testkey": "DIes ist ein Testwert."
      }
    },
    {
      "id": "2A97516C354B68848CDBD8F54A226A0A55B21ED138E207AD6C5CBB9C00AA5AEA-Testwert",
      "timestamp": "2018-11-27T10:54:07Z",
      "state": {
        "1": "Dies ist ein Testwert!!!"
      }
    }
  ]
}
```

Listing 5.2 Ausgabe der Änderungshistorie für das JSON-Objekt

Das Array `states` liefert eine Liste aller Wertänderungen für den gegebenen Schlüssel unter Angabe der historischen Zeitstempel. Proof of State vereint somit alle Vorteile des Timestamping-Serviceplans und des im folgenden Abschnitt beschriebenen Proof-of-History-Serviceplans, da die Einträge zeitlich markiert sind *und* die Änderungshistorie gezeigt wird.

5.3.3 Proof-of-History-Serviceplan

Änderungshistorie

Proof of History erlaubt es, die Wertänderungen für einen Schlüssel über einen bestimmten Zeitraum hinweg nachzuvollziehen. Eines der Kernmerkmale einer Blockchain ist ja, dass Datenänderungen unveränderlich erfasst werden. Es muss daher auch möglich sein, eine Änderungshistorie für die einzelnen Werte zu erstellen.

Es muss zunächst der Schlüssel angelegt werden, dessen Änderungen verfolgt werden sollen. Anschließend kann sein Wert beliebig oft verändert werden. Als Beispiel wird wieder der folgende Hash-Schlüssel genutzt:

2A97516C354B68848CDBD8F54A226A0A55B21ED138E207AD6C5CBB9C00AA5AEA-Testwert

Ein Auslesen der Änderungshistorie könnte zu dem Ergebnis in Listing 5.3 führen.

```
{
  "id": "2A97516C354B68848CDBD8F54A226A0A55B21ED138E207AD6C5CBB9C00AA5AEA",
  "updates": [
    {
      "timestamp": "2018-11-27T12:58:37Z",
      "update": {}
    },
    {
      "timestamp": "2018-11-27T12:58:46Z",
      "update": {
        "1": 1,
        "2": 2,
        "3": 3
      }
    },
    {
      "timestamp": "2018-11-27T12:59:02Z",
      "update": {
        "1": 3,
        "2": 2,
        "3": 1
      }
    }
  ]
}
```

Listing 5.3 Änderungshistorie für ein Schlüssel-Wert-Paar

Damit ist die Historie der Datenänderungen für den Beispielschlüssel zeitlich nachvollziehbar über die Blockchain belegt.

Nach dieser Vorstellung der Servicepläne des Blockchain Application Enablements zeigen wir Ihnen im folgenden Abschnitt, wie Sie Blockchains auf der SAP Cloud Platform aufsetzen.

5.4 Erstellen einer MultiChain-Blockchain

MultiChain-Service auswählen

Wie in Abschnitt 2.2, »MultiChain«, ausgeführt, werden Blockchains auf der Basis von MultiChain von der SAP Cloud Platform nur im Rahmen eines kostenpflichtigen Enterprise Global Accounts unterstützt. Um eine MultiChain-Blockchain anzulegen, benötigen Sie einen eigenen Subaccount für die Cloud-Foundry-Umgebung. Darin sollte ein Space eingerichtet werden, um die MultiChain-Blockchain aufzusetzen. Nach der Anlage des Space können Sie den Service **MultiChain** im Service Marketplace auswählen (siehe Abbildung 5.6).

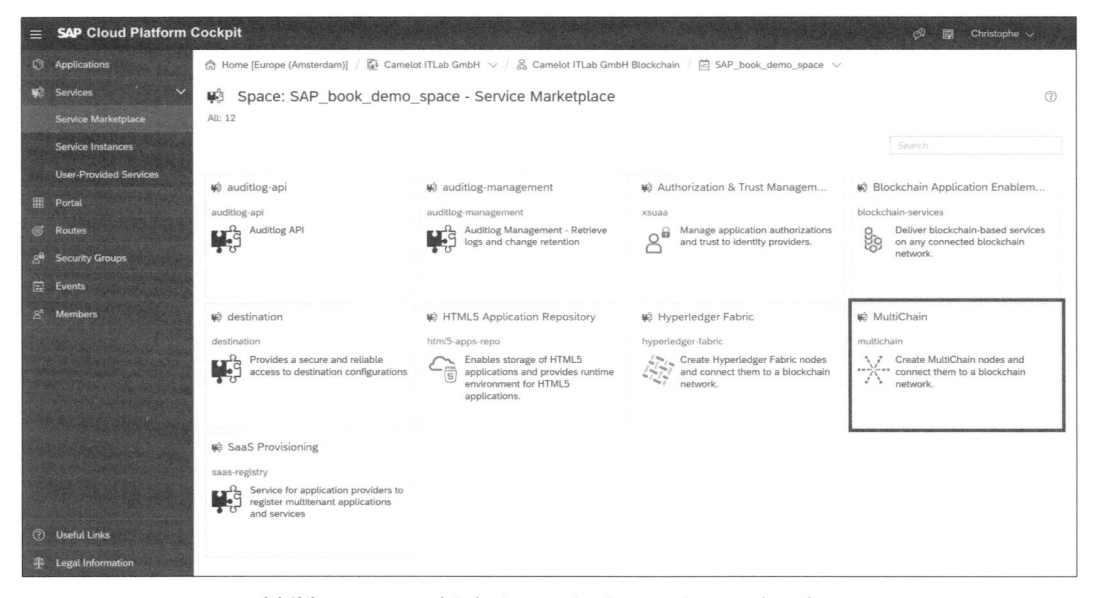

Abbildung 5.6 MultiChain-Service im Service Marketplace

5.4.1 MultiChain-Knoten anlegen

Nachdem Sie den MultiChain-Knoten ausgewählt haben, können Sie auf der Übersichtsseite **Overview** die verfügbaren Servicepläne sehen, mit denen Sie die Knoten eines MultiChain-Netzwerkes erstellen und anbinden können (siehe Abbildung 5.7). Wie in Abschnitt 2.2.2, »Kosten und Aufwände«,

5.4 Erstellen einer MultiChain-Blockchain

beschrieben, werden für MultiChain grundsätzlich die Servicepläne Small, Medium, Large und Connect Your Own Network angeboten. In Abbildung 5.7 wird nur der Serviceplan Small angezeigt, weil unser Account so limitiert ist. Den Serviceplan wählen Sie später bei der Erzeugung einer Knoteninstanz aus.

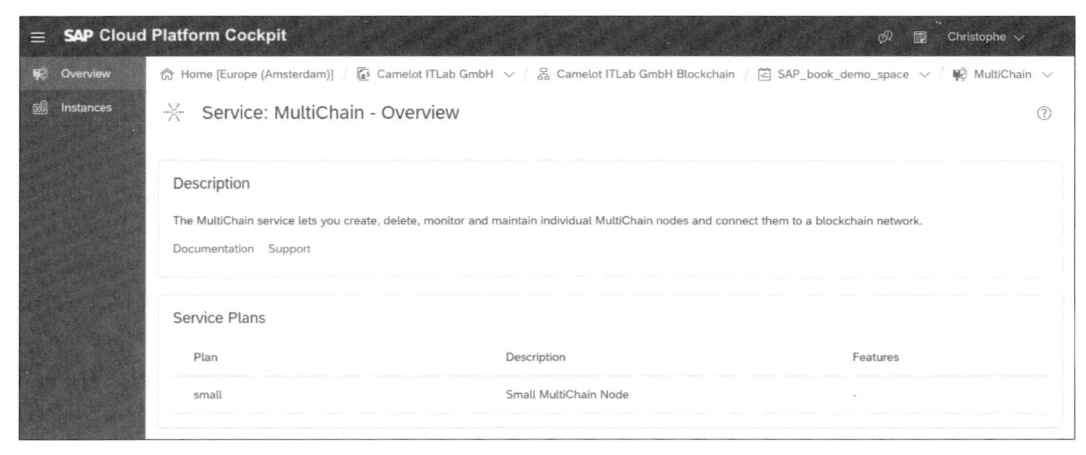

Abbildung 5.7 Übersichtsseite des MultiChain-Service

Wechseln Sie in den Bereich **Instances**. Hier können Sie eine neue Instanz des MultiChain-Service anlegen, und damit einen MultiChain-Knoten. Klicken Sie dazu auf den Button **New Instance** (siehe Abbildung 5.8).

Neue Serviceinstanz anlegen

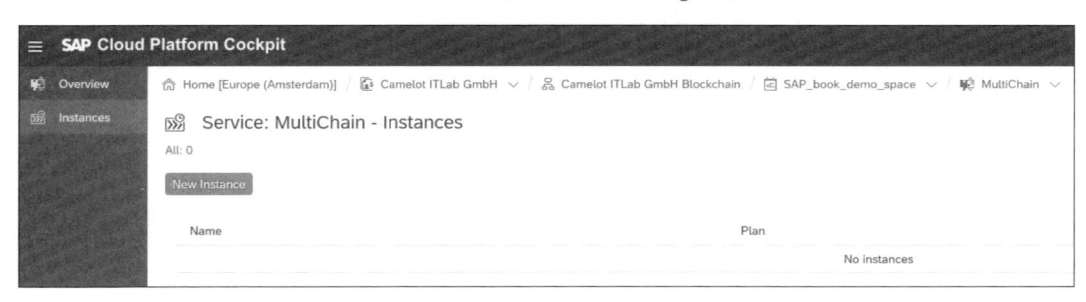

Abbildung 5.8 Übersichtsseite der Instanzen des MultiChain-Service

Der Dialog zur Erzeugung einer neuen Serviceinstanz öffnet sich. An dieser Stelle wählen Sie den Serviceplan **small** aus (siehe Abbildung 5.9).

Serviceplan wählen

Die neue Instanz wird daraufhin auf der Übersichtsseite dargestellt (siehe Abbildung 5.10). Mit den Icons in der Spalte **Actions** können Sie das dazugehörige Dashboard öffnen oder die Instanz löschen.

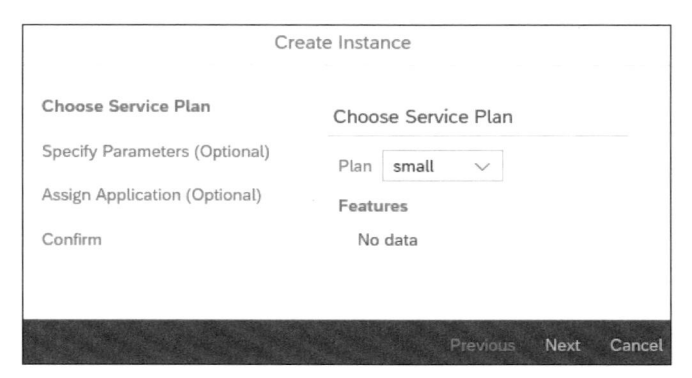

Abbildung 5.9 Erzeugung einer neuen Instanz des MultiChain-Service

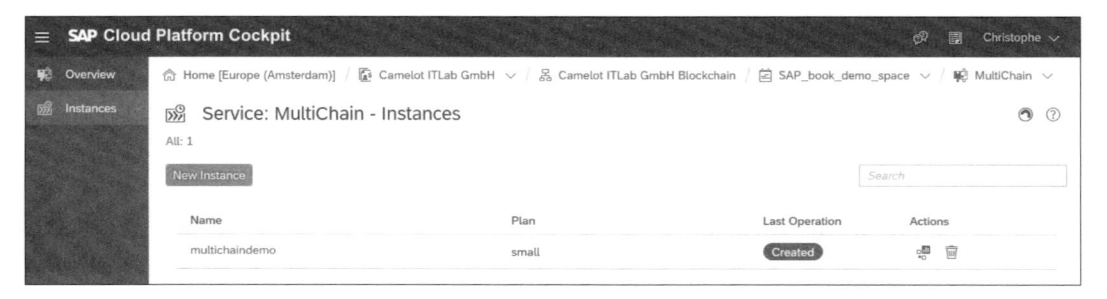

Abbildung 5.10 Laufende Instanz des MultiChain-Service

5.4.2 MultiChain-Knoten verwalten

Nach dem Öffnen des Dashboards für die Serviceinstanz über das Icon werden Ihnen eine Reihe von Informationen zum Blockchain-Netzwerk angezeigt. Über dieses Dashboard nehmen Sie die Konfiguration Ihres Netzwerkes vor.

Informationen zum Knoten
Ihren ersten Knoten verwalten Sie im Bereich **Node Information** (siehe Abbildung 5.11). Hier finden Sie in den Kopfdaten Informationen zum Knoten, zum Netzwerk sowie zu den Daten in der Blockchain. Die wichtigste Information ist hier die **Node Adress**, die Adresse des Knotens im MultiChain-Netzwerk. Diese benötigen Sie zur Anbindung neuer Knoten.

Transaktionen
Im Bereich **Transactions** finden Sie ein Protokoll aller in Ihrer Blockchain ausgeführten Transaktionen (siehe Abbildung 5.12). Die Anlage der Multi-Chain ist schon die erste Transaktion Hier werden standardmäßig die Einzeltransaktionen der letzten 20 Blöcke aufgelistet. Dieselbe Information können Sie auch über den Blockchain Explorer abrufen, wie im Folgenden beschrieben.

5.4 Erstellen einer MultiChain-Blockchain

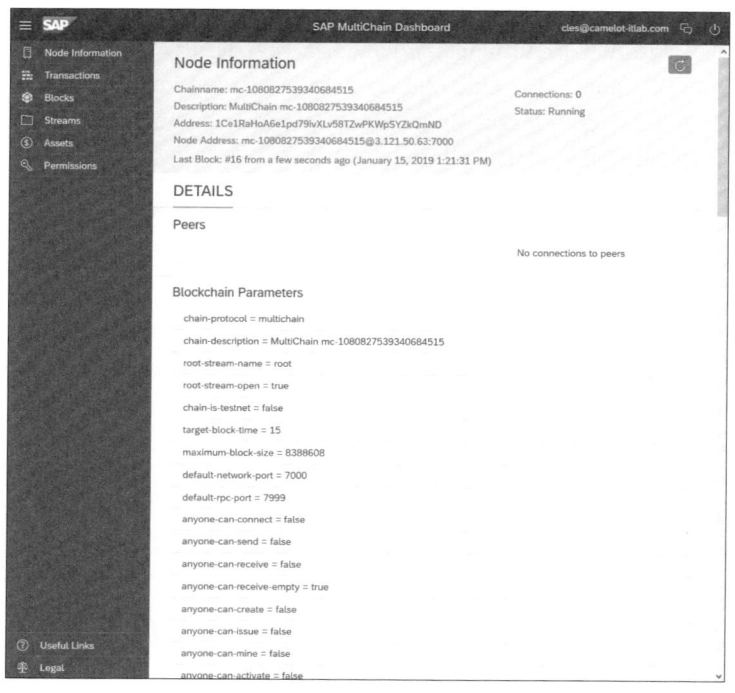

Abbildung 5.11 Dashboard für laufende Instanz des MultiChain-Knotens

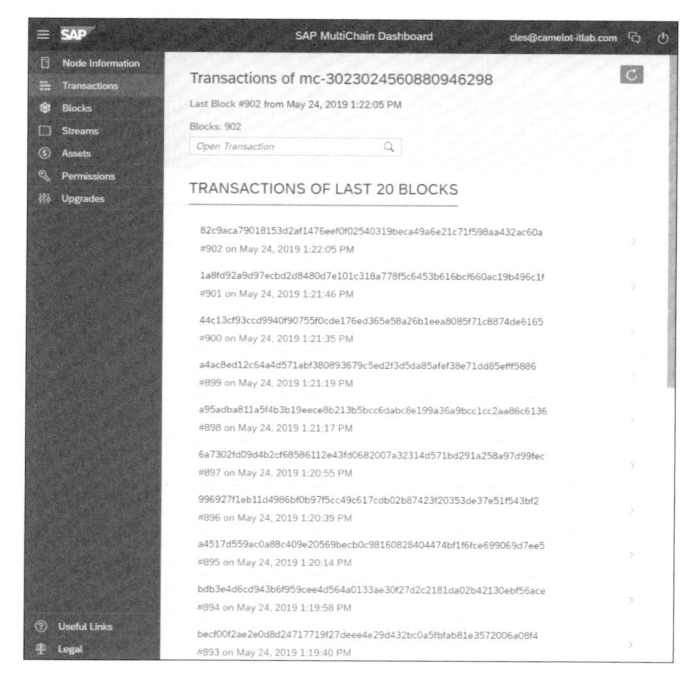

Abbildung 5.12 Protokoll der Transaktionen

5   Erste Schritte zur Erstellung eigener Blockchains

Blocks Im Bereich **Blocks** werden die geschriebenen Blöcke in einem linearen Ablauf grafisch dargestellt. Im Prinzip handelt es sich bei dieser Ansicht um einen Blockchain Explorer, d. h. eine Metaansicht der laufenden Blockchain. Die Transaktionen in der Blockchain werden hier in Form von nummerierten Blöcken visualisiert (siehe Abbildung 5.13).

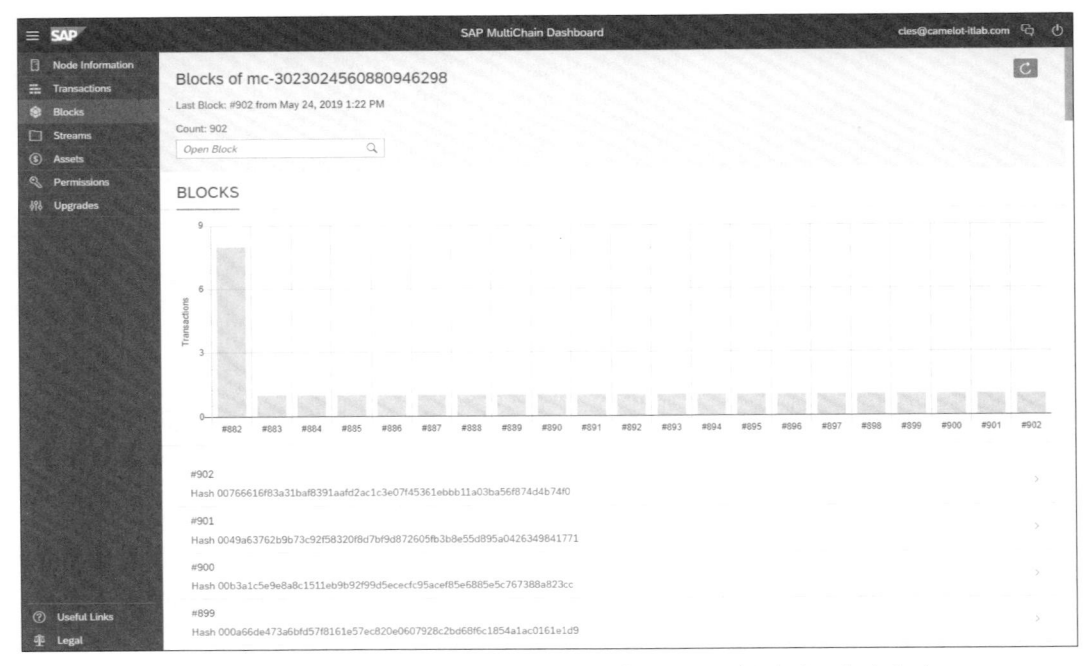

Abbildung 5.13 Blockchain Explorer für eine MultiChain-Blockchain

Transaktionen eines Blocks Um Einsicht in die gespeicherten Transaktionen zu erhalten, können Sie auf einen der Blöcke klicken. Sie gelangen so zu einer weiteren Seite mit den Detailinformationen der Transaktionen dieses Blocks (siehe Abbildung 5.14).

Einzelne Transaktionen können auch hier angeklickt werden, um wiederum Detailinformationen zur jeweiligen Transaktion zu erhalten. Abbildung 5.15 zeigt ein Beispiel für diese Detailinformationen. Sie finden in den Kopfdaten folgende Informationen:

- **Transaction ID**: der eindeutige Hash-Wert für die Transaktion
- **Time**: der Zeitstempel, wann diese Transaktion in das System eingespeist wurde
- **Blocktime**: der Zeitstempel, wann der Block mit dieser Transaktion geformt wurde
- **Blockhash**: der Hash-Wert des gesamten Blocks, in dem die Transaktion gespeichert wurde

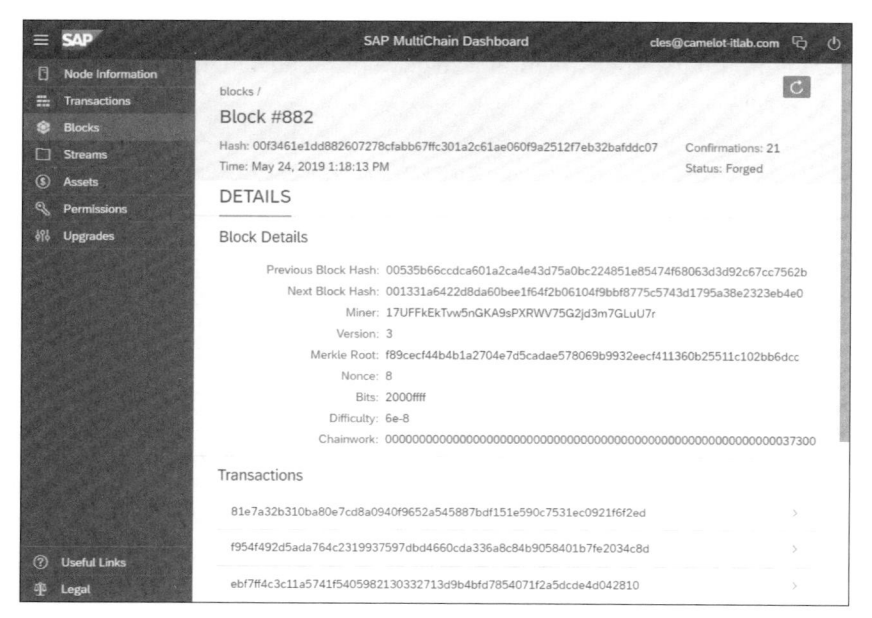

Abbildung 5.14 Detailansicht eines Blocks mit den enthaltenen Transaktionen

Abbildung 5.15 Detailansicht einer Transaktion

Im Bereich **Streams** finden Sie eine Übersicht der etablierten Streams, d. h. der gespeicherten Werte in der Blockchain (siehe Abbildung 5.16). Jeder

Streams

Stream ist ein eigener Schlüssel-Wert-Speicher. Mehr Informationen zu einer Verbindung werden Ihnen angezeigt, wenn Sie auf einen Stream klicken.

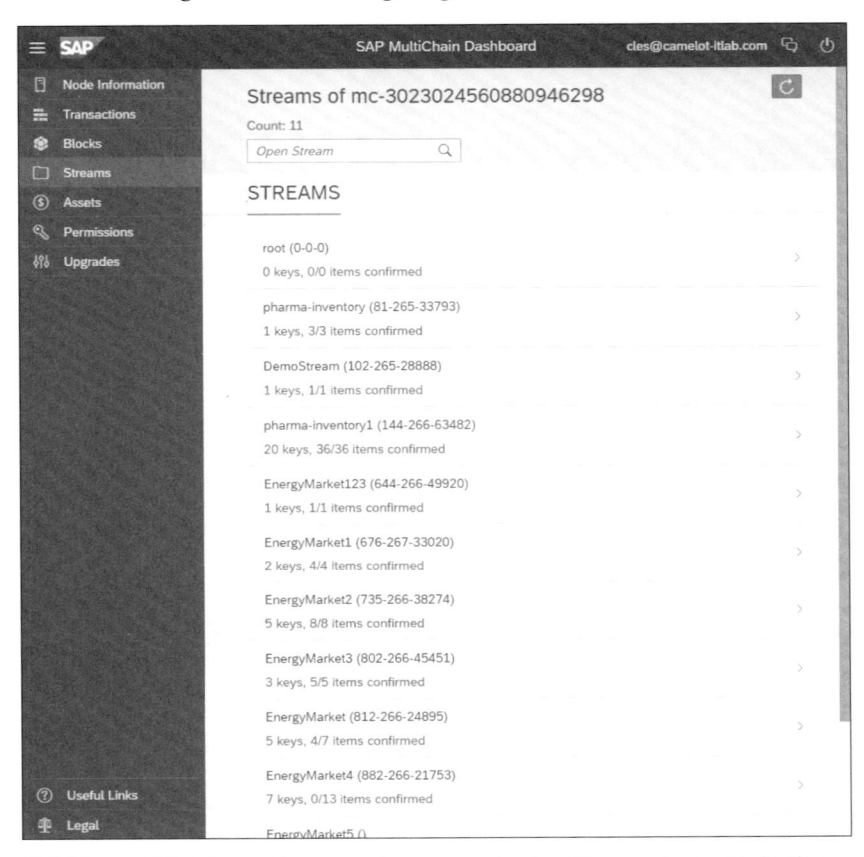

Abbildung 5.16 Informationen zu den gespeicherten Streams in der MultiChain

Assets   Im Bereich **Assets** werden eventuell genutzte Assets in der Blockchain angezeigt (siehe Abbildung 5.17). Dabei handelt es sich um selbst definierte Kryptowährungen für Ihre Applikationen. In Abschnitt 8.4, »Fortgeschrittenes Entwicklungsbeispiel: dezentraler Energiemarktplatz«, zeigen wir deren Anwendung.

Permissions   Im Bereich **Permissions** werden die Befugnisse anderer Knoten in Bezug auf diesen Knoten aufgeführt. Für die verschiedenen Adressen der anderen Knoten können hier Rechte zur Anbindung vergeben werden (siehe Abbildung 5.18). Dieser Schritt der Rechtevergabe ist erforderlich, wenn sich andere Knoten Ihrem Netzwerk anschließen wollen.

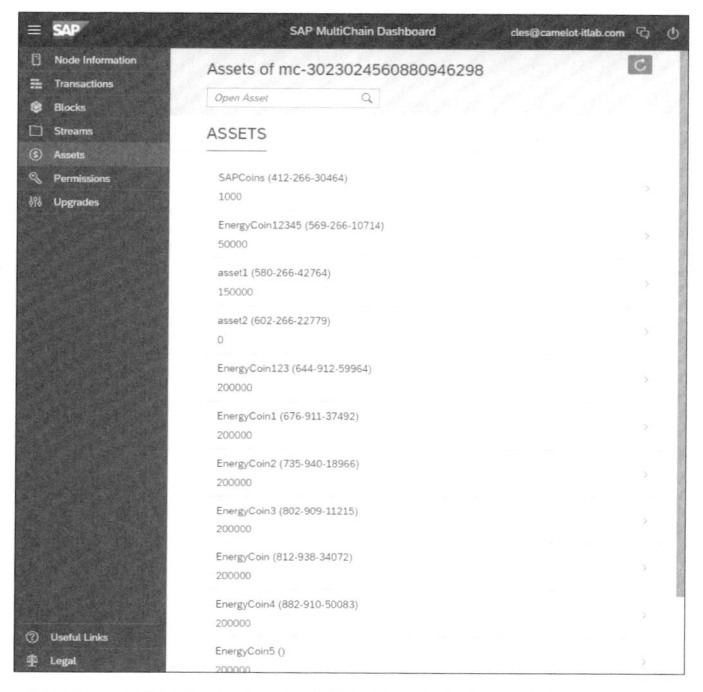

Abbildung 5.17 Die in der MultiChain-Blockchain definierten Assets

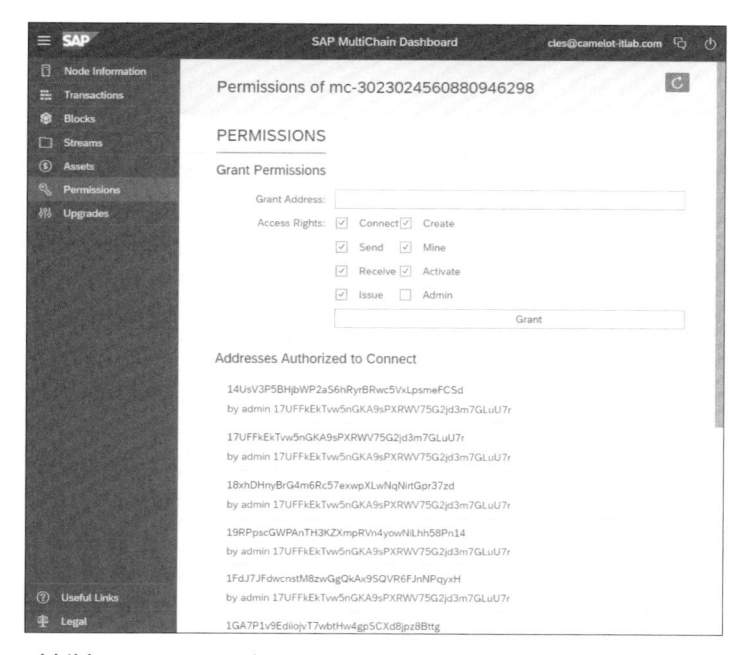

Abbildung 5.18 Bereich »Permissions« zur Vergabe von Rechten zur Anbindung anderer Knoten

5.4.3 Bildung eines MultiChain-Netzwerkes

Neuen Netzwerkknoten anbinden

Um sinnvoll in einem MultiChain-Netzwerk arbeiten zu können, muss es mindestens zwei MultiChain-Knoten geben, damit diese untereinander Transaktionen austauschen können. Sie müssen also eine weitere MultiChain-Instanz starten und diese mit dem ersten Knoten verbinden. Um den neuen Knoten anzubinden, müssen Sie ihm die Adresse des ersten Knotens übergeben. So »weiß« der neue Knoten, an welche Adresse er sich für die Anbindung an das Netzwerk wenden muss.

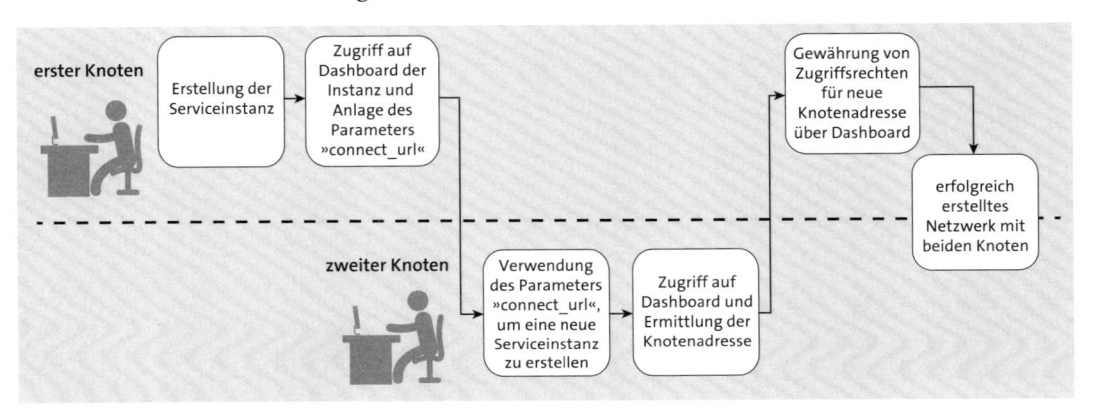

Abbildung 5.19 Hinzufügen eines neuen Knotens zum ersten Knoten

Abbildung 5.19 zeigt den Ablauf des Prozesses, mit dem ein Netzwerk um einen neuen Knoten erweitert wird. Der Prozess umfasst die folgenden Schritte:

1. Zunächst erzeugen Sie einen ersten MultiChain-Knoten, wie in Abschnitt 5.4.1, »MultiChain-Knoten anlegen«, bereits beschrieben.
2. Über das Dashboard dieses Knotens ermitteln Sie dessen Adresse. Aus der Adresse konstruieren Sie einen connect_url-Parameter für die Anbindung eines zweiten Knotens.
3. Als Nächstes legen Sie in einem weiteren Subaccount eine weitere Blockchain-Serviceinstanz für den zweiten Knoten an. Dabei geben Sie den connect_url-Parameter des ersten Knotens an.
4. Über das Dashboard des zweitens Knotens ermitteln Sie wieder dessen Adresse.
5. Nun muss der erste Knoten dem zweiten Knoten die Zutrittsrechte erteilen. Dazu wird die Adresse des zweiten Knotens benötigt.

Damit ist ein erstes einfaches Netzwerk aus zwei Knoten fertiggestellt. In den folgenden Abschnitten beschreiben wir diese Schritte ausführlicher.

5.4 Erstellen einer MultiChain-Blockchain

Schritt 1: Erzeugung des ersten Knotens

Im Folgenden gehen wir davon aus, dass es bereits einen aktiven MultiChain-Knoten gibt, der angelegt wurde, wie in Abschnitt 5.4.1, »MultiChain-Knoten anlegen«, beschrieben. Auf der Übersichtsseite der Services für das aktuelle Space wird dieser Knoten wie in Abbildung 5.20 dargestellt.

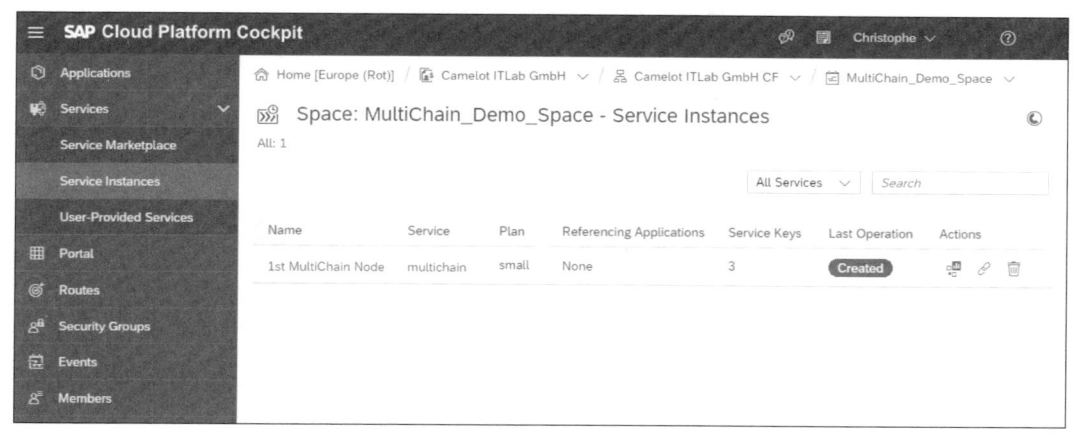

Abbildung 5.20 Space mit laufender MultiChain-Knoteninstanz

Schritt 2: Ermittlung der Netzwerkadresse für den Knoten

Über das Icon in der Spalte **Actions** gelangen Sie zum Dashboard des aktiven Knotens. Dort finden Sie im Bereich **Node Information** die Netzwerkadresse (**Node Address**, siehe Abbildung 5.21).

Netzwerkadresse

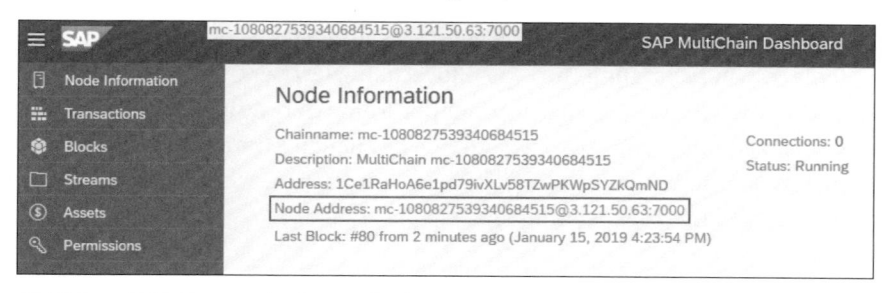

Abbildung 5.21 Netzwerkadresse des Knotens

Diese Adresse wird im nächsten Schritt bei der Erzeugung des neuen Knotens als Verbindungsadresse mitgegeben. Dies wird in Form eines JSON-Snippets mit dem Schlüsselnamen `connect_url` realisiert, dessen Wert die Netzwerkadresse des ersten Knotens ist:

connect_url

```
{
   "connect_url": "mc-1080827539340684515@3.121.50.63:7000"
}
```

191

Schritt 3: Erstellung eines neuen Knotens

Öffnen Sie nun ein zweites Fenster in Ihrem Browser, und erzeugen Sie dort mit Ihrem SAP-Account eine weitere MultiChain-Knoteninstanz. Nutzen Sie dazu auch einen anderen Subaccount und ein anderes Space. Bei der Erstellung der Instanz können Sie im Dialog **Create Instance** optionale Parameter angeben. Kopieren Sie das JSON-Snippet mit dem Parameter connect_url in das Freitextfeld (siehe Abbildung 5.22).

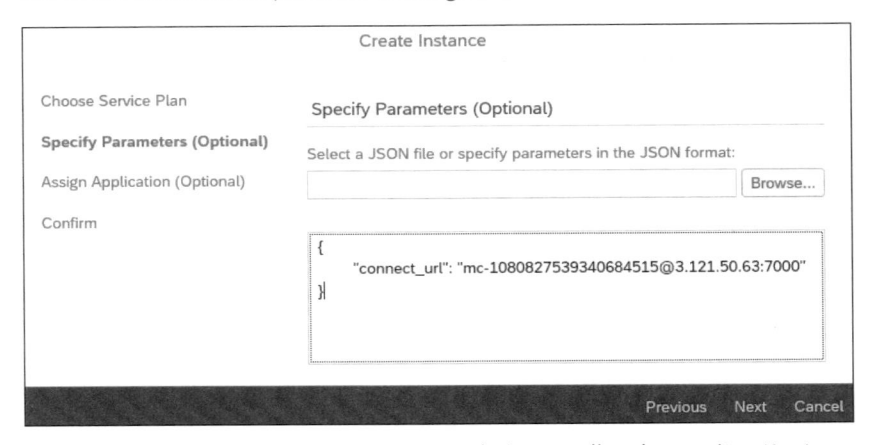

Abbildung 5.22 Adresse des ersten Knotens beim Erstellen des zweiten Knotens angeben

Schritt 4: Ermittlung der Netzwerkadresse des neuen Knotens

Berechtigung zum Zugriff auf das Netzwerk

Nach erfolgreicher Erstellung der neuen Instanz führt ein Klick auf das Icon zum Dashboard des neuen Knotens zu einem Hinweis, mit dem auf die fehlende Berechtigung für das Blockchain-Netzwerk hingewiesen wird (siehe Abbildung 5.23). Hier werden der Name der MultiChain-Blockchain sowie die MultiChain-Netzwerkadresse des neuen Knotens angegeben. Kopieren oder notieren Sie diese, da Sie sie im nächsten Schritt bei der Erteilung der Rechte angeben müssen.

> **Adressformate für MultiChain-Knoten**
>
> MultiChain als Variante von Bitcoin nutzt neben dem Internet Protocol (IP) ein eigenes Adressformat für die Beschreibung eines Knotens im Netzwerk. Die IP-Adresse des Knotens lautet:
>
> mc-1080827539340684515@3.121.50.63:7000
>
> Die MultiChain-spezifische Netzwerkadresse lautet:
>
> 17UFFkEkTvw5nGKA9sPXRWV75G2jd3m7GLuU7r

Eine ausführlichere Beschreibung des internen Adressformats und zur Generierung der Adressen finden Sie unter folgender URL: *http://s-prs.de/v691447*

Waiting for Admission

The underlying MultiChain node is awaiting admission to the blockchain network. Please submit the following information to the respective peers for authorizing your node.

MultiChain Name:

mc-1080827539340684515

Address:

11v6DoMRUh9qA5bQ8ckcv3JXNaLhxnqnFwdtr

Copyright 2018 SAP SE
SAP Cloud Platform Blockchain

Abbildung 5.23 Wartehinweis mit Namen der Blockchain und der Netzwerkadresse

Schritt 5: Erteilung von Zutrittsrechten durch den ersten Knoten

Wechseln Sie zurück zum Dashboard des ersten Knotens, und wählen Sie den Eintrag **Permissions** in der linken Navigationsleiste aus. Geben Sie dort im Feld **Grant Address** die Blockchain-Adresse des zweiten Knotens ein. Überprüfen Sie unter **Access Rights** die ausgewählten Rechte: Mindestens das Recht **Connect** zur Herstellung einer Verbindung zum zweiten Knoten muss angewählt sein. Klicken Sie dann auf **Grant**, um die Rechte zuzuweisen. Ein grün hinterlegter Hinweis informiert Sie über die erfolgreiche Vergabe der Rechte (siehe Abbildung 5.24).

Wechseln Sie nun zurück zum Wartehinweis des zweiten Knotens im anderen Fenster Ihres Browsers, und laden Sie diesen erneut (Funktionstaste [F5]). Der Hinweis sollte nun verschwinden, stattdessen wird das Dashboard des Knotens angezeigt. In der Übersicht mit den Knoteninformationen sollte in den Kopfdaten außerdem eine etablierte Verbindung angezeigt werden (siehe Abbildung 5.25).

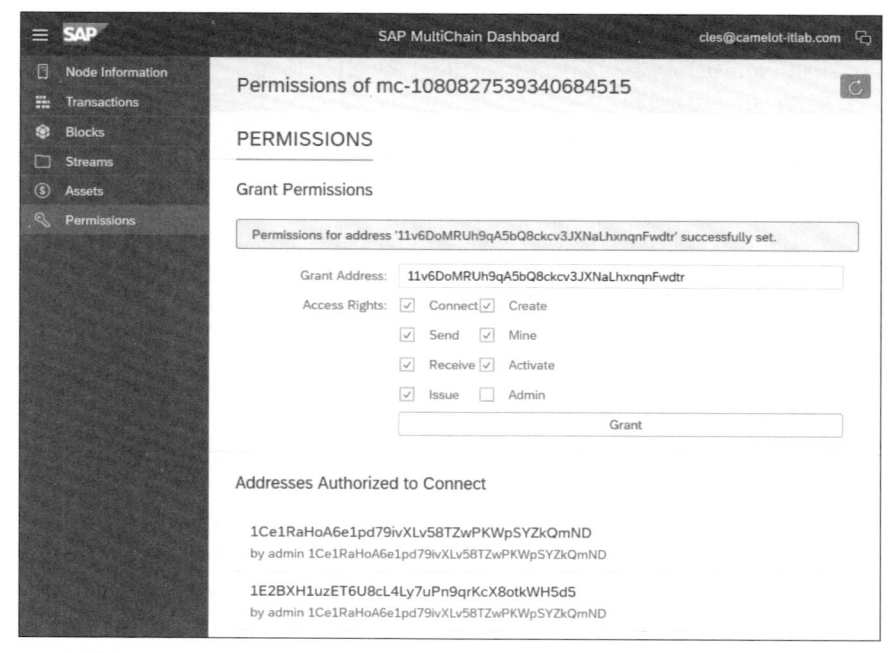

5   Erste Schritte zur Erstellung eigener Blockchains

Abbildung 5.24 Bestätigung der erfolgreichen Zuweisung der Zutrittsrechte durch den ersten Knoten

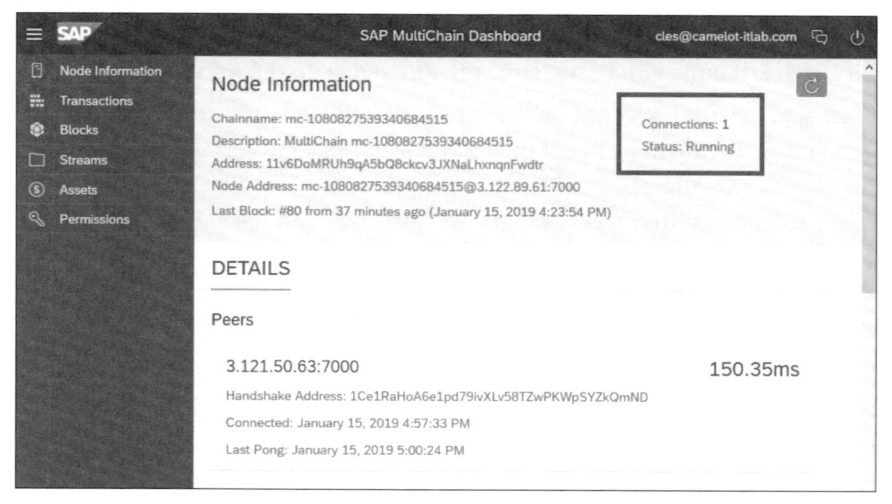

Abbildung 5.25 Informationen zum zweiten Knoten mit einer etablierten Verbindung

Auch das Dashboard des ersten Knotens sollte im Bereich **Node Information** nun einen entsprechenden Hinweis auf die etablierte Verbindung zum zweiten Knoten aufweisen (siehe Abbildung 5.26).

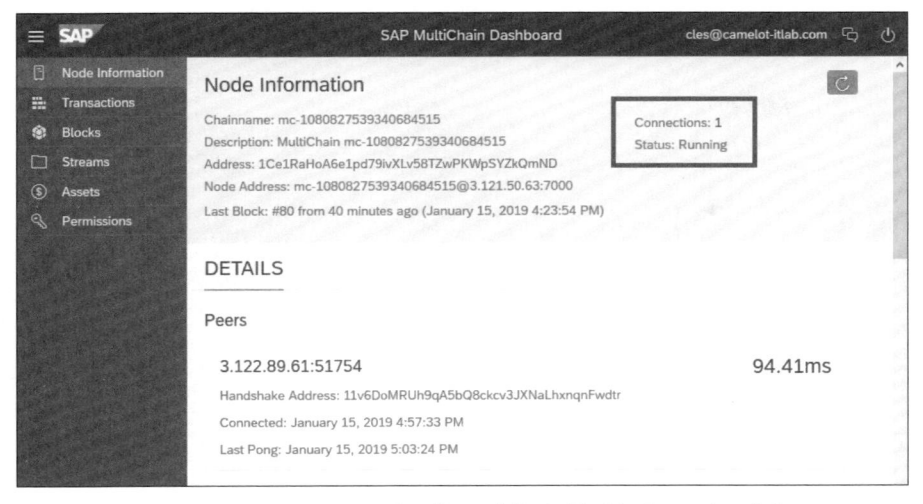

Abbildung 5.26 Der erste Knoten weist die etablierte Verbindung ebenfalls aus.

Sie haben damit ein erstes einfaches Blockchain-Netzwerk auf Basis von MultiChain erstellt. Im nächsten Abschnitt beschäftigen wir uns mit dem Aufbau einer Blockchain auf Basis des Hyperledger-Fabric-Frameworks, das erweiterte Möglichkeiten bietet.

> **Anbindung externer Knoten**
>
> In diesem Beispiel haben wir einen zweiten, auf der SAP Cloud Platform betriebenen Knoten angebunden. Die Anbindung externer MultiChain-Knoten, die sich außerhalb der SAP Cloud Platform befinden, kann über das Szenario Connect Your Own Network realisiert werden. Mehr Informationen zu diesem Szenario finden Sie unter: *http://s-prs.de/v691444*

5.5 Erstellen einer Hyperledger-Fabric-Blockchain

Neben dem MultiChain-Service bietet die SAP Cloud Platform den Service *Hyperledger Fabric* an, mit dem Sie eigene Blockchains aufsetzen können. Auch dazu erstellen Sie in Ihrem Global Account zunächst einen eigenen Subaccount für die Cloud-Foundry-Laufzeitumgebung und darin ein neues Space für Ihr Blockchain-Projekt. Im Service Marketplace dieses Space werden alle Dienste aufgeführt, die für Ihren Account verfügbar sind. Sie finden dort unter anderem auch das **Blockchain Application Enablement** sowie den Service für **Hyperledger Fabric** (siehe Abbildung 5.27). Wählen Sie hier den Service **Hyperledger Fabric** aus.

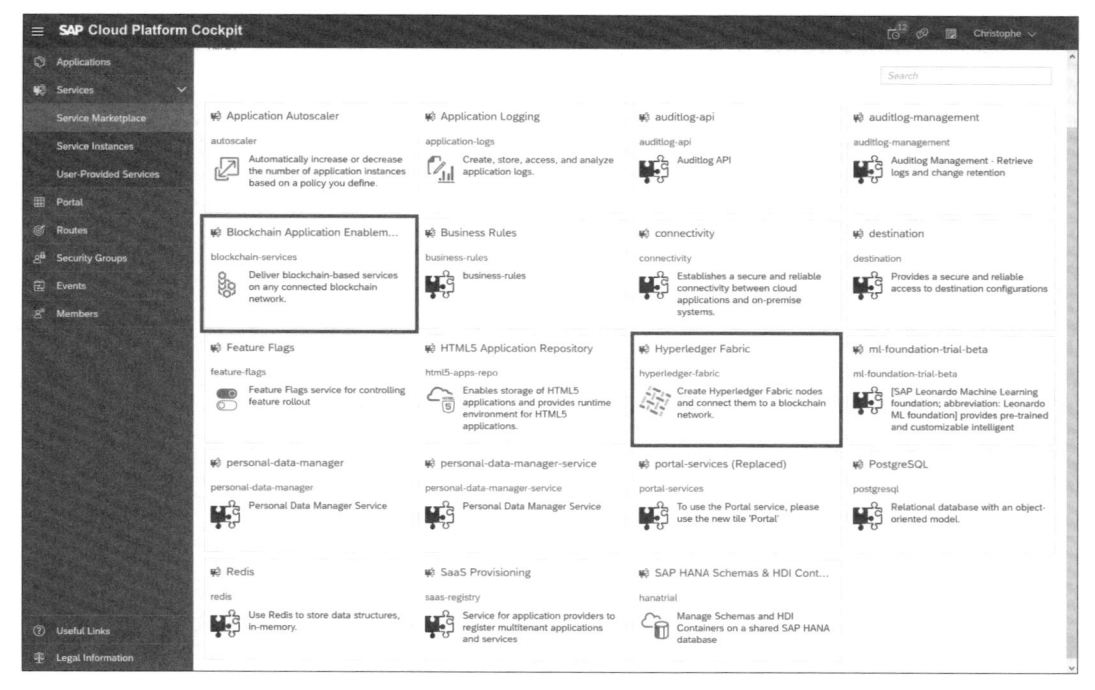

5 Erste Schritte zur Erstellung eigener Blockchains

Abbildung 5.27 Service Marketplace mit den Services Blockchain Application Enablement und Hyperledger Fabric

5.5.1 Hyperledger-Fabric-Peer-Knoten anlegen

Nach Auswahl der Services im Service Marketplace gelangen Sie auf die Übersichtsseite, auf der die verfügbaren Servicepläne aufgeführt sind. In Abbildung 5.28 sind das alle Servicepläne.

Der Plan **dev** ist ein umfassendes Paket zur Installation und Entwicklung von Chaincode. Für unser Einführungsbeispiel benötigen wir ihn, da wir einen einfachen »Hello World«-Chaincode installieren werden.

Hyperledger-Fabric-Instanz erstellen — Um einen Serviceplan zu aktivieren, klicken Sie in der Navigationsleiste links auf den Eintrag **Instances**. Hier drücken Sie den Button **New Instance**, um eine neue Knoteninstanz ins Leben zu rufen (siehe Abbildung 5.29).

5.5 Erstellen einer Hyperledger-Fabric-Blockchain

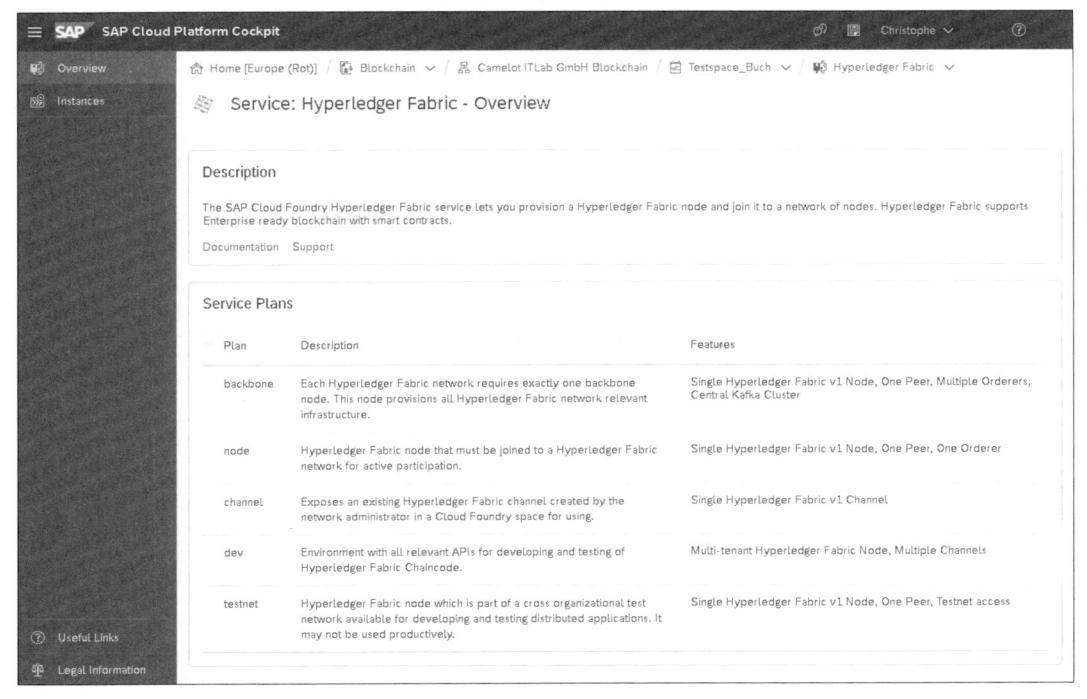

Abbildung 5.28 Verfügbare Servicepläne für Hyperledger Fabric

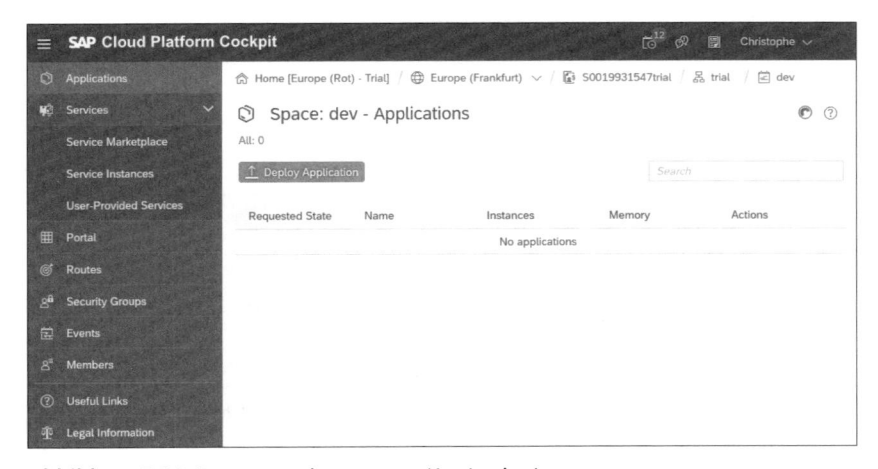

Abbildung 5.29 Erzeugen einer neuen Knoteninstanz

Im Fenster zur Erzeugung der neuen Knoteninstanz wählen Sie den Serviceplan aus, in diesem Fall den Serviceplan **dev** (siehe Abbildung 5.30). Wenn Sie einen Knoten einer bereits existierenden Hyperledger-Fabric-Blockchain hinzufügen wollen, benötigen Sie den Plan **channel**.

5   Erste Schritte zur Erstellung eigener Blockchains

Abbildung 5.30 Erzeugen einer neuen Knoteninstanz für Hyperledger Fabric mit dem Serviceplan »dev«

Anschließend werden Sie durch eine Reihe von Dialogen geführt, um Ihre Blockchain zu erstellen. Zuletzt geben Sie einen Namen für die Blockchain an und bestätigen die Anlage der Instanz. Die neue Serviceinstanz wird Ihnen daraufhin in der tabellarischen Übersicht der verfügbarer Serviceinstanzen angezeigt. In der Spalte **Actions** finden Sie ein Icon zum Absprung in das Dashboard des Netzwerkknotens sowie ein Icon, mit dem Sie die Instanz wieder löschen können (siehe Abbildung 5.31).

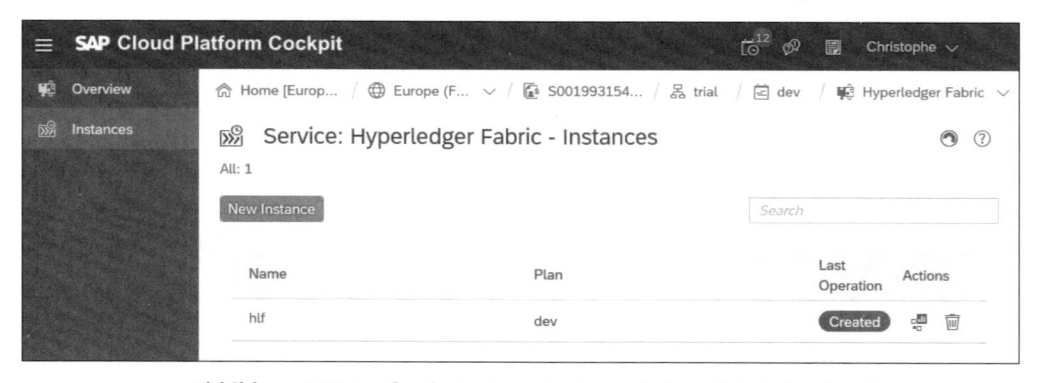

Abbildung 5.31 Laufende Instanz des Hyperledger-Fabric-Serviceplans

Klicken Sie auf den Namen der Instanz in der Spalte **Name**, gelangen Sie zur Übersichtsseite der aktuellen Instanz, auf der die referenzierenden Apps und Service Keys aufgeführt sind (siehe Abbildung 5.32). In unserem Beispiel sind noch keine Apps oder Service Keys hinterlegt.

Infrastruktur der Blockchain

Öffnen Sie zunächst das Dashboard. Hier erhalten Sie grundlegende Informationen zur Infrastruktur der Blockchain: den Status, die verwendete Hyperledger-Fabric-Version, die logische Organisation des Netzwerkes sowie den Namen des Blockchain-Netzwerkes. Darunter finden Sie die Komponenten Ihres Netzwerkes (siehe Abbildung 5.33).

5.5 Erstellen einer Hyperledger-Fabric-Blockchain

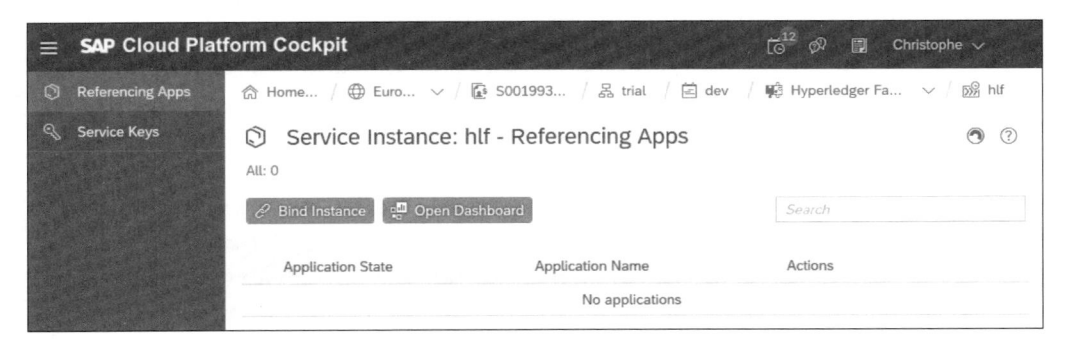

Abbildung 5.32 Übersichtsseite zur neuen Instanz

Es besteht mindestens aus einem *Orderer-Knoten* sowie einem *Peer-Knoten*. Der Orderer-Knoten sortiert die Transaktionen für den oder die Peer-Knoten. Bei Letzteren handelt es sich um die normalen Knoten im Blockchain-Netzwerk, die Transaktionen der Benutzer entgegennehmen, Chaincode installieren und Chaincode-Aufrufe ausführen können. In Abschnitt 6.1, »Architektur einer Hyperledger-Fabric-Blockchain«, erläutern wir dieses Konzept genauer.

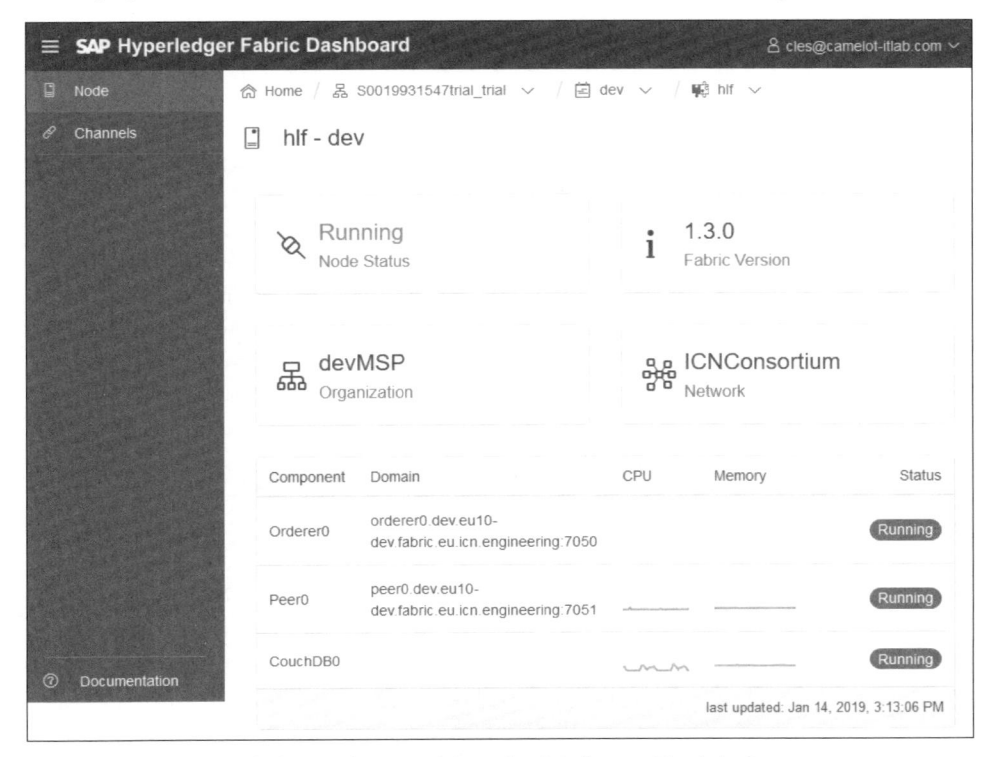

Abbildung 5.33 Hyperledger-Fabric-Dashboard mit Infos zur Blockchain

Zum diesem Zeitpunkt ist die Infrastruktur für Ihre Blockchain bereits vorbereitet: Die Einzelkomponenten der Blockchain laufen zwar schon, aber es kann noch keine Kommunikation zwischen den Knoten stattfinden. Dazu fehlt Ihnen noch ein Kommunikationskanal, der sogenannte Channel. Auch ist noch kein Chaincode installiert worden, der eine Interaktion mit der Blockchain ermöglichen würde. Man kann von außen also noch nicht mit der Blockchain kommunizieren. Dazu müssen Sie erst per Chaincode definieren, welche Funktionen aufrufbar sein sollen und was für Daten Sie in der Blockchain speichern möchten (über eine Strukturdefinition). Wie das geht, erfahren Sie in Kapitel 6, »Blockchain-Anwendungen mit Hyperledger Fabric entwickeln«.

5.5.2 Kommunikationskanal erstellen

Hyperledger Fabric erlaubt die granulare Kontrolle der Kommunikation innerhalb des Blockchain-Netzwerkes über die Channels. Zu diesen Kommunikationskanälen müssen die einzelnen Knoten zugelassen werden. Jeder Kanal entspricht dabei einer eigenen virtuellen Blockchain. Typischerweise wird in einem Hyperledger-Fabric-Netzwerk mindestens ein solcher Kanal eingerichtet, über den alle Knoten miteinander kommunizieren. Optional können weitere Kanäle hinzugefügt werden, über die nur bestimmte Knoten miteinander kommunizieren können.

Channel anlegen Wechseln Sie im Dashboard Ihrer Hyperledger-Fabric-Instanz in den Bereich **Channels**. Klicken Sie hier auf den Button **+ Create Channel**. Dadurch wird ein erster Kanal in der Hyperledger-Fabric-Blockchain eingerichtet. Im sich öffnenden Fenster **Create Channel** können Sie festlegen, welche Peer-Knoten an der Kommunikation über diesen Kanal teilnehmen dürfen. In unserem Beispiel gibt es erst einen Peer-Knoten, den wir auswählen (siehe Abbildung 5.34). Vergeben Sie außerdem einen Namen für den neuen Kanal. Klicken Sie anschließend auf **Create**.

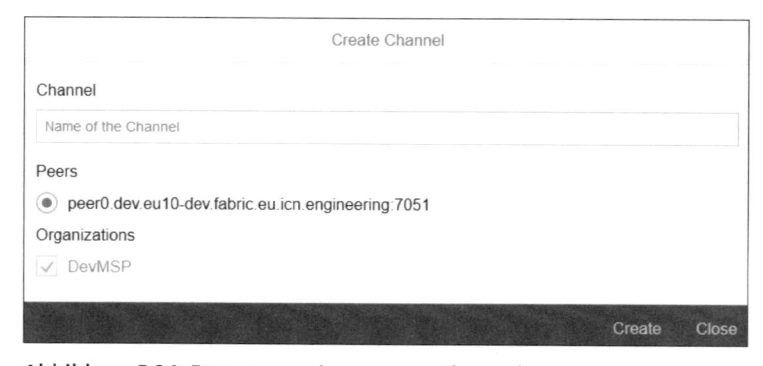

Abbildung 5.34 Erzeugung eines neuen Channels

Nach erfolgreicher Anlage des Channels gelangen Sie wieder auf die Übersichtsseite aller verfügbaren Channels, wo Ihnen der soeben angelegte Kanal angezeigt wird (siehe Abbildung 5.35). Über die Icons in der Spalte **Actions** können Sie den neuen Channel konfigurieren. Klicken Sie auf das Icon ⌘.

Abbildung 5.35 Übersichtsseite der Channels

Daraufhin wird eine Serviceinstanz des Channels erstellt, die Sie in der SAP-Cloud-Platform-Umgebung einsehen können. Der Name der Serviceinstanz wird im Feld **Service Instance Name** automatisch aus dem Namen des Channels generiert. Achten Sie darauf, dass die Option **Create a new Service Key** ausgewählt ist, und bestätigen Sie die Anlage der Serviceinstanz über den Button **Create** (siehe Abbildung 5.36). Den Service Key benötigen Sie später, wenn neue Peer-Knoten dem Channel beitreten sollen.

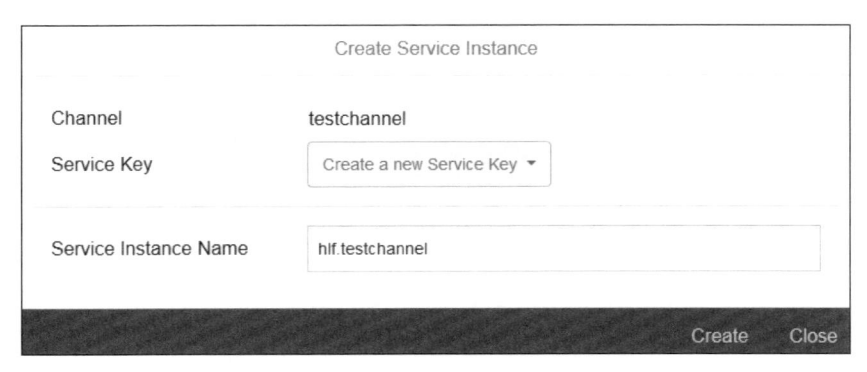

Abbildung 5.36 Serviceinstanz des Blockchain-Kanals erzeugen

Nach der Erzeugung der Serviceinstanz erscheint ein zusätzliches Icon in der Spalte **Actions** auf der Übersichtsseite der Channels (⌘, siehe Abbildung 5.37). Es führt zum Dashboard des Channels.

5 Erste Schritte zur Erstellung eigener Blockchains

Abbildung 5.37 Icon zum Absprung auf das Dashboard des Channels

5.5.3 Kommunikationskanal verwalten

Dashboard des Channels

Das Dashboard des Channels ist die Konfigurationszentrale für einen bestimmten Kommunikationskanal und damit für eine bestimmte logische Blockchain. Das Dashboard für den von uns angelegten Kanal sehen Sie in Abbildung 5.38.

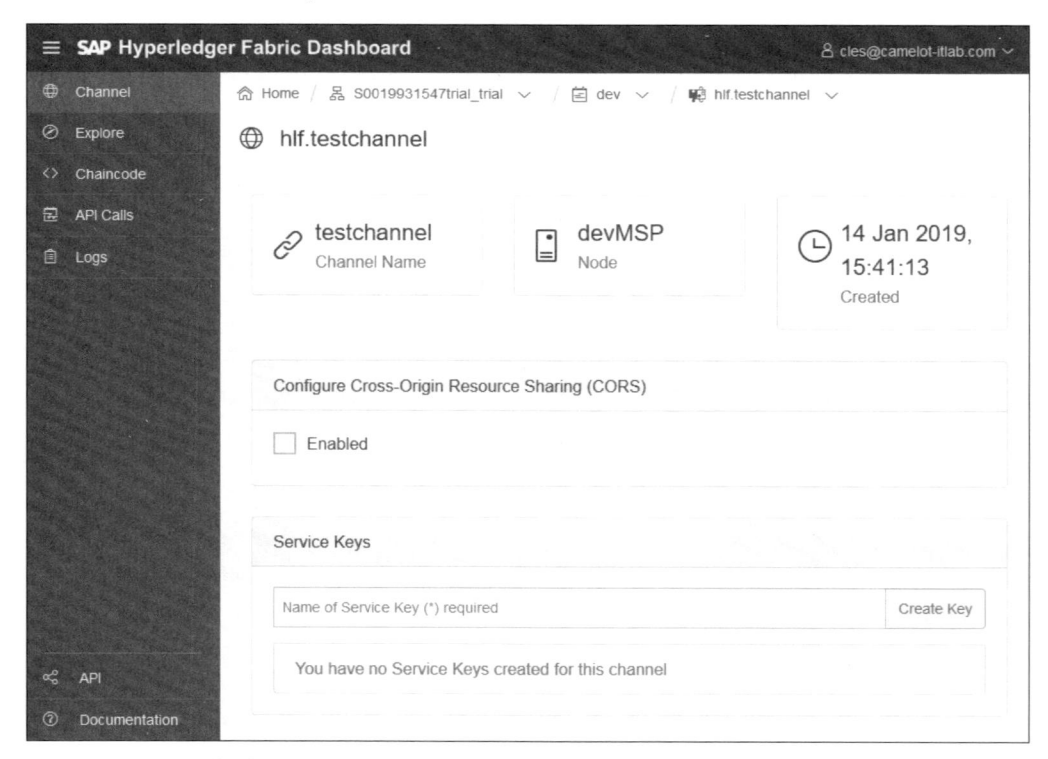

Abbildung 5.38 Dashboard eines Channels

5.5 Erstellen einer Hyperledger-Fabric-Blockchain

> **Logische Blockchains und verschlüsselter Datenaustausch**
>
> Möglicherweise finden Sie es ein wenig verwirrend, wenn wir von logischen Blockchains innerhalb einer Hyperledger-Fabric-Blockchain sprechen. Die Hyperledger-Fabric-Blockchain als zugrunde liegende Blockchain wird als Speichermedium für Transaktionen der Channels genutzt. Diese Blockchain erlaubt eine beliebige Anzahl von Channels. Die Transaktionen innerhalb eines Channels sind verschlüsselt. Damit ist ein Channel in sich logisch abgeschlossen und kann daher als eine eigene logische Blockchain verstanden werden.
>
> Teilnehmer eines Channels zu sein, bedeutet konkret im Besitz eines kryptografischen Zertifikats zu sein, das die Entschlüsselung des Datenverkehrs innerhalb dieses Channels erlaubt. Ohne dieses Zertifikat ergeben die innerhalb dieses Channels ausgetauschten Daten keinen Sinn.

Im Dashboard des Channels können Sie über den Eintrag **Explore** in der Navigationsleiste links einen Blockchain Explorer öffnen. Über diesen können Sie die Arbeit der Blockchain verfolgen (siehe Abbildung 5.39). Dieser Blockchain Explorer ist ähnlich aufgebaut wie der für die MultiChain (siehe Abschnitt 5.4.2, »MultiChain-Knoten verwalten«), bezieht sich aber immer auf einen bestimmten Channel innerhalb der Hyperledger-Fabric-Blockchain.

Blockchain Explorer

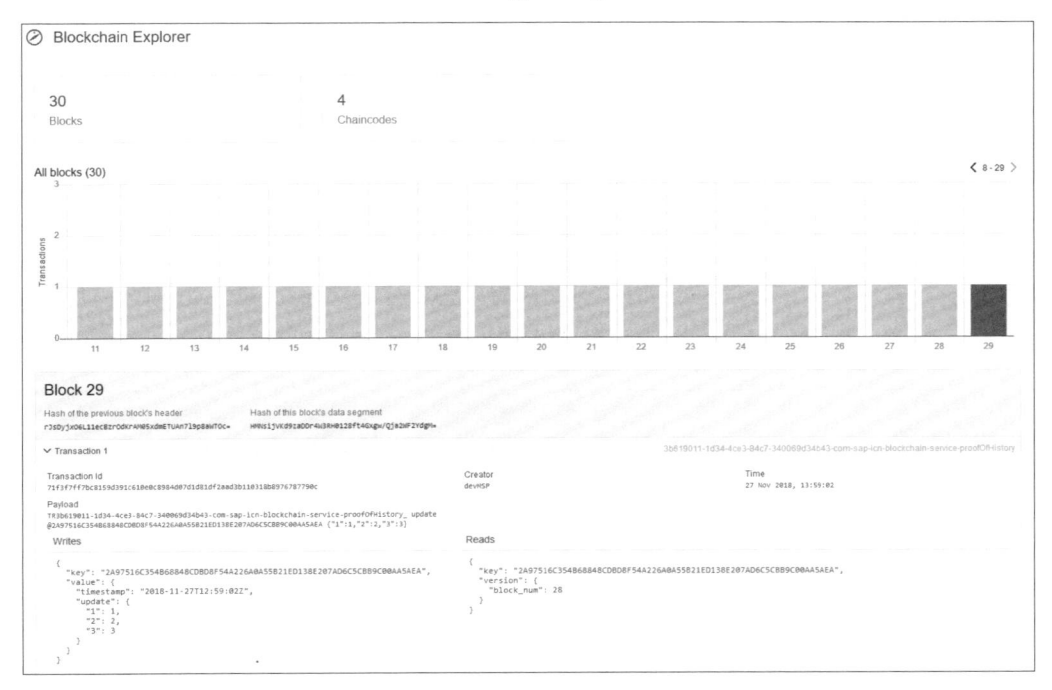

Abbildung 5.39 Blockchain Explorer für einen gewählten Channel

203

5 Erste Schritte zur Erstellung eigener Blockchains

Sie können hier ersehen, wie viele Blöcke für diesen Kanal bereits in die Blockchain geschrieben wurden. Es wird auch angezeigt, wie viele Chaincodes in diesem Channel installiert sind. Außerdem können Sie Einblick in die Blockdaten nehmen: Welche Transaktionen wurden gespeichert? Mit welcher Nummer, Transaktions-ID, von welchem Urheber und mit welchem Zeitstempel? Unterhalb der Grafik finden Sie die Rohdaten der Transaktion in JSON-Notation als reine Byte-Abfolge.

5.5.4 Chaincode installieren

Wechseln Sie über die Navigationsleiste in den Bereich **Chaincode**, gelangen Sie zu einer Übersichtsseite zu den installierten Chaincodes im Kanal. In unserem Kanal haben wir noch keinen Chaincode angelegt, daher ist die Liste in Abbildung 5.40 leer. Über die Buttons **Example Chaincodes** und **Example Application** können Sie Beispiele für Chaincodes und Anwendungen installieren. Klicken Sie auf Button **Example Chaincodes**, um das Dropdown-Menü zu öffnen.

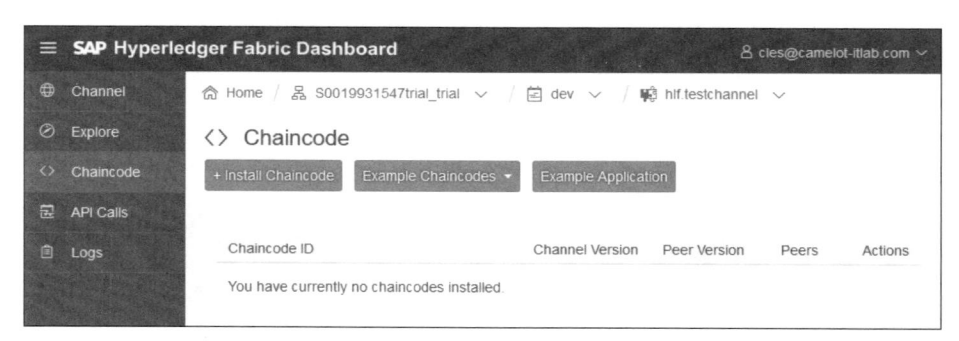

Abbildung 5.40 Chaincodes für den gewählten Kanal

Hier können Sie ein einfaches »Hello World«-Beispiel auswählen und in der Blockchain installieren. Klicken Sie dazu im Dialog **Example Chaincode** auf **Deploy Chaincode** (siehe Abbildung 5.41).

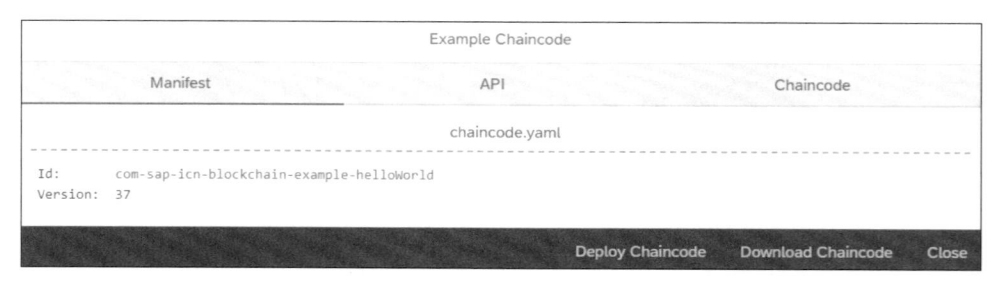

Abbildung 5.41 Installieren des »Hello World«-Beispiel-Chaincodes

5.5 Erstellen einer Hyperledger-Fabric-Blockchain

Daraufhin wird der Beispiel-Chaincode in der Übersicht der installierten Chaincodes angezeigt (siehe Abbildung 5.42).

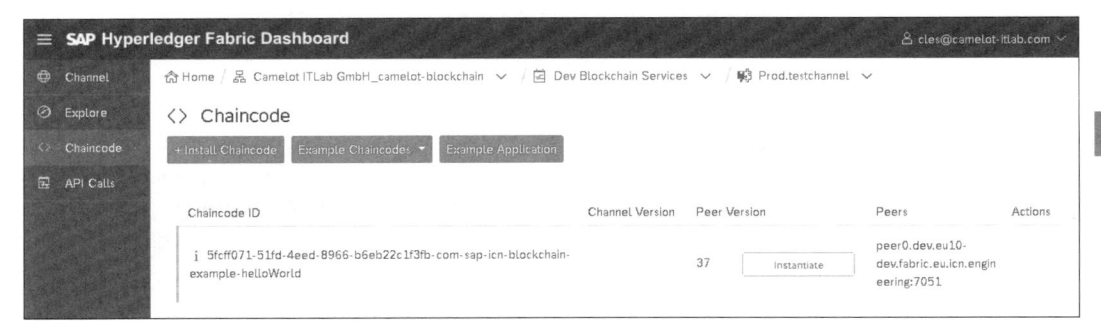

Abbildung 5.42 Übersicht der installierten Chaincodes

Beachten Sie, dass Sie den Chaincode nach dem Deployment in die Blockchain erst noch über den Button **Instantiate** instanziieren müssen. Es erscheint dabei ein Dialog, in dem Sie für dieses Beispiel keine weiteren Angaben zu machen brauchen. Klicken Sie einfach auf den Button **Instantiate Chaincode** (siehe Abbildung 5.43).

Chaincode instanziieren

Abbildung 5.43 Instanziierungsdialog für den Chaincode

Der »Hello World«-Chaincode wurde in der Sprache *Go* entwickelt. Es handelt sich um die einfachste Variante der Interaktion mit einer Hyperledger-Fabric-Blockchain: Eine Funktion im Code nimmt ein Schlüssel-Wert-Paar

»Hello World«-Beispiel

205

entgegen und schreibt es in die Blockchain (Funktion `write`). Eine andere Funktion im Code (`read`) liest den geschriebenen Wert unter Angabe des Schlüssels aus der Blockchain wieder aus. Der Beispielcode besteht demnach lediglich aus zwei eigenen Chaincode-Funktionen, eine zum Schreiben und eine zum Lesen, der Rest sind Standardstrukturen.

Den vollständigen Chaincode des »Hello World«-Beispiels sehen Sie in Listing 5.4. In Kapitel 6, »Blockchain-Anwendungen mit Hyperledger Fabric entwickeln«, zeigen wir Ihnen weitere Beispiele für Chaincode und erläutern den genauen Aufbau ausführlich. An dieser Stelle genügt es, sich zu merken, wie Sie Chaincode installieren können.

```go
package main

import (
   "strings"

   "github.com/hyperledger/fabric/core/chaincode/shim"
   "github.com/hyperledger/fabric/protos/peer"
)

type HelloWorld struct {
}

func main() {
   shim.Start(new(HelloWorld))
}

// Init is called during Instantiate transaction.
func (cc *HelloWorld) Init(stub shim.ChaincodeStubInterface)
peer.Response {
   return shim.Success(nil)
}

// Invoke is called to update or query the ledger in a proposal
transaction.
func (cc *HelloWorld) Invoke(stub shim.ChaincodeStubInterface)
peer.Response {

   function, args := stub.GetFunctionAndParameters()
   switch function {
   case "read":
      return read(stub, args)
```

```go
      case "write":
         return write(stub, args)
      default:
         return shim.Error("Valid methods are 'read|write'!")
   }
}

// Read text by ID
func read(stub shim.ChaincodeStubInterface, args [
]string) peer.Response {

   if len(args) != 1 {
      return shim.Error("Parameter Mismatch")
   }
   id := strings.ToLower(args[0])

   if value, err := stub.GetState(id); err == nil && value != nil {
      return shim.Success(value)
   }

   return shim.Error("Not Found")
}

// Write text by ID
func write(stub shim.ChaincodeStubInterface, args [
]string) peer.Response {

   if len(args) != 2 || len(args[0]) < 3 || len(args[1]) == 0 {
      return shim.Error("Parameter Mismatch")
   }
   id := strings.ToLower(args[0])
   txt := args[1]

   if err := stub.PutState(id, []byte(txt)); err != nil {
      return shim.Error(err.Error())
   }

   return shim.Success(nil)
}
```

Listing 5.4 »HelloWorld!«-Chaincode aus der SAP Cloud Platform zum Schreiben und Lesen von Werten in die Blockchain (Datei »hello_world.go«)

Nach der Installation des »Hello World«-Beispiels führt die Übersichtsseite diesen Chaincode mit seiner automatisch generierten ID, der installierten Version im Kanal und im Peer-Knoten auf (siehe Abbildung 5.44).

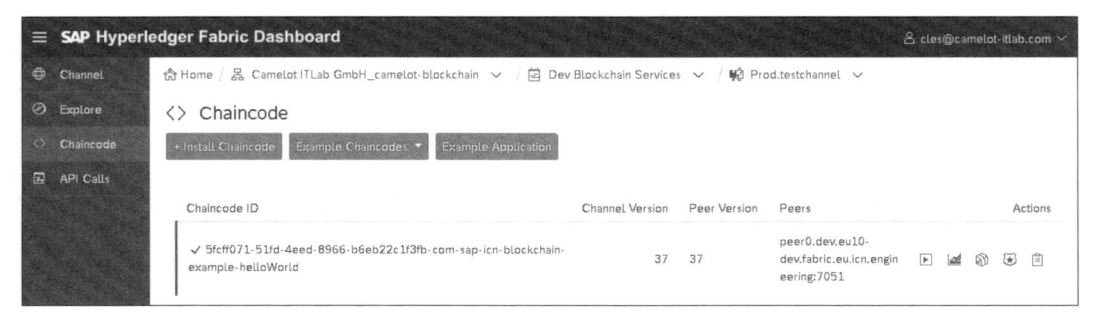

Abbildung 5.44 Installierter Chaincode mit Versionierung und Actions-Menü

Chaincode testen — Über die Icons in der Spalte **Actions** können Sie den Chaincode testen und konfigurieren. Mit einem Klick auf das Play-Icon ▶ werden Sie auf eine HTML-Seite weitergeleitet, auf der Sie die Funktionen des Chaincodes in einem Swagger-basierten Web-Interface aufrufen können (siehe Abbildung 5.45).

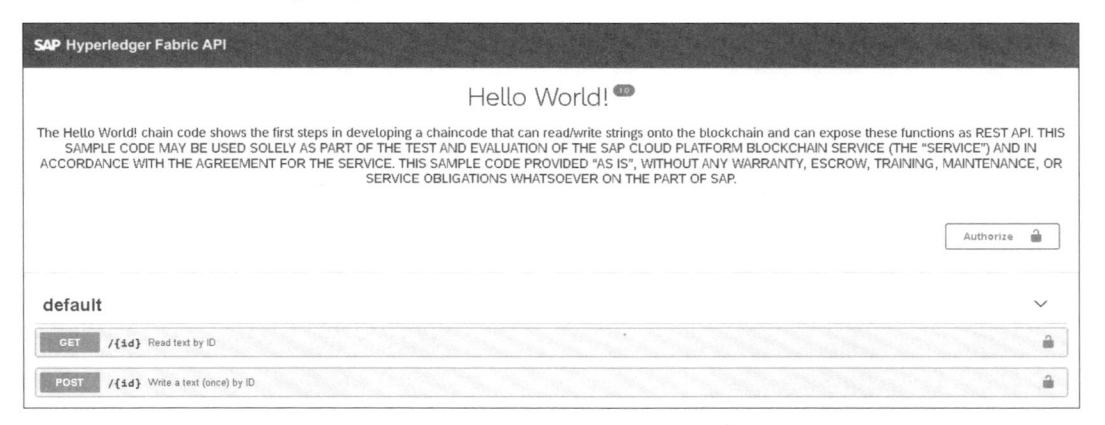

Abbildung 5.45 Swagger-Interface zum Testen des Chaincodes

OAuth-2.0-Autorisierung aktivieren — Um den Funktionstest durchführen zu können, müssen Sie zunächst den Aufruf der Funktionen im Browser über den Authentifizierungsstandard *OAuth 2.0* erlauben. Dazu klicken Sie auf den Button **Authorize**. Es öffnet sich der Dialog, den Sie in Abbildung 5.46 sehen, in dem eine Client-ID und ein Client-Secret zur Authentifizierung ausgegeben werden.

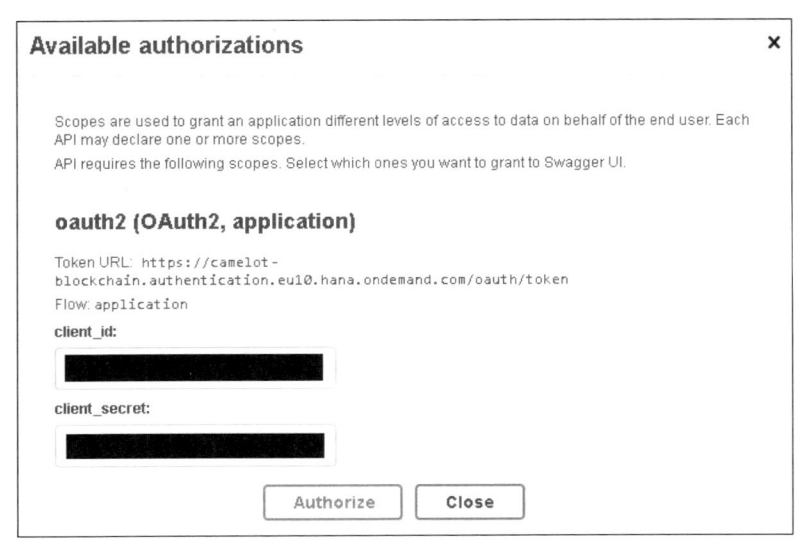

Abbildung 5.46 OAuth-2.0-Autorisierung für Chaincode-Aufrufe genehmigen

> **OAuth 2.0**
> Der Standard OAuth 2.0 ist ein Protokoll, um limitierten Zugang zu einem Webservice zu genehmigen (siehe *https://oauth.net/*). Dabei werden kryptografische Tokens (hier Client ID und Client Secret) zur Authentifizierung bei der Anmeldung ausgehändigt. OAuth 2.0 wird auf der SAP Cloud Platform für viele der Services verwendet. Weitere Informationen dazu finden Sie unter:
> *http://s-prs.de/v691445*

Der Funktionstest für den »Hello World«-Chaincode wird zeigen, ob die Blockchain wie erwartet reagiert. Dazu werden die zwei vom Swagger-UI zur Verfügung gestellten Chaincode-Funktionen zum Lesen und Schreiben aufgerufen.

Funktionstest für das »Hello Word«-Beispiel

Zunächst soll ein Wert in die Blockchain geschrieben werden. Dazu wird die HTTP-Methode POST verwendet. Diese verlangt eine Schlüssel-ID sowie einen Wert in Form einer Zeichenkette, die wir in die Blockchain schreiben wollen. Klicken Sie auf den Button **Try it out**, um das Formular freizugeben. In das Feld **text** (Wert des Schlüssel-Wert-Paares) geben Sie einen beliebigen Beispieltext ein – im Screenshot ist es der Text: »The quick brown fox jumps over the lazy dog.« Die Zeichenkette, die Sie in das Feld **id** eintragen, ist der Schlüssel des Schlüssel-Wert-Paares. Er dient dazu, unseren Text später wiederzufinden (siehe Abbildung 5.47) – wir haben ihn »testkey« genannt. Klicken Sie auf den Button **Execute**, woraufhin der Aufruf ausgeführt wird.

Schreiben in die Blockchain

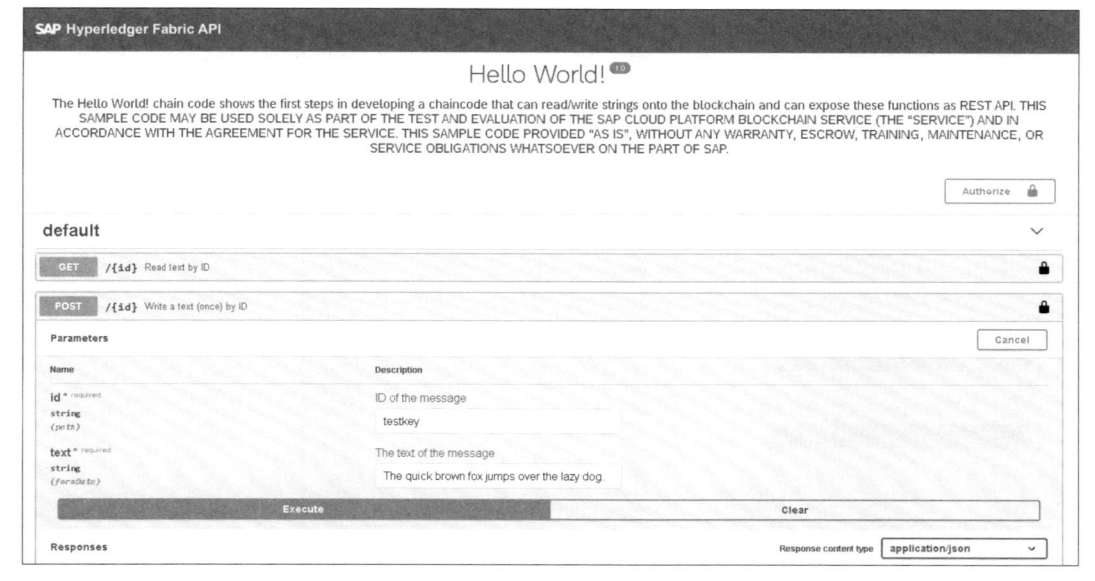

Abbildung 5.47 Schreiben eines Schlüssel-Wert-Paares in die Blockchain via HTTP-POST-Methode zum Aufruf der Chaincode-Funktion »write«

Als Antwort wird der HTTP-Code 200 zurückgegeben, der einen erfolgreichen Aufruf und damit ein erfolgreiches Schreiben in die Blockchain signalisiert (siehe Abbildung 5.48).

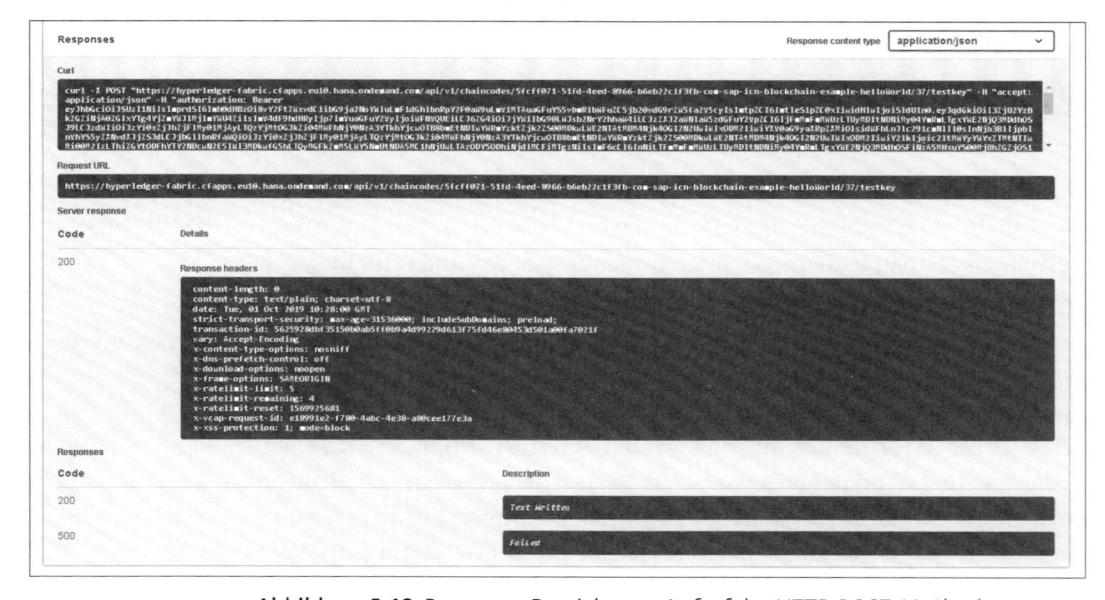

Abbildung 5.48 Response-Bereich zum Aufruf der HTTP-POST-Methode

5.5 Erstellen einer Hyperledger-Fabric-Blockchain

Im Dashboard für unseren Channel sollte diese neue Aktivität im Blockchain Explorer aus dem Bereich **Explore** auch dargestellt werden: Mindestens ein neuer Block sollte nach dem Ausführen der Funktion in die Blockchain geschrieben worden sein (siehe Abbildung 5.49).

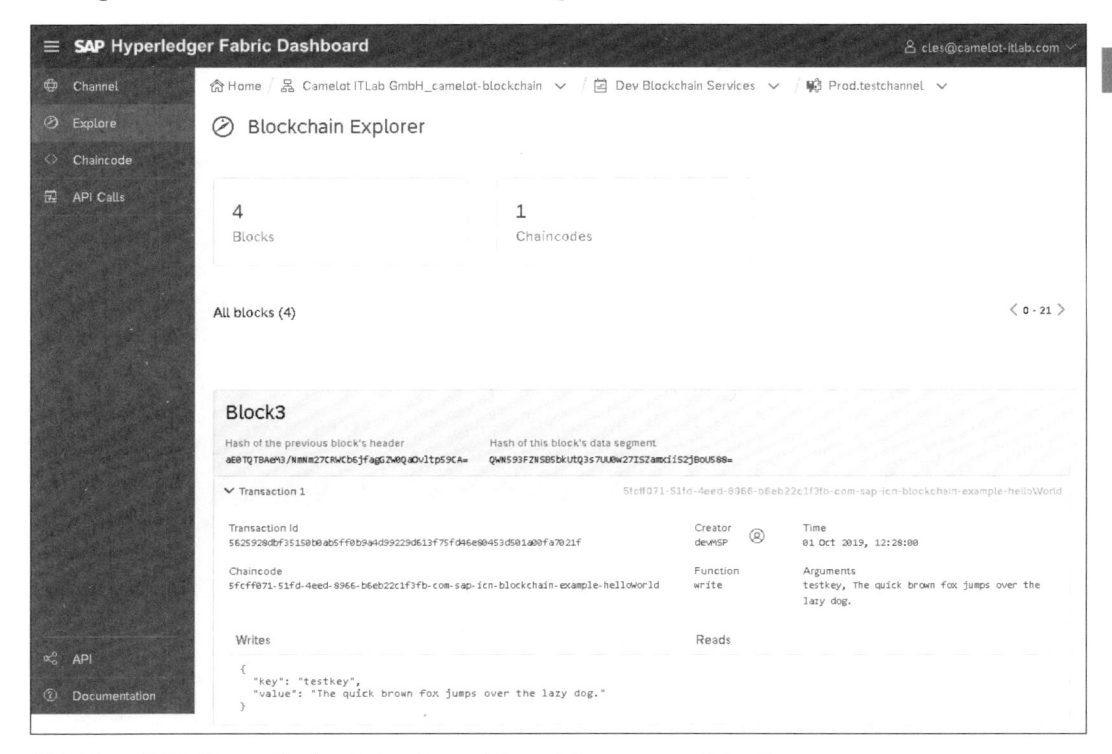

Abbildung 5.49 Neuer Block mit den Transaktionsdaten unseres Schreibvorgangs

Um den in die Blockchain geschriebenen Wert wieder auszulesen, wird über die Swagger-Oberfläche die HTTP-GET-Methode aufgerufen. Dabei geben Sie im Feld **id** wieder den Schlüssel »testkey« an (siehe Abbildung 5.50).

Lesen aus der Blockchain

Nach der Ausführung der Methode über den Button **Execute** verweist der HTTP-Antwortcode 200 auf die erfolgreiche Durchführung des HTTP-Aufrufes. Im Feld **Response body** sollte die zuvor gespeicherte Zeichenkette aus der Blockchain zurückgegeben worden sein (siehe Abbildung 5.51).

Damit ist der Funktionstest für den Blockchain-Chaincode erfolgreich abgeschlossen. Verlassen Sie das Swagger-Interface, und kehren Sie zum Dashboard zurück.

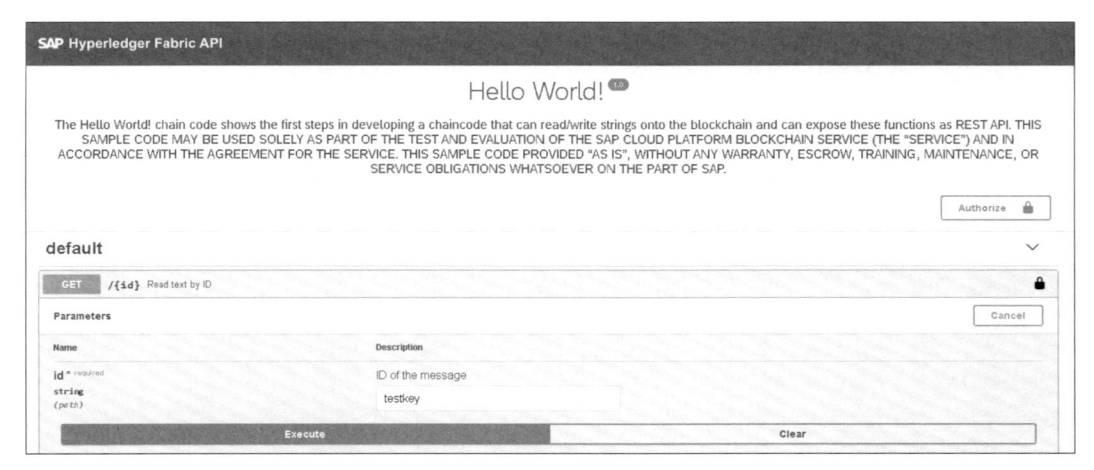

Abbildung 5.50 Auslesen der Zeichenkette mit dem Schlüssel »testkey« und der GET-Methode zum Aufruf der Chaincode-Funktion »read«

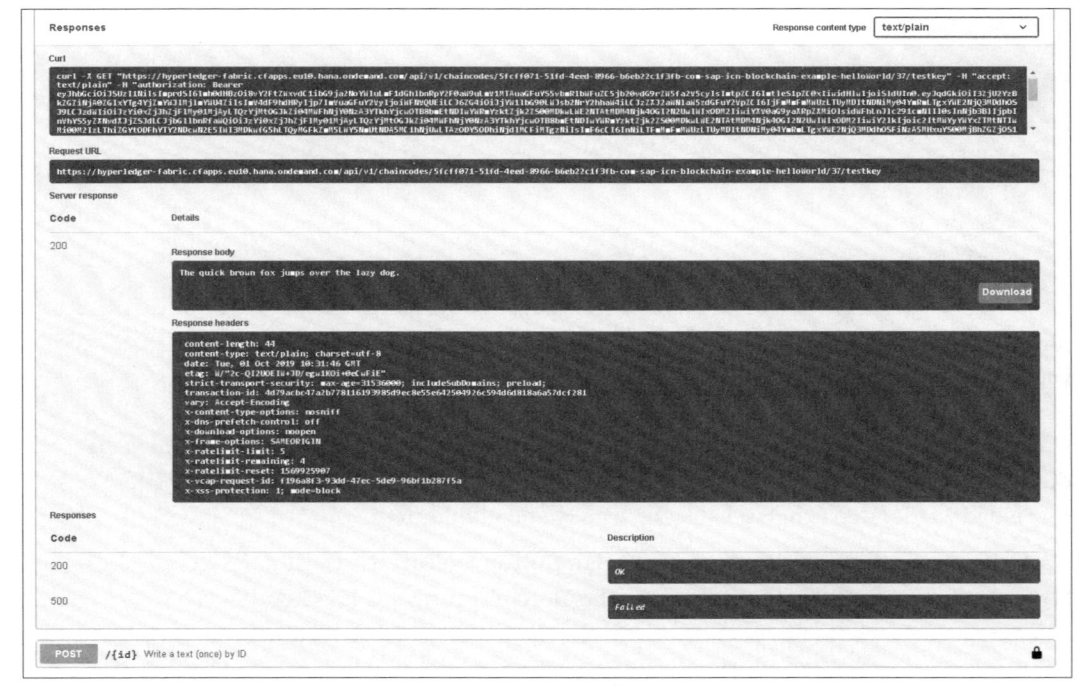

Abbildung 5.51 Response-Bereich mit Ausgabe der gespeicherten Zeichenkette

Protokoll der Chaincode-Aufrufe

Im Bereich **API Calls** des Dashboards für unseren Hyperledger-Fabric-Channel finden Sie ein Logbuch aller Aufrufe des Chaincodes und deren HTTP-Antwort-Codes (siehe Abbildung 5.52). Der zweite Aufruf war aufgrund eines Fehlers des Autors nicht erfolgreich.

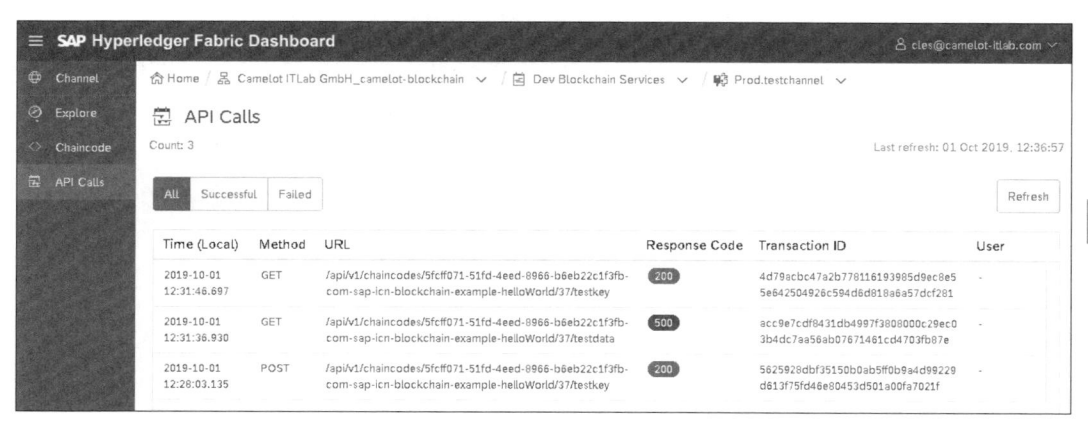

Abbildung 5.52 Auflistung aller Aufrufe des Chaincodes

5.6 Zusammenfassung

Blockchain-Anwendungen auf der SAP Cloud Platform vorzubereiten erfordert neben der richtigen Aufteilung des Global Accounts und der Schaffung von Subaccounts und Spaces auch Services wie die Einrichtung des Blockchain Application Enablements. Dessen Hauptaufgabe ist die standardisierte Bereitstellung der Blockchain-Dienste für andere Services, was über eine REST-API realisiert wird. Daneben bietet der Service eine Reihe von Zusatzdiensten wie Timestamping, Proof of State sowie Proof of History zur eigenen Verwendung.

Nachdem diese grundlegenden Vorbereitungen getroffen wurden, können Sie eigene Blockchains erzeugen. Wir haben Ihnen zunächst gezeigt, wie Sie ein einfaches, MultiChain-basiertes Netzwerk mit zwei Knoten erstellen und wie Sie diese miteinander verbinden.

Als Nächstes haben wir Ihnen gezeigt, wie Sie eine einfache Hyperledger-Fabric-Blockchain anlegen. Dazu haben Sie eine Serviceinstanz für einen Peer-Knoten erzeugt, auf dem Sie einen Channel für die Kommunikation mit anderen Peer-Knoten eingerichtet haben. Jeder Channel stellt dabei eine eigene logische Blockchain dar. Zur Verwaltung der Blockchain-Knoten wird auf der SAP Cloud Platform ein Dashboard bereitgestellt, dessen Ansichten wir Ihnen vorgestellt haben.

Das Dashboard eines Channels erlaubt neben dessen Verwaltung die Installation von Chaincodes, was wir anhand eines auf der SAP Cloud Platform bereitgestellten Beispiels gezeigt haben. Die Chaincode-Funktionsaufrufe und damit die Funktionsfähigkeit der Blockchain können Sie über eine Swagger-basierte Oberfläche testen.

Sie verfügen damit über zwei funktionsfähige Blockchains auf der SAP Cloud Platform. In den folgenden Kapiteln werden wir konkrete Szenarien mit diesen Blockchains umsetzen.

Kapitel 6
Blockchain-Anwendungen mit Hyperledger Fabric entwickeln

In diesem Kapitel realisieren wir konkrete Beispielprojekte mit Hyperledger Fabric. Dazu schauen wir uns zunächst die Architektur einer Hyperledger-Fabric-Blockchain an. Anschließend entwickeln wir erst ein einfaches Adressbuch, dann einen dezentralen Energiemarktplatz, auf dem Teilnehmer eigene Angebote einstellen und kaufen können.

Das Hyperledger-Fabric-Framework bietet eine Reihe von Möglichkeiten zur Entwicklung von Blockchain-Anwendungen. Die Komponenten der Blockchain-Infrastruktur sind modular konfigurierbar, und Sie können Chaincode entwickeln. Diese Möglichkeiten von Hyperledger Fabric stellen wir Ihnen in diesem Kapitel anhand zweier exemplarischer Szenarien vor. Diese Szenarien haben unterschiedliche Komplexitätsgrade:

1. Zunächst zeigen wir Ihnen ein recht einfaches Anwendungsbeispiel. Darin sollen in einem digitalen Telefonbuch Angaben zu einer Person gespeichert und gesucht werden können. Anhand dieses Beispiels vermitteln wir Ihnen, wie die Architektur einer auf Hyperledger Fabric basierenden Blockchain-Anwendung generell aussieht. Außerdem zeigen wir Ihnen, wie die Anbindung und der Aufruf von Chaincode-Funktionen, das Testen und das Deployment der fertigen Anwendung ablaufen und wie Sie ein dazugehöriges Web-Frontend entwickeln.

2. Als Nächstes folgt ein fortgeschritteneres Anwendungsbeispiel. Hier soll ein dezentraler Energiemarkt in einer Blockchain abgebildet werden. Die Marktteilnehmer können eigene Stromangebote formulieren und diese über einen gemeinsamen Marktplatz an andere Teilnehmer verkaufen.

Zunächst erläutern wir jedoch die Architektur einer Hyperledger-Fabric-Blockchain genauer.

6.1 Architektur einer Hyperledger-Fabric-Blockchain

Arten von Knoten

Hyperledger Fabric hat im Vergleich zur klassischen Bitcoin- oder MultiChain-Blockchain einen etwas komplexeren Aufbau: Während es bei Bitcoin bzw. MultiChain nur zwei Arten von Knoten im Netzwerk gibt (Nodes und Miner), gibt es bei Hyperledger Fabric verschiedene Arten mit verschiedenen Aufgaben:

- Peers

  Peer-Nodes oder zu Deutsch Teilnehmerknoten sind am ehesten mit den Knoten anderer Blockchains wie Bitcoin oder MultiChain zu vergleichen. Diese Knoten bilden die Zugänge für die Teilnehmer des Blockchain-Netzwerkes. Sie initiieren und verarbeiten Transaktionen, verwalten ihre lokale Blockchain (und damit den aktuellen Datenbestand) und führen auf Anfrage Chaincode aus. Besonders zu beachten sind die Channels, denen ein Peer-Knoten angehört, da die Konfiguration eines Channels bestimmt, mit welchen anderen Peer-Knoten im Gesamtnetzwerk der Knoten kommunizieren und Transaktionen austauschen kann.

- Orderer

  Anstelle eines kompetitiven Konsensalgorithmus zwischen den Knoten gibt es bei Hyperledger Fabric spezielle *Orderer-Knoten*, die die Reihenfolge von Transaktionen und damit verbunden auch die Blockbildung koordinieren.

- Certificate Authority

  Die *CA-Knoten* (Certificate Authority) dienen in einem Hyperledger-Fabric-Netzwerk dazu, die Legitimierung einzelner Teilnehmer zu prüfen. Das geschieht entweder anhand bereits vorhandener Dienste wie Lightweight Directory Access Protocol (LDAP) oder Kerberos. Falls diese Systeme nicht vorhanden sein sollten, verfügt Hyperledger Fabric über ein eigenes Sicherheitssystem. Das sogenannte *Membership Providing* sollte aber nur zu Entwicklungszwecken eingesetzt werden, da selbst signierte und somit unsichere Sicherheitszertifikate zum Einsatz kommen. CA-Knoten kontrollieren den Zugang zur Blockchain, indem sie benötigte kryptografische Artefakte verwalten. Diese Knoten werden nicht über die SAP Cloud Platform angeboten, können aber z. B. in einem hybriden Setup vorkommen, bei dem eine On-Premise-Infrastruktur mit dem Anteil auf der SAP Cloud Platform kombiniert wird. In einem rein cloudbasierten Setup auf der SAP Cloud Platform geschieht dies transparent hinter den Kulissen.

Ein Hyperledger-Fabric-Netzwerk besteht mindestens aus einem Orderer-Knoten mit Datenbank sowie einem Peer-Knoten. Als Nutzer der SAP Cloud Platform brauchen Sie sich mit diesen architektonischen Details allerdings in der Regel gar nicht zu befassen, es sei denn, Sie möchten eine eigene Hyperledger-Fabric-Infrastruktur mit der auf der SAP Cloud Platform betriebenen verbinden.

Bei der Konfiguration eines Hyperledger-Fabric-Netzwerkes werden Kommunikationskanäle, die Channels, zwischen den teilnehmenden Peer-Knoten etabliert. In diesen Channels tauschen die Knoten untereinander Transaktionen aus. Wie in Abschnitt 5.5.1, »Hyperledger-Fabric-Peer-Knoten anlegen«, bereits erläutert, entspricht ein Channel dabei einer logischen Blockchain, wird mit einem Namen versehen und kryptografisch abgesichert.

Channels

Das bedeutet auch, dass es in Hyperledger Fabric gar keine unverschlüsselte Kommunikation gibt, weder zwischen den Komponenten noch bezüglich der Daten in der Blockchain. Es muss immer zwingend mit Verschlüsselung gearbeitet werden. Deswegen wird auch mit dem Membership Providing ein eigenes Sicherheitssystem als Fallback für den Fall angeboten, dass es keine externe Sicherheitsinfrastruktur gibt. Ohne eine solche Infrastruktur könnte man Hyperledger Fabric gar nicht nutzen.

Hyperledger Fabric verschlüsselt alles

Im Regelfall gibt es in einem Hyperledger-Fabric-Netzwerk einen gemeinsamen Channel, über den alle teilnehmenden Knoten miteinander kommunizieren können. Bei weitergehendem Bedarf können zusätzlich beliebig viele weitere Channels eingerichtet werden, über die nur eine Auswahl der Teilnehmer miteinander kommuniziert. Dabei lassen sich beliebige Konstellationen von Teilnehmergruppen umsetzen. So sind lokale oder themenbezogene Channels realisierbar.

> **Weiterführende Channel-Konzepte**
> Da das Konzept der Channels viele interessante Möglichkeiten für die Bildung privater Untergruppen bietet, finden Sie unter der URL *http://s-prs.de/v691448* weiterführende Erläuterungen dazu.

In einer Hyperledger-Fabric-Blockchain wird der aktuelle Datenstand der Blockchain *World State* genannt. Er wird von einer herkömmlichen Datenbank, der *State Database*, verwaltet. Unterstützt werden dafür NoSQL-Datenbanken wie *LevelDB*, die standardmäßig diesen Part übernimmt. Aber auch *CouchDB* kann gewählt werden. Sie hat den Vorteil, dass komplexere Suchabfragen über den Datenbestand als bei der LevelDB möglich sind.

World State

> **CouchDB**
>
> Sollten Sie Interesse an den komplexeren Abfragemöglichkeiten von CouchDB haben, finden Sie mehr Informationen unter folgender URL: *http://s-prs.de/v691449*
>
> Ein praxisorientiertes Beispiel für die Nutzung von CouchDB mit einer ausführlicheren Anleitung für komplexe Abfragen finden Sie in folgendem Blogbeitrag:
> *http://s-prs.de/v691450*

Chaincode

Wie in Abschnitt 5.5.4, »Chaincode installieren«, bereits gezeigt, unterstützt Hyperledger Fabric außerdem die Installation und Ausführung von Smart Contracts, hier Chaincode genannt. Der Chaincode beinhaltet selbst geschriebene Programme, die in der Blockchain laufen und Transaktionen entgegennehmen, logisch bearbeiten und automatisiert ausführen können. Im Chaincode werden auch die Datenobjekte modelliert, die in der Blockchain gespeichert werden sollen. Dabei können deren Eigenschaften und Funktionen modelliert werden.

Chaincode-Programme müssen eine spezielle Struktur aufweisen. Programmiertechnisch bedeutet dies, dass sie ein bestimmtes Interface implementieren müssen, über das sie Zugang zu den Funktionen der Blockchain erhalten. Chaincode für Hyperledger Fabric muss immer dieselben Grundstrukturen aufweisen und kann als solcher direkt erkannt werden. Mehr dazu erfahren Sie in den folgenden Abschnitten.

6.2 Einfaches Entwicklungsbeispiel: ein digitales Telefonbuch

SAPUI5-basierte Telefonbuchanwendung

Unsere erste, einfache Blockchain-Anwendung soll der Verwaltung von Kontakten in einem digitalen Telefonbuch dienen. Anhand dieses Beispiels möchten wir den Aufbau, das Testen und das Deployment eines Hyperledger-Fabric-Netzwerkes auf der SAP Cloud Platform veranschaulichen. Als Web-Frontend entwickeln wir eine auf dem SAP-eigenen JavaScript-Framework *SAPUI5* basierende Anwendung, über die Kontakte, Adressen und Telefonnummern verwaltet werden können. Abbildung 6.1 zeigt, wie diese Telefonbuchanwendung im Ergebnis aussehen wird. Dieses Beispiel ist allerdings kein typisches Szenario für eine Blockchain-basierte dezentrale Anwendung, sondern soll hier nur als einfacher Einstieg in die Chaincode-Entwicklung dienen.

Hyperledger Fabric Telefonbuch			
Christophe ⊗ Q	≡ Alle Einträge anzeigen	✎ Eintrag aktualisieren	+ Eintrag hinzufügen
Vorname	Nachname	Addresse	Telefonnummer
○ Christophe	Leske	Germany	49111222333

Abbildung 6.1 Auf SAPUI5 basierende Telefonbuchanwendung

Klickt der Anwender auf den Button **Alle Einträge anzeigen**, werden alle in der Blockchain gespeicherten Kontakte aufgelistet. Über den Button **+ Eintrag hinzufügen** kann er unter Angabe des Vor- und Nachnamens, der Adresse und der Telefonnummer einen neuen Kontakt hinzufügen. Über den Button **Eintrag aktualisieren** erfolgt eine Aktualisierung der erfassten Daten, und die Änderungshistorie für einen ausgewählten Kontakt wird ausgegeben.

Um diese Anwendung zu entwickeln, sind folgende Schritte erforderlich:

1. Aufsetzen der Blockchain und Installation des Chaincodes
2. Instanziierung und Test der Chaincode-Funktionen
3. Anbindung des Web-Frontends mit der SAP Web IDE
4. Deployment der Anwendung

Schritte zur Entwicklung der Anwendung

Quellcode zum Herunterladen

Alle Quellcodes der in diesem Buch beschriebenen Beispiele finden Sie auf der Website des Rheinwerk Verlags unter *www.sap-press.de/4865*. Navigieren Sie hier zur Registerkarte **Materialien zum Buch**.

Zusätzlich haben wir ein Git-Repository für das Buch angelegt, das Sie unter folgender URL aufrufen können:

https://github.com/CamelotITLab/Blockchain_mit_SAP

Die Dateien für dieses erste Beispiel finden Sie in dem Verzeichnis **Kapitel_6/phonedirectory**. Hier sind die Dateien in zwei Unterverzeichnissen abgelegt:

- chaincode
- frontend

Das Unterverzeichnis **chaincode** beinhaltet alle Dateien zur Installation des Chaincodes in der Blockchain. Das Verzeichnis **frontend** enthält alle Dateien für das Frontend sowie zusätzliche Infos zur Verknüpfung des Frontends mit der Blockchain. Sehen Sie dazu auch die Informationen zum Laden von Projektbeispielen und dem Repository in Anhang A.

6.2.1 Aufsetzen der Blockchain und Installation des Chaincodes

Betriebsbereiter Knoten als Ausgangspunkt

Um die Blockchain aufzusetzen und anschließend in Betrieb zu nehmen, benötigen Sie mindestens einen Peer-Knoten. Dieses kleinstmögliche Blockchain-Netzwerk für Hyperledger Fabric wird über den Serviceplan dev angeboten. Sie können den in Abschnitt 5.5, »Erstellen einer Hyperledger-Fabric-Blockchain«, angelegten Knoten als Ausgangspunkt für dieses Beispiel nutzen. Sollten Sie noch keinen betriebsbereiten Knoten zur Verfügung haben, hier zur Erinnerung noch einmal die Schritte, die erforderlich sind, um einen Knoten in Betrieb zu nehmen:

1. Bereitstellung des Peer-Knotens
2. Entwicklung von Chaincode zum Speichern/Auslesen der Daten (in Abschnitt 5.5.4, »Chaincode installieren«, hatten wir das bereits fertige »Hello World«-Beispiel der SAP Cloud Platform verwendet)
3. Upload des Chaincodes in die Blockchain
4. Instanziierung und Testen des Chaincodes

Auch für dieses Beispiel genügt es, bei der Anlage der Knoteninstanz den Serviceplan dev auszuwählen. Wie in Abschnitt 2.2.2, »Kosten und Aufwände«, dargestellt, handelt sich dabei um einen kostenpflichtigen Serviceplan. Bei der Auswahl des Serviceplans werden Sie darauf hingewiesen. Weitere Einstellungen sind zur Aktivierung der Knoteninstanz nicht möglich. Prüfen Sie, ob die laufende Instanz des entsprechenden Serviceplans in der Übersicht aufgeführt wird.

Konfigurieren der Knoteninstanz

Nach dem erfolgreichen Start der Knoteninstanz können Sie diese im Dashboard konfigurieren, indem Sie den Chaincode installieren (siehe Abbildung 6.2).

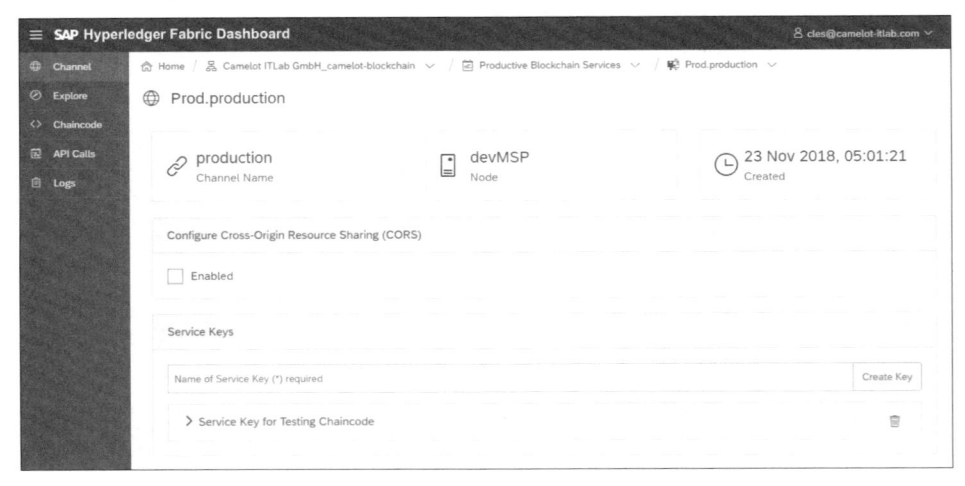

Abbildung 6.2 Dashboard eines laufenden Hyperledger-Fabric-Knotens

Der zu installierende Chaincode muss in Form eines ZIP-Archivs mit einer bestimmten Struktur vorliegen. Für unser Telefonbuchprojekt stellen wir ein ZIP-Archiv mit dem Namen **phonedirectory_chaincode.zip** bereit. Diese ZIP-Datei muss folgende Verzeichnisse enthalten:

Struktur des Chaincodes

- das Wurzelverzeichnis mit einer Manifestdatei **chaincode.yaml**
- ein Unterverzeichnis namens **src** mit den Quelldateien

Das Unterverzeichnis **src** enthält wiederum folgende Dateien:

- die eigentlichen Chaincode-Dateien mit dem Code in Go
- eine YAML-Datei mit den Beschreibungen der aufrufbaren Funktionen und Parameter zur Einrichtung und Darstellung der Swagger-Oberfläche

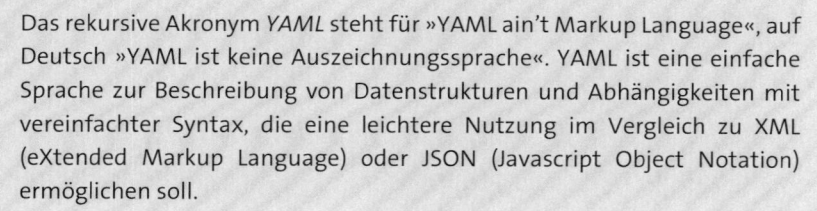

> **YAML**
>
> Das rekursive Akronym *YAML* steht für »YAML ain't Markup Language«, auf Deutsch »YAML ist keine Auszeichnungssprache«. YAML ist eine einfache Sprache zur Beschreibung von Datenstrukturen und Abhängigkeiten mit vereinfachter Syntax, die eine leichtere Nutzung im Vergleich zu XML (eXtended Markup Language) oder JSON (Javascript Object Notation) ermöglichen soll.

Die Datei **chaincode.yaml** im Wurzelverzeichnis des ZIP-Archivs ist die sogenannte *Manifestdatei*. Die Manifestdatei erklärt die Komponenten in Bezug auf das Projekt, also ihre ID (das Namespace) sowie die Versionsnummer des Chaincodes. Das Namespace dient der Abgrenzung zu anderen Softwaremodulen, damit keine überlappende Programmierung entsteht.

»chaincode.yaml«

In unserem Beispiel sieht der Inhalt dieser Manifestdatei wie folgt aus:

```
Id:       com-camelot-baas-phone-directory
Version:  0.1
```

Die Versionsnummer muss bei jedem Update erhöht werden, damit der neue Code eingespielt werden kann.

Das Unterverzeichnis **src** enthält alle Go-Dateien mit dem Chaincode und gegebenenfalls inklusive weiterer Unterverzeichnisse. Zu jeder Go-Datei, die aufrufbare Chaincode-Funktionen bereitstellt, sollte auch eine entsprechende YAML-Datei definiert werden, die erläuternde Informationen dazu für die Swagger-Oberfläche enthält.

src-Unterverzeichnis

In unserer Beispielanwendung liegt nur eine Go-Datei mit Chaincode im Unterverzeichnis **src**, die Datei **phone_directory.go**. Neben ihr liegt eine Datei mit dem korrespondierenden Namen **phone_directory.yaml**. Sie enthält

Swagger-YAML-Dateien

die Namen und Funktionen der Methoden und Parameter im Chaincode für die Swagger-Oberfläche. Den Inhalt dieser Datei zeigt Listing 6.1.

```yaml
swagger: "2.0"

info:
  description: "Hypertrust Phone Directory"
  version: "1.0"
  title: "Phone Directory Management"

consumes:
  - application/x-www-form-urlencoded
produces:
  - application/json

parameters:
  contact_no:
      name: contact_no
      in: formData
      description: Contact Number
      required: true
      type: number

  first_name:
      name: first_name
      in: formData
      required: true
      description: First Name
      type: string
      maxLength: 20

  last_name:
      name: last_name
      in: formData
      required: true
      description: Last Name
      type: string
      maxLength: 20

  address:
      name: address
      in: formData
      required: false
      description: address
```

```yaml
        type: string
        maxLength: 64

    query_string:
        name: query_string
        in: path
        description: query string
        required: true
        type: string
        maxLength: 200

    contact_key:
        name: contact_key
        in: path
        description: Unique contact key
        required: true
        type: string
        maxLength: 100

    operation_type:
        name: operation_type
        in: formData
        description: CRUD Operation Type
        required: true
        type: string
        maxLength: 1

    contact_key_2:
        name: contact_key_2
        in: formData
        description: Unique contact key
        required: false
        type: string
        maxLength: 100

paths:

  /registerContact:

    post:
        operationId: registerContact
        summary: Track Contact Details
        parameters:
        - $ref: '#/parameters/contact_no'
```

```yaml
          - $ref: '#/parameters/first_name'
          - $ref: '#/parameters/last_name'
          - $ref: '#/parameters/address'
          - $ref: '#/parameters/operation_type'
          - $ref: '#/parameters/contact_key_2'
        responses:
          200:
            description: OK
            schema:
              type: object
              properties:
                text:
                  type: string
          400:
            description: Error

  /getContact/{query_string}:

    get:
      operationId: getContact
      summary: Trace Contact Details
      parameters:
      - $ref: '#/parameters/query_string'
      responses:
        200:
          description: OK
          schema:
            type: object
            properties:
              text:
                type: string
        400:
          description: Error

  /getContactHistory/{contact_key}:

    get:
      operationId: getContactHistory
      summary: Get History of contact
      parameters:
      - $ref: '#/parameters/contact_key'
      responses:
        200:
          description: OK
```

```
      schema:
        type: object
        properties:
          text:
            type: string
    400:
      description: Error
```

Listing 6.1 Inhalt der Datei »phone_directory.yaml«

Den Inhalt dieser Datei erkennen Sie nach der Installation des Chaincodes in der Anzeige der Funktionsparameter auf der Swagger-Oberfläche wieder. In Abbildung 6.3 sehen Sie beispielsweise die Parameter der Funktion `registerContact`, die aufgerufen wird, wenn ein Anwender einen neuen Kontakt anlegt.

Parameter auf der Swagger-Oberfläche

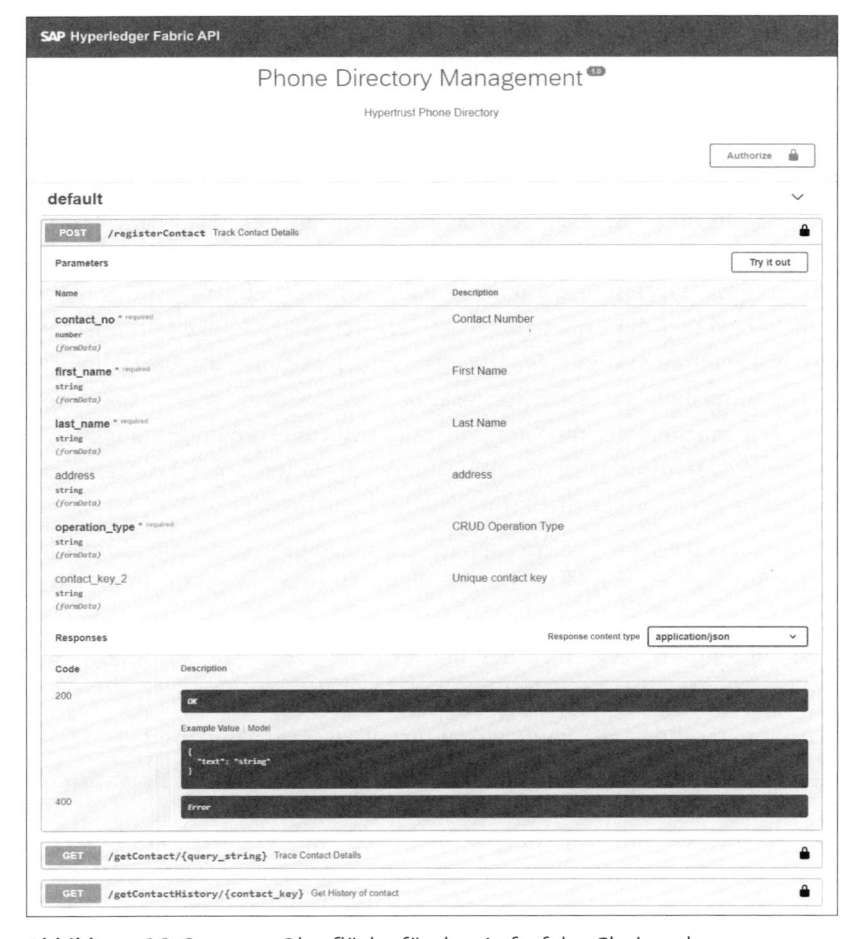

Abbildung 6.3 Swagger-Oberfläche für den Aufruf des Chaincodes

Chaincode installieren

Laden Sie nun das ZIP-Archiv mit dem Chaincode für unser Beispiel in die Blockchain, und installieren Sie es. Dazu müssen Sie sich im Dashboard der laufenden Hyperledger-Fabric-Knoteninstanz befinden. Navigieren Sie dort in den Bereich **Chaincode**.

Auf dieser Übersichtsseite aller installierten Chaincodes im Blockchain-Knoten sehen Sie, dass noch kein Chaincode installiert wurde. Klicken Sie auf den Button **+ Install Chaincode**, um den neuen Chaincode zu installieren (siehe Abbildung 6.4).

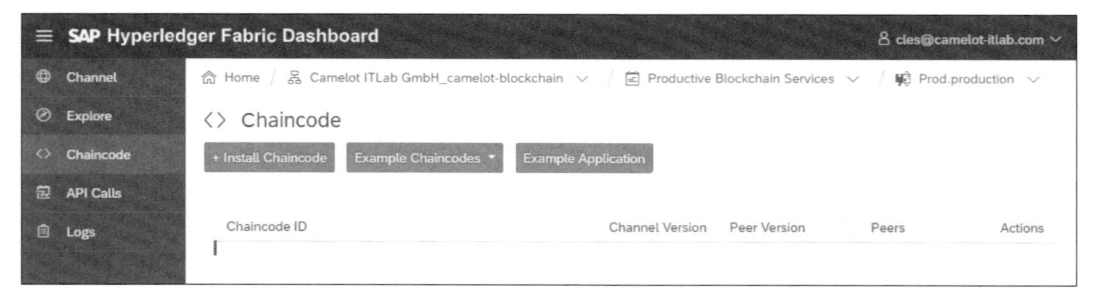

Abbildung 6.4 Übersicht der installierten Chaincodes

Es öffnet sich ein Dialog, über den Sie das ZIP-Archiv hochladen können (siehe Abbildung 6.5). Sie können das ZIP-Archiv entweder per Drag & Drop in den Browser ziehen oder es über den Button **Choose File** auswählen. Mit Markieren der Option **Peers** geben Sie an, auf welchen Knoten des Blockchain-Netzwerkes der Chaincode installiert werden soll. Da wir in unserem Beispiel nur einen Knoten haben, wird hier auch nur einer angezeigt. In dem Beschreibungsfeld darunter können Sie optional weitere Angaben zum Chaincode machen. Klicken Sie auf **Install Chaincode**, um die Installation zu bestätigen. Daraufhin wird die ZIP-Datei hochgeladen. Folgt das Archiv der beschriebenen richtigen Struktur, wird der Code installiert.

Chaincode instanziieren

Beachten Sie, dass der Chaincode nach dem erfolgreichen Upload zwar installiert ist, aber noch nicht aktiviert wurde. Dazu müssen Sie auf den Button **Instantiate** klicken. Erst danach ist der neue Chaincode ausführbar, zu erkennen an dem Symbol zu Beginn der Zeile (siehe Abbildung 6.6). Folgende Zustände sind hier möglich:

- Grünes Häkchen ✓: Chaincode ist installiert und instanziiert.
- Blaues Infosymbol ⓘ: Chaincode ist nur installiert, aber nicht instanziiert.

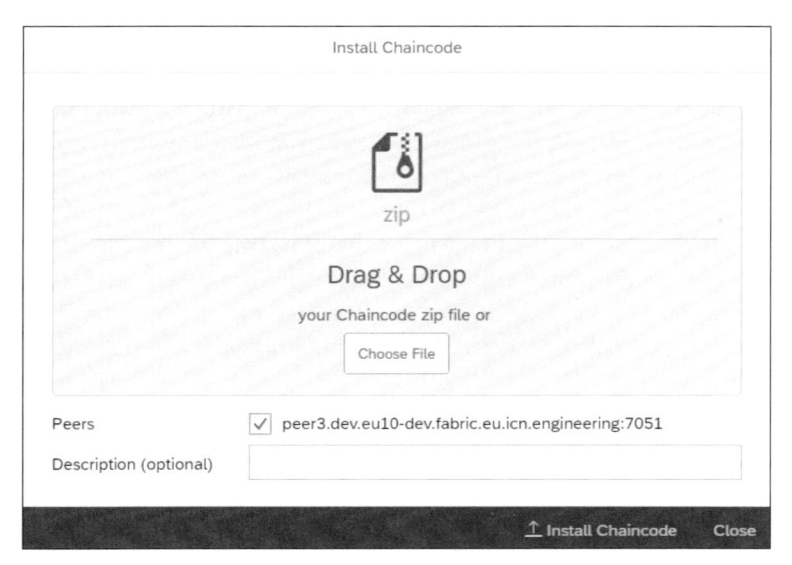

Abbildung 6.5 Chaincode-ZIP-Archiv hochladen

Damit haben Sie den Chaincode betriebsbereit in der Blockchain installiert.

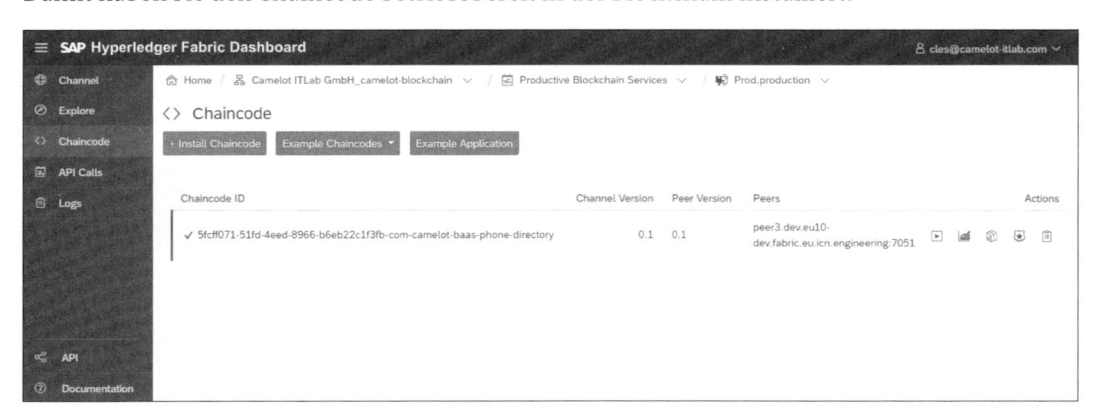

Abbildung 6.6 Der installierte und aktivierte Chaincode für das Telefonbuchbeispiel

6.2.2 Datenmodellierung und Entwicklung des Chaincodes

Wir haben Ihnen gezeigt, wie Sie das fertige Projekt-ZIP-Archiv installieren und den Aufbau verstehen. Nun schauen wir uns den Inhalt genauer an, damit Sie in der Lage sind, Chaincode zu verstehen, und lernen, ihn selbst zu entwickeln. Chaincode für Hyperledger Fabric wird in der Programmiersprache Go geschrieben.

> **Die Programmiersprache Go**
>
> Go oder auch GoLang wurde von Google für verteilte Systeme entwickelt. Die Sprache bemüht sich, so schnell und leicht erlernbar wie Python zu sein und dabei gleichzeitig die Typsicherheit kompilierter Sprachen zu bieten, was viele Fehlerquellen in der Programmierung eliminiert. Das Arbeiten mit Go soll Spaß machen und produktiv sein. Eine weiterführende Einführung in die Programmierung mit der Sprache Go würden den Rahmen dieses Buches sprengen. Um sich intensiver mit der Sprache zu beschäftigen, empfehlen wir die interaktive Einführung auf der Webseite *https://golang.org*.

struct-Datenstrukturen

Da es in Go keine Klassen und keine Vererbung gibt, werden stattdessen Datenstrukturen (struct) selbst definiert. Diese struct-Konstrukte beschreiben ein Objekt oder einen Vorgang. Sie werden um benötigte Funktionen erweitert. In vielen Fällen sieht die struct-Definition des zentralen Objekts recht einfach aus, wenn es keine weiteren Eigenschaften benötigt.

Datenmodell

»phone-directory.go«

Schauen wir uns zunächst die Datei **phone-directory.go** an. Sie enthält das Datenmodell unseres Telefonbuches und befindet sich im installierten ZIP-Archiv im Unterverzeichnis **src**. Die Datei beinhaltet den kompletten Quellcode für die Datenmodellierung und die benötigten Funktionen.

Das Datenmodell für unser Telefonbuchprojekt PhoneDirectory ist sehr übersichtlich. Es handelt sich nur eine leere struct-Anweisung (siehe Listing 6.2) – zwischen den Klammern steht nichts.

```
//PhoneDirectory Chaincode implementation
type PhoneDirectory struct {
}
```

Listing 6.2 Das Datenmodell für das Telefonbuch in Go

Damit ist unser Telefonbuch zwar definiert, aber es kann noch nichts. Damit wir mit dem Telefonbuch arbeiten können, müssen wir es erst um weitere Funktionen und Datenmodelle anreichern.

struct-Datenmodell für Kontakte

Einen Eintrag in unserem Telefonbuch nennen wir Contact. Ein Kontakt besteht aus einer Reihe von Daten:

- einem Vornamen
- einem Nachnamen

- einer Adresse
- einer Telefonnummer

Welche Eigenschaften zur Struktur Contact gehören, wird in seinem `struct`-Konstrukt definiert. Diese Definition findet sich ab Zeile 38 in der Datei **phone_book.go**. Listing 6.3 zeigt den entsprechenden Ausschnitt.

```go
type Contact struct {
    ObjectType string `json:"docType"`
    ContactNo  string `json:"contactNo"`
    FirstName  string `json:"firstName"`
    LastName   string `json:"lastName"`
    Address    string `json:"address"`
    Timestamp  string `json:"timestamp,omitempty"`
}
```

Listing 6.3 Definition der Datenstruktur »Contact«

`ObjectType` ist ein eindeutiger Schlüssel, der einem Kontakt zugeordnet wird. Falls es im Telefonbuch mehrere Personen mit gleichem Namen gibt, können diese später über den *Unique Key* unterschieden werden.

`ContactNo` ist die Telefonnummer, `FirstName` und `LastName` sind Vor- und Nachname des Kontakts. `Address` ist natürlich die Anschrift, und `Timestamp` ist der Zeitstempel, der bei der Anlage des Datensatzes vergeben wird. Damit sind die grundlegenden Eigenschaften der Datenstruktur für die Kontakte unseres Telefonbuches definiert.

Funktionen

Funktionen für die Telefonbuchanwendung werden als `func` in Go definiert. Wir benötigen z. B. eine Funktion zum Erzeugen eines Eintrags in der Blockchain sowie eine Funktion zum Auslesen einer bzw. aller gespeicherten Einträge. Das realisieren wir über die folgenden Funktionen:

- `func registerContact`: Registriert bzw. aktualisiert einen Kontakt.
- `func getContact`: Liest einen oder alle bestehenden Kontakte aus.

Funktion »registerContact«

Die Funktion `registerContact` erweitert unser Telefonbuch `PhoneDirectory` und nimmt beim Aufruf Argumente in Form eines String-Arrays entgegen. Nach dem Aufruf liefert es ein `peer.Reponse`-Objekt zurück – das ist das zu liefernde Antwortobjekt für Funktionsaufrufe an den Chaincode der Blockchain, damit der Vorgang abgeschlossen werden kann. Listing 6.4 zeigt den Aufbau der Funktion.

Neuen Kontakt hinzufügen

```
/******************** registerContact function ********************/
func (t *PhoneDirectory) registerContact(stub shim.ChaincodeStub-
Interface, args []string) peer.Response {

    var contactEntry Contact
    var operationType string
    var contactKey string

    contactEntry.ObjectType = "contacts"
    contactEntry.ContactNo = args[0]
    contactEntry.FirstName = args[1]
    contactEntry.LastName = args[2]
    contactEntry.Address = args[3]
    operationType = args[4]
    contactKey = args[5]
...
```

Listing 6.4 Funktion »registerContact«

Die Zeilen nach der fett markierten Funktionssignatur enthalten den Code zum Auslesen der übergebenen Kontaktdaten: Zuerst wird eine neue, leere Variable contactEntry erstellt, die vom Typ Contact, unserer selbst definierten Struktur, ist.

Alle übergebenen Informationen für den neu anzulegenden Kontakt sind im String-Array args enthalten. Die darin enthaltenen Daten werden ausgelesen und den Feldern der Variablen contactEntry zugewiesen – der erste Eintrag im Array wird demnach der Telefonnummer, der zweite dem Vornamen zugewiesen. Dann folgen Zuname und die Adresse. Der erste Eintrag wird übergangen, weil er immer den Wert »contacts« haben soll. Er dient als Schlüssel für den Objekttyp, um diese Objekte später wieder aus der Datenbank auslesen zu können.

Der nächste Eintrag im Array ist die Variable operationType. Sie enthält einen symbolischen Buchstaben, der darauf hinweisen soll, ob der Kontakt neu angelegt (C für *create*) oder aktualisiert werden soll (U für *update*).

Der letzte Eintrag im Array ist der contactKey, der eindeutige Zugriffsschlüssel für den einzelnen Kontakt. Dank dieses Schlüssels können mehrere Kontakte mit gleichem Namen angelegt werden.

Zeitstempel — Zuletzt wird noch ein Zeitstempel angefertigt, der den Zeitpunkt der Erstellung des Kontakts dokumentiert. Der Wert "2006-01-02 15:04:05" dient hier lediglich als Vorlage für das Format, in dem das jeweils aktuelle Datum angegeben werden soll (siehe Listing 6.5).

```
...
mytime := time.Now()
contactEntry.Timestamp = mytime.Format("2006-01-02 15:04:05")
...
```

Listing 6.5 Erstellung des Zeitstempels

Damit ist die Funktion zum Einlesen und Erstellen eines neuen Contact-Objekts abgeschlossen. Sie kann nun in die Blockchain geschrieben werden.

Es gibt bei Hyperledger Fabric zwei zentrale Go-Funktionen zum Lesen und Schreiben in die Blockchain:

Lesen und Schreiben in die Blockchain

- stub.getState
- stub.setState

Beide Funktionen sind gleich strukturiert. Sie unterstützen nur JSON-Objekte, um diese in der Blockchain zu speichern oder sie aus der Blockchain auszulesen. Dies ist den dahinterliegenden NoSQL-Datenbanken LevelDB oder CouchDB geschuldet, die Schlüssel-Wert-Paare, bevorzugt als JSON-Objekte, speichern.

Im Chaincode werden Sie deswegen oft Konstrukte finden, in denen Daten vor dem Schreiben in die Blockchain von Go nach JSON konvertiert werden. Beim Auslesen aus der Blockchain werden sie wieder von JSON nach Go konvertiert. Man spricht hier auch von *Serialisierung*. Dazu wird die Funktion Marshal verwendet, die Go-Datenobjekte ins JSON-Format umwandelt. Listing 6.6 zeigt dies für einen neuen Kontakt in unserem Beispiel.

Go-Objekte in JSON konvertieren

```
...
// ==== Create contact object and marshal to JSON ====
    contactJSON, err := json.Marshal(contactEntry)
    if err != nil {
        return shim.Error("Marshal failed for Contact Entry" +
fmt.Sprint(err))
    }
...
```

Listing 6.6 Contact-Struktur aus Go in ein JSON-Objekt konvertieren (serialisieren)

Die Variable contactJSON enthält nach erfolgreicher Ausführung die Eigenschaftswerte unserer Go-Variablen contactEntry im JSON-Format.

Eintrag anlegen oder aktualisieren

Im Quellcode folgt nun eine Weiche. Abhängigkeit von der gewünschten Operation, wird entweder die eine oder die andere Aktion ausgeführt. Die `switch`-Anweisung in Listing 6.7 entspricht also etwa einer `if … else`-Anweisung. Enthält die Variable `operationType` ein »C«, wird der Kontakt neu gespeichert. Enthält sie ein »U«, wird nach einem bestehenden Kontakt gesucht, der bei Vorhandensein aktualisiert wird.

```
...
   switch operationType {
   
     case "C":
       // === Save contact to state ===
       rand.Seed(time.Now().UnixNano())
       
       err = stub.PutState(randSeq(10), contactJSON)
       if err != nil {
         return shim.Error(err.Error())
       }
     
     case "U":
       // === Update contact to state ===
       if len(contactKey) != 0 {
         
         // ==== Check if contact already exists ====
         contactAsBytes, err := stub.GetState(contactKey)
         if err != nil {
           return shim.Error("Failed to get contact: " + err.Error())
         } else if contactAsBytes != nil {
           err = stub.PutState(contactKey, contactJSON)
           if err != nil {
             return shim.Error(err.Error())
           }
         }
       } else {
         return shim.Error("Cotact key cannot be empty for update operation")
       }
     default:
       return shim.Error("Unsupported operation type:" + operationType)
   }
   
   return shim.Success(nil)
```

Listing 6.7 switch-Anweisung zum Anlegen eines neuen Eintrags oder Aktualisieren eines bestehenden

Muss ein neuer Kontakt angelegt werden, erhält dieser einen eindeutigen internen Datenbankschlüssel:

```
...
    err = stub.PutState(randSeq(10), contactJSON)
...
```

Dieser eindeutige Schlüssel für den Kontakt wird beim Speichern auf der Datenbank zufällig mittels der Funktion `randSeq(10)` erzeugt. `randSeq(10)` erzeugt hier eine zufällige zehnstellige alphanumerische Sequenz. Der Eintrag hat so einen eindeutigen Zugriffsschlüssel auf der Datenbank.

Neben der Neuanlage eines Kontakts ist es aber auch möglich, einen bestehenden Kontakt zu aktualisieren. Der eindeutige `contactKey` eines jeden Eintrags wird dabei verwenden, um den bereits bestehenden Datensatz zu ermitteln.

Funktion »getContact«

Die Funktion `getContact` zum Auslesen eines oder aller Kontakte aus der Blockchain ist das Gegenstück zur Funktion `registerContact`. Sie entnimmt aus dem Array der Aufrufargumente `args` den ersten Eintrag als Such-String, um nach passenden Kontakten in der Blockchain zu suchen, und durchläuft die gefundenen Ergebnisse (siehe Listing 6.8).

Auslesen eines oder aller Kontakte

```go
//**************** get registred contact function*****************/

func (t *PhoneDirectory) getContact(stub shim.ChaincodeStubInterface,
 args []string) peer.Response {

    var queryString string
    var err error

    queryString = args[0]
    if err != nil {
      return shim.Error("query string not provided")
    }

    // search contact based on provided queryString
    resultsIterator, err := stub.GetQueryResult(queryString)
    if err != nil {
      return shim.Error(err.Error())
    }
    defer resultsIterator.Close()
```

```
            objs, err := getListResult(resultsIterator, stub)
            if err != nil {
              return shim.Error("getListResult failed")
            }

            return shim.Success(objs)
}
```

Listing 6.8 Funktion »getContact«

Werden passende Einträge gefunden, werden diese als Liste zurückgegeben (Variable `objs` in der letzten Zeile).

Obligatorische Chaincode-Funktionen

Die Struktur des restlichen Quellcodes in der Datei **phone_directory.go** ist der geforderten Struktur zur Programmierung von Chaincode unter Hyperledger Fabric geschuldet. Die im Folgenden beschriebenen Funktionen werden erwartet, damit das Programm als Chaincode in der Blockchain ausgeführt werden kann.

Funktion »Init« — Für die Initialisierung des Chaincodes können Sie Parameter mitgeben, die in der Funktion Init verarbeitet werden. In unserem Beispiel gibt es allerdings keine besonderen zusätzlichen Parameter, die wir bei der Initialisierung des Telefonbuches übergeben wollten. Daher bleibt diese Funktion in unserem Chaincode leer (siehe Listing 6.9).

```
// Init deploy callback mode
func (t * PhoneDirectory) Init(stub shim.ChaincodeStubInterface)
peer.Response {
    // Validate supplied init parameters, in this case zero
arguments!
    if _, args := stub.GetFunctionAndParameters(); len(args) > 0 {
        return shim.Error("Init: Incorrect number of arguments; no
arguments were expected and none should have been supplied.")
    }
    return shim.Success(nil)
}
```

Listing 6.9 Funktion »Init«

Funktion »Main« — Die Funktion Main ist der Haupteinstiegspunkt in das Programm. Sie erzeugt in unserem Fall das Hauptobjekt PhoneDirectory und stellt sicher, dass dieses erfolgreich erstellt werden kann (siehe Listing 6.10).

```
/**********main implementation *************/
func main() {
    if err := shim.Start(new(PhoneDirectory)); err != nil {
        fmt.Printf("Main: Error starting OutProxy chaincode: %s", err
)
    }
}
```

Listing 6.10 Funktion »Main«

Die für den Chaincode wichtigste Funktion ist die zentrale Funktion Invoke, die als Drehscheibe für die Aufrufe selbst geschriebener Funktionen dient. Hier werden die Namen der auszuführenden Funktionen als Zeichenketten aus den Parametern abgefragt, geprüft und dann ausgeführt. Die Aufgabe der Funktion Invoke ist es dabei, sicherzustellen, dass nur Code aufgerufen wird, der auch aufgerufen werden kann, und wichtiger noch: auch aufgerufen werden soll. Konkret geschieht dies über den Abgleich der Namen der aufzurufenden Funktionen in einer Kaskade von if-Anweisungen. Falls der erforderliche Funktionsname nicht gefunden werden kann, wird eine Fehlermeldung ausgegeben (siehe Listing 6.11).

Funktion »Invoke«

```
// Invoke deploy and invoke callback mode
func (t *PhoneDirectory) Invoke(stub shim.ChaincodeStubInterface)
peer.Response {

    // Which function is been called?
    function, args := stub.GetFunctionAndParameters()
    function = strings.ToLower(function)

    // Handle different functions
    if function == "registercontact" {
        // Register Contact Details
        return t.registerContact(stub, args)
    } else if function == "getcontact" {
        // Get Contact Details
        return t.getContact(stub, args)
    } else if function == "getcontacthistory" {
        // Get Contact Details
        return t.getContactHistory(stub, args)
    }
    return shim.Error("Received unknown invocation: " + function)
}
```

Listing 6.11 Funktion »Invoke«

Damit haben Sie alle benötigten Elemente des Chaincodes entwickelt. Nachdem Sie ihn, wie in Abschnitt 6.2.1, »Aufsetzen der Blockchain und Installation des Chaincodes«, beschrieben, in der Blockchain installiert haben, können Sie ihn testen.

6.2.3 Chaincode testen

Um den installierten Chaincode zu testen, navigieren Sie im Dashboard des Hyperledger-Fabric-Knotens in den Bereich **Chaincode**, die Übersicht der installierten Chaincodes. Klicken Sie in der Spalte **Actions** zu unserem Chaincode auf das Play-Icon.

Aufruf der Swagger-Oberfläche

Sie werden zur Swagger-Oberfläche weitergeleitet, auf der Sie die Funktionen des Chaincodes im Browser testen können. Hier werden Ihnen die erkannten Funktionen für den Chaincode PhoneDirectory angezeigt, die Sie mittels HTTP-Methoden testen können (siehe Abbildung 6.7).

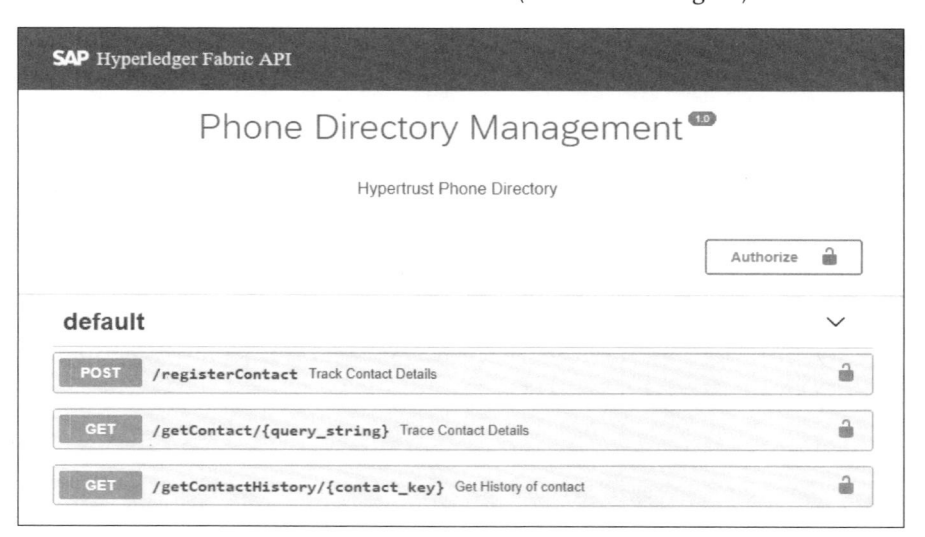

Abbildung 6.7 Swagger-Oberfläche mit den Funktionen des Chaincodes

Die ersten beiden Funktionen haben wir in Abschnitt 6.2.2, »Datenmodellierung und Entwicklung des Chaincodes«, besprochen:

- Die Funktion registerContact können Sie auf der Swagger-Oberfläche über die HTTP-Methode POST aufrufen.
- Die Funktion getContact können Sie über die HTTP-GET-Methode mit einem angehängten Such-String aufrufen.

Funktion »getContactHistory«

Als dritte Funktion sehen Sie hier die Funktion getContactHistory, deren Entwicklung wir in Abschnitt 6.2.2 nicht besprochen haben. Sie liefert unter

Angabe eines eindeutigen Schlüssels für den betreffenden Kontakt eine Datenänderungshistorie zum aktuellen Eintrag aus der Blockchain.

Die Swagger-Oberfläche erlaubt die Ausführung der Chaincode-Funktionen als REST-API-Aufrufe. Dies zeigen wir nun exemplarisch, indem wir einen neuen Kontakt anlegen und den gespeicherten Kontakt anschließend wieder aus der Blockchain auslesen. Auf die im Folgenden gezeigte Weise können Sie alle Funktionen Ihres eigenen Chaincodes testen.

Bevor Sie Ihre Chaincode-Funktionen testen können, müssen Sie noch die OAuth-2.0-Autorisierung durchlaufen, damit Ihr Browser bei jedem Aufruf ein entsprechendes Token mitsendet. Gehen Sie dazu vor, wie in Abschnitt 5.5.4, »Chaincode installieren«, beschrieben. Das so erstellte OAuth-2.0-Token wird bei jedem Aufruf der HTTP-Methoden im HTTP-Header an die SAP Cloud Platform mitgesendet, um sich gegenüber der Blockchain als berechtigter Benutzer auszuweisen.

OAuth-2.0-Autorisierung

Nach der erfolgreichen Erzeugung des Tokens können Sie den Autorisierungsdialog wieder schließen. Klicken Sie dazu auf den Button **Close**, oder schließen Sie den Dialog über das entsprechende Icon oben rechts (siehe Abbildung 6.8). Ein Klick auf den Button **Logout** entzieht die erteilte Berechtigung wieder.

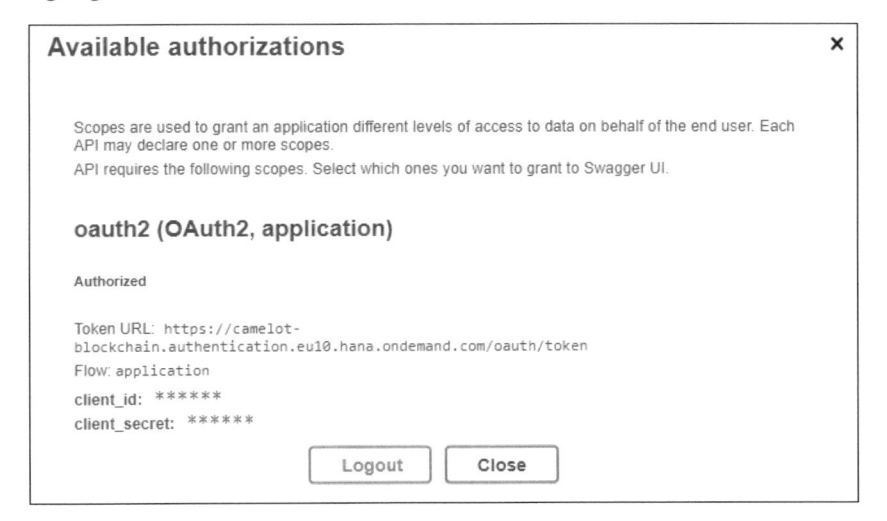

Abbildung 6.8 Erfolgreich erteilte Zugriffsberechtigung mit OAuth 2.0

Die erfolgte Autorisierung ist auf der Übersichtsseite an dem Schlosssymbol im Button **Authorize** zu erkennen. Auch zu allen verfügbaren Funktionen wird ein solches Symbol angezeigt (siehe Abbildung 6.9). Sie können nun testen, ob die von uns geschriebenen Funktionen auch tatsächlich wie vorgesehen funktionieren.

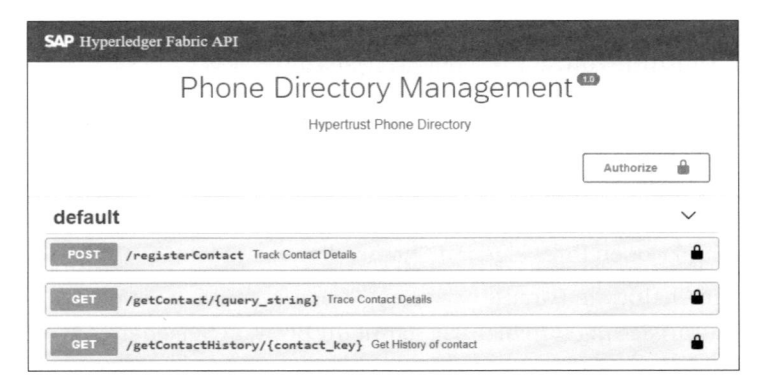

Abbildung 6.9 Zum Zugriff auf die Blockchain autorisierte Aufrufe

Hinzufügen eines Kontakts testen

Klicken Sie auf der Swagger-Oberfläche als Erstes auf die Funktion `register-Contact`. Damit öffnet sich ein Formular, das die Liste der erwarteten Parameter und deren Beschreibungen anzeigt. Diese Informationen werden aus der Datei **phone_directory.yaml** bezogen (siehe Abbildung 6.10).

Abbildung 6.10 Parameter für den Aufruf der Funktion »registerContact« mit der Methode POST

Klicken Sie dann auf den Button **Try it out** oben rechts. Füllen Sie die Formularfelder mit den persönlichen Angaben eines Kontakts aus, z. B. mit Ihren eigenen Daten (siehe Abbildung 6.11).

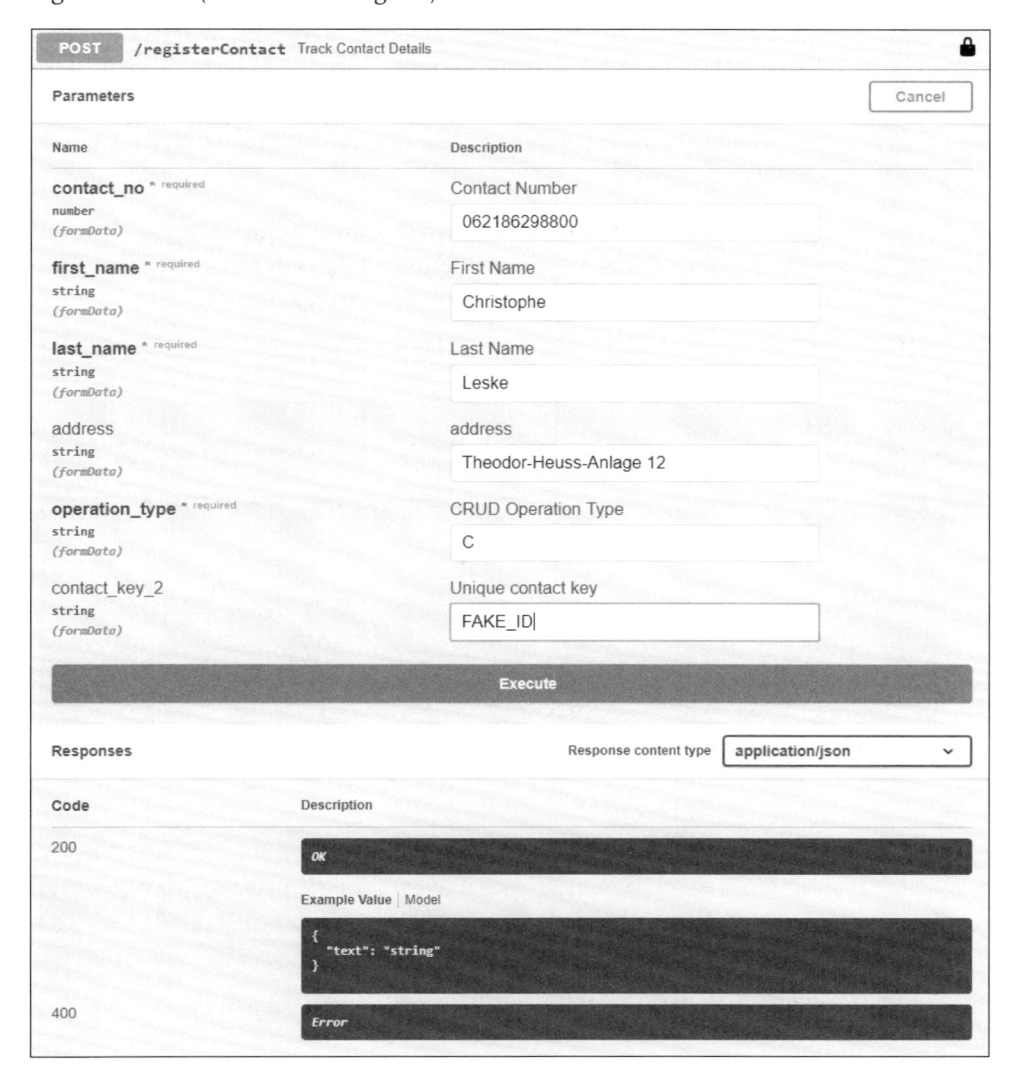

Abbildung 6.11 Das ausgefüllte Formular für die Methode POST vor dem Absenden

Bei den folgenden zwei Feldern wissen Sie möglicherweise nicht ad hoc, was Sie eintragen müssen:

- operation_type
  Die beiden im Quellcode ausgeführten Operationen sind das Erzeugen (engl. *create*) oder das Aktualisieren eines neuen Eintrags (engl. *update*),

abgekürzt mit den Anfangsbuchstaben »C« oder »U«. Da wir zum Testen einen neuen Eintrag anlegen wollen, geben Sie hier ein »C« ein.

- **contact_key_2**
  contact_key_2 ist ein eindeutiger Schlüsselwert zum Wiederauffinden des angelegten Kontakts in der Datenbank. Er wird bei der Anlage eines neuen Kontakts berechnet. Sie können dieses Feld daher leer lassen. Geben Sie hier einen Wert an, z. B. »FAKE_ID«, wird dieser bei Neuanlage des Kontakts ignoriert.

Klicken Sie auf den Button **Execute**, um das ausgefüllte Formular abzusenden. Nach erfolgreicher Verarbeitung finden Sie den Antwortcode im Abschnitt **Responses** des Formulars (siehe Abbildung 6.12).

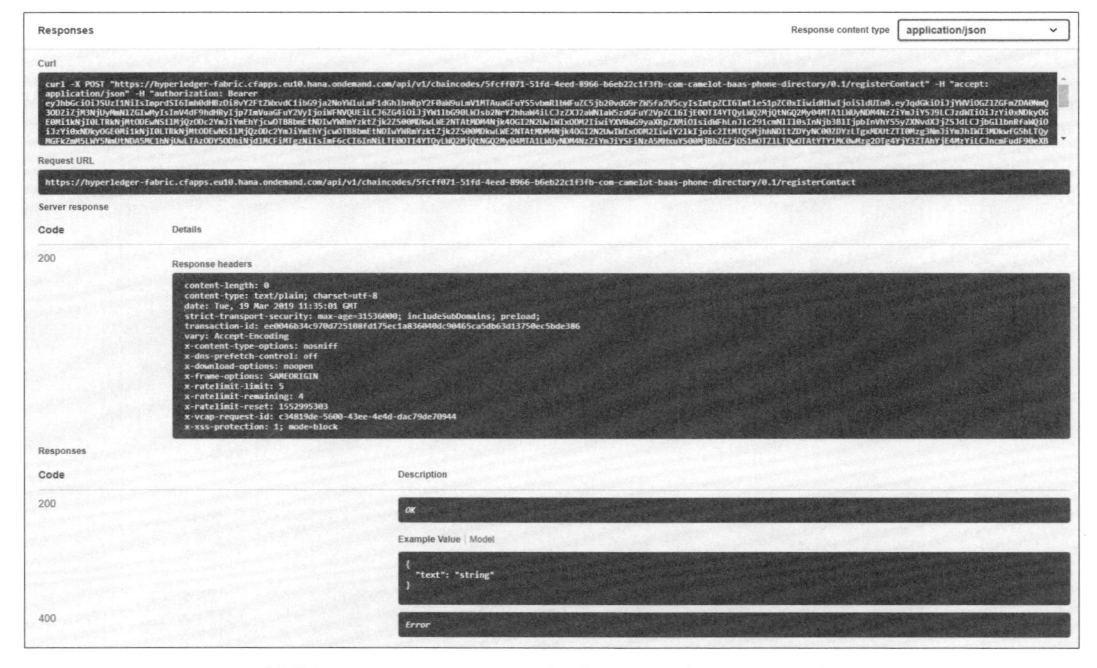

Abbildung 6.12 Responses-Abschnitt mit der Antwort des Servers

Der HTTP-Antwortcode 200 zeigt eine erfolgreiche Verarbeitung der Anfrage an. Damit ist der Test der Funktion registerContact abgeschlossen. Sie können davon ausgehen, dass der neue Kontakt erfolgreich in der Blockchain gespeichert wurde. Das bedeutet, dass man ihn über die Funktion getContact auch wieder auslesen können müsste, was wir als Nächstes testen wollen.

Auslesen eines oder mehrerer Kontakte testen

Zum Auslesen eines oder aller gespeicherten Kontakte wird die Funktion `getContact` aufgerufen. Als einziger Parameter wird dabei ein Query-String übergeben, d. h. eine Zeichenfolge, die an die Datenbank übergeben wird.

Wir suchen dazu in der Datenbank nach allen Kontakten, also allen Einträgen, die mit dem Objekttyp (in JSON `DocType`) `"contacts"` gekennzeichnet sind. Der Query-String lautet dementsprechend:

`{"selector":{"docType":"contacts"}}`

Abbildung 6.13 zeigt das ausgefüllte Formular zur Ausführung der HTTP-Methode `GET` vor dem Absenden. Klicken Sie auf den Button **Execute**, um es abzusenden.

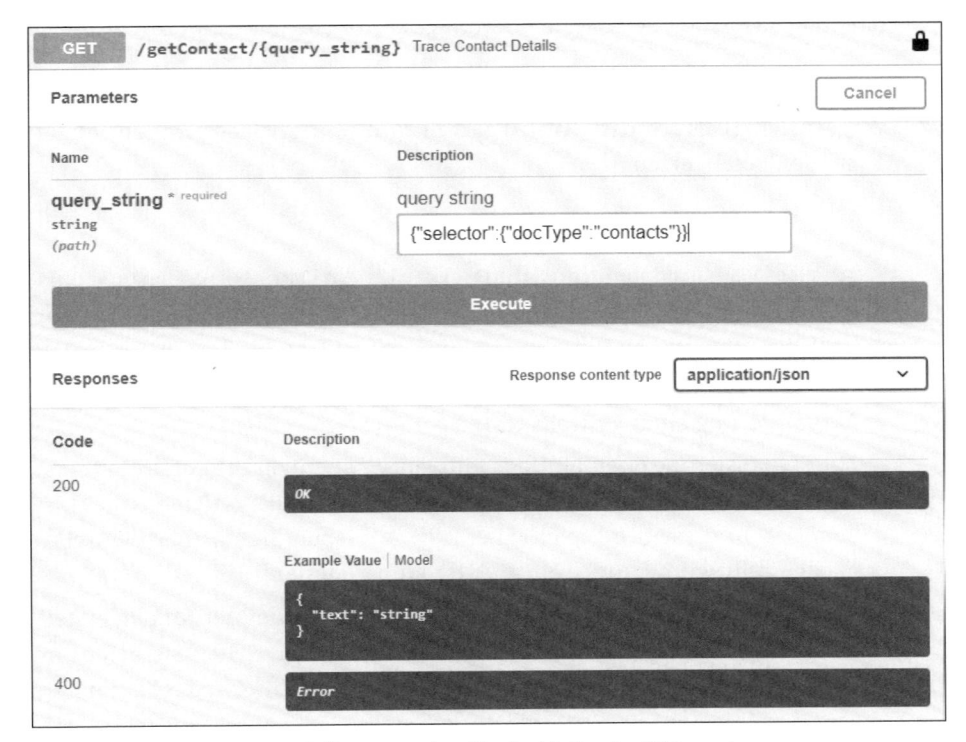

Abbildung 6.13 Das ausgefüllte Formular für die Methode GET vor dem Absenden

Als Antwort des Servers erwarten wir, dass alle zuvor gespeicherten Kontakte in der Blockchain aufgeführt werden. In Listing 6.12 sehen Sie den Response-Body für diesen Fall. Da wir erst einen Kontakt angelegt haben, wird hier nur dieser eine Kontakt aufgeführt.

```
[
  {
    "Key": "FPdfEcjIwu",
    "Record": {
      "address": "Theodor-Heuss-Anlage 12",
      "contactNo": "062186298800",
      "docType": "contacts",
      "firstName": "Christophe",
      "lastName": "Leske",
      "timestamp": "2019-03-19 12:32:18"
    }
  }
]
```

Listing 6.12 Response-Body für die Abfrage aller Telefonbuchkontakte

Der führende Key ist der Zugriffschlüssel für den Eintrag in der Datenbank (gespeichert als Schlüssel-Wert-Paar). Er wird beim Speichern durch den folgenden Befehl erzeugt:

```
stub.PutState(randSeq(10), contactJSON)
```

randSeq(10) wird dabei zum Schlüssel Key für die Datenbank. Dieser Schlüssel wird zur Aktualisierung eines bereits bestehenden Eintrags in der Datenbank benötigt. Diesen Fall wollen wir mit dem folgenden Test durchspielen.

Aktualisierung eines Eintrags testen

Zur Aktualisierung eines Eintrags müssen wir ebenfalls die Funktion registerContact aufrufen. Dieses Mal wird der Wert für die Variable contactKey benötigt, in diesem Beispiel »FPdfEcjIwu«. Haben Sie das Beispiel selbst nachgestellt, wurde für Sie ein anderer Wert generiert.

Kontaktdaten ändern — Nehmen wir nun an, Sie möchten eine andere Rufnummer für den erstellten Kontakt angeben und den Vornamen abkürzen. Geben Sie beides im Formular der POST-Methode an. Denken Sie daran, den Wert des Parameters operation_type auf »U« (für Update) zu setzen (siehe Abbildung 6.14).

Nach dem Absenden des Formulars über den Button **Execute** sollte der Server mit dem HTTP-Antwortcode 200 antworten (siehe Abbildung 6.15). Damit wird bestätigt, dass Sie den bisherigen Eintrag mit den neu gemachten Angaben erfolgreich geändert haben.

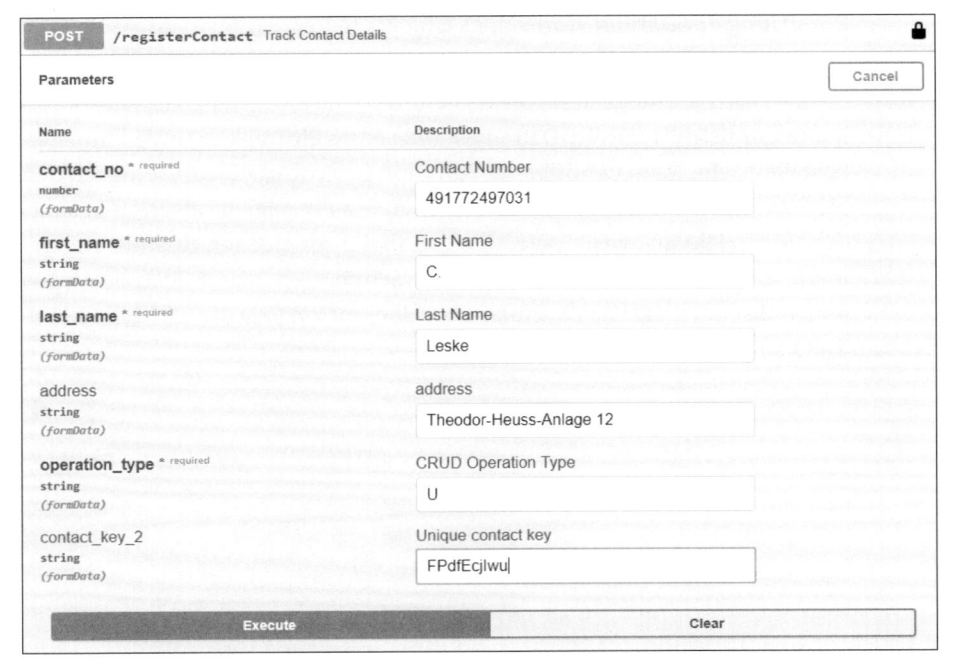

Abbildung 6.14 Das ausgefüllte Formular mit den geänderten Kontaktdaten

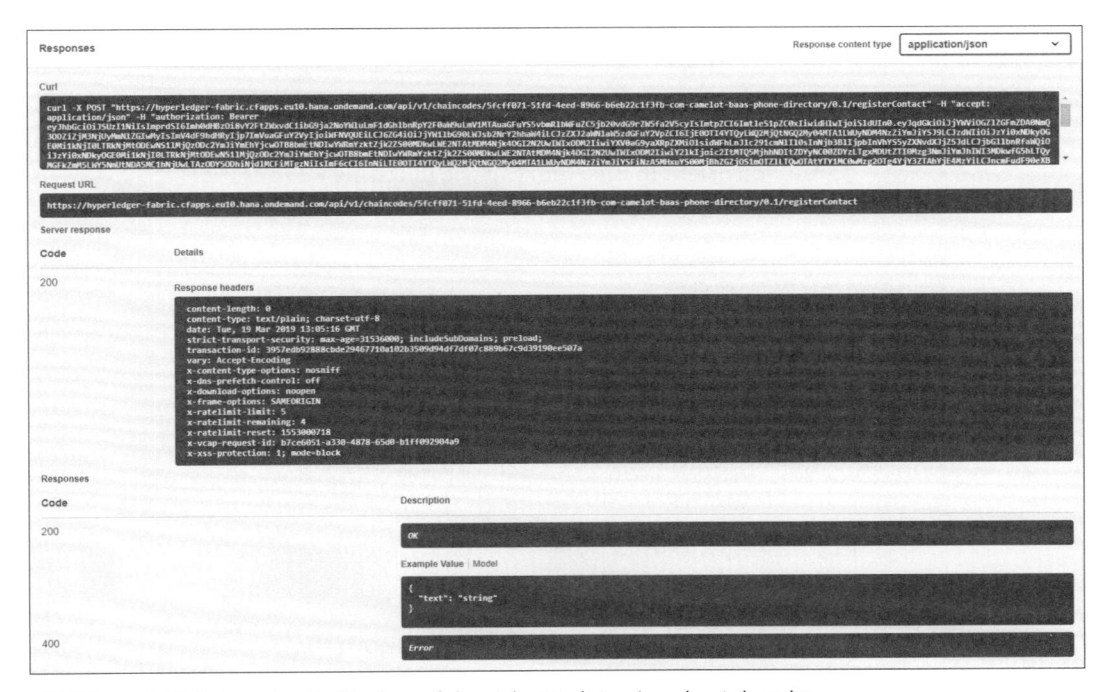

Abbildung 6.15 Antwortcode für das erfolgreiche Update eines bestehenden Eintrags

Ermittlung der Datenhistorie eines Objekts testen

Schließlich können wir noch die dritte Funktion getContactHistory testen, die die Historie eines Datenobjekts liefert. Da die Blockchain alles mitprotokolliert, müssen auch alte Datenbestände eines Eintrags zu finden und darzustellen sein. Dazu benötigt die Funktion getContactHistory lediglich den eindeutigen Schlüssel zu einem bestehenden Eintrag, in unserem Beispiel den Wert »FPdfEcjIwu«. Tragen Sie den (bei Ihrer eigenen Ausführung der Methoden abweichenden) generierten Schlüssel in das Feld contact_key ein, und senden Sie das Formular über den Button **Execute** ab (siehe Abbildung 6.16).

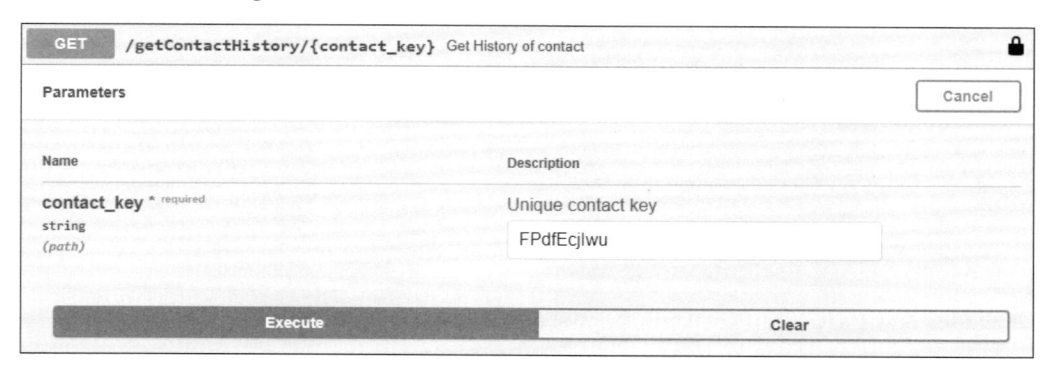

Abbildung 6.16 Das ausgefüllte Formular zur Abfrage der Datenhistorie

Nach Absenden und erfolgreicher Verarbeitung des Formulars wird die Antwort in Form einer Liste aller historischen Datensätze ausgegeben. Der Response-Body sieht in unserem Fall wie in Listing 6.13 aus.

```
[
  {
    "Record": {
      "docType": "contacts",
      "contactNo": "62186298800",
      "firstName": "Christophe",
      "lastName": "Leske",
      "address": "Theodor-Heuss-Anlage 12",
      "timestamp": "2019-03-19 12:32:18"
    }
  },
  {
    "Record": {
      "docType": "contacts",
      "contactNo": "491772497032",
      "firstName": "C.",
```

```
      "lastName": "Leske",
      "address": "Theodor-Heuss-Anlage 12",
      "timestamp": "2019-03-19 13:05:17"
    }
  }
]
```

Listing 6.13 Die Datenhistorie zum Datenbankeintrag mit dem Key-Wert »FPdfEcjIwu«

Die Reihenfolge der Einträge ist chronologisch. Beachten Sie, dass im zweiten Eintrag die Rufnummer aktualisiert und der Vorname abgekürzt wurde.

Dieser Test schließt die manuelle Prüfung des Chaincodes über die Swagger-Oberfläche ab. Der programmierte Code funktioniert, wie er soll. Daher können wir uns nun dem nächsten Schritt zuwenden. Wir erzeugen einen Service Key für die Blockchain, damit sich diese mit dem nächsten Dienst in der Architektur, dem Blockchain-Application-Enablement-Service, verbinden kann.

6.2.4 Service Key für die Blockchain erzeugen

Damit der Service unseres Blockchain-Knotens mit anderen Services kommunizieren kann, benötigen wir einen *Service Key*. Dabei handelt es sich um ein JSON-Objekt, das Angaben zur URL des Service und den Login-Informationen zur Legitimation der anfragenden Dienste enthält. Er wird von der SAP Cloud Platform auf Anfrage generiert.

Den Service Key finden Sie im Dashboard des Blockchain-Knotens. Wechseln Sie dazu in das Space, in dem Ihre Instanz des Hyperledger-Fabric-Knotens läuft. Im Bereich **Services • Service Instances** wird Ihnen eine Liste aller laufenden Serviceinstanzen angezeigt. In unserem Beispiel finden Sie die Serviceinstanzen für den Serviceplan **dev** vor (siehe Abbildung 6.17).

Liste der Serviceinstanzen

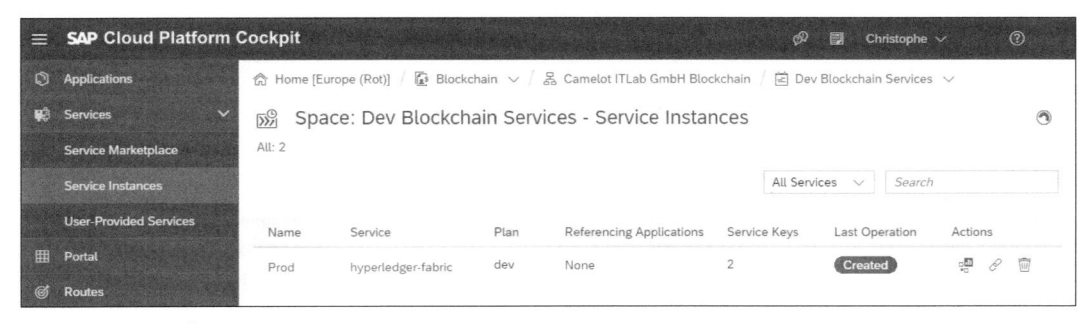

Abbildung 6.17 Übersichtsseite der laufenden Instanzen im Space

Wählen Sie Ihre Serviceinstanz mit dem Serviceplan **dev**, und klicken Sie auf das Icon 📲 in der Spalte **Actions**, um das Dashboard der Knoteninstanz aufzurufen. Auf der Eröffnungsseite des Dashboards (**Channel**) sehen Sie mehrere Service Keys (siehe Abbildung 6.18), unter anderem den Service Key **Service Key for Testing Chaincode**. Der Service Key stellt Zugangsberechtigungen zum Aufruf der Blockchain bereit. Wir verwenden die Angaben dieses Service Keys, um damit eine sogenannte *Destination*, d. h. einen Serviceendpunkt zu definieren. Alternativ dazu können Sie über den Button **Create Key** auch einen neuen Service Key erzeugen.

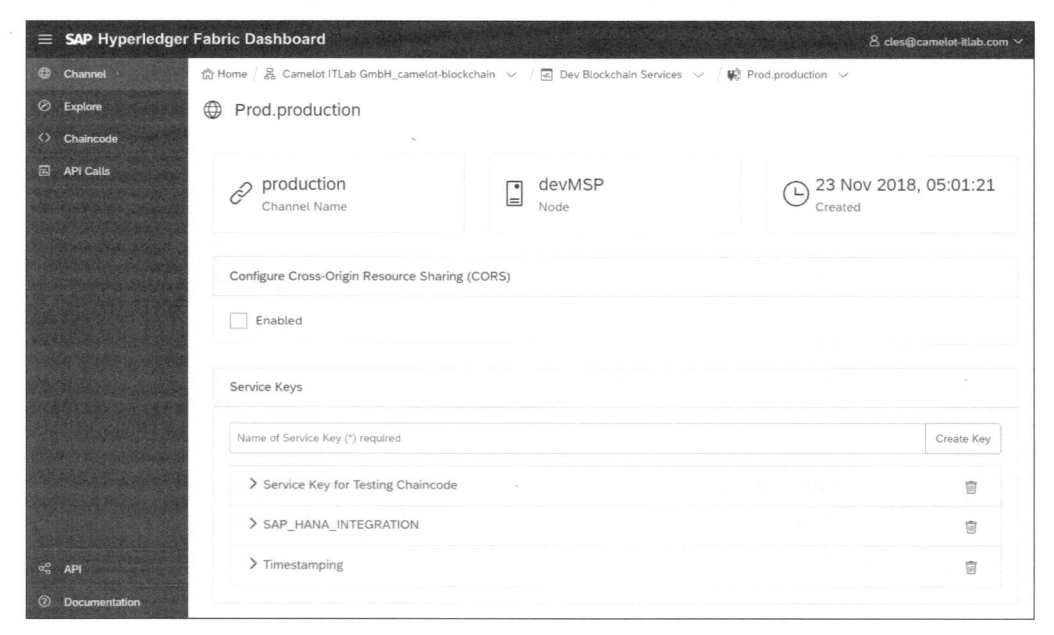

Abbildung 6.18 Dashboard der Hyperledger-Fabric-Knoteninstanz mit einigen Service Keys in der unteren Hälfte

Klicken Sie auf das kleine Dreieck vor dem Namen des Service Keys, um den Inhalt in Form eines JSON-Objekts anzuzeigen (siehe Abbildung 6.19). Kopieren Sie die Angaben mit dem Button 📋 in die Zwischenablage. Legen Sie die kopierten Angaben z. B. in einer TXT-Datei ab – wir werden sie gleich brauchen.

Damit haben wir die ersten drei Schritte zur Erstellung unserer Blockchain-Anwendung fertiggestellt. Wir haben die Blockchain aufgesetzt, den Chaincode installiert, instanziiert und getestet und besitzen außerdem die Angaben eines Service Keys zur Verbindung mit einem Webserver. Wir können nun also die SAPUI5-Anwendung als Web-Frontend für unser Telefonbuch entwickeln.

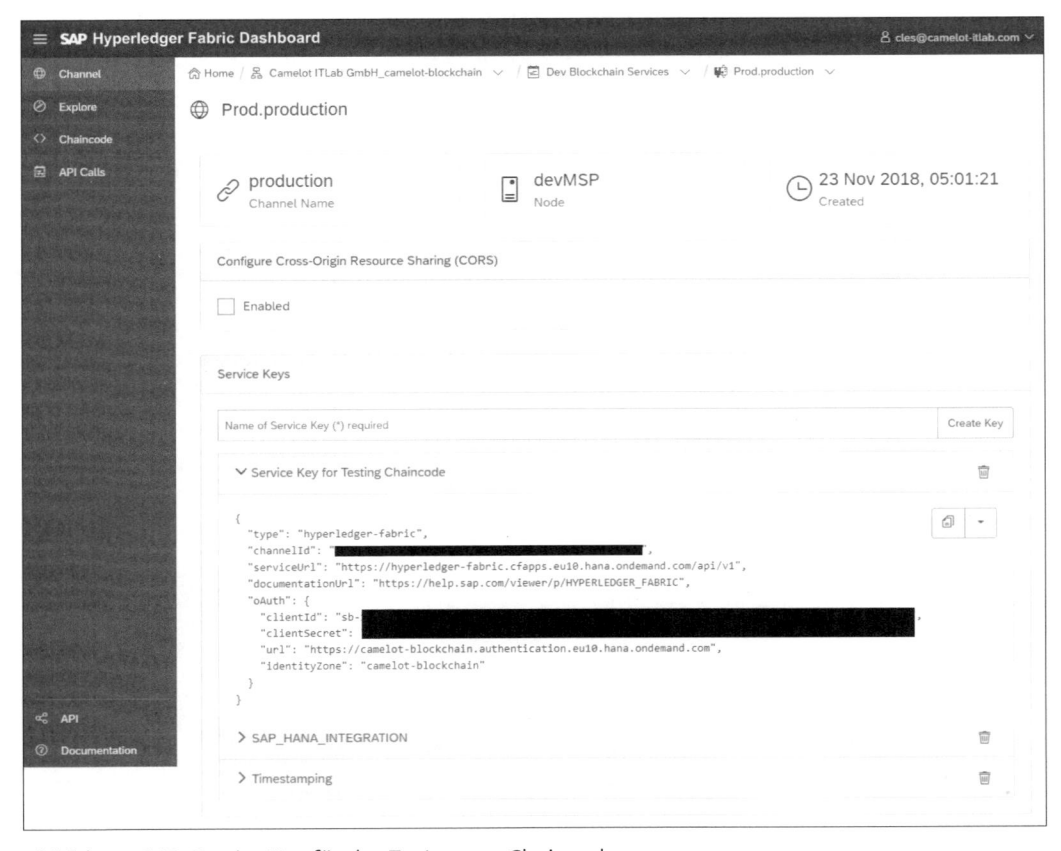

6.2 Einfaches Entwicklungsbeispiel: ein digitales Telefonbuch

Abbildung 6.19 Service Key für das Testen von Chaincode

6.2.5 Erstellung des Web-Frontends mit SAPUI5

Das Web-Frontend für unsere Telefonbuchanwendung entwickeln wir in der SAP Web IDE unter Nutzung von SAPUI5.

SAP Web IDE

> **SAPUI5**
>
> SAPUI5 ist eine Bibliothek von SAP zur Strukturierung, Entwicklung und Darstellung von Geschäftsprozessen in Webbrowsern. Sie basiert auf dem Entwurfsmuster Model View Controller (MVC) zur Strukturierung der Anwendungen, bei dem die Views (das Frontend) in XML und der Controller und das Model in JavaScript geschrieben werden. Eine Einführung in SAPUI5 würde den Rahmen dieses Buches sprengen. Möchten Sie sich mit der Bibliothek vertraut machen, verweisen wir auf die folgende Portalseite von SAP (*https://sapui5.hana.ondemand.com/*) sowie auf das Buch »Einführung in SAPUI5« von Miroslav Anlotovic (2. Auflage, SAP PRESS 2016).

Die SAP Web IDE ist in einer Cloud-Foundry-Umgebung, mit der wir bis jetzt gearbeitet haben, allerdings nicht verfügbar. Um die SAP Web IDE zu nutzen, benötigen Sie einen Subaccount mit der Laufzeitumgebung Neo. Sofern Sie noch keinen solchen Subaccount haben, müssen Sie daher einen neuen erzeugen. In dieser Umgebung können Sie die SAP Web IDE im Service Marketplace aufrufen und ausführen.

Subaccount für die Neo-Umgebung anlegen

Loggen Sie sich dazu zunächst auf die SAP Cloud Platform ein, oder wechseln Sie, wenn Sie bereits angemeldet sind, in die Navigationsebene des Global Accounts. Wechseln Sie hier über die linke Navigationsleiste in den Bereich **Subaccounts**. Auf dieser Übersichtsseite klicken Sie auf den Button **New Subaccount**, um einen neuen Subaccount anzulegen. Wählen Sie im Feld **Environment** dieses Mal **Neo** als Laufzeitumgebung aus, und bestätigen Sie die Anlage mit **Create** (siehe Abbildung 6.20).

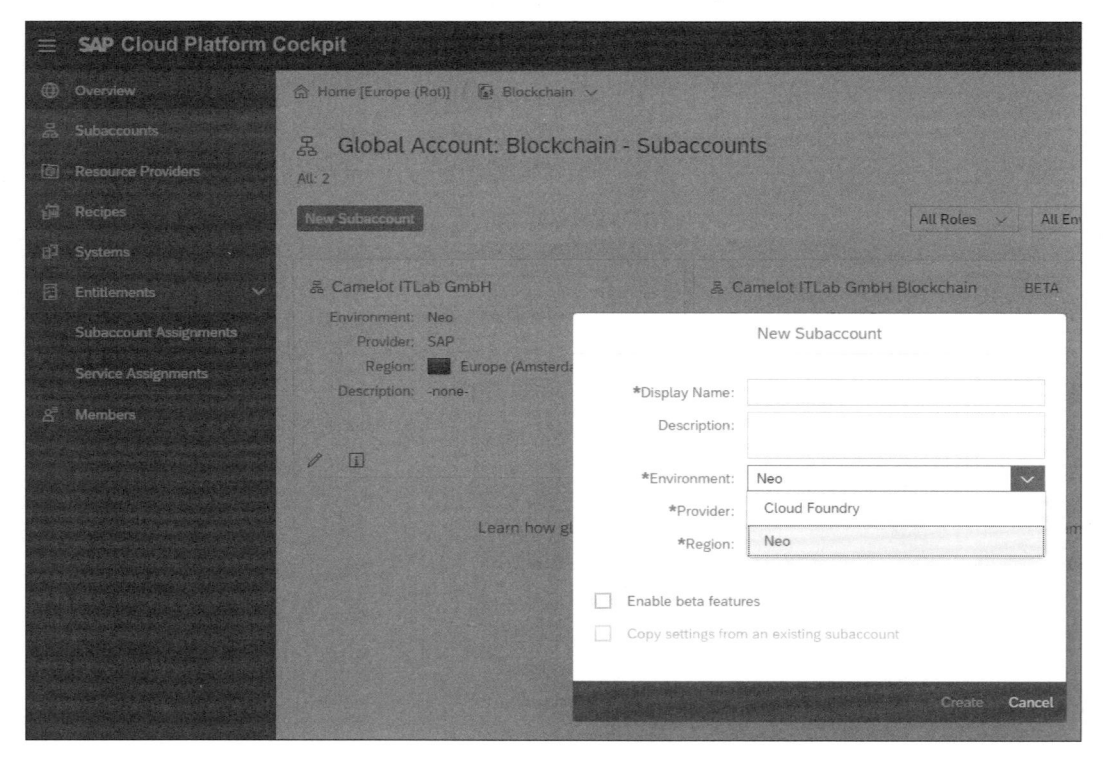

Abbildung 6.20 Erzeugung eines neuen Subaccounts mit der Laufzeitumgebung Neo

Wechseln Sie anschließend in den neuen Subaccount. Da Sie sich nun in einer anderen Laufzeitumgebung befinden, sieht die Navigationsleiste links etwas anders aus, als Sie es von der Cloud-Foundry-Umgebung her gewohnt sind. Wenn Sie sichergehen wollen, dass Sie sich in der richtigen Umgebung befinden, können Sie über den Eintrag **Services** in den **Service Marketplace** navigieren. Hier sollten Sie nun unter anderen eine Kachel für die SAP Web IDE finden (siehe Abbildung 6.21). Rufen Sie diese aber noch nicht auf.

Subaccount aufrufen

Abbildung 6.21 Kachel der SAP Web IDE

Destination anlegen

Damit das SAPUI5-Frontend mit der darunterliegenden Blockchain kommunizieren kann, benötigen wir einen Serviceendpunkt, über den Aufrufe in die Blockchain möglich sind, die Destination. Damit nicht jeder beliebige Service mit der Blockchain interagieren darf, nutzen wir das Authentifizierungsprotokoll OAuth 2.0. Unser Blockchain-Service in der Cloud-Foundry-Laufzeitumgebung gewährt damit dem Frontend-Service in der Neo-Laufzeitumgebung über den Service Key die Erlaubnis, sich zu verbinden.

Verknüpfung der Services

Das Einrichten der Destination macht die Blockchain also für andere Services erreichbar. Um die Destination einzurichten, wechseln Sie von der Übersichtsseite Ihres Neo-Subaccounts in den Bereich **Connectivity**. Hier finden Sie die zwei Unterbereiche **Destinations** und **Cloud Connectors**. Im Bereich **Destinations** wird eine Liste aller eventuell bereits verfügbaren Destinationen angezeigt. Sollten Sie bisher noch keine Destination angelegt haben, ist diese Liste natürlich leer.

Einrichten einer Destination

Klicken Sie auf den Button **New Destination**. Daraufhin wird ein Formular im unteren Bereich des Bildschirms dargestellt (siehe Abbildung 6.22), das die Details zur Konfiguration der Destination abfragt. Wir möchten eine HTTP-basierte Destination anlegen. Wählen Sie dazu im Feld **Type** die Option **HTTP**. Die Destination soll die Authentifizierungsmethode **OAuth2-ClientCredentials** nutzen, was Sie im Feld **Authentication** einstellen. Während der Eingabe wird das Formular um neue Eingabefelder erweitert.

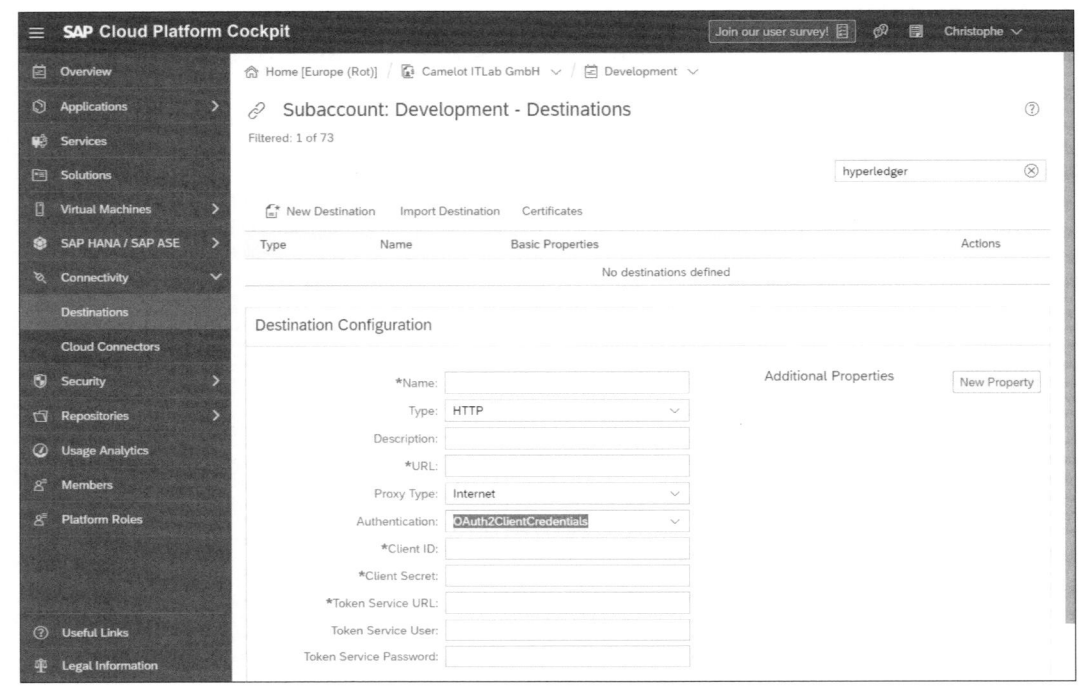

6 Blockchain-Anwendungen mit Hyperledger Fabric entwickeln

Abbildung 6.22 Konfiguration einer neuen Destination

Parameter zur Konfiguration der Destination

Auch die weiteren abgefragten Parameter sind wichtig. Wurden hier falsche Angaben gemacht, kann das Frontend nicht mit der Blockchain kommunizieren. Hier kommen auch die Angaben aus dem zwischengespeicherten Service Key ins Spiel. Füllen Sie die die Felder zur Konfiguration der Destination wie folgt aus:

- **Name**
  Tragen Sie hier einen selbst gewählten sprechenden Namen für die Destination ein. Er sollte Orientierung ermöglichen und muss obligatorisch angegeben werden. Verwenden Sie für unser erstes Beispiel den Namen »hyperledger-fabric«. Achten Sie auf die Schreibweise in Kleinbuchstaben und den Bindestrich.

- **Type**
  Hier geben Sie die Art des Endpunktes an – **HTTP**, **LDAP**, **MAIL** oder **RFC**. Der Typ **HTTP** passt zu unserer gewünschten REST-API.

- **Description**
  Hierbei handelt es sich um ein freies Kommentarfeld, in dem Sie optional weitere Angaben machen können, damit Sie diese Destination später einfacher zuordnen können.

- **URL**
  Die URL der zu erreichenden Ressource tragen Sie hier ein. Diese finden Sie im Parameter `serviceURL` im Service Key des Blockchain-Knotens (siehe auch Abbildung 6.23).

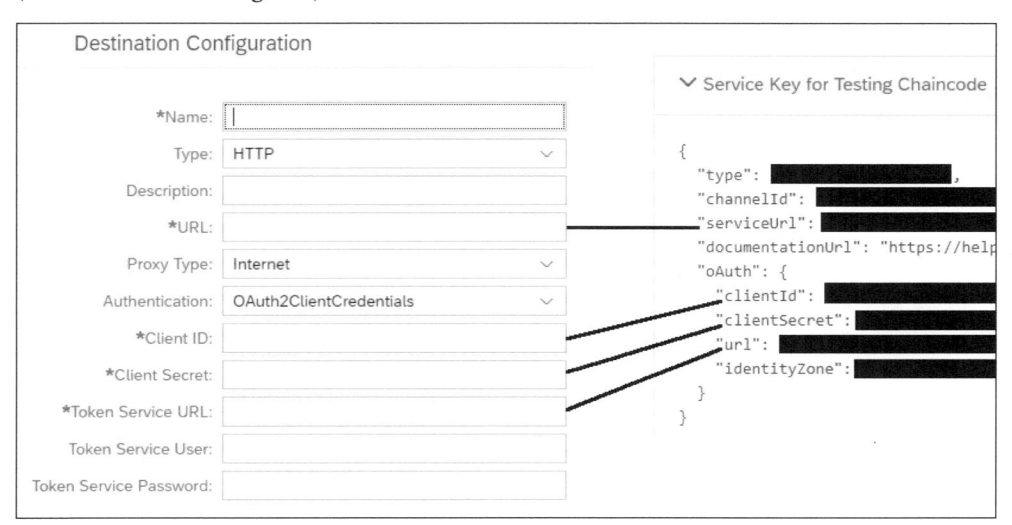

Abbildung 6.23 Parameter zur Konfiguration der Destination und Parameter im Service Key

- **Proxy Type**
  Da der Dienst über das Internet erreichbar sein soll, muss hier die Option **Internet** ausgewählt sein. Die andere Option wäre **on-premise**.
- **Authentication**
  Die gewählte Option **OAuth2ClientCredentials** verlangt nach den weiteren, unten stehenden Informationen. Achten Sie unbedingt darauf, nicht die Option **NoAuthentication** anzuwählen, denn sonst ist Ihre Blockchain im Internet ohne zusätzliche Authentifizierung frei erreichbar!
- **Client ID**
  Die Client-ID entspricht dem Parameter `clientId` im Abschnitt `oAuth` des Service Keys. Sie wird vom OAuth-2.0-Protokoll vorgegeben.
- **Client Secret**
  Das Client-Secret finden Sie im Parameter `clientSecret` im Abschnitt `oAuth` des Service Keys. Auch das wird vom OAuth-2.0-Protokoll vorgegeben.
- **Token Service URL**
  Die Token-Service-URL entspricht dem Parameter `URL` im Abschnitt `oAuth` des Service Keys.

- **Token Service User**
  Hier können eventuelle Anmeldedaten für die Token-Service-URL angegeben werden. Diese werden aber nicht benötigt, deswegen können Sie dieses Feld frei lassen.

- **Token Service Password**
  Dies gilt ebenso für dieses Feld.

Destination testen — Nach der Eingabe aller Parameter können Sie die Konfiguration über den Button **Check Connection** prüfen. Der Chaincode ist über die Destination erreichbar, auch wenn Sie paradoxerweise die Fehlermeldung »404: Not Found« erhalten (siehe Abbildung 6.24). Jegliche andere Fehlermeldung signalisiert falsche Parameter, besonders im Zusammenhang mit Autorisierung. Überprüfen Sie in diesem Fall Ihre Angaben.

Check Connection

✓ Connection to "hyperledger-fabric" established. Response returned: "404: Not Found"

Close

Abbildung 6.24 Meldung nach erfolgreicher Prüfung der Destination

Damit haben Sie erfolgreich eine Destination im Neo-Subaccount definiert, die es unserer SAPUI5-Anwendung erlauben wird, die Blockchain für Anfragen zu kontaktieren.

SAP Web IDE einrichten

Gehen Sie nun zurück zur Übersichtsseite Ihres Neo-Subaccounts. Über den Eintrag **Services** in der Navigationsleiste gelangen Sie in den **Service Marketplace**, die Liste der für den Subaccount verfügbaren Services. Wählen Sie hier den Service **SAP Web IDE Full-Stack** aus (siehe Abbildung 6.25).

SAP Web IDE aufrufen — Sie gelangen zunächst zu einer Übersichtsseite mit Informationen über die SAP Web IDE. Klicken Sie hier auf den Link **Go to Service**, um die SAP Web IDE zu starten (siehe Abbildung 6.26).

[»] **Quellcode zum Herunterladen**
Auch den Quellcode für die SAPUI5-Anwendung finden Sie im Download-Bereich sowie im Git-Repository des Buches. Wählen Sie dort das Verzeichnis **frontend** aus dem ZIP-Archiv **PhoneDirectory.zip**.

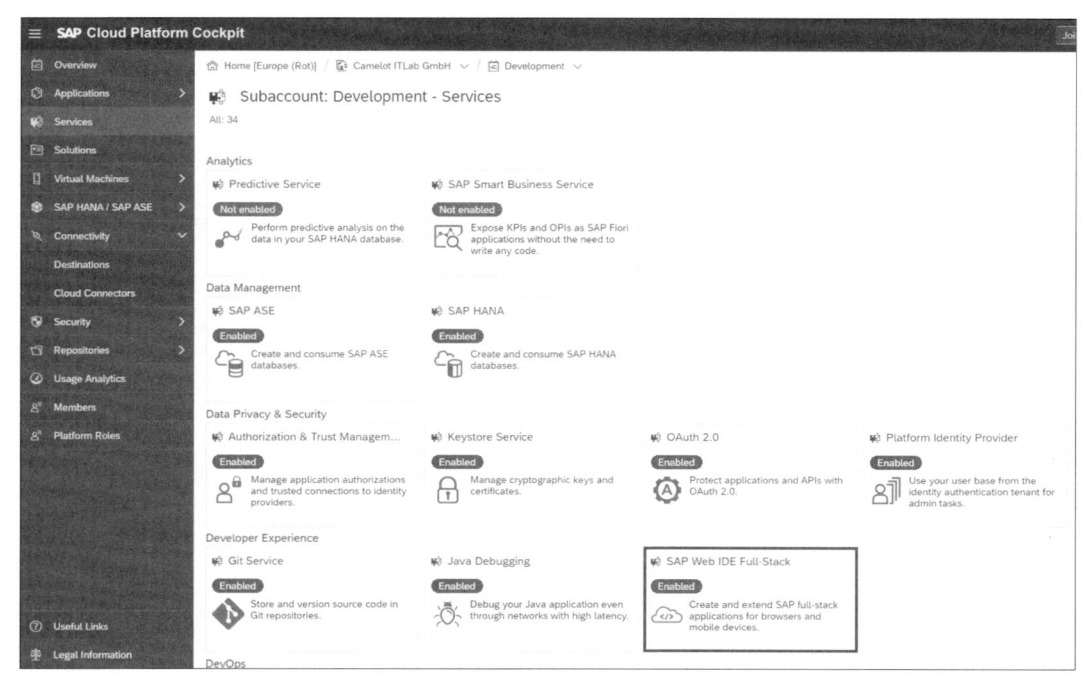

6.2 Einfaches Entwicklungsbeispiel: ein digitales Telefonbuch

Abbildung 6.25 Die verfügbaren Services des Neo-Subaccounts

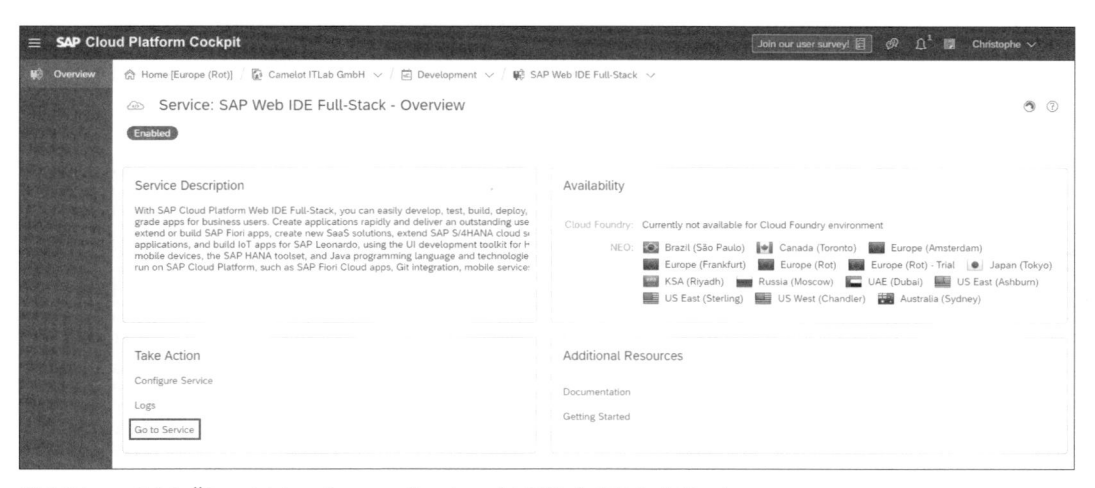

Abbildung 6.26 Übersichtsseite zum Service »SAP Web IDE Full Stack«

Dies führt Sie zur Startseite der SAP Web IDE. In dieser integrierten Entwicklungsumgebung zur Programmierung von Webapplikationen werden wir das Frontend für unsere Telefonbuchanwendung bauen (siehe Abbildung 6.27).

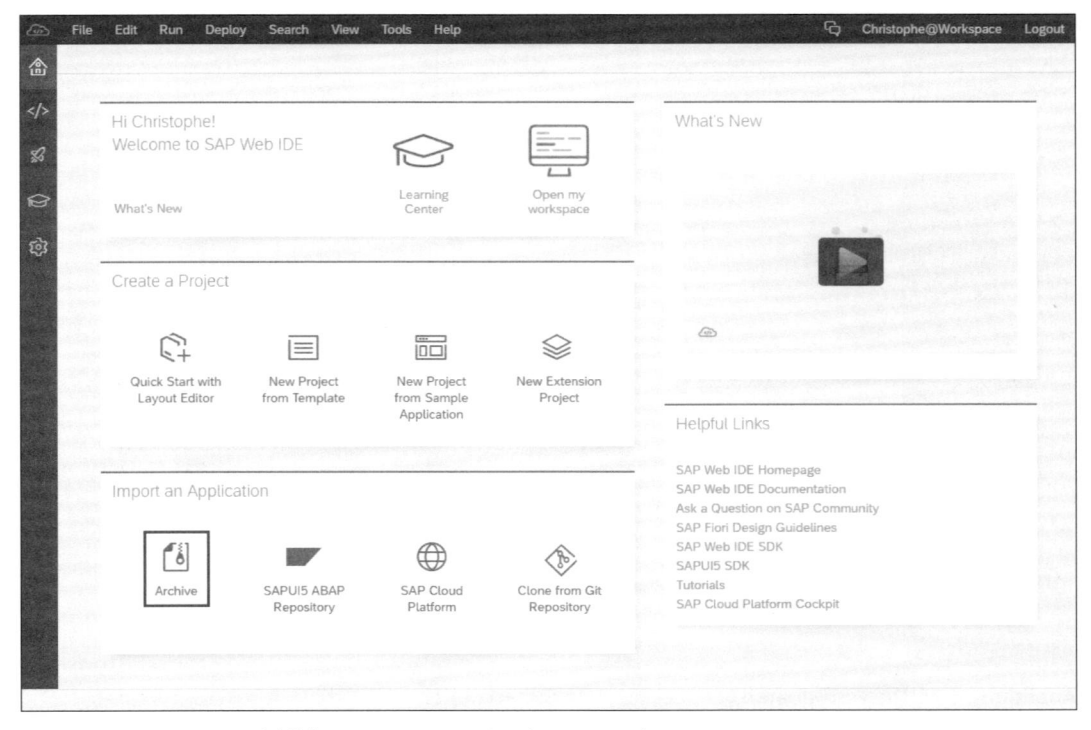

Abbildung 6.27 Startseite der SAP Web IDE

Beispielcode importieren

Laden Sie den bereitgestellten Code in die SAP Web IDE hoch. Klicken Sie dazu im Kasten **Import an Application** auf das Icon **Archive**. Damit öffnet sich ein Dialog zum Import der Projektdatei (siehe Abbildung 6.28). Klicken Sie auf den Button **Browse**, um die Datei **PhoneDirectory.zip** auszuwählen. Importieren Sie sie in das Verzeichnis **/PhoneDirectory** auf der SAP Cloud Platform. Der Pfad wird automatisch aus dem Namen des ZIP-Archivs generiert. Bestätigen Sie Ihre Angaben mit einem Klick auf den Button **OK**.

Abbildung 6.28 Import des Beispielprojekts als ZIP-Archiv

Nach dem erfolgreichen Import wird das Projekt entpackt, und der Quellcode wird Ihnen im Editor der Entwicklungsumgebung angezeigt, in den Sie automatisch weitergeleitet werden. In Abbildung 6.29 sehen Sie als Ausschnitt den Code der Datei **Index.html**. Der ComponentContainer PhoneDirectory ist das zentrale Element im HTML-Quelltext der Datei **Index.html**.

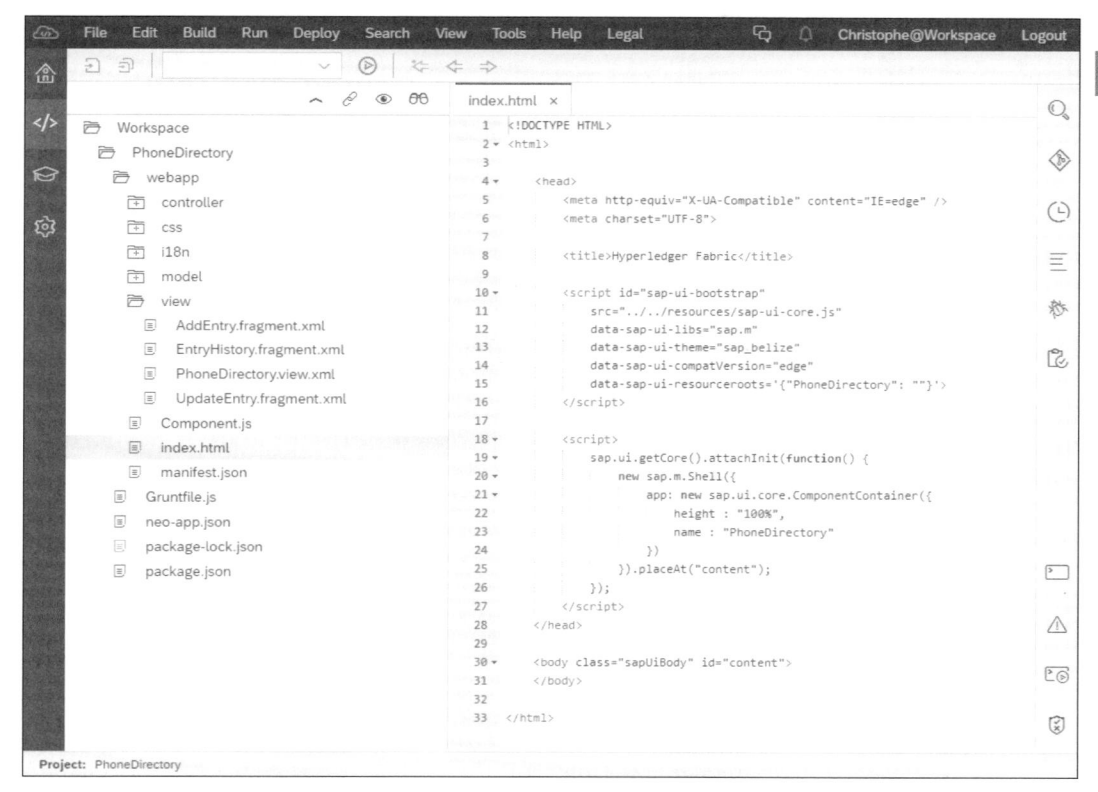

Abbildung 6.29 Quellcode der Datei »Index.html« des Telefonbuchprojekts im Editor der SAP Web IDE

Entwicklung der SAPUI5-Anwendung

Der Aufbau der SAPUI5-Anwendung folgt ebenfalls in sich selbst dem Entwurfsmuster *Model View Controller* (MVC). Die Anwendung besteht dabei aus folgenden Komponenten:

Model View Controller

- Die in XML entwickelten *Views* beschreiben die sichtbaren Elemente der Benutzeroberfläche (User Interface, kurz UI). Bei den UI-Elementen handelt es sich z. B. um Eingabefelder, Buttons und Listen.

- Die Programmlogik hinter diesen Eingabefeldern wird im *Controller* definiert.

- Über den Controller werden die UI-Elemente an das *Model* gebunden, d. h. an das Datenmodell der Anwendung, das in die Blockchain weitergeleitet wird.

»model.js« Das Model wird in der Datei **model.js** wie in Listing 6.14 definiert. Das oModel (= ObjectModel) wird als One-Way-Binding an die Blockchain gebunden. Es erhält also die JSON-Daten direkt aus der Blockchain.

```
sap.ui.define([
    "sap/ui/model/json/JSONModel",
    "sap/ui/Device"
], function (JSONModel, Device) {
    "use strict";

    return {

        createDeviceModel: function () {
            const oModel = new JSONModel(Device);
            oModel.setDefaultBindingMode("OneWay");
            return oModel;
        }

    };
});
```

Listing 6.14 Inhalt der Datei »model.js«

»neo-app.json« Die Webanwendung besteht aus mehreren Verzeichnissen, die die einzelnen Komponenten des MVC-Entwurfsmusters enthalten. Am wichtigsten ist die Datei **neo-app.json**, denn sie enthält das Mapping für die Zugangs-URL der zuvor eingerichteten Destination. Den Inhalt dieser Datei zeigt Listing 6.15.

```
{
  "welcomeFile": "/webapp/index.html",
  "routes": [
    {
      "path": "/resources",
      "target": {
        "type": "service",
        "name": "sapui5",
        "entryPath": "/resources"
      },
      "description": "SAPUI5 Resources"
```

```
    },
    {
      "path": "/hyperledger-fabric",
      "target": {
        "type": "destination",
        "name": "hyperledger-fabric"
      },
      "description": "Hyperledger Fabric API"
    }
  ],
  "sendWelcomeFileRedirect": true
}
```

Listing 6.15 Inhalt der Datei »neo-app.json«, die das gesamte Projekt konfiguriert

Die im Objekt routes festgelegten Pfade enthalten die symbolischen Namen der einzelnen Services, die zum Mapping mit den entsprechenden Parametern der Destination genutzt werden. Bei der Einrichtung der Destination, über die die Webanwendung auf den Chaincodes zugreifen kann, haben Sie z. B. den symbolischen Namen hyperledger-fabric für die Destination festgelegt.

»routes«

Diesen Namen finden Sie in Listing 6.15 im Objekt path wieder. Wenn Sie nun in der Programmierung der SAPUI5-Anwendung den Pfad /hyperledger-fabric angeben, wird dieser symbolische Name von der SAP Cloud Platform später zur Laufzeit durch die Service-URL der Destination ersetzt.

»path«

Das Projekt besteht ansonsten hauptsächlich aus einer fast leeren HTML-Seite, der Datei **index.html**. Diese Seite enthält SAPUI5-Code, der einen ComponentContainer namens PhoneDirectory auf der Seite erzeugt. Dieser ComponentContainer ist in der Datei **PhoneDirectory.view.xml** definiert. Es handelt sich um einen Container zur Gruppierung von UI-Elementen, die zusammen dargestellt werden sollen. Der Container wird an die ID content übergeben, die im Body der HTML-Seite definiert ist. Die ID content beschreibt als Platzhalter den Bereich, in dem der finale Content auf der Seite dargestellt werden soll (siehe Listing 6.16):

»index.html«

```
<script>
    sap.ui.getCore().attachInit(function() {
      new sap.m.Shell({
        app: new sap.ui.core.ComponentContainer({
          height : "100%",
          name : "PhoneDirectory"
        })
```

```
        }).placeAt("content");
    });
</script>
```

Listing 6.16 Einbindung des »PhoneDirectory« als »ComponentContainer« in der Datei »index.html« (Auszug)

View »PhoneDirectory«

Der View `PhoneDirectory` ist als XML-Datei **PhoneDirectory.xml** im Verzeichnis **webapp/view** definiert. Er beschreibt die Inhalte der **index.html**-Seite. Die Struktur der Seite besteht aus einer Tabelle, in der mehrere UI-Elemente wie Überschrift, Suchfeld, Buttons und Texteingabefelder definiert werden. Nach Ausführung einer Suche wird in der definierten Tabelle die Ergebnisliste dargestellt (siehe Listing 6.17).

```xml
<mvc:View xmlns:core="sap.ui.core" xmlns:mvc="sap.ui.core.mvc"
xmlns="sap.m" controllerName=
"PhoneDirectory.controller.PhoneDirectory"
  xmlns:html="http://www.w3.org/1999/xhtml">
  <App id="app">
      <Page title="{i18n>appTitle}" class="sapUiContentPadding">
          <content>
              <Table id="entries_table" mode="SingleSelectLeft"
                selectionChange="onAppSelectionChange"
                noDataText="{i18n>noEntriesText}"
                growing="true" items="{ path: '/',
                    sorter: { path: 'firstName' } }">
                  <headerToolbar>
                      <Toolbar>
                          <SearchField width="25%"
                            search="displayEntries"/>
                          <Button
                            text="{i18n>btnDisplayAllEntries}"
                            type="Emphasized"
                            icon="sap-icon://list"
                            press="displayAllEntries"/>
                        <ToolbarSpacer/>
                        <Button
                         text="{i18n>btnShowHistory}"
                         type="Emphasized"
                         icon="sap-icon://
                             clinical-tast-tracker"
                         press="openEntryHistoryDialog"/>
                        <Button
                         text="{i18n>btnUpdateEntry}"
                         type="Accept"
```

```xml
                    icon="sap-icon://edit"
                    press="openUpdateEntryDialog"/>
                <Button
                    text="{i18n>btnAddEntry}"
                    type="Accept" icon="sap-icon://add"
                    press="openAddEntryDialog"/>
            </Toolbar>
        </headerToolbar>
        <columns>
            <Column minScreenWidth="Tablet" hAlign="Center">
                <Text text="{i18n>firstName}"/>
            </Column>
            <Column minScreenWidth="Tablet"
                    hAlign="Center">
                <Text text="{i18n>lastName}"/>
            </Column>
            <Column minScreenWidth="Tablet"
                    hAlign="Center">
                <Text text="{i18n>address}"/>
            </Column>
            <Column minScreenWidth="Tablet"
                    hAlign="Center">
                <Text text="{i18n>phoneNumber}"/>
            </Column>
        </columns>
        <items>
            <ColumnListItem>
                <cells>
                    <Text text="{firstName}"/>
                    <Text text="{lastName}"/>
                    <Text text="{address}"/>
                    <Text text="{phoneNumber}"/>
                </cells>
            </ColumnListItem>
        </items>
    </Table>
   </content>
  </Page>
 </App>
</mvc:View>
```

Listing 6.17 XML-Definition der PhoneDirectory-View

Damit ist die später im Browser sichtbare Struktur der Seite definiert. Abbildung 6.30 zeigt schon einmal, wie die Seite später aussehen wird.

![Startseite der Telefonbuchanwendung mit Suchfeld, Buttons "Alle Einträge anzeigen", "Historie anzeigen", "Eintrag aktualisieren", "Eintrag hinzufügen" und Spalten Vorname, Nachname, Addresse, Telefonnummer]

Abbildung 6.30 Die Startseite der Telefonbuchanwendung

UI-Elemente

Die UI-Elemente der Seite, wie etwa die Buttons, werden in der XML-Datei des Views über Ereignisattribute an die gleichnamigen Funktionen im Controller gebunden. Für den Button **Alle Einträge anzeigen** zeigt dies Listing 6.18. Klickt ein Anwender auf diesen Button (Ereignisattribut press), wird die Funktion displayAllEntries aufgerufen.

```
...
<Button text="{i18n>btnDisplayAllEntries}" type="Emphasized"
icon="sap-icon://list" press="displayAllEntries"/>
...
```

Listing 6.18 Ereignis beim Klick auf einen Button

Controller

Die so angebundene Funktion displayAllEntries zur Abfrage und Darstellung aller Einträge im Telefonbuch wiederum findet sich im Controller der Anwendung in der Datei **PhoneDirectory.Controller.js** (siehe Listing 6.19).

```
displayEntries: function (oEvent) {
    if (!oEvent.getParameter("clearButtonPressed") &&
        oEvent.getParameter("query")) {
        sap.ui.core.BusyIndicator.show();
        const that = this;
        const query = oEvent.getParameter("query");
        const queryData = query.split(" ");
        let queryString = "";
        if (queryData.length == 1) {
            if (queryData[0].match(/^[0-9]+$/) != null) {
                const phoneNumber = queryData[0];
                queryString =
 '{"selector":{"docType":"contacts","contactNo":"' +
   phoneNumber + '"}}';
            } else {
                const firstName = queryData[0];
                queryString =
 '{"selector":{"docType":"contacts","firstName":"' + firstName
   + '"}}';
            }
```

```
      } else if (queryData.length == 2) {
         const firstName = queryData[0];
         const lastName = queryData[1];
         queryString =
            '{"selector":{"docType":"contacts",' +
               '"firstName":"' + firstName + '","lastName":"' +
               lastName + '"}}';
      }
      const url = "/hyperledger-fabric/getContact/" +
                  queryString;
      const entriesModel = new JSONModel();

      $.ajax({
         type: "GET",
         contentType: "application/json",
         url: url,
         success: function (data) {
            if (!Array.isArray(data)) data = [data];
            const entries = [];
            data.map(e => {
               const entry = {
                  "firstName": e.Record.firstName,
                  "lastName": e.Record.lastName,
                  "address": e.Record.address,
                  "phoneNumber": e.Record.contactNo,
                  "entryKey": e.Key
               };
               entries.push(entry);
            });
            entriesModel.setData(entries);
               that.getView().byId("entries_table").
                  setModel(entriesModel);
            sap.ui.core.BusyIndicator.hide();
         },
         error: function () {
            entriesModel.setData();
            that.getView().byId("entries_table").
               setModel(entriesModel);
            sap.ui.core.BusyIndicator.hide();
         }
      });
   }
}
```

Listing 6.19 Funktion »displayAllEntries«

»queryString« und »url«

Zu Beginn werden hier eine ganze Reihe von Konstanten definiert. Am wichtigsten sind die beiden Konstanten queryString und url:

```
...
const queryString = '{"selector":{"docType":"contacts"}}';
const url = "/hyperledger-fabric/getContact/" + queryString;
...
```

Die wichtigste Konstante ist url. Sie beschreibt den von uns mit dem symbolischen Namen /hyperledger-fabric benannten Pfad zur finalen URL zum Aufruf der Chaincode-Funktion getContact. Der Zeichenkette wird der Inhalt der Konstanten queryString angefügt. So lautet die gesamte Zeichenkette als Wert für url schlussendlich:

```
/hyperledger-fabric/getContact/
{"selector":{"docType":"contacts"}}
```

Der Wert dient dazu, alle in der Blockchain gespeicherten Kontakte auszulesen, wie es die Funktion displayAllEntries verlangt.

Der weitere Code besteht aus einem AJAX-Aufruf (Asynchronous JavaScript and XML), der bei Erfolg das Rückgabeergebnis in ein JSON-Objekt namens entriesModel überführt. Mit den Einträgen dieses Objekts wird anschließend die auf der Seite dargestellte Tabelle, das UI-Element mit der ID entries_table, befüllt. Abbildung 6.31 zeigt, wie diese tabellarische Ausgabe der in der Blockchain gespeicherten Kontakte auf der Anwendungsoberfläche später aussieht.

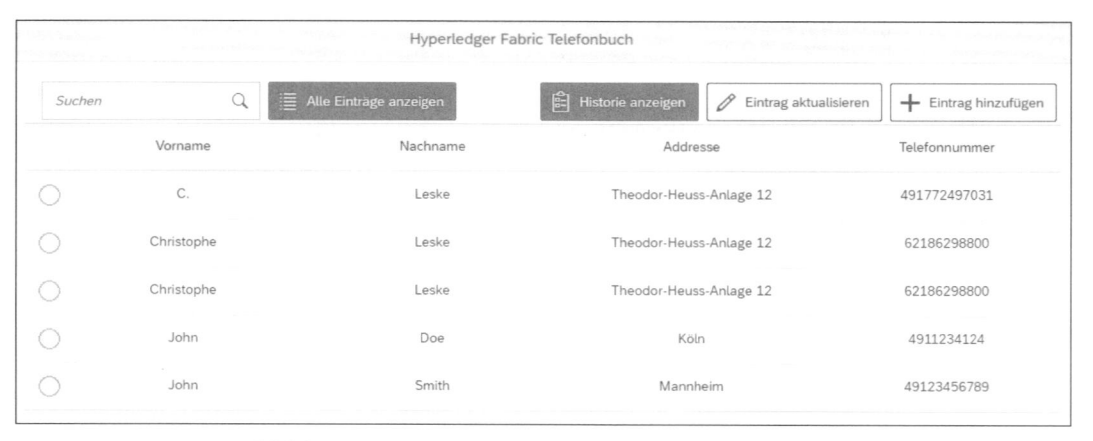

Vorname	Nachname	Addresse	Telefonnummer
C.	Leske	Theodor-Heuss-Anlage 12	491772497031
Christophe	Leske	Theodor-Heuss-Anlage 12	62186298800
Christophe	Leske	Theodor-Heuss-Anlage 12	62186298800
John	Doe	Köln	4911234124
John	Smith	Mannheim	49123456789

Abbildung 6.31 Telefonbuchanwendung mit Listeneinträgen, die aus der Blockchain stammen

SAPUI5-Anwendung testen

Um die Anwendung zu testen, muss diese in der SAP Web IDE gestartet werden. Dazu gibt es mehrere Möglichkeiten. Am einfachsten ist es, im Menü den Pfad **Run • Run as Web Application** zu wählen (siehe Abbildung 6.32).

Anwendung starten

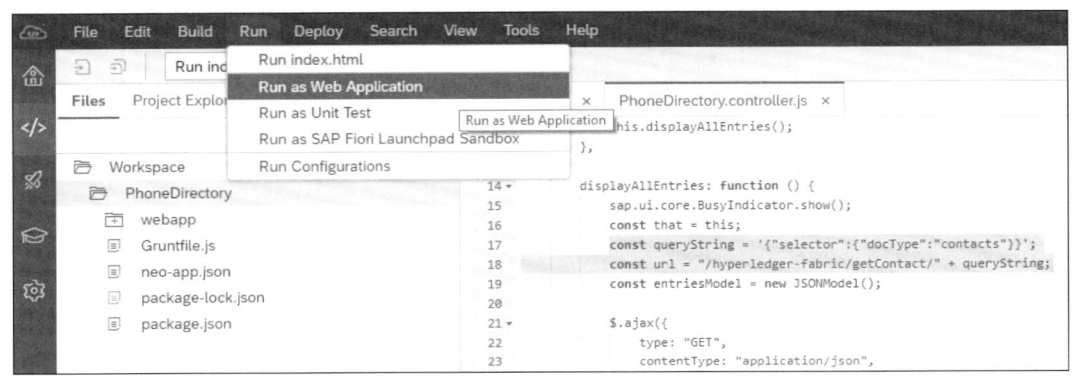

Abbildung 6.32 Ausführen der SAPUI5-Anwendung

Wenn alles richtig eingerichtet wurde, sollte nach einer kurzen Wartezeit die Ihnen bereits bekannte Startseite der Anwendung dargestellt werden.

Nun können Sie testen, ob die einzelnen Funktionen der Anwendung richtig funktionieren. Legen Sie dazu zunächst über den Button **+ Eintrag hinzufügen** einen neuen Kontakt an. Machen Sie dazu im sich öffnenden Dialogfenster beliebige Angaben zu dem neuen Kontakt (siehe Abbildung 6.33). Klicken Sie dann auf **Hinzufügen**, um den neuen Datensatz in der Blockchain zu speichern.

Neuen Kontakt anlegen

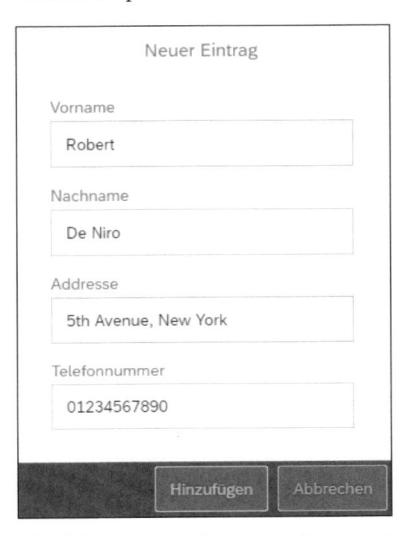

Abbildung 6.33 Dialog zur Anlage eines neuen Kontakts

Nach dem Schließen des Dialogs wird die dargestellte Liste der gespeicherten Kontakte aktualisiert, und der neue Eintrag sollte am Ende der Liste erscheinen (siehe Abbildung 6.34).

	Vorname	Nachname	Addresse	Telefonnummer
○	C.	Leske	Theodor-Heuss-Anlage 12	491772497031
○	Christophe	Leske	Theodor-Heuss-Anlage 12	62186298800
○	Christophe	Leske	Theodor-Heuss-Anlage 12	62186298800
○	John	Doe	Koln	4911234124
○	John	Smith	Mannheim	49123456789
○	Robert	De Niro	5th Avenue	1233456789

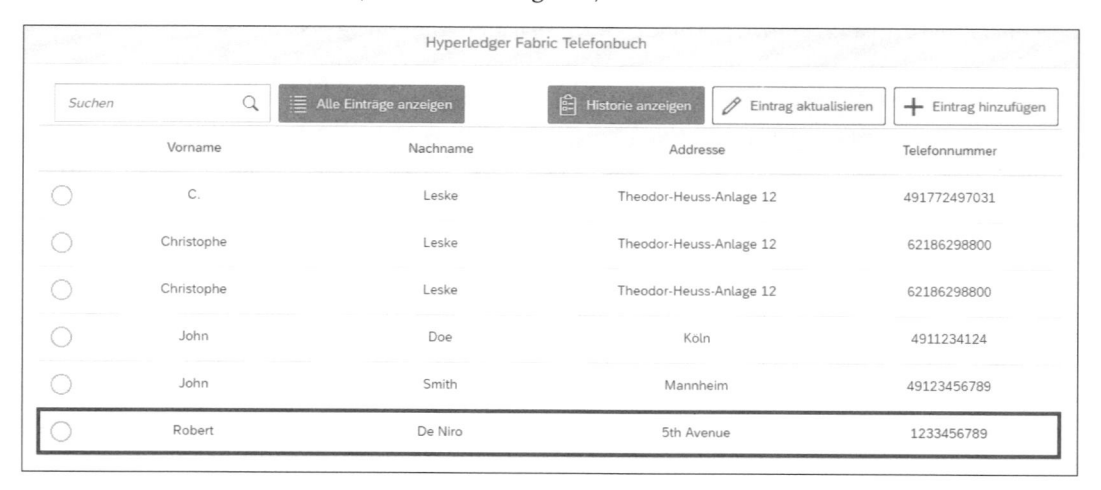

Abbildung 6.34 Der neue Kontakt erscheint in der Liste.

Eintrag aktualisieren Wenn ein Kontakt umgezogen ist und eine neue Adresse und Rufnummer hat, müssen seine Daten aktualisiert werden. Um diesen Vorgang zu testen, wählen Sie den Kontakt zunächst aus der Liste der Kontakte aus. Klicken Sie dann auf den Button **Eintrag aktualisieren**. Im sich öffnenden Dialog können Sie die Daten ändern, z. B. eine neue Adresse und Rufnummer angeben (siehe Abbildung 6.35).

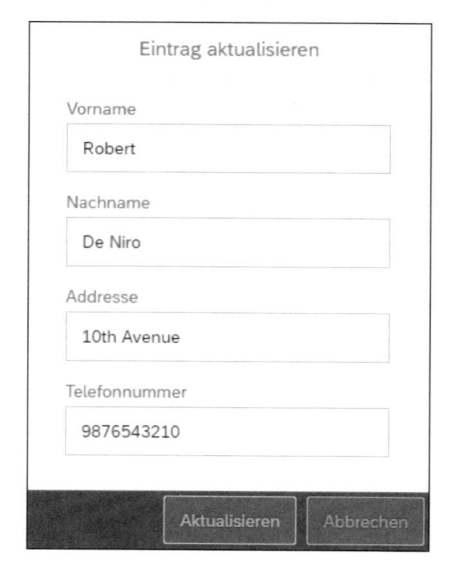

Abbildung 6.35 Aktualisierung eines Eintrags

Nach dem Schließen des Dialogfensters mit dem Button **Aktualisieren** wird die Listenansicht der Kontakte auf der Übersichtsseite entsprechend angepasst (siehe Abbildung 6.36).

Hyperledger Fabric Telefonbuch			
Vorname	Nachname	Addresse	Telefonnummer
C.	Leske	Theodor-Heuss-Anlage 12	491772497031
Christophe	Leske	Theodor-Heuss-Anlage 12	62186298800
Christophe	Leske	Theodor-Heuss-Anlage 12	62186298800
John	Doe	Köln	4911234124
John	Smith	Mannheim	49123456789
Robert	De Niro	10th Avenue	9876543210

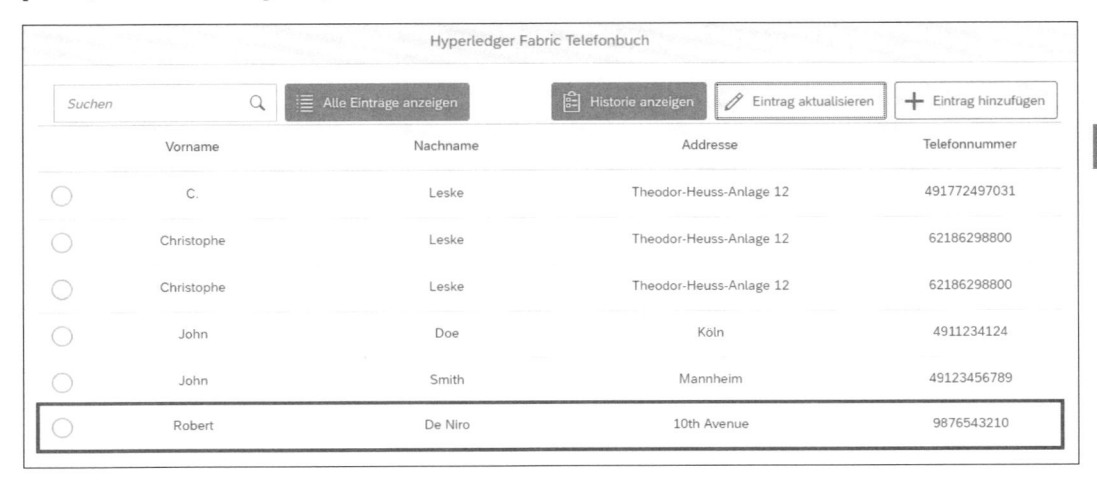

Abbildung 6.36 Der aktualisierte Eintrag in der Kontaktliste

Da eine Blockchain wie Hyperledger Fabric alle Änderungen in den Daten protokolliert, kann man in unserer Anwendung auch die Historie aller Änderungen für einen bestimmten Kontakt darstellen. Um diese Funktion zu testen, wählen Sie den Kontakt aus der Liste der Kontakte aus, den Sie zuvor aktualisiert haben. Klicken Sie dann auf den Button **Historie anzeigen**. Es wird eine chronologische Liste aller Datenänderungen dieses Kontakts dargestellt (siehe Abbildung 6.37).

Datenhistorie eines Kontakts abfragen

Historie des Eintrags				
Zeitstempel	Vorname	Nachname	Addresse	Telefonnummer
Donnerstag, 21.03.2019, 13:25	Robert	De Niro	10th Avenue	9876543210
Donnerstag, 21.03.2019, 13:24	Robert	De Niro	10th Avenue	9876543210
Donnerstag, 21.03.2019, 12:27	Robert	De Niro	5th Avenue	1233456789

Abbildung 6.37 Historie der Änderungen an einem Kontakt, wie in der Blockchain festgehalten

6.2.6 Deployment der Anwendung

Das finale Deployment der Webanwendung auf der SAP Cloud Platform erfolgt ebenfalls über die SAP Web IDE. Wählen Sie hier den Menüpfad **Deploy • Deploy to SAP Cloud Platform** (siehe Abbildung 6.38).

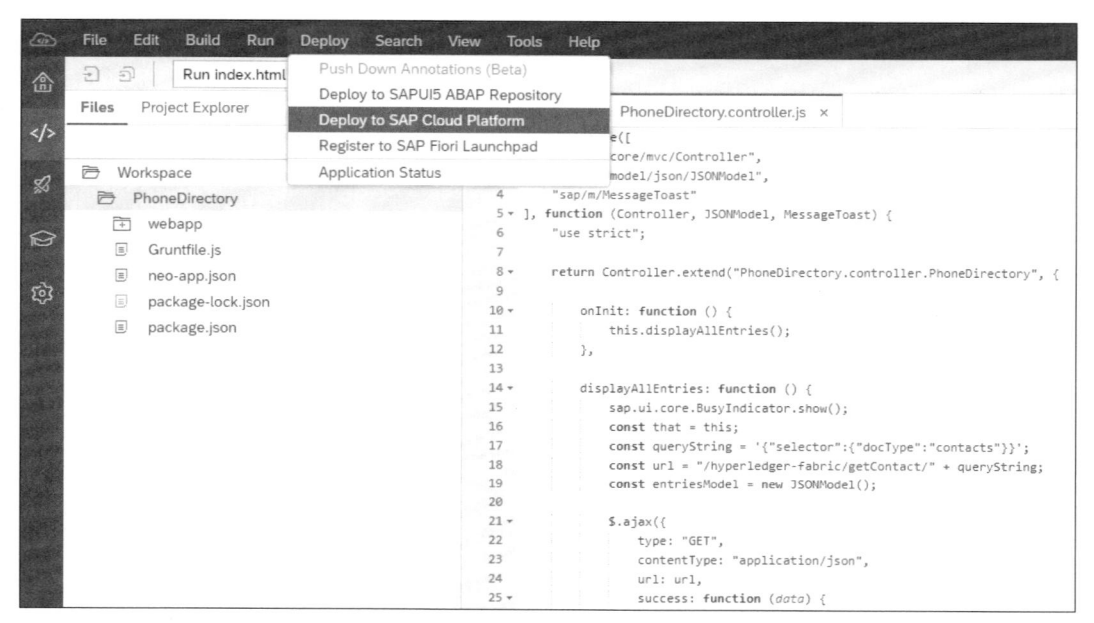

Abbildung 6.38 Das Deploy-Menü zur Auslieferung der Webanwendung

Im sich öffnenden Dialog machen Sie zunächst einige allgemeine Angaben zum Projekt (siehe Abbildung 6.39). In unserem Beispiel möchten wir eine neue Anwendung bereitstellen, daher wählen Sie die Option **Deploy a new Application**. Geben Sie außerdem den Projektnamen und den Namen der Anwendung an. Da wir das Deployment der Anwendung hier zum ersten Mal durchführen, handelt es sich um Version 1.0.0. Bestätigen Sie Ihre Angaben mit dem Button **Deploy**.

Nach dem Schließen des Dialogs wird das Projekt kompiliert und auf der SAP Cloud Platform verfügbar gemacht. Sie erhalten die Bestätigungsnachricht aus Abbildung 6.40.

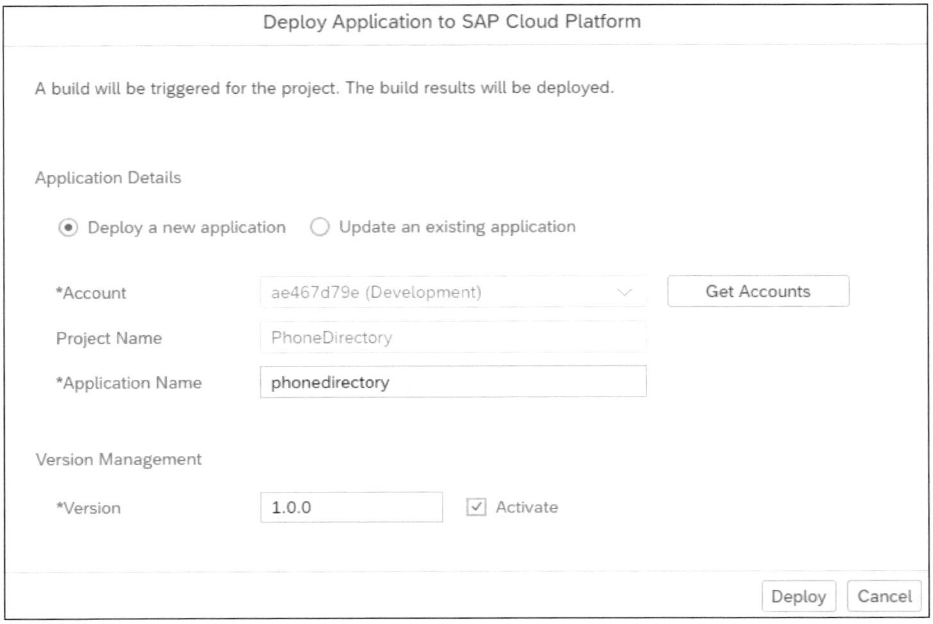

Abbildung 6.39 Deployment-Dialog der SAP Web IDE

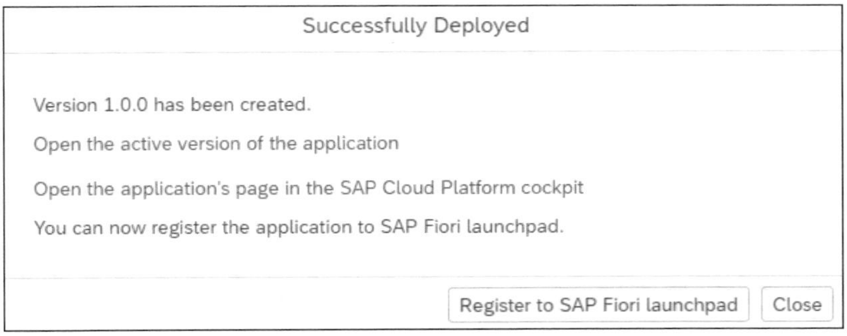

Abbildung 6.40 Erfolgreich veröffentlichte Anwendung

Nach dem Deployment findet sich die Anwendung auch in der Übersichtsseite der installierten HTML5-Applikationen im Bereich **Applications** Ihres Neo-Subaccounts (siehe Abbildung 6.41).

Aufruf im Bereich »Applications«

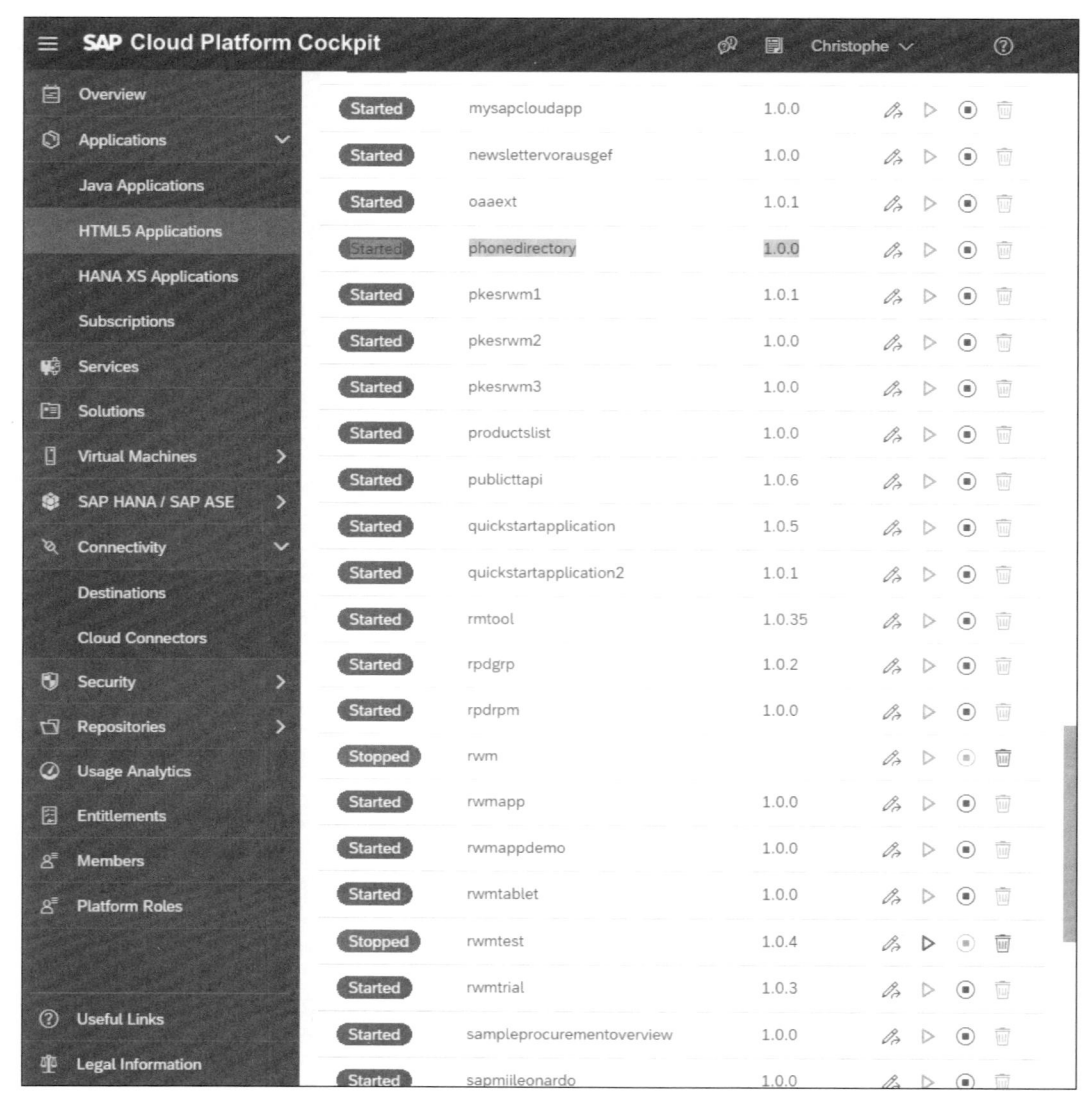

Abbildung 6.41 Neu installierte Telefonbuchanwendung im Neo-Subaccount

Mit dem erfolgreichen Deployment des Projekts schließen wir das erste Beispiel zur Entwicklung einer einfachen Hyperledger-Fabric-Anwendung auf der SAP Cloud Platform ab. Im folgenden Abschnitt wagen wir uns bereits an ein etwas komplexeres Szenario.

6.3 Fortgeschrittenes Entwicklungsbeispiel: ein dezentraler Energiemarktplatz

Der in diesem Abschnitt umgesetzte dezentrale Energiemarkt ist ein fortgeschritteneres Anwendungsbeispiel für Hyperledger Fabric. Die Blockchain soll in diesem Szenario den Verkauf von Stromangeboten auf einem Energiemarktplatz modellieren. Dabei können die einzelnen Teilnehmer Stromangebote formulieren, die durch die anderen Teilnehmer eines virtuellen Marktes gekauft werden können. Die Benutzeroberfläche werden wir wieder als SAPUI5-Anwendung realisieren, über die die Teilnehmer ihre Angebote erstellen und kaufen können. Abbildung 6.42 zeigt die fertige Anwendung. Sie ist in drei Bereiche aufgeteilt:

Virtueller Energiemarkt

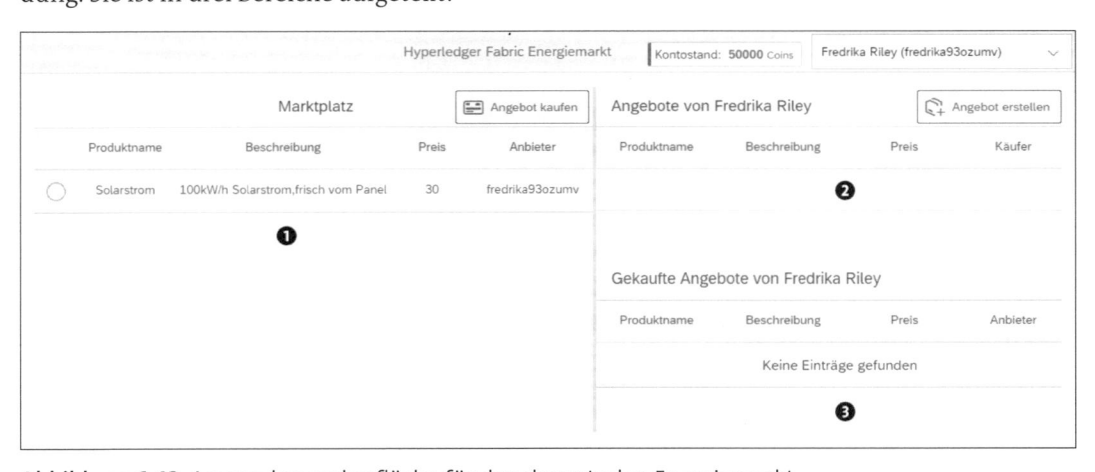

Abbildung 6.42 Anwendungsoberfläche für den dezentralen Energiemarkt

❶ Im linken Bereich ist der **Marktplatz** abgebildet, auf dem die verfügbaren Angebote dargestellt werden.

❷ Rechts oben sieht der Anwender die Angebote, die er selbst erstellt hat.

❸ Rechts unten werden die vom Teilnehmer gekauften Angebote anderer Teilnehmer dargestellt.

Buttons im Bereich **Markplatz** und der Übersicht der eigenen Angebote erlauben das Einstellen eines neuen Stromangebots (**Angebot einstellen**) und den Kauf von Strom eines anderen Teilnehmers (Button **Angebot kaufen**).

Die fertige Anwendung wird sich wieder am MVC-Entwurfsmuster orientieren: Dabei ist die Blockchain unser Model. Als Controller und Middleware verwenden wir *Node.js*. Der Controller dient vorrangig dazu, den Marktplatz zu koordinieren. Als View entwickeln wir ein SAPUI5-Frontend, auf dem die

Architektur der Anwendung

Daten für den Anwender aufbereitet werden. Der View kommuniziert über den Controller mit dem Datenmodell.

[»] **NodeJS**

NodeJS ist ein auf der Google JavaScript Engine V8 basierender Server zum Betrieb von Netzwerkanwendungen wie unserem Energiemarktplatz. NodeJS wird mit JavaScript programmiert. Weiterführende Informationen finden Sie auf der Website des Projekts unter der URL *https://nodejs.org*.

View und Controller laufen in einem Space der SAP Cloud Platform, das Model in einem eigenen Space. Sie sind über Aufrufe von REST-APIs miteinander verbunden, wie in Abbildung 6.43 grafisch veranschaulicht.

View
SAPUI5-Frontend

↕ REST-Anrufe

Controller
Node.js-Middleware

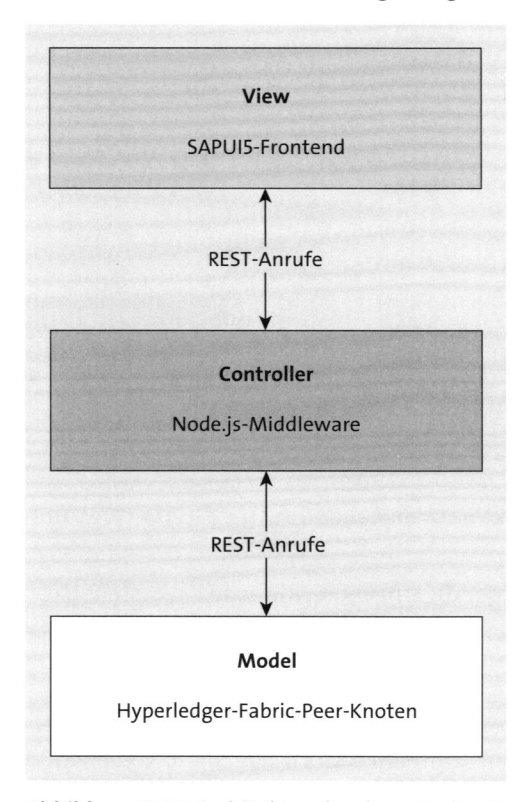

↕ REST-Anrufe

Model
Hyperledger-Fabric-Peer-Knoten

Abbildung 6.43 Architektur des dezentralen Energiemarktplatzes

Die Einrichtung der Applikation wird wieder drei große Schritte umfassen:

1. Datenmodellierung und Einrichtung des Chaincodes
2. Installation der Middleware (Node.js)

3. Entwicklung und Deployment des Web-Frontends mit der der SAP Web IDE

Die Durchführung dieser Schritte beschreiben wir in den folgenden Abschnitten.

6.3.1 Datenmodellierung und Entwicklung des Chaincodes

Wir beginnen mit der Datenmodellierung und der Entwicklung des Chaincodes.

Wir benötigen mehrere Entitäten, um einen dezentralen Energiemarkt zu modellieren:

- den Energiemarkt, auf dem sich die Geschäfte abspielen
- die Teilnehmer, die Angebote machen und Strom kaufen
- die Produkte, die zum Verkauf stehen, also die Stromangebote

Entitäten

Wie in dem einfachen Beispiel aus Abschnitt 6.2, »Einfaches Entwicklungsbeispiel: ein digitales Telefonbuch«, entwickeln wir zunächst Datenmodelle für die einzelnen Objekte in der Sprache Go. Der Energiemarkt soll folgende Funktionen anbieten, über die die Teilnehmer miteinander handeln können:

Datenmodell des Energiemarktes

- Die angebotenen Strompakete sollen aufgelistet werden.
- Die Teilnehmer sollen eigene Angebote einstellen können.
- Die Teilnehmer sollen Produkte kaufen können.

Zunächst benötigen wir also eine Struktur `EnergyMarket` für den Energiemarktplatz (siehe Listing 6.20).

Funktionen

```
//EnergyMarket Chaincode implementation
type EnergyMarket struct {
}
```

...

Listing 6.20 Leere struct-Definition »EnergyMarket«

Diese `EnergyMarket`-Datenstruktur wird nun um gewünschte Funktionen erweitert:

- die Funktion `registerProductOffering`, um neue Produkte auf dem Energiemarkt anzubieten
- die Funktion `purchaseProduct`, um ein Produkt auf dem Markt zu kaufen

- die Funktion `getProductOfferings`, um eine Auflistung aller derzeit erhältlichen Produkte zu erhalten

Struktur »EnergyMarket«

Listing 6.21 zeigt einen Auszug der Definition des `struct`-Objekts für den Energiemarkt in Go. Hier werden auch die drei Funktionen definiert. Die Implementierung der Funktionen haben wir hier jeweils ausgespart. Die vollständige Implementierung finden Sie in der Datei **energy_market.go**, die wir im Download-Bereich des Buches im Verzeichnis **energymarket\chaincode\src** sowie über das Git-Repository bereitstellen.

```
...
/************* Product Offering registration function **************/
func (t *EnergyMarket) registerProductOffering(stub shim.Chaincode-
StubInterface, args []string) peer.Response {
... }

/************* Purchase Product function **************************/
func (t *EnergyMarket) purchaseProduct(stub shim.ChaincodeStubInter-
face, args []string) peer.Response {
...}

//************ get registred products function*********************/
func (t *EnergyMarket) getProductOfferings(stub shim.ChaincodeStub-
Interface, args []string) peer.Response {
...}
```

Listing 6.21 Definition der Struktur »EnergyMarket«

Teilnehmer

Um das Beispiel überschaubar zu halten, werden wir die Teilnehmer am Energiemarkt nicht in der Blockchain vorhalten, sondern diese zustandslos in der Middleware verwalten. Dies erklären wir in Abschnitt 6.3.2, »Erstellung der Serverkomponente als Node.js-Anwendung«.

Datenmodell für die Angebote

Schließlich müssen wir noch ein Datenmodell für die durch die Teilnehmer angebotenen Stromprodukte modellieren. Ein solches Angebot benötigt eine Beschreibung, die Angabe, von welchem Teilnehmer es stammt, sowie einen Preis. Außerdem muss in der Blockchain gespeichert werden können, von wem das Angebot wann gekauft wurde.

Auch dieses Datenmodell definieren wir als `struct`-Konstrukt in Go, wie in Listing 6.22 gezeigt.

```go
//ProductOffering is the data structure
type ProductOffering struct {
    ObjectType    string  `json:"docType"`
    ProductName   string  `json:"productName"`
    Description   string  `json:"description"`
    OffererID     string  `json:"offeredId"`
    BuyerID       string  `json:"buyerId"`
    Price         float32 `json:"price"`
    Currency      string  `json:"currency"`
    Status        int     `json:"status"`
    Timestamp     string  `json:"timestamp,omitempty"`
}

// Status enum
const (
    available = iota + 1  // 1
    outOfStock            // 2
)
```

Listing 6.22 Struktur »ProduktOffering« für die Stromangebote

OffererID ist die ID des Anbieters, BuyerID ist die ID des Käufers. Price ist der Preis des angebotenen Pakets, Currency die Währung, in der der Preis ausgeschrieben wird. Status gibt an, ob das Paket bereits gekauft wurde oder nicht, basierend auf dem Wert der Konstanten in der Gruppe Status enum, die unter den Variablendeklarationen definiert werden: available (1) oder outOfStock (2). Die Konstante iota ist in Go als Wert null (0) definiert, sodass available dem numerischen Wert 1 entspricht.

Der Rest des Chaincodes weist die übliche Struktur auf, die durch das Interface von Hyperledger Fabric vorgegeben wird:

- Eine Funktion Init dient der eventuellen Initialisierung der Datenstrukturen, die wir aber, wie im vorangegangenen Beispiel, nicht nutzen.
- Die Funktion Main dient als Einstiegspunkt für die Erzeugung der grundlegenden Struktur EnergyMarket.
- Die Funktion Invoke dient als Drehscheibe für die aufzurufenden Funktionen in unserem Chaincode.

Obligatorische Chaincode-Funktionen

Die Funktion Init in Listing 6.23 soll bei Bedarf vor der ersten Ausführung des Chaincodes Datenstrukturen initialisieren. Sollten für den Aufruf Parameter übergeben worden sein, werden diese mit der Hilfsfunktion stub.GetFunctionAndParameters ausgelesen, und in das Array args abgelegt.

Funktion »Init«

```
// Init deploy callback mode
func (t *EnergyMarket) Init(stub shim.ChaincodeStubInterface)
peer.Response {
    // Validate supplied init parameters, in this case
    // zero arguments!
    if _, args := stub.GetFunctionAndParameters(); len(args) > 0 {
        return shim.Error("Init: Incorrect number of
            arguments; no arguments were expected and
            none should have been supplied.")
    }
    return shim.Success(nil)
}
```

Listing 6.23 Funktion »Init«

Da für unser Beispiel keine Argumente erwartet werden, wird nach dem Auslesen der Parameter direkt geprüft, ob die Länge des Arrays args größer null ist. Falls dem so ist, wurden Parameter übergeben, was nicht erwartet wird. Eine entsprechende Fehlermeldung wird ausgegeben.

Funktion »Invoke«

Die Funktion Invoke in Listing 6.24 ist die wichtigste Funktion im Chaincode, da über sie alle selbst definierten Chaincode-Funktionen aufgerufen werden. Sie liest zunächst den aufzurufenden Funktionsnamen und die mitgegebenen Parameter aus:

```
function, args := stub.GetFunctionAndParameters()
```

Anschließend verzweigt sie in die entsprechenden Unterfunktionen unter Mitgabe der in dem Array args gespeicherten Funktionsparameter.

```
// Invoke deploy and invoke callback mode
func (t *EnergyMarket) Invoke(stub shim.ChaincodeStubInterface)
peer.Response {

    // Which function is been called?
    function, args := stub.GetFunctionAndParameters()
    function = strings.ToLower(function)
    // Handle different functions
    if function == "registerproductoffering" {
        // Register Product Offering
        return t.registerProductOffering(stub, args)
    } else if function == "getproductofferings" {
        // Get Products
        return t.getProductOfferings(stub, args)
    } else if function == "purchaseproduct" {
```

```
        // Purchase Product
        return t.purchaseProduct(stub, args)
    }
    return shim.Error("Received unknown invocation: " + function)
}
```
Listing 6.24 Funktion »Invoke«

Die Funktion `Main` in Listing 6.25 dient als Einstiegspunkt in unsere Chaincode-Programmierung und prüft, ob die zugrunde liegende Struktur `EnergyMarket` initialisiert werden konnte. Falls nicht, gibt die Funktion eine entsprechende Fehlermeldung aus.

Funktion »Main«

```
/**********main implementation ************/
func main() {
    if err := shim.Start(new(EnergyMarket)); err != nil {
      fmt.Printf("Main: Error starting energy_market
               chaincode: %s", err)
    }
}
```
Listing 6.25 Funktion »Main«

6.3.2 Erstellung der Serverkomponente als Node.js-Anwendung

Die Serverkomponente unserer Anwendung registriert und verwaltet die Teilnehmer des Energiemarktplatzes und ermöglicht das Einstellen von Energieprodukten zum Verkauf. Sie regelt ebenfalls die Kommunikation mit der Blockchain.

Die Serverkomponente arbeitet in einer Cloud-Foundry-Umgebung der SAP Cloud Platform. Sie dient als Middleware zwischen dem SAPUI5-Frontend und der Hyperledger-Fabric-Blockchain. Als solche nimmt sie REST-Aufrufe vom Frontend entgegen und verarbeitet diese. Anschließend leitet sie die REST-Aufrufe an den Chaincode der Blockchain weiter.

Middleware

Die Datei **index.js** ist der Einstiegspunkt für die Serverkomponente. Dies wird in der Datei **package.json** in den Einträgen "main" und "start" definiert (siehe Listing 6.26). Die Datei finden Sie im Verzeichnis **energyMarket\middleware**.

»package.json«

```
{
  "dependencies": {
     "cfenv": "*",
     "request": "^2.83.0"
```

```
    },
    "description": "my description",
    "devDependencies": {
      "jest": "^23.6.0",
      "jest-junit": "^5.2.0"
    },
    "files": [],
    "main": "index.js",
    "name": "EnergyMarket-middleware",
    "scripts": {
      "test": "node node_modules/jest/bin/jest
      --config jest.json",
      "test-coverage": "node node_modules/jest/bin/jest
      --coverage --config jest.json",
      "start": "node index.js"
    },
    "engines": {
      "node": "8.x"
    },
    "version": "1.0.0"
}
```

Listing 6.26 Inhalt der Datei »package.json«

»index.js« Die Datei **index.js** startet den Server und verknüpft verschiedene URL-Endpunkte mit den Funktionen in der Datei **requesthandler.js** (siehe Listing 6.27), die die Anfragen verarbeiten und an die Blockchain weiterleiten.

```
var server = require("./server");
var router = require("./router");
var requestHandlers = require("./requestHandlers");

var handle = {};
handle["/"] = requestHandlers.start;
handle["/registerProductOffering"] =
 requestHandlers.registerProductOffering;
handle["/purchaseProduct"] = requestHandlers.purchaseProduct;
handle["/getProductOfferings"] = requestHandlers.getProductOfferings;
handle["/getAvailableProductOfferings"] =
 requestHandlers.getAvailableProductOfferings;
handle["/getProductOfferingsForUser"] =
 requestHandlers.getProductOfferingsForUser;
```

```
handle["/getProductPurchasesForUser"] =
 requestHandlers.getProductPurchasesForUser;
handle["/getSoldProductsForUser"] =
 requestHandlers.getSoldProductsForUser;
handle["/getAccountBalance"] = requestHandlers.getAccountBalance;
handle["/getUserList"] = requestHandlers.getUserList;

server.start(router.route, handle);
```

Listing 6.27 Inhalt der Datei »index.js«

So führt ein Aufruf des Endpunktes /getAvailableProductOfferings zum Aufruf der JavaScript-Funktion getAvailableProductOfferings() (siehe Listing 6.28), der Middleware-Funktion des Servers, die die Daten nach vorne zum Frontend durchreicht. Bei einer direkten Abfrage müsste man sonst den geheimen Zugangsschlüssel zur Blockchain in das Frontend legen, wo er sich auslesen ließe. Der dreistufige Aufbau vermeidet dieses Sicherheitsproblem.

»requesthandler.js«

```
...
function getAvailableProductOfferings(req, cb) {
    console.log("Request handler
       'getAvailableProductOfferings' was called.");
    const methodName = "getProductOfferings";
    const filter = {"selector":{"docType":"productOfferings",
                   "status": 1}};
    _blockchainGet(methodName, filter, cb);
}
...
```

Listing 6.28 Ausschnitt aus der Datei »requestHandler.js«

Diese Funktion ruft wiederum die private Funktion _blockchainGet auf, unter Angabe des Funktionsnamens getProductOfferings und eines Suchfilters sowie einer Callback-Funktion.

Diese kommuniziert direkt mit der Blockchain und sucht mit dem angegebenen Filter nach den Datensätzen noch verfügbarer (nicht verkaufter) Produkte. Diese sind am Statuswert 1 erkennbar:

{"selector":{"docType":"productOfferings", "status": 1}}

Nach der Authentifizierung über den REST-Aufruf werden damit die benötigten Informationen aus der Blockchain extrahiert (siehe Listing 6.29).

```
function _blockchainGet(methodName, filter, cb) {
    const destinationPath = methodName + "/" +
      JSON.stringify(filter);
    _authenticateRequest(function(authError, headers,
     destinationURL) {
      if (authError) {
        cb(authError);
      }
       request.get({
          headers: headers,
          url: destinationURL + destinationPath
      }, function(error, response, body) {
          if (error) {
          cb(error);
          } else {
          cb(null, body);
          }
      });
    });
}
```

Listing 6.29 Private generische Funktion »_blockchainGet« zur Kommunikation mit der Blockchain (Ausschnitt aus der Datei »requestHandler.js«)

Die Daten werden also vom Frontend (der Quelle der Anfrage) über die Serverkomponente (zur Verarbeitung der Anfrage) bis zur Blockchain (dem Datenmodell) gesendet und auf demselben Weg zurück.

REST-API Die Serverkomponente stellt eine REST-API für das Frontend zur Verfügung, mit der sich die Anwendung steuern lässt. Wichtige Aufrufe sind z. B. der Aufruf der Funktion `getAvailableProductOfferings`, um alle verfügbaren Angebote aus der Blockchain abzurufen, sowie der Aufruf der Funktion `getUserList`, um alle Teilnehmer aufzulisten, und der Aufruf der Funktion `purchaseProduct`, um ein Produkt zu kaufen. Tabelle 6.1 führt die Endpunkte dieser REST-API auf. Sie stellen die Schnittstelle für das Frontend dar. Das Frontend kennt nur diese Endpunkte und kümmert sich nicht darum, woher die Daten eigentlich herkommen (nämlich aus der Blockchain, die in einem zweiten Schritt kontaktiert wird).

Endpunkt	Funktion
/registerProductOffering	Registriert ein neues Produkt.
/purchaseProduct	Kauft ein Produkt.
/getProductOfferings	Listet alle Produkte auf.
/getAvailableProductOfferings	Listet alle verfügbaren Produkte auf.
/getProductOfferingsForUser	Listet alle Angebote für einen Nutzer auf.
/getProductPurchasesForUser	Listet alle gekauften Produkte eines Nutzers auf.
/getSoldProductsForUser	Listet alle verkauften Produkte für einen Nutzer auf.
/getAccountBalance	Listet den Kontostand eines Nutzers auf.
/getUserList	Listet alle Nutzer auf.

Tabelle 6.1 URI-Endpunkte der REST-API der Serverkomponente

Der Chaincode verwaltet den Energiemarktplatz sowie die von den Teilnehmern eingestellten Produkte. Die Teilnehmer werden von der Node.js-Middleware erstellt und verwaltet. Sie sind also nicht Bestandteil des Chaincodes bzw. der Blockchain. Das SAPUI5-basierte Frontend (die View-Komponente nach dem MVC-Muster) ruft die Serverkomponente über REST-Aufrufe auf. Diese Serverkomponente kommuniziert, wenn erforderlich, mit der Blockchain.

Interaktion zwischen den Komponenten

Die Teilnehmer am Markt registrieren sich über das SAPUI5-Frontend an der Middleware und sehen daraufhin alle in der Blockchain gespeicherten und noch verfügbaren Angebote, die sie kaufen können. Die Teilnehmer sind in unserem Beispiel der Einfachheit halber vordefiniert: Es gibt vier Teilnehmer, die im Verzeichnis **/model** des Serverprojekts in der Datei **users.json** definiert sind. Jeder dieser Teilnehmer hat ein Guthaben von jeweils 50.000 Einheiten einer fiktiven Währung ohne Namen. Dies ist aber nur ein gespeicherter Zahlenwert, es handelt sich hier nicht um eine durch die Blockchain verwaltete Kryptowährung. Ein Beispiel für die Erzeugung einer Kryptowährung finden Sie in Abschnitt 8.4.1. Listing 6.30 zeigt den Inhalt der Datei **user.json**.

Teilnehmer am Energiemarkt

```
[
    {
        "userId": "fredrika93ozumv",
```

```
        "userName": "Fredrika Riley",
        "openingBalance": 50000
    },
    {
        "userId": "charliez170b9ek",
        "userName": "Charlie Sanchez",
        "openingBalance": 50000
    },
    {
        "userId": "thomasina4e_bgaf",
        "userName": "Thomasina Martin Mills",
        "openingBalance": 50000
    },
    {
        "userId": "louiszx1fn0q2rc",
        "userName": "Louis Taylor",
        "openingBalance": 50000
    }
]
```

Listing 6.30 Liste der Teilnehmer am Energiemarktplatz in der Datei »user.json«

Auswahl des Benutzerkontextes

Um das Beispiel leichter nachvollziehbar zu machen, bietet die Energiemarktplatzseite oben rechts eine Dropdown-Liste aller Teilnehmer an. Wählen Sie als Tester einen dieser Teilnehmer aus, agieren Sie am Energiemarkt in dessen Benutzerkontext und können in seinem Namen die Angebote der anderen Teilnehmer kaufen oder eigene Angebote einstellen. In Abbildung 6.42 ist oben rechts beispielsweise die Teilnehmerin Fredrika Riley ausgewählt. In einer richtigen Marktplatzanwendung würde jeder Teilnehmer natürlich eine eigene Zugangskennung mit Passwort haben.

Produktangebote

Die eingestellten Produkte (modelliert in der Struktur ProductOffering im Chaincode) erhalten jeweils eine OffererID und eine BuyerID. Das sind die Kürzel des Anbieters und des Käufers des jeweiligen Produkts, wie sie von der Middleware in der Datei **user.json** vorgefunden werden (Schlüssel userId).

> **Sicherheit und Konfiguration**
>
> Die Middleware enthält in der Datei **requestHandlers.js** zu Beginn einen Block, der die benötigten Zugangsdaten zum Destination-Service ausliest und speichert (siehe Listing 6.31).

```
const cfenv = require("cfenv");
const uaaService = cfenv.getAppEnv().getService("uaa_service");
const destinationService =
 cfenv.getAppEnv().getService("destination_service");
const destinationName = "hyperledger-fabric";
const uaaCredentials =
 `${destinationService.credentials.clientid}:${destinationService.
 credentials.clientsecret}`;
```

Listing 6.31 Auslesen der Zugangsdaten

Diese Daten werden über die Konfiguration der Dienste in der SAP Cloud ausgelesen. In der ReadMe-Datei im Repository der Quelldateien können Sie nachschlagen, wie Sie diesen Vorgang einrichten.

6.3.3 Erstellung des Web-Frontends mit SAPUI5

In Abbildung 6.42 haben Sie die Weboberfläche des dezentralen Energiemarktplatzes bereits gesehen. Wir erstellen diese Oberfläche in SAPUI5. Neben den in der Einleitung dieses Beispiels bereits beschriebenen Bereichen, dem Marktplatz, den eigenen Angeboten und den gekauften Angeboten, finden Sie im Kopf der Anwendung oben rechts außerdem den Kontostand für den gerade ausgewählten Teilnehmer. Diese Anzeige wird nach jedem getätigten Kauf entsprechend angepasst.

Laden des Marktplatzes

Das Laden der Webseite für den Energiemarktplatz impliziert folgende Anfragen an die Blockchain:

- Abfrage der verfügbaren Produkte am Markt
- Abfrage der durch den aktuell ausgewählten Teilnehmer erstellten Produkte
- Abfrage der durch den aktuell ausgewählten Teilnehmer erworbenen Produkte

Zum Abfragen der verfügbaren Produkte sendet die Webseite beim Laden den REST-Aufruf des Endpunktes /getAvailableProductOfferings an die Node.js-Serverkomponente. Der REST-Aufruf von /getAvailableProductOfferings veranlasst einen Aufruf der JavaScript-Funktion getAvailableProductOfferings() in der Programmierung der Middleware. Diese wiederum veranlasst das Laden der Produkte aus der Blockchain und liefert diese in Form eines JSON-Arrays zurück. Folgender URI wird also z. B. über die HTTP-Methode GET vom SAPUI5-Frontend an die Node.js-Middleware geschickt:

https://camelot-itlab-gmbh-camelot-blockchain-sap-book-demo-spa63dc-c5c2.cfapps.eu10.hana.ondemand.com/middleware/getAvailableProduct-Offerings

Als Antwort aus der Blockchain gibt das JSON-Array die Produkte zurück, die alle einen Statuswert von 1 aufweisen (was im Chaincode als `available` definiert ist). Listing 6.32 zeigt beispielhaft die Antwort, wenn nur ein Produkt verfügbar wäre.

```
[
    {
        "Key": "ffCoMStEfM",
        "Record": {
            "buyerId": "",
            "currency": "EUR",
            "description": "100kW/h Solarstrom,frisch vom Panel",
            "docType": "productOfferings",
            "offerorId": "fredrika93ozumv",
            "price": 30,
            "productName": "Solarstrom",
            "status": 1,
            "timestamp": "2019-04-11 12:22:16"
        }
    }
]
```

Listing 6.32 Ausgabe der verfügbaren Produkte als JSON-Array (hier der Kürze wegen mit nur einem Produkt)

Jeder Eintrag in der Liste repräsentiert eine Instanz der Go-Struktur `ProductOffering`, wie sie in der Blockchain gespeichert ist, genauer: in der World-State-Datenbank der Blockchain.

Benutzerauswahl

In unserem einfachen Beispiel sind die Teilnehmer des Marktes nicht in der Blockchain angelegt, sondern werden von der Serverkomponente in Node.js verwaltet. Sie sind statisch hinterlegt und finden sich, wie in Abschnitt 6.3.2, »Erstellung der Serverkomponente als Node.js-Anwendung«, beschrieben, in der Datei **users.json**. Nach Auswahl eines anderen Teilnehmers auf der Benutzeroberfläche werden die Inhalte der Seite aktualisiert.

Einstellen eines Produktangebots

Über den Button **Neues Angebot** kann man als Teilnehmer ein neues Angebot für den Energiemarktplatz formulieren. Dazu öffnet sich ein Dialogfenster, in dem man die erforderlichen Angaben machen kann (siehe Abbildung 6.44).

Abbildung 6.44 Erstellen eines Produktangebots in der SAPUI5-Anwendung

Nach dem Schließen des Dialogs über den Button **Erstellen** erscheint das neue Produktangebot links im Bereich **Marktplatz** sowie rechts oben unter den abgegebenen Angeboten des Teilnehmers (siehe Abbildung 6.45). Ab jetzt können die anderen Teilnehmer das neue Angebot erwerben.

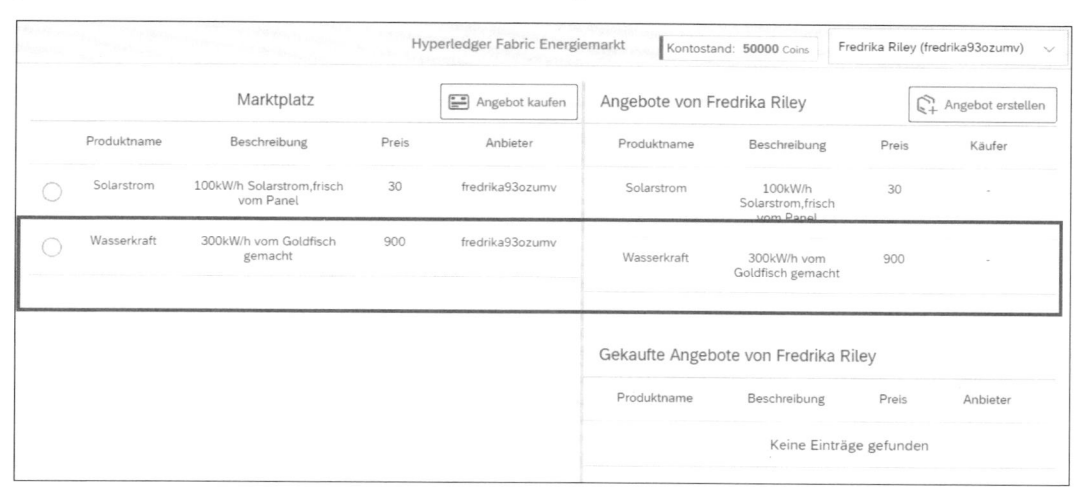

Abbildung 6.45 Ein neu eingestelltes Angebot im Marktplatz sowie unter »Meine Angebote«

Technisch gesehen wird beim Schließen des Dialogs ein REST-Aufruf vom Frontend zur Middleware abgesetzt: Die Node.js-Serverkomponente erhält

Weitergabe an die Middleware

damit einen `registerProductOffering`-Aufruf über die HTTP-Methode `POST`. Im Body des Postings werden die Details zum neuen Angebot angegeben (siehe Listing 6.33).

```javascript
function registerProductOffering(req, cb) {
    const sMethodName = "registerProductOffering";
    let body = "";
    req.on("data", chunk => {
        body += chunk.toString(); // convert Buffer to string
    });
    req.on("end", () => {
        body = JSON.parse(body);
        body.userId = body.offeror_id;
        _blockchainPost(sMethodName, body, cb);
    });
}
```

Listing 6.33 Aufruf der Funktion »registerProductOffering«

Speichern des Angebots in der Blockchain

Die per `POST`-Methode übermittelten Angaben werden an die Funktion `_blockchainPost` weitergegeben, die das neue Produktangebot in der Blockchain ablegt (siehe Listing 6.34). Der Name der aufzurufenden Funktion im Chaincode lautet `registerProductOffering` und wird über den Parameter `methodName` übergeben.

```javascript
function _blockchainPost(methodName, formData, cb) {
    const destinationPath = methodName;
    _authenticateRequest(function(authError, headers,
        destinationURL) {
        if (authError) {
            cb(authError);
        }
        headers["Content-Type"] = "multipart/form-data" ;
        request.post({
            headers: headers,
            url: destinationURL + destinationPath,
            form: formData
        }, function(error, response, body) {
            if (error) {
                cb(error);
            } else {
                cb(null, body);
            }
```

```
        });
    });
}
```

Listing 6.34 Aufruf der Funktion »_blockchainPost«

In der zugrunde liegenden Blockchain wird dann wieder über einen REST-Aufruf (aber diesmal in der Blockchain) die Chaincode-Funktion registerProductOffering aufgerufen, deren Implementierung Sie in Listing 6.35 sehen.

Aufruf von »registerProductOffering«

```go
/************ Product Offering registration function ************/

func (t *EnergyMarket) registerProductOffering(stub
shim.ChaincodeStubInterface, args []string) peer.Response {

      var ProductOffering ProductOffering

      ProductOffering.ObjectType = "productOfferings"
      ProductOffering.ProductName = args[0]
      ProductOffering.Description = args[1]
      ProductOffering.OfferorID = args[2]
      price, err := strconv.ParseFloat(args[3], 32)
      if err != nil {
         return shim.Error(err.Error())
      }
      ProductOffering.Price = float32(price)
      ProductOffering.Status = available
      mytime := time.Now()
      ProductOffering.Timestamp = mytime.Format("2006-01-02
        15:04:05")

      // ==== Create productOffering object and marshal to
      // JSON ====
      productOfferingJSON, err := json.Marshal(ProductOffering)
      if err != nil {
         return shim.Error("Marshal failed for productOffering Entry"
            + fmt.Sprint(err))
      }
      // === Save product offering to state ===
      rand.Seed(time.Now().UnixNano())

      err = stub.PutState(randSeq(10), productOfferingJSON)
      if err != nil {
```

```
        return shim.Error(err.Error())
    }

    return shim.Success(nil)
}
```

Listing 6.35 Funktion »registerProductOffering« im Chaincode

Die Daten des POST-Aufrufes werden als Parameter-Array args an die Chaincode-Funktion registerProductOffering übergeben. Sie füllen die Struktur ProductOffering mit den Informationen für das Angebot. Zu guter Letzt wird diese Go-Struktur wieder per Marshalling in ein JSON-Objekt umgewandelt und in die Blockchain geschrieben. Dabei erhält es einen Zufallswert als eindeutigen Schlüssel.

Kauf eines Produktangebots

Um ein Stromangebot über den Marktplatz zu kaufen, muss der Anwender es zunächst in der Spalte **Marktplatz** auswählen und dann den Button **Angebot kaufen** drücken. Dies wird nur für Angebote erlaubt, die der betreffende Teilnehmer nicht selbst eingestellt hat. Nach dem Kauf wird das Angebot aus der Marktplatzliste links gelöscht und in die Liste der durch den Teilnehmer erworbenen Angebote eingetragen. Sein Kontostand wird entsprechend angepasst (siehe Abbildung 6.46).

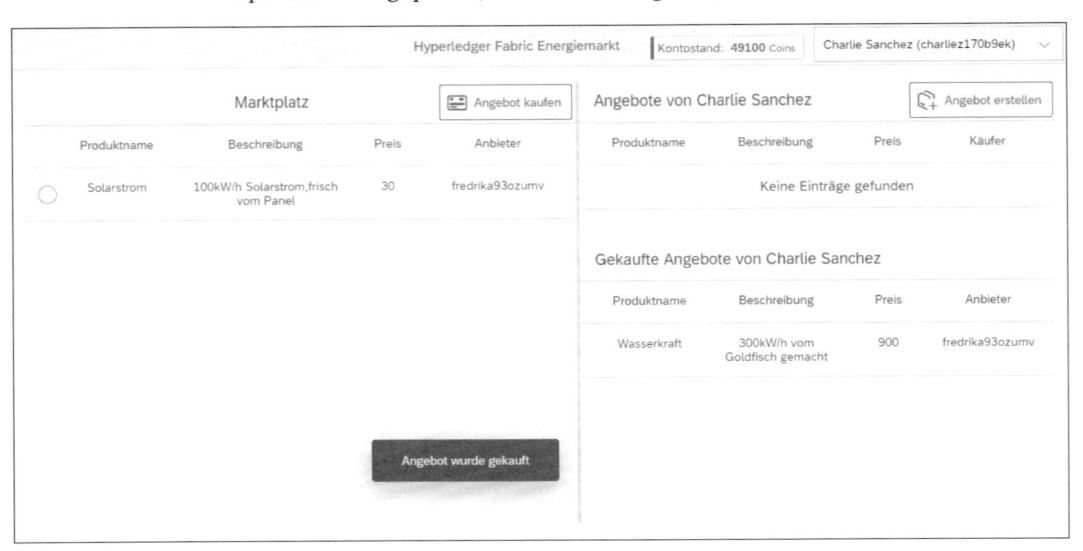

Abbildung 6.46 Benutzeroberfläche nach Kauf eines Angebots durch einen Teilnehmer

Beim Kauf eines Produkts wird ein entsprechender REST-Aufruf an die Middleware abgesetzt. Konkret ist dies ein POST-Aufruf der Endpunkt-URI purchaseProduct. Dabei wird die Teilnehmerkennung des Käufers mitgegeben.

Weitergabe des Kaufes an die Middleware

In der Middleware wird daraufhin errechnet, ob der Teilnehmer genug Guthaben hat, um diesen Kauf zu tätigen. Falls dies der Fall ist, wird ein Aufruf der Chaincode-Funktion purchaseProduct an die Blockchain abgesetzt, sodass der Einkauf als Transaktion in die Blockchain geschrieben werden kann.

Der Status des Produkts wird daraufhin auf not available gesetzt. Außerdem wird die Benutzerkennung des Käufers im Feld BuyerID des Produkts hinterlegt, damit klar ist, wer das Produkt erstanden hat. Das Guthaben des Käufers wird mit dem Betrag des Kaufpreises belastet, und der Kontostand von Käufer und Verkäufer wird jeweils neu errechnet. Durch ein Neuladen des Bereichs **Marktplatz** wird die Anzeige aktualisiert.

6.3.4 Deployment der Anwendung

Das SAPUI5-Frontend und die Middleware werden zusammen in einem sogenannten *Multitarget-Archiv* (Dateiendung .mtar) ausgeliefert und installiert. Das MTAR-Archiv wird durch den Build-Befehl der SAP Web IDE erstellt. Es handelt sich dabei um ein ZIP-Archiv mit den Projektdateien sowie einer zentralen Datei **mta.yaml**, in der die Konfiguration des Projekts beschrieben wird.

Die SAP Web IDE bietet mehrere Möglichkeiten zum Import von Projektdateien. Neben dem Upload und Import eines Archivs können Sie auch direkt ein Git-Repository angeben, mit dessen Dateien Sie arbeiten möchten. Eine Anleitung, wie Sie ein Projekt aus einem Git-Repository in die SAP Web IDE importieren, finden Sie in Anhang A, »Installation der Beispiele für dieses Buch«.

Verlinken eines Git-Repositorys

Das erfolgreiche Deployment eines MTAR-Archivs kann nur stattfinden, wenn die folgenden Voraussetzungen erfüllt sind:

Deployment des MTAR-Archivs

- Auf der Ebene der Blockchain im Subaccount der Cloud-Foundry-Umgebung muss es eine funktionierende Hyperledger-Fabric-Instanz geben, in der der Chaincode für die Energiemarktplatzanwendung installiert ist.
- Im Cloud-Foundry-Subaccount muss die Destination eingerichtet worden sein, über die der Chaincode erreichbar ist.

Es ist wichtig, welchen Namen Sie für die Destination angeben, denn dieser Name wird für die Konfiguration und Programmierung der Node.js-Middle-

Destination der Blockchain

ware benötigt. Wir verwenden in unserem Beispiel den Namen hyperledger-fabric. Dieser Name muss sich auch in der Middleware, genauer in der Datei **requesthandlers.js**, als Konstante wiederfinden (siehe Listing 6.36).

```
/*eslint no-console: 0*/
const request = require("request");
const url = require("url");
const querystring = require("querystring");
const fs = require("fs");

const cfenv = require("cfenv");
const uaaService =
  cfenv.getAppEnv().getService("uaa_service");
const destinationService =
  cfenv.getAppEnv().getService("destination_service");
const destinationName = "hyperledger-fabric";
const uaaCredentials =
  `${destinationService.credentials.clientid}:$
    {destinationService.credentials.clientsecret}`;
...
```

Listing 6.36 Aufruf der Destination über ihren logischen Namen in der Datei »requesthandlers.js«

MTAR-Archiv
: Ein MTAR-Archiv kann entweder aus Projektdateien erstellt oder importiert werden. Das MTAR-Archiv bereitet die beiden Projekte für Frontend und Middleware auf der SAP Cloud Platform vor und richtet alle benötigten Dienste dafür ein: einen *Destination Service*, um die Destination der Blockchain aufrufen zu können, sowie einen *Authorization and Trust Management Service*, der sich um die Authentifizierung der Teilnehmer kümmert. Das Einzige, was Ihnen das MTAR-Archiv nicht abnehmen kann, ist die bereits angesprochene eindeutige Benennung der Destination, über die die Blockchain erreicht werden kann. Dieser Name muss in den Projektdateien der Middleware zwingend mit dem der selbst eingerichteten Destination für die Blockchain übereinstimmen, damit Node.js mit der Hyperledger-Fabric-Blockchain kommunizieren kann.

»mta.yaml«
: Die im MTAR-Archiv angelegte Datei **mta.yaml** ist die zentrale Konfigurationsdatei (siehe Abbildung 6.47). Sie beschreibt die enthaltenen Module und Ihre Abhängigkeiten von anderen eventuell zu startenden Diensten, benennt diese und stellt die Beziehungen zwischen den Modulen her.

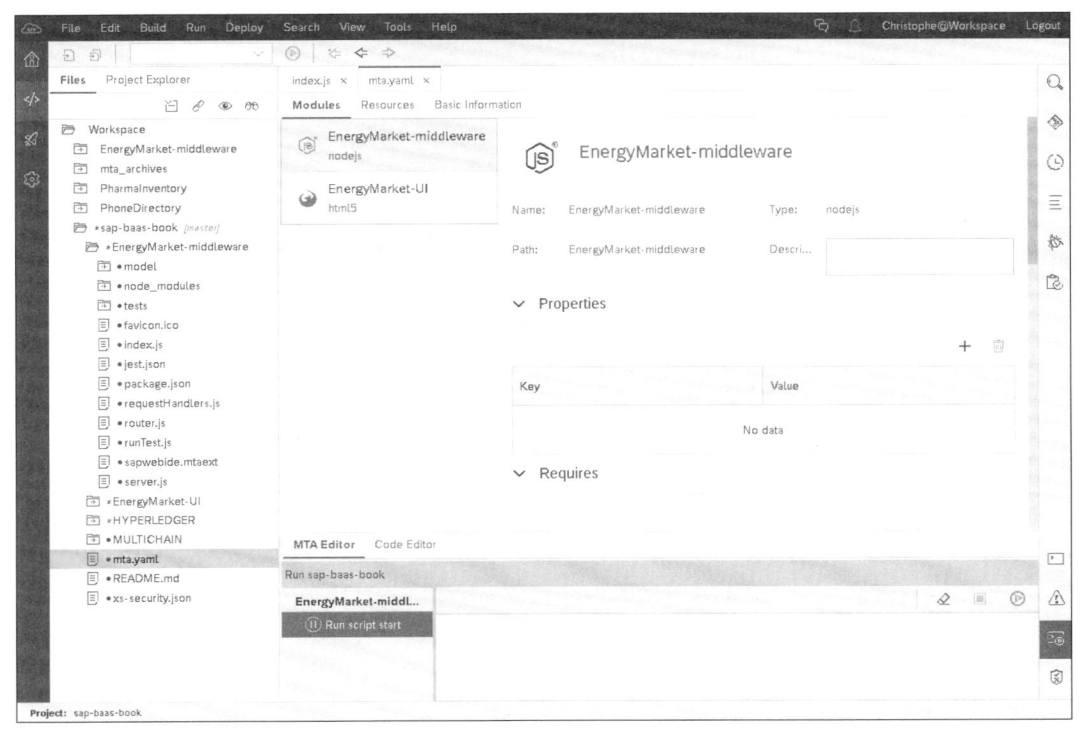

6.3 Fortgeschrittenes Entwicklungsbeispiel: ein dezentraler Energiemarktplatz

Abbildung 6.47 GUI-Ansicht der Datei »mta.yaml« mit den beiden Projekten »EnergyMarket-middleware« (NodeJS) und »EnergyMarket-UI« (HTML5)

Die Datei kann per Rechtsklick auch im Code-Editor geöffnet werden. Sie ist inhaltlich in verschiedene Abschnitte gegliedert. Der Abschnitt modules beschreibt etwa die im Archiv enthaltenen Module. Die **mta.yaml**-Datei unseres Energiemarktplatzprojekts besteht dabei wie erwartet aus zwei Modulen: einem für die Middleware (EnergyMarket-middleware) und einem für das Frontend (EnergyMarket-UI, siehe Listing 6.37).

```
_schema-version: '2.1'
ID: energymarket
description: Energy Market
version: 0.0.1
modules:
  - name: EnergyMarket-middleware
    type: nodejs
    path: EnergyMarket-middleware
    parameters:
      memory: 256M
```

```yaml
      provides:
        - name: middleware-api
          properties:
            url: ${default-url}
      requires:
        - name: uaa_service
        - name: destination_service

    - name: EnergyMarket-UI
      type: html5
      path: EnergyMarket-UI
      parameters:
          disk-quota: 1024M
          memory: 256M
      build-parameters:
          builder: grunt
      requires:
        - name: uaa_service
        - name: destination_service
        - name: middleware-api
          group: destinations
          properties:
            name: middlewareApi
            url: '~{url}'
            forwardAuthToken: true

    resources:
      - name: uaa_service
        parameters:
            path: ./xs-security.json
            service-plan: application
            service: xsuaa
        type: org.cloudfoundry.managed-service

      - name: destination_service
        parameters:
            service-plan: lite
            service: destination
        type: org.cloudfoundry.managed-service
```

Listing 6.37 Inhalt der Datei »mta.yaml«

6.3 Fortgeschrittenes Entwicklungsbeispiel: ein dezentraler Energiemarktplatz

Innerhalb einer Modulbeschreibung bezeichnet der Abschnitt requires eventuell benötigte Dienste für das jeweilige Modul. So benötigt z. B. die Middleware den Authorization and Trust Management Service (xsuua) sowie den Destination Service, um die Daten der Blockchain nutzen zu können. Beim Deployment können diese Dienste dank dieser Einträge in der Datei **mta.yaml** automatisiert mit eingerichtet werden, sodass man eine lauffähige Lösung erhält. Wichtig zur Verbindung der Ressourcen sind die Namen der benötigten Services, hier destination_service und uaa_service.

Services innerhalb des Moduls »EnergyMarket-UI«

Das Modul EnergyMarket-Middleware bietet einen Service middleware-api an, der von dem Modul EnergyMarket-UI benötigt und konsumiert wird.

> **Weitere Informationen zur Datei »mta.yaml«**
>
> Ausführlichere Information zur Datei **mta.yaml**, die auch als *MTA Development Descriptor* bezeichnet wird, finden Sie in der SAP-Onlinehilfe unter der folgenden URL: *http://s-prs.de/v691451*

[«]

Neben der Datei **mta.yaml** enthält das MTAR-Archiv noch die Datei **xs-app.json** im Unterverzeichnis des Projekts EnergyMarket-UI. Hier werden die Routings vom Modul EnergyMarket-UI zur Middleware definiert. Der Abschnitt "routes" in dieser Datei definiert, dass jede URL, die mit der Zeichenkette /middleware/ startet, an den Service middlewareAPI weitergeleitet werden soll (siehe Listing 6.38).

»xs-app.json«

```
{
  "welcomeFile": "/EnergyMarket-UI/index.html",
  "authenticationMethod": "route",
  "logout": {
    "logoutEndpoint": "/do/logout"
  },
  "destinations": {
      "middlewareApi": {
        "logoutPath": "/info/logout",
        "logoutMethod": "GET"
      }
  },
  "routes": [
     {
     "source": "/middleware/(.*)",
     "destination": "middlewareApi",
     "csrfProtection": false
   },{
```

```
            "source": "^/EnergyMarket-UI/(.*)$",
            "target": "$1",
            "localDir": "webapp"
        }
    ]
```

Listing 6.38 Inhalt der Datei »xs-app.json«

So wird z. B. in der Datei **EnergyMarket-UI/webapp/controller/EnergyMarket.controller.js**, dem Controller unserer SAPUI5-Anwendung, in der Funktion displayMyOffers folgende Service-URL definiert:

"/middleware/getProductOfferingsForUser?user="+this.currentUser.userId

Dank des in der Datei **xs-app.json** definierten Routings wird diese Anfrage an den Service middlewareAPI weitergeleitet, der in der Datei **mta.yaml** mit dem logischen Namen middleware-api definiert ist. Die komplette URL für den Part »**/middleware/**« der obigen URL wird erst beim Build- bzw. Deploy-Prozess in der Cloud generiert und eingesetzt.

Automatisierte Services

In unserer Beispielanwendung haben wir keine Authentifizierungsmethode für die Kommunikation zwischen Benutzeroberfläche und Middleware definiert. Dies übernimmt der Authorization and Trust Management Service (xsuua) automatisch. In der Middleware wird die eingehende Anfrage weitergeroutet zur Funktion getProductOfferingsForUser() in der Datei **requestHandlers.js**. Die Middleware wiederum nutzt die Instanz des Destination Service namens destination_service, um eine Verbindung zur Blockchain-Destination namens hyperledger-fabric zu etablieren. Der Authorization and Trust Management Service (Instanz uaa_service) erhält das für den Aufruf benötigte Authentifizierungs-Token.

Die Funktion _blockchainGet führt letztlich den Aufruf des Chaincodes in der Blockchain aus und verarbeitet deren Antwort. Sie nutzt die Funktion _authenticateRequest, um das uaaToken (das Authentifizierungs-Token, das der Authorization and Trust Management Service erhalten hatte), die URL und die benötigten HTTP-Header für den Aufruf zu erhalten.

Dieser vermeintlich umständliche Aufbau ist der losen Koppelung von drei verschiedenen Services geschuldet: dem Frontend in einer Neo-Umgebung, der NodeJS-Middleware in einer Cloud-Foundry-Umgebung sowie der Hyperledger-Fabric-Blockchain in einer weiteren Cloud-Foundry-Umgebung. Bei jedem Übergang von einem Service zum anderen muss sich der darunterliegende Service anmelden und legitimieren, bevor er Aufrufe vom Service entgegennehmen kann. Der erhöhte Aufwand in der Konfiguration bedeutet mehr Flexibilität im Betrieb.

6.4 Zusammenfassung

Wenn Sie bis hierhin durchgehalten haben, haben Sie einiges über die Architektur von auf Hyperledger Fabric basierenden Blockchain-Anwendungen gelernt. Sie kennen die verschiedenen Knotenarten, die Kommunikationskanäle sowie den Begriff World State. Anhand eines ersten einfachen Beispiels, einer Telefonbuchanwendung zum Speichern von Kontakten, haben wir eine erste Anwendung mit SAPUI5-Frontend auf Basis von Hyperledger Fabric entwickelt. Blockchain und Frontend haben wir über eine Destination miteinander verbunden.

Das nächste Beispiel war etwas fortgeschrittener und simulierte den Verkauf von Strompaketen im Rahmen eines dezentralen Energiemarktplatzes mit mehreren Teilnehmern. Neben Blockchain und Frontend kam hier eine Node.js-Serverkomponente ins Spiel, die im Rahmen des MVC-Entwurfsmusters die Rolle des Controllers übernahm. Das Web-Frontend haben wir in der SAP Web IDE getestet und schließlich als sogenanntes Multitarget-Archiv (MTAR) deployt. Der Vorteil eines MTAR-Archivs liegt neben der kompakten Speicherung aller Dateien auch in der automatischen Einrichtung weiterer benötigter Dienste.

Im folgenden Kapitel nutzen wir den Service Blockchain Application Enablement sowie die SAP HANA Blockchain Integration, um Blockchain-Daten in einer SAP-HANA-Datenbank vorzuhalten. Auf diese Weise können diese per SQL strukturiert abgefragt werden.

Kapitel 7
SAP-HANA-Integration

Den interessantesten Service bietet SAP mit der Integration von Blockchain-Daten in eine SAP-HANA-Datenbank, was strukturierte Datenabfragen erlaubt. In diesem Kapitel zeigen wir Ihnen, wie Sie so eine Anbindung realisieren.

Der Service Blockchain Application Enablement der SAP Cloud Platform bietet mit der Integration von Blockchain-Daten in eine SAP-HANA-Datenbank wohl eines der interessantesten Angebote im Rahmen der Blockchain-Services. Dabei werden alle Transaktionen sowie der aktuelle Datenstand der Blockchain, der sogenannte *World State*, in eine SAP-HANA-Datenbanktabelle übertragen. Blockchain-Daten werden auf diese Weise per SQL abfragbar und modifizierbar. Damit lassen sich in SAP HANA vorgehaltene Geschäftsdaten mit den Daten einer Blockchain kombinieren.

Die beim Zugriff auf SAP HANA unterstützten Datenbankoperationen sind das Auslesen, Einfügen, Aktualisieren und Löschen von Inhalten (d. h. die Operationen `SELECT`, `INSERT`, `UPDATE` und `DELETE`). Diese Operationen werden auf den SAP-HANA-Datenbanktabellen ausgeführt, d. h. die Blockchain selbst bleibt weiterhin unverändert.

Datenbankoperationen

> **SAP-HANA-Integration mit Hyperledger Fabric**
>
> Zwar ist laut Aussagen von SAP die SAP-HANA-Integration auch für eine MultiChain-Blockchain möglich, aber diese Option ist aufgrund der fehlenden Programmierbarkeit und damit einhergehenden fehlenden Möglichkeit zur Definition eigener Datentypen uninteressant. Alle Erläuterungen in diesem Kapitel beziehen sich daher auf die Integration einer bestehenden Hyperledger-Fabric-Blockchain mit der SAP-HANA-Datenbank.

In diesem Kapitel richten wir zunächst einen Zugriff auf die Blockchain des dezentralisierten Energiemarktplatzes aus Kapitel 6, »Blockchain-Anwendungen mit Hyperledger Fabric entwickeln«, ein und überführen die Daten aus dieser Blockchain in eine SAP-HANA-Datenbank. Im zweiten Teil des Kapitels besprechen wir die Struktur der importierten Daten und gehen anhand dieses Beispiels auf die Optionen und Möglichkeiten der SAP-HANA-Integration ein.

7.1 Architektur der SAP-HANA-Integration

SAP HANA Blockchain Service

Der SAP HANA Blockchain Service besteht aus zwei Komponenten (siehe Abbildung 7.1):

- *SAP HANA Blockchain Adapter*, der als *Smart-Data-Integration-Konnektor* (SDI), ein SAP-Standard für Konnektoren zur Integration externer Daten in eine SAP-HANA-Datenbank, installiert und mit dem SAP HANA Integration Service verbunden wird
- *SAP HANA Integration Service*, ein Cloud-Service, der für die Anbindung an die Blockchain sorgt und die Daten in Richtung der SAP-HANA-Datenbank weiterleitet

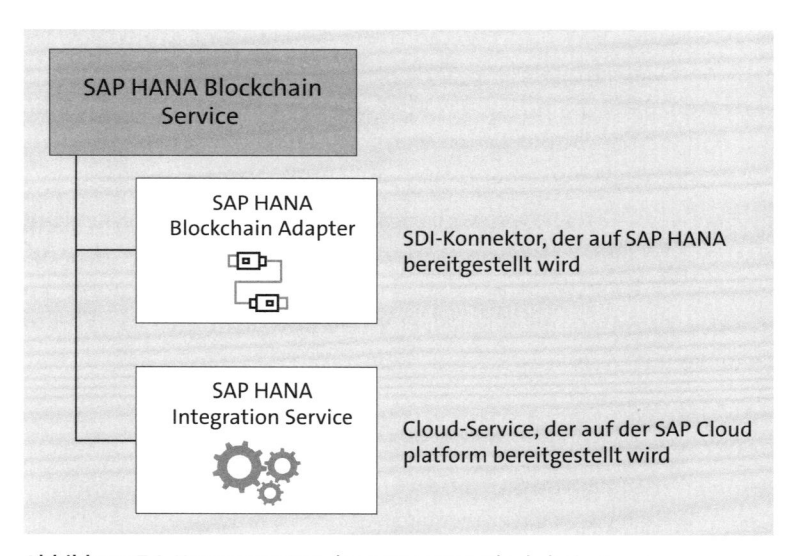

Abbildung 7.1 Komponenten des SAP HANA Blockchain Service

Ebenen der Integration

Für eine Integration von Blockchain-Daten in eine SAP-HANA-Datenbank sind grundsätzlich die folgenden Schritte in der Blockchain, der SAP Cloud Platform und der SAP-HANA-Datenbank erforderlich (siehe Abbildung 7.2):

1. **Anpassungen an der Blockchain**
   Für die Verarbeitung von SQL-Anweisungen muss neuer Chaincode programmiert werden. Dieser übersetzt die SQL-Anweisungen in entsprechende Anweisungen und stellt die Daten für SAP HANA bereit.

2. **Anpassungen in der SAP Cloud Platform**
   In der SAP Cloud Platform muss die Nutzung des *SAP HANA Integration Service* innerhalb des Service Blockchain Application Enablement konfiguriert werden. Dieser dient als Adapter für die Umwandlung und Bereitstellung der Daten. Die Blockchain fungiert dabei als virtuelle Datenquelle für die SAP-HANA-Datenbank.

   Die Arbeiten zur Konfiguration des SAP HANA Integration Service finden Ihren Abschluss in der Definition der Datenstrukturen, den sogenannten *Meldungsstrukturen*. Dabei handelt es sich um selbst definierte Datentypen, die das Tabellenschema für die Blockchain-Daten innerhalb der SAP-HANA-Datenbank beschreiben.

3. **Anpassungen in der SAP-HANA-Datenbank**
   In der SAP-HANA-Zieldatenbank muss ein *Data Provisioning Agent* (DP Agent) definiert werden, der den SAP HANA Integration Service als neue externe Datenquelle anmeldet. Dieser Schritt ist erforderlich, um die Blockchain-Daten in die SAP-HANA-Datenbank zu importieren.

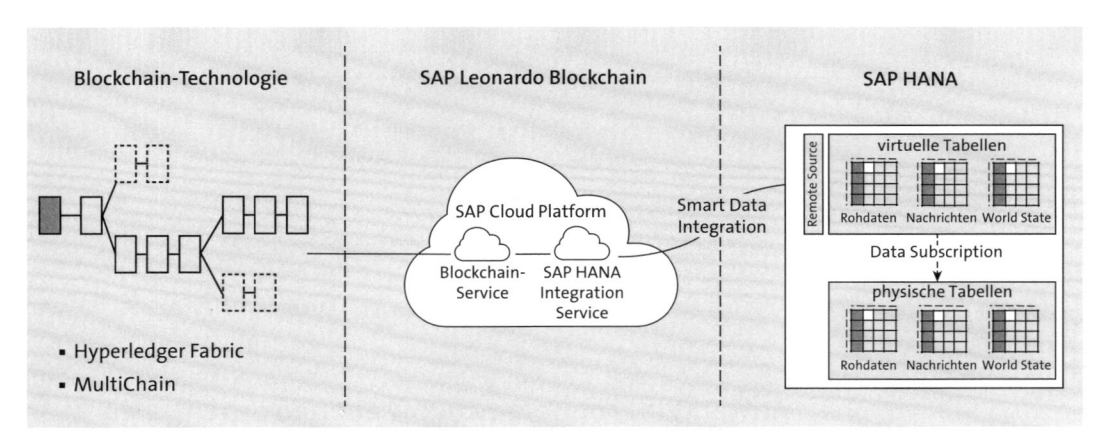

Abbildung 7.2 Blockchain-Anbindung mittels der SAP-Blockchain-Services SAP HANA Integration Service und der Smart Data Integration

Die Daten stammen aus dem Blockchain-Service auf der SAP Cloud Platform und werden vom SAP HANA Integration Service für den SDI-Konnektor zur Weiterleitung an die SAP-HANA-Datenbank aufbereitet. Der SDI-Konnektor blendet die Daten aus der Blockchain in SAP HANA in Form von virtuellen Tabellen ein, die wiederum über sogenannte *Data Subscriptions* in physische Tabellen in SAP HANA überführt werden können.

Abbildung 7.3 verdeutlicht die Architektur der SAP-HANA-Integration.

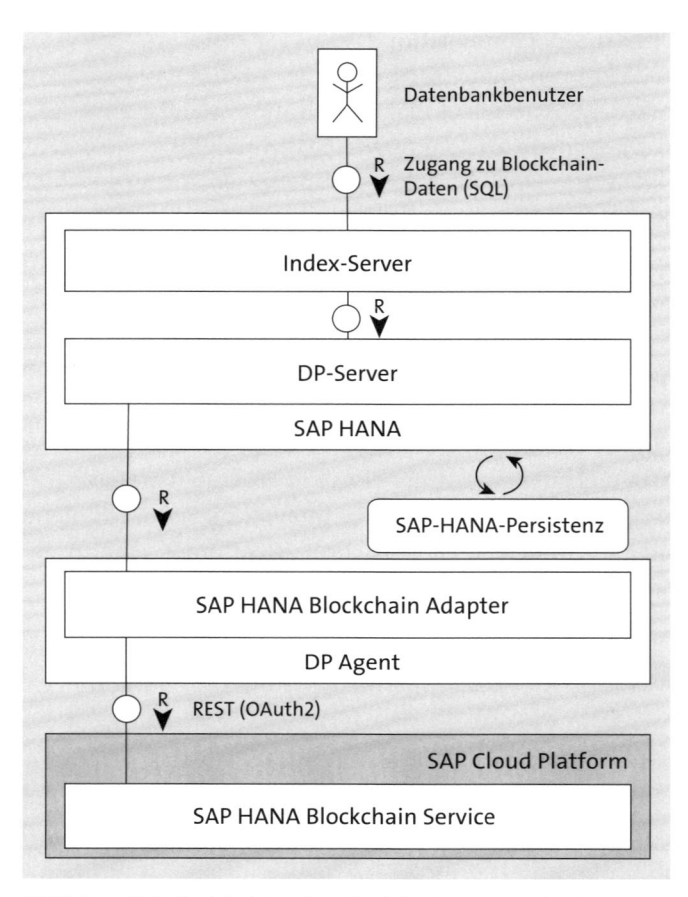

Abbildung 7.3 Architektur der Blockchain-Integration in SAP HANA

7.2 Anwendungsbeispiel: Zugriff auf den dezentralen Energiemarktplatz über SAP HANA

Datenstruktur für Angebote auf dem Energiemarktplatz

In Abschnitt 6.3, »Fortgeschrittenes Entwicklungsbeispiel: ein dezentraler Energiemarktplatz«, haben wir auf Basis von Hyperledger Fabric einen dezentralen Energiemarktplatz entwickelt, dessen Teilnehmer Energieangebote direkt an andere Teilnehmer des Marktplatzes vertreiben können. Diese Angebote haben wir in einer Datenstruktur namens ProductOffering gespeichert, die in der Programmiersprache Go im Kopfteil in der Chaincode-Datei **energy_market.go** wie in Listing 7.1 definiert wurde.

7.2 Anwendungsbeispiel: Zugriff auf den dezentralen Energiemarktplatz über SAP HANA

```
...
type ProductOffering struct {
  ObjectType      string  `json:"docType"`
//docType is used to distinguish the various types of objects
//in state database
  ProductName     string  `json:"productName"`
  Description     string  `json:"description"`
  OfferorID       string  `json:"offerorId"`
  BuyerID         string  `json:"buyerId"`
  Price           float32 `json:"price"`
  Status          int     `json:"status"`
  Timestamp       string  `json:"timestamp,omitempty"`
}
...
```

Listing 7.1 Definition der Struktur »ProductOffering« zur Modellierung der Stromangebote von Teilnehmern am dezentralen Energiemarktplatz

Dieses `struct`-Konstrukt strukturiert die in der Blockchain gespeicherten Datensätze der angebotenen Energiepakete. Damit diese in einer SAP-HANA-Datenbanktabelle richtig angeordnet werden können, bedarf es einer äquivalenten SQL-Schemadefinition, der Meldungsstrukturen. Wie Sie diese definieren, erklären wir in Abschnitt 7.2.2, »Einstellungen auf der SAP Cloud Platform«. Aber der Reihe nach – zuerst müssen wir erforderliche Anpassungen in der Blockchain vornehmen.

7.2.1 Einstellungen in der Blockchain

Nehmen wir an, Sie setzen den dezentralen Energiemarktplatz basierend auf einer Hyperledger-Fabric-Blockchain bereits ein und möchten nun die in der Blockchain gespeicherten Angebote und Transaktionen der Teilnehmer in eine SAP-HANA-Datenbank importieren. Der erste Schritt besteht darin, dem Chaincode der Blockchain eine neue Funktion hinzuzufügen, die SQL-Anfragen verarbeitet. Dazu programmieren Sie eine neue Chaincode-Funktion namens `SQL`.

Die Chaincode-Funktion `SQL` beinhaltet Programmcode zur Übersetzung eingehender SQL-Anweisungen in Blockchain-Aufrufe. Der Code beschreibt, wie im Fall von SQL-Befehlen wie `SELECT`, `INSERT`, `UPDATE` und `DELETE` mit den komplexen selbst definierten Datentypen aus der Blockchain zu verfahren ist. Bei Aufruf dieser Funktion wird ein String-Array namens `args` angegeben, das alle Parameter des SQL-Aufrufes enthalten wird (siehe Listing 7.2).

Funktion »SQL«

7 SAP-HANA-Integration

```go
func (cc *EnergyMarket) SQL(stub shim.ChaincodeStubInterface,
args []string) peer.Response {

    // Extract command
    cmd := "UNKNOWN COMMAND"
    if len(args) > 0 {
        cmd = strings.ToUpper(args[0])
    }

  // Process command
  switch cmd {

  case "SELECT":
      if rc := Validate("$SQL", args /*args[0]=SELECT*/,
        "%s", 1, 10 /*args[1]=productID*/); rc.Status > 0 {
          return rc
      }
      return cc.read(stub, []string{args[1]})

    case "INSERT":
        if rc := Validate("$SQL", args /*args[0]=INSERT*/,
          "%s", 1, 10 /*args[1]=productID*/, "%s", 1, 16
          /*args[2]=ObjectType*/, "ProductOffering"
          /*args[3]=payload*/, "%json", 2, 1024);
          rc.Status > 0 {
            return rc
        }
        var productOffering ProductOffering
        return cc.create(stub, []string{args[1], args[2],
        productOffering.FromJson([]byte(args[3])).ProductName,
        productOffering.FromJson([]byte(args[3])).Description,
        productOffering.FromJson([]byte(args[3])).OfferorID,
   strconv.FormatFloat(float64(productOffering.FromJson([]byte(args
    [3])).Price), 'f', -1, 32)})

      case "UPDATE":
          if rc := Validate("$SQL", args /*args[0]=UPDATE*/,
            "%s", 1, 10 /*args[1]=productID*/, "%s", 1, 16
            /*args[2]=ObjectType*/, "ProductOffering"
            /*args[3]=payload*/, "%json", 2, 1024);
            rc.Status > 0 {
              return rc
          }
```

7.2 Anwendungsbeispiel: Zugriff auf den dezentralen Energiemarktplatz über SAP HANA

```
        var productOffering map[string]interface{}
        json.Unmarshal([]byte(args[3]), &productOffering)
        var oldproductOffering ProductOffering
        oldproductOffering.FromJson(cc.read(stub,
          []string{args[1]}).Payload)
        if productOffering["ProductName"] == nil {
            productOffering["ProductName"] =
              oldproductOffering.ProductName
        }
        if productOffering["Description"] == nil {
            productOffering["Description"] =
              oldproductOffering.Description
        }
        if productOffering["OfferorID"] == nil {
            productOffering["OfferorID"] =
              oldproductOffering.OfferorID
        }
        if productOffering["Price"] == nil {
            productOffering["Price"] =
              oldproductOffering.Price
        }
        if productOffering["Status"] == nil {
            productOffering["Status"] =
              oldproductOffering.Status
        }
        if productOffering["Timestamp"] == nil {
            productOffering["Timestamp"] =
              oldproductOffering.Status
        }
        return cc.update(stub, []string{args[1],
         productOffering["ProductName"].(string),
         productOffering["Description"].(string),
strconv.FormatFloat(productOffering["Price"].(float64),
'f', 6, 64), productOffering["Status"].(string)})

    case "DELETE":
        if rc := Validate("$SQL", args /*args[0]=DELETE*/,
          "%s", 1, 10 /*args[1]=productID*/, "%s", 1, 16
          /*args[2]=ObjectType*/); rc.Status > 0 {
            return rc
        }
        return cc.delete(stub, []string{args[1]})
        }
```

```
                    logger.Warningf("$SQL('%s') invalid!", cmd)
                    return Error(http.StatusNotImplemented, "Invalid $SQL!
                        Valid methods are 'SCHEMA|SELECT|INSERT|UPDATE|DELETE'!")
            }
```

Listing 7.2 Funktion »SQL« zur Umsetzung der SQL-Befehle SELECT, INSERT, UPDATE und DELETE

Programmablauf Bei Aufruf der Funktion SQL wird das String-Array args mit allen Parametern des externen Aufrufes übergeben. Zunächst wird geprüft, ob die Länge der im Array übertragenen Zeichenkette größer null ist, um sicherzustellen, dass es einen Inhalt hat.

Der erste Eintrag im Array transportiert die durchzuführende SQL-Operation – also eine Zeichenkette wie »SELECT«, »INSERT«, »UPDATE« oder »DELETE«. Zur Sicherheit wird vorab angenommen, dass keines dieser Befehlswörter erkannt wird. Der Wert der Variablen cmd wird demnach standardmäßig auf UNKNOWN COMMAND gesetzt. In der folgenden Switch-Anweisung werden die verschiedenen SQL-Befehle erkannt und verarbeitet. Werden sie nicht erkannt, wird eine entsprechende Fehlermeldung zurückgegeben.

Verarbeitung der SELECT-Anweisung

Lesen eines Produktangebots Die Verarbeitung der SELECT-Anweisung ist der wichtigste, gleichzeitig aber auch der einfachste Ausschnitt innerhalb des Codes (siehe Listing 7.3). Es wird zunächst validiert, ob genügend Parameter für einen SELECT-Aufruf übergeben wurden. Genügend Parameter bedeutet in diesem Fall, dass neben dem SQL-Befehl SELECT auch ein Schlüssel ProductID übergeben wurde. Ist dies nicht der Fall, wird in der Variable rc ein Fehlerobjekt gespeichert und zurückgegeben.

```
...
case "SELECT":
        if rc := Validate("$SQL", args /*args[0]=SELECT*/,
            "%s", 1, 10 /*args[1]=productID*/); rc.Status > 0 {
                return rc
        }
        return cc.read(stub, []string{args[1]})
...
```

Listing 7.3 Verarbeitung der SELECT-Anweisung

7.2 Anwendungsbeispiel: Zugriff auf den dezentralen Energiemarktplatz über SAP HANA

Die `ProductID` ist, falls vorhanden, im zweiten Eintrag des Parameter-Arrays `args` gespeichert. Sie stellt den Schlüssel für das zu suchende Produktangebot (`ProductOffering`) dar, das über den folgenden Befehl ausgelesen und zurückgegeben wird:

```
return cc.read(stub, []string{args[1]})
```

Die hier aufgerufene Go-Funktion `read` innerhalb der API für die Blockchain nutzt den Aufruf `GetState` der Hyperledger-Fabric-API des SDKs sowie die `ProductID` zum Auslesen der Daten (siehe Listing 7.4).

Chaincode-Funktion »read«

```
// Read text by ID
//
func (cc *EnergyMarket) read(stub shim.ChaincodeStubInterface,
args []string) peer.Response {

  // Validate and extract parameters
  if rc := Validate("read", args /*args[0]=id*/, "%s", 1,
    10); rc.Status > 0 {
    return rc
  }
  id := strings.ToLower(args[0])

  // Read the value for the ID
  if value, err := stub.GetState(id); err != nil || value ==
    nil {
    return Error(http.StatusNotFound, "Not Found")
  } else {
  return Success(http.StatusOK, "OK", value)
  }
}
```

Listing 7.4 Funktion »read« zum Auslesen von in der Blockchain gespeicherten Produktangeboten

Der über den API-Aufruf `GetState` ausgelesene Wert aus der World-State-Datenbank der Blockchain wird in der Variablen `value` gespeichert und über die Chaincode-Funktion `Success` zurückgesendet. Sollte der Schlüssel für das konkrete Produktangebot in der Datenbank nicht aufzufinden sein, erfolgt eine Fehlermeldung über die Funktion `error` mit einem entsprechenden Hinweis (siehe Listing 7.5).

Funktionen »Success()«/ »error()«

```
func Success(payload []byte) peer.Response {
    return peer.Response{
        Status:  200,
        Message: "msg",
        Payload: payload,
    }
}

func Error(doc string) peer.Response {
    return peer.Response{
        Status:  400,
        Message: doc,
    }
}
```

Listing 7.5 Die Funktionen »Success« und »Error« zur Rückgabe der Antworten aus der Blockchain

Verarbeitung der INSERT-Anweisung

Neues Produktangebot

Die Verarbeitung einer INSERT-Anweisung ist komplexer als die einer SELECT-Anweisung. Das liegt daran, dass dabei ein neues, selbst definiertes Go-Datenobjekt aus den SQL-Daten erstellt werden muss, in unserem Fall ein neues ProductOffering.

Der Aufbau der Switch-Struktur zur Verarbeitung der INSERT-Anweisung entspricht der zur Verarbeitung der SELECT-Anweisung. Erst erfolgt die Prüfung, ob alle notwendigen Parameter übergeben wurden. Der erste Parameter ist die auszuführende SQL-Anweisung (hier INSERT), der zweite Parameter ist die ProductID und der dritte Parameter sind die Nutzdaten (der sogenannte *Payload*), also das JSON-Array mit den Werten des neu anzulegenden Produktangebots (siehe Listing 7.6).

```
...
case "INSERT":
    if rc := Validate("$SQL", args /*args[0]=INSERT*/,
      "%s", 1, 10 /*args[1]=productID*/, "%s", 1, 16
      /*args[2]=ObjectType*/, "ProductOffering"
      /*args[3]=payload*/, "%json", 2, 1024);
      rc.Status > 0 {
        return rc
    }
    var productOffering ProductOffering
    return cc.create(stub, []string{args[1], args[2],
```

```
                productOffering.FromJson([]byte(args[3])).ProductName,
                productOffering.FromJson([]byte(args[3])).Description,
                productOffering.FromJson([]byte(args[3])).OffererID,
strconv.FormatFloat(float64(productOffering.FromJson([]byte
(args[3])).Price), 'f', -1, 32)})
...
```

Listing 7.6 Switch-Struktur zur Verarbeitung einer INSERT-Anweisung

Nach der erfolgreichen Validierung der Parameter wird ein neues Produktangebot (`ProductOffering`) deklariert. Dazu müssen die Angaben aus dem JSON-Array konvertiert und beim Aufruf der Chaincode-Funktion `create` verwendet werden (siehe Listing 7.7). *Aufruf der Chaincode-Funktion »create«*

```
return cc.create(stub, []string{args[1], args[2],
productOffering.FromJson([]byte(args[3])).ProductName,
productOffering.FromJson([]byte(args[3])).Description,
productOffering.FromJson([]byte(args[3])).OffererID,
strconv.FormatFloat(float64(productOffering.FromJson([]byte
(args[3])).Price), 'f', -1, 32)})
```

Listing 7.7 Aufruf der Funktion »create«

Die Funktion `create` nimmt ein Array aus den Eigenschaften des neuen Produktangebots als Parameter entgegen und prüft dieses auf seine Vollständigkeit mithilfe der Funktion `Validate`: *Chaincode-Funktion »create«*

1. Das erste Argument in diesem Array ist die `productId` des neuen Produktangebots.
2. Das zweite Argument ist der `ObjectType`.
3. Das dritte Argument ist der `ProductName`.
4. Das vierte Argument ist die `Description`.
5. Das fünfte Argument ist die `OffererId`.
6. Das sechste Argument ist der `Price` des Produktangebots.

Sollte einer dieser Parameter nicht angegeben sein, wird über die Variable `rc` ein entsprechender Fehler zurückgegeben. Ansonsten wird ein neues `ProductOffering` mit den übergebenen Merkmalen erzeugt und mit einem Zeitstempel in der Blockchain gespeichert (siehe Listing 7.8).

```
func (cc *EnergyMarket) create(stub shim.ChaincodeStubInterface,
args []string) peer.Response {
```

```go
// Validate and extract parameters
if rc := Validate("create", args
/*args[0]=id*/, "%s", 1, 64
/*args[1]=ObjectType*/, "%s", 1, 64
/*args[1]=ProductName*/, "%s", 1, 255
/*args[1]=Description*/, "%s", 1, 64
/*args[1]=OfferorID*/, "%s", 1, 50
/*args[1]=Price*/, "%f", 0.1, 2.5); rc.Status > 0 {
    return rc
}


////////////////////////////////////////////////////////////
// extract the individual parameters from the args array
////////////////////////////////////////////////////////////
    // id
id := strings.ToLower(args[0])

// price
price, err := strconv.ParseFloat(args[6], 32)
if err != nil {
    return shim.Error(err.Error())
}

// create timestamp
mytime := time.Now()

// create new productOffering from extracted parameters
productOffering := &ProductOffering{ObjectType: args[2],
 ProductName: args[3], Description: args[4],
 OfferorID: args[5], Price: float32(price),
 Status: available, Timestamp: mytime.Format("2006-01-02
    15:04:05")}


// Validate that this ID does not yet exist. If the key
// does not exist (nil, nil) is returned.
if value, err := stub.GetState(id); !(err == nil && value
  == nil) {
    return Error(http.StatusConflict, "ProductOffering
      already exists")
}
```

```
  // write new productOffering to blockchain
  if err := stub.PutState(id, productOffering.ToJson()); err
   != nil {
    return Error(http.StatusInternalServerError,
      err.Error())
  }

  return Success(http.StatusCreated, "ProductOffering
    created", nil)
}
```

Listing 7.8 Funktion »create« zur Erzeugung eines neuen Produktangebots

Verarbeitung der UPDATE-Anweisung

Die UPDATE-Anweisung ist ähnlich der INSERT-Anweisung aufgebaut: Ein String-Array args enthält die Aufrufargumente der Struktur ProductOffering in folgender Reihenfolge:

Produktangebote ändern

1. Das erste Argument im Array ist die productId.
2. Das zweite Argument ist der ObjectType.
3. Das dritte Argument ist der ProductName.
4. Das vierte Argument ist die Description.
5. Das fünfte Argument ist die OffererId.
6. Das sechste Argument ist der Price.

Zunächst wird validiert, ob all diese Parameter übergeben wurden, und bei Fehlern wird die Verarbeitung der UPDATE-Anweisung sofort abgebrochen.

Anschließend werden die einzelnen Parameter von der Chaincode-Funktion update aus dem Array ausgelesen, um ein neues Produktangebot mit diesen Parametern zu erstellen. Der einzige Unterschied zur create()-Funktion ist der, dass bei der update-Funktion sichergestellt wird, dass der übergebene Wert für die productID bereits in der Datenbank existiert. Anders, als man es von der SQL-Anweisung UPDATE her kennt, wird also nicht wirklich ein bereits existierendes Objekt aus der Datenbank modifiziert, sondern immer ein neues Objekt aus den übergebenen Daten erstellt. Dieses wird lediglich unter dem bereits existierenden Schlüssel abgespeichert. Sollte der übergebene Schlüssel noch nicht existieren, wird hingegen ein Fehler zurückgegeben, da das zu modifizierende Objekt nicht gefunden werden kann.

Chaincode-Funktion »update«

Listing 7.9 zeigt die Implementierung der Funktion update in der Blockchain.

```go
// Updates a text by ID
//
func (cc *EnergyMarket) update(stub shim.ChaincodeStubInterface,
args []string) peer.Response {

    // Validate and extract parameters
    if rc := Validate("create", args
    /*args[0]=id*/, "%s", 1, 64
    /*args[1]=ObjectType*/, "%s", 1, 64
    /*args[1]=ProductName*/, "%s", 1, 255
    /*args[1]=Description*/, "%s", 1, 64
    /*args[1]=OfferorID*/, "%s", 1, 50
    /*args[1]=Price*/, "%f", 0.1, 2.5); rc.Status > 0 {
        return rc
    }


    //////////////////////////////////////////////////////////
    // extract the individual parameters from the args array
    //////////////////////////////////////////////////////////
        // productid
    id := strings.ToLower(args[0])

    // price
    price, err := strconv.ParseFloat(args[5], 32)
    if err != nil {
        return shim.Error(err.Error())
    }

    // create the timestamp
    mytime := time.Now()

    // create new productOffering with extracted parameters
    productOffering := &ProductOffering{ObjectType:
     "productOfferings", ProductName: args[2], Description:
     args[3], OfferorID: args[4], Price: float32(price),
     Status: available, Timestamp: mytime.Format("2006-01-02
        15:04:05")}


    // validate that productID does exist
    if value, err := stub.GetState(id); err != nil || value ==
     nil {
```

```
        return Error(http.StatusNotFound, "Not Found")
    }

    // save modified productOffering to blockchain
    if err := stub.PutState(id, productOffering.ToJson()); err
     != nil {
        return Error(http.StatusInternalServerError,
          err.Error())
    }

    // return positive feedback if successful
    return Success(http.StatusNoContent, "Text Updated", nil)

}
```

Listing 7.9 Funktion »update« zur Aktualisierung eines Produktangebots in der Blockchain

Verarbeitung der DELETE-Anweisung

Zur Umsetzung des SQL-Befehls `DELETE` wird im Chaincode die folgende Funktion aufgerufen:

Produktangebot löschen

```
cc.delete(stub, []string{args[1]})
```

Diese wiederum verweist auf eine eigens definierte Funktion `delete()` zur Löschung eines Produktangebots in der Blockchain, basierend auf der übergebenen `productID`. Wie gehabt werden erst die übergebenen Aufrufargumente validiert. In diesem Fall muss jedoch nur ein Parameter an der Position Index 1 im Array geprüft werden, nämlich die `productID`. Wurde dieser Parameter übergeben, wird geprüft, ob eine `productID` mit entsprechendem Wert auch in der Blockchain-Datenbank existiert. Ist dies der Fall, wird der Wert dieses Schlüsselpaares mit dem Blockchain-API-Aufruf `DelState` gelöscht (siehe Listing 7.10).

Chaincode-Funktion »delete«

```
// Delete text by ID
//
func (cc *EnergyMarket) delete(stub shim.ChaincodeStubInterface,
args []string) peer.Response {

    // Validate and extract parameters
    if rc := Validate("delete", args /*args[0]=id*/, "%s", 1,
      10); rc.Status > 0 {
```

```go
        return rc
    }

    ///////////////////////////////////////////////////////
    // extract the individual parameters from the args array
    ///////////////////////////////////////////////////////
        // productid
    id := strings.ToLower(args[0])

    // validate that this productid exists
    if value, err := stub.GetState(id); err != nil || value ==
     nil {
        return Error(http.StatusNotFound, "ProductOffering not
          found")
    }

    // delete the productOffering
    // (the value associated with the key)
    if err := stub.DelState(id); err != nil {
        // return info on eventual error
        return Error(http.StatusInternalServerError,
          err.Error())
    }

    // return positive feedback if successful
    return Success(http.StatusNoContent, "ProductOffering
      deleted", nil)

}
```

Listing 7.10 Funktion »delete« zum Löschen des Schlüssel-Wert-Paares für ein Produktangebot

In der Datei **interfaces.go** wiederum findet sich folgende Erläuterung zum Befehl DelState():

```go
// DelState records the specified `key` to be deleted in the
//   writeset of
// the transaction proposal. The `key` and its value will be
//   deleted from
// the ledger when the transaction is validated and
//   successfully committed.
DelState(key string) error
```

Bei einem DELETE-Befehl wird also nur das Schlüssel-Wert-Paar eines Produktangebots mit der Funktion DelState aus der World-State-Datenbank der Blockchain entfernt, es wird aber kein bestehender Block in der Blockchain verändert. Nach der Löschung eines Schlüssels ist es weiterhin möglich, seine Änderungshistorie abzurufen. Dazu wird die Funktion GetHistoryForKey der Hyperledger-Fabric-API aufgerufen.

Änderungshistorie weiterhin abrufbar

Mit der Implementierung der zusätzlichen Chaincode-Funktionen read, create, update und delete sind die erforderlichen Anpassungen im Chaincode unserer Blockchain abgeschlossen. Im nächsten Schritt installieren Sie diesen neuen Chaincode mit der Funktion SQL in den Peer-Knoten und aktualisieren damit den bestehenden Code.

> **Anwendungsbeispiel für die Chaincode-Funktionen**
> Ein weiteres konkretes Chaincode-Beispiel zur Anwendung von Funktionen wie read, create, update und delete zur Übersetzung in Datenbankoperationen (wenn auch nicht im Kontext der SAP-HANA-Integration) finden Sie auf der Git-Plattform unter folgender URL:
> *http://s-prs.de/v691452*

Installation des aktualisierten Chaincodes in der Blockchain

Der aktualisierte Chaincode muss nun noch in der Blockchain installiert werden. Dazu navigieren Sie in das Dashboard des Hyperledger-Fabric-Knotens auf der SAP Cloud Platform und wählen den Bereich **Chaincode**. In dieser Übersicht sehen Sie die bereits installierten Chaincodes in der Blockchain. Klicken Sie auf den Button **+ Install Chaincode**. Es öffnet sich das Fenster zum Upload und Aktualisieren von Chaincode, das Sie in Abbildung 7.4 sehen. Hier können Sie den aktualisierten Chaincode als ZIP-Archiv hochladen.

Chaincode hochladen

Das ZIP-Archiv muss dazu, wie in Abschnitt 6.2.1, »Aufsetzen der Blockchain und Installation des Chaincodes«, erläutert, über eine bestimmte Dateistruktur verfügen. So muss etwa im Hauptverzeichnis eine YAML-Datei vorhanden sein, die die Versionierung des Chaincodes steuert. Diese Datei heißt in unserem Beispiel **chaincode.yaml** und enthält das Unterverzeichnis **/src** sowie die Dateien **energy_market.go** mit dem Go-Quellcode und **energy_market.yaml** mit den Metadaten.

Aufbau des ZIP-Archivs

7 SAP-HANA-Integration

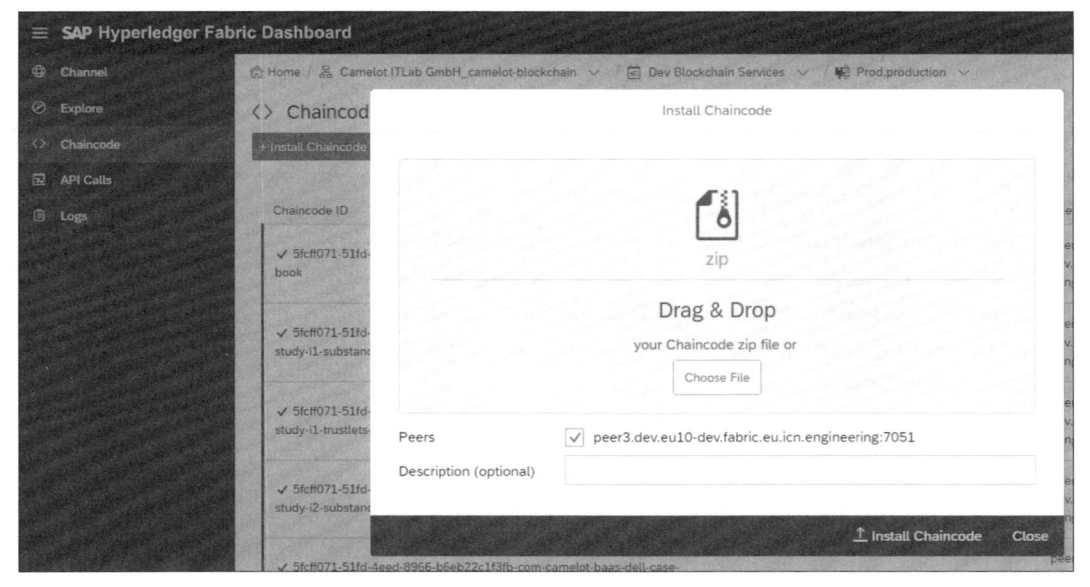

Abbildung 7.4 Dialog zur Installation des aktualisierten Chaincodes

Datei
»chaincode.yaml«

Die YAML-Datei auf der obersten Ebene (hier die Datei **chaincode.yaml**) dient der Versionierung des Chaincodes. Eine neuere Version des Chaincodes muss immer eine höhere Versionsnummer haben als die bestehende Version, ansonsten wird die Installation des Pakets verworfen. In unserem Beispiel hat die Datei **chaincode.yaml** folgenden Inhalt:

```
Id:       com-camelot-energy-market
Version:  0.17
```

Chaincode
installieren

Sie können den Chaincode nun über den Button **Install Chaincode** installieren. Der neue Chaincode wird nach erfolgreichem Upload als neuer Eintrag in der Übersicht der Chaincodes dargestellt. Sie sehen hier die vorangehende und die neue Versionsnummer (siehe Abbildung 7.5). Um die Aktualisierung des Chaincodes abzuschließen, müssen Sie noch auf den Button zum Upgrade der Version klicken, in unserem Beispiel **Upgrade to 0.17**.

Abbildung 7.5 Der neue Chaincode wurde installiert, aber noch nicht aktualisiert – der Upgrade Button erlaubt die Aktualisierung.

7.2 Anwendungsbeispiel: Zugriff auf den dezentralen Energiemarktplatz über SAP HANA

Daraufhin öffnet sich ein Dialogfenster, in dem Sie das Upgrade genauer konfigurieren können (siehe Abbildung 7.6). Der Dialog erlaubt unter anderem auch die Angabe von Argumenten bei der Initialisierung, sodass spezifische Parameter beim Aufruf des Chaincodes mitgegeben werden können. Die **Endorsement Policy** beschreibt, welche Knoten eine Transaktion durch Zustimmung validieren müssen. Die Option **Any** bedeutet, dass eine Transaktion von irgendeinem der anwesenden Knoten validiert werden kann.

Konfiguration der Chaincode-Aktualisierung

Abbildung 7.6 Dialog zum Upgrade des Chaincodes mit mehreren optionalen Angaben

Klicken Sie auf den Button **Upgrade Chaincode**, um die Aktualisierung auszuführen. Ein entsprechender Hinweis sollte Ihnen nach Abschluss der Aktualisierung den Erfolg der Aktion anzeigen (siehe Abbildung 7.7).

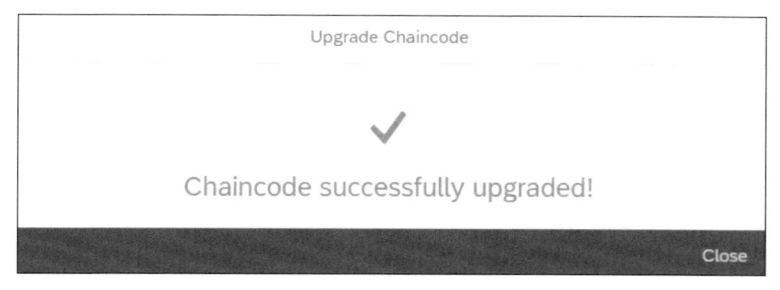

Abbildung 7.7 Erfolgreiches Upgrade des Chaincodes

Damit sind die Anpassungen aufseiten der Blockchain erledigt, und Sie können den nächsten Block der erforderlichen Anpassungen angehen, die Anpassungen auf der SAP Cloud Platform.

7.2.2 Einstellungen auf der SAP Cloud Platform

Nachdem wir Ihnen im vorigen Abschnitt gezeigt haben, wie Sie die erforderlichen Änderungen am Chaincode in der Blockchain ausführen, beschäftigen wir uns nun mit den nötigen Anpassungen in Ihrem Account auf der SAP Cloud Platform. Dort kommt in einem neuen Subaccount der Service Blockchain Application Enablement mit dem Serviceplan *Blockchain-HANA-Integration* zum Einsatz. Dieser stellt die Daten aus der Blockchain für andere Anwendungen zur Verfügung.

Service Key Dazu wird als Erstes ein Service Key von einem der laufenden Blockchain-Knoten im Netzwerk benötigt. Dieser Knoten wird vom SAP HANA Integration Service angezapft, um die Blockchain-Daten zu extrahieren. Abbildung 7.8 veranschaulicht diese Weitergabe der Daten durch die Vergabe von Service Keys für eine untergeordnete Ebene. Diese Service Keys werden von der nächsthöheren Ebene zur Legitimation ihres Zugriffs auf die untergeordnete Ebene verwendet.

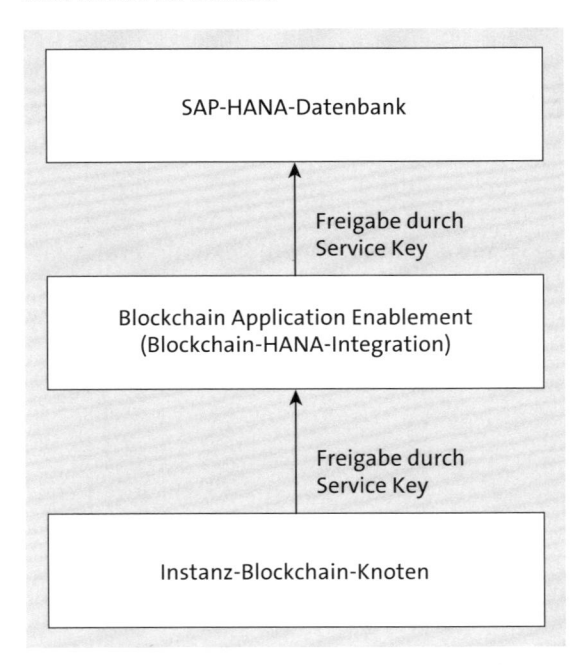

Abbildung 7.8 Vergabe von Zugriffsrechten über Service Keys

7.2 Anwendungsbeispiel: Zugriff auf den dezentralen Energiemarktplatz über SAP HANA

Nach der Erzeugung eines ersten Service Keys für den Zugriff auf die Blockchain, müssen Sie das Blockchain Application Enablement aktivieren, was diesen Schlüssel für den Zugriff auf die Daten in der Blockchain nutzen wird. Bei der Einrichtung des Blockchain Application Enablements wird ein Übersetzungsschema der Daten, die sogenannten Meldungsstrukturen, für die Speicherung der Blockchain-Daten in der SAP-HANA-Datenbank eingerichtet.

Erforderliche Anpassungen

Service Key für das Blockchain Application Enablement erzeugen

Für die Bereitstellung der Daten benötigt der Service Blockchain Application Enablement den Zugang zur Blockchain. Er legitimiert sich dabei mit einem Service Key. Dieser Service Key entstammt der Instanz des Channels, in dem die Transaktionen ausgetauscht werden. Durch die Anbindung an den Channel erhält das Blockchain Application Enablement Zugriff auf die Blockchain-Daten.

Legitimation gegenüber dem Blockchain-Knoten

Um einen neuen Service Key für den Channel anzulegen, wechseln Sie in die Ansicht der laufenden Serviceinstanzen des Blockchain-Knotens (siehe Abbildung 7.9). Achten Sie darauf, links in der Spalte **Name** auf den Namen der Channel-Instanz zu klicken (hier **Prod.production**), nicht auf das Icon für das Dashboard.

Service Key anlegen

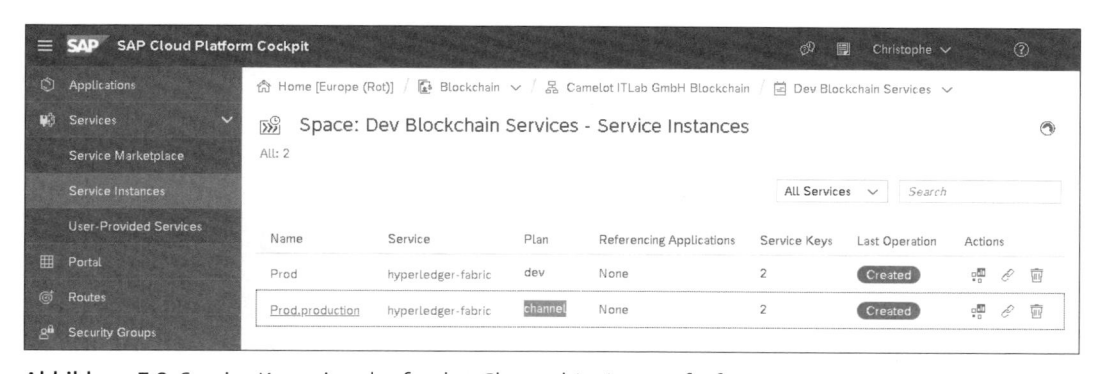

Abbildung 7.9 Service Keys einer laufenden Channel-Instanz aufrufen

Sie gelangen zu den für diesen Knoten definierten Service Keys. Navigieren Sie in den Bereich **Service Keys** – Sie sollten eine Ansicht wie in Abbildung 7.10 dargestellt sehen. Das ist die Auflistung aller verfügbaren Service Keys für diese Channel-Instanz, mit einem bereits vordefinierten Service Key zum Testen von Chaincode. Klicken Sie auf den Button **Create Service Key**, um einen neuen Service Key zu generieren.

7 SAP-HANA-Integration

Abbildung 7.10 Service Keys verwalten – standardmäßig ist schon ein Service Key zum Testen von Chaincode eingerichtet.

[+] **Immer neue Service Keys anlegen**

Sie sollten für jede Nutzung durch einen externen Service einen neuen Service Key anlegen und sie nicht mehrfach oder erneut benutzen. Verwenden Sie am besten auch nicht den standardmäßig erzeugten **Service Key for Testing Chaincode**. Der Vorteil eines eigens angelegten Service Keys ist, dass Sie diesen nach Beendigung eines Service wieder deaktivieren können, ohne dass andere Dienste eventuell davon betroffen werden.

Im folgenden Dialog geben Sie als Namen des Service Keys einen möglichst sprechenden Wert an, etwa »SAP_HANA_INTEGRATION«, wie in Abbildung 7.11 gezeigt. Lassen Sie das Feld **Configuration Parameters(JSON)** einfach leer. Schließen Sie den Dialog über den Button **Save**.

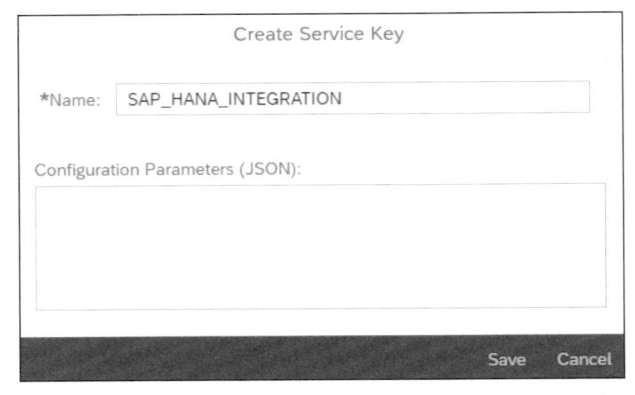

Abbildung 7.11 Definition eines neuen Service Keys mit dem Namen SAP_HANA_INTEGRATION

Der neu erzeugte Service Key wird nun als JSON-Objekt im entsprechenden Feld angezeigt (siehe Abbildung 7.12). Kopieren Sie diesen Code in die Zwischenablage oder in eine Textdatei, da Sie die Angaben bei der Einrichtung des Unterservice Blockchain-HANA-Integration des Blockchain Application Enablements benötigen werden.

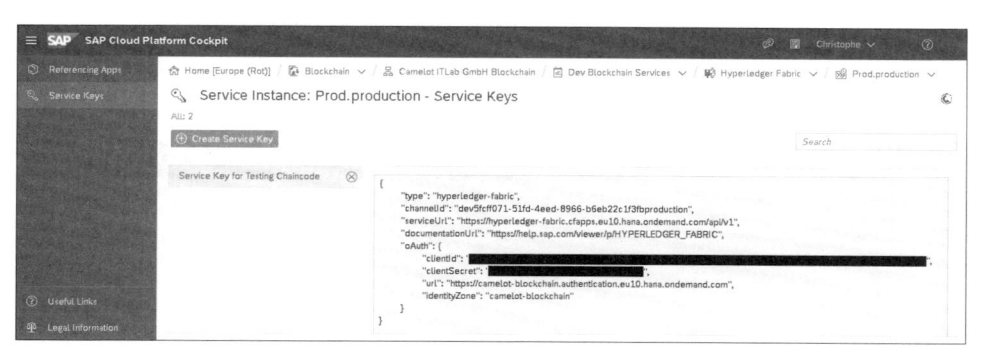

7.2 Anwendungsbeispiel: Zugriff auf den dezentralen Energiemarktplatz über SAP HANA

Abbildung 7.12 Neu erzeugter Service Key für die SAP-HANA-Integration

Kehren Sie dann zurück zur Übersichtsseite des Space, um im nächsten Schritt den Service Blockchain Application Enablement zu aktivieren.

Aktivierung des Blockchain Application Enablements

Die Aktivierung des zentralen Service Blockchain Application Enablement erfolgt in einem Space. Das kann dasselbe Space wie der Knoten der Blockchain sein oder das Space eines anderen Subaccounts, wenn nicht mehr genügend Ressourcen zur Verfügung stehen sollten. Den Service finden Sie wie gehabt in diesem Space im Bereich **Services • Service Marketplace** (siehe Abbildung 7.13).

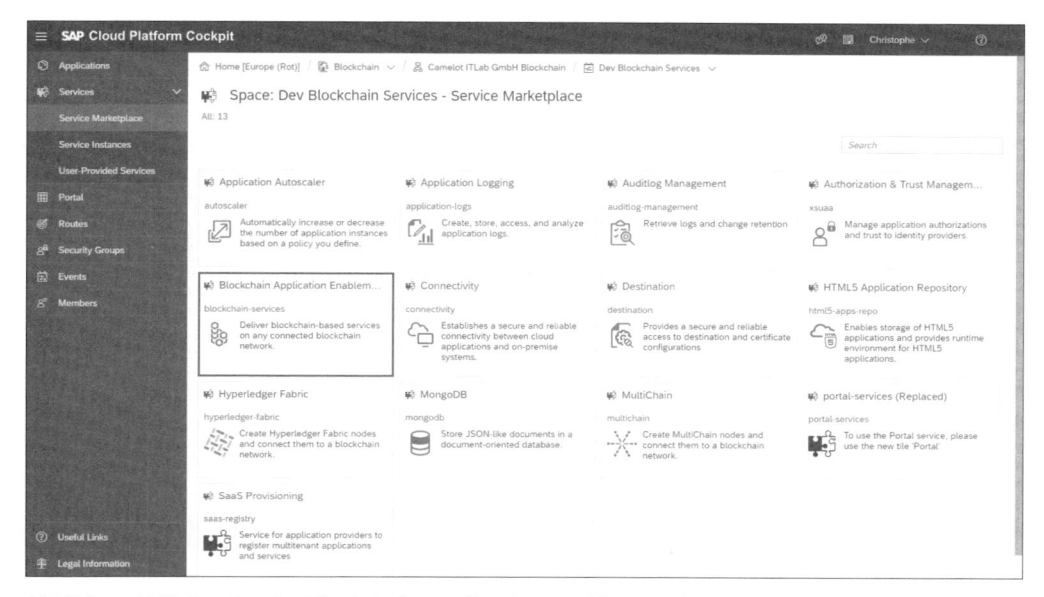

Abbildung 7.13 Der Service Blockchain Application Enablement im Service Marketplace

7 SAP-HANA-Integration

Verfügbare Servicepläne Klicken Sie auf die Kachel **Blockchain Application Enablement**, um zur Übersichtsseite der verfügbaren Servicepläne zu gelangen. Dort wird der Serviceplan blockchain-hana-integration aufgeführt (siehe Abbildung 7.14).

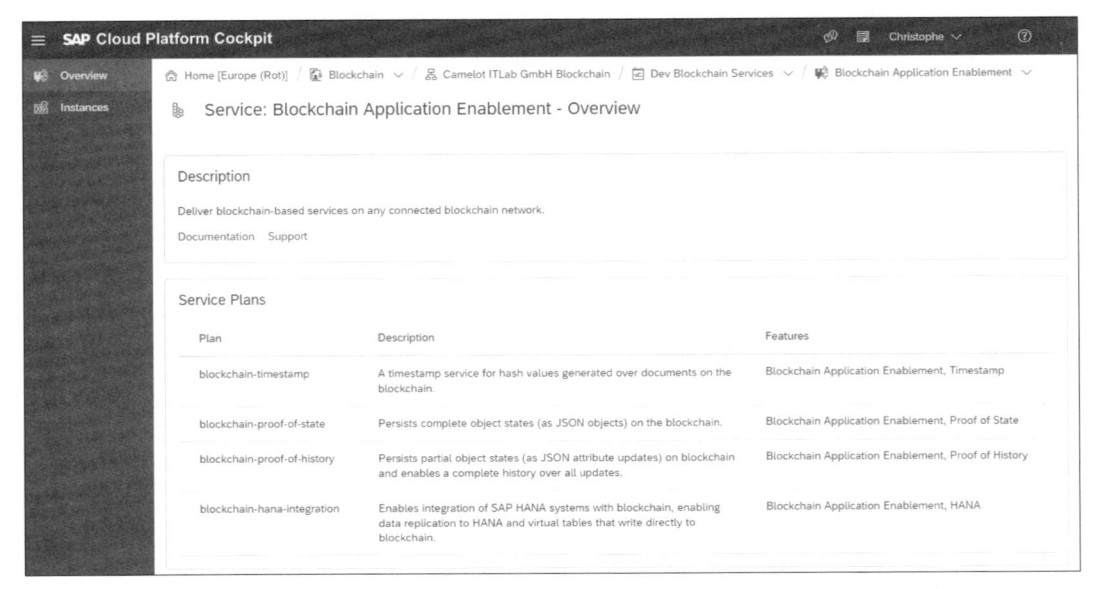

Abbildung 7.14 Übersichtsseite mit den Serviceplänen zum Blockchain Application Enablement

Neue Serviceinstanz erzeugen Navigieren Sie über die Navigationsspalte links in den Bereich **Instances**. Klicken Sie dort auf den Button **New Instance**, um eine neue Instanz des Service Blockchain Application Enablement zu erzeugen. Sie gelangen zu einem geführten Dialog mit der Überschrift **Create Instance** (siehe Abbildung 7.15). Im ersten Schritt dieses Prozesses wählen Sie den Serviceplan **blockchain-hana-integration** aus dem Dropdown-Menü **Plan** aus.

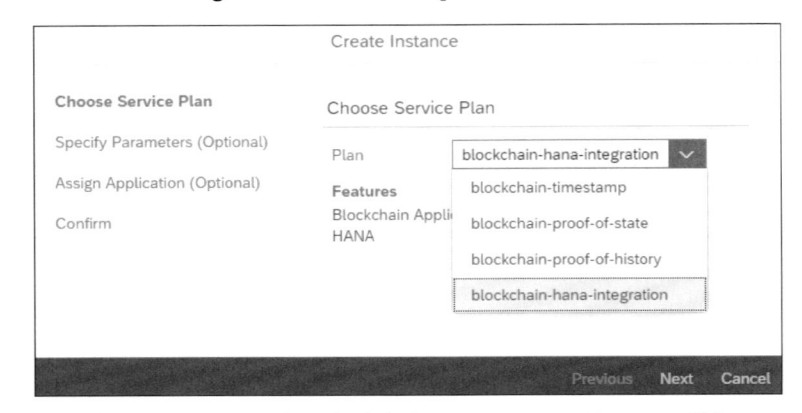

Abbildung 7.15 Serviceplan Blockchain-HANA-Integration auswählen

7.2 Anwendungsbeispiel: Zugriff auf den dezentralen Energiemarktplatz über SAP HANA

Im zweiten Schritt des Einrichtungsdialogs haben Sie unter **Specify Parameters** die Möglichkeit, die Parameter für den Betrieb des Service zu spezifizieren (siehe Abbildung 7.16). Der hier gezeigte Platzhaltertext ist eine Anleitung zur Angabe des Service Keys desjenigen Knotens, an den sich der zu konfigurierende Service binden soll.

Betrieb des Service konfigurieren

Abbildung 7.16 Parameter zum Betrieb des Service spezifizieren

An dieser Stelle benötigen Sie den zuvor erzeugten Service Key aus dem vorherigen Abschnitt. Überschreiben Sie den Platzhaltertext mit diesem JSON-Objekt aus Ihrer Zwischenablage oder der Textdatei, in der Sie den Service Key zwischengespeichert haben. Abbildung 7.17 zeigt den eingefügten Service Key. Einige Werte haben wir geschwärzt. Bestätigen Sie diesen Schritt mit **Next**.

Service Key einfügen

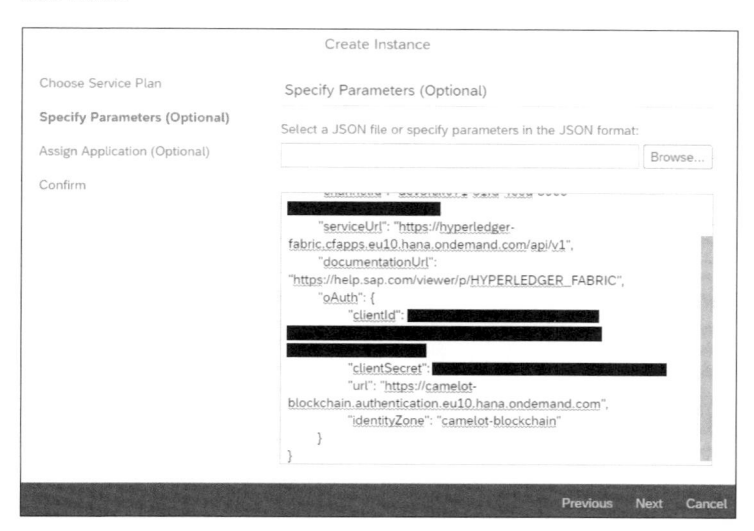

Abbildung 7.17 Eingefügter Service Key zur Konfiguration der neuen Serviceinstanz

7 SAP-HANA-Integration

Im nächsten Schritt wählen Sie die Applikation aus, an die die neue Serviceinstanz gebunden werden soll. Hier ist noch keine Auswahl nötig. Fahren Sie mit einem Klick auf **Next** fort.

Namen für die anzulegende Serviceinstanz

Im abschließenden Dialog geben Sie einen Namen für die anzulegende Serviceinstanz an (siehe Abbildung 7.18). Sprechende Instanznamen helfen später bei der Suche nach einer Instanz. Wir wählen für unser Beispiel den Namen »SAP_HANA_Integration«. Schließen Sie die Anlage der Serviceinstanz mit einem Klick auf den Button **Finish** ab.

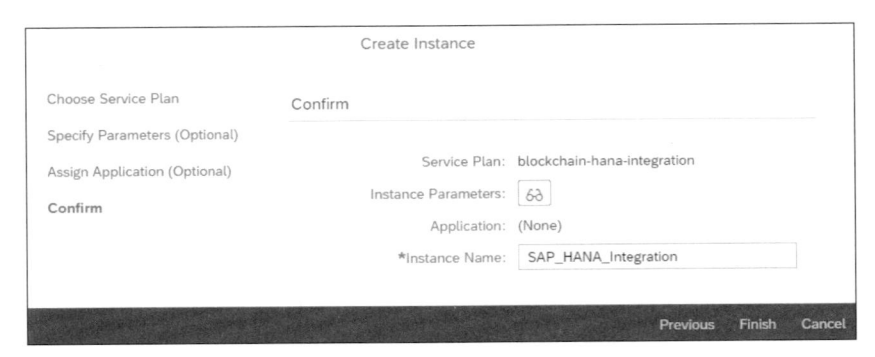

Abbildung 7.18 Namen für die Serviceinstanz vergeben

Die neu erzeugte Serviceinstanz SAP_HANA_Integration mit dem Serviceplan Blockchain-Hana-Integration wird Ihnen nun in der Übersicht der laufenden Instanzen angezeigt (siehe Abbildung 7.19).

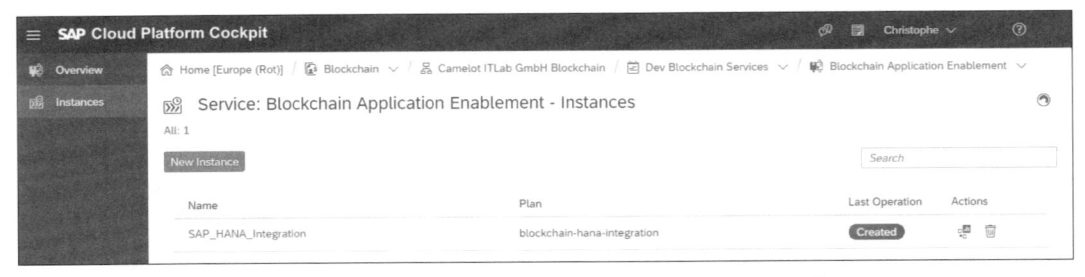

Abbildung 7.19 Die neu erzeugte Serviceinstanz in der Übersicht der laufenden Instanzen

Einrichtung der Meldungsstrukturen

Nun können Sie die Meldungsstrukturen für diese Serviceinstanz konfigurieren. Klicken Sie dazu auf der Übersichtsseite mit der neu erzeugten Serviceinstanz auf das Icon zum Absprung auf das Dashboard 🗗 in der Spalte **Actions** (siehe Abbildung 7.19). Dies führt Sie zur Konfiguration der Serviceinstanz, wie in Abbildung 7.20 dargestellt. Hier wird definiert, wie die In-

7.2 Anwendungsbeispiel: Zugriff auf den dezentralen Energiemarktplatz über SAP HANA

formationen aus der Blockchain zur Übertragung an die SAP-HANA-Datenbank umgewandelt werden sollen.

Abbildung 7.20 Konfiguration der Serviceinstanz im Dashboard

Sie definieren hier, wie die im Chaincode der Blockchain mit Go definierten Datenobjekte in die SQL-basierte Welt der SAP-HANA-Datenbank übersetzt werden sollen (siehe Abbildung 7.20):

Umwandlung der Go-Datenmodelle

1. Im Abschnitt **Zu HANA exportieren** legen Sie zunächst fest, was genau aus der Blockchain in die SAP-HANA-Datenbank überführt werden soll. Zur Auswahl stehen alle **Blöcke** und/oder der **World State** und/oder **Meldungen**. Wählen Sie der Einfachheit halber alles aus.

2. Im Bereich **Meldungsstrukturen** definieren Sie die Datenstruktur der Objekte, die im Chaincode definiert sind und deren Daten Sie zwischen Blockchain und SAP HANA austauschen wollen. Eine solche Meldungsstruktur entspricht einem Tabellenschema für die zu importierenden Daten. Klicken Sie auf den Button **Edit**, um die einzelnen Objektdefinitionen vorzunehmen. Daraufhin erscheinen neue Buttons (siehe Abbildung 7.21).

Abbildung 7.21 Neue Buttons zur Definition neuer Meldungsstrukturen

Welche Einstellungen Sie hier für die Produktangebote unseres Energiemarktplatzes vornehmen, erklären wir Ihnen im Folgenden. Klicken Sie auf den Button **Add Message Type**, um eine neue Meldungsstruktur anzulegen. Es erscheint der Dialog, den Sie in Abbildung 7.22 sehen. Hier können Sie den neuen Datentyp und seine Zusammensetzung angeben. In der ersten Zeile geben Sie den Namen Ihres Datentyps an (in unserem Fall Product-Offering). Über den Button **+ Add Property** fügen Sie neue Attribute hinzu.

Abbildung 7.22 Meldungsstrukturen für die Datenübertragung nach SAP HANA definieren

Datenmodell in Go

Zur Erinnerung zeigt Listing 7.11 noch einmal das in der Blockchain gespeicherte Datenmodell für die Struktur ProductOffering in der Datei **energy_market.go**.

```go
...
type ProductOffering struct {
    ObjectType    string   `json:"docType"`
//docType is used to distinguish the various types of objects
//in state database
    ProductName   string   `json:"productName"`
    Description   string   `json:"description"`
    OfferorID     string   `json:"offerorId"`
    BuyerID       string   `json:"buyerId"`
    Price         float32  `json:"price"`
    Status        int      `json:"status"`
    Timestamp     string   `json:"timestamp,omitempty"`
}
...
```

Listing 7.11 Definition der Struktur »ProductOffering« zur Modellierung von Energieangeboten der Teilnehmer am dezentralen Energiemarktplatz

7.2 Anwendungsbeispiel: Zugriff auf den dezentralen Energiemarktplatz über SAP HANA

Überführt in die Meldungsstrukturen der SQL-Welt von SAP HANA entspricht diese Struktur dem Schema in Abbildung 7.23. Dabei ist zu beachten, dass neue Attribute hinzugefügt werden können, falls Ihr Datenmodell sich in der Zwischenzeit geändert haben sollte. Im Beispiel haben wir etwa das Attribut `PIN` hinzugefügt, das nicht in den Blockchain-Daten enthalten ist.

Meldungsstruktur für SAP HANA

Property Name	Description	Type	Min. Length	Max. Length	Is Key	Is Optional
ObjectType	ObjectType is used to distinguish the various ty...	string	1	16	✓	☐
PIN	The Product identification number	string	1	10	☐	☐
ProductName	Product Name for the offer.	string	1	64	☐	☐
Description	Description of the offer.	string	1	255	☐	☐
OfferorID	ID of an offeror of a product.	string	1	64	☐	☐
BuyerID	ID of the buyer of an offer.	string	1	64	☐	☐
Price	Price of offering.	float			☐	☐
Status	Status of offering.	integer			☐	☐
Timestamp	Timestamp of offer.	string	1	64	☐	☐

Abbildung 7.23 Definition der Meldungsstruktur für die Struktur »ProductOffering« mit einem optionalen Attribut PIN

Nehmen wir beispielsweise an, es sind bereits 1.750 Produktangebote für Energiepakete in der Blockchain gespeichert, die dem im ursprünglichen Chaincode definierten `struct`-Format `ProductOffering` entsprechen. Die Datenstruktur ändert sich, und Sie aktualisieren entsprechend den Chaincode, indem Sie dem `struct`-Konstrukt des `ProductOffering` ein neues Attribut `PIN` hinzufügen.

Auch geänderte Strukturen übertragen

Beim Auslesen der Daten aus der Blockchain sollen natürlich alle historischen Datensätze nach SAP HANA übertragen werden, also sowohl die nach der alten Struktur ohne das Attribut `PIN` als auch die mit dem Attribut `PIN` erstellten Produktangebote.

Dazu definieren Sie in den Meldungsstrukturen das neue Attribut `PIN` und markieren es in der Spalte **Is Optional** als optionale Angabe. Sollten Sie das neue Attribut nicht so markieren, werden nur diejenigen Datensätze in die entsprechende SAP-HANA-Tabelle eingelesen, die dem gesamten Schema entsprechen – in unserem Beispiel also nur die Datensätze, die nach dem

Übersetzung der Datentypen

Aktualisieren des Chaincodes angelegt wurden und demnach das Attribut PIN enthalten.

Bei der Übersetzung der Datentypen in der Spalte **Type** hilft Ihnen Tabelle 7.1. Sie gibt an, welche Datentypen aus der Blockchain in welche SQL-Datentypen der SAP-HANA-Datenbank konvertiert werden können. Wählen Sie in der Spalte **Type** jeweils den passenden SAP-HANA-Datentyp aus dem Dropdown-Menü aus.

Blockchain-Datentyp	SAP-HANA-Datentyp (in SQL)	Beschreibung
string	NVARCHAR	Zeichenkette
integer	INTEGER	Ganzzahl
timestamp	TIMESTAMP	ISO-Zeitstempel
bigint	BIGINT	große Ganzzahlen
float	DOUBLE	Fließkommazahl
boolean	BOOLEAN	boolescher Wert

Tabelle 7.1 Übersetzungstabelle für die Datentypen aus der Blockchain und die SAP-HANA-Datentypen

Service Key für den Blockchain-Hana-Integration-Serviceplan

Es muss nun noch ein weiterer Service Key für den Serviceplan Blockchain-Hana-Integration erzeugt werden, der von der SAP-HANA-Integration für den Import der Daten benutzt werden kann. Abbildung 7.24 zeigt zur Orientierung noch einmal die Struktur der SAP HANA Blockchain Services. Der SAP HANA Blockchain Service besteht aus zwei Komponenten, dem SAP HANA Integration Service, der sich um die Anbindung an die Blockchain kümmert, und dem SAP HANA Blockchain Adapter, der die Daten aus dem SAP HANA Integration Service entgegennimmt und in die SAP-HANA-Datenbank bringt. Beide Services arbeiten zusammen und werden über den Serviceplan mit dem Namen Blockchain-HANA-Integration bereitgestellt.

Wechseln Sie dazu auf der Übersichtsseite der Blockchain-Application-Enablement-Serviceinstanz in den Bereich **Service Keys**, und erzeugen Sie über den Button **Create Service Key** einen neuen Schlüssel.

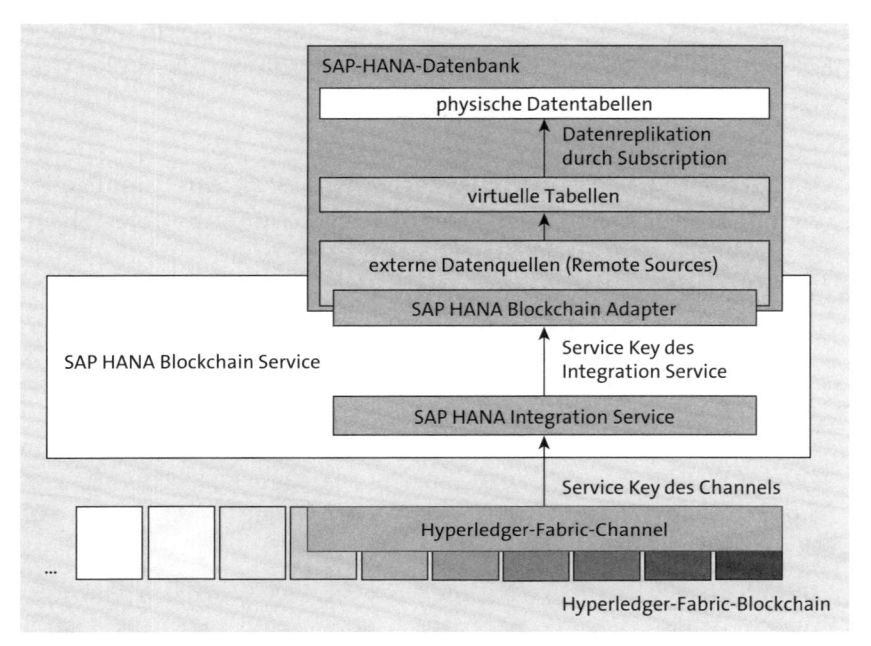

7.2 Anwendungsbeispiel: Zugriff auf den dezentralen Energiemarktplatz über SAP HANA

Abbildung 7.24 Architektur des SAP HANA Blockchain Service

Listing 7.12 zeigt den generierten Service Key. Wenn Sie selbst einen Service Key generieren, weichen die Werte von den hier gezeigten Beispielwerten ab.

```
{
  "serviceUrl": "https://blockchain-
     service.cfapps.eu10.hana.ondemand.com/blockchain",
  "authentication": {
     "url": "https://camelot-
        blockchain.authentication.eu10.hana.ondemand.com",
     "clientId": "sb-fa24de80-8739-46b2-9b9c-
        14e74e1b9968!b7090|na-420adfc9-f96e-4090-a650-
        0386988b67e0!b1836",
     "clientSecret": "AgZdazn3QlPkuGXrlvBCyLEYEhg=",
     "identityZone": "camelot-blockchain"
  }
}
```

Listing 7.12 Beispielhaft generierter Service Key für den Blockchain-HANA-Integration-Serviceplan

Die folgenden Angaben aus dem Service Key benötigen Sie im folgenden Abschnitt zur Definition der externen Datenquelle für die SAP-HANA-Datenbank:

- serviceUrl

  Die Service-URL ist die URL, unter der der finale Service nach Authentifizierung erreicht werden kann, hier beispielsweise »https://blockchain-service.cfapps.eu10.hana.ondemand.com/blockchain«.

- authentication-url

  Dies ist die URL des Authentication Service, hier »https://camelot-blockchain.authentication.eu10.hana.ondemand.com«.

- clientId

  Dies ist die ID zur Authentifzierung gegenüber dem Authentication Service, hier »sb-fa24de80-8739-46b2-9b9c-14e74e1b9968!b7090|na-420-adfc9-f96e-4090-a650-0386988b67e0!b1836«.

- clientSecret

  Das ist das zur clientID passende Passwort, hier »AgZdazn3WlPkuGX-rlvBCyLEYEhg=«.

7.2.3 Einstellungen in der SAP-HANA-Datenbank

Aufseiten der SAP-HANA-Datenbank müssen drei Voraussetzungen geschaffen werden, um eine Einbindung von Blockchain-Daten zu ermöglichen:

1. Der *Data Provisioning Server* muss installiert sein.
2. *SAP HANA Smart Data Integration* (SAP HANA SDI) muss als *Data Provisioning Agent* (DP Agent) installiert und registriert sein.
3. Der *SAP HANA Blockchain Adapter* muss installiert sein.

[»] **Anleitungen zur Installation und Konfiguration von Data Provisioning Server, SAP HANA SDI, DP Agent und SAP HANA Blockchain Adapter**

Die Beschreibung der Installation und Konfiguration dieser Dienste würde hier zu weit führen, weshalb wir auf folgenden Blogeintrag zur Installation dieser Komponenten verweisen:
http://s-prs.de/v691453

Informationen zur Registrierung des SAP HANA Blockchain Adapters finden Sie unter:
http://s-prs.de/v691454

7.2 Anwendungsbeispiel: Zugriff auf den dezentralen Energiemarktplatz über SAP HANA

Es gibt mehrere Möglichkeiten, um die Daten in der SAP-HANA-Datenbank zu visualisieren und zu manipulieren:

Zugriff auf die SAP-HANA-Datenbank

- Die neuere Möglichkeit ist die Weboberfläche SAP HANA Cockpit.
- Mit den *SAP HANA Tools* bietet SAP ein Plug-in für die beliebte Entwicklungsumgebung *Eclipse* an (*https://tools.hana.ondemand.com/*). Über diese SAP HANA Tools kann man sich mit SAP-HANA-Datenbanken verbinden. Dies ist insbesondere dann eine Option, wenn man keinen direkten Zugang zum SAP-HANA-Server hat oder das SAP HANA Cockpit nicht zugänglich ist. Leider gelten die SAP HANA Tools seit der Version SAP HANA 2.0 SPS02 als überholt und werden in Zukunft nicht mehr weiter unterstützt. Als Alternative verweist SAP auf das webbasierte SAP HANA Cockpit.

Um Zugang zum SAP HANA Cockpit zu erhalten, wenden Sie sich an Ihren SAP-HANA-Datenbank-Administrator. In Abbildung 7.25 sehen Sie den Startbildschirm des SAP HANA Cockpits. Nach der Darstellung des Eröffnungsbildschirms wählen Sie unter der Rubrik **Manage Landscape** die Kachel **Browse Database Objects**.

SAP HANA Cockpit

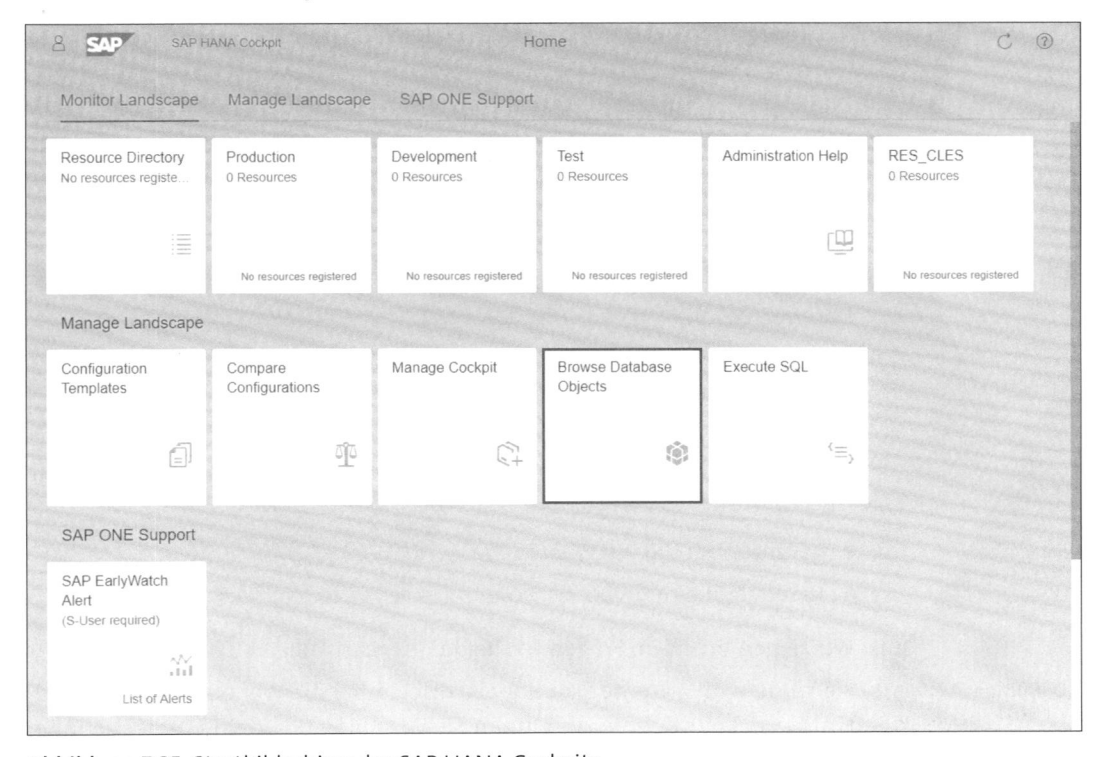

Abbildung 7.25 Startbildschirm des SAP HANA Cockpits

SAP HANA Database Explorer	Diese führt Sie zum *SAP HANA Database Explorer*, dessen Oberfläche Sie in Abbildung 7.26 sehen. Der SAP HANA Database Explorer dient der Administration der SAP-HANA-Datenbank-Komponenten und -Datentabellen. Nach Aufruf der Seite wird Ihnen links oben hier Ihre SAP-HANA-Datenbankinstanz mit Ihrem Login-Namen dahinter in Klammern angezeigt.

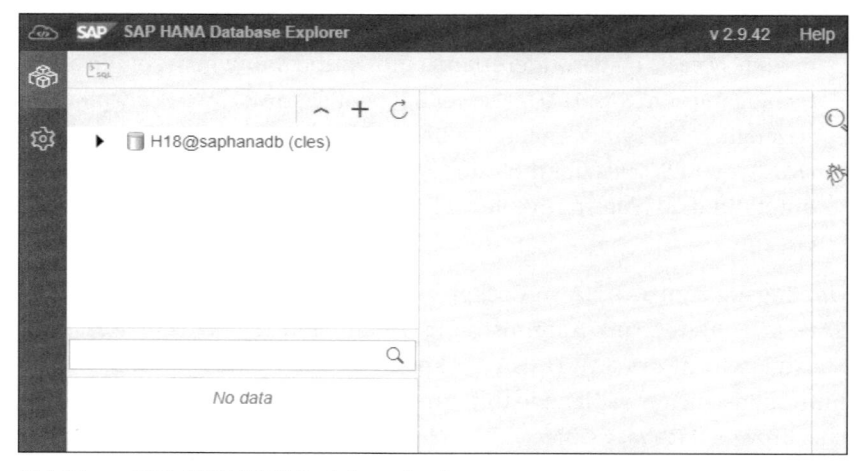

Abbildung 7.26 SAP HANA Database Explorer

Im Folgenden zeigen wir Ihnen zunächst, wie Sie eine externe Datenquelle definieren, über die die SAP-HANA-Datenbank auf die Blockchain zugreifen kann. Anschließend erklären wir, wie Sie aus den automatisch angelegten virtuellen Tabellen des SAP HANA Blockchain Adapters die Daten importieren können. Dazu erzeugen wir mithilfe dieser virtuellen Tabellen Replikationstabellen zur Speicherung der Blockchain-Daten in der SAP-HANA-Datenbank.

Definition einer externen Datenquelle

Damit die Daten aus der Blockchain in die SAP-HANA-Datenbank eingelesen werden können, müssen Sie eine neue externe Datenquelle definieren. Dies kann auf zwei Wegen erfolgen:

- geführt über die Weboberfläche
- manuell über die SQL-Konsole

Wir zeigen Ihnen im Folgenden beide Alternativen.

Definition über die Weboberfläche	Sie können die externe Datenquelle direkt über die Weboberfläche des SAP HANA Cockpits definieren. Öffnen Sie dazu über das kleine Dreiecksymbol ▶ die Baumansicht Ihrer Datenbankinstanz im SAP HANA Database Ex-

plorer. Klicken Sie mit der rechten Maustaste auf den Eintrag **Remote Sources** (siehe Abbildung 7.27), und wählen Sie im Kontextmenü den Eintrag **Add Remote Source**.

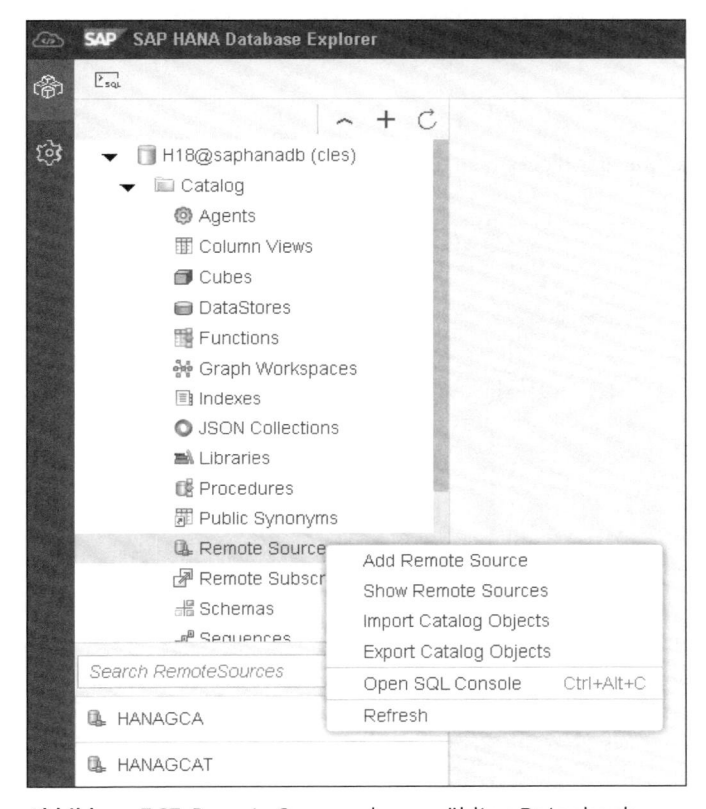

Abbildung 7.27 Remote Sources der gewählten Datenbank

Es öffnet sich ein Dialogfenster zur Anlage der externen Datenquelle, das Sie in Abbildung 7.28 sehen.

Dialog zur Anlage der Datenquelle

Listing 7.13 zeigt zur Erinnerung noch einmal den im vorigen Schritt erzeugten Service Key des Blockchain-Application-Enablement-Service, dessen Angaben Sie jetzt benötigen werden:

```
{
  "serviceUrl": "https://blockchain-
     service.cfapps.eu10.hana.ondemand.com/blockchain",
  "authentication": {
    "url": "https://camelot-blockchain.authentication.
           eu10.hana.ondemand.com",
```

```
        "clientId": "sb-fa24de80-8739-46b2-9b9c-
           14e74e1b9968!b7090|na-420adfc9-f96e-4090-a650-
           0386988b67e0!b1836",
        "clientSecret": "AgZdazn3QlPkuGXrlvBCyLEYEhg=",
        "identityZone": "camelot-blockchain"
    }
}
```

Listing 7.13 Service Key des Blockchain-Application-Enablement-Service

Abbildung 7.28 Einrichtungsdialog für eine neue externe Datenquelle

In diesem Dialog machen Sie folgende Angaben:

- **Source Name**
  Hier tragen Sie einen Namen für die neue Datenquelle ein, den Sie frei wählen können.

- **Adapter Name**
  Hier wählen Sie den Namen des SAP HANA Blockchain Adapters aus, in unserem Fall den vom Administrator bei der Anlage des Adapters gewählten Namen BlockchainAdapter.
- **Source Location**
  Hier geben Sie den Namen des DP Agents an, der die Daten anliefern wird, in unserem Fall dpagent_Blockchain.
- **Parameters**
  Hier tragen Sie die folgenden Daten ein:
  - **Blockchain URL**
    Das ist die URL zum Aufruf der Instanz des Blockchain-Application-Enablement-Service. Sie können diese dem Parameter ServiceUrl im entsprechenden Service Key entnehmen. In unserem Beispiel lautet der Wert »https://blockchain-service.cfapps.eu10.hana.ondemand.com/blockchain«. An diesen Wert muss noch die Endung »/hanaintegration/api/v1« angehängt werden. Insgesamt lautet der Feldinhalt also »https://blockchain-service.cfapps.eu10.hana.ondemand.com/blockchain/hanaintegration/api/v1«.
  - **Acess token URL**
    Dieser Wert entspricht dem Eintrag url im Unter-Array authentication des Service Keys für den Blockchain-HANA-Integration-Serviceplans. Der URL muss noch die Endung »/oauth« angehängt werden, was dann insgesamt den Wert »*https://camelot-blockchain.authentication.eu10.hana.ondemand.com/oauth*« ergibt.
  - **Polling Interval**
    Hier geben Sie die Häufigkeit an, mit der die SAP-HANA-Datenbank nach neuen Einträgen in der Blockchain suchen soll. Ein Standardwert wäre z. B. 5. Sie können das Feld aber auch leer lassen.
  - **Block Fetchsize**
    Hier geben Sie die Größe der auszulesenden Blöcke aus der Blockchain an. Sie können das Feld auch leer lassen.
  - **Proxy Hostname**
    Hier machen Sie Angaben zu einem eventuell benötigten Proxy, der zur Konnektierung genutzt werden muss.
  - **Proxy Portnumber**
    Dies ist die Portnummer des eventuell zu nutzenden Proxys.
- **Credentials**
  Dieser Bereich beschreibt das Zugangsmodell sowie die eventuell zu nutzenden Zugangsdaten beim Zugriff auf die Blockchain.

- **Credentials Model**
  Diese Dropdown-Liste stellt die Einträge **None**, **Secondary Credentials** oder **Technical User** zur Auswahl. Wählen Sie hier **Technical User**, da es sich bei dem Blockchain-Service nicht um einen persönlichen Benutzer handelt.
- **Access Token Credentials**
  Im Feld **Client ID** geben Sie hier den Wert für die `clientId` aus dem Abschnitt `oAuth` des Service Keys an. In unserem Beispiel lautet der Wert etwa »sb-fa24de80-8739-46b2-9b9c-14e74e1b9968!b7090|na-420adfc9-f96e-4090-a650-0386988b67e0!b1836«. Im Feld **Client Secret** geben Sie das zur Client-ID gehörige Passwort aus dem Feld `clientSecret` des Service Keys an. In unserem Beispiel lautet es »AgZdazn3WlPkuGXrlvBCyLEYEhg=«.

Nach Angabe aller Parameter können Sie den Dialog über den Button **Create** schließen.

> [!] **Richtigen Service Key verwenden**
> Die Angaben hier sehen sehr ähnlich aus wie die Angaben im Service Key des Blockchain-Knotens, zu verwenden sind aber die Angaben aus dem Service Key des SAP HANA Integration Service. Die beiden Service Keys unterscheiden sich in der Blockchain-URL, der Client-ID und dem Client Secret.

Liste der externen Datenquellen
Nach erfolgreicher Anlage sollte die neue Datenquelle in der Liste der externen Datenquellen auftauchen. Um diese zu öffnen, klicken Sie auf den Eintrag **Remote Sources** in der Baumstruktur der SAP-HANA-Instanz. Hier sehen Sie den neuen Eintrag `HyperledgerAdapter` (siehe Abbildung 7.29). Alternativ können Sie diese Liste auch über den Eintrag **Show Remote Sources** im Kontextmenü des Baumstrukturknotens **Remote Sources** aufrufen.

Enthaltene Tabellen
Klicken Sie auf die neue Datenquelle, wird Ihnen eine Übersicht der enthaltenen Tabellen angezeigt (siehe Abbildung 7.30).

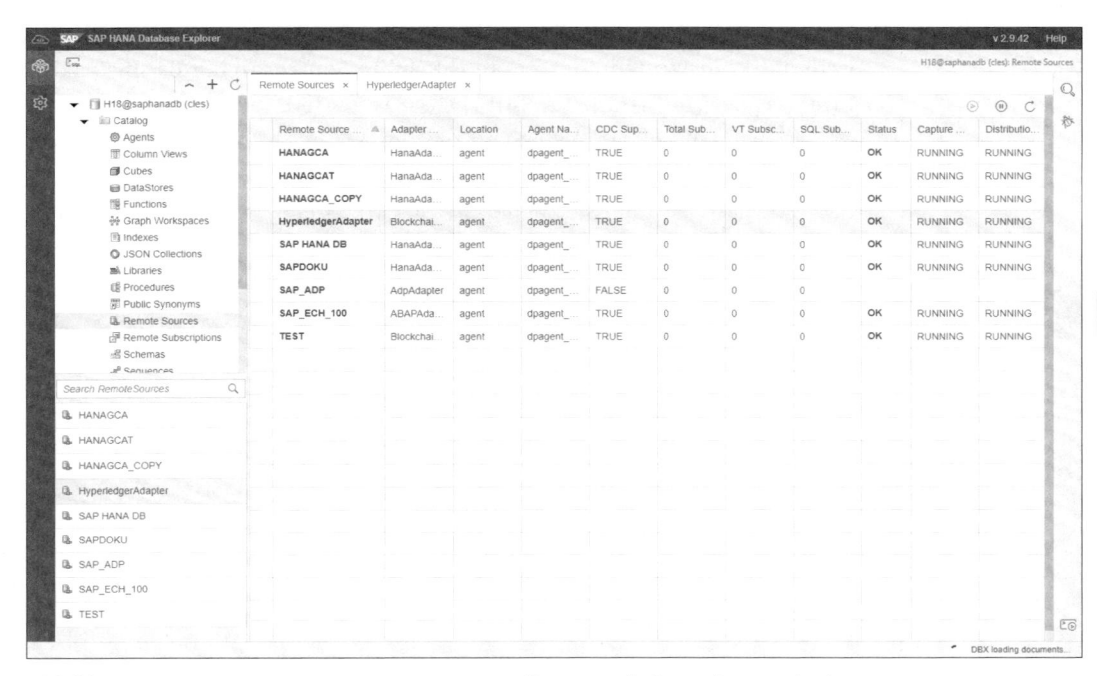

7.2 Anwendungsbeispiel: Zugriff auf den dezentralen Energiemarktplatz über SAP HANA

Abbildung 7.29 Neu erzeugte externe Datenquelle »HyperledgerAdapter« in der Übersicht der externen Datenquellen

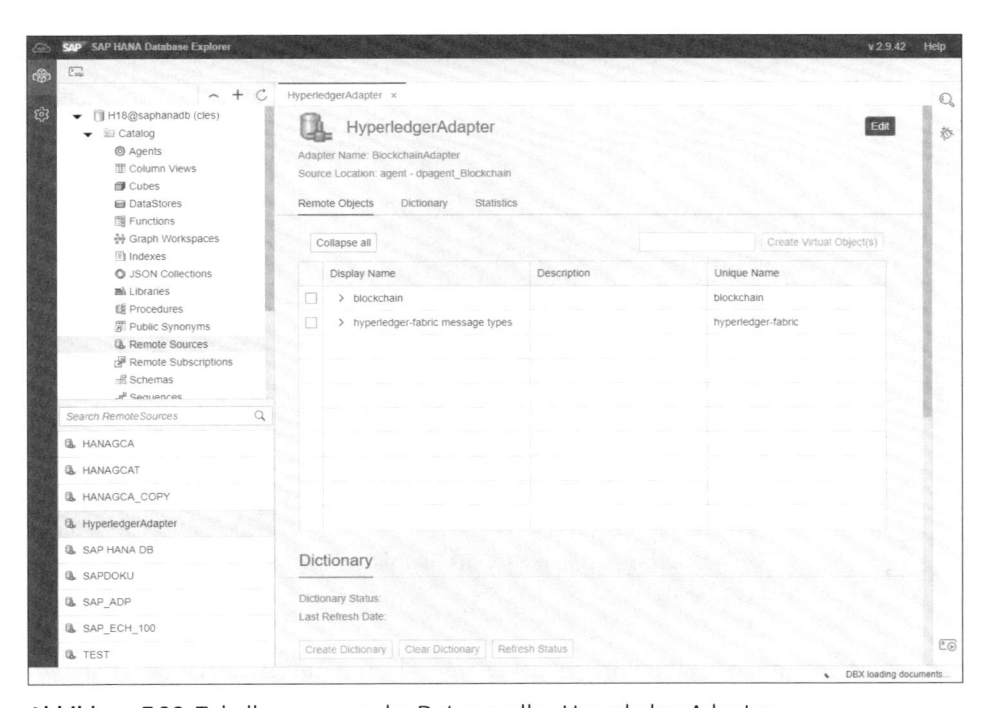

Abbildung 7.30 Tabellengruppen der Datenquelle »HyperledgerAdapter«

7 SAP-HANA-Integration

Definition per SQL Um eine neue Datenquelle über die SQL-Konsole anzulegen, öffnen Sie erneut das Kontextmenü des Knotens **Remote Sources** in der Baumstruktur Ihrer SAP-HANA-Instanz im SAP HANA Database Explorer, wählen dieses Mal jedoch den Eintrag **Open SQL Console**. Wie in Abbildung 7.31 zu sehen, wird nun auf der rechten Seite des Bildschirms eine SQL-Konsole eingeblendet. Alternativ können Sie auch das Tastaturkürzel [Strg] + [Alt] + [C] verwenden, um eine SQL-Konsole zu öffnen.

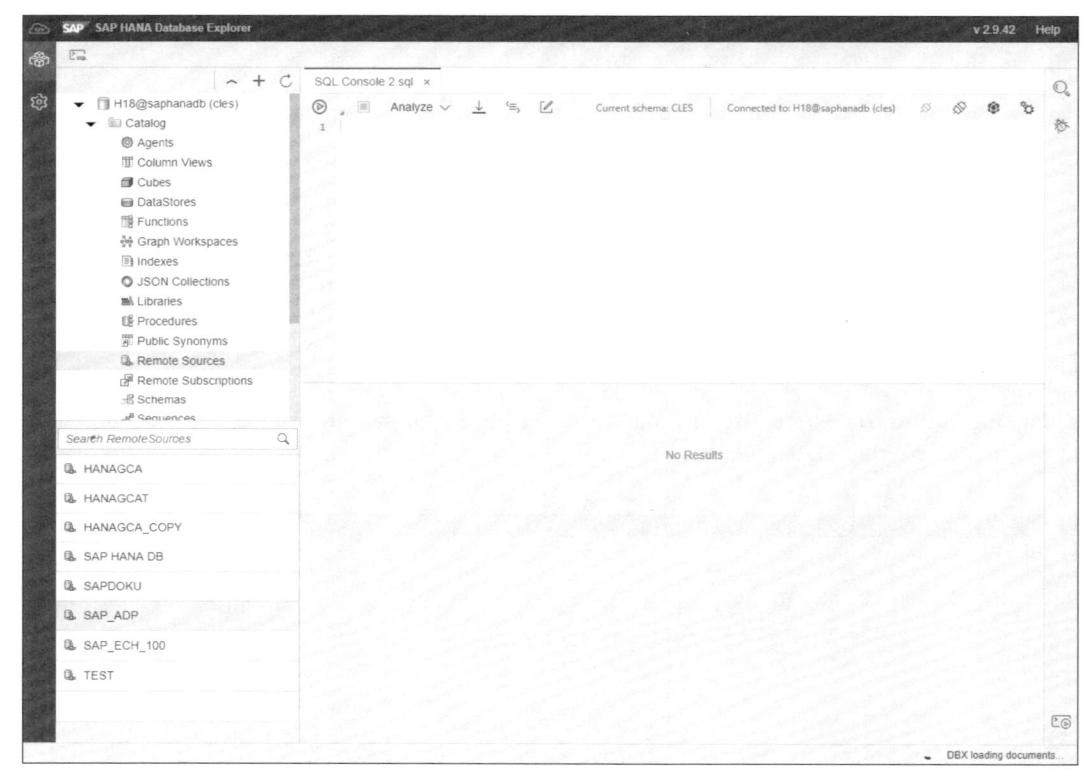

Abbildung 7.31 Geöffnete SQL-Konsole

> **[»] Berechtigung zur Erzeugung einer externen Datenquelle**
>
> Um die folgenden SQL-Anweisungen auszuführen, müssen Sie die Berechtigung haben, externe Datenquellen definieren zu dürfen. Der Name dieser Berechtigung in SAP HANA lautet CREATE REMOTE SOURCE. Fordern Sie diese Berechtigung bei Ihrem Datenbankadministrator an, falls Sie sie noch nicht besitzen.

Vorlage für den SQL-Code Verwenden Sie die Vorlage aus Listing 7.14, um die Datenquelle per SQL zu erzeugen. Ersetzen Sie die fett gedruckten Einträge in spitzen Klammern

7.2 Anwendungsbeispiel: Zugriff auf den dezentralen Energiemarktplatz über SAP HANA

durch die entsprechenden Werte für Ihre Serviceinstanz des Blockchain Application Enablements, wie sie im Service Key angegeben sind. Sie entsprechen den Werten, die Sie in die gleichnamigen Felder des Dialogs zur Anlage einer externen Datenquelle eingetragen haben.

```
-- create remote source
CREATE REMOTE SOURCE "<NAME_OF_NEW_REMOTE_SOURCE>"
       ADAPTER "BlockchainAdapter"
       AT LOCATION AGENT "<NAME_OF_DPAGENT>"
CONFIGURATION
'<?xml version="1.0" encoding="UTF-8"?>
       <ConnectionProperties name="Connection">
              <PropertyEntry name="url">[Blockchain
              URL]/hanaintegration/api/v1</PropertyEntry>
              <PropertyEntry name="accessTokenURL">[Access
              token URL]/oauth</PropertyEntry>
              <PropertyEntry name="pollingInterval">[Polling
              Interval]</PropertyEntry>
              <PropertyEntry name="proxyHostName">[Proxy
              Hostname]</PropertyEntry>
              <PropertyEntry name="proxyPortNumber">[Proxy
              Port]</PropertyEntry>
       </ConnectionProperties>'
WITH CREDENTIAL TYPE 'PASSWORD' USING
'<CredentialEntry name="credential">
       <user>[Client ID]</user>
       <password>[Client Secret]</password>
</CredentialEntry>';
```

Listing 7.14 SQL-Vorlage zur Erzeugung einer externen Datenquelle für SAP HANA

> **[!]**
> **Vorgaben zur Definition der Datenquelle beachten**
> Die Vorlage zur Definition der Datenquelle per SQL sieht für die url und die accessTokenUrl jeweils zusätzliche feste Endungen vor, die respektiert werden müssen: [Blockchain URL]/hanaintegration/api/v1 und [Access token URL]/oauth. Stellen Sie außerdem sicher, dass Sie den Service Key der Serviceinstanz des Blockchain Application Enablements nutzen, nicht den Service Key des Channels der Blockchain. Beide unterscheiden sich nur in dem Wert für die clientId und das clientSecret.

Externe Datenquelle für unser Beispiel

Für die in unserem konkreten Beispiel verwendeten Werte sähe der SQL-Code zur Erzeugung der externen Datenquelle HyperledgerAdapter wie in Listing 7.15 aus. Wir verwenden einen SAP HANA Blockchain Adapter mit dem Namen BlockchainAdapter. Wir verwenden außerdem den damit assoziierten DP Agent dpagent_Blockchain. Außerdem fügen wir die Angaben aus dem in Abschnitt 7.2.2, »Einstellungen auf der SAP Cloud Platform«, generierten Service Key für das Service Blockchain Application Enablement hinzu.

```
CREATE REMOTE SOURCE "HyperledgerAdapter"
        ADAPTER "BlockchainAdapter"
        AT LOCATION AGENT "dpagent_Blockchain"
CONFIGURATION
'<?xml version="1.0" encoding="UTF-8"?>
        <ConnectionProperties name="Connection">
                <PropertyEntry name="url"> https://blockchain-
                  service.cfapps.eu10.hana.ondemand.com/
                  blockchain/hanaintegration/api/
                  v1</PropertyEntry>
                <PropertyEntry name="accessTokenURL">
                  https://camelot-blockchain.authentication.
                  eu10.hana.ondemand.com/oauth</PropertyEntry>
                <PropertyEntry name="pollingInterval">
                  5</PropertyEntry>
                <PropertyEntry name="proxyHostName">
                  </PropertyEntry>
                <PropertyEntry name="proxyPortNumber">
                  </PropertyEntry>
        </ConnectionProperties>'
WITH CREDENTIAL TYPE 'PASSWORD' USING
'<CredentialEntry name="credential">
        <user>sb-fa24de80-8739-46b2-9b9c-
          14e74e1b9968!b7090|na-420adfc9-f96e-4090-a650-
          0386988b67e0!b1836</user>
        <password>AgZdazn3WlPkuGXrlvBCyLEYEhg=</password>
</CredentialEntry>';
```

Listing 7.15 Definition der externen Servicequelle »HyperledgerAdapter« für unser Beispiel

Nach erfolgreicher Ausführung der SQL-Anweisung sollten Sie folgende Antwort erhalten:

7.2 Anwendungsbeispiel: Zugriff auf den dezentralen Energiemarktplatz über SAP HANA

```
Statement 'CREATE REMOTE SOURCE "HyperledgerAdapter" ADAPTER
"BlockchainAdapter" AT LOCATION AGENT ...'
executed in 30 ms.
```

Diese Antwort wird unterhalb der SQL-Konsole im SAP HANA Database Explorer eingeblendet (siehe Abbildung 7.32).

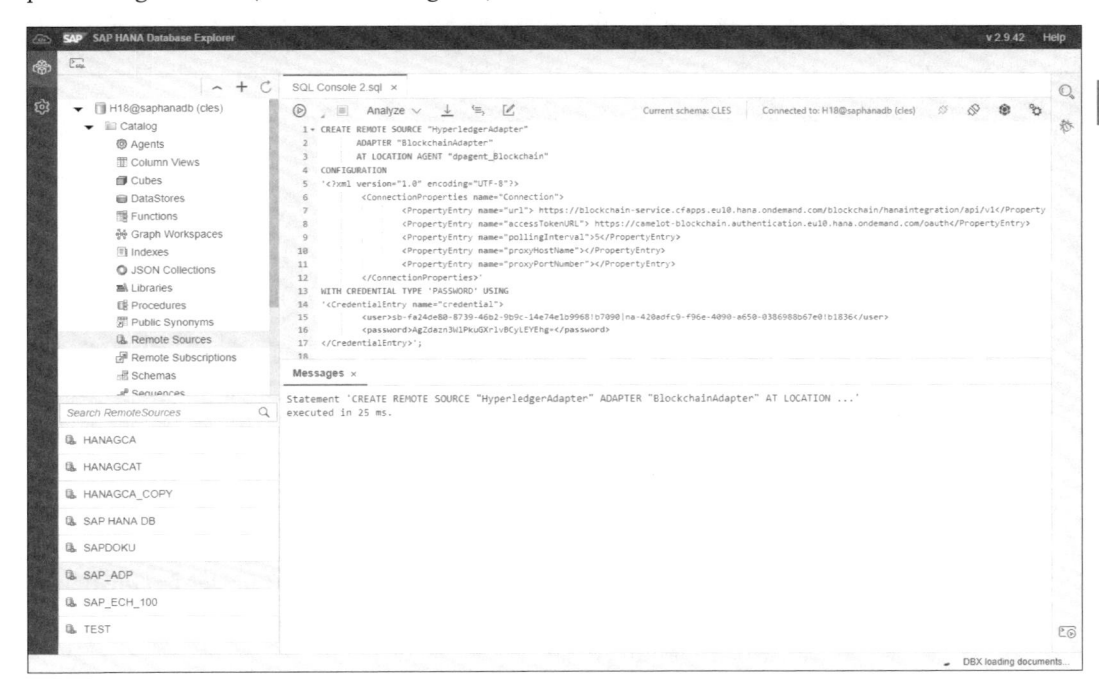

Abbildung 7.32 Erfolgreiche Definition einer neuen externen Datenquelle

Erzeugen virtueller Tabellen

Für das Importieren der Daten aus der Blockchain müssen in der SAP-HANA-Datenbank virtuelle Tabellen erzeugt werden, die auf die neue Datenquelle `HyperledgerAdapter` zugreifen. Am einfachsten geht dies über den Button **Create Virtual Object(s)**, den Sie rechts über der Tabellenübersicht der externen Datenquelle finden. Markieren Sie dazu zuerst alle Objekte in der Übersicht, die Sie in virtuelle Tabellen überführen wollen. Klicken Sie dann den Button. Nach dem Klick auf diesen Button gelangen Sie zu dem Dialogfenster, das Sie in Abbildung 7.33 sehen. In diesem Dialog können Sie ein Präfix für die Namen der neuen virtuellen Tabellen angeben sowie die Schema-Zugehörigkeit der neu erzeugten Tabellen. Hier im Screenshot ist dies die User-ID **CLES**, weshalb die neu erzeugten Tabellen im Rahmen dieses Benutzer-Accounts angezeigt werden.

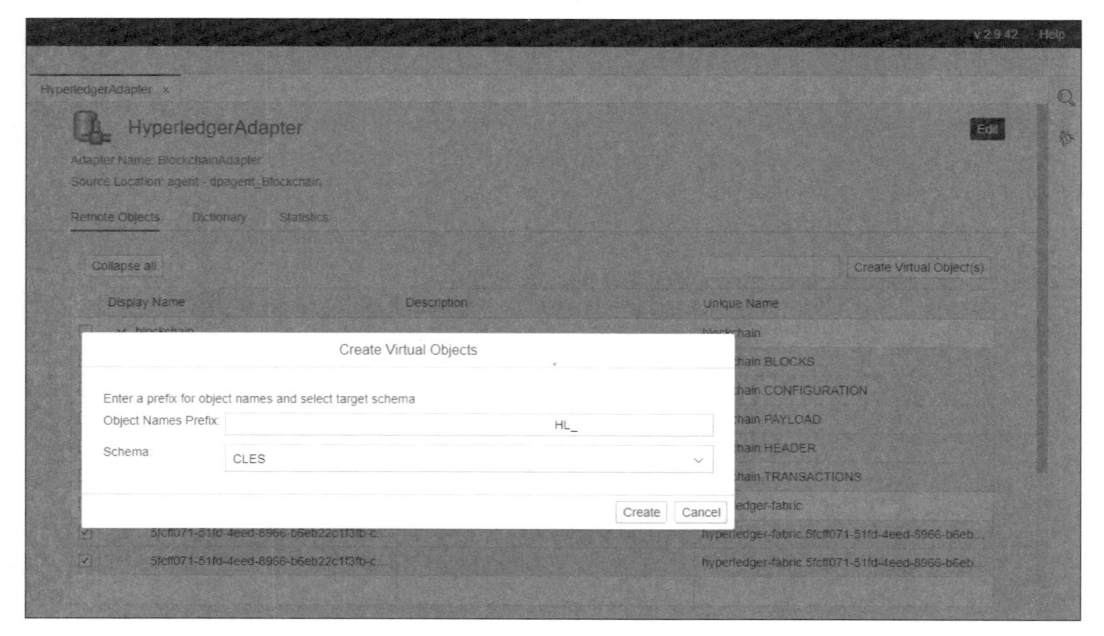

Abbildung 7.33 Erzeugen virtueller Tabellen

Virtuelle Tabellen anzeigen
Schließen Sie den Dialog mit einem Klick auf den Button **Create**. Um die erzeugten virtuellen Tabellen anzuzeigen, navigieren Sie in der Baumstruktur Ihrer SAP-HANA-Instanz zum Knoten **Tables**. Daraufhin werden die neuen virtuellen Tabellen mit dem Präfix HL_ unterhalb der Baumstruktur aufgelistet (siehe Abbildung 7.34).

Sie sollten zwei virtuelle Tabellen für unsere auf der Blockchain definierten Datentypen erhalten haben. Diese Tabellen haben in unserem Beispiel die folgenden Namen:

- HL_5fcff071-51fd-4eed-8966-b6eb22c1f3fb-com-camelot-energy-market.ProductOffering
- HL_5fcff071-51fd-4eed-8966-b6eb22c1f3fb-com-camelot-energy-market.ProductOffering_worldstate

Das Präfix HL_ wurde von uns bei der Anlage der virtuellen Tabellen ausgewählt. Es folgt ein automatisch erzeugter Hash-Wert vor dem selbst definierten Datenobjektnamen (hier ProductOffering).

Die erste Tabelle beschreibt alle im Rahmen von Transaktionen in der Blockchain gespeicherten Produktangebotsdaten. Die zweite Tabelle mit der Endung _worldstate beschreibt den jeweils aktuellen Zustand aller Daten in der Blockchain.

7.2 Anwendungsbeispiel: Zugriff auf den dezentralen Energiemarktplatz über SAP HANA

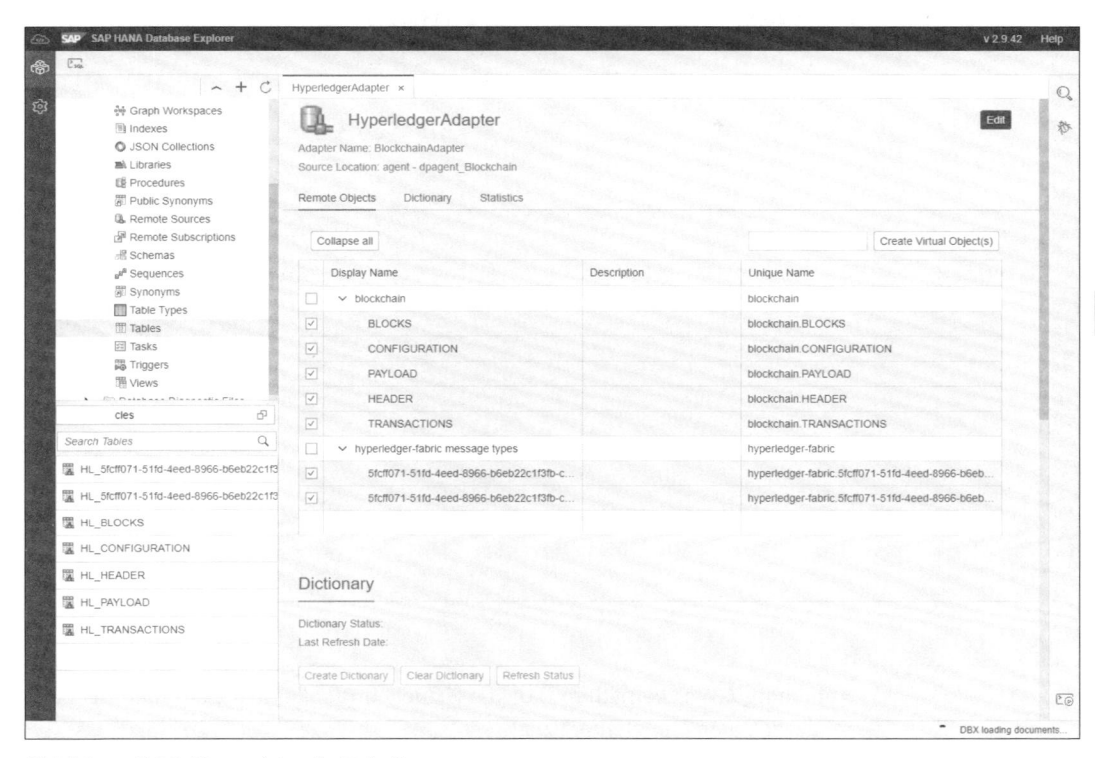

Abbildung 7.34 Neue virtuelle Tabellen

Neben diesen Tabellen für die selbst definierten Datenobjekte in der Blockchain finden Sie einige Standardtabellen (HL_BLOCKS, HL_CONFIGURATION etc.). Die Bedeutung dieser Tabellen erläutern wir in Abschnitt 7.3, »Virtuelle Tabellenstruktur der Daten aus der Blockchain«.

Klicken Sie mit der linken Maustaste auf einen der Namen der virtuellen Tabellen, um sich ihre Schemadefinition anzeigen zulassen. Abbildung 7.35 zeigt die Schemadefinition der virtuellen Tabelle HL_5fcff071-51fd-4eed-8966-b6eb22c1f3fb-com-camelot-energy-market.ProductOffering, basierend auf den Transaktionsdaten in der Blockchain. Sie finden hier die in der Meldungsstruktur definierten Attribute wieder.

Schema und Inhalt anzeigen

Klicken Sie mit der rechten Maustaste auf eine der Tabellen: Es lassen sich über den Eintrag **Open Data** im Kontextmenü oder alternativ über den Button oben rechts im Tabellenkopf auch die Daten darstellen, wofür Sie im Folgenden noch einige Beispiele sehen werden. Wenn der Umfang der Tabellen zu groß ist, erhalten Sie dabei jedoch eine Fehlermeldung.

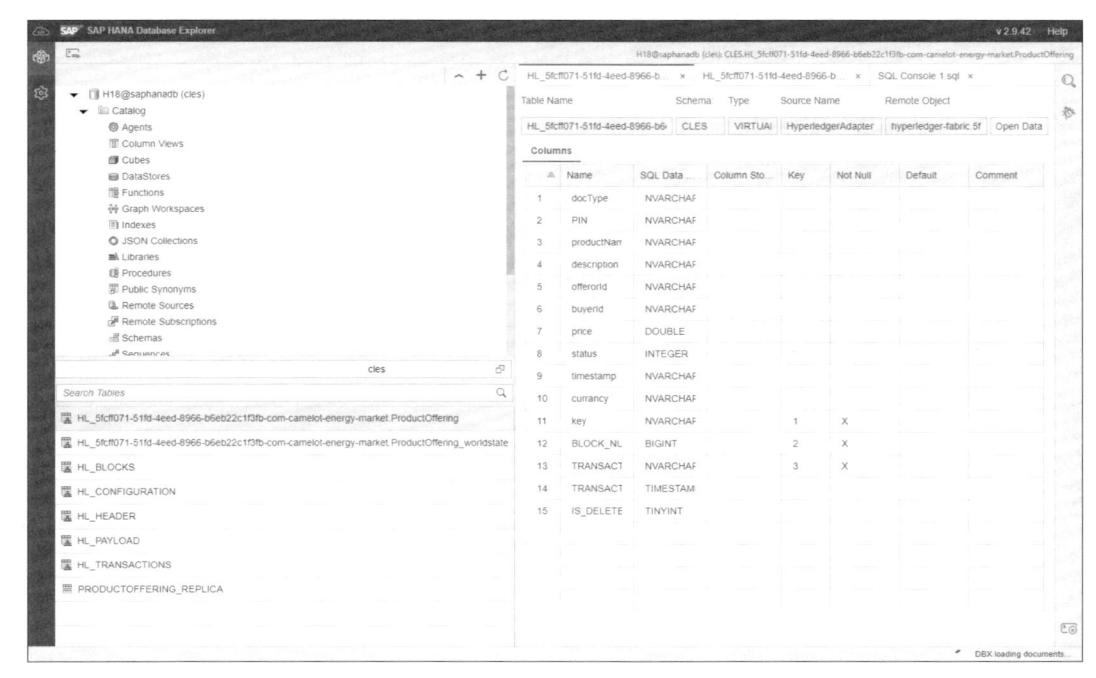

Abbildung 7.35 Schemadefinition der virtuellen Tabelle für die Produktangebote im dezentralen Energiemarktplatz

Replikation der virtuellen Tabellen

Die virtuellen Tabellen sind nur als Tabellenansicht aufbereitete Rohdaten der Blockchain. Sie sollen als Vorlage dienen, um die Daten in richtige Datenbanktabellen in SAP HANA zu replizieren.

Datenbanktabelle per SQL erzeugen
Für unsere Blockchain-Struktur ProductOffering erzeugen wir beispielsweise die Datenbanktabelle PRODUCTOFFERING_REPLICA auf Basis der virtuellen Tabellen. Dazu erzeugen Sie eine neue Tabelle per SQL, die gemäß der SQL-Anweisung LIKE nach dem Schema der virtuellen Tabelle erstellt werden soll. Klicken Sie dazu mit der rechten Maustaste auf den Knoten **Tables** in der Baumansicht der SAP-HANA-Instanz, und wählen Sie im Kontextmenü den Eintrag **Open SQL Console**. Alternativ können Sie auch das Tastaturkürzel Strg + Alt + C verwenden, um eine SQL-Konsole zu öffnen. Geben Sie dann den Code aus Listing 7.16 ein.

```
CREATE TABLE PRODUCTOFFERING_REPLICA LIKE "HL_5fcff071-51fd-4eed-
8966-b6eb22c1f3fb-com-camelot-energy-market.ProductOffering";
```

Listing 7.16 SQL-Anweisung zur Erzeugung einer richtigen Datenbanktabelle auf Basis der virtuellen Tabelle

7.2 Anwendungsbeispiel: Zugriff auf den dezentralen Energiemarktplatz über SAP HANA

Beachten Sie, dass Sie das Namespace für die SELECT-Anweisung (hier CLES) an das Kürzel Ihres SAP-HANA-Benutzers anpassen müssen, damit der Namensraum stimmt. Damit wird eine neue Tabelle auf Basis der virtuellen Tabelle erstellt.

Erzeugen von Remote Subscriptions

Anschließend wird eine sogenannte *Remote Subscription* (d. h. die Anfrage zur Datenreplikation) definiert, in die Verarbeitungsschlange der Datenbank eingereiht (gequeut) und abschließend ausgeführt (siehe Listing 7.17).

```
CREATE REMOTE SUBSCRIPTION PRODUCTOFFERING_SUB
    AS (SELECT * FROM CLES."HL_5fcff071-51fd-4eed-
        8966-b6eb22c1f3fb-com-camelot-energy-
        market.ProductOffering")
    TARGET TABLE PRODUCTOFFERING_REPLICA;
ALTER REMOTE SUBSCRIPTION PRODUCTOFFERING_SUB QUEUE;
ALTER REMOTE SUBSCRIPTION PRODUCTOFFERING_SUB DISTRIBUTE;
```

Listing 7.17 Erzeugung und Ausführung der Remote Subscription zur Replikation der Daten aus der virtuellen in die echte Datenbanktabelle

> **Zusammenfassung aller Befehle**
>
> Listing 7.18 zeigt noch mal die Zusammenfassung aller Befehle, die der Einfachheit halber in einem Durchgang angegeben werden können:
>
> ```
> CREATE TABLE PRODUCTOFFERING_REPLICA LIKE "HL_5fcff071-51fd-
>     4eed-8966-b6eb22c1f3fb-com-camelot-energy-
>     market.ProductOffering";
> CREATE REMOTE SUBSCRIPTION PRODUCTOFFERING_SUB
>     AS (SELECT * FROM CLES."HL_5fcff071-51fd-4eed-8966-
>         b6eb22c1f3fb-com-camelot-energy-market.ProductOffering")
>     TARGET TABLE PRODUCTOFFERING_REPLICA;
> ALTER REMOTE SUBSCRIPTION PRODUCTOFFERING_SUB QUEUE;
> ALTER REMOTE SUBSCRIPTION PRODUCTOFFERING_SUB DISTRIBUTE;
> ```
>
> **Listing 7.18** Zusammenfassung aller SQL-Befehle

Bei erfolgreicher Durchführung sollten Ihnen die Antworten im unteren Bereich der SQL-Konsole wie in Listing 7.19 ausgegeben werden.

```
Statement 'CREATE TABLE PRODUCTOFFERING_REPLICA LIKE ...'
executed in 21 ms.
Statement 'CREATE REMOTE SUBSCRIPTION ProductOffering_SUB
```

```
  AS (SELECT * FROM ...'
executed in 24 ms.
Statement 'ALTER REMOTE SUBSCRIPTION PRODUCTOFFERING_SUB QUEUE'
executed in 935 ms.
Statement 'ALTER REMOTE SUBSCRIPTION PRODUCTOFFERING_SUB DISTRIBUTE'
executed in 73 ms.
```

Listing 7.19 Erfolgreiche Erzeugung der Datenbanktabelle PRODUCTOFFERING_REPLICA sowie deren Remote Subscription

Zieltabelle anzeigen Um die Zieltabelle anzuzeigen, navigieren Sie in der Baumstruktur der SAP-HANA-Instanz zum Knoten **Tables**. Unterhalb der Baumstruktur finden Sie nun die neu erzeugte Tabelle PRODUCTOFFERING_REPLICA. Klicken Sie auf den Tabellennamen, woraufhin Ihnen das Schema der Tabelle wie in Abbildung 7.36 angezeigt wird.

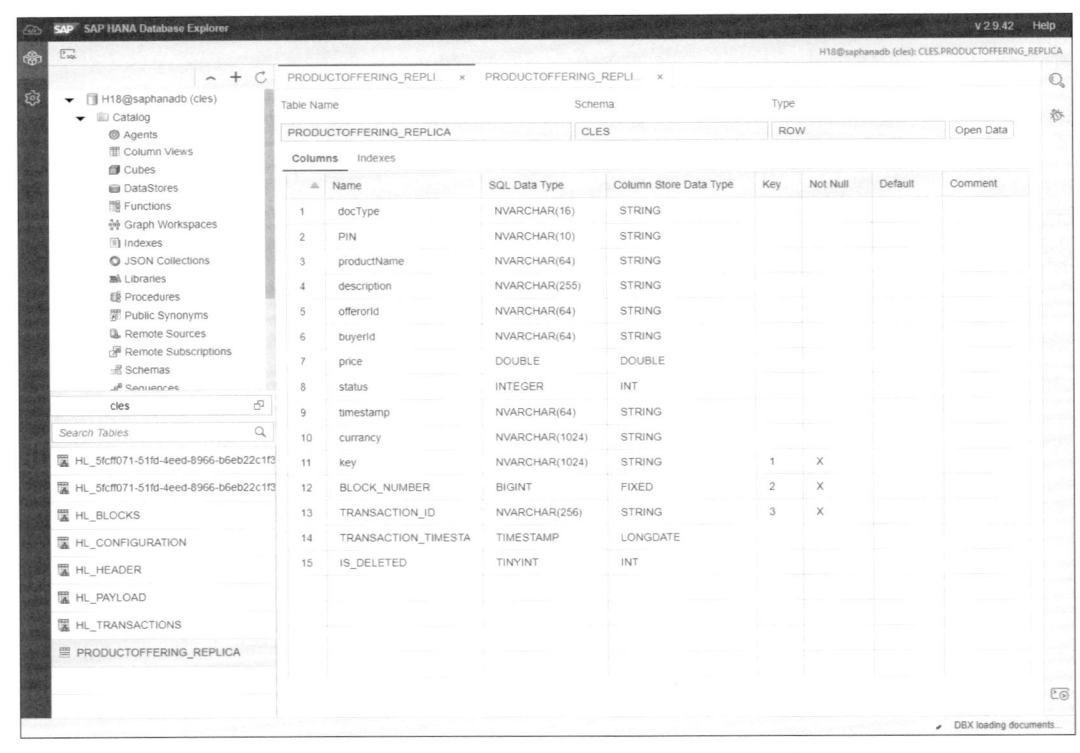

Abbildung 7.36 Schema der neuen Replikationstabelle PRODUCTOFFERING_REPLICA

Inhalt der Tabelle anzeigen Durch einen Klick auf den Button **Open Data** oben rechts über dem Tabellenschema können Sie den Inhalt der Tabelle anzeigen (siehe Abbil-

7.2 Anwendungsbeispiel: Zugriff auf den dezentralen Energiemarktplatz über SAP HANA

dung 7.37). Alternativ können Sie mit der rechten Maustaste auf den Tabellennamen klicken und im Kontextmenü den Eintrag **Open Data** wählen.

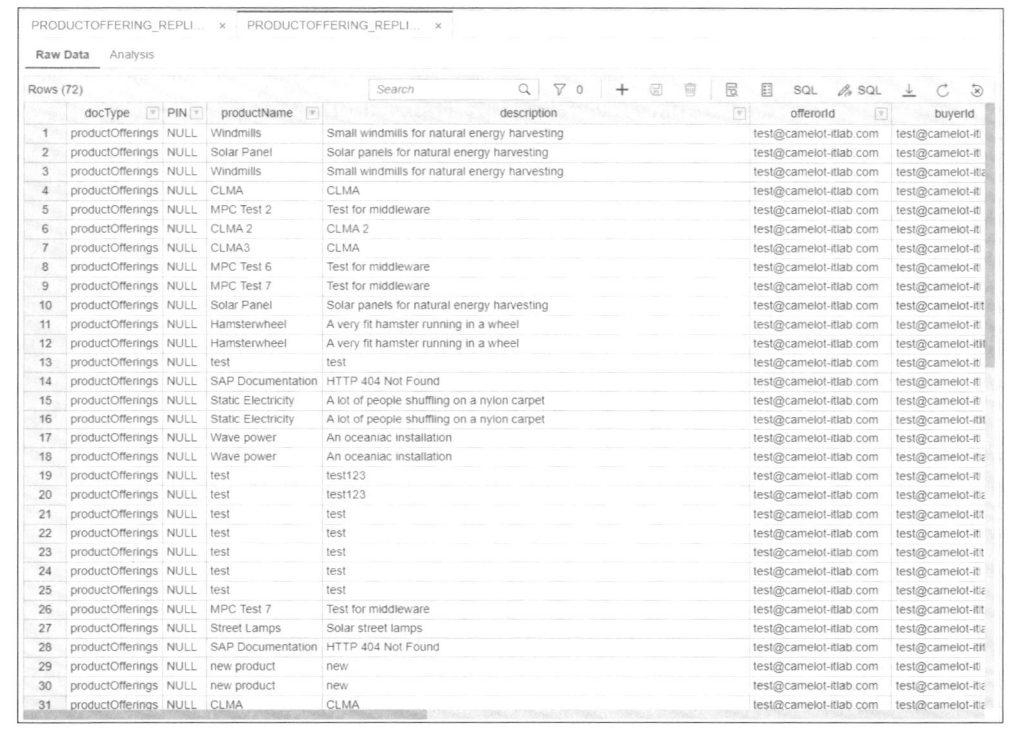

Rows (72)	docType	PIN	productName	description	offerorId	buyerId
1	productOfferings	NULL	Windmills	Small windmills for natural energy harvesting	test@camelot-itlab.com	test@camelot-itl
2	productOfferings	NULL	Solar Panel	Solar panels for natural energy harvesting	test@camelot-itlab.com	test@camelot-itl
3	productOfferings	NULL	Windmills	Small windmills for natural energy harvesting	test@camelot-itlab.com	test@camelot-itla
4	productOfferings	NULL	CLMA	CLMA	test@camelot-itlab.com	test@camelot-itl
5	productOfferings	NULL	MPC Test 2	Test for middleware	test@camelot-itlab.com	test@camelot-itl
6	productOfferings	NULL	CLMA 2	CLMA 2	test@camelot-itlab.com	test@camelot-itl
7	productOfferings	NULL	CLMA3	CLMA	test@camelot-itlab.com	test@camelot-itl
8	productOfferings	NULL	MPC Test 6	Test for middleware	test@camelot-itlab.com	test@camelot-itl
9	productOfferings	NULL	MPC Test 7	Test for middleware	test@camelot-itlab.com	test@camelot-itl
10	productOfferings	NULL	Solar Panel	Solar panels for natural energy harvesting	test@camelot-itlab.com	test@camelot-itl
11	productOfferings	NULL	Hamsterwheel	A very fit hamster running in a wheel	test@camelot-itlab.com	test@camelot-itl
12	productOfferings	NULL	Hamsterwheel	A very fit hamster running in a wheel	test@camelot-itlab.com	test@camelot-itl
13	productOfferings	NULL	test	test	test@camelot-itlab.com	test@camelot-itl
14	productOfferings	NULL	SAP Documentation	HTTP 404 Not Found	test@camelot-itlab.com	test@camelot-itl
15	productOfferings	NULL	Static Electricity	A lot of people shuffling on a nylon carpet	test@camelot-itlab.com	test@camelot-itl
16	productOfferings	NULL	Static Electricity	A lot of people shuffling on a nylon carpet	test@camelot-itlab.com	test@camelot-itl
17	productOfferings	NULL	Wave power	An oceaniac installation	test@camelot-itlab.com	test@camelot-itl
18	productOfferings	NULL	Wave power	An oceaniac installation	test@camelot-itlab.com	test@camelot-itla
19	productOfferings	NULL	test	test123	test@camelot-itlab.com	test@camelot-itl
20	productOfferings	NULL	test	test123	test@camelot-itlab.com	test@camelot-itla
21	productOfferings	NULL	test	test	test@camelot-itlab.com	test@camelot-itl
22	productOfferings	NULL	test	test	test@camelot-itlab.com	test@camelot-itl
23	productOfferings	NULL	test	test	test@camelot-itlab.com	test@camelot-itl
24	productOfferings	NULL	test	test	test@camelot-itlab.com	test@camelot-itl
25	productOfferings	NULL	test	test	test@camelot-itlab.com	test@camelot-itl
26	productOfferings	NULL	MPC Test 7	Test for middleware	test@camelot-itlab.com	test@camelot-itl
27	productOfferings	NULL	Street Lamps	Solar street lamps	test@camelot-itlab.com	test@camelot-itla
28	productOfferings	NULL	SAP Documentation	HTTP 404 Not Found	test@camelot-itlab.com	test@camelot-itl
29	productOfferings	NULL	new product	new	test@camelot-itlab.com	test@camelot-itl
30	productOfferings	NULL	new product	new	test@camelot-itlab.com	test@camelot-itla
31	productOfferings	NULL	CLMA	CLMA	test@camelot-itlab.com	test@camelot-itla

Abbildung 7.37 Kopierte Daten aus der Blockchain in der Datei PRODUCTOFFERING_REPLICA

> **[!] Fehler bei der Replikation der Daten**
>
> Die Replikation der Daten kann einige Minuten in Anspruch nehmen, bevor Ergebnisse in der Zieltabelle angezeigt werden. Eventuelle Fehler während der Replikation können Sie im Bereich **Remote Subscriptions** nachvollziehen. Mit der folgenden SQL-Anweisung in der SQL-Konsole können Sie nach Ausnahmen suchen:
>
> ```
> SELECT * FROM Remote_Subscription_Exceptions;
> ```
>
> Als Ergebnis erhalten Sie die ausführlichen Fehlermeldungen zu den jeweiligen Vorgängen. Sollten Sie keine Ergebnisse in der Zieltabelle sehen, prüfen Sie als Erstes, ob Sie bei der Definition der Remote Subscription auch Ihren Namensraum angegeben haben. Wenn keine Fehler ausgegeben wurden, prüfen Sie die definierte Meldungsstruktur auf der Konfigurationsseite in der SAP Cloud Platform (siehe Abschnitt 7.2.2, »Einstellungen auf der SAP Cloud Platform«).

7 SAP-HANA-Integration

7.3 Virtuelle Tabellenstruktur der Daten aus der Blockchain

Arten von Daten aus der Blockchain

Grundsätzlich können immer zwei verschiedene Arten von Daten aus der Blockchain extrahiert werden:

- Rohdaten der Blockchain selbst, d. h. die Metadaten der Blockchain-Blöcke und die darin gespeicherten Transaktionsdaten
- die aufbereiteten, benutzerdefinierten Daten, definiert durch die Meldungsstrukturen im Blockchain Application Enablement – im folgenden Beispiel der selbst definierte Datentyp ProductOffering und seine Eigenschaften

Tabellen für den Datenexport

Die Rohdaten der Blockchain werden grob in zwei Gruppen unterteilt: die Metadaten und der eigentliche *Payload*, d. h. die Nutzdaten. Beim Export aus der Blockchain nach SAP HANA werden sie in folgende virtuelle Tabellen exportiert, die Ihnen in der Übersicht des Blockchain-Adapters angezeigt werden (siehe Abbildung 7.38):

- BLOCKS
- CONFIGURATION
- HEADER
- PAYLOAD
- TRANSACTIONS

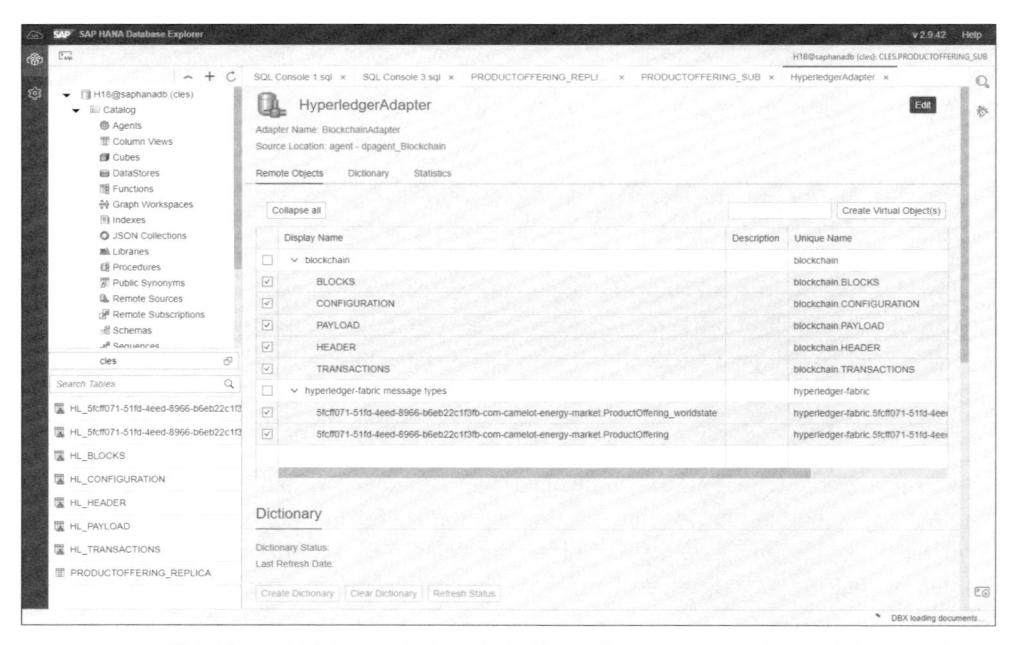

Abbildung 7.38 Importierbare Tabellen mit den Nutz- und Metadaten aus der Blockchain sowie selbst definierte Datentypen

7.3 Virtuelle Tabellenstruktur der Daten aus der Blockchain

Neben diesen standardmäßig erzeugten Tabellen können noch die in der Blockchain selbst definierten Datenobjekte in eigene virtuelle Tabellen exportiert werden. Zu jedem dieser Datenobjekte wird jeweils eine Gesamttabelle mit allen historischen Datensätzen und eine World-State-Tabelle mit dem aktuellen Datenstand der Blockchain erzeugt.

7.3.1 Tabelle BLOCKS

Die virtuelle Tabelle HL_BLOCKS enthält Metadaten zu den Blöcken der Blockchain. HL_ ist das Präfix, das Sie bei der Erzeugung der virtuellen Tabellen frei wählen können. Je nachdem, welche Angaben Sie hier gemacht haben, kann das Präfix abweichen. BLOCKS ist der von der SAP Cloud Platform bei der Übertragung der Daten vergebene Tabellenname. Abbildung 7.39 zeigt die Schemadefinition dieser Tabelle.

Abbildung 7.39 Blockdaten aus der Blockchain als virtuelle SAP-HANA-Tabelle HL_BLOCKS

Das Schema der Tabelle HL_BLOCKS enthält folgende Felder: *Schema der Tabelle*

- BLOCK_NUMBER: die Nummer eines Blocks
- PREVIOUS_HASH: Hash-Wert des vorherigen Blocks
- DATA_HASH: Hash-Wert der im Block gespeicherten Transaktionsdaten

- `TRANSACTION_ID`: eindeutige Transaktions-ID der aktuellen Transaktion
- `TRANSACTION_TIMESTAMP`: Zeitstempel der Transaktion
- `NAMESPACE`: Namensraum
- `KEY`: Schlüsselname, unter dem der Wert gespeichert wird
- `VALUE`: gespeicherter Datenwert, in unserem Fall ein JSON-Archiv
- `IS_DELETE`: boolesches Kennzeichen zur Markierung eines gelöschten Blocks

Erzeugung der Replikationstabelle

Die Replikation der Daten aus dieser virtuellen Tabelle in eine SAP-HANA-Datenbanktabelle stoßen Sie analog zur Replikation der Daten aus einer der selbst definierten virtuellen Tabellen über die SQL-Anweisung aus Listing 7.20 an.

```
CREATE TABLE BLOCKS_REPLICA LIKE "HL_BLOCKS";
CREATE REMOTE SUBSCRIPTION BLOCKS_SUB
    AS (SELECT * FROM CLES."HL_BLOCKS")
    TARGET TABLE BLOCKS_REPLICA;
ALTER REMOTE SUBSCRIPTION BLOCKS_SUB QUEUE;
ALTER REMOTE SUBSCRIPTION BLOCKS_SUB DISTRIBUTE;
```

Listing 7.20 Erzeugung der Replikationstabelle BLOCKS_REPLICA

Tabelleninhalt anzeigen

Nach einigen Minuten können Sie die aus der Blockchain replizierten Werte aus der neuen Tabelle `BLOCKS_REPLICA` auslesen (siehe Abbildung 7.40).

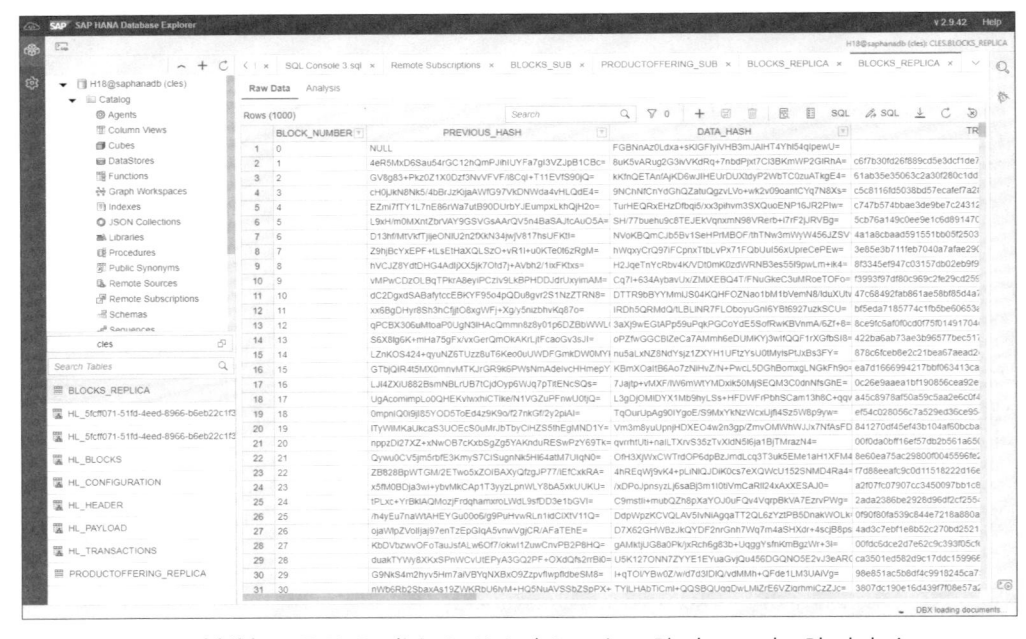

Abbildung 7.40 Replizierte Metadaten eines Blocks aus der Blockchain

7.3 Virtuelle Tabellenstruktur der Daten aus der Blockchain

Nach der Replikation ist es möglich, über die SQL-Konsole gezielte SQL-Anweisungen auf den Daten dieser Tabelle auszuführen. In Abbildung 7.41 werden beispielsweise gezielt die Metadaten zu Block 9005 aus der Tabelle abgefragt.

SQL-Anweisung ausführen

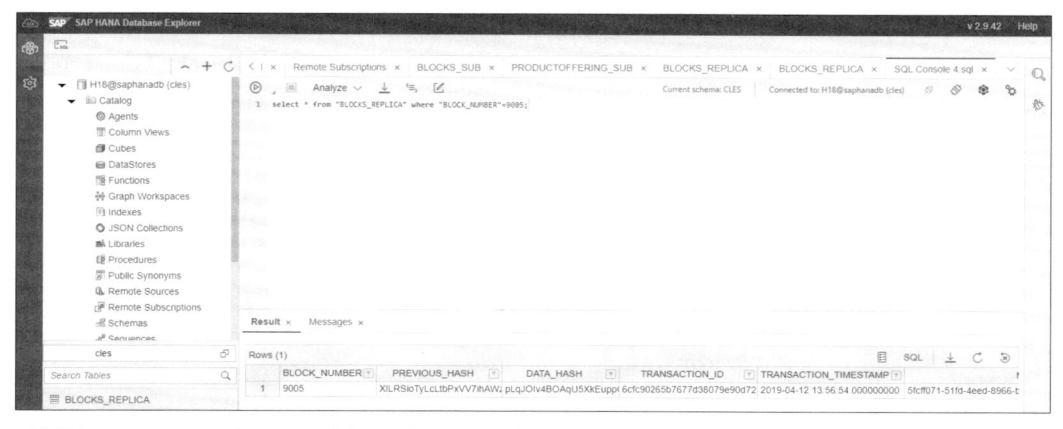

Abbildung 7.41 Gezielte SQL-Abfrage der Daten für Block 9005

In unserer Blockchain für den dezentralen Energiemarktplatz enthält Block 9005 die Transaktion für den Kauf eines Produktangebots. Gespeichert ist dieser Wert im serialisierten JSON-Array der Struktur ProductOffering in der Spalte VALUE der Tabelle HL_BLOCKS. Den Inhalt dieses Arrays zeigt Listing 7.21.

Daten eines Blocks abfragen

```
{"docType":"productOfferings",
 "productName":"Wasserkraft",
 "description":"300kW/h vom Goldfisch gemacht",
 "offerorId":"fredrika93ozumv",
 "buyerId":"charliez170b9ek",
 "price":900,
 "status":2,
 "timestamp":"2019-04-12 13:48:43"}
```

Listing 7.21 JSON-Array in der Spalte VALUE der Tabelle HL_BLOCKS

Der Eintrag beschreibt einen getätigten Kauf, was daran zu erkennen ist, dass für die buyerId ein Wert angegeben ist, hier charliez170b9ek. Bei noch nicht gekauften Produktangeboten enthält die Struktur ProductOffering keinen Wert für die buyerId, sondern einen leeren String.

Die weiteren Werte in den Spalten der Tabelle HL_BLOCKS für den Block 9005 lauten:

- BLOCK_NUMBER: Das ist die laufende Blocknummer, in der die Transaktion abgelegt wurde, hier 9005.

- `PREVIOUS_HASH`: Hash-Wert des Vorläuferblocks mit der Nummer 9004, hier »XlLRSioTyLcLtbPxVV7ihAWzlnx97ZqIUkjsKE2O7XI=«
- `DATA_HASH`: Hash-Wert des Datenanteils (Payload) des Datenblocks, hier »pLqJOIv4BOAqU5XkEuppC1xc+PiIFyb8yvP4Ogf6v68=«
- `TRANSACTION_ID`: die eindeutige ID für diese Transaktion, hier »6cfc90265b7677d38079e90d7221ebc67849897eaab0b16b15a5c6b6ce3486e9«
- `TRANSACTION_TIMESTAMP`: Zeitstempel für die Transaktion, hier »12.04.2019 13:56:54« – um diese Uhrzeit ist die Transaktion erfasst worden.
- `NAMESPACE`: Namensraum und Name des Chaincodes, der die Transaktion verfasst hat, hier 5fcff071-51fd-4eed-8966-b6eb22c1f3fb-com-camelot-energy-market
- `KEY`: von uns bei der Anlage des Eintrags vergebener eindeutiger Schlüssel zur Kennzeichnung des Eintrags in der World-State-Datenbank, hier lbPoTqzsGd
- `VALUE`: Alle Attribute der in der Transaktion gespeicherten Instanz des selbst definierten Datentyps `ProductOffering`. Hierdurch wie folgt angegeben:

```
{"docType":"productOfferings",
 "productName":"Wasserkraft",
 "description":"300kW/h vom Goldfisch gemacht",
 "offerorId":"fredrika93ozumv",
 "buyerId":"charliez170b9ek",
 "price":900,"status":2,
 "timestamp":"2019-04-12 13:48:43"}
```

- `IS_DELETE`: Marker zur Kennzeichnung von gelöschten Einträgen, hier 0

7.3.2 Tabelle CONFIGURATION

Die Tabelle `HL_CONFIGURATION` enthält allgemeine Angaben über den Typ der verwendeten Blockchain. Darin enthalten sind folgende Felder (siehe Abbildung 7.42):

- der Typ der Blockchain (**blockchain type**, hier `hyperledger-fabric`)
- ein Kennzeichen namens **replicate messages**, das anzeigt, ob Meldungsstrukturen repliziert werden sollen oder nicht (d. h., ob eine SAP-HANA-Anbindung besteht)
- ein **blockchain URI**, der den Zugangspunkt für die Blockchain darstellt
- **replicate worldstate** – ein Kennzeichen, ob der World State und die Blöcke repliziert werden sollen
- den **block count**, d. h. die Anzahl der Blöcke in der Blockchain

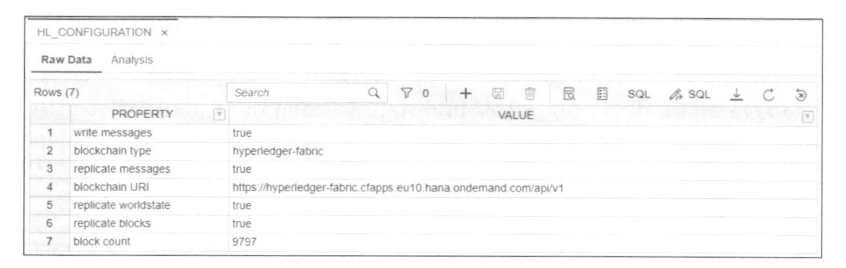

7.3 Virtuelle Tabellenstruktur der Daten aus der Blockchain

Abbildung 7.42 Tabelle CONFIGURATION mit Metadaten über die Blockchain

7.3.3 Tabelle HEADER

Die Tabelle HL_HEADER besteht nur aus drei Spalten und enthält die Kopfdaten eines Blocks in der Blockchain:

Felder der Tabelle HEADER

- BLOCK_NUMBER: die Nummer des Blocks
- PREVIOUS_HASH: Hash-Wert des vorangehenden Blocks in der Blockchain
- DATA_HASH: Hash-Wert des aktuellen Datenblocks

Die Tabelle kann damit als eine Art Index oder Cache dem schnelleren Auffinden der einzelnen Blöcke dienen. Abbildung 7.43 zeigt den Inhalt der von der Tabelle HL_HEADER erzeugten Replikationstabelle in SAP HANA.

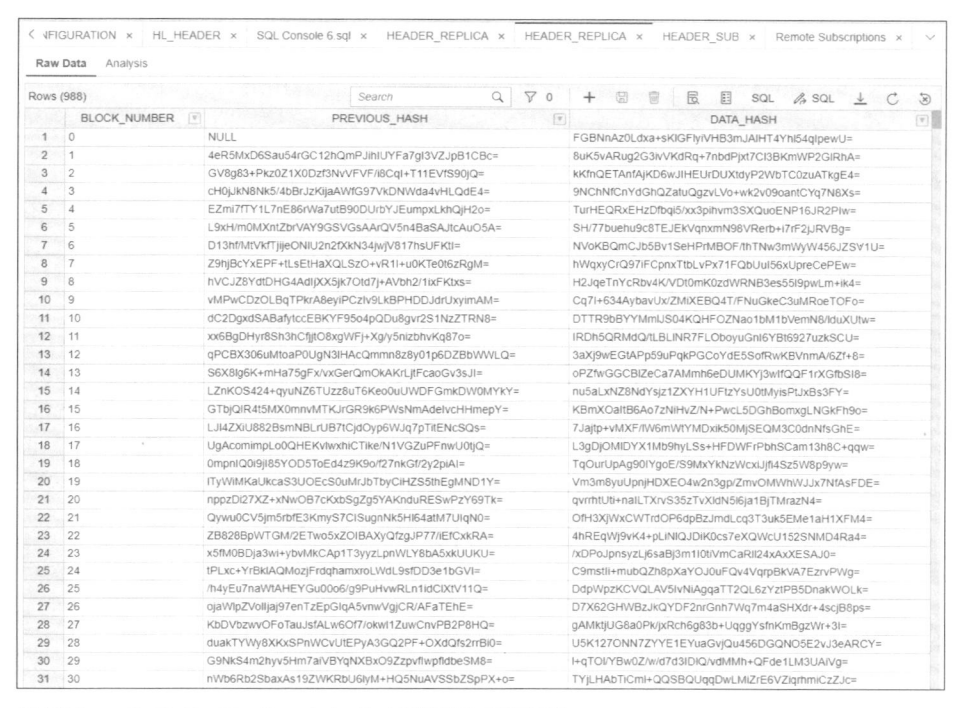

Abbildung 7.43 Replikationstabelle HEADER_REPLICA

7.3.4 Tabelle PAYLOAD

Die Tabelle `HL_PAYLOAD` ist das Gegenstück zur Tabelle `HL_HEADER` und enthält nur den Datenanteil der Blöcke. Abbildung 7.44 zeigt das Schema dieser Tabelle.

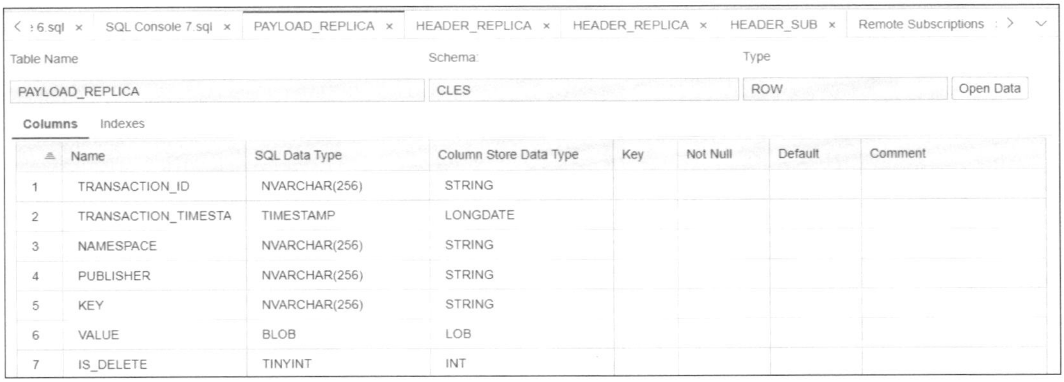

#	Name	SQL Data Type	Column Store Data Type	Key	Not Null	Default	Comment
1	TRANSACTION_ID	NVARCHAR(256)	STRING				
2	TRANSACTION_TIMESTA	TIMESTAMP	LONGDATE				
3	NAMESPACE	NVARCHAR(256)	STRING				
4	PUBLISHER	NVARCHAR(256)	STRING				
5	KEY	NVARCHAR(256)	STRING				
6	VALUE	BLOB	LOB				
7	IS_DELETE	TINYINT	INT				

Abbildung 7.44 Das Schema der Tabelle HL_PAYLOAD

Felder der Tabelle PAYLOAD Sie enthält die folgenden Felder, über die Sie nach den reinen Transaktionsdaten suchen und sich diese anzeigen lassen können:

- `TRANSACTION_ID`: eindeutige ID der Transaktion
- `TRANSACTION_TIMESTAMP`: Zeitstempel der Transaktion
- `NAMESPACE`: Namensraum der jeweiligen Transaktion
- `KEY`: eindeutiger Schlüssel für den übergebenen Datensatz
- `VALUE`: übergebener Wert (Datensatz) als JSON-Array
- `IS_DELETE`: Kennzeichen, dass der Datensatz über die SQL-Anweisung `DELETE` gelöscht wurde (dieses Feature funktioniert nicht, sehen Sie dazu den Informationskasten am Ende des Kapitels)

Abbildung 7.45 zeigt Ergebnisse der aus der virtuellen Tabelle `HL_PAYLOAD` replizierten Tabelle `PAYLOAD_REPLICA` in SAP HANA. Diese wurden mit der Preview-Funktion erzeugt. Denkbar ist hier z. B. eine Suche über die Spalte `TRANSACTION_ID`, um eine bestimmte Transaktion anzuzeigen oder eine Auflistung aller Transaktionen für ein bestimmtes Namespace:

```
SELECT * FROM PAYLOAD_REPLICA WHERE TRANSACTION_ID =
  '6cfc90265b7677d38079e90d7221ebc67849897eaab0b16b15a5c6b6ce3486e9'
```

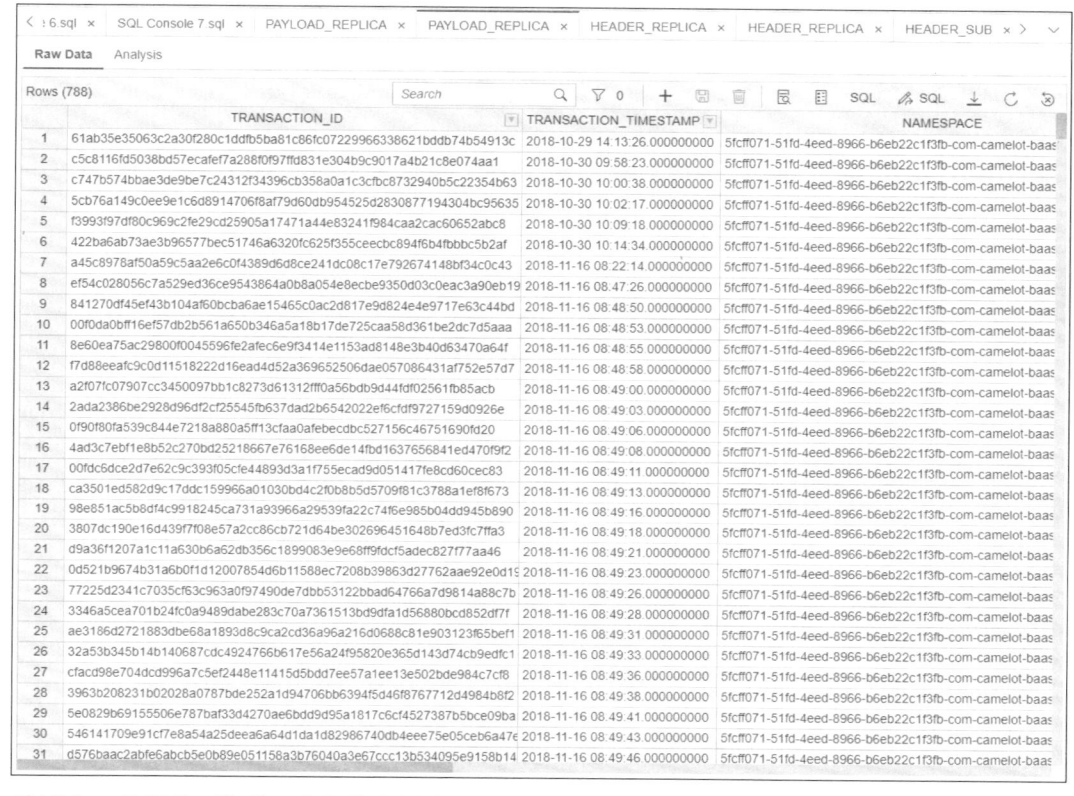

7.3 Virtuelle Tabellenstruktur der Daten aus der Blockchain

Abbildung 7.45 Replikationstabelle PAYLOAD_REPLICA

7.3.5 Tabelle TRANSACTIONS

Die Tabelle HL_TRANSACTIONS beinhaltet alle Metadaten zu den in der Blockchain gespeicherten Transaktionen, ohne die eigentlichen Nutzdaten (Payload). Es handelt sich also nur um die strukturellen Verwaltungsdaten der Hyperledger-Fabric-Blockchain.

Das Schema der Tabelle definiert die folgenden Felder. In Abbildung 7.46 sehen Sie dieselben Felder im Schema der in SAP HANA erzeugten Replikationstabelle TRANSACTIONS_REPLICA:

Felder der Tabelle TRANSACTIONS

- BLOCK_NUMBER: laufende Blocknummer
- PREVIOUS_HASH: Hash-Wert des vorherigen Blocks
- DATA_HASH: Hash-Wert des aktuellen Datenfeldes
- TRANSACTION_ID: eindeutige Transaktions-ID für jede Transaktion
- TRANSACTION_TIMESTAMP: Zeitstempel, wann diese Transaktion stattgefunden hat

7 SAP-HANA-Integration

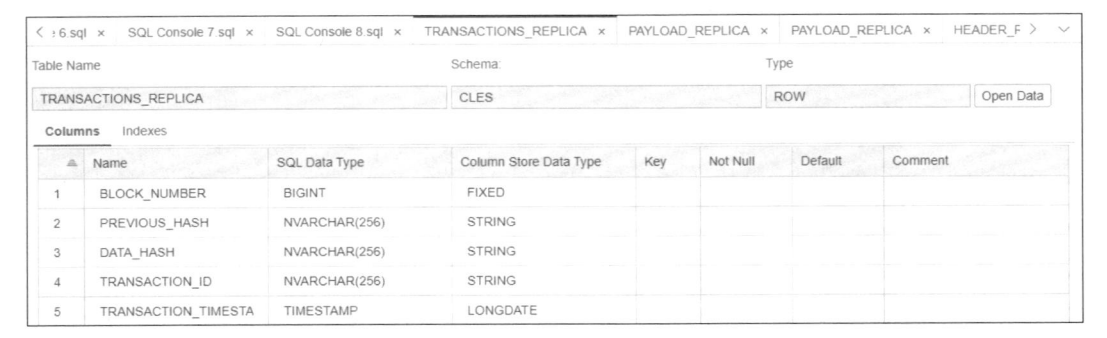

Abbildung 7.46 Schema der Tabelle TRANSACTIONS_REPLICA

Hintergrund dieser Tabelle ist, dass ja mehrere Transaktionen in einen Block gespeichert werden können. Diese Tabelle erlaubt die sequenzielle Betrachtung der Transaktionen. Abbildung 7.47 zeigt die Speicherung der Transaktionen als Hash-Werte in der Replikationstabelle TRANSACTIONS_REPLICA.

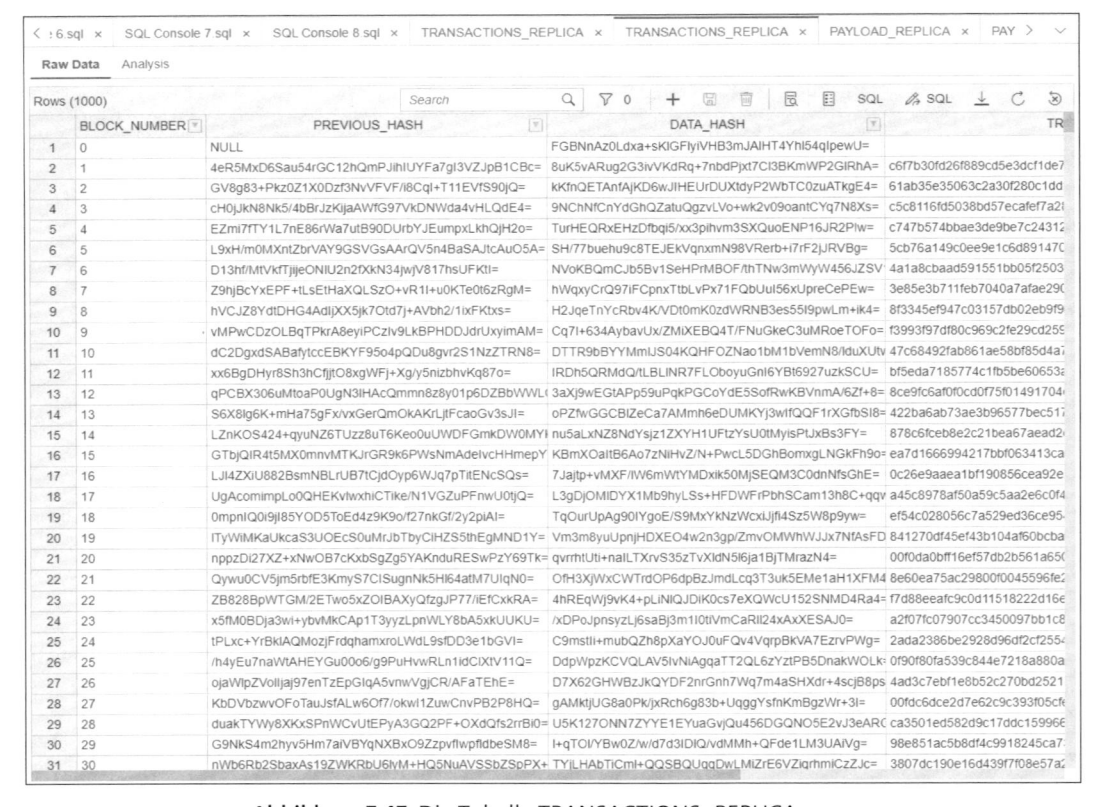

Abbildung 7.47 Die Tabelle TRANSACTIONS_REPLICA

7.3.6 Tabellen für benutzerdefinierte Datentypen

Neben diesen Standardtabellen können eigene virtuelle Tabellen für die eigenen, in der Blockchain definierten und per Meldungsstrukturen übertragenen Datentypen erzeugt werden. In Abschnitt 7.2.2, »Einstellungen auf der SAP Cloud Platform«, haben wir eine entsprechende Meldungsstruktur für die Struktur ProductOffering erstellt und in Abschnitt 7.2.3, »Einstellungen in der SAP-HANA-Datenbank«, in eine virtuelle Tabelle und eine Replikationstabelle übertragen. Abbildung 7.48 zeigt das Schema dieser Tabelle und Abbildung 7.49 ihren Inhalt nach der Replikation.

Tabelle für die Struktur »ProductOffering«

#	Name	SQL Data Type	Column Store Data Type	Key	Not Null	Default	Comment
1	docType	NVARCHAR(16)	STRING				
2	PIN	NVARCHAR(10)	STRING				
3	productName	NVARCHAR(64)	STRING				
4	description	NVARCHAR(255)	STRING				
5	offerorId	NVARCHAR(64)	STRING				
6	buyerId	NVARCHAR(64)	STRING				
7	price	DOUBLE	DOUBLE				
8	status	INTEGER	INT				
9	timestamp	NVARCHAR(64)	STRING				
10	currancy	NVARCHAR(1024)	STRING				
11	key	NVARCHAR(1024)	STRING	1	X		
12	BLOCK_NUMBER	BIGINT	FIXED	2	X		
13	TRANSACTION_ID	NVARCHAR(256)	STRING	3	X		
14	TRANSACTION_TIMESTA	TIMESTAMP	LONGDATE				
15	IS_DELETED	TINYINT	INT				

Abbildung 7.48 Schema der selbst definierten Replikationstabelle PRODUCTOFFERING_REPLICA

Die in den Meldungsstrukturen definierten Eigenschaften für das jeweilige Objekt finden sich als Spalten in der Tabelle wieder. Darüber hinaus finden Sie die Metaeigenschaften der Blockchain, wie die Blocknummer, die Transaktions-ID, den Zeitstempel jeder Transaktion und das Kennzeichen, ob die Transaktion als gelöscht markiert ist oder nicht. Mit einer solchen Ansicht lassen sich gezielt Datenwerte suchen oder eingrenzen.

Neben der Tabelle mit allen Daten zu den Produktangeboten wird bei der Erstellung der virtuellen Tabelle auch noch eine World-State-Tabelle erzeugt. Diese Tabelle enthält in unserem Beispiel die aktuell verfügbaren und bekannten Produktangebote. Der Tabelle fehlt die Spalte IS_DELETE, denn es sind hier nur Produkte aufgelistet, die in der Tabelle mit den vollständigen Datensätzen nicht als gelöscht markiert sind (IS_DELETE=0).

World-State-Tabellen

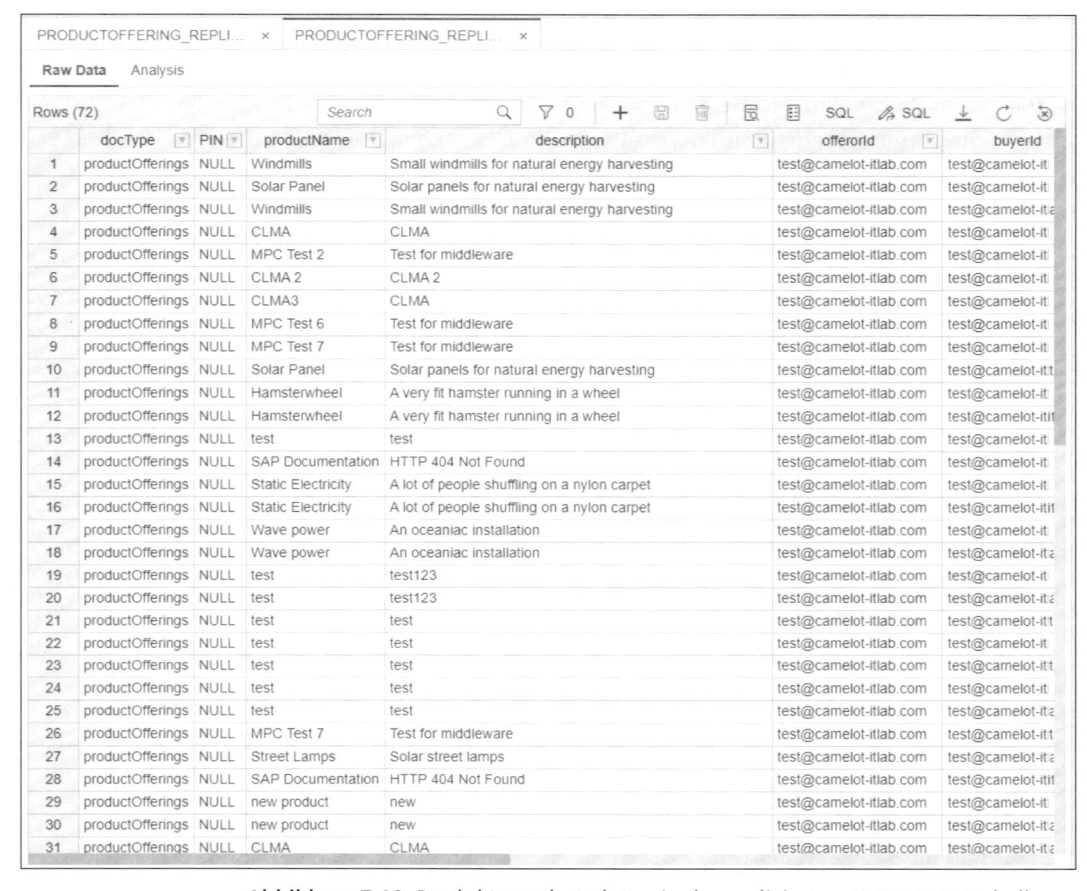

#	docType	PIN	productName	description	offerorId	buyerId
1	productOfferings	NULL	Windmills	Small windmills for natural energy harvesting	test@camelot-itlab.com	test@camelot-it
2	productOfferings	NULL	Solar Panel	Solar panels for natural energy harvesting	test@camelot-itlab.com	test@camelot-it
3	productOfferings	NULL	Windmills	Small windmills for natural energy harvesting	test@camelot-itlab.com	test@camelot-ita
4	productOfferings	NULL	CLMA	CLMA	test@camelot-itlab.com	test@camelot-it
5	productOfferings	NULL	MPC Test 2	Test for middleware	test@camelot-itlab.com	test@camelot-it
6	productOfferings	NULL	CLMA 2	CLMA 2	test@camelot-itlab.com	test@camelot-it
7	productOfferings	NULL	CLMA3	CLMA	test@camelot-itlab.com	test@camelot-it
8	productOfferings	NULL	MPC Test 6	Test for middleware	test@camelot-itlab.com	test@camelot-it
9	productOfferings	NULL	MPC Test 7	Test for middleware	test@camelot-itlab.com	test@camelot-it
10	productOfferings	NULL	Solar Panel	Solar panels for natural energy harvesting	test@camelot-itlab.com	test@camelot-itt
11	productOfferings	NULL	Hamsterwheel	A very fit hamster running in a wheel	test@camelot-itlab.com	test@camelot-it
12	productOfferings	NULL	Hamsterwheel	A very fit hamster running in a wheel	test@camelot-itlab.com	test@camelot-itif
13	productOfferings	NULL	test	test	test@camelot-itlab.com	test@camelot-it
14	productOfferings	NULL	SAP Documentation	HTTP 404 Not Found	test@camelot-itlab.com	test@camelot-it
15	productOfferings	NULL	Static Electricity	A lot of people shuffling on a nylon carpet	test@camelot-itlab.com	test@camelot-it
16	productOfferings	NULL	Static Electricity	A lot of people shuffling on a nylon carpet	test@camelot-itlab.com	test@camelot-itif
17	productOfferings	NULL	Wave power	An oceaniac installation	test@camelot-itlab.com	test@camelot-it
18	productOfferings	NULL	Wave power	An oceaniac installation	test@camelot-itlab.com	test@camelot-ita
19	productOfferings	NULL	test	test123	test@camelot-itlab.com	test@camelot-it
20	productOfferings	NULL	test	test123	test@camelot-itlab.com	test@camelot-ita
21	productOfferings	NULL	test	test	test@camelot-itlab.com	test@camelot-itt
22	productOfferings	NULL	test	test	test@camelot-itlab.com	test@camelot-it
23	productOfferings	NULL	test	test	test@camelot-itlab.com	test@camelot-itt
24	productOfferings	NULL	test	test	test@camelot-itlab.com	test@camelot-it
25	productOfferings	NULL	test	test	test@camelot-itlab.com	test@camelot-ita
26	productOfferings	NULL	MPC Test 7	Test for middleware	test@camelot-itlab.com	test@camelot-itt
27	productOfferings	NULL	Street Lamps	Solar street lamps	test@camelot-itlab.com	test@camelot-ita
28	productOfferings	NULL	SAP Documentation	HTTP 404 Not Found	test@camelot-itlab.com	test@camelot-itif
29	productOfferings	NULL	new product	new	test@camelot-itlab.com	test@camelot-it
30	productOfferings	NULL	new product	new	test@camelot-itlab.com	test@camelot-ita
31	productOfferings	NULL	CLMA	CLMA	test@camelot-itlab.com	test@camelot-ita

Abbildung 7.49 Produktangebotsdaten in der replizierten SAP-HANA-Tabelle PRODUCTOFFERING_REPLICA

Abbildung 7.50 zeigt das Schema der auf der SAP-HANA-Datenbank erzeugten Replikationstabelle PRODUCTOFFERING_WORLDSTATE_REPLICA. Abbildung 7.51 zeigt die enthaltenen Daten.

SQL-Anweisungen ausführen

Mit dieser Tabelle und entsprechenden SQL-Anweisungen können Sie auch Änderungen an den Daten vornehmen, die dann wiederum zurück in die Blockchain gespielt werden. Als Beispiel nehmen wir an, wir wollten den Kauf eines Energieangebots stornieren und rückabwickeln. Dazu soll der Wert der buyerId (also des Teilnehmers, der den Kauf getätigt hat) wieder auf einen leeren String zurückgesetzt werden, sodass das Angebot wieder frei verfügbar ist.

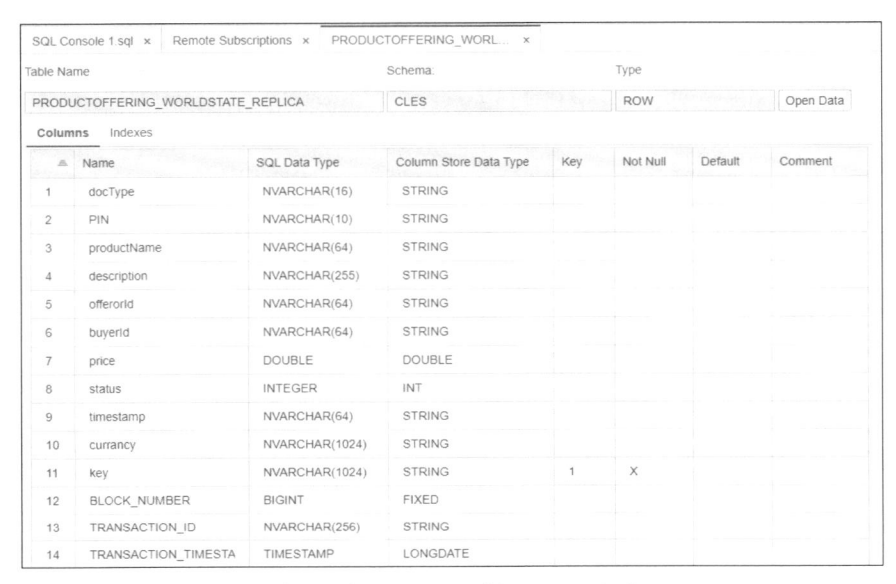

7.3 Virtuelle Tabellenstruktur der Daten aus der Blockchain

Abbildung 7.50 Schema der replizierten World-State-Tabelle

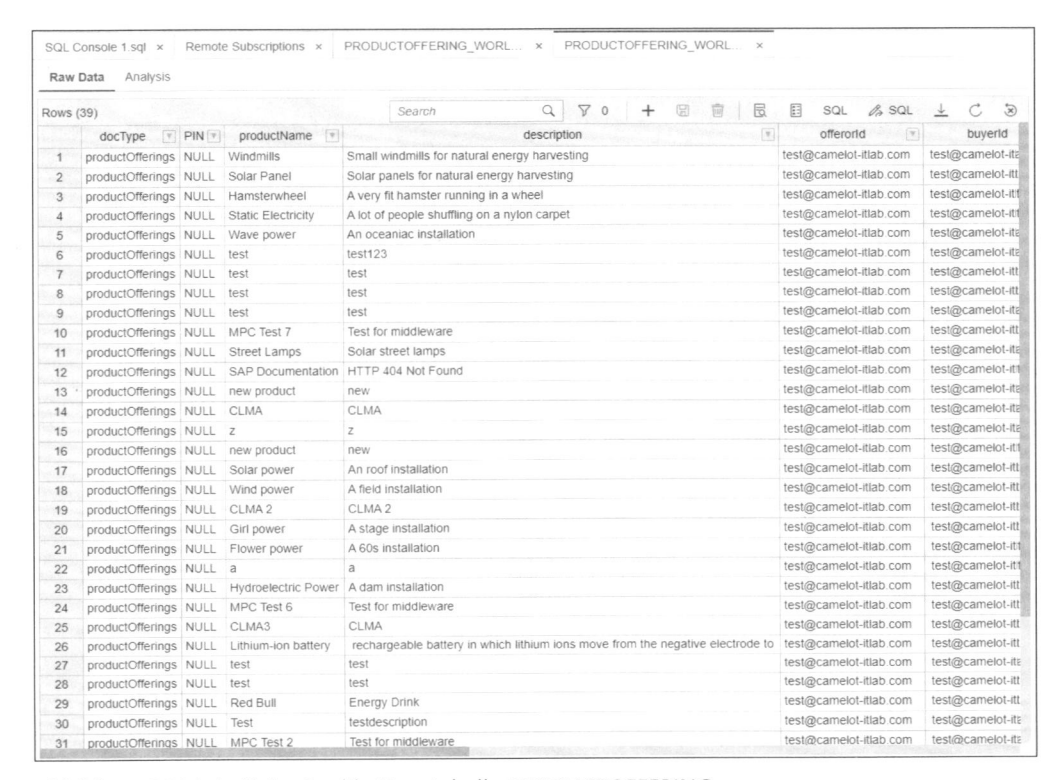

Abbildung 7.51 Inhalt der Replikationstabelle PRODUCTOFFERING_WORLDSTATE_REPLICA

7 SAP-HANA-Integration

Zunächst suchen Sie dazu das Produktangebot, für das Sie den Wert zurücksetzen wollen. Dazu bedienen Sie sich des eindeutigen Schlüssels dieses Eintrags, z. B. ffCoMStEfM. Mit folgender SELECT-Anweisung suchen Sie nach diesem Eintrag:

```
SELECT * FROM ProductOffering_Worldstate_Replica WHERE "key"=
'ffCoMStEfM'
```

Das Ergebnis wird Ihnen auf der Registerkarte **Result** angezeigt (siehe Abbildung 7.52).

Abbildung 7.52 Ergebnis der SELECT-Anweisung

Nun können Sie die gefundene Transaktion aktualisieren und den Wert für die buyerId zurücksetzen, wie in Listing 7.22 gezeigt.

```
UPDATE "PRODUCTOFFERING_WORLDSTATE_REPLICA"
SET "buyerId"=''
WHERE "key"='ffCoMStEfM';


Statement 'UDATE "PRODUCTOFFERING_WORLDSTATE_REPLICA" SET
   "buyerId"='' WHERE "key"='ffCoMStEfM''

executed in 17 ms - Rows Affected: 1
```

Listing 7.22 UPDATE-Anweisung zum Zurücksetzen der »buyerId«

Nach der Ausführung dieser Anweisung wird der Eintrag wie in Abbildung 7.53 erkennbar aktualisiert.

Abbildung 7.53 Aktualisierter Eintrag in der Tabelle PRODUCTOFFERING_WORLDSTATE_REPLICA

> **Bidirektionaler Datenaustausch**
>
> SAP hatte ursprünglich den bidirektionalen Datenaustausch vorgesehen – Änderungen in der SAP-HANA-Datenbank sollten in die Blockchain propagiert werden. Bedauerlicherweise ist dieses Feature während der Arbeiten an diesem Buch gekappt worden.

7.4 Zusammenfassung

In diesem Kapitel haben Sie die Möglichkeiten der SAP-HANA-Integration kennengelernt, die über den Service Blockchain Application Enablement bereitgestellt werden. Wir haben erläutert, dass es dreier Anpassungsschritte bedarf, um die Integration einzurichten:

1. Anpassungen in der Blockchain auf der Ebene des Chaincodes
2. Anpassungen auf der SAP Cloud Platform durch die Aktivierung des Blockchain Application Enablements und des Serviceplans Blockchain-Hana-Integration
3. Anpassungen in der SAP-HANA-Datenbank durch die Definition eines DP Agents und einer externen Datenquelle

Die Daten aus der Blockchain müssen außerdem über die Definition von Meldungsstrukturen dem SQL-Schema der Zieldatenbank angepasst werden. Nach dem Import stehen die Daten in Form virtueller Tabellen zur Verfügung und können daraus in Datenbanktabellen kopiert werden. Die dabei importierten Tabellen und Daten sowie den Importprozess haben wir uns genauer angesehen.

Im nächsten Kapitel wenden wir uns den Möglichkeiten der MultiChain-Blockchain zu und werden ähnliche Beispiele wie in diesem Kapitel realisieren, damit Sie beide Blockchain-Technologien besser verstehen und miteinander vergleichen können.

Kapitel 8
Blockchain-Anwendungen mit MultiChain entwickeln

Die MultiChain bietet als Abkömmling der Bitcoin-Blockchain andere Features und Möglichkeiten als Hyperledger Fabric. Um die Unterschiede herauszustellen, zeigen wir in diesem Kapitel ähnliche Beispiele wie im vorangegangenen Kapitel, diesmal jedoch mit MultiChain.

MultiChain ist eine Fork der Bitcoin-Software und wurde speziell zur Nutzung in privaten Netzwerken sowie zum Austausch von Finanzanlagen entwickelt. Im Gegensatz zu Bitcoin können somit bei der MultiChain neue Teilnehmer einem bestehenden Netzwerk nur auf Einladung hin beitreten.

In diesem Kapitel zeigen wir Ihnen zunächst, wie Sie ein MultiChain-Netzwerk aufsetzen. Anschließend geht es darum, die Blockchain so zu konfigurieren, dass diese Daten nach unseren Vorgaben aufnehmen kann.

Darauf aufbauend werden wir ein einfaches Anwendungsbeispiel für die Pharmabranche entwickeln: eine Inventarliste für Medikamente. Dazu werden wir die Blockchain entsprechend anpassen und eine SAPUI5-basierte Weboberfläche zur Interaktion mit dem Browser entwickeln und installieren.

Als fortgeschrittenes Entwicklungsbeispiel greifen wir dann den dezentralen Energiemarktplatz aus dem vorangegangenen Kapitel wieder auf und implementieren ihn mit MultiChain. Dabei werden Sie auch einige neue Funktionen realisieren, etwa eine Kryptowährung für den Handel mit Energieangeboten.

8.1 Konfiguration der MultiChain

Ein MultiChain-Netzwerk muss aus mindestens zwei Knoten bestehen, damit Transaktionen stattfinden können. Da die MultiChain ein privates Netzwerk ausbildet, muss der erste Knoten andere Knoten explizit einladen, sich mit ihm zu verbinden. Dabei gibt er seine Adresse an, unter der er erreichbar ist. In Abschnitt 5.4, »Erstellen einer MultiChain-Blockchain«, haben wir

Erstellen eines MultiChain-Netzwerkes

Ihnen gezeigt, wie Sie so ein einfaches Netzwerk aus zwei Knoten einrichten. Dieses Netzwerk können Sie als Grundlage für die Beispiele in diesem Kapitel heranziehen.

Falls Sie noch kein eigenes MultiChain-Netzwerk erstellt haben, legen Sie nun eines an. Zur Erinnerung fassen wir hier noch einmal kurz die dazu erforderlichen Schritte zusammen:

1. Erzeugen Sie eine erste MultiChain-Knoten-Instanz in einem Space.
2. Ermitteln Sie die Adresse dieses Knotens über das Dashboard des Knotens.
3. Generieren Sie einen `connect_url`-Parameter aus der Knotenadresse.
4. Legen Sie eine zweite Knoteninstanz unter Angabe des `connect_url`-Parameters des ersten Knotens an.
5. Ermitteln Sie die Adresse des zweiten Knotens über dessen Dashboard.
6. Erteilen Sie Zutritt- und Zugriffsrechte durch den ersten Knoten.

Bevor wir mit der Entwicklung unseres ersten einfachen Anwendungsbeispiels auf Basis von MultiChain beginnen, vermitteln wir Ihnen in diesem Abschnitt einige Grundlagen, die Sie bei der Arbeit in einem MultiChain-Netzwerk beachten müssen. Der wichtigste Punkt ist hierbei: Die MultiChain-Blockchain ist im Gegensatz zu Hyperledger Fabric nicht programmierbar. Sie kann keine Smart Contracts ausführen. Damit ergibt sich z. B. die Frage, wie die Blockchain selbst definierte Datentypen aufnehmen und speichern kann.

Assets und Streams Als ein Abkömmling von Bitcoin bietet MultiChain 1.0 sogenannte *Assets* und *Streams* an:

- Assets sind Tokens wie bei der Währung *Bitcoin*. Diese können erzeugt und zwischen den Teilnehmern einer Blockchain frei gehandelt werden. Es handelt sich dabei um selbst definierte virtuelle Zahlungsmittel.
- Ein Stream hingegen ist ein Objekt- oder Wertespeicher, in dem Schlüssel-Wert-Paare in der Blockchain gespeichert werden können.

API für MultiChain 1.0 Da MultiChain in Version 1.0 nicht programmiert werden kann, muss die Konfiguration der Blockchain über andere Wege erfolgen. MultiChain stellt dazu ein Application Programming Interface (API) mittels RPC-Aufrufen (*Remote Procedure Calls*) bereit.

> **Dokumentation der API für MultiChain 1.0**
> Die Dokumentation der API-Aufrufe für die MultiChain-Version 1.0 finden Sie unter der URL *http://s-prs.de/v691455*.

> In der SAP Cloud Platform werden die in der API aufgeführten RPC-Aufrufe über die Seite *https://api.sap.com/api/multichain/resource* ermöglicht. Damit Sie Ihre MultiChain-Knoten erreichen, müssen Sie an der SAP Cloud Platform angemeldet sein.

Um eigene Daten in einer MultiChain-Blockchain ablegen zu können, müssen Sie zunächst eine entsprechende Datenstruktur für die Speicherung entwickeln. Der Einfachheit halber nutzen wir hier wie im Beispiel für Hyperledger Fabric das JSON-Format. Für die Beispiele in diesem Kapitel werden wir eigene Streams nutzen, die wir mithilfe von RPC-Aufrufen anlegen werden. Dazu zeigen wir Ihnen in diesem Abschnitt zunächst die Einrichtung der API-Umgebung unter der URL *https://api.sap.com/api/multichain/resource* für die benötigten RPC-Aufrufe im SAP API Business Hub (siehe Abbildung 8.1), bevor wir uns danach an die Entwicklung des ersten Beispiels machen.

8.2 Aufruf der MultiChain-API im SAP API Business Hub

Um die MultiChain-API nutzen zu können, rufen Sie den SAP API Business Hub auf der Seite *https://api.sap.com/api/multichain/resource* auf, und melden Sie sich über den Button **Log On** oben rechts mit Ihren Anmeldedaten für die SAP Cloud Platform an (siehe Abbildung 8.1).

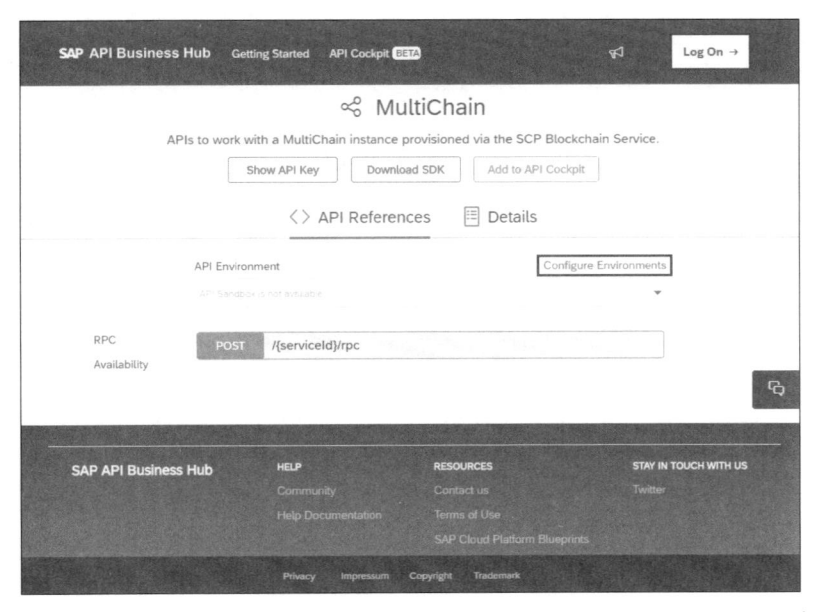

Abbildung 8.1 Anmeldeseite für die MultiChain-API im SAP API Business Hub

8 Blockchain-Anwendungen mit MultiChain entwickeln

Arbeitsumgebung konfigurieren

Hier müssen Sie zunächst die Arbeitsumgebung für die RPC-Aufrufe konfigurieren. Dazu müssen Sie einige Angaben machen, die die REST-API dazu berechtigen, auf Ihre MultiChain-Knoten-Instanz in der SAP Cloud Platform zuzugreifen. Dazu bedarf es der Erstellung eines Service Keys für Ihren MultiChain-Knoten. Erstellen Sie daher zunächst einen solchen Service Key.

8.2.1 Erstellen eines Service Keys

Übersicht der Knoteninstanz

Öffnen Sie dazu unter **Services • Service Instances** die Übersichtsseite Ihrer laufenden MultiChain-Knoten-Instanzen, die Sie zuvor, wie in Abschnitt 5.4, »Erstellen einer MultiChain-Blockchain«, gezeigt, eingerichtet haben. Klicken Sie dort auf den Namen Ihres ersten MultiChain-Knotens (siehe Abbildung 8.2, im Screenshot ist dies der Hyperlink **1st MultiChain Node**). Achtung: Klicken Sie nicht auf das Dashboard-Icon.

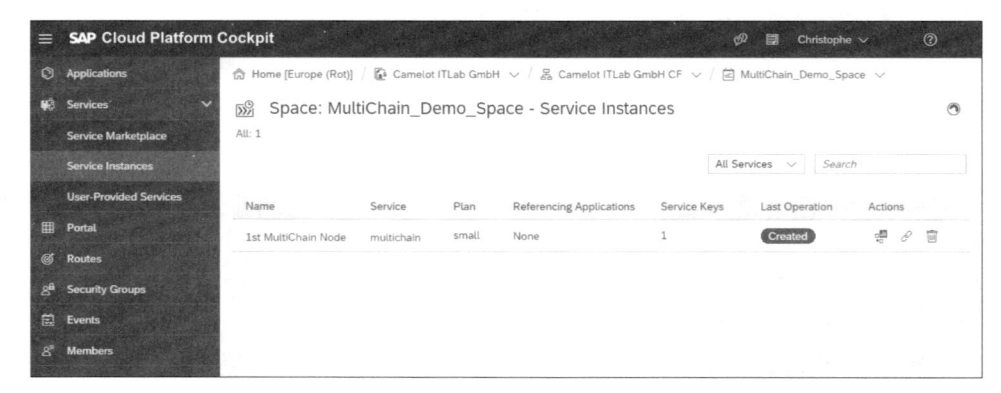

Abbildung 8.2 Übersichtsseite der laufenden MultiChain-Knoten

Die Informationsseite dieses Knotens präsentiert im Bereich **Referencing Apps** zunächst standardmäßig die Applikationen, die Bezug auf diese Instanz nehmen (siehe Abbildung 8.3). Im Moment sollten keine solchen Applikationen vorliegen.

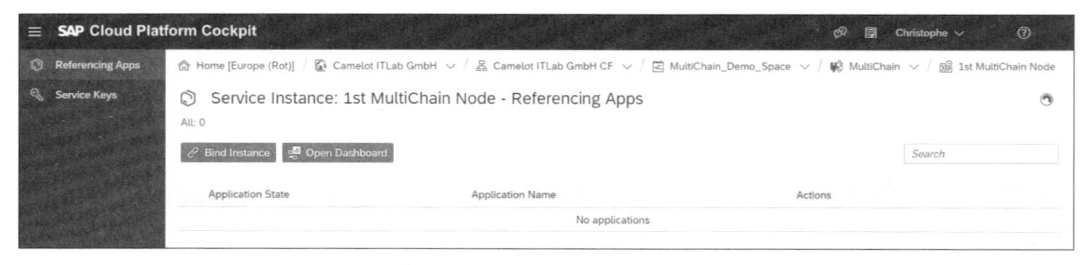

Abbildung 8.3 Übersichtsseite zur MultiChain-Knoten-Instanz

Relevant für uns ist allerdings der zweite Bereich **Service Keys**. Die Service Keys stellen die Berechtigungen zur Interaktion mit diesem Blockchain-Knoten zur Verfügung. In Abbildung 8.4 sehen Sie beispielsweise einen Service Key namens `test` für die zweite MultiChain-Knoten-Instanz. Beachten Sie auch, dass sich dieser Service Key von denen für Hyperledger Fabric unterscheidet und deutlich kürzer ist.

Übersicht Service Keys

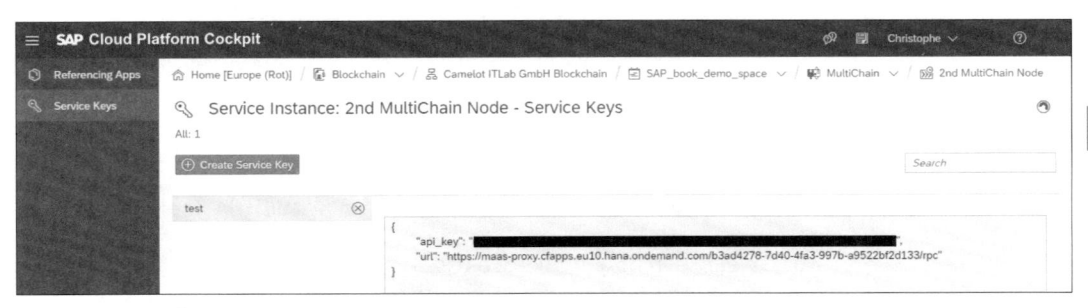

Abbildung 8.4 Übersicht der Service Keys zu einer Serviceinstanz

Sollten Sie noch keinen Eintrag auf dieser Seite sehen, legen Sie einen neuen Service Key an, indem Sie auf den Button **Create Service Key** klicken. Ein entsprechender Dialog erscheint, in dem Sie den Namen des Service Keys angeben (siehe Abbildung 8.5). Für unser erstes Blockchain-Anwendungsbeispiel verwenden wir den Namen »pharma-inventory«. Optional können Sie Konfigurationsparameter im JSON-Format angeben, für unser Beispiel können Sie dieses Feld jedoch einfach leer lassen.

Service Key generieren

Abbildung 8.5 Dialog zur Anlage eines Service Keys

Die SAP Cloud Platform generiert nun einen Service Key und zeigt diesen in der Übersicht der Service Keys in der JSON-Notation. Kopieren Sie diesen Code in die Zwischenablage, und legen Sie ihn mit einem Texteditor, z. B. mit Notepad, in einer Textdatei ab.

Service Key zwischenspeichern

> **Aufbau eines Service Keys**
>
> Ein für einen MultiChain-Knoten erstellter Service Key wird in Form eines JSON-Arrays dargestellt. Listing 8.1 zeigt ein Beispiel für einen solchen Service Key. Die gezeigten IDs sind ungültig und dienen nur als Beispiele.
>
> ```
> {
>   "api_key": "ug7zjzWd7kmo9u8Wu7XB8AKKwcYFzFDjTWw4s5eAGMzzZ9g2JMYyW3Vq4uP8p85X",
>   "url": "https://maas-proxy.cfapps.eu10.hana.ondemand.com/b3ad4278-7e40-4ff3-997b-a9522bf2d143/rpc"
> }
> ```
>
> **Listing 8.1** Beispiel eines Service Keys für einen MultiChain-Knoten
>
> Das Objekt besteht aus zwei Schlüssel-Wert-Paaren: Der Wert des Schlüssels api_key wird beim Einrichten der neuen Arbeitsumgebung im SAP API Business Hub zum RPC-Aufruf benötigt. Der Stammteil des zweiten url-Schlüssel-Wertes (hier https://maas-proxy.cfapps.eu10.hana.ondemand.com) wird ebenfalls zur Einrichtung dieser Umgebung benötigt. Der darauffolgende Teil der URL (hier »b3ad4278-7e40-4ff3-997b-a9522bf2d143«) ist die Service-ID unserer Instanz des Dienstes.

8.2.2 Arbeitsumgebung für die RPC-Aufrufe einrichten

Mit den Daten aus dem Service Key können Sie nun die Konfiguration der Umgebung für die RPC-Aufrufe im SAP API Business Hub erstellen. Dazu klicken Sie auf den Link **Configure Environments** rechts über dem Eingabefeld **API Environment** (siehe Abbildung 8.1).

Konfiguration der Arbeitsumgebung

Es erscheint der Konfigurationsdialog, den Sie in Abbildung 8.6 sehen. Füllen Sie die Felder dieses Dialogs mit den folgenden Angaben aus dem generierten Service Key:

- **Starting URL**
  In dieses Feld tragen Sie den Stammteil der URL für den Serviceaufruf ein, in unserem Beispiel »https://maas-proxy.cfapps.eu10.hana.ondemand.com/« für einen Cloud-Foundry-Subaccount in Europa.

- **Display Name for Environments**
  In dieses Feld können Sie einen frei wählbaren Namen für die eingerichtete Umgebung eintragen. Wir haben den Namen »Testing-Environment« gewählt.

- **API Key**
  In dieses Feld, tragen Sie den Wert ein, der im Service Key für den Schlüssel `api_key` angegeben ist.

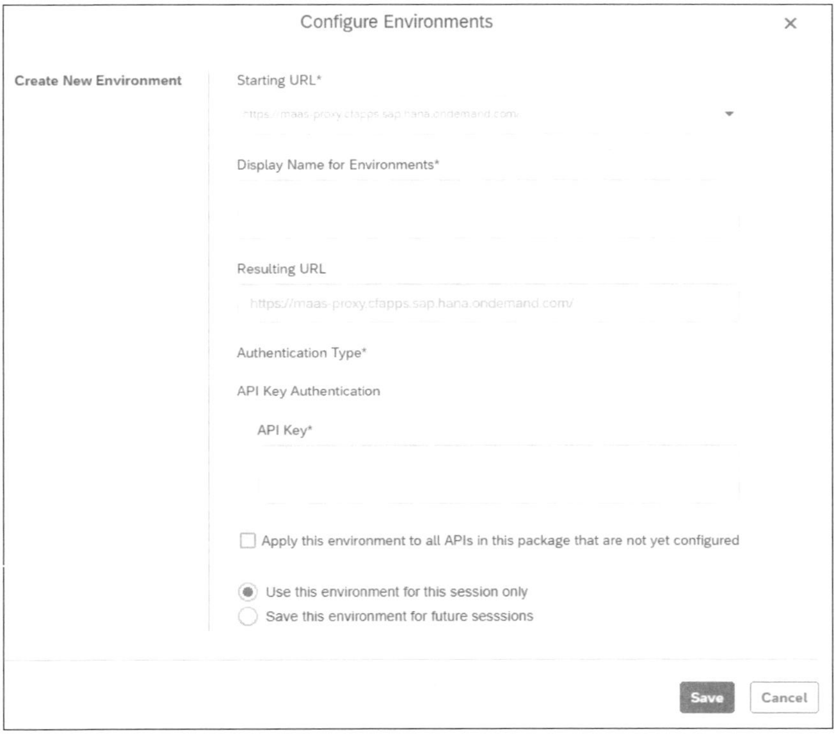

Abbildung 8.6 Konfiguration der Aufrufumgebung zum Absetzen von RPC-Aufrufen an eine laufende MultiChain-Knoten-Instanz

Wenn Sie die Umgebung nur für ein Beispiel benötigen, markieren Sie die Option **Use this environment for this session only**. Komfortabler ist es, die zweite Option **Save this environment for future sessions** zu wählen. Danach können Sie den Dialog über den Button **Save** schließen.

Die neue Arbeitsumgebung sollte nun, wie in Abbildung 8.7 zu sehen, in der Liste **API Environment** der MultiChain-API im SAP API Business Hub angezeigt werden und bereits vorausgewählt sein. Damit haben Sie die Voraussetzungen geschaffen, um RPC-Aufrufe an Ihren auf der SAP Cloud Platform laufenden MultiChain-Knoten abzusetzen und diesen damit zu konfigurieren und zu steuern.

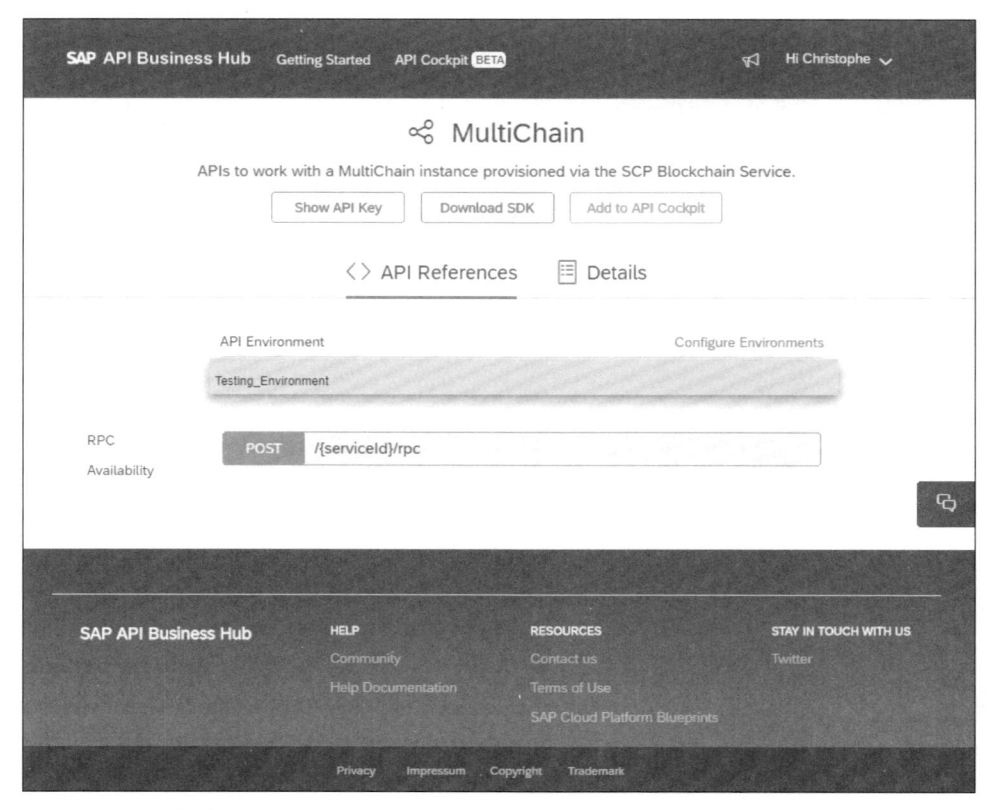

Abbildung 8.7 Die neu eingerichtete Arbeitsumgebung »Testing_Environment«

8.2.3 API-Aufrufe zur Interaktion mit der MultiChain

In der Umgebung zum Aufruf der MultiChain-API finden Sie links zwei Links, über die Sie auswählen können, in welcher Weise Sie mit der Blockchain interagieren möchten:

- **RPC**
  Klicken Sie auf diesen Link, wenn Sie einen generischen RPC-Aufruf absetzen möchten.

- **Availability**
  Klicken Sie auf diesen Link, wenn Sie eine einfache Verfügbarkeitsprüfung für die MultiChain-Blockchain ausführen möchten.

Verfügbarkeitsprüfung

Um zu prüfen, ob wir die Arbeitsumgebung richtig eingerichtet haben, testen wir zunächst die Verfügbarkeit. Klicken Sie also links auf den Link **Availability**. Die Umgebung passt sich daraufhin so an, dass ein Aufruf über die HTTP-Methode GET ermöglicht wird (siehe Abbildung 8.8).

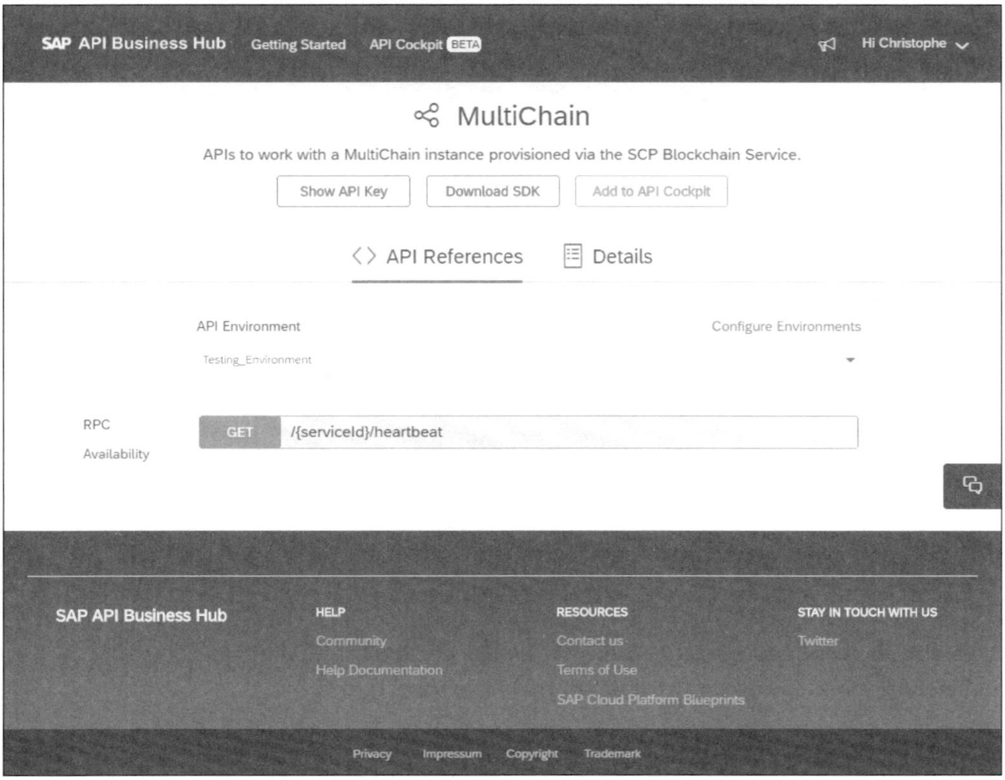

8.2 Aufruf der MultiChain-API im SAP API Business Hub

Abbildung 8.8 API-Seite zur Durchführung einer Verfügbarkeitsprüfung

Klicken Sie hier auf den Button **GET**, woraufhin sich das Formular für den Serviceaufruf öffnet, das Sie in Abbildung 8.9 sehen. Ein weiterer Klick, diesmal auf den Button **Try out**, erlaubt Ihnen die Eingabe von Aufrufparametern. Für die einfache Verfügbarkeitsprüfung ist lediglich die Angabe des Parameters serviceId erforderlich. Geben Sie hier die Service-ID des zu prüfenden Dienstes ein. Diese können Sie dem generierten Service Key entnehmen. Im Beispiel ist das der letzte Teil der URL, nämlich »b3ad4278-7e40-4ff3-997b-a9522bf2d143«. Wenn Sie einen eigenen Service Key generiert haben, lautet dieser Wert natürlich anders.

Aufrufparameter konfigurieren

Nachdem Sie den Wert für die Service-ID eingetragen haben, können Sie den Aufruf der API über den Button **Execute** absenden. Es sollte eine positive Antwort zurückgegeben werden, erkennbar an dem HTTP-Antwortcode 200 sowie der Information "status":"ok" im **Response body** im unteren Bereich des Formulars. Dies bedeutet, dass unser MultiChain-Knoten auf der SAP Cloud Platform betriebsbereit ist.

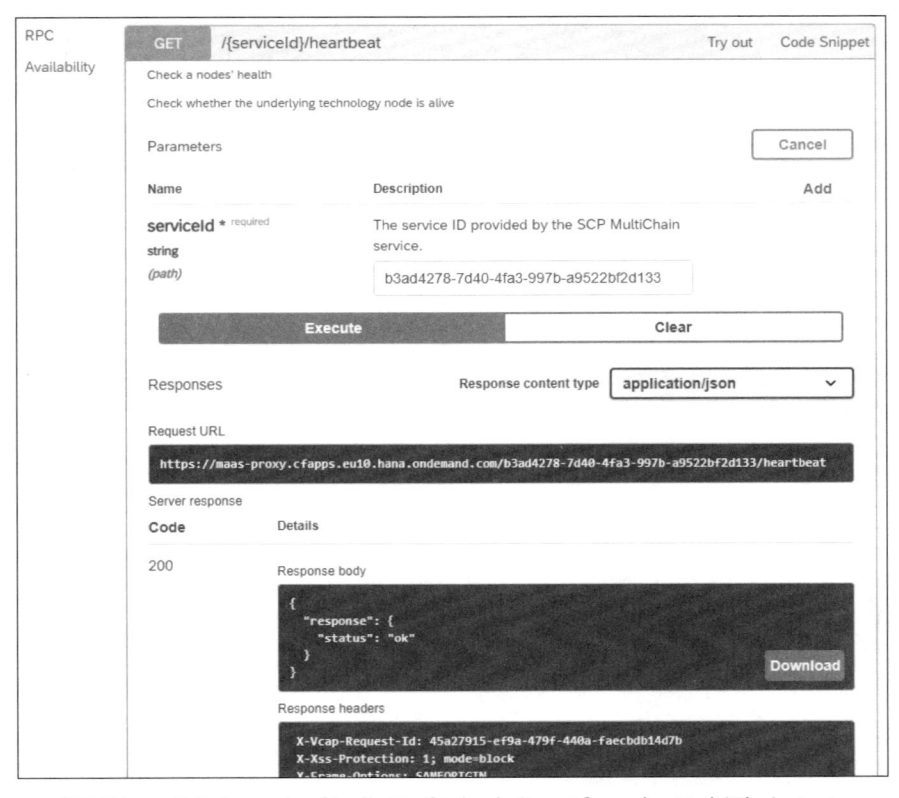

8   Blockchain-Anwendungen mit MultiChain entwickeln

![Abbildung 8.9: Formular für die Verfügbarkeitsprüfung der MultiChain-Instanz]

Abbildung 8.9 Formular für die Verfügbarkeitsprüfung der MultiChain-Instanz

RPC-Aufrufe   Die API-Aufrufe über das RPC-Protokoll sollten nun funktionieren. Diese Aufrufe werden wir im Folgenden benötigen, wenn wir z. B. einen eigenen Stream, also eine eigenen Datenspeicher, in der MultiChain-Blockchain erstellen. Klicken Sie dazu, bevor Sie fortfahren, auf den Link **RPC**.

8.3   Einfaches Entwicklungsbeispiel: Inventarliste für Medikamente

Unser erstes einfaches Beispiel für eine MultiChain ist für den Einsatz in der Pharmabranche gedacht. Nehmen wir an, ein Unternehmen stellt verschiedene Medikamente her und möchte diese in einer Blockchain-basierten Inventarliste verwalten. Jedes hergestellte Medikament soll mit seinem Herstellungs- und Ablaufdatum erfasst werden. Damit soll eine dezentrale Verwaltung der Produktion ermöglicht werden.

Programmiertechnisch realisieren wir dieses Inventar mit einem Stream in der MultiChain, einem Schlüssel-Wert-Speicher. Jedes Medikament erhält dazu einen eindeutigen Schlüssel im Stream und speichert darunter seine Daten in Form eines JSON-Objekts.

Ein Medikament ist dabei durch mehrere Eigenschaften gekennzeichnet:

- Produktname
- einmalige ID (etwa abgleitet vom Barcode)
- Versionszähler (etwa für Revisionen bzw. Produktchargen)
- Herstellungsdatum
- Haltbarkeitsdatum
- Kennzeichen, ob das Produkt verfügbar ist oder nicht

Parameter eines Medikaments

Das fertige Frontend der Anwendung ist in Abbildung 8.10 dargestellt. Wir werden es später mit SAPUI5 in der SAP Web IDE realisieren. Es erlaubt die Aufnahme eines neuen Medikaments in die Inventarliste sowie die Aktivierung bzw. Deaktivierung dieses Medikaments für den Verkauf. Beide Operationen werden wir in Abschnitt 8.3.2, »Programmierung der Webanwendung mit SAPUI5«, eingehender besprechen, da wir die gesamte Codelogik im Frontend-Projekt realisieren werden. Dies liegt darin begründet, dass MultiChain in Version 1.0 kein Konzept wie Smart Contracts kennt.

Frontend der Anwendung

Produkt ID	Produktname	Herstellungsdatum	Verfallsdatum	Verfügbar
JVIKY16RZLJTR74GSM	Chyrqeloxin	10.05.2019	10.06.2019	Nein
JVIKVTUO93XYXLDGSLD	Eglypthyller	10.05.2019	10.06.2019	Ja
JVIKUQ802TCWLCJM8L9	Heptaovophthichlose	1.05.2019	29.06.2019	Nein
JVIKY9Z7VB87RAL2S6	Miapibscyster	10.05.2019	16.04.2020	Ja
JVIKWYMIF1RL2BDZSDF	Monozaldryde	10.05.2019	10.06.2019	Nein
JVIKW9H5YV59ED2ZRPB	Ocipryxas	10.05.2019	10.06.2019	Ja
JVIKW1IO51X3R6TLXV	Octaclarchlerphar	10.05.2019	10.06.2019	Nein
JVIKVDPSRP1ZPZQETKJ	Purphyn	10.05.2019	19.06.2019	Ja
JVIKVO94BSEDNQ94D8	Saicreite	10.05.2019	10.06.2019	Ja
JVIL5XSHBAUAO3WVZYS	Semmilgychrose	10.05.2019	14.08.2019	Ja
JVIKU0QVOF1Y1UBYZSI	Truthirfyme	10.05.2019	10.06.2019	Nein

Abbildung 8.10 Einfaches Medikamenteninventar eines pharmazeutischen Unternehmens

Neuanlage eines Medikaments

Zur Neuanlage eines Medikamentendatensatzes klickt der Anwender auf den Button **+ Produkt hinzufügen**. Daraufhin öffnet sich ein Dialog, in dem er einen Namen für dieses Medikament sowie das Produktions- und Ablaufdatum angibt (siehe Abbildung 8.11). Das **Herstellungsdatum** sollte das aktuelle Datum sein. Das **Verfallsdatum** liegt standardmäßig ein Jahr in der Zukunft. Es ist nicht möglich, ein Verfallsdatum anzugeben, das vor dem Produktionsdatum liegt. Wird das Verfallsdatum überschritten, wird das Produkt komplett deaktiviert.

Abbildung 8.11 Neuanlage eines Medikaments in der Inventurliste

Aktivierung und Deaktivierung

Um ein Produkt manuell zu aktivieren bzw. zu deaktivieren, klickt der Anwender auf den Button **Verfügbarkeit ändern**. Liegt das Verfallsdatum des Produkts in der Vergangenheit, ist keine Aktivierung mehr möglich.

8.3.1 Einen eigenen Stream in der MultiChain erstellen

API-Aufruf für das Stream-Management

Ein Stream ist ein generelles Datenobjekt ohne Besitzer, dem Schlüssel-Wert-Paare zugewiesen werden können und dessen Eigenschaften sich über die Zeit ändern. Einen neuen Stream legen Sie über einen RPC-Aufruf create der MultiChain-API an. Neben diesem Aufruf stellt die MultiChain-API weitere Aufrufe für die Verwaltung von Streams zur Verfügung. Diese werden in Tabelle 8.1 erläutert.

API-Aufruf	Parameter	Beschreibung
create	type=stream name open ({"custom-field-1":"x",...})	Erzeugt einen neuen Stream in der Blockchain mit dem Namen name. Geben Sie den Wert "stream" im Parameter type an. Der create-API-Aufruf kann auch genutzt werden, um Aktualisierungen vorzunehmen. Wenn der Parameter open den Wert true hat, kann jeder Teilnehmer mit globalen send-Rechten in den Stream schreiben, andernfalls müssen den Veröffentlichern explizite write-Rechte gegeben werden. Der Aufruf gibt als Rückgabewert die txid (Transaktions-ID) der Transaktion zurück, die den Stream angelegt hat.
createfrom	from-address type=stream name open ({"custom-field-1":"x",...})	Dieser Aufruf funktioniert wie create, aber mit Kontrolle über die in der Transaktion genutzte from-adress zur Erzeugung des Streams. Dies ist nützlich, wenn der Knoten mehrere Adressen besitzt, die mit create-Rechten ausgestattet sind.
list-streams	(streams=*) (verbose=false) (count=MAX) (start=-count)	Gibt Informationen zurück über Streams in der Blockchain. Sie können Folgendes angeben: - einen Stream-Namen, eine Referenz oder txid (Transaktions-ID der Erzeugung) im Parameter stream, um Informationen über nur einen Stream auszulesen - ein Array derselben Informationen, um mehrere Streams abzufragen - *, um alle Streams auszulesen Nutzen Sie die Parameter count und start, um nur einen Teil der Liste zurückzuerhalten. Mit negativen Werten für den Parameter start (wie der Standardwert) erhalten Sie die zuletzt erzeugten Streams. Zusätzliche Felder werden für Streams angezeigt, auf die dieser Knoten abonniert ist.

Tabelle 8.1 Auszug aus der Dokumentation der API für MultiChain 1.0 mit den Aufrufen für das Stream-Management

8 Blockchain-Anwendungen mit MultiChain entwickeln

Methodenaufruf »POST /{serviceID}/rpc«

Der Vorgang des Aufrufes ist ein POST-Vorgang. Der Methodenaufruf lautet daher POST /{serviceID}/rpc. Abbildung 8.12 zeigt das Formular für diesen Aufruf. Im Header des Formulars geben Sie zunächst wieder die Service-ID an, wie in Abschnitt 8.2, »Aufruf der MultiChain-API im SAP API Business Hub«, bereits im Rahmen der Verfügbarkeitsprüfung gezeigt. Im Body übergeben Sie das eigentliche JSON-Objekt mit dem Aufruf der MultiChain-API:

{"method":"create", "params": ["stream", "DemoStream", true]}

Es enthält den API-Aufruf create sowie den Namen des zu erstellenden Streams DemoStream und den booleschen Wert true für die Bereitstellung des Streams für globale Aufrufe durch jeden Teilnehmer. Vergleichen Sie die Reihenfolge der Parameter mit der Beschreibung des Aufrufes der MultiChain-API in Tabelle 8.1. Sie entsprechen der Beschreibung des Funktionsaufrufes.

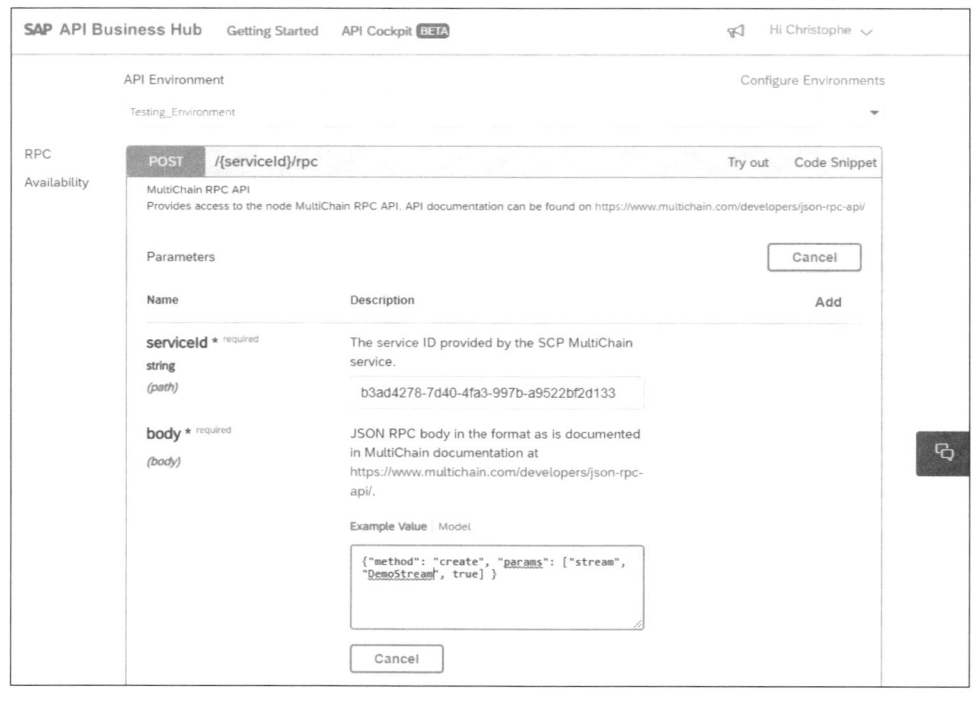

Abbildung 8.12 Anlage eines neuen Stream-Objekts mittels RPC-Aufruf

Falls die Anlage des Streams erfolgreich war, wird der HTTP-Antwortcode 200 zurückgegeben. Im **Response body** wird ein JSON-Objekt ausgegeben, in dem für den Schlüssel result der ID-Wert der Transaktion angegeben wird, mit der der Stream erstellt wurde. Der Schlüssel error enthält den Wert »null«, es wird also kein Fehler ausgegeben (siehe Abbildung 8.13).

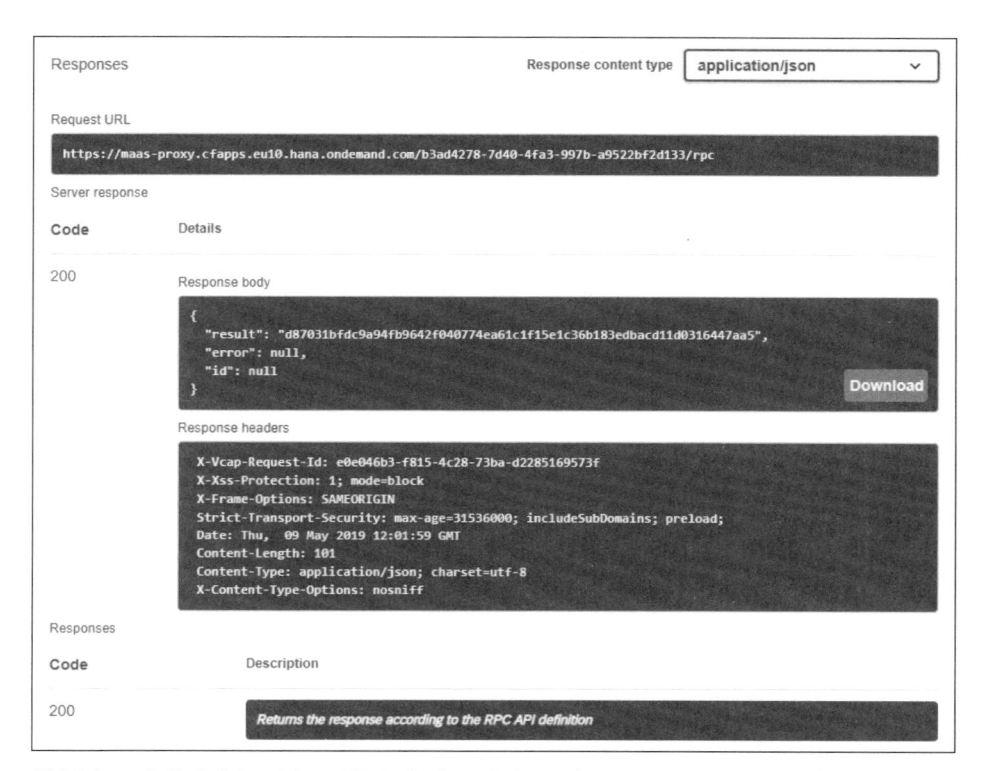

8.3 Einfaches Entwicklungsbeispiel: Inventarliste für Medikamente

Abbildung 8.13 Erfolgreicher API-Aufruf zur Anlage eines neuen Streams in der Blockchain

Schlüssel-Wert-Paar in einen Stream schreiben

Nach der erfolgreichen Erstellung des Streams können Sie darin Werte als Schlüssel-Wert-Paare speichern. Für diesen Schreibvorgang gibt es ebenfalls einen entsprechenden MultiChain-API-Aufruf namens `publish`. Dieser und die Variante `publishfrom` sind in der Dokumentation der API beschrieben. Tabelle 8.2 zeigt einen Auszug. Damit können Daten in einem existierenden Stream gespeichert werden.

API-Aufruf zum Schreiben

API-Aufruf	Parameter	Beschreibung
publish	stream key data-hex	Schreibt den Wert data-hex in hexadezimaler Schreibweise unter Angabe des Schlüssels key als Zeichenkette in den Speicher stream, der als Name, Referenz oder Transaktions-ID angegeben werden kann.

Tabelle 8.2 API-Aufrufe zum Schreiben von Schlüssel-Wert-Paaren in einen bestehenden Stream

373

API-Aufruf	Parameter	Beschreibung
publish-from	from-address stream key data-hex	Funktioniert wie publish, jedoch unter Angabe der Adresse from-address als Absender. Dies ist nützlich, wenn ein Stream global verfügbar ist oder der Knoten über mehrere Adressen mit Schreibrechten (write) für unterschiedliche Streams verfügt.

Tabelle 8.2 API-Aufrufe zum Schreiben von Schlüssel-Wert-Paaren in einen bestehenden Stream (Forts.)

Der API-Aufruf publish nimmt dazu drei Parameter entgegen: den Namen des Streams (stream), den Namen des Schlüssels (key) des Schlüssel-Wert-Paares sowie den zu speichernden Wert (data-hex), also die zu speichernden Daten. Dieser Wert muss allerdings in Hexadezimalschreibweise angegeben werden.

> **Hexadezimalschreibweise**
>
> Jeglicher Datenwert, der in die MultiChain geschrieben werden soll, muss vorher in die Hexadezimalschreibweise umgewandelt werden, da Daten als rohe Bytefolge in der MultiChain gespeichert werden. Beim Auslesen der Datenwerte müssen diese wieder in die Ursprungsdatentypen umgewandelt werden.
>
> Die Hexadezimalschreibweise ist eine kompakte Schreibweise für die 256 verschiedenen Werte, die ein Byte annehmen kann: von 0 bis 255 oder in hexadezimaler Schreibweise von 00 bis FF. Die Hexadezimalschreibweise kodiert also als Zeichenkette einen Byte-Wert in zwei Zeichen, basierend auf einem Zahlensystem mit der Basis 16 (hexadezimal). Dabei werden die Zahlen 0–9 verwendet sowie die Buchstaben A–F für Zahlen ab 10 (die Groß- oder Kleinschreibweise der Buchstaben ist egal).
>
> Eine 10 in dezimaler Schreibweise wird also in Hexadezimalschreibweise als »0A« oder »0a« geschrieben, eine 15 als »0F« oder »0f« und die dezimale Zahl 32 als »20«. Der maximale Wert 255 wird mit dem Hexadezimalwert »FF« bzw. »ff« beschrieben.
>
> Für die einfache Umwandlung in die Hexadezimalschreibweise können Sie JavaScript-Funktionen wie die von uns entwickelten Hilfsfunktionen hex-

Encode und hexDecode verwenden oder Angebote aus dem Web nutzen, wie das kostenlose Umwandlungstool *Code Beautifier* auf der Seite *https://codebeautify.org/string-hex-converter*. Sie ermöglichen sowohl eine Umwandlung von Zeichenketten in die Hexadezimalschreibweise als auch andersherum.

Die Funktion hexEncode wandelt Zeichenketten in die Hexadezimalschreibweise um (siehe Listing 8.2).

```
hexEncode: function (sValue) {
    var hex, i;
    var result = "";
    for (i = 0; i < sValue.length; i++) {
        hex = sValue.charCodeAt(i).toString(16);
        result += ("0" + hex).slice(-2);
    }
    return result;
}
```

Listing 8.2 Funktion »hexEncode«

Bei der Funktion hexDecode werden Daten, die in Hexadezimalschreibweise vorliegen, wieder in Zeichenketten umgewandelt (siehe Listing 8.3).

```
hexDecode: function (sValue) {
    var hexes = sValue.match(/.{1,2}/g) || [];
    var result = "";
    for (var j = 0; j < hexes.length; j++) {
        result += String.fromCharCode(parseInt(hexes[j], 16));
    }
    return result;
}
```

Listing 8.3 Funktion »hexDecode«

Als ein einfaches Beispiel schreiben wir im Folgenden die Zeichenkette »Hello World!« unter dem Schlüssel demo in dem neu erstellten Stream DemoStream. Dazu muss die Zeichenkette »Hello World!« zunächst in die Hexadezimalschreibweise umgewandelt werden. Sie können dazu den Code Beautifier verwenden, wie in Abbildung 8.14 gezeigt. Das Ergebnis der Umwandlung der Zeichenkette »Hello World!« ist der hexadezimale Wert »48656c6c6f20576f726c6421«.

Zeichenkette »Hello World!« umwandeln

Abbildung 8.14 Umwandlung des Wertes »Hello World!« in die Hexadezimalschreibweise

Hexadezimalwert speichern

Der Aufruf `publish` der MultiChain-API erfolgt dann über folgendes JSON-Objekt:

```
{"method": "publish",
 "params": ["DemoStream","demo","48656c6c6f20576f726c6421"]}
```

Dieses JSON-Objekt übergeben Sie dem Formular für den RPC-Aufruf unter Angabe der Service-ID für Ihren MultiChain-Knoten auf der SAP Cloud Platform, wie in Abbildung 8.15 gezeigt. Führen Sie den API-Aufruf dann über den Button **Execute** aus. Das erfolgreiche Ergebnis wird Ihnen im **Response body** als JSON-Objekt ausgegeben.

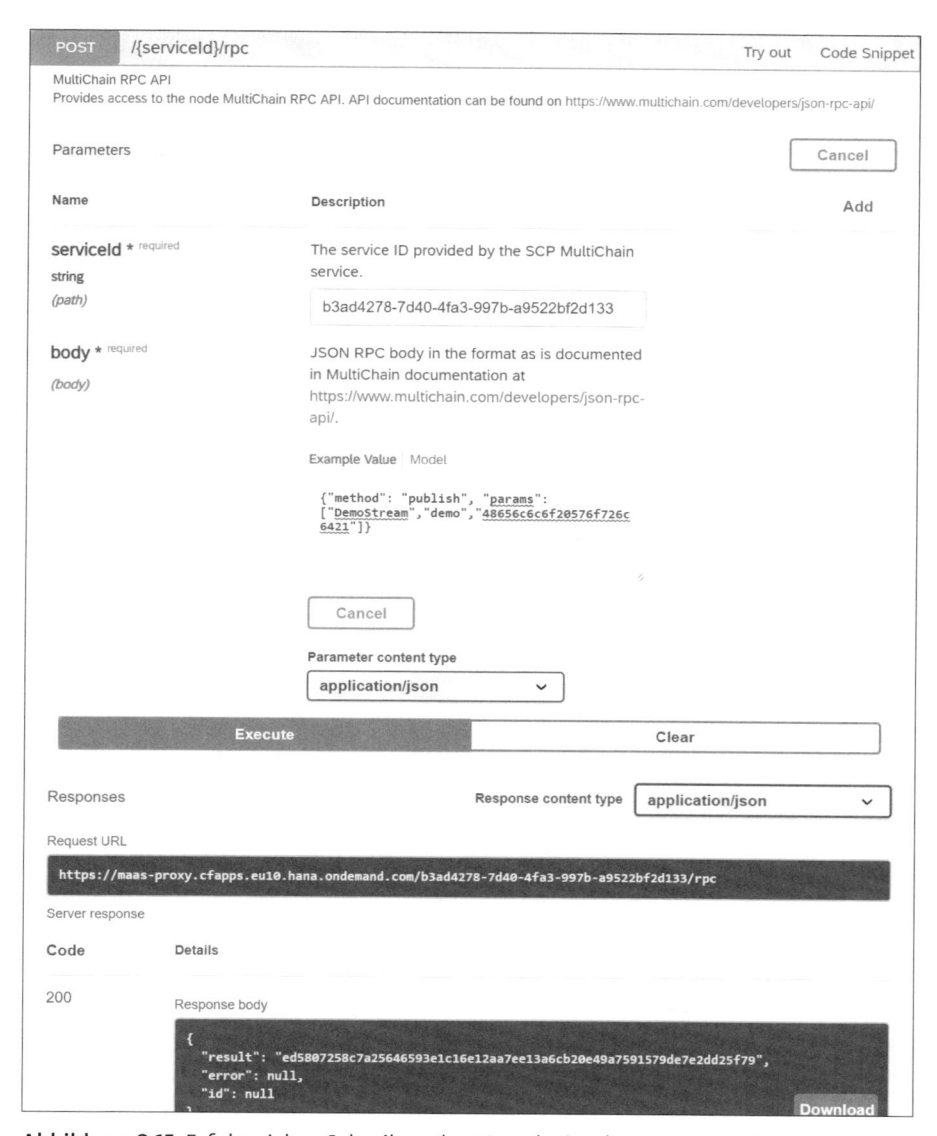

8.3 Einfaches Entwicklungsbeispiel: Inventarliste für Medikamente

Abbildung 8.15 Erfolgreiches Schreiben des Hexadezimalwertes in die Blockchain

Schlüssel-Wert-Paar aus einem Stream auslesen

Nun wollen wir prüfen, ob der Wert auch tatsächlich erfolgreich in der Blockchain gespeichert wurde, indem wir ihn wieder auslesen. Dazu stellt die MultiChain-API den Aufruf `liststreamitems` bereit. Dieser benötigt als Parameter den Namen des Streams (hier `DemoStream`), dessen Inhalt ausgelesen werden soll. Mit diesem API-Aufruf werden also alle in dem Stream gespeicherten Werte ausgelesen.

API-Aufruf zum Lesen

8   Blockchain-Anwendungen mit MultiChain entwickeln

Inhalt des Streams auslesen

Der Aufruf wird für den RPC-Aufruf wieder als JSON-Objekt codiert:

{"method": "liststreamitems", "params": ["DemoStream"]}

Tragen Sie dieses Objekt in das Formular für den RPC-Aufruf ein, wie in Abbildung 8.16 gezeigt. Führen Sie den Aufruf dann über den Button **Execute** aus.

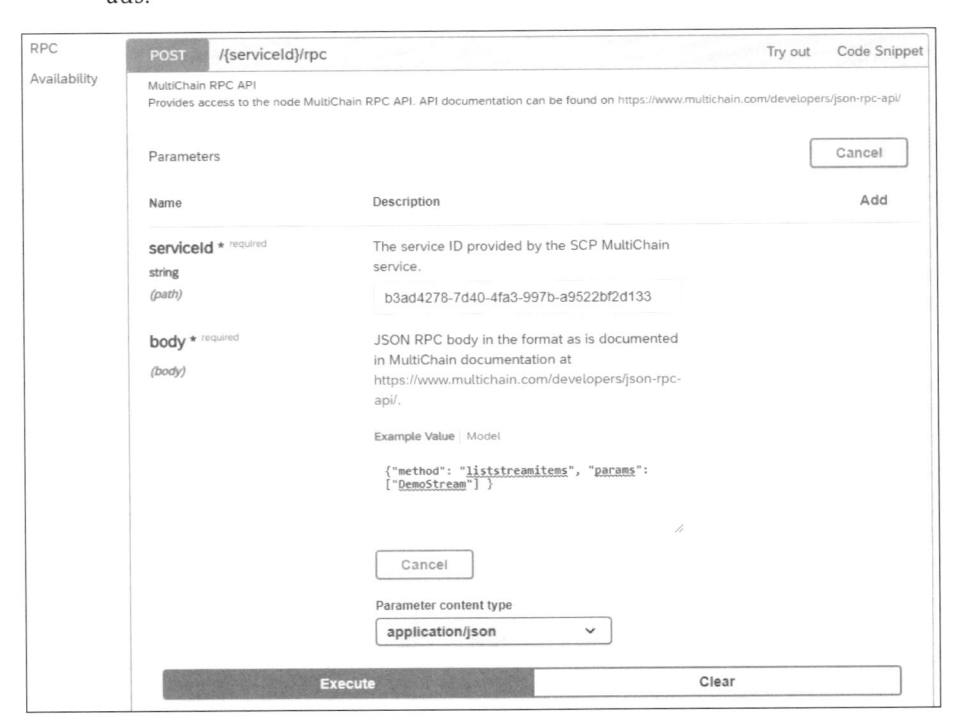

Abbildung 8.16 Ausführen des API-Aufrufes »liststreamitems« zum Auslesen der zuvor gespeicherten Schlüssel-Wert-Paare

Antwort der Blockchain

Als Antwort wird im Bereich **Response body** ein JSON-Objekt ausgegeben, in dem Sie neben dem gewünschten Wert in Hexadezimalschreibweise zusätzliche Informationen finden (siehe Listing 8.4).

```
{
  "result": [
    {
      "publishers": [
        "1YLPDpjjAkRUdGVPxLHqTKFGC3j3L7STtBozjp"
      ],
      "key": "demo",
      "data": "48656c6c6f20576f726c6421",
      "confirmations": 21,
```

```
      "blocktime": 1557405854,
      "txid":
        "ed5807258c7a25646593e1c16e12aa7ee13a6cb20e49a
          7591579de7e2dd25f79"
    }
  ],
  "error": null,
  "id": null
}
```

Listing 8.4 Response Body des API-Aufrufes »liststreamitems«

Der Eintrag result enthält eine Liste der Ergebnisse mit weiteren JSON-Objekten als Einträgen. Der Eintrag publishers enthält die Liste der Blockchain-Teilnehmer, die die Eintragungen vorgenommen haben. Die Einträge key und data stellen unseren zuvor gespeicherten Datenwert dar.

Der Eintrag Confirmations gibt die Anzahl der Bestätigungen dieses Wertes seit dem Schreiben des Wertes in die Blockchain an. Hier können Sie also mitunter die Anzahl der nachfolgenden Blöcke ablesen.

Die blocktime ist ein Zeitstempel, der als *Unix-Epoch* angegeben wird. Als Unix-Epoch wird die Zeit unter dem Betriebssystem Unix angegeben. Es stellt die Anzahl der vergangenen Sekunden seit dem 01.01.1970 um Mitternacht dar. Zur Kontrolle muss dieses Format in ein für Menschen lesefreundlicheres Format umgewandelt werden. Onlinetools wie *https://www.epochconverter.com* helfen Ihnen dabei.

Geben Sie dort den Wert »1557405854« für die blocktime aus Listing 8.4 ein. Zu diesem Zeitpunkt wurde der Wert in die Blockchain geschrieben. Umgewandelt ergibt dieser Wert das Ergebnis aus Listing 8.5.

```
Assuming that this timestamp is in seconds:
GMT: Thursday, 9. May 2019 12:44:14
Your time zone: Donnerstag, 9. Mai 2019 14:44:14 GMT+02:00 DST
Relative: 5 months ago
```

Listing 8.5 Zeitpunkt des Schreibens in die Blockchain

Fehlende Zeitzonenangabe einer Unix-Epoch beachten
Da eine Zeitangabe in vergangenen Sekunden keine Angabe über die Zeitzone enthält, ist das Ergebnis in Listing 8.5 nur richtig und gültig, wenn es in derselben Zeitzone abgefragt wird oder Sie alternativ die Zeitzone kennen. Das Ergebnis zeigt z. B. den 9. Mai 2019 um 14:44 Uhr GMT+02:00 DST

> an. Das entspricht einer Angabe in Greenwich Mean Time (GMT) plus 2 Stunden aufgrund der europäischen Sommerzeit (Daylight Saving Time, DST), wenn die zum Zeitpunkt der Erstellung des Zeitstempels galt.

Die `txid` ist die eindeutige Transaktions-ID. Über diese ID kann die Transaktion in der Blockchain gesucht werden. Der Wert »null« für den Schlüssel `error` gibt an, dass unser Beispiel für das Schreiben und Lesen des Hexadezimalwertes erfolgreich war.

Hexadezimalwert umwandeln

Lassen Sie den Hexadezimalwert »48656c6c6f20576f726c6421« wieder umwandeln, ergibt dies die Ausgangszeichenkette »Hello World!« (siehe Abbildung 8.17).

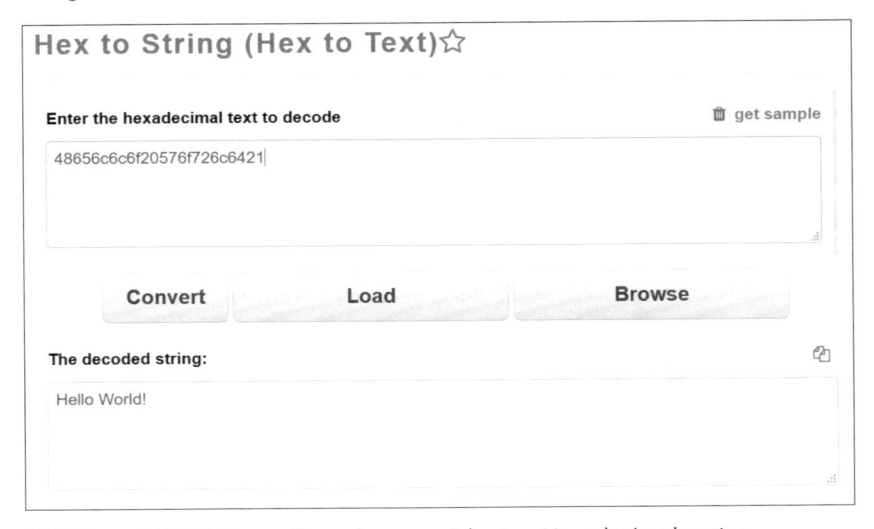

Abbildung 8.17 Rückwandlung des gespeicherten Hexadezimalwertes

Damit haben wir ein Schlüssel-Wert-Paar in die Blockchain geschrieben und die ausgegebenen Daten analysiert. Einen solchen Stream nutzen wir als Nächstes für ein einfaches Anwendungsbeispiel für die Pharmabranche.

8.3.2 Programmierung der Webanwendung mit SAPUI5

Den Quellcode für diese Anwendung stellen wir als ZIP-Archiv **Pharma-Inventory.zip** im Download-Bereich dieses Buches auf der Seite *www.sap-press.de/4865* sowie als Git-Repository auf der Seite *https://github.com/CamelotITLab/Blockchain_mit_SAP* bereit. Sie können dieses ZIP-Archiv direkt in die SAP Web IDE hochladen.

8.3 Einfaches Entwicklungsbeispiel: Inventarliste für Medikamente

Zur Verwendung der SAP Web IDE benötigen Sie einen Subaccount in der Neo-Laufzeitumgebung der SAP Cloud Platform. Wenn Sie im Rahmen von Kapitel 6, »Blockchain-Anwendungen mit Hyperledger Fabric entwickeln«, bereits einen solchen Account verwendet haben, können Sie ihn nun wiederverwenden. Andernfalls erstellen Sie einen solchen Subbaccount, wie in Abschnitt 6.2.5, »Erstellung des Web-Frontends mit SAPUI5«, beschrieben. In diesem Subaccount finden Sie im Bereich **Services** die Kachel zum Aufruf der **SAP Web IDE Full Stack** (siehe Abbildung 8.18).

Aufruf der SAP Web IDE

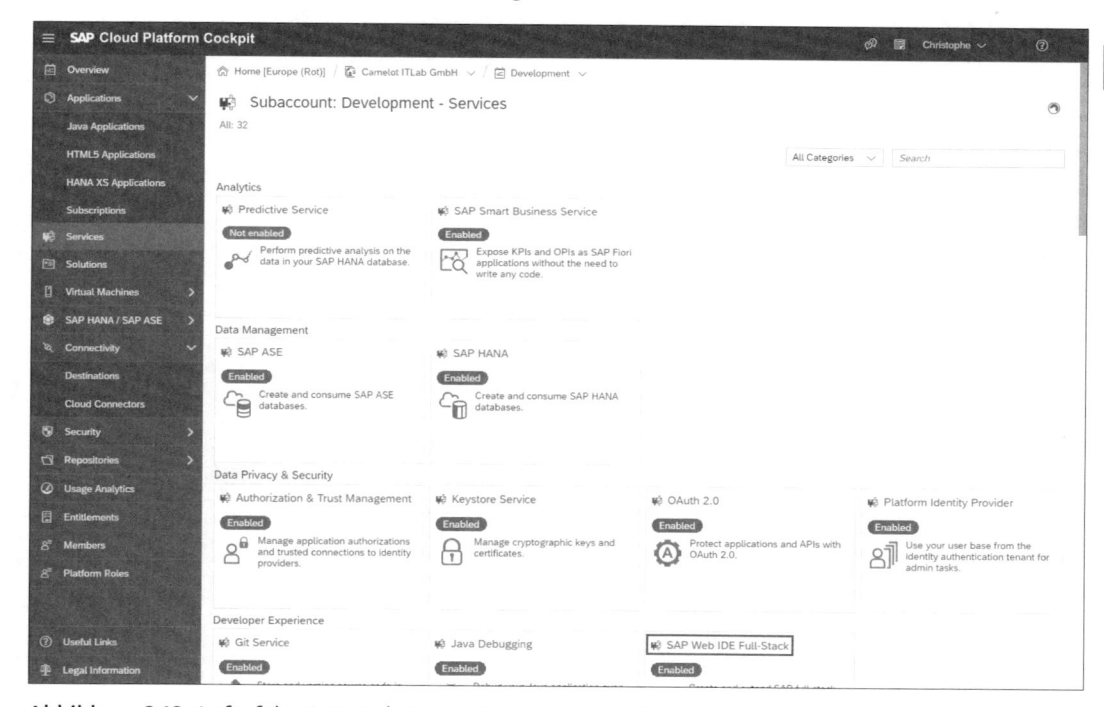

Abbildung 8.18 Aufruf der SAP Web IDE im Neo-Subaccount

Klicken Sie auf diese Kachel. Starten Sie die Entwicklungsumgebung anschließend über einen Klick auf den Link **Go to Service** (siehe Abbildung 8.19).

Die Eröffnungsseite der SAP Web IDE bietet Ihnen unter **Import an Application** die Möglichkeit, ein Archiv zu importieren. Klicken Sie dazu auf das Icon **Archive**. Importieren Sie die Datei **PharmaInventory.zip**, und stellen Sie sicher, dass die Option **Extract Archive** ausgewählt ist, wie in Abbildung 8.20 gezeigt, damit Ihr ZIP-Archiv nach dem Upload entpackt wird. Bestätigen Sie Ihre Auswahl mit dem Button **OK**.

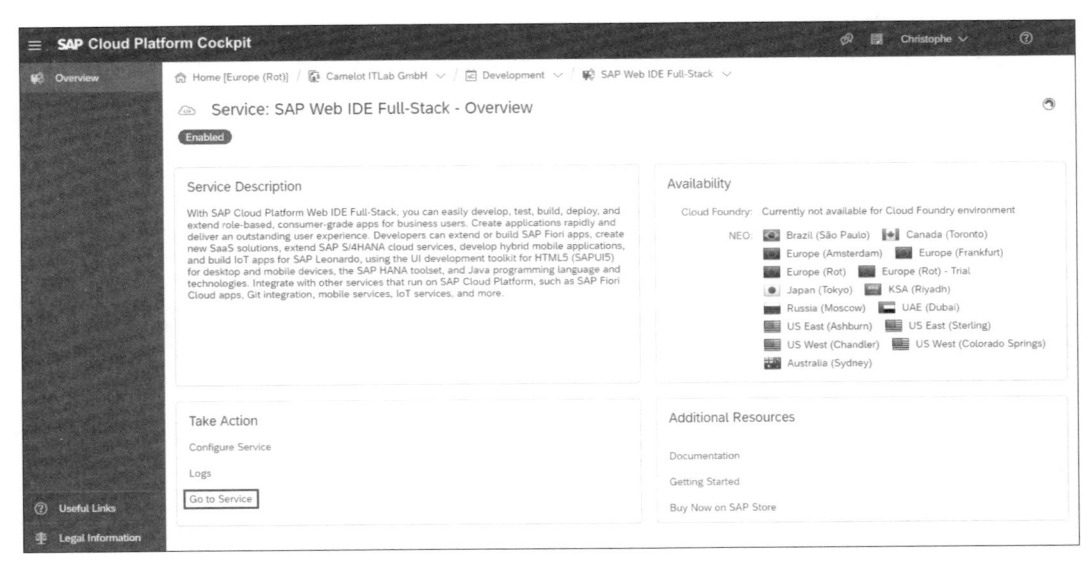

Abbildung 8.19 Übersichtsseite der SAP Web IDE mit dem Link »Go To Service«

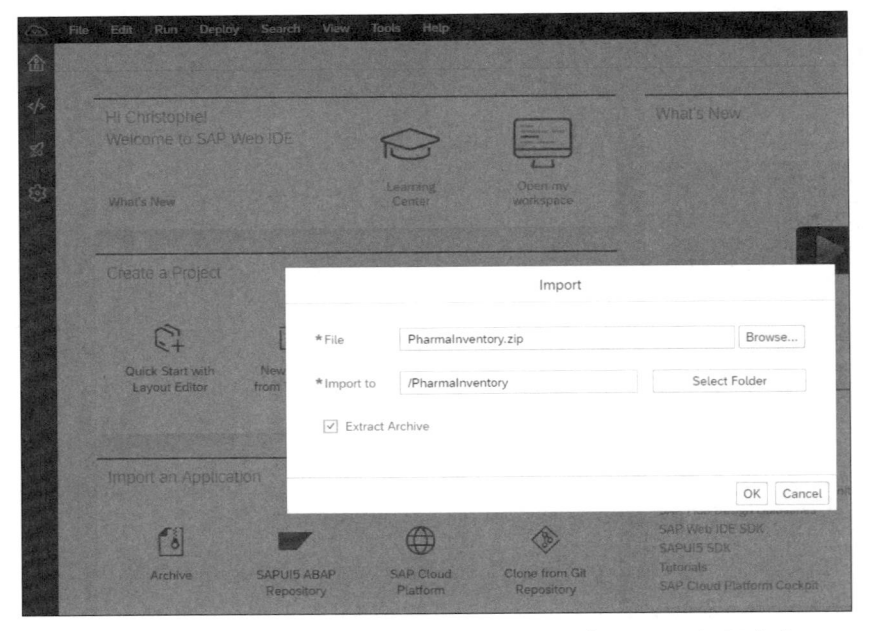

Abbildung 8.20 ZIP-Archiv mit dem Beispielprojekt in die SAP Web IDE laden

Implementierung der Webseite zur Anzeige der Inventarliste

Datei »index.html« Im Bereich **Files** wird Ihnen die Struktur des importierten Projekts angezeigt. Das Archiv enthält mehrere Einzeldateien. Wir sehen uns zunächst die Datei **index.html** im Unterverzeichnis **webapp** an. Sie enthält die HTML5-

Seite, in die wir das Layout und die Funktionen der Webanwendung einbinden werden (siehe Abbildung 8.21).

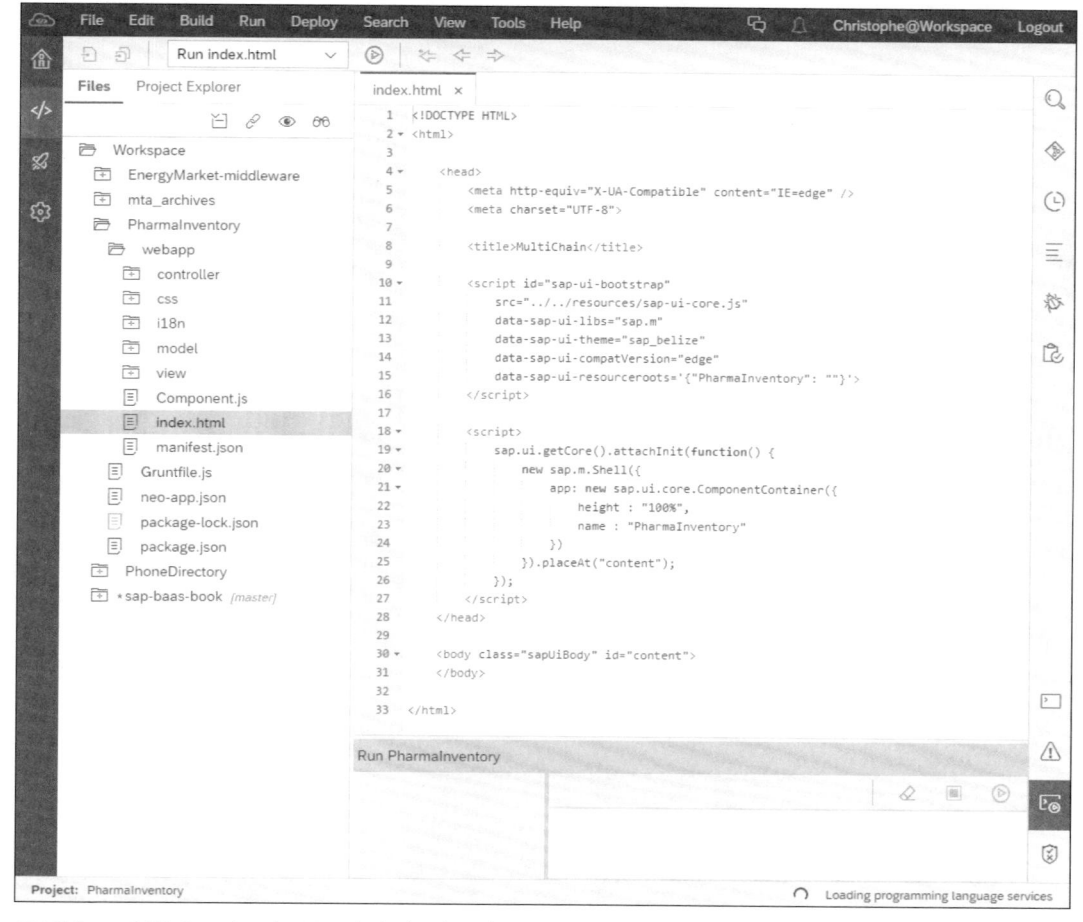

Abbildung 8.21 Anzeige der Datei »index.html« in der SAP WEB IDE

Listing 8.6 zeigt den vollständigen Inhalt der Datei **index.html**. Dies ist die Start- und einzige Webseite des Projekts. Sie enthält zwei script-Elemente im Kopfteil, von denen das erste nur die Einbindung der SAPUI5-Bibliothek darstellt. Das zweite script-Element bindet einen ComponentContainer für die ID content ein, die den Body-Teil der HTML-Seite ausmacht. Der Container enthält die SAPUI5-Elemente, die später auf der Seite dargestellt werden.

```
<!DOCTYPE HTML>
<html>
    <head>
```

```html
        <meta http-equiv="X-UA-Compatible" content="IE=edge" />
        <meta charset="UTF-8">

        <title>MultiChain</title>

        <script id="sap-ui-bootstrap"
            src="../../resources/sap-ui-core.js"
            data-sap-ui-libs="sap.m"
            data-sap-ui-theme="sap_belize"
            data-sap-ui-compatVersion="edge"
            data-sap-ui-resourceroots='{"PharmaInventory": ""}'>
        </script>

        <script>
            sap.ui.getCore().attachInit(function() {
                new sap.m.Shell({
                    app: new sap.ui.core.ComponentContainer({
                        height : "100%",
                        name : "PharmaInventory"
                    })
                }).placeAt("content");
            });
        </script>
    </head>

    <body class="sapUiBody" id="content">
    </body>

</html>
```

Listing 8.6 Inhalt der Datei »index.html«

View · Das Layout der Seite wird in XML in der Datei **PharmaInventory.view.xml** im Verzeichnis **view** definiert (siehe Auszug in Listing 8.7). Die Seite besteht aus einer Tabelle mit Kopfteil (headerToolbar). In diesem Kopfteil werden die Funktionen der Anwendung bereitgestellt.

```xml
...
<headerToolbar>
    <Toolbar>
        <SearchField width="25%" search="displayProducts"/>
        <Button text="{i18n>btnDisplayAllProducts}"
          type="Emphasized" icon="sap-icon://list"
          press="displayAllProducts"/>
```

```
      <ToolbarSpacer/>
      <Button text="{i18n>btnChangeAvailability}"
        type="Accept" icon="sap-icon://request"
        press="changeAvailability"/>
      <Button text="{i18n>btnAddProduct}" type="Accept"
        icon="sap-icon://add" press="openAddProductDialog"/>
    </Toolbar>
</headerToolbar>
...
```

Listing 8.7 Definition der funktionalen Elemente der Seite (Suchfeld und Buttons)

Definiert wird eine Toolbar, die ein Suchfeld (SearchField) sowie drei Buttons enthält: einen Button zur Darstellung aller Produkte (btnDisplayAllProducts), danach einen Platzhalter (ToolbarSpacer), dann einen Button, um die Verfügbarkeit eines Produkts zu ändern (btnChangeAvailability) sowie einen letzten Button, um ein neues Produkt hinzuzufügen (btnAddProduct). Die Texte der Buttons werden abhängig von der eingestellten Sprache von SAPUI5 lokalisiert, deswegen finden Sie das Präfix i18n> bei allen text-Parametern. Die entsprechenden Übersetzungen für die Beschriftungen der Buttons finden Sie als Dateien im Unterverzeichnis **i18n**.

> **i18n**
> I18n steht für »Internationalization« und meint Lokalisierungsanpassungen in der Softwareentwicklung. Um diese Abkürzung zu generieren, werden vom ersten I 18 Buchstaben bis zum letzten n gezählt. So erhält man »i18n« als Symbolwort.

Alle Buttons binden das Ereignis press (Drücken eines Buttons) bzw. search (Ausführen einer Suche) an entsprechende Funktionen im Controller. Dieser ist definiert in der Datei **PharmaInventory.controller.js**.

Listing 8.8 zeigt einen Auszug der Datei **PharmaInventory.controller.js**. Hier wird die Funktion init definiert, die beim Laden der Seite (Ereignis onInit) aufgerufen wird. Sie ist für das Befüllen der Tabelle mit den Medikamenten zuständig. Beachten Sie die Angabe des API-Keys unseres Service im Quelltext – dieser muss für Ihren Service angepasst werden.

Initialisierung der Seite

```
...
onInit: function () {
   this.url = "/multichain/rpc";
   this.apikey =
```

```javascript
            "XMZgM5FFchMkv7GkoHdKXcRfc8DJ3YTk85uBLBMa
            J5YVpBrr3zhB5cZeddAA8ZWP";
        this.stream = "pharma-inventory";
        this.init();
    },

    init: function () {
        sap.ui.core.BusyIndicator.show();
        const that = this;
        $.ajax({
            type: "POST",
            contentType: "application/json",
            url: that.url,
            headers: {
            "apikey": that.apikey
            },
            data: JSON.stringify({
            "method": "liststreams"
            }),
            success: function (data) {
                let exists = false;
                for (let i = 0; i < data.result.length; i++) {
                    if (data.result[i].name == that.stream) {
                        exists = true;
                        break;
                    }
                }
                if (!exists) {
                    that.createStream();
                } else {
                    that.displayAllProducts();
                }
                sap.ui.core.BusyIndicator.hide();
            },
            error: function () {
            sap.ui.core.BusyIndicator.hide();
            }
        });
    }
    ...
```

Listing 8.8 Funktion »init« zum Befüllen der Produkttabelle

Mit der Funktion init wird über AJAX ein POST an die Blockchain abgesetzt. Im Header dieses Aufrufes wird der apikey angegeben, im Body des Aufrufformulars wird das folgende JSON-Objekt mitgesendet, das um eine Auflistung aller Streams in der MultiChain bittet:

Aufruf des Streams

`{"method":"liststreams"}`

In der im Response Body der Antwort zurückgegebenen Auflistung wird anschließend nach einem Stream namens pharma-inventory gesucht. Ist ein solcher Stream bereits in der Blockchain vorhanden, wird die Variable exists auf den Wert true gesetzt. Steht nach dem Durchlauf der Schleife also der Wert true in der Variablen exists, ist der gesuchte Stream in der Blockchain vorhanden, und dessen Werte können zur Darstellung in der Tabelle auf der Anwendungsoberfläche ausgelesen werden.

Ist der Stream jedoch noch nicht vorhanden, lautet der Wert der Variablen exists also false, wird ein neuer Stream angelegt. Dies geschieht mit der Funktion that.createStream(). Damit stellen wir sicher, dass die Blockchain beim allerersten Aufruf korrekt für unsere Zwecke konfiguriert wird.

Die Datei **PharmaInventory.controller.js** endet mit dem Aufruf der Funktion that.displayAllProducts(), die alle im Stream pharma-inventory gefundenen Produkte aus der hexadezimalen Schreibweise konvertiert und als Elemente in der Tabelle auf der Anwendungsoberfläche anzeigt (siehe Listing 8.9).

Ausgabe der Medikamentenliste

```
...
displayAllProducts: function () {
   sap.ui.core.BusyIndicator.show();
   const that = this;
   $.ajax({
      type: "POST",
      contentType: "application/json",
      url: that.url,
      headers: {
         "apikey": that.apikey
      },
      data: JSON.stringify({
         "method": "liststreamitems",
         "params": [this.stream, false, 100000]
      }),
      success: function (data) {
         if (data.result.length > 0) {
            const products = new Map();
            data.result.map(e => {
```

```
                const productID = e.key;
                const product = JSON.parse(that.hexDecode(e.data));
                if (!products.get(productID) || product.version
                  > products.get(productID).version) {
                    if (product.expiryDate < Date.now())
    product.available = false;
                    product.productID = productID;
                    product.formattedProductionDate =
    that.createDateFromTimestamp(product.productionDate);
                    product.formattedExpiryDate =
    that.createDateFromTimestamp(product.expiryDate);
                    products.set(productID, product);
                }
            });
            const productsModel = new JSONModel();
             productsModel.setData(Array.from(
               products.values()));
             that.getView().byId("products_table").
               setModel(productsModel);
        }
        sap.ui.core.BusyIndicator.hide();
    },
    error: function () {
        sap.ui.core.BusyIndicator.hide();
    }
  });
},
...
```

Listing 8.9 Funktion »displayAllProducts()«

Die Funktion displayAllProducts() setzt per AJAX-Aufruf einen POST an die Blockchain ab. Im Header des Aufrufes wird dabei wieder der API-Key angegeben. Im Body findet sich eine Anfrage für den API-Aufruf liststreamitems, diesmal unter Angabe folgender Parameter in einem Array: des Namens des Streams (pharma-inventory), der booleschen Variablen false sowie des Wertes 100.000 (siehe Listing 8.10).

```
...
JSON.stringify({
        "method": "liststreamitems",
        "params": [this.stream, false, 100000]
...
```

Listing 8.10 Konvertierung der Parameter nach JSON für den MultiChain-API-Aufruf

Aus der Dokumentation der MultiChain-API können Sie entnehmen, wofür diese Parameter im Einzelnen stehen:

1. Der erste Parameter, der Name des Streams, ist obligatorisch. Er ist hier in der Objektvariablen this.stream abgelegt.
2. Der zweite, optionale Parameter gibt an, ob der *Verbose-Modus* genutzt werden soll, also eine ausführliche Beschreibung gegeben werden soll. Da hier der Wert false mitgegeben ist, soll keine erfolgen.
3. Der dritte, ebenfalls optionale Wert gibt an, wie viele Einträge maximal zurückgegeben werden sollen (hier 100.000 Einträge). Der Standardwert für den Parameter count sind ansonsten zehn Einträge, was zu wenig ist.

Bei erfolgreicher Abfrage der Medikamente wird in der Variablen products eine Map aus den Resultaten aufgebaut (siehe Listing 8.11). Der Datenanteil, der in Hexadezimalwerten vorliegt, wird dabei in ein JSON-Objekt zurückgewandelt (JSON.parse und hexDecode).

Aufbau der Resultat-Map

```
...
success: function (data) {
   if (data.result.length > 0) {
      const products = new Map();
      data.result.map(e => {
         const productID = e.key;
         const product = JSON.parse(that.hexDecode(e.data));
         if (!products.get(productID) || product.version >
           products.get(productID).version) {
            if (product.expiryDate < Date.now())
               product.available = false;
            product.productID = productID;
            product.formattedProductionDate =
              that.createDateFromTimestamp(
                product.productionDate);
            product.formattedExpiryDate =
              that.createDateFromTimestamp(
                product.expiryDate);
            products.set(productID, product);
         }
      });
      const productsModel = new JSONModel();
      productsModel.setData(Array.from(products.values()));
       that.getView().byId("products_table")
         .setModel(productsModel);
   }
```

```
        sap.ui.core.BusyIndicator.hide();
},
...
```

Listing 8.11 Ausgabe der Ergebnisse der Datenabfrage in einer Map

Die so gebaute Map wird in den nächsten Schritten in ein JSON-Modell überführt und dann als Quelle für die Tabelle mit der ID `products_table` deklariert. Dadurch werden die aus der Blockchain ausgelesenen Produkte als Inhalt der Tabelle auf der Webseite dargestellt.

Implementierung der Funktionen der Webanwendung

Nachdem die Inventarliste als Grundgerüst der Webanwendung angezeigt wird, können Sie als Nächstes die verschiedenen Funktionen der Anwendung implementieren, also die Anlage neuer Medikamente, die Suche nach Medikamenten und das Aktivieren und Deaktivieren eines Medikaments.

Anlage neues Medikament

Klickt der Anwender auf den Button **Neues Produkt anlegen**, wird die Funktion `openAddProductDialog` im Code aufgerufen. Diese bewirkt, dass der Dialog angezeigt wird, in dem der Anwender den Namen sowie Herstellungs- und Ablaufdatum für ein neues Medikament angeben kann. Das Herstellungsdatum ist das aktuelle Datum, während das Ablaufdatum standardmäßig ein Jahr nach dem Herstellungsdatum liegt. Listing 8.12 zeigt die Implementierung dieser Funktion, die sich ebenfalls in der Datei **PharmaInventory.controller.js** befindet.

```
...
openAddProductDialog: function () {
    const productionDate = new Date();
    const expiryDate = new Date();
    expiryDate.setMonth(expiryDate.getMonth() + 12);
    const productDetails = {
        productName: "",
        productionDate: productionDate,
        expiryDate: expiryDate,
    };
    const productModel = new JSONModel();

    productModel.setData({
        product: productDetails
    });
```

```
    if (!this._addProductDialog) {
       this._addProductDialog =
         sap.ui.xmlfragment("PharmaInventory.view.AddProduct",
           this);
       this.getView().addDependent(this._addProductDialog);
    }

    this._addProductDialog.setModel(productModel);
    this._addProductDialog.open();
}
...
```

Listing 8.12 Funktion »openAddProductDialog«

Das Aussehen des Dialogs zur Anlage eines neuen Medikaments ist in der Datei **AddProduct.fragment.xml** definiert. Wichtig sind in diesem Zusammenhang die Funktion onBtnAddProduct beim Auftreten des Ereignisses press (dem Drücken des **OK**-Buttons) sowie die Funktion onBtnCancelAddProduct für das Drücken des **Abbrechen**-Buttons im Dialog. Diesen Ausschnitt der Datei **AddProduct.fragment.xml** sehen Sie in Listing 8.13.

Dialog zur Anlage eines Medikaments

```
...
    <buttons>
       <Button text="{i18n>btnAdd}" type="Accept"
         press="onBtnAddProduct"/>
       <Button text="{i18n>btnCancel}" type="Reject"
         press="onBtnCancelAddProduct"/>
    </buttons>
  </Dialog>
</core:FragmentDefinition>
```

Listing 8.13 Implementierung der Funktionen »onBtnCancelAddProduct« und »onBtnAddProduct«

Der einfachere Fall ist der Abbruch des Dialogs. Dabei wird das dargestellte Dialogfenster einfach nur geschlossen, und die eventuell vom Anwender gemachten Angaben werden verworfen. Die dazugehörige Programmierung findet sich wie erwartet in der Datei PharmaInventory.controller.js (siehe Listing 8.14).

Funktion »this._addProductDialog.close«

```
...
onBtnCancelAddProduct: function () {
        this._addProductDialog.close();
},
...
```

Listing 8.14 Codefragment zum Abbruch der Eingaben durch einfaches Schließen des Dialogs

Funktion »this.generate-ProductID«

Der komplexere Fall ist die tatsächliche Anlage eines neuen Medikaments in der Blockchain unter Berücksichtigung der vom Anwender gemachten Angaben. Diese werden zunächst geprüft: Wurden ein Produktname, ein Herstellungsdatum und ein Ablaufdatum angegeben, gelten die Angaben als komplett. Daraufhin wird mit der Funktion this.generateProductID eine eindeutige Produkt-ID generiert und als Schlüssel für die Speicherung der Daten im Stream genutzt. Die Daten des Medikaments selbst werden in eine hexadezimale Zahlenreihe überführt und dann per AJAX-POST-Aufruf mit diesem Schlüssel in den Stream der MultiChain geschrieben.

API-Aufruf »publish«

Dazu wird der MultiChain-API-Aufruf publish verwendet, dem die gemachten Angaben zum Dokument als Parameter [that.stream, productID, productDataHex] übergeben werden. Der erste Parameter that.stream ist der Name des Streams, in den die Daten geschrieben werden sollen. productID ist die eindeutige Produkt-ID des Medikaments und wird als Schlüssel für den Eintrag genutzt. productDataHex sind die Herstellungs- und Verfallsdaten in Hexadezimalschreibweise (siehe Listing 8.15).

```
...
onBtnAddProduct: function () {
    sap.ui.core.BusyIndicator.show();
    const that = this;
    const i18nModel =
  this.getView().getModel("i18n").getResourceBundle();
    const product =
      this._addProductDialog.getModel().getData().product;

    if (product.productName && product.productionDate &&
      product.expiryDate) {
        if (product.productionDate <= product.expiryDate) {
            const productID = this.generateProductID();
            const productData = {
                "productName": product.productName,
                "productionDate":
                  Date.parse(product.productionDate),
```

```
            "expiryDate": Date.parse(product.expiryDate),
            "available": true,
            "version": 0
         };
         const productDataHex =
          this.hexEncode(JSON.stringify(productData));
         $.ajax({
            type: "POST",
            contentType: "application/json",
            headers: {
               "apikey": that.apikey
            },
            data: JSON.stringify({
               "method": "publish",
               "params": [that.stream, productID,
                  productDataHex]
            }),
            url: that.url,
            success: function () {
               sap.ui.core.BusyIndicator.hide();
               const successAlert =
                i18nModel.getText("ProductAdded");
               MessageToast.show(successAlert);
               that.displayAllProducts();
               that._addProductDialog.close();
            },
            error: function () {
               sap.ui.core.BusyIndicator.hide();
               const failureAlert =
                i18nModel.getText("ProductNotAdded");
               sap.m.MessageToast.show(failureAlert);
               that._addProductDialog.close();
            }
         });
      } else {
         sap.ui.core.BusyIndicator.hide();
         const invalidTimeInterval =
          i18nModel.getText("invalidTimeInterval");
         MessageToast.show(invalidTimeInterval, {
            duration: 1000
         });
      }
   } else {
```

```
            sap.ui.core.BusyIndicator.hide();
            const missingValues =
              i18nModel.getText("missingValues");
            MessageToast.show(missingValues, {
                duration: 1000
            });
         }
      }
      ...
```

Listing 8.15 Hinzufügen eines neuen Pharmaprodukts zum Stream in der Blockchain

Suche nach einem Medikament

Die Suche nach einem Medikament verzweigt in den Aufruf der Funktion `displayProducts`. Dabei wird im Objekt `oEvent` ein eventuell übergebener Suchname `query` mitgegeben. Anschließend werden mit dem API-Aufruf `liststreamitems` die gespeicherten Werte für den Stream `pharmy-inventory` aus der Blockchain abgefragt. Zuletzt werden die Ergebnisse nach dem in der Variablen `query` gespeicherten Such-String gefiltert, bevor sie zur Darstellung an die Tabelle übergeben werden. Listing 8.16 zeigt die Implementierung der Funktion `displayProducts` in der Datei **PharmaInventory.controller.js**.

```
...
displayProducts: function (oEvent) {
    if (!oEvent.getParameter("clearButtonPressed") &&
  oEvent.getParameter("query")) {
        sap.ui.core.BusyIndicator.show();
        const that = this;
        const query = oEvent.getParameter("query");
        $.ajax({
            type: "POST",
            contentType: "application/json",
            url: that.url,
            headers: {
               "apikey": that.apikey
            },
            data: JSON.stringify({
               "method": "liststreamitems",
               "params": [this.stream, false, 100000]
            }),
            success: function (data) {
               if (data.result.length > 0) {
```

```js
                const products = new Map();
                data.result.map(e => {
                   const productID = e.key;
                   const product =
                     JSON.parse(that.hexDecode(e.data));
                   if ((productID == query ||
                     product.productName == query) &&
                       (!products.get(productID) ||
                         product.version >
                         products.get(productID).version)) {
                      if (product.expiryDate < Date.now())
                         product.available = false;
                      product.productID = productID;
                      product.formattedProductionDate =
                         that.createDateFromTimestamp(
                           product.productionDate);
                      product.formattedExpiryDate =
                         that.createDateFromTimestamp(
                           product.expiryDate);
                      products.set(productID, product);
                   }
                });
                const productsModel = new JSONModel();
                  productsModel.setData(Array.from(
                    products.values()));
                    that.getView().byId("products_table")
                      .setModel(productsModel);
             }
             sap.ui.core.BusyIndicator.hide();
          },
          error: function () {
             sap.ui.core.BusyIndicator.hide();
          }
       });
    }
 }
 ...
```

Listing 8.16 Funktion »displayProducts«

Das Aktivieren und Deaktivieren eines Medikaments ermöglicht es, die Kontrolle über dessen Verfügbarkeit zu behalten. Die Aktivierung bzw. Deaktivierung kann entweder manuell durch Ankreuzen der entsprechenden

Aktivieren/ Deaktivieren eines Medikaments

Option auf der Anwendungsoberfläche erfolgen, oder es erfolgt eine automatische Deaktivierung nach Ablauf des Verfallsdatums. Wird das Verfallsdatum eines Medikaments überschritten, wird dieses Produkt auf den Status »inaktiv« gesetzt und kann nicht mehr aktiviert werden.

Funktion »changeAvailability«

Klickt der Anwender auf den Button **Verfügbarkeit ändern** in der Anwendungsoberfläche, wird die Funktion changeAvailability aufgerufen (siehe Listing 8.17). Sie holt sich die Produktdaten des aktuell aktivierten Medikaments und ändert dessen Verfügbarkeitsstatus. Anschließend aktualisiert sie die Produktdaten in der Blockchain, indem Sie den MultiChain-API-Aufruf publish erneut ausführt und die neuen Daten an die Blockchain sendet. Nach erfolgreicher Ausführung wird der Inhalt der Seite erneut geladen, um die Ansicht zu aktualisieren.

```
...
changeAvailability: function () {
  const i18nModel =
   this.getView().getModel("i18n").getResourceBundle();
  const productTable = this.getView().byId("products_table");
  const selectedItem = productTable.getSelectedItem();
  if (selectedItem === null) {
    return MessageToast.show(i18nModel.getText("selectMsg"), {
      duration: 2000
    });
  }
  sap.ui.core.BusyIndicator.show();
  const that = this;
  const bindingContext = selectedItem.getBindingContext();
  const product =
   bindingContext.getModel().getProperty(bindingContext.sPath);
  const productData = {
      "productName": product.productName,
      "productionDate": product.productionDate,
      "expiryDate": product.expiryDate,
      "available": !product.available,
      "version": product.version + 1
  };
  const productDataHex =
   this.hexEncode(JSON.stringify(productData));
  $.ajax({
    type: "POST",
    contentType: "application/json",
    headers: {
```

```
            "apikey": that.apikey
         },
         data: JSON.stringify({
            "method": "publish",
            "params": [that.stream, product.productID,
              productDataHex]
         }),
         url: that.url,
         success: function () {
            sap.ui.core.BusyIndicator.hide();
            that.displayAllProducts();
            const successAlert =
            i18nModel.getText("ProductUpdated");
            MessageToast.show(successAlert);
         },
         error: function () {
            sap.ui.core.BusyIndicator.hide();
            const failureAlert =
            i18nModel.getText("ProductNotUpdated");
            sap.m.MessageToast.show(failureAlert);
         }
      });
},
...
```

Listing 8.17 Funktion »changeAvailability«, mit der die Verfügbarkeit eines Pharmaprodukts kontrolliert wird

Damit haben Sie die SAPUI5-Anwendung zur Abbildung der Inventarliste eines Pharmaunternehmens inklusive der Anwendungslogik und des Zugriffs auf die zugrunde liegende Blockchain programmiert. Als Nächstes können Sie die Anwendung veröffentlichen.

8.3.3 Deployment der SAPUI5-Anwendung

In der SAP Web IDE können Sie das Projekt über den Menüpfad **Run • Run as Web Application** ausführen und damit testen. Das Projekt ist damit aber noch nicht wirklich auf der SAP Cloud Platform veröffentlicht.

Um die Anwendung zu deployen, markieren Sie zunächst den Projektordner **PharmaInventory**. Von hier aus gibt es mehrere Möglichkeiten:

- Sie können mit einem Rechtsklick der Maus im Kontextmenü den Eintrag **Deploy to SAP Cloud Platform** wählen.

Projekt veröffentlichen

8 Blockchain-Anwendungen mit MultiChain entwickeln

- Alternativ können Sie im Menüpfad **Deploy** • **Deploy to SAP Cloud Platform** wählen.

Es öffnet sich danach der Dialog für das *Deployment* der Applikation, den Sie in Abbildung 8.22 sehen. Wählen Sie hier die Option **Deploy a new application**. Ihr Entwickler-Subaccount in der Neo-Umgebung sowie der Projektname sind vorausgefüllt – geben Sie den Namen der Anwendung an. In unserem Beispiel lauten beide Namen `PharmaInventory`. Da es sich um die erste Version der Anwendung handelt, tragen Sie im Feld **Version** die Nummer »1.0.0« ein. Markieren Sie die Option **Activate**, um diese Version direkt zu aktivieren.

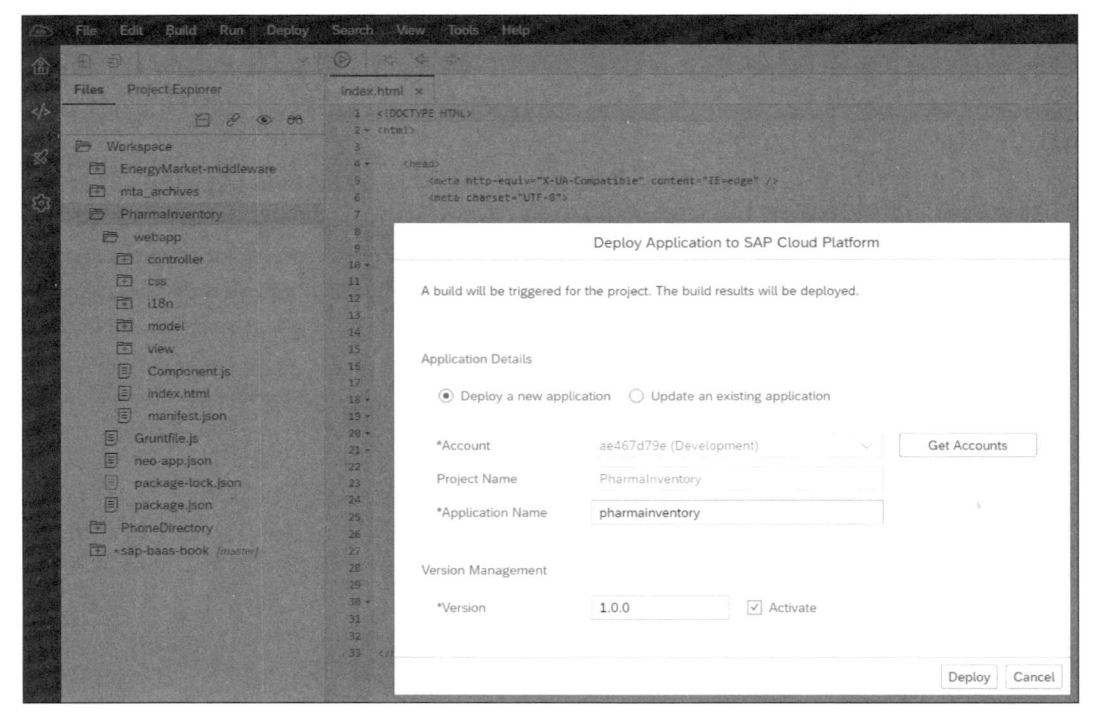

Abbildung 8.22 Deployment der Anwendung auf der SAP Cloud Platform

Aufruf der Live-Anwendung

Nachdem Sie auf den Button **Deploy** geklickt haben, wird das Deployment der Anwendung angestoßen. Das Projekt wird kompiliert und auf der SAP Cloud Platform publiziert. Sie erhalten die Erfolgsmeldung aus Abbildung 8.23. Der erste Link **Open the active version of the application** in diesem Pop-up-Fenster führt Sie zur Live-Version Ihrer Anwendung, der zweite **Open the application's page in the SAP Cloud Platform cockpit** zum Cockpit Ihrer Anwendung, wie Sie es in Abbildung 8.24 sehen. Schließlich haben Sie auch noch die Möglichkeit, Ihre Applikation im SAP Fiori Launchpad zu registrieren (**Register to SAP Fiori Launchpad**), der SAP-Einstiegsseite für Anwender zum Zugriff auf Applikationen. Alternativ können Sie den Dialog auch einfach nur Schließen (**Close**).

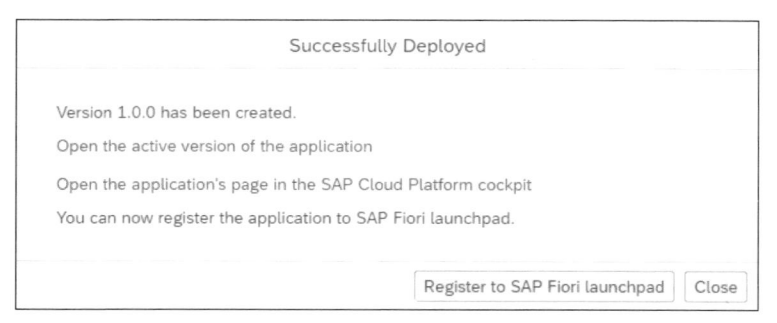

Abbildung 8.23 Erfolgreiches Deployment des Projekts

Abbildung 8.24 Ausgerollte Anwendung »PharmaInventory« in der SAP Cloud Platform, aufgerufen per URL aus dem Deploment-Dialog

Damit haben Sie Ihre erste einfache MultiChain-Blockchain-Anwendung entwickelt. Im folgenden Abschnitt greifen wir das Beispiel eines dezentralen Energiemarktplatzes auf Basis einer Hyperledger-Fabric-Blockchain aus Abschnitt 6.3 wieder auf, das wir dieses Mal auf Basis von MultiChain umsetzen werden.

8.4 Fortgeschrittenes Entwicklungsbeispiel: dezentraler Energiemarktplatz

Als fortgeschritteneres Entwicklungsbeispiel für eine MultiChain-Anwendung realisieren wir wieder einen dezentralen Energiemarktplatz, ähnlich wie wir ihn in Abschnitt 6.3 bereits mit Hyperledger Fabric umgesetzt haben. Da MultiChain in der von der SAP Cloud Platform unterstützten Version 1.0 keine Smart Contracts unterstützt, müssen wir hierbei die benötigte Programmlogik woandershin auslagern. Wir tun dies hier mit einer auf NodeJS-basierten Middleware, die effektiv Aufgaben des Chaincodes und des Frontends aus dem Hyperledger Fabric-Beispiel übernehmen wird.

Architektur Das dieser Anwendung zugrunde liegende Entwurfsmuster ist wieder das Muster *Model View Controller* (MVC) mit folgenden Komponenten:

- einem MultiChain-Stream zur Datenspeicherung, mit der Programmierung in NodeJS für das Datenmodell
- einer NodeJS-basierten Middleware als Controller
- einem SAPUI5-basierten Frontend als View

Diese Zuordnung ist etwas vereinfacht, denn die MultiChain wird nicht wirklich selbst entwickelte Datenmodelle vorhalten. Stattdessen wird das Datenmodell in JSON umgewandelt und als Stream von Hexadezimalwerten gespeichert. Eine Besonderheit: Während wir in Abschnitt 6.3 für das Beispiel in Hyperledger Fabric den Austausch von Geld beim Handel mit den Energieangeboten nur simuliert haben, werden wir hier eine richtige eigene Kryptowährung deklarieren. Eine solche Währung zu erstellen wird der erste Schritt der Anwendungsentwicklung sein.

> **MultiChain 2.0 auf der SAP Cloud Platform**
> Da zum Zeitpunkt der Erstellung dieses Buches MultiChain 2.0 noch nicht generell auf der SAP Cloud Platform verfügbar war, entwickeln wir das folgende Beispiel mit Version 1.0. Es sei allerdings darauf verwiesen, dass Trial-Accounts der SAP Cloud Platform derzeit bereits eine Instanziierung von MultiChain-Knoten in der Version 2.0 erlauben. Diese Version unterstützt Smart Contracts, hier *Smart Filters* genannt, die in JavaScript geschrieben werden. Ein auf der Google-V8-JavaScript-Engine basierter Interpreter führt die Smart Filters dann beim Aufruf in der Blockchain aus.

8.4.1 Eigene Kryptowährungen in MultiChain realisieren

Im vorangehenden Beispiel in Abschnitt 8.3, »Einfaches Entwicklungsbeispiel: Inventarliste für Medikamente«, haben wir Streams genutzt, um Informationen in der MultiChain zu speichern. In diesem Beispiel soll eine eigene Kryptowährung genutzt werden, also ein *Asset*, das zwischen den Teilnehmern transferiert werden kann. Dieses Beispiel-Asset wollen wir *SAPCoin* nennen. Diese Währung wird uns als Spielgeld für Beispieltransaktionen zwischen Teilnehmern dienen, damit Sie sehen, wie Sie eine Kryptowährung erzeugen.

Wir zeigen Ihnen im Folgenden, wie eine eigene Kryptowährung in der MultiChain erstellt, in das Netzwerk eingespeist und an die Teilnehmer verteilt werden kann. Dazu werden wir zunächst 1.000 Coins der fiktiven Währung SAPCoins an die Adresse des ersten Knotens ausgegeben, der als eine Art Bank fungiert. Von diesem Knoten aus werden dann 50 SAPCoins an einen Teilnehmer des Energiemarktplatzes transferiert.

Schritte zur Verteilung der Kryptowährung

Im Einzelnen sind dazu die folgenden Schritte erforderlich:

1. Erzeugung und initiale Ausgabe von SAPCoins an die Adresse des ersten MultiChain-Knotens
2. Erzeugung einer zweiten Teilnehmeradresse auf demselben Knoten
3. Zuweisung von Rechten zum Erhalt der Tokens an die neue Teilnehmeradresse unter Verwendung der ersten Knotenadresse
4. Übertragung von Vermögenswerten (Assets) von der ersten (Bank-)Adresse an die zweite (Teilnehmer-)Adresse
5. Durchführung einer Transaktion, d. h. des Kaufs eines Energieangebots
6. Überprüfung der Kontostände

Dazu sind zwei vorbereitende Voraussetzungen nötig, die Sie bereits ausgeführt haben sollten:

1. Sie müssen einen Service Key für den Datenaustausch zwischen der SAP Cloud Platform und der MultiChain erstellt haben.
2. Sie müssen die Einrichtung der RPC-Aufrufumgebung für die MultiChain-API im SAP API Business Hub vorgenommen haben, da wir die folgenden Schritte zu Demonstrationszwecken manuell durchführen werden.

MultiChain-Anwendung vorbereiten

Als Vorbereitung muss zunächst ein Service Key für den MultiChain-Knoten auf der SAP Cloud Platform erstellt werden, damit RPC-Aufrufe an diesen Knoten abgesetzt werden können. Sollten Sie den in Abschnitt 8.2, »Aufruf der MultiChain-API im SAP API Business Hub«, erzeugten Service Key noch in einer TXT-Datei zwischengespeichert haben, können Sie auch diesen Key benutzen. Ansonsten folgen Sie den Schritten zur Anlage eines neuen Service Keys, wie in Abschnitt 8.2 beschrieben.

Erstellung eines Service Keys

Wir nennen den Service Key für dieses Beispiel `asset-transfer_intro`. Der erstellte Service Key entspricht beispielsweise Listing 8.18. Die Werte für API-Key und Service-ID haben wir hier durch Platzhalter ersetzt.

```
{
  "api_key": "z2eR4f...",
  "url": "https://maas-proxy.cfapps.eu10.hana.ondemand.com
     /[IHRE_SERVICE-ID]/rpc"
}
```

Listing 8.18 Neuer Service Key als JSON-Objekt

Erstellen einer neuen Aufrufumgebung

Für die Testseite der MultiChain-API im SAP API Business Hub (*https://api.sap.com/api/multichain/resource*) muss außerdem, falls noch nicht erfolgt, die Aufrufumgebung eingerichtet werden. Diesen Schritt haben wir ebenfalls in Abschnitt 8.2 beschrieben.

> **Aufrufumgebung neu einrichten**
>
> Es kann im SAP API Business Hub immer nur eine Aufrufumgebung zu einer Stamm-URL eines Cloud-Service geben. Wenn Sie also das Beispiel aus Abschnitt 8.3, »Einfaches Entwicklungsbeispiel: Inventarliste für Medikamente«, bereits nachgebaut haben und nun denselben MultiChain-Knoten für das nächste Beispiel verwenden wollen, müssen Sie die Aufrufumgebung für das vorherige Beispiel löschen und die Umgebung über den Button **Configure Environment** neu erstellen. Die Stamm-URL für den Aufruf des Service wird unter **Starting URL** nicht noch mal als Option angeboten.

Löschen Sie also zunächst eine eventuell bestehende Konfiguration der Arbeitsumgebung, und legen Sie eine neue Konfiguration mit einem neuen API-Key und der Stamm-URL aus dem soeben erzeugten Service Key an. Für den Service Key aus Listing 8.18 machen Sie bei der Konfiguration der Arbeitsumgebung also beispielsweise die folgenden Angaben:

- **Starting-URL**:

  https://maas-proxy.cfapps.eu10.hana.ondemand.com

- **API Key**:

  z2eR4f[... Rest des Service Keys ...]

Beim Aufruf des auf der SAP Cloud Platform erzeugten Knotens über das MultiChain-API-Formular wird außerdem noch die Service-ID dieses Knotens benötigt, die Teil des Schlüssels url im Service Key ist.

Erzeugung von Assets

Nach erfolgreicher Konfiguration der API-Aufrufumgebung im SAP API Business Hub können Sie SAPCoins als neue Kryptowährung erzeugen und solche SAPCoins an eine Adresse, z. B. die des MultiChain-Knotens, ausgegeben. Die Erzeugung der Währung und die Ausgabe der ersten SAPCoins erfolgen über ein und denselben Aufruf der MultiChain-API.

Suchen Sie dazu zunächst die MultiChain-Adresse Ihres Knotens auf dessen Dashboard-Seite. Die Dashboard-Seite rufen Sie auf, indem Sie in der Übersicht der laufenden Instanzen im Space (siehe Abbildung 8.25) auf das entsprechende Icon in der Spalte **Actions** klicken.

Adresse des Knotens abfragen

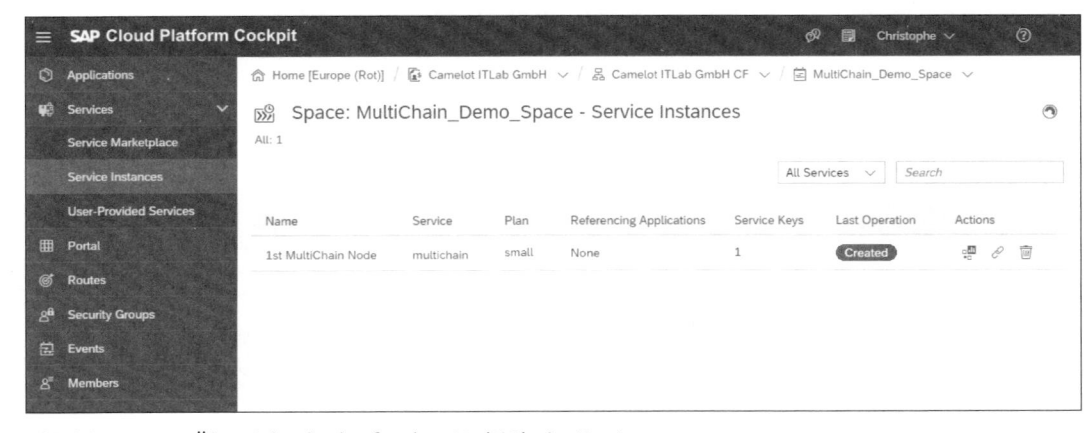

Abbildung 8.25 Übersicht der laufenden MultiChain-Knoten

Die Adresse unseres Knotens im Kopfbereich des Dashboards ist in Abbildung 8.26 markiert. Sie lautet in diesem Beispiel 17UFFkEkTvw5nGKA9sPXR-WV75G2jd3m7GLuU7r. Für Ihren eigenen MultiChain-Knoten wird die Adresse abweichen.

Zur Ausgabe der Coins an die Adresse des ersten Knotens wird die MultiChain-API mit issue aufgerufen. Als Parameter erwartet dieser Aufruf die Empfängeradresse (im unten stehenden Beispiel 17UFFkEkTvw5nGKA9sPXR-WV75G2jd3m7GLuU7r, was die Adresse des Knotens ist), den Namen der neuen Währung (in unserem Fall SAPCoins) und die Menge der zu erzeugenden Tokens (wir bescheiden uns für den Moment mit 1.000). Um den Aufruf über die MultiChain-API-Seite im SAP API Business Hub abzusetzen, muss alles wieder in ein JSON-Objekt überführt werden:

API-Aufruf »issue«

```
{"method": "issue", "params":
["17UFFkEkTvw5nGKA9sPXRWV75G2jd3m7GLuU7r","SAPCoins",1000]}
```

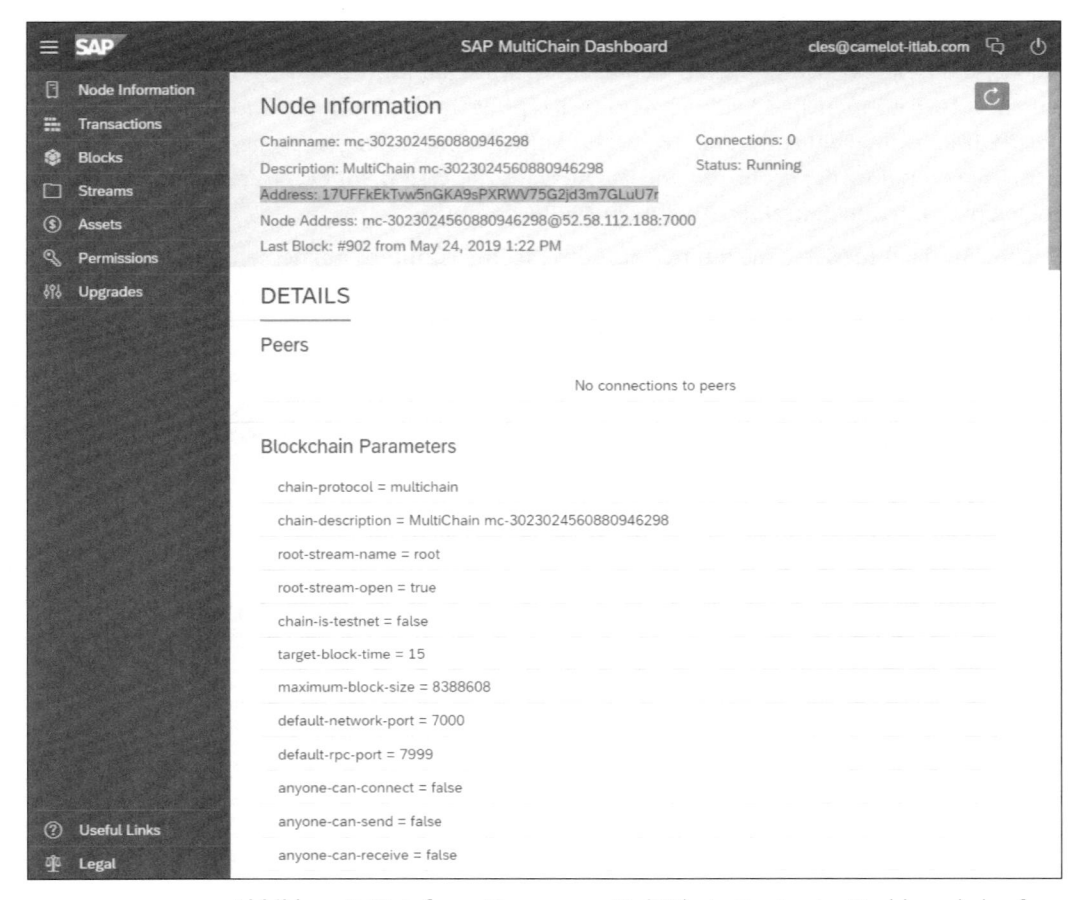

Abbildung 8.26 Informationen zum MultiChain-Knoten im Dashboard abrufen

RPC-Aufruf im SAP API Business Hub
Abbildung 8.27 zeigt das Formular für den RPC-Aufruf. Dabei geben Sie die Service-ID Ihres MultiChain-Knotens an und fügen das JSON-Objekt in den RPC-Body ein. Klicken Sie auf den Button **Execute**, um das Formular abzusenden. Damit veranlassen Sie die Erzeugung der 1.000 Assets und deren Auszahlung an die angegebene Adresse des Knotens. Da der Knoten keinem Teilnehmer wirklich gehört, agiert er in diesem Beispiel wie eine Art Bank, die dann im folgenden Schritt das Geld an weitere Teilnehmeradressen verteilt. Man hätte die SAPCoins aber auch direkt an eine Teilnehmeradresse senden können.

Response Body
Der Antwortcode 200 im **Response body** zeigt die erfolgreiche Durchführung des Aufrufes an (siehe Abbildung 8.28). Im **Response body** wird außerdem eine Transaktions-ID im Eintrag `result` ausgegeben. Der Aufruf erfolgte ohne Fehlermeldung, d. h. für den Schlüssel `error` wird der Wert »null« ausgegeben.

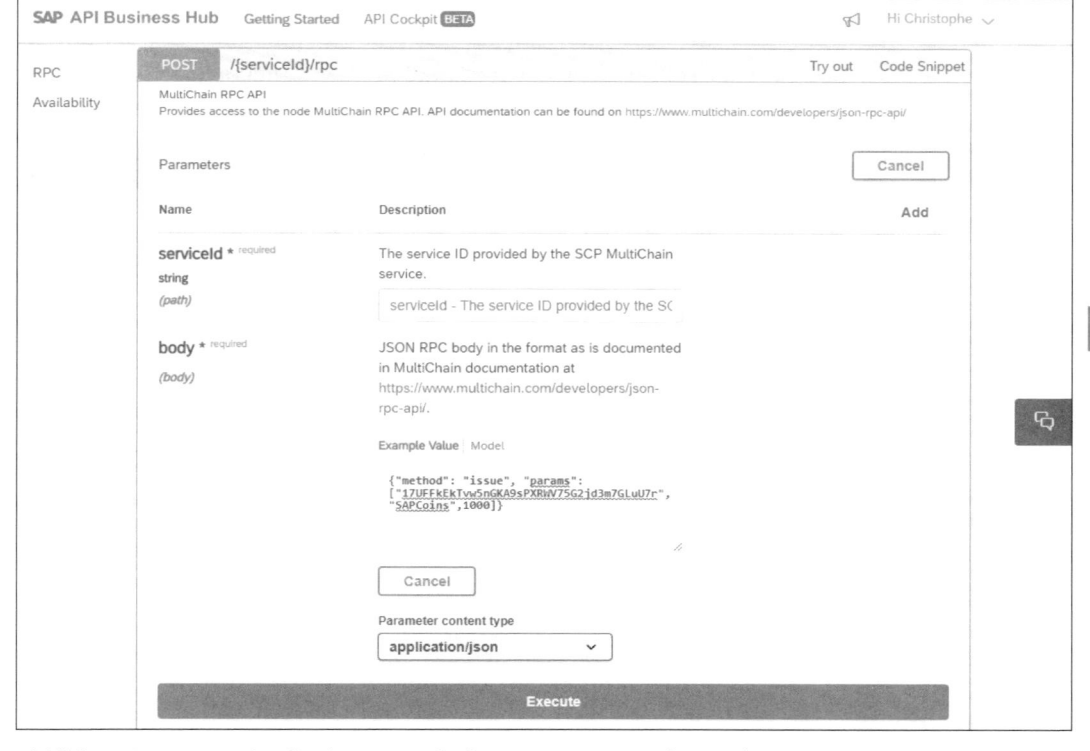

Abbildung 8.27 Formular für den API-Aufruf zur Erzeugung und Ausgabe von 1.000 SAPCoins an die Adresse des ersten MultiChain-Knotens

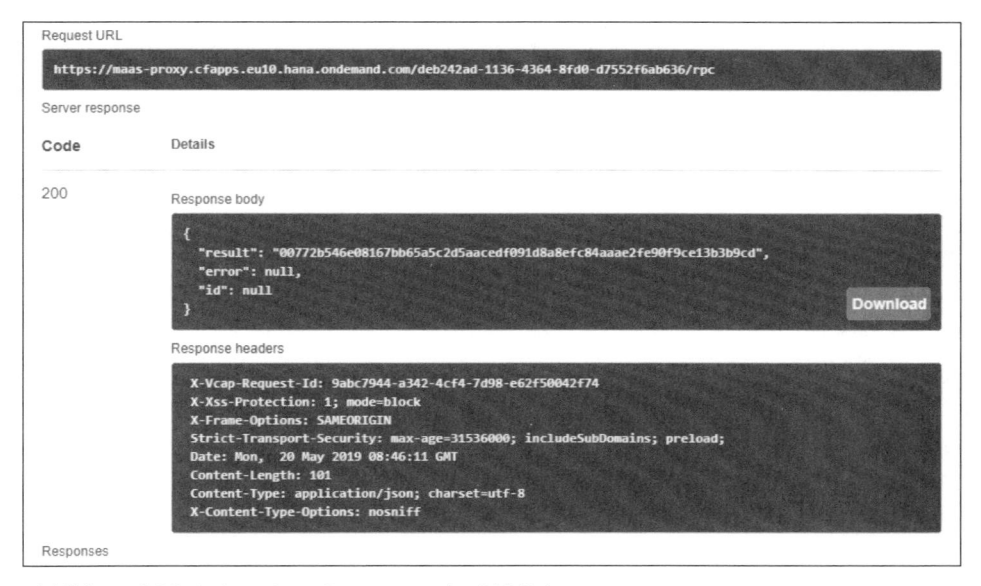

Abbildung 8.28 Antwort zur Erzeugung der SAPCoins

Übersicht der Assets eines Knotens

Dass die Ausgabe der SAPCoins tatsächlich erfolgreich war, können Sie außerdem im Bereich **Assets** des Dashboards Ihres MultiChain-Knotens prüfen. Hier sollten nun 1.000 SAPCoins eingegangen sein (siehe Abbildung 8.29).

Abbildung 8.29 Bereich »Assets« im Dashboard des MultiChain-Knotens

Wenn Sie auf den Eintrag klicken, erhalten Sie detaillierte Informationen, wie etwa eine Auflistung aller mit dieser Währung verbundenen Transaktionen. Bitte beachten Sie, dass der Screenshot in Abbildung 8.30 Transaktionen auflistet, die zum jetzigen Zeitpunkt der Beschreibung noch nicht durchgeführt worden sind.

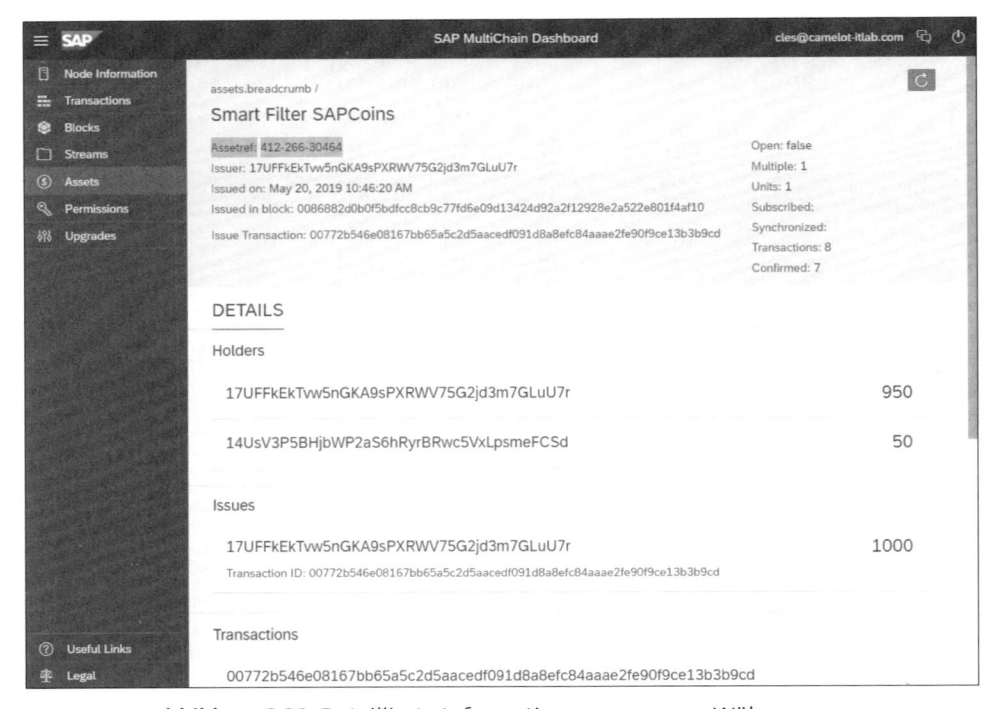

Abbildung 8.30 Detaillierte Informationen zu unserer Währung

Damit haben Sie die neue Währung SAPCoins in die Blockchain eingebracht. Damit mit dieser Währung nun weitere Transaktionen durchgeführt werden können, muss die Währung an Teilnehmer des Netzwerkes verteilt werden, was wiederum eine Transaktion darstellt.

Assets unter den Netzwerkteilnehmern verteilen

Die Teilnehmer des Energiemarktplatzes sind durch ihre jeweilige Empfängeradresse gekennzeichnet, an die die SAPCoins gesendet werden können. Somit entspricht die Neuanlage einer Empfängeradresse der Neuanlage eines Teilnehmers im Netzwerk. Hat man diese Adresse, kann Geld dahin übertragen werden.

Eine neue Empfängeradresse legen Sie über einen MultiChain-API-Aufruf `getnewaddress` an. Dieser gehört zu den API-Aufrufen zur Verwaltung von Empfängeradressen (*Wallet Addresses*). Den Auszug aus der API-Dokumentation zur Beschreibung dieser Aufrufe finden Sie in Tabelle 8.3.

Empfängeradresse anlegen

API-Aufruf	Parameter	Beschreibung
getaddresses	(verbose=false)	Gibt eine Liste der Adressen im Wallet dieses Knotens wieder. Setzen Sie den Parameter verbose auf true, um mehr Informationen zu jeder Adresse zu erhalten.
getnewaddress	–	Ergibt eine neue Adresse, deren privater Schlüssel im Wallet des Knotens gespeichert wird.

Tabelle 8.3 Auszug aus der MultiChain-1.0-API-Dokumentation mit den Aufrufen für die Verwaltung von Empfängeradressen

Beim Aufruf über das API-Formular übergeben Sie folgendes JSON-Objekt im Body:

API-Aufruf »getnewaddress«

`{"method":"getnewaddress", "params":[]}`

Außerdem geben Sie die Service-ID Ihres MultiChain-Knotens an. Abbildung 8.31 zeigt den **Response body** bei erfolgreicher Anlage der neuen Adresse. Die neue Adresse lautet z. B. `14UsV3P5BHjbWP2aS6hRyrBRwc5VxLpsmeFCSd`. Sie wird als Wert des `result`-Schlüssels zurückgegeben.

Response Body

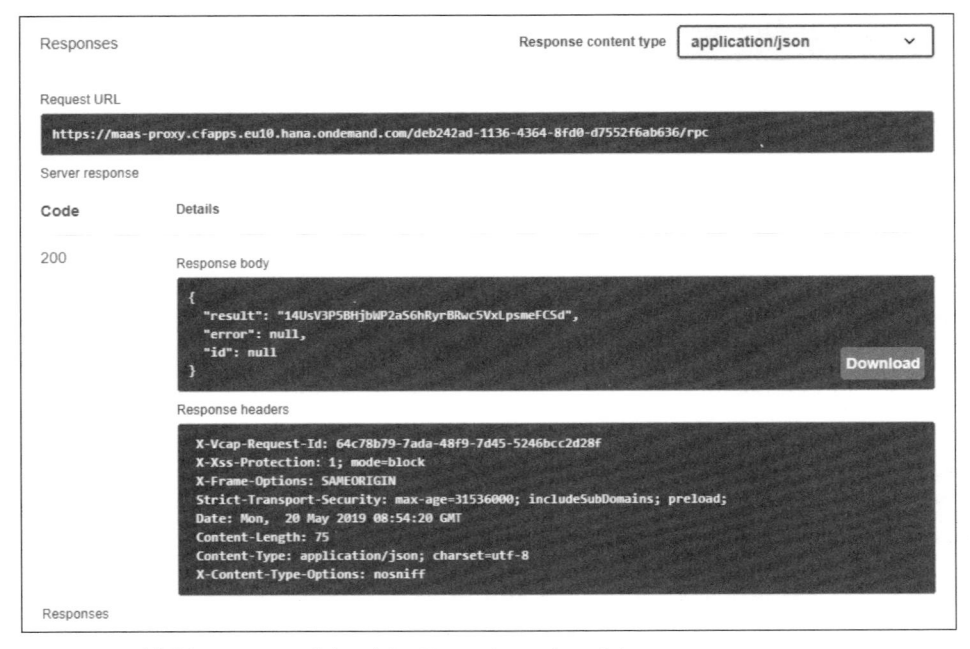

8   Blockchain-Anwendungen mit MultiChain entwickeln

Abbildung 8.31 Erfolgreiche Neuanlage einer Adresse

Empfängeradresse prüfen
Um die Verfügbarkeit der soeben erzeugten Empfängeradresse auf dem MultiChain-Knoten zu prüfen, können Sie den API-Aufruf getadresses benutzen. Beim Aufruf über das Formular des SAP API Business Hub geben Sie das folgende JSON-Objekt im Body an:

```
{"method":"getaddresses"}
```

Listing 8.19 zeigt den Response Body beim erfolgreichen Aufruf getadresses. Er enthält eine Liste der verfügbaren Empfängeradresse im Wallet des aktuellen Knotens im Eintrag result.

```
{
  "result": [
    "17UFFkEkTvw5nGKA9sPXRWV75G2jd3m7GLuU7r",
    "14UsV3P5BHjbWP2aS6hRyrBRwc5VxLpsmeFCSd"
  ],
  "error": null,
  "id": null
}
```

Listing 8.19 Response Body nach API-Aufruf »getaddresses«

Die erste Adresse (17UFFkEkTvw5nGKA9sPXRWV75G2jd3m7GLuU7r) ist die Adresse des Knotens, wie im Dashboard angegeben. Die zweite Adresse (14UsV3P5B-HjbWP2aS6hRyrBRwc5VxLpsmeFCSd) ist die soeben neu angelegte Empfängeradresse.

> **Knoten- und Teilnehmeradressen**
> Wie die Teilnehmer eines MultiChain-Netzwerkes haben auch die MultiChain-Knoten eine eigene MultiChain-Adresse. Die Ursache dafür ist im Mining-Prozess der Bitcoin-Blockchain zu finden, auf der MultiChain basiert. Ein Knoten muss in der Lage sein, einem Miner bei erfolgreicher Erstellung eines neuen Blocks seine Belohnung auszuzahlen.

Rechte zum Empfangen von Assets vergeben

Die neue Empfängeradresse ist nun angelegt, kann aber noch keine Assets empfangen. Dazu muss ihr erst eine entsprechende Berechtigung zugewiesen werden. Dies geschieht über einen API-Aufruf namens grant, der Berechtigungen kontrolliert. Laut der API-Dokumentation werden die Rechte durch eine Verkettung von Worten zugewiesen, etwa connect, send, receive zum Verbinden mit dem Knoten sowie zum Senden und Empfangen von Assets. In unserem Beispiel werden diese Rechte wie folgt im JSON-Objekt für den API-Aufruf angegeben:

API-Aufruf »grant«

```
{"method":"grant",
 "params":["14UsV3P5BHjbWP2aS6hRyrBRwc5VxLpsmeFCSd",
 "connect,send,receive"]}
```

Abbildung 8.32 zeigt den **Response body** beim erfolgreichen Aufruf grant. Im Schlüssel result steht eine Transaktions-ID.

Um die erfolgreiche Zuweisung der Rechte zu prüfen, navigieren Sie im Dashboard der Knoteninstanz in den Bereich **Permissions**. Hier können Sie alternativ auch im GUI die neue Empfängeradresse eingeben und ihr die Rechte manuell zuweisen. Auf jeden Fall sollte im Bereich **Addresses Authorized to Connect** nun die neue Empfängeradresse aufgeführt werden, der Sie die Rechte zugewiesen haben (siehe Abbildung 8.33). Hier können im oberen Teil **Grant Permissions** auch Rechte für neue Adressen vergeben werden.

Zuweisung der Rechte prüfen

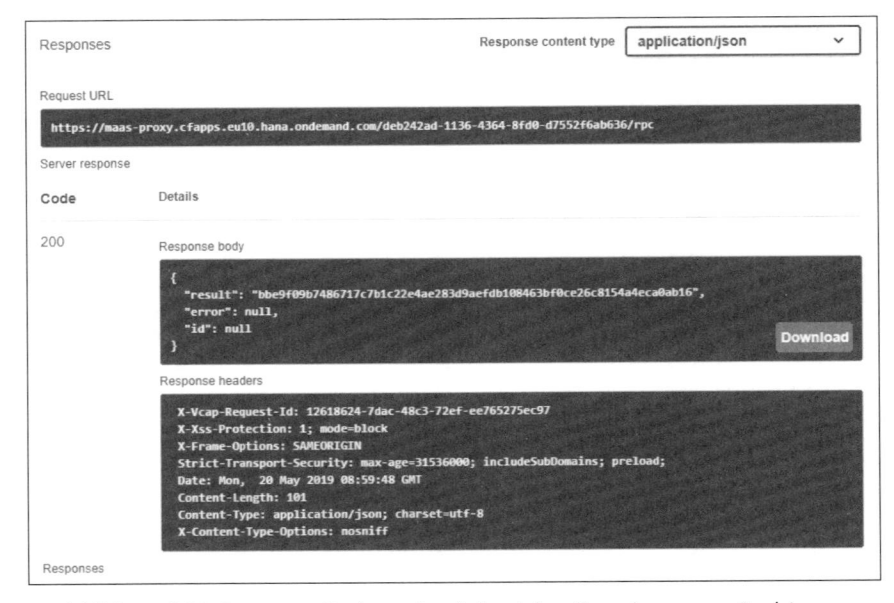

Abbildung 8.32 Response Body nach erfolgreicher Zuweisung von Rechten an eine Empfängeradresse

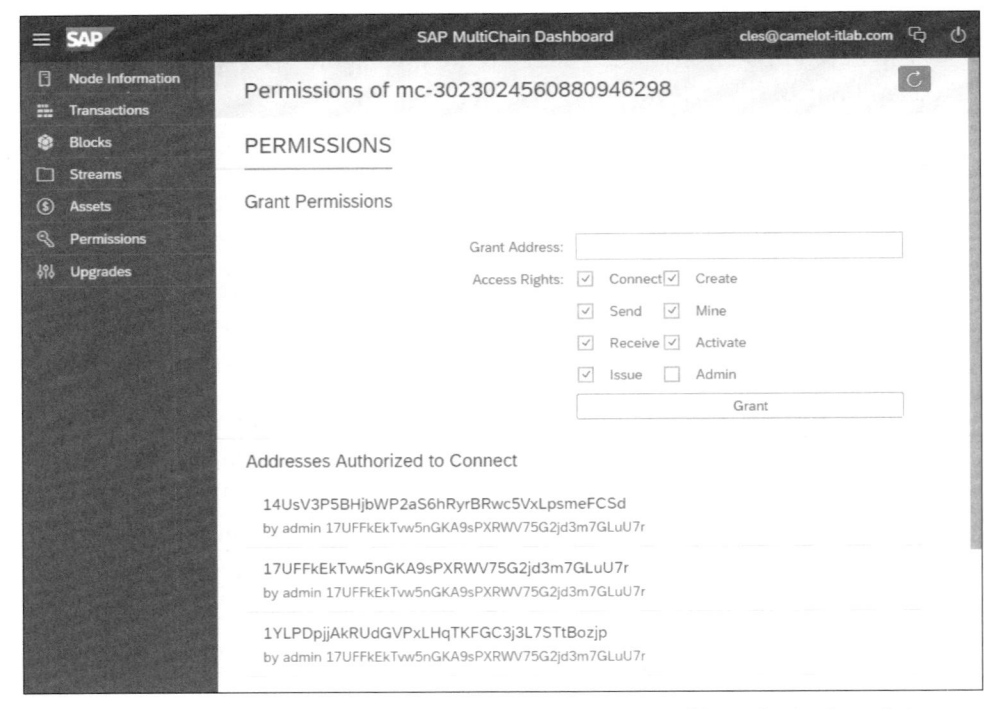

Abbildung 8.33 Die neue Empfängeradresse in der Übersicht der berechtigten Empfänger

8.4 Fortgeschrittenes Entwicklungsbeispiel: dezentraler Energiemarktplatz

Assets an eine Empfängeradresse senden

Der Versand von Assets an eine Empfängeradresse wird ebenfalls über einen Aufruf der MultiChain-API realisiert, und zwar mit den Aufrufen send oder sendasset. Mit send können mehrere, mit sendasset nur eine Währung an die Zieladressen versendet werden, die identisch sind.

API-Aufruf zum Versenden von Assets

Diese Aufrufe sind in der API-Dokumentation wie in Tabelle 8.4 beschrieben.

API-Aufruf	Parameter	Beschreibung
send oder sendtoaddress	address amount (comment) (comment-to)	Sendet ein oder mehrere Asset(s) in Höhe des amount an die Adresse address und gibt die Transaktions-ID zurück. Der Parameter amount sollte ein assoziatives Array in der Form {"asset":qty, ...} sein.
sendasset oder sendassettoaddress	address asset qty (native-amount= min-per-output) (comment) (comment-to)	Sendet Währung asset in Höhe von qty an Adresse address und gibt die Transaktions-ID zurück.

Tabelle 8.4 Auszug aus der Dokumentation der MultiChain-API zum Versand von Assets

Wir verwenden den Aufruf sendasset, um 50 SAPCoins an die neue Teilnehmeradresse zu senden. Im Body des Aufrufes der API-Aufruf übergeben Sie dazu das folgende JSON-Objekt:

API-Aufruf »sendasset«

```
{"method":"sendasset", "params":[
"14UsV3P5BHjbWP2aS6hRyrBRwc5VxLpsmeFCSd", "SAPCoins", 50]}
```

Der erfolgreiche API-Aufruf zum Versand der 50 SAPCoins wird im **Response body** dokumentiert (siehe Abbildung 8.34). Im Schlüssel result wird die Transaktions-ID für diese Transaktion in der Blockchain ausgegeben, mit der die Transaktion jederzeit wiedergefunden und nachvollzogen werden kann.

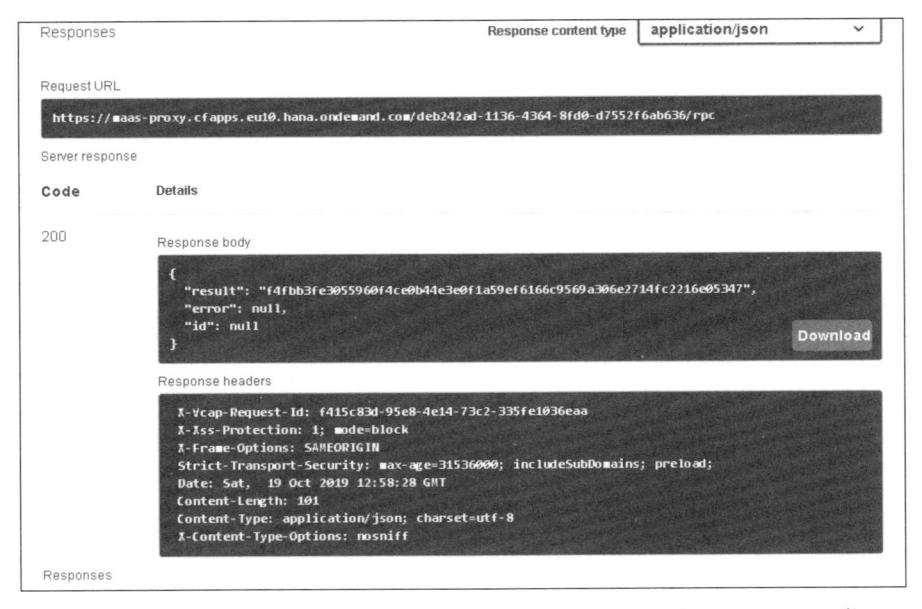

8 Blockchain-Anwendungen mit MultiChain entwickeln

Abbildung 8.34 Response Body zum erfolgreichen Versand von Assets an die neue Empfängeradresse

Überprüfung der Kontostände

Um die erfolgreiche Übertragung der SAPCoins zu prüfen, sehen Sie sich am besten die Kontostände der beiden beteiligten Adressen an. Das können Sie entweder direkt in der SAP Cloud Platform oder wieder über einen Aufruf der MultiChain-API tun.

Abfrage in der SAP Cloud Platform

In der SAP Cloud Platform rufen Sie dazu das Dashboard der laufenden Knoteninstanz auf und navigieren in den Bereich **Assets**. Hier finden Sie die Summe aller ausgegebenen Assets, in unserem Beispiel waren das 1.000 SAPCoins (siehe Abbildung 8.35).

Abbildung 8.35 Summe aller ausgegebenen Assets

8.4 Fortgeschrittenes Entwicklungsbeispiel: dezentraler Energiemarktplatz

Klicken Sie auf den Eintrag für unsere Währung SAPCoins. So gelangen zu einer detaillierten Auflistung aller ausgeführten Transaktionen. Sie finden hier alle Kontostände nach Ausführung der Transaktionen sowie die beteiligten Adressen (siehe Abbildung 8.36). Die neue Adresse mit der Endung »...FCSd« hat hier wie erwartet ein Guthaben von 50 SAPCoins.

Abbildung 8.36 Übersicht der Kontostände

Alternativ können Sie den Kontostand der Empfängeradresse auch über einen Aufruf der MultiChain-API abfragen. Dazu rufen Sie `getadressbalances` auf und übergeben die Adresse, deren Kontostand Sie erfahren möchten (siehe Tabelle 8.5).

Abfrage über die MultiChain-API

API-Aufruf	Parameter	Beschreibung
`getadressbalances`	`address (minconf=1)`	Ergibt eine Liste aller Kontostände für Adresse `address` im Wallet dieses Knotens, mit mindestens `minconf` Bestätigungen.

Tabelle 8.5 Auszug aus der Dokumentation der MultiChain-API zum Abfragen von Kontoständen

Für unsere neue Empfängeradresse übergeben Sie also das folgende JSON-Objekt im Body des API-Formulars:

```
{"method":"getaddressbalances", "params":[
"14UsV3P5BHjbWP2aS6hRyrBRwc5VxLpsmeFCSd"]}
```

Response Body Den Response Body nach erfolgreichem API-Aufruf sehen Sie in Listing 8.20. Auch hier wird der Kontostand von 50 SAPCoins für die neue Empfängeradresse ausgegeben, angegeben im Wert für den Schlüssel qty.

```
{
  "result": [
    {
      "name": "SAPCoins",
      "assetref": "412-266-30464",
      "qty": 50
    }
  ],
  "error": null,
  "id": null
}
```

Listing 8.20 Response Body nach erfolgreichem API-Aufruf »getaddressbalances«

> **[»] Weitere Informationen zum Handel mit Assets**
>
> Das geschilderte Beispiel orientierte sich an dem Szenario »Asset Transfer Scenario Using Multiple Addresses on your Node«, das in der SAP-Onlinehilfe auf der folgenden Seite beschrieben ist: *http://s-prs.de/v691456*

8.4.2 Realisierung der Netzwerkteilnehmer

In dem auf Hyperledger Fabric basierenden Beispiel des dezentralen Energiemarktes hatten wir die vier Teilnehmer des Marktes statisch in der Datei **user.json** definiert (siehe Abschnitt 6.3.2, »Erstellung der Serverkomponente als Node.js-Anwendung«).

Diese Datei existiert auch in unserem Entwicklungsbeispiel für die MultiChain, ist jedoch etwas umfangreicher. Mit dem SAPCoin werden wir hier ein richtiges Asset erzeugen, eine Kryptowährung, die als Spielgeld zum Kauf und Verkauf der Stromprodukte über die Blockchain genutzt werden wird. Damit dies möglich ist, muss jeder Teilnehmer eine eigene Adresse im

MultiChain-Netzwerk haben. In Abschnitt 8.4.1, »Eigene Kryptowährungen in MultiChain realisieren«, haben wir bereits eine erste solche Teilnehmeradresse erzeugt. Die richtige Initialisierung unseres Blockchain-Netzwerkes nennen wir der Einfachheit halber den *Bootstrapping-Prozess* – dieser Prozess soll sicherstellen, dass die Blockchain im betriebsbereiten Zustand ist, bevor der Marktplatz angezeigt wird.

Mit jedem Teilnehmer am Marktplatz sind ein *Public Key* und ein *Private Key* verbunden, über die der Zugang zu seinem Guthaben hergestellt werden kann. Dies alles ist in der Datei **user.json** für unser MultiChain-Beispiel definiert.

Zur Erzeugung mehrerer neuer Teilnehmeradressen für das MultiChain-Netzwerk können Sie den Aufruf `createkeypairs` der MultiChain-API nutzen. Dabei übergeben Sie die Anzahl der zu erzeugenden Teilnehmerschlüssel. Tabelle 8.6 zeigt den entsprechenden Auszug aus der Dokumentation der MultiChain-1.0-API.

Erzeugung von MultiChain-Adressen

API-Aufruf	Parameter	Beschreibung
`createkeypairs`	(count=1)	Erzeugt einen oder mehrere Schlüsselpaare, die nicht im Wallet des Knotens gespeichert werden. Für jedes Schlüsselpaar werden die Adresse, der öffentliche (Public Key) und der für Signaturen benötigte private Schlüssel (Private Key) zurückgegeben.

Tabelle 8.6 Auszug aus der MultiChain-API mit dem Aufruf zur Erzeugung von Teilnehmerschlüsseln

Für unser Beispiel sollen neue Teilnehmeradressen erzeugt werden. Diese Zahl wird dem JSON-Objekt im Body des Aufrufes als Parameter `params` mitgegeben:

```
{"method": "createkeypairs", "params":[4]}
```

Der Response Body nach einem erfolgreichen Aufruf sieht aus wie in Listing 8.21. Er enthält vier neue Adressen (`address`-Einträge) sowie deren private und öffentliche Zugangsschlüssel (`pubkey` und `privkey`). Diese bilden effektiv die Zugangsdaten zu den dazugehörigen Teilnehmerkonten.

Response Body

```
{
  "result": [
    {
```

```
          "address": "19RPpscGWPAnTH3KZXmpRVn4yowNiLhh58Pn14",
          "pubkey": "02e75295cb80905fe8de53a6da012e015711da
            373a2783b3e978c042017dc908ad",
          "privkey": "V74SvJ2v6ut49or4Jn2k1ibaHAveSCmcsEsgboRz
            fqBj4dDJ5EdDMgKe"
        },
        {
          "address": "1MdCL56KZpZ9LWqAEm86N9HCw1a3ncYtrBdCdR",
          "pubkey": "02afdeab53eb55332744ebcf77213820571e64b7f1
            c69553e0bceb4b88a744923a",
          "privkey": "V5FXmayPHrrecnhY6UaBZgAoFjAa8ajpgUyVtrx
            3KrFn25bEBJQTidJE"
        },
        {
          "address": "1GA7P1v9EdiiojvT7wbtHw4gpSCXd8jpz8Bttg",
          "pubkey": "03219ef89828b133f0ff78a150af305a795cfd8dc
            921dd1097feaa05047d6f498d",
          "privkey": "V9vfreVZRFWy8LHciGEG6WaTWYxW4DP4hN1pvC
            BmZEftXsC16dSsSwmP"
        },
        {
          "address": "1Hhw387BKymFdBKsnFLm7K3jJjG5EGw4zq3eGD",
          "pubkey": "031b25dc843fd0aecbffa54a17cb75165060d28c9
            a36b212a41d11db1c3d0ce880",
          "privkey": "V7EB3kZZ9Hk16nBYrd32Suk6yE5FdziYcfX4suf
            LmXxxcfqBvvoV9hEX"
        }
    ],
    "error": null,
    "id": null
}
```

Listing 8.21 Response Body nach dem erfolgreichen API-Aufruf »createkeypairs«

[»] **Simulation der Kontenbewegungen**

In einer echten dezentralisierten Anwendung dürfen die privaten Schlüssel der Teilnehmer niemandem bekannt sein, auch nicht dem Knoten. Die privaten Schlüssel dürfen nur den Teilnehmern selbst bekannt sein.

Wir stellen dem Knoten die Schlüssel aller vier Teilnehmer zur Verfügung, damit dieser die Konten für uns in seinem Wallet verwalten kann. Dieser Kunstgriff erlaubt es uns als Benutzer später, alle vier Teilnehmer am

8.4 Fortgeschrittenes Entwicklungsbeispiel: dezentraler Energiemarktplatz

> Markt simulieren zu können, weil wir über den Knoten Zugriff auf alle vier Konten haben. Der Knoten kennt die Zugangsdaten für alle Konten, und wir teilen per Web-Frontend mit, für welchen Teilnehmer wir eine Transaktion ausführen wollen. Diese wird durch den Knoten mit dem jeweiligen Konto auch wirklich ausgeführt, sodass hinterher alle Kontenbewegungen in der Blockchain geprüft werden können.

Diese neuen Schlüssel können mit dem API-Aufruf importprivkey wieder in das Wallet des Knotens importiert werden. Der Aufruf erlaubt den Import einer oder mehrerer Teilnehmeradressen mitsamt den dazugehörigen öffentlichen und privaten Schlüsseln zur Verwaltung im Wallet des Knotens.

Schlüssel importieren

Die im Download-Material zu diesem Buch zur Verfügung gestellte Datei **user.json** für dieses Projekt enthält all diese Informationen und ordnet sie den entsprechenden Benutzernamen (userID und userName) zu (siehe Listing 8.22).

Datei »user.json«

```
[
    {
        "userId": "fredrika93ozumv",
        "userName": "Fredrika Riley",
        "openingBalance": 50000,
        "address": "1FdJ7JFdwcnstM8zwGgQkAx9SQVR6FJnNPqyxH",
        "pubkey": "030011d430958661c39a4c95927f6a348b61c6a
            f54a6285e7d68a6f9f21a412922",
        "privkey": "VEY9nFQwGoXXJAk7CrH3B1fchdyKA9Fvo9bkDoLV
            hNXVescwDoAza13z"
    }, {
        "userId": "charliez170b9ek",
        "userName": "Charlie Sanchez",
        "openingBalance": 50000,
        "address": "18xhDHnyBrG4m6Rc57exwpXLwNqNirtGpr37zd",
        "pubkey": "020a6f6e106e206e7dabc33c68cd11e49df67
            d89fe6218d410df6c4ac5b4a7c22d",
        "privkey": "V8tkntxhewDf3WifgvrHhpeV88brtis4B2a8Z4
            jnAV4Cd9R8Nx9eZXtM"
    }, {
        "userId": "thomasina4e_bgaf",
        "userName": "Thomasina Martin Mills",
        "openingBalance": 50000,
        "address": "1N51dHcWtunziuznsco1wrp6QLGYpD4aqhwyTC",
        "pubkey": "036f74e5436d85da930680a293e06208f48cdf982d
            3263d966ddd18e1a7e981bcb",
```

```
            "privkey": "VAhqiU1Xo1CLtD2MqEx7PjU2MJXFxihV7sERo8a
              sPdQzv3KcQct28RBX"
        }, {
            "userId": "louiszx1fnOq2rc",
            "userName": "Louis Taylor",
            "openingBalance": 50000,
            "address": "1ZuZeYxsEMkenL8U6zZ1fQrGFDyJxu8B5p1ckL",
            "pubkey": "024bdd45b746aec38f094a68a1f2ab165c76741fe826
              1e54494fb2cce5aa34aa51",
            "privkey": "VHodPnDieu7du3GoELLQBmj3iR6QuDmUKfcYVm3Ds9tN
              qyGPghGkADiz"
        }
]
```

Listing 8.22 Inhalt der Datei »user.json«

> [!] **Schutz der Teilnehmerdaten**
>
> Der Import von fest im Quellcode hinterlegten privaten Schlüsseln und Adressen von Teilnehmern ist natürlich ein Sicherheitsrisiko und dient hier nur der Vereinfachung für unser Projekt.
>
> In einem produktiven System sollten speziell die privaten Schlüssel der Teilnehmer geheim gehalten und eben *nicht* in das Wallet eines Knotens importiert werden, da sonst der Knoten bzw. sein Besitzer Zugriff auf die Konten und die darin enthaltenen Gelder erhält. Wer den öffentlichen *und* privaten Schlüssel einer Adresse kennt, hat Zugriff auf das dazugehörige Konto und die darin enthaltenen Gelder.

8.4.3 Die Middleware-Komponente als Node.js-Anwendung

Der Middleware-Komponente wird bei diesem Projekt mehr Bedeutung zukommen, da die Blockchain nicht programmierbar ist. Das bedeutet, dass mehr Logik in die Middleware verlagert werden muss als im Hyperledger-Fabric-Beispiel im vorangegangenen Kapitel.

Bootstrapping-Prozess So muss z. B. bei jedem Start der Anwendung geprüft werden, ob der dezentrale Energiemarktplatz überhaupt schon einmal eingerichtet worden ist:

- Es muss geprüft werden, ob unsere Blockchain bereits einen Stream namens `EnergyMarket` kennt, in dem die von den Teilnehmern angebotenen Produkte gespeichert wurden. Wenn diese Prüfung positiv ausfällt, weist dies drauf hin, dass das System bereits erfolgreich gelaufen ist. Eventuell sind auch schon Produkte von den Teilnehmern in die Blockchain geschrieben worden.

- Sollte der Stream `EnergyMarket` nicht vorhanden sein, müssen diverse Parameter zur Initialisierung des Systems eingerichtet werden, etwa der Stream, die Einrichtung der Teilnehmer und ihre Schlüssel, die Erzeugung der neuen Kryptowährung sowie ihre Verteilung auf alle Teilnehmer.

Das vereinfachte Flussdiagramm in Abbildung 8.37 zeigt den Verlauf dieser Prüfung und die eventuell vorgenommenen Schritte für den damit verbundenen Bootstrapping-Prozess zur Initialisierung der Teilnehmer.

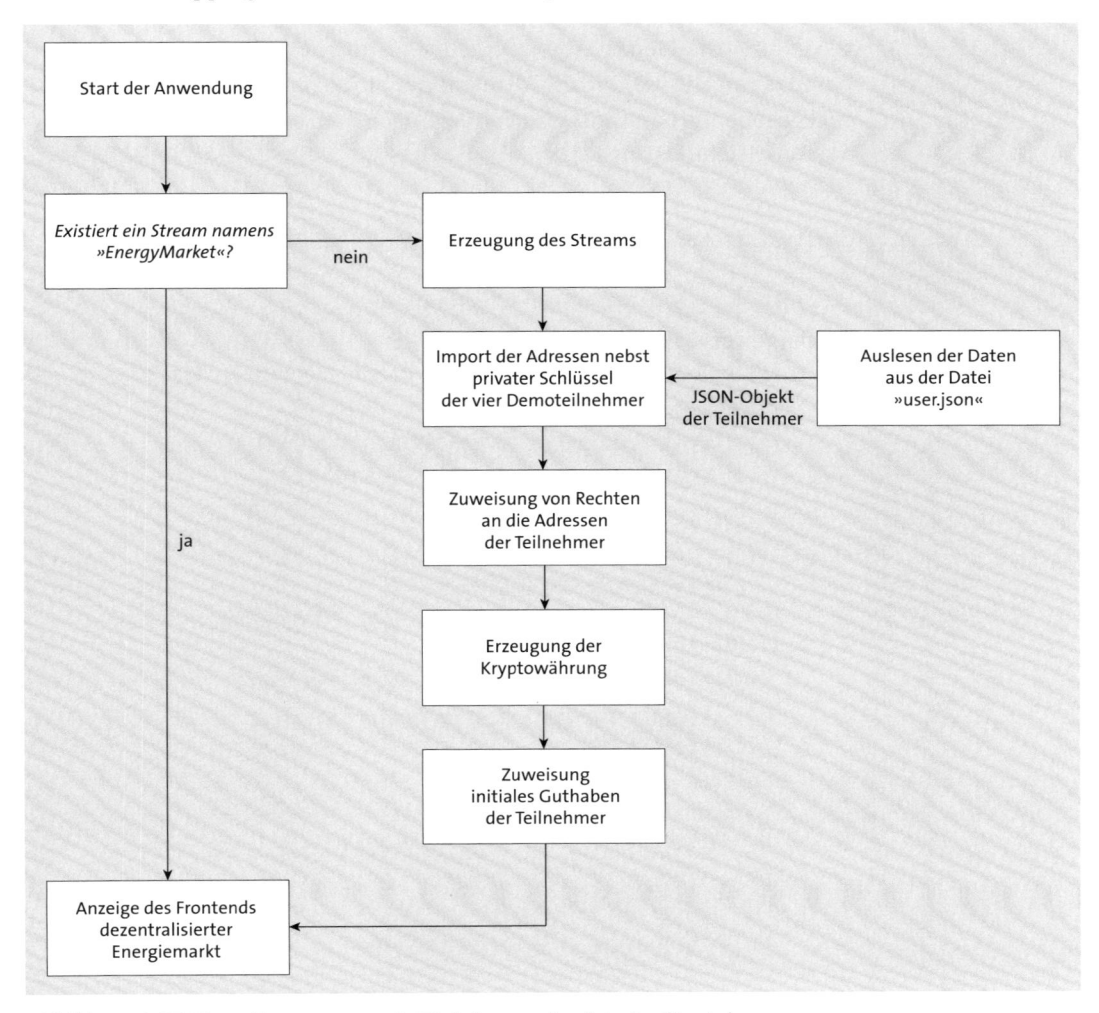

Abbildung 8.37 Flussdiagramm zur Initialisierungslogik beim Start der Anwendung

Für unseren dezentralen Energiemarkt wünschen wir uns auch eine neue angepasste Währung namens *EnergyCoin*. Einmal erzeugt, soll sie auf alle vier Teilnehmer gleichmäßig verteilt werden, damit diese am Markt agieren können. Dazu müssen, wie eingangs besprochen, die neuen Teilnehmer (genauer ihre Adressen) angelegt werden, Rechte zum Erhalt und Versand von Assets vergeben und schließlich das Spielgeld auch verteilt werden.

All diese Prüfungen leistet die Middleware-NodeJS-Anwendung, im Git-Repository zu finden unter *Kapitel_8\MultiChain\energy-market\EnergyMarket-middleware*.

Funktion »init« Die wichtigste Datei ist **requestHandlers.js** (siehe Auszug in Listing 8.23). Es wird in der Funktion init() zunächst geprüft, ob ein Stream namens EnergyMarket vorhanden ist – dazu wird der MultiChain-API-Aufruf liststreams benutzt, um alle verfügbaren Streams der Blockchain aufzulisten. In der zurückgegebenen Sammlung suchen wir nach dem Stream namens »EnergyMarket« (siehe Listing 8.23).

```
...
const streamName = "EnergyMarket";
...
function init() {
    const methodName = "liststreams";
    _multichainPost(methodName, null, function(error, data) {
        let exists = false;
        for (let i = 0; i < data.result.length; i++) {
            if (data.result[i].name === streamName) {
                exists = true;
                break;
            }
        }
        if (!exists) {
            console.log("-- Bootstrap stream and users --------
            -------------------------------------------");
            createStream();
        } else {
            console.log("-- Stream exists --------------------
            ------------------------------");
        }
    });
}
```

Listing 8.23 Implementierung der Funktion »init«

Sollte der Stream in der Blockchain noch nicht vorhanden sein, muss er eingerichtet werden. Dazu wird mithilfe des API-Aufrufes createStream der Stream namens EnergyMarket in der MultiChain angelegt (siehe Listing 8.24).

Stream anlegen

```
function createStream() {
   const methodName = "create";
   const params = ["stream", streamName, true];
   _multichainPost(methodName, params, function(error, data) {
      if (!error) {
          console.log("-- Stream created --------------------
                      -------------------------------");
          console.log("-- create response body --------------
                      -------------------------------");
          console.log(data);
          importAddresses();
      }
   });
}
```
Listing 8.24 Implementierung der Funktion »createStream«

Das Vorhandensein des Streams in der Blockchain dient somit bei jedem späteren Durchlaufen der Anwendung als Kennzeichen, ob das System bereits eingerichtet wurde. Fehlt dieser Stream, müssen auch alle weiteren Schritte durchlaufen werden, da diese ihre Daten in den Stream schreiben und die Anwendung auf diese Daten angewiesen ist.

Nach Neuanlage des Streams wird die lokale Funktion importAddresses() aufgerufen (siehe Listing 8.25). Diese wiederum ruft die Funktion _getUsers() auf, die die Daten der vier Teilnehmer importiert. Diese sind in der Datei **user.json** statisch hinterlegt. Diese wird eingelesen, und die Schlüssel der Konten werden dann per MultiChain-API-Aufruf importprivkey in das Wallet des Knotens importiert.

MultiChain-Adressen importieren

```
...
function _getUsers() {
    let userData = fs.readFileSync("./model/users.json",
      "utf8");
    userData = JSON.parse(userData);
    return userData;
}
...
function importAddresses () {
    const methodName = "importprivkey";
```

```
        const users = _getUsers();
        const params = [[
            users[0].privkey,
            users[1].privkey,
            users[2].privkey,
            users[3].privkey
        ]];
            _multichainPost(methodName, params, function(error,
             data) {
            if (!error) {
                console.log("-- Addresses Imported --------------
                ------------------------------------");
                console.log("-- importprivkey response body -----
                ----------------------------------------------");
                console.log(data);
                grantPermissions();
            }
        });
    }
```

Listing 8.25 Import der Teilnehmer durch Auslesen der Datei »user.json«

Rechte der Teilnehmer Im nächsten Schritt erhält jede dieser Teilnehmeradressen die Rechte, um eine Verbindung mit den anderen Teilnehmern herzustellen und um die neuen EnergyCoins zu senden und zu empfangen. Dieses wird mit dem MultiChain-API-Aufruf grant in der Funktion grantPermissions realisiert (siehe Listing 8.26).

```
...
function grantPermissions() {
    const methodName = "grant";
    const users = _getUsers();
    const addresses = users[0].address + "," +
                users[1].address + "," +
                users[2].address + "," +
                users[3].address;
    _multichainPost(methodName, [addresses,
    "connect,send,receive,issue"], function(error, data) {
        if (!error) {
            console.log("-- Permissions Granted ----------------
            ----------------------------");
            console.log("-- grant response body ----------------
            ----------------------------");
            console.log(data);
```

```
            initAsset();
      }
   });
}
...
```

Listing 8.26 Zuweisung der Rechte für die vier neuen Teilnehmeradressen

Nun soll unsere neue Kryptowährung EnergyCoin erzeugt werden. Das übernimmt die Funktion `initAsset()` in der Datei **RequestHandler.js**. Sie erzeugt die Währung mittels des MultiChain-API-Aufrufes `issue` und übergibt null (also keine) EnergyCoins an die Adresse des ersten Teilnehmers (siehe Listing 8.27).

Initialisierung der Kryptowährung

Diese Adresse und der Vorgang der Übertragung dienen hier nur als Platzhalter. Wir stellen hier also vor allem sicher, dass unsere neue Kryptowährung überhaupt erzeugt wird. Die tatsächliche Zuweisung der initialen Guthaben an die Teilnehmer erfolgt im nächsten Schritt.

```
...
const assetName = "EnergyCoin";
...
function initAsset() {
   const methodName = "issue";
   const users = _getUsers();
   const params = [users[0].address,
     {"name": assetName, "open": true}, 0];
   _multichainPost(methodName, params, function(error, data) {
      if (!error) {
          console.log("-- Asset Initialised -----------------
                      --------------------------------");
          console.log("-- issue response body ---------------
                      --------------------------------");
          console.log(data);
          for (let i = 0; i < users.length; i++) {
             initBalance(users[i]);
          }
      }
   });
}
...
```

Listing 8.27 Erzeugung der Kryptowährung SAPCoin und Ausgabe des initialen Guthabens an die Teilnehmer

Zuweisung der Guthaben

Die tatsächliche Zuweisung der initialen Guthaben an die Teilnehmer erfolgt über die Funktion initBalance (siehe Listing 8.28) dank des MultiChain-API-Aufrufes issuemore unter Angabe der Empfängeradresse in user.address, des Asset-Namens (EnergyCoin, gespeichert in der Konstanten assetName) sowie schlussendlich der openingBalance.

```
...
const assetName = "EnergyCoin";
...
function initBalance(user) {
    const methodName = "issuemore";
    const params = [user.address, assetName,
     user.openingBalance];
    _multichainPost(methodName, params, function(error, data) {
      if (!error) {
          console.log("-- Balance Initialised for " +
            user.userName + " ---------------------------------
            ------------------");
          console.log("-- issuemore response body ------------
            --------------------------------------");
          console.log(data);
      }
    });
}
...
```

Listing 8.28 Ausgabe des initialen Guthabens an die Teilnehmer in der Funktion »initBalance()« dank des MultiChain-API-Aufrufes »issuemore«, der mehr Tokens erzeugt

Damit ist das Bootstrapping des Energiemarktplatzes durch die Middleware abgeschlossen, und alle vom Projekt benötigten Datenstrukturen sind in der Blockchain angelegt und gespeichert.

8.4.4 Betrieb der SAPUI5-Anwendung

Der Betrieb des dezentralen Energiemarktplatzes auf Basis von MultiChain unterscheidet sich nicht sonderlich von dem Betrieb des Marktplatzes auf Basis von Hyperledger Fabric. Die Teilnehmer können über die Anwendungsoberfläche wie gehabt Angebote einstellen und kaufen, und ihr Guthaben wird daraufhin entsprechend angepasst. Allerdings weicht das MultiChain-Beispiel in einigen Schlüsselkonzepten deutlich vom Hyperledger-Fabric-Beispiel ab. Die größten Unterschiede rühren daher, dass MultiChain 1.0 keine Smart Contracts unterstützt. Das bedeutet, dass viele Bestandteile der Anwendungslogik in die Node.js-Middleware, d. h. den Controller der Anwendung, wandern. Deren Funktionen zur Umsetzung der Anwendungslogik beschreiben wir in diesem Abschnitt.

Das Beispiel des dezentralen Energiemarktplatzes auf Basis von MultiChain weist als erste Besonderheit eine eigene Kryptowährung auf, den Energy-Coin. Wie dieser erzeugt und verteilt wird, haben wir in Abschnitt 8.4.1, »Eigene Kryptowährungen in MultiChain realisieren«, erläutert. Im Gegensatz zum Hyperledger-Fabric-Beispiel handelt es sich hier nicht um eine Simulation, sondern um eine richtige Kryptowährung. Die Anwendung bietet daher auch eine entsprechende Infrastruktur zur Verwaltung der Teilnehmerkonten und Schlüssel sowie zur Durchführung von Asset-Transaktionen.

Nutzung einer eigenen Kryptowährung

Mit der eigenen Kryptowährung geht auch eine andere Art der Guthabenermittlung einher. Im Hyperledger-Fabric-Beispiel wurden die Guthaben der Teilnehmer anhand der getätigten Transaktionen dynamisch zur Laufzeit errechnet. Im MultiChain-Beispiel verwaltet die Blockchain die Guthaben. Es genügt daher eine Abfrage mithilfe der Funktion _getUserBalance unter Angabe der Adresse des jeweiligen Teilnehmers. Diese Funktion ist in der Datei **requestHandler.js** implementiert (siehe Listing 8.29).

Abfrage von Guthaben

```
...
function _getUserBalance(user, cb) {
   const methodName = "getaddressbalances";
   const params = [user.address];
   let balance = 0;
   _multichainPost(methodName, params, function(error, data) {
      if (data.result.length > 0) {
         data.result.map(e => {
            if (e.name == assetName) {
               balance = e.qty;
            }
         });
      }
      cb(balance);
   });
}
...
```

Listing 8.29 Abfrage zur Ermittlung des Kontostandes eines Teilnehmers

Beim Aufruf der Funktion _getUserBalance wird ein MultiChain-API-Aufruf getaddressbalances gesendet, der im Abschnitt »Überprüfung der Kontostände« in Abschnitt 8.4.1 beschrieben ist und den Kontostand für eine oder mehrere Adressen abfragt.

Speichern von Angeboten

Ein weiterer Unterschied zur Implementierung der Hyperledger-Fabric-Anwendung ist die persistente Speicherung der Angebote in dem MultiChain-eigenen Stream in der Blockchain. Neu erstellte Angebote werden dazu mit dem MultiChain-API-Aufruf publish im Stream abgespeichert (siehe auch Abschnitt 8.3.1, »Einen eigenen Stream in der MultiChain erstellen«). Die Angebotsnummer (OffererID) als Teileigenschaft eines Produktangebots (ProductOffering) erlaubt die eindeutige Zuordnung des Angebots zum anbietenden Teilnehmer. Immer noch in der Datei **requestHandler.js** wird die Speicherung eines Angebots mit der Funktion registerProduct-Offering umgesetzt (siehe Listing 8.30).

```
...
function registerProductOffering(req, cb) {
    const methodName = "publish";
    let body = "";
    req.on("data", chunk => {
        body += chunk.toString(); // convert Buffer to string
    });
    req.on("end", () => {
      const productData = JSON.parse(body);
        productData.productId = _generateProductId();
        productData.buyerId = "-";
        productData.version = 0;
        const productDataHex =
        _hexEncode(JSON.stringify(productData));
       _multichainPost(methodName, [streamName,
         productData.productId, productDataHex],
          function(error) {
        if (error) {
            console.log("-- Error -------------------------
                 -------------------------");
            console.log(error);
              cb(error.toString());
        } else {
          cb(null, "success");
        }
    });
```

    });
}
...

Listing 8.30 Implementierung der Funktion »registerProductOffering« zum Speichern eines Produktangebots

Ausgelesen werden die im Stream gespeicherten Angebote mit der JavaScript-Funktion getProductOfferings, die sich wiederum des Aufrufes liststreamitems der MultiChain-API bedient (siehe ebenfalls Abschnitt 8.3.1, »Einen eigenen Stream in der MultiChain erstellen«). Die Ergebnisse dieses Funktionsaufrufes können durch Angabe einer Teilnehmeradresse gefiltert werden, sodass die ausgegebenen Produkte diesem Teilnehmer zugeordnet werden können. Dies ist wichtig für die Liste der erstellten Angebote sowie um die Liste der gekauften Angebote in der Anwendung zu sortieren.

Stream auslesen

Die Implementierung der Funktion getProductOfferings in der Datei **requestHandlers.js** sehen Sie in Listing 8.31. Zunächst werden die verfügbaren Einträge mittels des API-Aufrufes liststreamitems abgefragt, dann werden sie für den jeweiligen Teilnehmer dargestellt.

```
...
function getProductOfferings(req, cb, user, testFunction) {
    const methodName = "liststreamitems";
    const params = [streamName, false, 100000];
    _multichainPost(methodName, params, function(error, data) {
        if (error) {
            console.log("-- Error ----------------------------
                --------------------");
            console.log(error);
            cb(error.toString());
        } else {
            const offerings = [];
            if (data.result.length > 0) {
                const products = _getLatestProducts(data.result);
                products.forEach((product) => {
                    if (testFunction(product, user)) {
                        offerings.push(product);
                    }
                });
            }
            cb(null, JSON.stringify(offerings));
        }
```

```
        });
    }
    ...
```

Listing 8.31 Auslesen der Produktangebote aus dem Stream der Blockchain

8.5 Zusammenfassung

In diesem Kapitel haben wir uns mit den Möglichkeiten beschäftigt, die Ihnen mit MultiChain 1.0 auf der SAP Cloud Platform für die Anwendungsentwicklung zur Verfügung stehen. Aufbauend auf dem Wissen aus Kapitel 5, »Erste Schritte zur Erstellung eigener Blockchains«, und dem darin angelegten MultiChain-Netzwerk haben Sie erfahren, wie Sie über die MultiChain-API auf die Netzwerkknoten in der SAP Cloud Platform zugreifen und Aktionen wie das Anlegen von Streams und Speichern von Daten ausführen. Das Schreiben und Auslesen eines simplen Schlüssel-Wert-Paares bildete die Grundlage für das erste einfache Entwicklungsbeispiel auf Basis von MultiChain, eine einfache Inventurapplikation für Pharmaunternehmen. Als fortgeschrittenes Beispiel haben wir den dezentralen Energiemarktplatz aus Kapitel 6, »Blockchain-Anwendungen mit Hyperledger Fabric entwickeln«, diesmal mit MultiChain entwickelt. Als Besonderheit wurde dabei unter anderem eine eigene Kryptowährung namens EnergyCoin erzeugt, neue Teilnehmeradressen angelegt und »richtige« finanzielle Transaktionen ausgeführt, die in der Blockchain gespeichert wurden.

In diesem und den vorangegangenen Kapiteln haben wir Ihnen Anwendungsbeispiele gezeigt, die auf einer Cloud-Infrastruktur aufbauen. Dazu haben wir die Hyperledger-Fabric- und MultiChain-Umgebungen der SAP Cloud Platform genutzt sowie die Möglichkeiten zur Anbindung einer SAP-HANA-Datenbank. Wir haben nicht thematisiert, ob diese Datenbank on premise oder in der Cloud betrieben wird. Denn neben den vornehmlichen cloudbasierten Lösungen besteht auch die Möglichkeit, die Blockchain in hybriden Netzwerkarchitekturen einzusetzen, in denen On-Premise- und cloudbasierte Komponenten kombiniert werden. Mit diesem Szenario beschäftigen wir uns im folgenden Kapitel.

Kapitel 9
Hybride Netzwerkarchitektur

Blockchain-Netzwerke sind im Regelfall stark verteilt, um dem Grundprinzip der Dezentralisierung gerecht zu werden. Wie eine solche Verteilung mithilfe der SAP Cloud Platform und weiterer Werkzeuge ermöglicht werden kann, ist Gegenstand dieses Kapitels.

Enterprise Blockchains sind naturgemäß unternehmensübergreifende, gegebenenfalls auch geografisch weit verteilte, internationale Netzwerke mit einer größeren Anzahl teilnehmender Parteien und einer daraus resultierenden Vielzahl an vernetzten Knoten. Das Hauptaugenmerk des Blockchain-Ansatzes liegt auf einer Dezentralisierung von Persistenz und Logik, was durch die Verteilung der Knoten erreicht wird. Dabei ist es wichtig, den Parteien zwar einen standardisierten Weg zur Teilnahme am Netzwerk zu bieten, sie jedoch nicht auf einen Serviceanbieter, wie z. B. SAP oder IBM, festzulegen. Hat sich ein Konsortium z. B. auf den Einsatz von Hyperledger Fabric festgelegt, kann jede eingeladene Partei mithilfe der durch Hyperledger standardisierten Open-Source-Lösung dem Netzwerk beitreten.

Vor diesem Hintergrund ist es nur logisch, dass nicht alle Parteien einer potenziellen Enterprise Blockchain SAP-Kunden sein werden bzw. dass nicht alle Parteien ihren Blockchain-Knoten auf der SAP Cloud Platform oder generell in einer Cloud-Umgebung bereitstellen werden. Um dennoch dem grundlegenden Prinzip der Dezentralisierung nachkommen zu können, muss jeder Teilnehmer seinen Blockchain-Knoten nach eigenem Ermessen provisionieren können, ob mit oder ohne SAP, ob on premise oder in einer Cloud. Wie eine solche *hybride Netzwerkarchitektur* umgesetzt werden kann, erläutern wir in diesem Kapitel. Dabei stellen wir Ihnen verschiedene Varianten einer verteilten Architektur vor, in denen die Knoten über die SAP Cloud Platform, on premise oder über eine Drittanbieter-Cloud bereitgestellt werden. Wir gehen insbesondere darauf ein, wie verteilte Netzwerke nativ (d. h. nur mit den Mitteln der verwendeten Blockchain-Technologie) oder mithilfe eines Frameworks realisiert werden können. Ein Exkurs beschäftigt sich mit der Camelot Hypertrust Platform, die wir beispielhaft für ein solches Framework anführen. Ergänzende Informationen erhalten Sie

Freie Wahl des Serviceanbieters

9 Hybride Netzwerkarchitektur

zum Thema Trusted Computing, das gerade bei verteilten Netzwerken unter Einbeziehung stark geschützter, privater Daten einen hohen Stellenwert einnimmt.

9.1 Varianten hybrider Netzwerkarchitekturen

Knoten auf verschiedenen Plattformen

Ein möglicher Aufbau einer hybriden Netzwerkarchitektur ist in Abbildung 9.1 veranschaulicht. Die zur Anwendung kommende Technologie ist hier Hyperledger Fabric. Die Knoten werden auf mehreren Wegen bereitgestellt: über die SAP Cloud Platform (im Serviceplan Backbone), on premise in der Landschaft einer teilnehmenden Partei oder in einer Drittanbieter-Cloud.

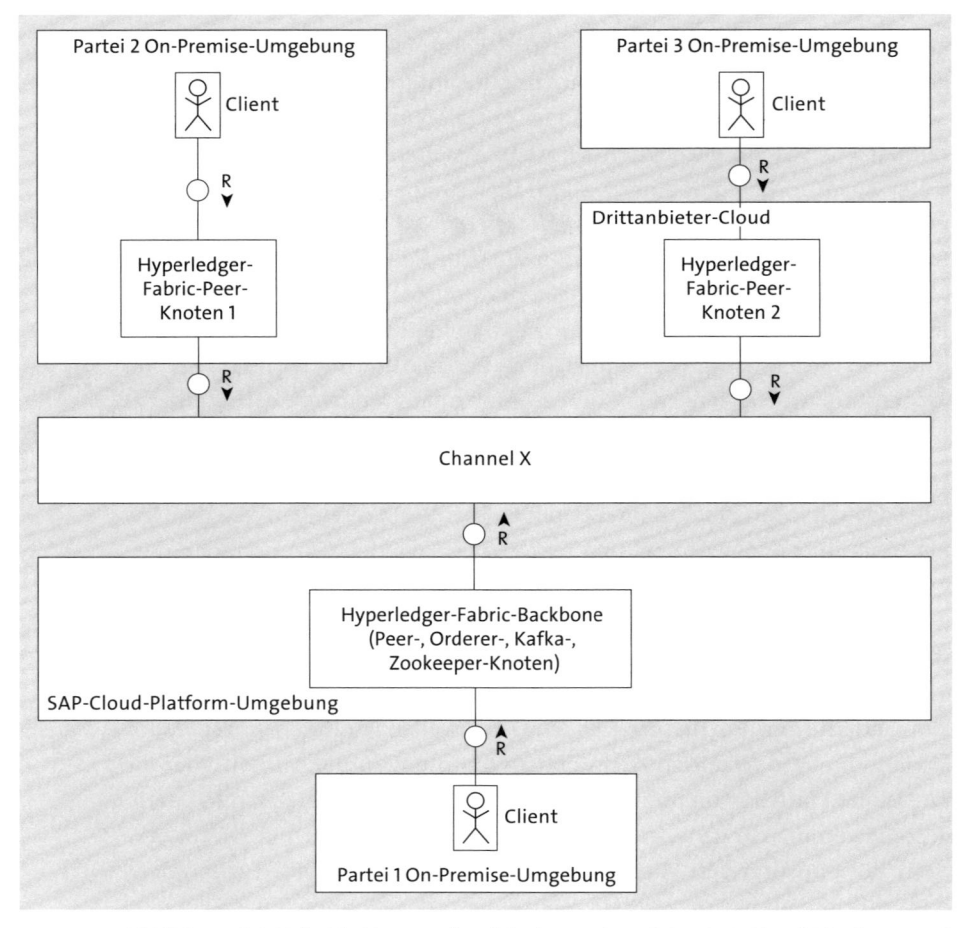

Abbildung 9.1 Hybride Netzwerkarchitektur mit auf der SAP Cloud Platform, auf einer Drittanbieter-Cloud-Plattform und on premise betriebenen Peer-Knoten (Hyperledger Fabric)

Typisch für Hyperledger Fabric ist dieser bei aller Dezentralisierung noch leicht zentralisierte Ansatz, da eine Partei, sozusagen als Gründer des Netzwerkes, den Orderer-Knoten besitzt (zu den Knotentypen siehe auch Abschnitt 6.1, »Architektur einer Hyperledger-Fabric-Blockchain«) und damit über weitreichendere Befugnisse verfügt als die anderen Knoten. Dieser Architektur kann eine beliebige Anzahl an On-Premise- oder in einer Drittanbieter-Cloud betriebener Peer-Knoten beliebig vieler Parteien hinzugefügt werden, um das abgebildete Schema zu erweitern.

Orderer-Knoten auf der SAP Cloud Platform

In Abbildung 9.1 wird der Orderer-Knoten auf der SAP Cloud Platform betrieben, das Netzwerk wurde also auf dieser Platform initiiert. Ebenso ist auch der umgekehrte Fall realisierbar: Ein auf der SAP Cloud Platform betriebener Peer-Knoten kann beispielsweise einem Netzwerk beitreten, das von einem externen Orderer-Knoten initiiert wurde.

Beitritt zu einem externen Netzwerk

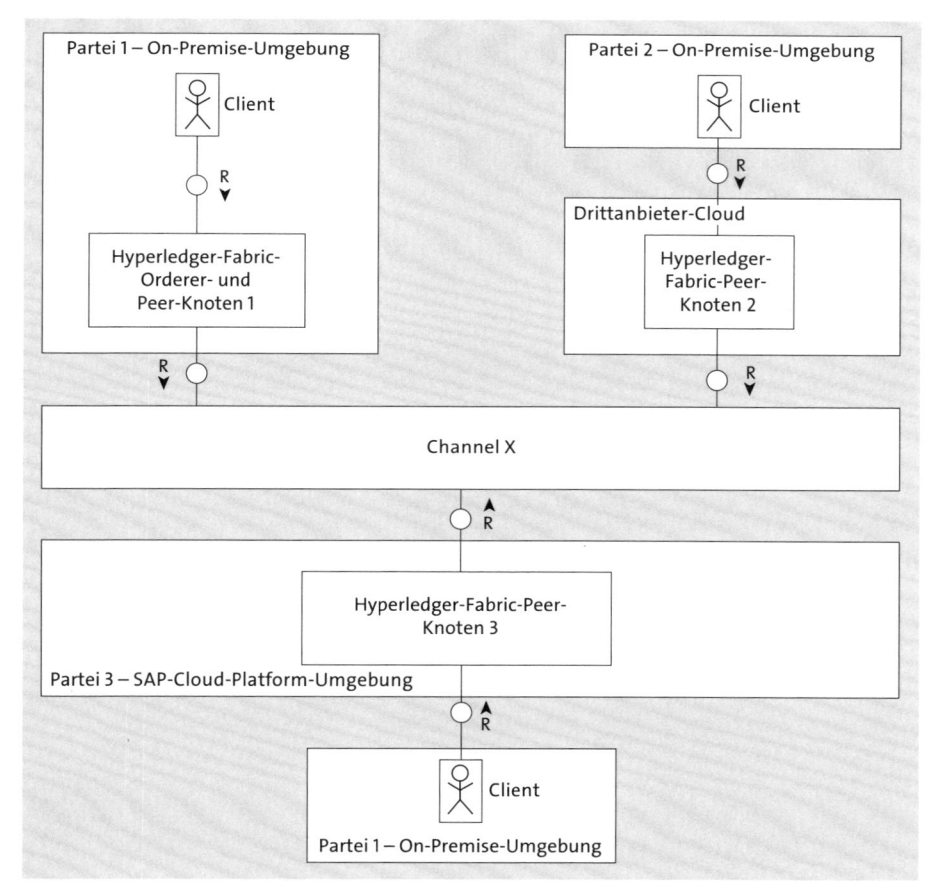

Abbildung 9.2 Hybride Netzwerkarchitektur mit on premise betriebenem Orderer-Knoten und Peer-Knoten auf der SAP Cloud Platform sowie in einer Drittanbieter-Cloud (Hyperledger Fabric)

Zu sehen ist dieser Fall in Abbildung 9.2. Dabei spielt es grundsätzlich keine Rolle, ob das externe Netzwerk gänzlich oder in Teilen in einer Cloud, on premise oder hybrid betrieben wird.

Klassischer, dezentralisierter Ansatz

Während solche zumindest teilweise zentralisierten Ansätze bei Hyperledger Fabric üblich sind, bieten die Optionen MultiChain sowie künftig auch Quorum den klassischen, voll dezentralisierten Ansatz auf der SAP Cloud Platform. Einen Ausblick auf die geplante Unterstützung von Quorum finden Sie in Kapitel 10, »Zusammenfassung und Ausblick«. Eine solche vollständig hybride Netzwerkarchitektur ist in Abbildung 9.3 dargestellt. Die zur Anwendung kommende Technologie ist hier MultiChain. Die einzelnen Knoten werden über die SAP Cloud Platform, on premise in der Landschaft einer teilnehmenden Partei oder in einer Drittanbieter-Cloud bereitgestellt.

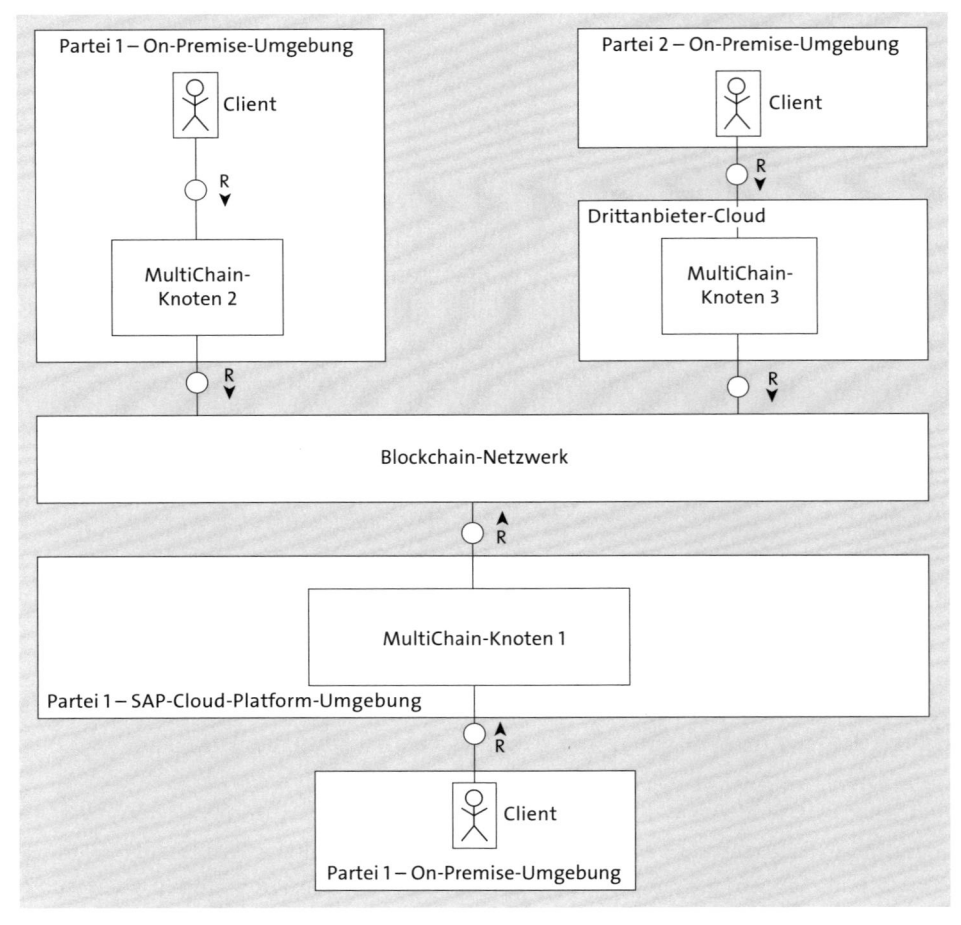

Abbildung 9.3 Dezentrale Hybride Netzwerkarchitektur mit auf der SAP Cloud Platform, on premise sowie in einer Drittanbieter-Cloud betriebenen Knoten (MultiChain)

Diesem voll dezentralisierten Blockchain-Netzwerk kann eine beliebige Anzahl an Peer-Knoten hinzugefügt werden, die on premise, auf der SAP Cloud Platform oder in einer Drittanbieter-Cloud betrieben werden, um das abgebildete Schema zu erweitern.

9.2 Exkurs: Camelot Hypertrust Platform

SAP Cloud Platform Blockchain bietet viele Funktionen, um die Bereitstellung und den Betrieb von Blockchain-Netzwerken auf der SAP Cloud Platform einfach und effizient zu gestalten. Jeder, der bereits selbst Blockchain-Netzwerke, egal, welcher Ausprägung aufgesetzt hat, wird diese Funktionen zu schätzen wissen, da stundenlanges Arbeiten auf der Kommandozeilenebene damit der Vergangenheit angehört. Doch was, wenn nun weitere Knoten ins Spiel kommen, die außerhalb der SAP Cloud Platform bereitgestellt werden sollen? Auch zu diesem Zweck gibt es Frameworks, die die Administration der Knoten und des hybriden Netzwerkes vereinfachen.

Frameworks zur Verwaltung hybrider Netzwerke

Tabelle 9.1 vergleicht die existierenden Blockchain-Frameworks verschiedener Anbieter.

Name des Frameworks	Betriebsoptionen	Unterstützte Blockchains
SAP Cloud Platform Blockchain	Cloud	- Hyperledger Fabric - MultiChain - (Quorum)
Azure Blockchain	Cloud	- Hyperledger Fabric - Corda - Ethereum
Amazon Managed Blockchain	Cloud	- Hyperledger Fabric - Ethereum
Camelot Hypertrust Platform	Cloud und on premise	- Hyperledger Fabric - Hyperledger Indy - MultiChain - Quorum - Ethereum
Hyperledger Cello	Cloud und on premise	- Hyperledger Fabric

Tabelle 9.1 Blockchain-Frameworks verschiedener Anbieter im Vergleich

Camelot Hypertrust Platform

Im Rahmen dieses Kapitels möchten wir die *Camelot Hypertrust Platform* vorstellen, da sie entsprechende Funktionen bietet und gezielt auf die Anbindung von SAP-Cloud-Platform-Knoten sowie auf die Nutzung im Umfeld von SAP-Systemen ausgerichtet ist. Dazu unterstützt sie genau jene Blockchain-Technologien, die auch über SAP Cloud Platform Blockchain verfügbar sind:

- Hyperledger Fabric
- MultiChain
- Quorum

Funktionen

Tabelle 9.2 gibt einen Überblick über die Funktionen, die auf der Camelot Hypertrust Platform zur Verfügung stehen, um eine On-Premise-Anwendung zusammen mit SAP Cloud Platform Blockchain zu verwalten. Eine Anwendung in diesem Zusammenhang ist eine verteilte Blockchain-Anwendung. Diese kann in einer Cloud (z. B. auf der SAP Cloud Platform) oder on premise (z. B. mit der Camelot Hypertrust Platform) betrieben werden. Eine Blockchain-Anwendung kann mit bestehenden On-Premise-Systemen (z. B. SAP ERP) integriert werden, muss sie aber nicht.

Funktion	Beschreibung	Verfügbar für
Netzwerk-Bootstrapping	Gründen eines neuen Blockchain-Netzwerkes	- Hyperledger Fabric - MultiChain - Quorum
Netzwerk erweitern	Installieren von Knoten und Verbinden mit einem bestehenden Netzwerk	- Hyperledger Fabric - MultiChain - Quorum
Verwalten von Knoten	Installierte Knoten starten/stoppen sowie verwalten (wie z. B. Lastüberwachung oder Versionsmanagement des Knotens)	- Hyperledger Fabric - MultiChain - Quorum
Client-Anwendungen	Betrieb und Verwaltung von Client-Applikationen	- Hyperledger Fabric - MultiChain - Quorum
Hyperledger Management	Verwaltung von Channels und Benutzern (Hyperledger Fabric)	- Hyperledger Fabric
Genesis-Blocks	Verwaltung von Vorlagen für Genesis-Blocks	- MultiChain

Tabelle 9.2 Funktionen der Camelot Hypertrust Platform

Funktion	Beschreibung	Verfügbar für
abstrakte Geschäftsfunktionen	Abstraktion von spezifischen Funktionen für Enterpriese Blockchains, z. B.: - Speicherung außerhalb der Blockchain (*Off-Chain-Storage*) - Speicherung in der Blockchain (*On-Chain-Storage*) - sicherer Austausch von Dokumenten (z. B. von Rechnungen, Zertifikaten, Urkunden) - sicherer Datenaustausch - Lesen und Schreiben eines Audit-Protokolls - Track and Trace API - Ereignissteuerung (Event Bus) - Abstimmungsverfahren (Voting Engine)	- Hyperledger Fabric - MultiChain - Quorum
Off-Chain-Persistenz	Verbinden von Speicherlösungen außerhalb der Blockchain mit dem Blockchain-Netzwerk	- Hyperledger Fabric - MultiChain - Quorum
Trusted Computing	Verbinden von Trusted Computing Appliances mit Blockchain-Netzwerken	- Hyperledger Fabric

Tabelle 9.2 Funktionen der Camelot Hypertrust Platform (Forts.)

Die grundlegende Architektur der Camelot Hypertrust Platform ist in Abbildung 9.4 dargestellt. Die *Camelot Hypertrust Middleware* als Kernstück der Plattform ist ein Node.js-Server, der über die nativen Schnittstellen der verschiedenen unterstützten Blockchain-Technologien direkt mit den Blockchain-Knoten kommunizieren kann. Auf dieser Basis bildet die Middleware eine funktionale Abstraktionsschicht und agiert gleichzeitig als Applikationsserver für dezentrale Applikationen.

Architektur

Spezielle Funktionen für die Anwendung im Geschäftsumfeld, z. B. die Voting Engine für Abstimmungsverfahren (eine verteilte Applikation zur vertrauenswürdigen Wahl und Abstimmung, die z. B. auch für politische Wahlen eingesetzt werden kann), der vertrauenswürdige Dateiaustausch, ein unveränderlicher Audit oder ein Off-Chain-Storage können mit den verschiedenen Blockchain-Technologien auf unterschiedliche Weise realisiert werden.

Geschäftsfunktionen

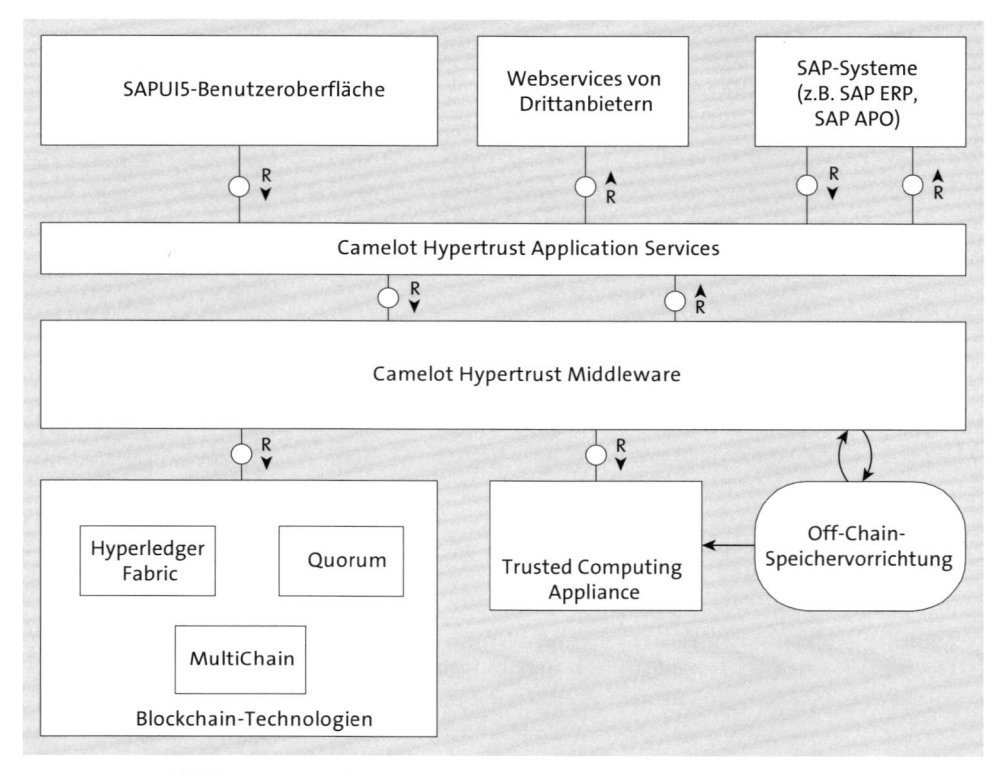

Abbildung 9.4 Architektur der Camelot Hypertrust Platform

Die Middleware stellt dazu eine Funktionsbibliothek bereit, mit der diese Art von Funktionen unabhängig von der zur Anwendung kommenden Blockchain-Technologie verwendet werden kann.

Blockchain-Applikationen
: Dazu werden Blockchain-Applikationen auf Basis dieser Funktionsbibliothek entwickelt. Diese auf Basis der *Camelot Hypertrust Application Services* entwickelten Anwendungen können in der Skriptsprache Node.js (Backend) und JavaScript bzw. SAPUI5 (Frontend) entwickelt werden. Ergänzend zu solchen eigens entwickelten Anwendungen können beliebige Webservices oder SAP-Systeme über die Camelot Hypertrust Middleware mit den Blockchain-Netzwerken verbunden werden.

Trusted Computing Appliances
: Als weitere Funktion bietet die Plattform ein Framework zur Anbindung vertrauenswürdiger Enklaven-Applikationen, die auf dem Konzept der Trusted Computing Appliances basieren.

Datenschutzanforderungen in Geschäftsszenarien

Blockchains wurden ursprünglich zur vertrauenswürdigen Behandlung von Daten entwickelt, nicht zur Erfüllung von Datenschutzanforderungen. Das bedeutet, dass eine klassische Blockchain alle Daten unverschlüsselt und für alle Teilnehmer des Netzwerkes zugänglich speichert. In den frühen Blockchain-Implementierungen, wie z. B. Bitcoin, ist diese Tatsache sogar ein grundlegender Teil des Gesamtkonzepts: Damit der hier zu Anwendung kommende, simple Smart Contract fortlaufend die Korrektheit des verteilten Kontenbuches prüfen kann, ist es notwendig, auf alle Transaktionsdaten inklusive der Beträge, Quell- und Zielkonten in unverschlüsselter Form zuzugreifen.

Die oft zitierte vermeintliche Anonymität der Teilnehmer in diesem Netzwerk ist, um genau zu sein, eher das Resultat einer Verschleierung aufgrund der sehr großen Datenmengen und der nicht personenbezogenen Konten als ein geplantes Konzept, basierend auf entsprechenden Sicherheitsmaßnahmen wie Verschlüsselung und Datenschutz. Viele Unternehmen übersehen diese Details, wenn sie Blockchain-Technologie im Rahmen ihrer Digitalisierungskampagnen in Betracht ziehen. Letzten Endes muss in fast allen relevanten Anwendungsfällen im Geschäftsumfeld der Zugriff auf Blockchain-Transaktionen abgesichert werden. Es dürfen keine unautorisierten Lesezugriffe durch die anderen Teilnehmer im Netzwerk erfolgen.

Diese Situation führte zur Erfindung der konsortiengeführten Federated Blockchains, die im Gegensatz zu den öffentlichen (Public) Blockchains den Authentifizierungsprozess um einen Berechtigungsprozess ergänzen. Trotzdem sind solche geschlossenen Blockchain-Netzwerke für bestimmte Anwendungsfälle in Bezug auf den Datenschutz nicht ausreichend abgesichert und daher keine Option. Denn egal, wie stark zugriffsgeschützt oder verschlüsselt sie auch sind: Die Daten werden immer in einem entsprechend großen Netzwerk verteilt. Das Risiko des Datendiebstahls besteht fort, da z. B. private Schlüssel gestohlen werden könnten und somit die Entschlüsselung der in der Blockchain gespeicherten verschlüsselten Daten nicht zu verhindern wäre.

Für besonders wichtige Daten wie Betriebsgeheimnisse und geistiges Eigentum ist dieses Risiko zu hoch, um Blockchains überhaupt als mögliche Lösung in Betracht zu ziehen. Ohnehin ist der Einsatz von Smart Contracts mit verschlüsselten Daten stark beschränkt, da sie die Daten aufgrund der Verschlüsselung nicht verarbeiten können. Das Hineinreichen von Schlüsseln in das Blockchain-Netzwerk als Smart-Contract-Parameter zum Zwecke der Dechiffrierung zur Laufzeit ist ebenso wenig möglich, da diese Schlüssel wieder von den anderen Netzwerkteilnehmern eingesehen werden könnten.

Off-Chain-Datenverarbeitung

Das Grundprinzip des Trusted-Computing-Verfahrens ist es nun, die Verarbeitung der relevanten privaten Daten vollständig außerhalb der Blockchain (*off-chain*) zu halten. Alle Parteien des Netzwerkes verständigen sich dafür auf einen Algorithmus, der verwendet werden soll, um die (bestenfalls in einem standardisierten Format vorliegenden) Daten zu verarbeiten. Dieser Algorithmus wird an alle Parteien als eigenständig ausführbares Programm verteilt, ein sogenanntes *Trustlet*. Wichtiges Detail bei diesem Verfahren ist, dass das Resultat der Verarbeitung der privaten Daten durch das Trustlet sehr wohl wieder im Blockchain-Netzwerk gespeichert und dezentral verteilt werden darf.

Vertrauenswürdigkeit des Trustlets

Eine neue Gefahr bei diesem indirekten Ansatz ist zunächst einmal, dass die Vertrauenswürdigkeit des Trustlets nicht gewährleistet ist, da es losgelöst von der Blockchain in der privaten IT-Infrastruktur des jeweiligen Datenbesitzers ausgeführt wird. Es könnte also durch diesen, durch Dritte oder durch noch andere Faktoren wie Schadsoftware modifiziert werden. Hier kommt das Trusted Computing ins Spiel, ein Sicherheitsverfahren, das im Prozessor eines Computers eingebettet ist. Mithilfe dieses Verfahrens kann Sicherheit und Vertrauen hergestellt werden. Folgende Elemente können damit sichergestellt werden:

- vertrauenswürdige Arbeitsweise des Prozessors des zur Anwendung kommenden Rechners
- vertrauenswürdige Herkunft des Resultats der Verarbeitung
- vertrauenswürdiger Inhalt
- vertrauenswürdiger Zustand des auszuführenden Programms, also des Trustlets

Ein mit diesem Verfahren hergestelltes Programm und dessen Laufzeitprozesse können somit von niemandem, auch nicht vom Administrator des Rechners, auf dem sie ausgeführt werden, beeinflusst werden.

Ein Einsatz von Trusted Computing in Blockchain-Netzwerken macht somit immer dann Sinn, wenn für ein Blockchain-Netzwerk private Daten vertrauenswürdig verarbeitet werden müssen. Diesen Anwendungsfall haben wir z. B. in einigen Szenarien in Kapitel 4, »Geschäftliche Anwendungsszenarien für Blockchains«, beschrieben.

Eine *Trusted Computing Appliance* dient im Kontext der Camelot Hypertrust Platform als Erweiterung eines Blockchain-Knotens, um als Teilnehmer eines Netzwerkes die vertrauenswürdige Verarbeitung privater Daten gewährleisten zu können. Somit kommt zur Hypertrust Middleware noch die Trusted Computing Appliance hinzu, die zwingend auf einem mit Intel-SGX-Unterstützung ausgestatteten Computer oder Server betrieben wer-

9.2 Exkurs: Camelot Hypertrust Platform

den muss. Die Appliance erhält durch entsprechende Konfiguration des Gesamtsystems Zugriff auf die privaten Daten.

In Abschnitt 9.4, »Aufsetzen eines hybriden Blockchain-Netzwerkes mit Framework-Unterstützung«, erläutern wir die Realisierung von hybriden Blockchain-Netzwerken mithilfe der SAP Cloud Platform und der Camelot Hypertrust Platform. Dazu verwenden wir die Funktion zur Erweiterung von Blockchain-Netzwerken.

Wie sich die Camelot Hypertrust Platform auf eine hybride Netzwerkarchitektur auswirkt, ist in Abbildung 9.5 für Hyperledger Fabric und in Abbildung 9.6 für MultiChain illustriert. Die on premise betriebenen Peer-Knoten wurden hier über die Camelot Hypertrust Platform bereitgestellt und das Netzwerk um Knoten in einer Drittanbieter-Cloud ergänzt.

Camelot Hypertrust Platform

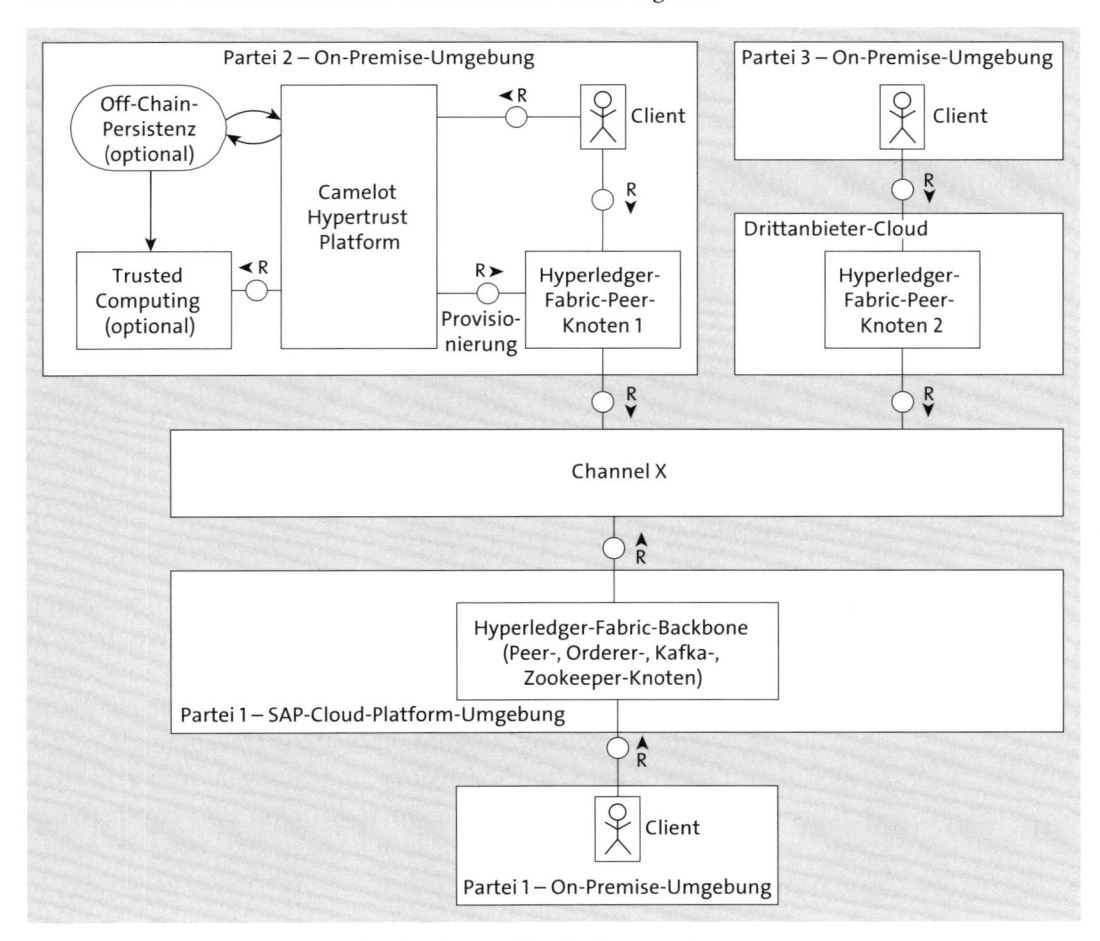

Abbildung 9.5 Hybride Netzwerkarchitektur auf Basis der Camelot Hypertrust Platform (Hyperledger Fabric)

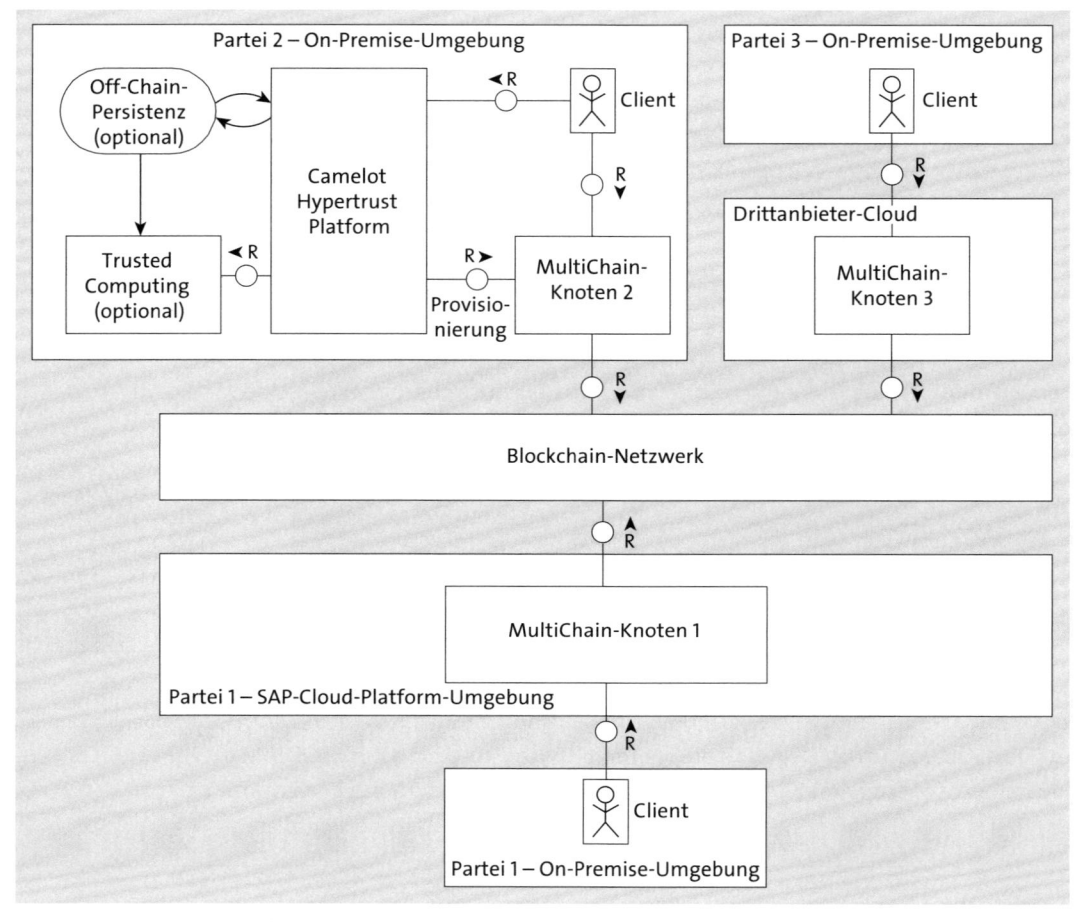

Abbildung 9.6 Hybride Netzwerkarchitektur auf Basis der Camelot Hypertrust Platform (MultiChain)

Die Plattform kann gleichermaßen für den Betrieb von On-Premise-Knoten basierend auf Hyperledger Fabric wie für Knoten basierend auf MultiChain eingesetzt werden. Die optionale Anbindung von Off-Chain-Persistenzen sowie das vertrauenswürdige Verarbeiten von Daten außerhalb der Blockchain durch Trusted Computing eröffnet weitere Anwendungsfälle für Blockchains im Geschäftsumfeld. Bevor wir Ihnen zeigen, wie Sie hybride Netzwerke mit Unterstützung dieses Frameworks aufsetzen können, zeigen wir Ihnen im folgenden Abschnitt jedoch zunächst die Vorgehensweise ohne Framework-Unterstützung.

9.3 Aufsetzen eines hybriden Blockchain-Netzwerkes ohne Framework-Unterstützung

Das Betreiben eines hybriden Blockchain-Netzwerkes mit sowohl on premise als auch auf der SAP Cloud Platform betriebenen Knoten zeigen wir Ihnen in diesem Abschnitt zunächst am Beispiel einer Hyperledger-Fabric-Blockchain. Im Anschluss schildern wir dasselbe Setup für MultiChain-Blockchains.

9.3.1 Hybrides Hyperledger-Fabric-Netzwerk

Die auf der SAP Cloud Platform zur Verfügung stehenden Servicepläne Backbone und Node für Hyperledger Fabric erlauben es, externe Peer-Knoten mit Ihren auf der SAP Cloud Platform betriebenen Knoten zu verbinden. Dazu müssen folgende Schritte durchgeführt werden:

Schritte zur Anbindung externer Knoten

1. Erstellen des Kryptomaterials für einen zusätzlichen Peer-Knoten. Das Kryptomaterial besteht aus privaten Schlüsseln und signierten Zertifikaten, die benötigt werden, um einen Hyperledger-Fabric-Knoten zu starten.
2. Starten eines neuen externen Peer-Knotens unter Verwendung des erstellten Kryptomaterials
3. Hinzufügen des externen Peer-Knotens zu Ihrem Hyperledger-Fabric-Knoten

Die Ausführungen dieser Schritte zeigen wir Ihnen im Folgenden. Um einen Knoten on premise bzw. extern konfigurieren zu können, sind zusätzlich folgende Voraussetzungen zu schaffen. Sie benötigen:

Voraussetzungen

- einen Host (Windows oder Linux; alle folgenden Kommandobeschreibungen sind Linux-Kommandos)
- die Virtualisierungssoftware Docker
- einen Hyperledger-Fabric-Peer-Knoten als Docker-Instanz
- eine Domain, die Anfragen aus dem Blockchain Netzwerk-zur Docker-Instanz routet
- einen offenen Port 7051 auf der Docker-Instanz

Kryptomaterial für einen Knoten erzeugen

Zur Erstellung eines neuen Peer-Knotens wird entsprechendes Kryptomaterial in Form von kryptografischen Zertifikaten benötigt. Um dieses Material anzulegen, gibt es folgende Möglichkeiten:

Erzeugung kryptografischer Zertifikate

- Sie können dem Hyperledger-Fabric-Service der SAP Cloud Platform erlauben, den privaten Schlüssel und die signierten Zertifikate zu erzeugen. Dazu muss für den Peer-Knoten ein *Common Name* bzw. eine *Domain* spezifiziert werden (Common Name bzw. Domain sind eindeutige Bezeichnungen eines Servers im Internet). Der Administrator der Hyperledger-Fabric-Serviceinstanz ist der Besitzer der angegebenen Domain. Später ist der Peer-Knoten über diese Domain erreichbar.

  Sobald die Zertifikate für den Peer-Knoten erstellt wurden, können diese in Form eines ZIP-Archivs heruntergeladen werden. Das ZIP-Archiv enthält alle Schlüssel und Zertifikate, um einen neuen Peer-Knoten zu starten.

> [!] **Sichere Verwahrung des ZIP-Archivs für das Kryptomaterial**
>
> Dieses ZIP-Archiv muss sicher verwahrt werden, da SAP die enthaltenen privaten Schlüssel nicht speichert und das Archiv zu einem späteren Zeitpunkt nicht noch einmal heruntergeladen werden kann.

- Es können auch eigene private Schlüssel erzeugt und mit einen sogenannten *Certificate Signing Request* (CSR) auf die SAP Cloud Platform hochgeladen werden, damit sie vom Hyperledger-Fabric-Service signiert werden. Diese Option ist zu empfehlen, wenn Sie einen privaten Schlüssel für verschiedene Zertifikate verwenden. Davon ist im Regelfall aus Sicherheitsgründen aber abzuraten. Ein CSR ist eine Nachricht, die von einem Programm oder einer Person an eine *Certificate Authority* gesendet wird, um ein digitales Zertifikat zu erhalten. Dieses Verfahren hat sich als Industriestandard für die Identitätsfeststellung und die Provisionierung von digitalen Zertifikaten etabliert.

  Eine Certificate Authority ist eine Stelle, die digitale Zertifikate ausstellt. Ihre Hauptaufgabe ist neben der Zertifikatsausstellung die Feststellung der Identität der Antragsteller. Ein CSR kann mit dem Kommandozeilentool *OpenSSL* erzeugt werden, das Sie unter der URL *https://www.openssl.org/source/* herunterladen können.

  Das Kommando zum Erzeugen des CSR lautet:

  ```
  openssl req -nodes -new -newkey rsa:2048 -sha256 -out csr.pem.
  ```

  Im weiteren Verlauf ist darauf zu achten, das Common-Name-Attribut entsprechend anzugeben. Der Wert muss mit dem Common Name der Domain übereinstimmen, auf der der externe Peer-Knoten gehostet wird.

9.3 Aufsetzen eines hybriden Blockchain-Netzwerkes ohne Framework-Unterstützung

Welche Variante Sie wählen, können Sie bei der Erzeugung des Peer-Knotens auswählen. Gehen Sie dazu wie folgt vor:

Neuen Peer-Knoten anlegen

1. Navigieren Sie zum Dashboard Ihres Hyperledger-Fabric-Knotens, und rufen Sie über die Navigationsleiste links den Bereich **Certificate Authority** auf.
2. Klicken Sie auf den Button **Create Peer** (siehe Abbildung 9.7).

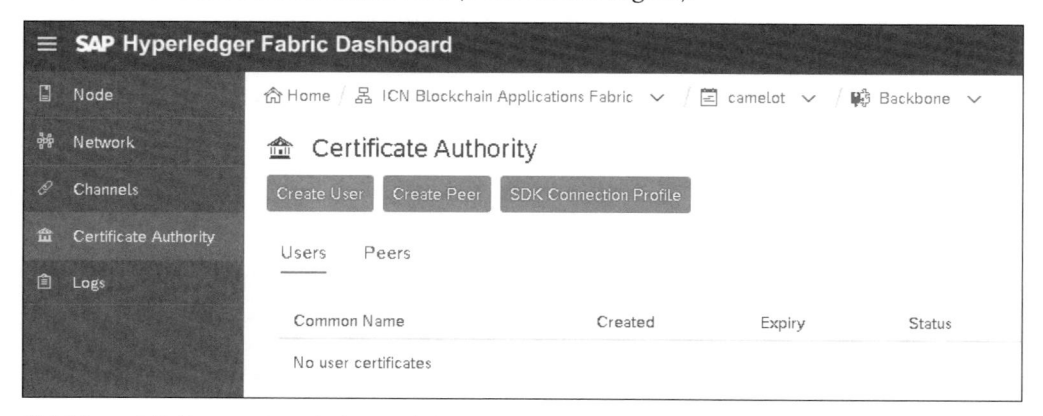

Abbildung 9.7 Neuen Hyperledger-Fabric-Peer-Knoten anlegen

3. Es öffnet sich der Dialog zur Erzeugung eines weiteren Peer-Knotens (siehe Abbildung 9.8).

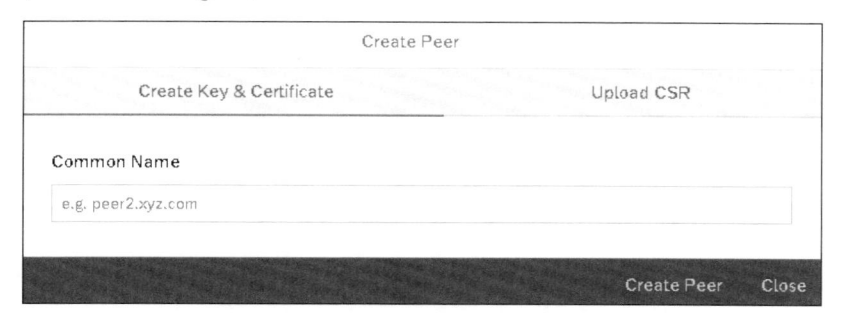

Abbildung 9.8 Dialog zur Erzeugung eines neuen Peer-Knotens

4. Wählen Sie hier eine der beiden folgenden Möglichkeiten:
   – Bei Wahl der Option **Create Key & Certificates** geben Sie den **Common Name** an, um dem Hyperledger-Fabric-Service zu erlauben, Ihre privaten Schlüssel und signierten Zertifikate zu generieren.
   – Bei Wahl der Option **Upload CSR** laden Sie einen Certificate Signing Request hoch und verwalten den Prozess selbst.

Peer-CSR anlegen Für den Fall, dass Sie den Prozess selbst verwalten wollen, werden Sie im Folgenden durch einen Dialog zur Erzeugung eines Peer-CSR geführt. Sie nutzen dazu OpenSSL (siehe Abbildung 9.9).

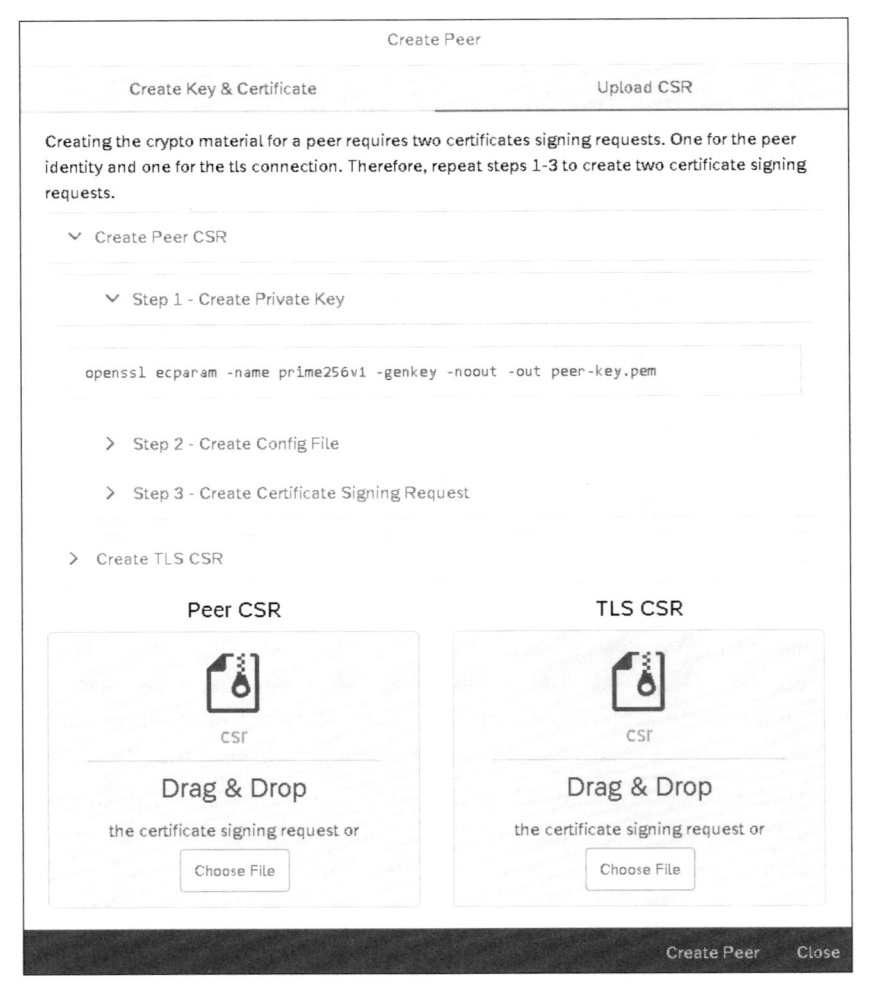

Abbildung 9.9 Informationen zur Erstellung eines Peer-CSR mithilfe von OpenSSL

Folgen Sie den Anweisungen im Dialog (erstellen Sie einen Peer-CSR, und laden Sie diesen hoch). Klicken Sie dann auf den Button **Create Peer** im Pop-up-Fenster. Wenn das Kryptomaterial erfolgreich erstellt wurde, wird Ihnen das in einem Pop-up-Fenster wie in Abbildung 9.10 bestätigt.

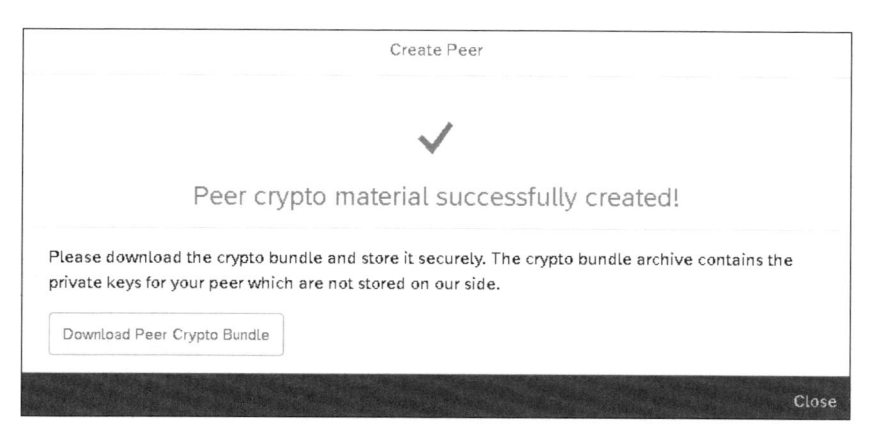

Abbildung 9.10 Erfolgreiche Erstellung des Kryptomaterials für den neuen Peer-Knoten

Klicken Sie in diesem Fenster auf den Button **Download Peer Crypto Bundle**. Das generierte Kryptomaterial wird daraufhin heruntergeladen (als Datei **crypto.tar.gz**), und eine diesen Prozess bestätigende Nachricht wird angezeigt. Der neue Peer-Knoten wird nun in der Liste der verfügbaren Peer-Knoten im Bereich **Nodes** des Dashboards sichtbar.

Starten des neuen Peer-Knotens

Im weiteren Verlauf dieses Abschnitts beschreiben wir die Bereitstellung von Softwarekomponenten in On-Premise- oder Cloud-Umgebungen mit Docker.

> **Docker**
>
> Docker ist ein Virtualisierungs-Framework auf Betriebssystemebene, das Softwareprogramme in Form von *Containern* bereitstellt. Jeder Container enthält alle abhängigen Elemente (z. B. weitere Programme, Bibliotheken, Konfigurationsdateien und Umgebungsvariablen), die für den Betrieb genau eines Programms benötigt werden. Mehrere Programme betreibt man im Regelfall innerhalb mehrerer Container. Diese können über klar definierte Kanäle (z. B. über die Protokolle TCP/IP oder HTTP[S]) miteinander kommunizieren.
>
> Docker-Container ähneln in gewisser Weise virtuellen Maschinen, allerdings arbeiten alle betriebenen Docker-Container auf einem System mit demselben Betriebssystemkernel. Der große Vorteil von auf Docker basierenden Softwarebereitstellungskonzepten ist das Auflösen der Abhängigkeiten. Denn oft benötigen verschiedene gleichzeitig auf einem System betriebene Programme dieselben abhängigen Softwarekomponenten in

unterschiedlichen Versionen, was häufig zu Versionskonflikten führt. Docker löst dieses Problem durch eine logische Isolation der Umgebung, in der ein Programm ausgeführt wird.

Docker besteht aus den folgenden Komponenten:

- **Docker Engine**
  Hauptkomponente, die die Container bereitstellt und verwaltet
- **Docker-Container**
  eine standardisierte und isolierte Umgebung zur Ausführung von Programmen
- **Docker Image**
  eine Vorlage zur Erstellung von Docker-Containern
- **Docker Registry**
  ein Depot zur Bereitstellung von Docker-Containern
- **Docker Compose**
  Ein Werkzeug, das zur Erstellung und für den Betrieb von Docker-Containern eingesetzt wird. Es nutzt das YAML-Format, um Container mit nur einem Kommando zu erstellen und zu starten. Die dabei im Regelfall verwendete YAML-Konfiguration wird in der Datei **docker-compose.yaml** gespeichert, die immer Teil eines Containers ist.

Die sehr umfangreiche Docker-Dokumentation finden Sie auf der Docker-Website unter folgender URL: *https://docs.docker.com/*

Die Client-Programme (d. h. die Knoten) der meisten Blockchain-Technologien werden als Docker-Container zur Verfügung gestellt, da dies aufgrund der zahlreichen Abhängigkeiten den Betrieb stark erleichtert. Dies ist auch bei Hyperledger Fabric der Fall. Die folgenden Schritte sind auszuführen, nachdem der Hyperledger-Fabric-Peer-Knoten als Docker-Container bereitgestellt wurde.

Pfad des Knotens auf dem On-Premise-Host

Um unter Verwendung des erstellten Kryptomaterials den neuen Peer-Knoten auf dem On-Premise-Host zu starten, müssen Sie zunächst das Kryptomaterial entpacken und den Pfad des externen Knotens auf dem On-Premise-Host ermitteln:

1. Kopieren Sie das ZIP-Archiv **crypto.tar.gz** mit dem Kryptomaterial in ein lokales Verzeichnis **/home/ubuntu/peer.example.com** auf dem Rechner, auf dem der Hyperledger-Fabric-Peer Knoten mit Docker betrieben werden soll.
2. Extrahieren Sie das Archiv anschließend mit dem folgenden Kommando auf einer Unix-Shell:

```
tar -zxvf crypto.tar.gz
```

9.3 Aufsetzen eines hybriden Blockchain-Netzwerkes ohne Framework-Unterstützung

3. Navigieren Sie in das extrahierte Verzeichnis, das den Namen Ihres Peer-Knotens trägt (in unserem Beispiel **peer.example.com**). Verwenden Sie dazu folgendes Kommando:

   ```
   cd peer.example.com
   ```

4. Ermitteln Sie mit dem Unix-Befehl pwd den aktuellen Pfad des Peer-Knotens. Der ermittelte absolute Pfad des Peer-Knotens kann z. B. **/home/blockchain/peer.example.com** lauten.

Öffnen Sie nun erneut das Dashboard Ihrer Serviceinstanz auf der SAP Cloud Platform. Auf der Übersichtsseite **Node** finden Sie im oberen Bereich Ihren Organisationsnamen, in unserem Beispiel **camelotitlab**, und im unteren Bereich Ihre Domain Peer0 (siehe Abbildung 9.11). Sie sehen also nun Ihren externen Knoten innerhalb des Dashboards der SAP Cloud Platform.

Knoten auf der SAP Cloud Platform anbinden

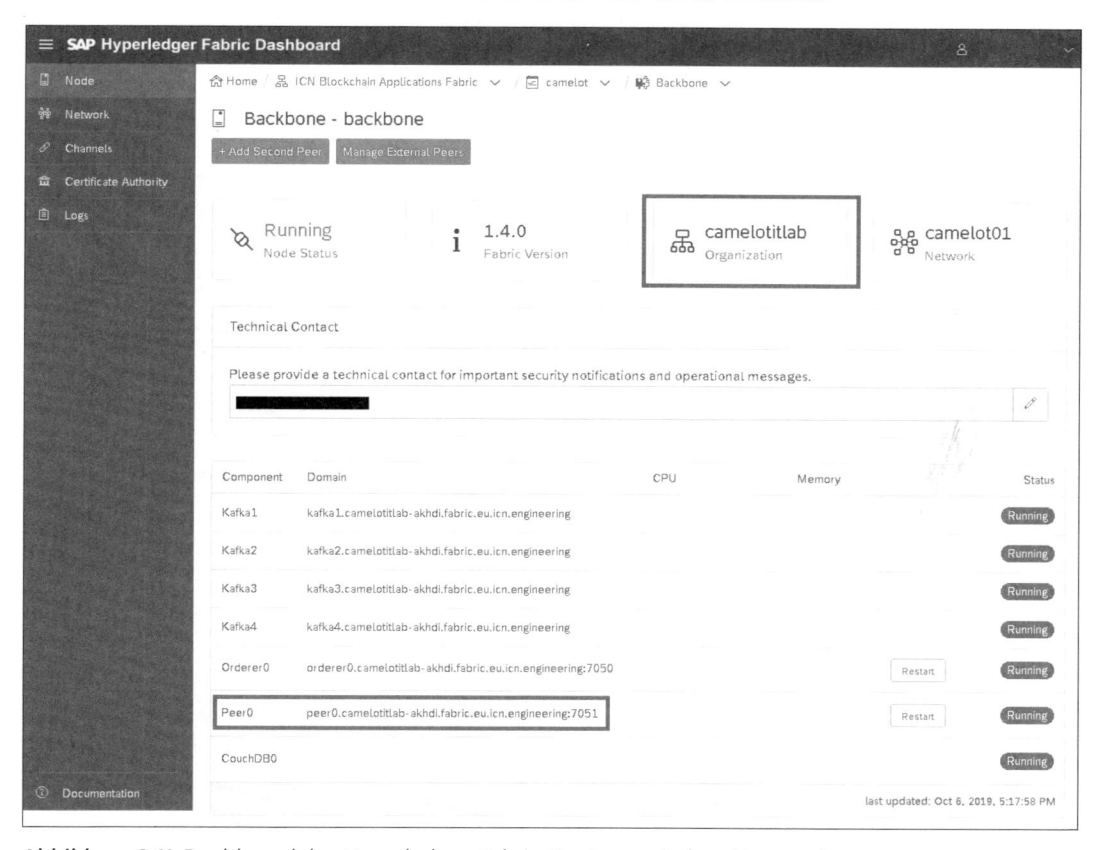

Abbildung 9.11 Dashboard des Hyperledger-Fabric-Knotens mit dem Namen der Organisation und dem Knoten »Peer0«

9   Hybride Netzwerkarchitektur

»docker-compose.yaml« Verwenden Sie einen Texteditor, um eine Datei mit dem Namen **docker-compose.yaml** zu erstellen. Diese Datei wird verwendet, um einen Docker-Container zu konfigurieren. Alle darin gepflegten Abhängigkeiten werden im Docker-Container eingespielt. Kopieren Sie dazu den von SAP bereitgestellte Code aus Listing 9.1 in diese Datei.

```
version: '2.1'

services:
  peer.example.com:
    hostname: peer.example.com
    image: hyperledger/fabric-peer:1.3.0
    container_name: peer.example.com
    environment:
      - CORE_VM_DOCKER_HOSTCONFIG_NETWORKMODE=peer_default
      - CORE_LOGGING_LEVEL=DEBUG
      - CORE_PEER_ENDORSER_ENABLED=true
      - CORE_PEER_GOSSIP_USELEADERELECTION=true
      - CORE_PEER_GOSSIP_ORGLEADER=false
      - CORE_PEER_PROFILE_ENABLED=true
      - CORE_PEER_MSPCONFIGPATH=/etc/hyperledger/peer/msp
      - CORE_PEER_TLS_ENABLED=true
      - CORE_PEER_TLS_CERT_FILE=
        /etc/hyperledger/peer/tls/server.crt
      - CORE_PEER_TLS_KEY_FILE=
        /etc/hyperledger/peer/tls/server.key
      - CORE_PEER_TLS_ROOTCERT_FILE=
        /etc/hyperledger/peer/tls/ca.crt
      - CORE_PEER_ID=peer.example.com
      - CORE_PEER_LISTENADDRESS=0.0.0.0:7051
      - CORE_PEER_EVENTS_ADDRESS=0.0.0.0:7053
      - CORE_PEER_ADDRESS=peer.example.com:7051
      - CORE_PEER_GOSSIP_EXTERNALENDPOINT=
        peer.example.com:7051
      - CORE_PEER_GOSSIP_BOOTSTRAP=
        peer0.example-ughzt.fabric.icn.engineering:7051
      - CORE_PEER_LOCALMSPID=ExampleOrg
      - CORE_LEDGER_STATE_STATEDATABASE=CouchDB
      - CORE_LEDGER_STATE_COUCHDBCONFIG_COUCHDBADDRESS=
        couchdb:5984
      - CORE_LEDGER_STATE_COUCHDBCONFIG_USERNAME=user0
      - CORE_LEDGER_STATE_COUCHDBCONFIG_PASSWORD=password0
```

```yaml
    working_dir: /opt/gopath/src/github.com/hyperledger/
     fabric/peer
    command: peer node start
    depends_on:
      couchdb:
        condition: service_healthy
    ports:
      - 7051:7051
      - 7053:7053
    volumes:
      - /home/ubuntu/peer.example.com:/etc/hyperledger/peer
      - /var/run/docker.sock:/var/run/docker.sock

  couchdb:
    hostname: couchdb
    image: hyperledger/fabric-couchdb:0.4.10
    expose:
      - "5984"
    healthcheck:
      test: ["CMD", "curl", "-f", "http://localhost:5984"]
      interval: 5s
      timeout: 3s
      retries: 30
    container_name: couchdb
    environment:
      - COUCHDB_USER=user0
      - COUCHDB_PASSWORD=password0
```

Listing 9.1 Beispielkonfiguration der Datei »docker-compose.yaml«

Passen Sie danach den Inhalt dieser Datei an die Daten Ihres Netzwerks an:

1. Ersetzen Sie **peer.example.com** jeweils durch den Namen Ihres Peer-Knotens.
2. Ersetzen Sie den Wert des Parameters `CORE_PEER_LOCALMSPID` durch den Namen Ihrer Organisation.
3. Ersetzen Sie den Wert des Parameters `CORE_PEER_GOSSIP_BOOTSTRAP` durch die Domain Ihres Peer0-Knotens.
4. Ersetzen Sie den Pfad **/home/ubuntu/peer.example.com**, der im Abschnitt `volumes` der Datei angegeben ist, durch den absoluten Pfad, den Sie für den Peer-Knoten auf dem On-Premise-Host ermittelt haben.
5. Speichern Sie Datei mit den vorgenommenen Änderungen ab.

Peer-Knoten starten   Starten Sie anschließend den neuen Peer-Knoten mithilfe des folgenden Kommandos auf der Shell:

```
docker-compose up
```

Dieses Kommando ruft das Tool *Docker Compose* auf und verarbeitet die von Ihnen erstellte Datei **docker-compose.yaml**. Wenn alles richtig konfiguriert wurde, sollte der neue Knoten erfolgreich starten. Ob dies der Fall ist, können Sie mit folgendem Docker-Kommando überprüfen:

```
docker ps
```

Es liefert eine Liste aller Container sowie deren Status.

9.3.2 Hybrides MultiChain-Netzwerk

Voraussetzungen   Der für den MultiChain-Service auf der SAP Cloud Platform zur Verfügung stehende Serviceplan Connect Your Own Network (CYON) erlaubt es, externe Peer-Knoten mit Ihrem auf der SAP Cloud Platform betriebenen Knoten zu verbinden. Dazu sind folgende Voraussetzungen zu schaffen:

- Der RPC-Endpunkt (Remote Procedure Call) des externen MultiChain-Knotens muss über das öffentliche Internet erreichbar sein.
- Der RPC-Endpunkt muss außerdem über ein Zertifikat geschützt sein, damit die SAP Cloud Platform eine sichere Verbindung zum externen Knoten aufbauen kann. Dazu kann es nötig sein, ein selbst signiertes Zertifikat zu erstellen.

Zertifikat erstellen   Sollte es Ihnen nicht möglich sein, ein Zertifikat einer offiziellen Certificate Authority (CA) bereitzustellen, oder sollte Ihr Knoten nicht über einen auflösbaren DNS-Namen (Domain Name System), sondern nur über eine IP-Adresse (Internet Protocol) erreichbar sein, müssen Sie ein selbst signiertes Zertifikat erstellen. Legen Sie dazu eine Datei mit dem Namen **req.conf** mit einem beliebigen Texteditor an. Kopieren Sie den Inhalt aus Listing 9.2 in diese Datei.

```
[req]
distinguished_name = req_distinguished_name
x509_extensions = v3_req
prompt = no
[req_distinguished_name]
C = <Country, e.g. DE>
ST = <State, e.g. BW>
L = <City>
```

```
O = <Organization>
OU = <Department>
CN = <Common Name>
[v3_req]
keyUsage = keyEncipherment, dataEncipherment
extendedKeyUsage = serverAuth
subjectAltName = @alt_names
[alt_names]
IP.1 = <123.123.123.123>
```

Listing 9.2 Inhalt der Datei »req.conf«

Falls Ihr Knoten nicht über einen auflösbaren DNS-Namen erreichbar ist, muss zumindest die öffentlich zugängliche IP-Adresse des Knotens an der Stelle IP.1 = (letzte Zeile in Listing 9.2) angegeben werden.

Generieren Sie anschließend das Zertifikat auf Basis der Konfigurationsdatei mithilfe des folgenden Kommandos in der Unix-Shell:

```
openssl req -x509 -newkey rsa:4096 -keyout key.pem -out cert.pem
-days 365 -nodes -config req.conf
```

Das so ausgeführte Kommando verwendet die zuvor erstellte Datei **req.conf**, generiert einen privaten Schlüssel und speichert diesen in einer Datei **key.pem** im aktuellen Verzeichnis. Ebenso generiert es ein Zertifikat und speichert dieses unter dem Namen **cert.pem** im aktuellen Verzeichnis.

Sie sollten nun Zugriff auf die zwei neuen Dateien **cert.pem** und **key.pem** haben. Diese enthalten das Zertifikat und den Schlüssel.

Multichain-Knoten auf dem On-Premise-Host starten

Nachdem Ihnen nun ein Zertifikat zur Verfügung steht, können Sie den MultiChain-Knoten mit SSL-Unterstützung starten. Dazu verwenden Sie das Kommando aus Listing 9.3 unter Angabe der Pfade zu den beiden gerade erstellten Dateien **cert.pem** und **key.pem** sowie des Namens der MultiChain.

Starten des externen Knotens

```
multichaind -daemon -rpcssl -rpcsslcertificatechainfile=/home/ubuntu/
cert.pem -rpcsslprivatekeyfile=/home/ubuntu/key.pem -rpcallowip=
0.0.0.0/0 <chainName>
```

Listing 9.3 Shell-Kommando zum Starten des MultiChain-Knotens

Mit diesem Kommando definieren Sie folgende Parameter für den Start des Knotens:

- Der Parameter `rpcssl` aktiviert SSL am RPC-Endpunkt.
- Der Parameter `rpcsslcertificatechainfile` spezifiziert den Pfad zur erstellten Zertifikatsdatei **cert.pem**.
- Der Parameter `rpcsslprivatekeyfile` spezifiziert den Pfad zur erstellten Zertifikatsdatei **key.pem**.
- Der Parameter `rpcallowip` erlaubt den externen Zugriff auf den RPC-Endpunkt. Durch die Angabe »0.0.0.0/0« erlauben Sie allen Hosts den Zugriff.
- Der Parameter `<chainName>` gibt den Namen der MultiChain an. Ersetzen Sie diesen Platzhalter durch den Namen Ihres MultiChain-Netzwerkes.

> [!] **Zertifikat nicht gefunden**
>
> MultiChain gibt einen Fehler in der Log-Datei aus, falls das Zertifikat bei der Ausführung des Kommandos nicht gefunden wird. Um das Protokoll auf diese Fehlermeldung hin zu prüfen, verwenden Sie das folgende Kommando, das keinerlei Ausgabe generieren sollte:
>
> ```
> grep "missing server" .multichain/<chainName>/debug.log
> ```
>
> Damit durchsuchen Sie die Log-Datei **debug.log** für die von Ihnen benannte MultiChain (gekennzeichnet durch den Platzhalter `<chainName>`).

RPC-Port ermitteln

Führen Sie nun die folgenden Kommandos aus. Notieren Sie sich dabei jeweils deren Ausgaben. Um den RPC-Port für den externen Knoten zu ermitteln, nutzen Sie folgendes Kommando:

```
grep rpc-port .multichain/<chainName>/params.dat
```

Benutzer und Passwort

Den Benutzer und dessen Passwort für den RPC-Port ermitteln Sie wie folgt:

```
cat .multichain/<chainName>/multichain.conf
```

Base64-Kodierung

Folgendes Kommando nutzen Sie, um das Zertifikat mit dem Verfahren Base64 zu kodieren Die Base64-Kodierung gehört zum standardisierten Vorgehen bei der Erstellung von Zertifikaten:

```
echo $(base64 -w0 cert.pem)
```

Die gesammelten Informationen aus den einzelnen Ausgaben werden Sie im nächsten Schritt benötigen, um die Verbindung vom externen Knoten zur SAP Cloud Platform einzurichten.

9.3 Aufsetzen eines hybriden Blockchain-Netzwerkes ohne Framework-Unterstützung

Anbindung auf der SAP Cloud Platform

Nachdem Sie ein Zertifikat bereitgestellt und einen MultiChain-Knoten mit SSL-Unterstützung auf dem externen On-Premise-Host gestartet haben, sind Sie nun bereit, um das hybride Netzwerk aufseiten der SAP Cloud Platfom zu konfigurieren. Dazu müssen Sie der Instanz des MultiChain-Service auf der SAP Cloud Platform die Konfiguration des externen Knotens übergeben. Das geht entweder per Copy & Paste des JSON-Arrays oder per Upload einer JSON-Datei. Erstellen Sie dazu ein entsprechendes JSON-Objekt in einem Texteditor Ihrer Wahl, in dem Sie die Informationen zum externen Knoten aus dem vorangegangenen Abschnitt angeben, wie in Listing 9.4 gezeigt.

JSON-Datei für den externen Knoten

```
{
    "connectivity": {
        "rpcurl": " <URL>",
        "cert_chain": "<certificate>"
    },
    "authentication": {
        "basic_auth": {
            "user": "<user>",
            "password": "<password>"
        }
    }
}
```

Listing 9.4 JSON-Objekt mit den Konfigurationsdaten des externen Knotens

Anstelle der Platzhalter in Listing 9.4 pflegen Sie folgende Attribute im JSON-Objekt:

Serviceplan Connect Your Own Network

- rpcurl: URL des On-Premise-RPC-Endpunktes
- cert_chain: das vollständige Zertifikat aus der zuvor erstellten Datei **cert.pem**
- user: der beim Start des MultiChain-Knotens generierte Benutzername für den RPC-Endpunkt (zu finden in der Datei)
- password: das beim Start des MultiChain-Knotens generierte Passwort für den RPC-Endpunkt (zu finden in der Datei **.multichain/<chainName>/multichain.conf**)

Nun können Sie eine Serviceinstanz des MultiChain-Serviceplans Connect Your Own Network auf der SAP Cloud Platform erstellen. Gehen Sie dazu wie folgt vor:

1. Melden Sie sich am SAP Cloud Platform Cockpit an, und öffnen Sie Ihren Global Account, um eine Übersicht Ihrer verfügbaren Subaccounts zu erhalten.
2. Öffnen Sie Ihren Subaccount, in dem Sie die MultiChain betreiben wollen.
3. Klicken Sie auf **Spaces**, und wählen Sie das Space, das Sie für Ihr Multi-Chain-Projekt verwenden möchten (siehe Abbildung 9.12). In unserem Beispiel verwenden wir ein Space mit dem Namen »camelot«.

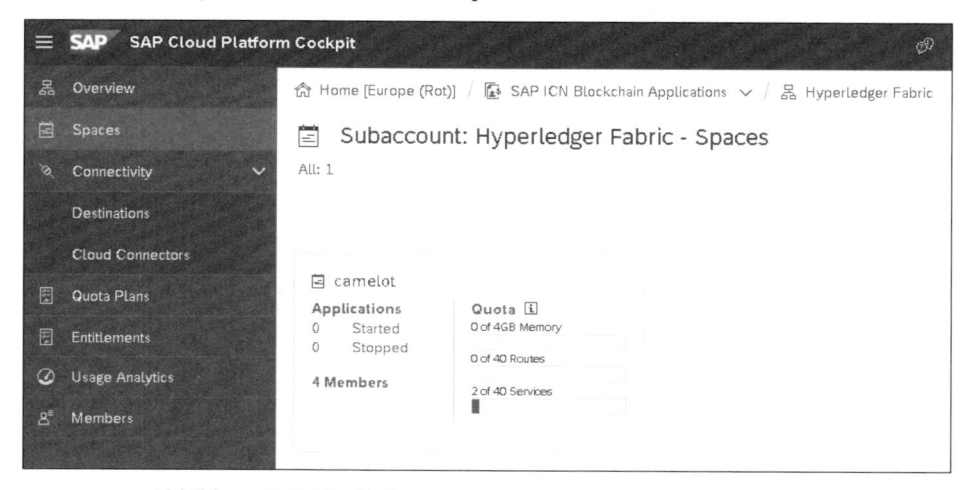

Abbildung 9.12 Verfügbare Spaces im Subaccount

4. Öffnen Sie nun den **Service Marketplace** im Bereich **Services**, und wählen Sie dort die Kachel mit der Aufschrift **MultiChain** (siehe Abbildung 9.13).

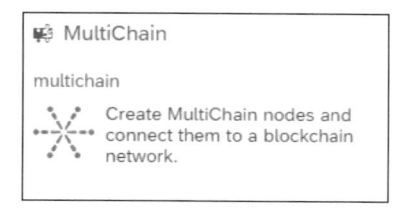

Abbildung 9.13 Kachel des MultiChain-Service auswählen

5. Navigieren Sie auf der Übersichtsseite zum MultiChain-Service in den Bereich **Instances** (siehe Abbildung 9.14).
6. Klicken Sie auf den Button **New Instance**, um eine neue Serviceinstanz anzulegen.
7. Im sich öffnenden Dialog **Create Instance** wählen Sie unter **Choose Service Plan** die Option **CYON**. Fahren Sie mit einem Klick auf **Next** fort.

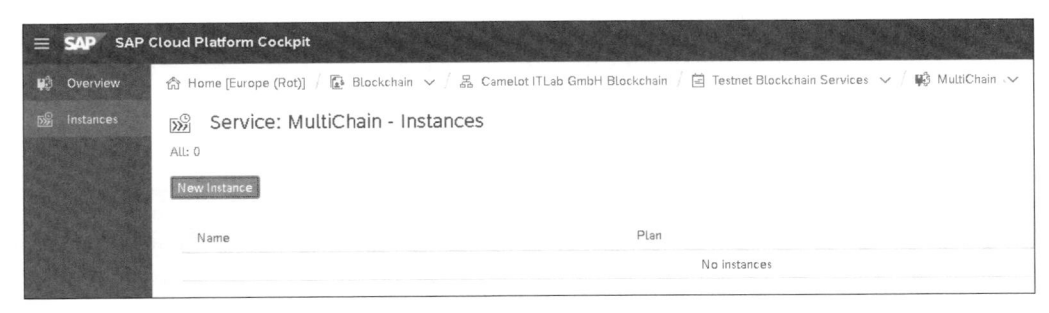

Abbildung 9.14 Übersichtsseite mit laufenden Instanzen des MultiChain-Service

8. Im Schritt **Specify Parameters** können Sie entweder eine JSON-Datei mit den Angaben zum Peer-Knoten hochladen oder den Inhalt des JSON-Arrays aus Listing 9.4 direkt per Copy & Paste in das unten stehende Textfeld kopieren (siehe Abbildung 9.15).

Abbildung 9.15 Dialog zur Erzeugung einer neuen MultiChain-Instanz

9. Klicken Sie im nächsten Schritt auf **Finish**, um den Dialog zu schließen.

Die neue MultiChain-Serviceinstanz mit Zugriff auf den externen Knoten wird nun erstellt und anschließend in der Liste verfügbarer Instanzen angezeigt.

9.4 Aufsetzen eines hybriden Blockchain-Netzwerkes mit Framework-Unterstützung

Das Betreibern eines hybriden Blockchain-Netzwerkes mit on premise und auf der SAP Cloud Platform betriebenen Knoten zeigen wir Ihnen nun mit der Unterstützung durch ein Framework. Als Framework verwenden wir hier die in Abschnitt 9.2 vorgestellte Camelot Hypertrust Platform. Zunächst zeigen wir Ihnen die Einrichtung für ein Hyperledger-Fabric-Netzwerk, im Anschluss dann für ein MultiChain-Netzwerk.

9.4.1 Hybrides Hyperledger-Fabric-Netzwerk mit Framework

Die für den Hyperledger-Fabric-Service auf der SAP Cloud Platform zur Verfügung stehenden Servicepläne Backbone und Node erlauben es Ihnen, externe Peer-Knoten mit Ihrem auf der SAP Cloud Platform betriebenen Knoten zu verbinden. Die dazu erforderlichen Schritte haben wir in Abschnitt 9.3.1, »Hybrides Hyperledger-Fabric-Netzwerk«, beschrieben. Dort hatten wir den externen Peer-Knoten über Unix-Befehle in der Shell gestartet. Mithilfe der Camelot Hypertrust Platform kann der on premise betriebene Hyperledger-Fabric-Peer-Knoten über eine grafische Benutzeroberfläche gestartet werden.

Voraussetzungen Um einen externen Peer-Knoten mithilfe der Camelot Hypertrust Platform konfigurieren zu können, brauchen Sie folgende Komponenten:

- einen Host (Windows oder Linux)
- die Camelot Hypertrust Platform mit installierten Hyperledger Fabric Dependencies

Camelot Hypertrust Platform starten Erstellen Sie zunächst das Kryptomaterial auf der SAP Cloud Platform, wie in Abschnitt 9.3.1 beschrieben. Starten Sie dann die Camelot Hypertrust Platform im Hyperledger-Fabric-Modus im **core**-Verzeichnis der Installation. Nutzen Sie dazu das folgende Shell-Kommando:

```
node server.js -mode HYPERLEDGER
```

Ist der Server gestartet, melden Sie sich an der Administrationsoberfläche der Camelot Hypertrust Platform an. Diese rufen Sie unter der URL ⟨hostname⟩:⟨port⟩/administration auf. Die Platzhalter ⟨hostname⟩ und ⟨port⟩ ersetzen Sie dabei durch die Angaben Ihres On-Premise-Hosts, auf dem der externe Peer-Knoten gestartet wird. Die Anmeldeseite der Administrationsoberfläche sehen Sie in Abbildung 9.16.

Administrationsbereich Nach erfolgreicher Anmeldung sollten Sie die Startseite des Administrationsbereichs sehen (siehe Abbildung 9.17). Über die Navigationsleiste auf der linken Seite können Sie ähnlich wie auf der Oberfläche der SAP Cloud Platform zu den verschiedenen Bereichen der Camelot Hypertrust Platform navigieren.

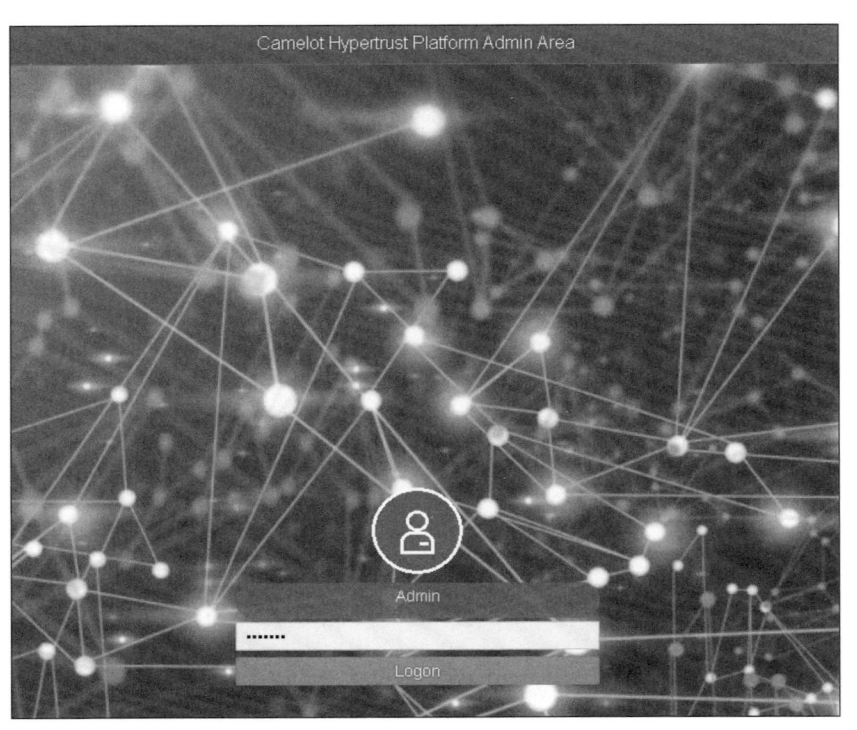

9.4 Aufsetzen eines hybriden Blockchain-Netzwerkes mit Framework-Unterstützung

Abbildung 9.16 Anmeldemaske der Camelot Hypertrust Platform

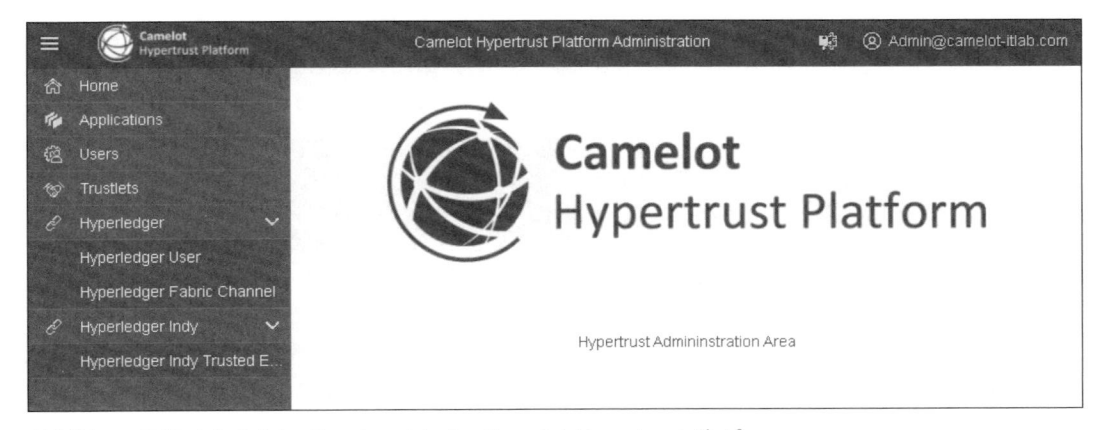

Abbildung 9.17 Administrationsbereich der Camelot Hypertrust Platform

Klicken Sie auf den Eintrag **Hyperledger** in der Navigationsleiste, und navigieren Sie in den Bereich **Hyperledger Fabric Channel**. Hier werden Ihnen im weiteren Verlauf existierende Hyperledger-Fabric-Knoten angezeigt, initial ist die List leer, da noch keine Knoten existieren (siehe Abbildung 9.18).

9   Hybride Netzwerkarchitektur

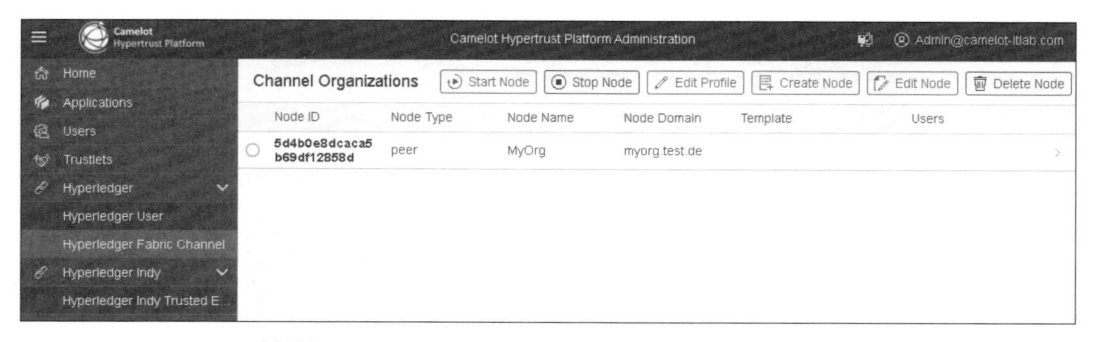

Abbildung 9.18 Liste der auf der Camelot Hypertrust Platform verwalteten Hyperledger-Fabric-Knoten

Neuen Peer-Knoten anlegen

Klicken Sie in der Übersicht auf den Button **Create Node**, um einen neuen Peer-Knoten zu erstellen. Sie gelangen zu einem Anlagedialog, den Sie in Abbildung 9.19 sehen. Füllen Sie die Felder **Org Name** und **Org Domain** mit dem Namen und der Domain Ihrer Organisation. Wählen Sie den **Node Type** im Dropdown-Menü aus. Die Felder **Template** und **Users** können leer verbleiben.

Im Dropdown-Menü des Feldes **Physical Location** wählen Sie den Wert **Local**, da wir einen on premise auf Ihrem Rechner betriebenen Peer-Knoten anlegen wollen. Im Feld **SAP Cloud Platform Crypto Material** wählen Sie über den Button **Durchsuchen** das zuvor auf Ihren Rechner heruntergeladene ZIP-Archiv mit den Kryptomaterialien aus. Nachdem Sie alle erforderlichen Felder ausgefüllt haben, starten Sie den Prozess zur Anlage des neuen Knotens, indem Sie auf den Button **Save** oben rechts klicken.

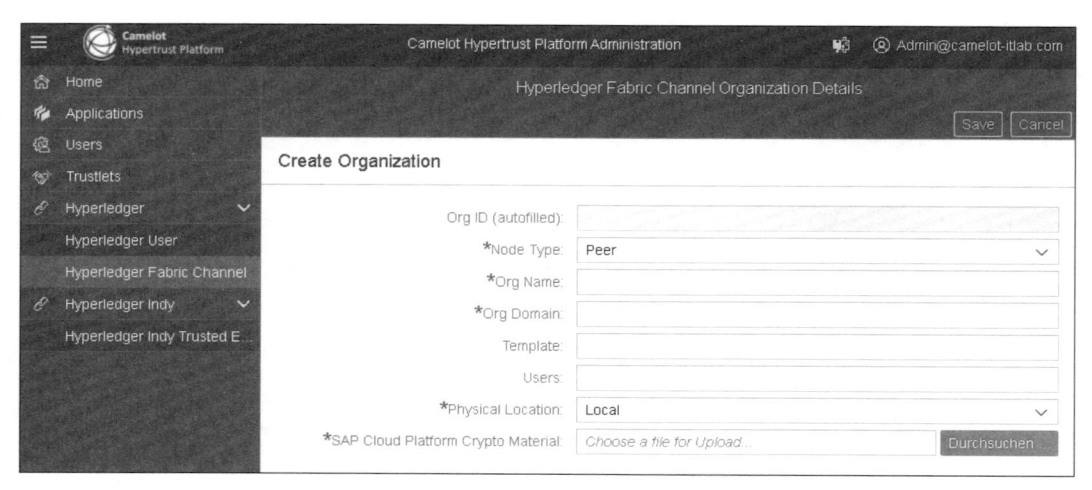

Abbildung 9.19 Erstellen eines Hyperledger-Fabric-Peer-Knotens auf der Camelot Hypertrust Platform

In der Liste der verwalteten Knoten erscheint nun der neu angelegte Knoten. Wählen Sie diesen Knoten über den Radiobutton zu Beginn der Zeile aus, und klicken Sie auf den Button **Start Node**, um ihn zu starten (siehe Abbildung 9.20).

Neuen Knoten starten

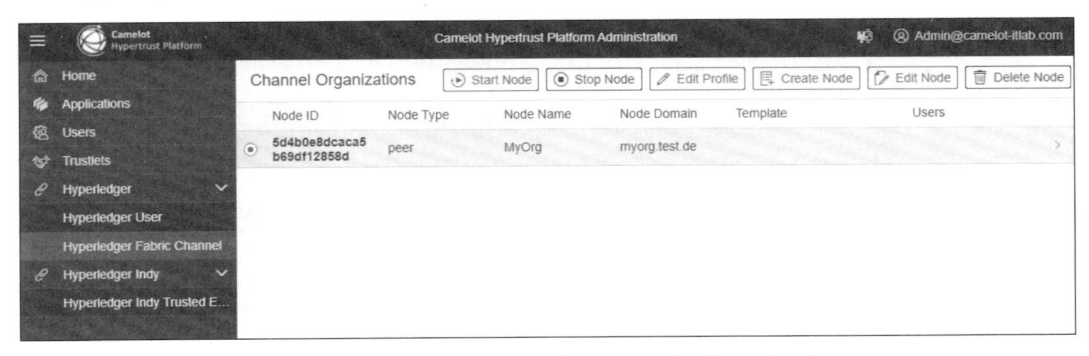

Abbildung 9.20 Hyperledger-Fabric-Peer-Knoten auf der Camelot Hypertrust Platform starten

Der erstellte On-Premise-Knoten wird nun gestartet und mit dem bestehenden Hyperledger-Fabric-Netzwerk auf der SAP Cloud Platform verbunden. Damit ist das hybride Netzwerk einsatzbereit.

9.4.2 Hybrides MultiChain-Netzwerk mit Framework

Der auf der SAP Cloud Platform für den MultiChain-Service zur Verfügung stehende Serviceplan Connect Your Own Network erlaubt es, externe Peer-Knoten mit Ihrem auf der SAP Cloud Platform betriebenen Knoten zu verbinden. In Abschnitt 9.3.2, »Hybrides MultiChain-Netzwerk«, haben wir die Vorgehensweise zur Einrichtung eines solchen Netzwerkes ohne Framework beschrieben. In diesem Abschnitt zeigen wir Ihnen die Vorgehensweise unter Verwendung der Camelot Hypertrust Platform.

Um einen externen Peer-Knoten mit diesem Framework konfigurieren zu können, brauchen Sie folgende Komponenten:

Voraussetzungen

- einen Host (Windows oder Linux)
- die Camelot Hypertrust Platform mit installierten Hyperledger Fabric Dependencies

Außerdem muss der RPC-Endpunkt des externen MultiChain-Knotens, der über die Camelot Hypertrust Platform bereitgestellt wird, über das Internet erreichbar sein.

Camelot Hypertrust Platform starten

Starten Sie zunächst die Camelot Hypertrust Platform im MultiChain-Modus im **core**-Verzeichnis der Installation. Dazu verwenden Sie folgendes Shell-Kommando:

`node server.js -mode MULTICHAIN`

Melden Sie sich dann an der Administrationsoberfläche der Camelot Hypertrust Platform an, wie in Abschnitt 9.4.1, »Hybrides Hyperledger-Fabric-Netzwerk mit Framework«, beschrieben. Abbildung 9.21 zeigt die Startseite der Administrationsoberfläche im MultiChain-Modus.

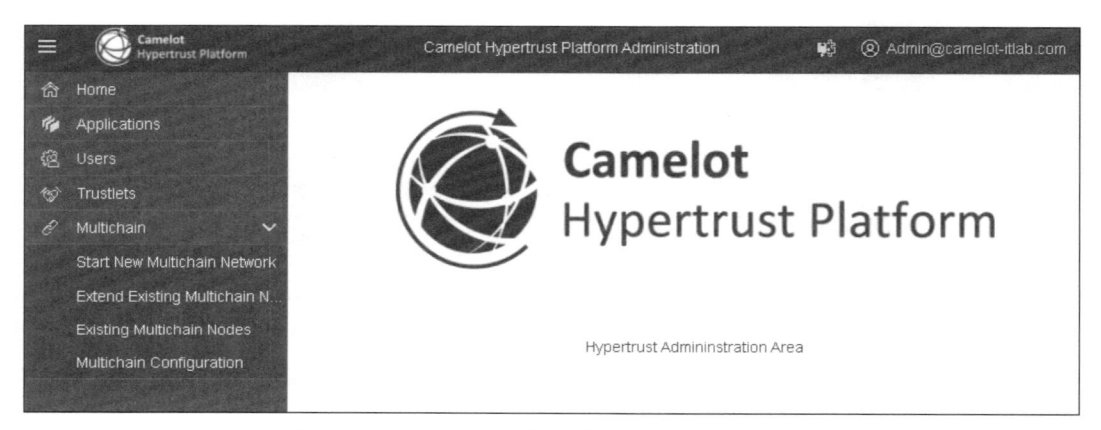

Abbildung 9.21 Startseite des Administrationsbereichs der Camelot Hypertrust Platform im MultiChain-Modus

Neuen Peer-Knoten anlegen

Klicken Sie in der Navigationsleiste auf der linken Seite auf den Eintrag **MultiChain**, und wählen Sie den Bereich **Extend Existing Multichain Network**. Daraufhin wird die Anlagemaske aus Abbildung 9.22 angezeigt. Füllen Sie die folgenden Felder:

- **Name**: der Name Ihres neuen Blockchain-Knotens
- **Start Node**: 0
- **Number of Nodes**: 1
- **Base Port**: 10000 oder ein anderer freier Port
- **RPC Port**: 1050 oder ein anderer freier Port
- **username**: der technische Benutzer zum Zugriff auf den Knoten
- **Password**: Verwenden Sie ein starkes Passwort. Notieren und verwahren Sie es an einem sicheren Ort.

Die Felder **bootURFull** für die Boot-URL und **Configuration File** können leer bleiben. Setzen Sie zuletzt den Haken bei der Option **Set as Default Account**. Dadurch wird der im Zuge der Knoteninstallation erstellte Account als

9.4 Aufsetzen eines hybriden Blockchain-Netzwerkes mit Framework-Unterstützung

Default-Account verwendet. Im Regelfall ist dies das richtige Vorgehen, es sei denn, Sie möchten den zu erstellenden Knoten einem Netzwerk hinzufügen, für das bereits ein Default-Account festgelegt wurde.

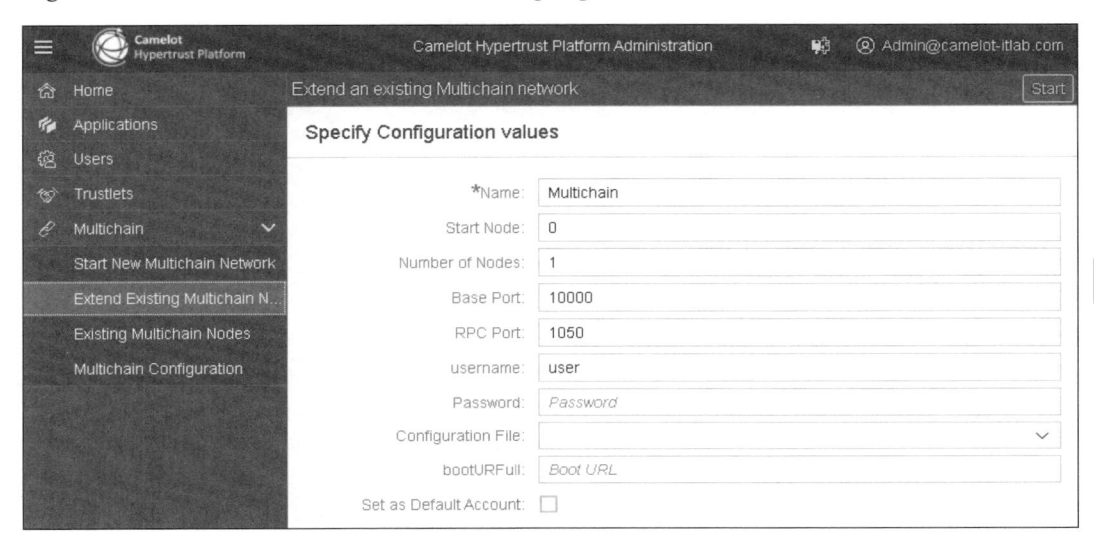

Abbildung 9.22 Erstellen eines MultiChain-Knotens auf der Camelot Hypertrust Platform

Nachdem Sie alle erforderlichen Felder ausgefüllt haben, klicken Sie auf den Button **Start** oben rechts, um den neuen Knoten zu erstellen.

Wechseln Sie nun über die Navigationsleiste auf der linken Seite in den Bereich **Existing MultiChain Nodes**, um sich alle über die Camelot Hypertrust Platform verwalteten MultiChain-Knoten anzeigen zu lassen (siehe Abbildung 9.23). Klicken Sie hier auf Button **Download .JSON Config** in der Zeile des zuvor erzeugten MultiChain-Knotens. Damit generieren Sie eine JSON-Datei mit den Zugangsdaten zu diesem Knoten, die Sie anschließend in Ihrem lokalen Dateisystem abspeichern.

Neuen Knoten anzeigen

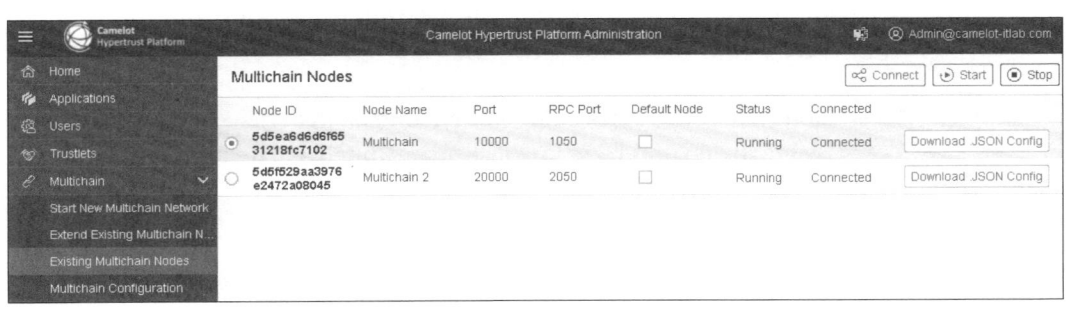

Abbildung 9.23 Liste der auf der Camelot Hypertrust Platform verwalteten MultiChain-Knoten

461

Knoten starten

Nun können Sie den neuen Knoten starten. Wählen Sie dazu den neuen Knoten über den Radiobutton zu Beginn der Zeile aus, und klicken Sie den Button **Start** oben rechts auf der Seite.

Knoten in das Netzwerk einbinden

Um den Knoten in ein auf der SAP Cloud Platform betriebenes MultiChain-Netzwerk einzubinden, richten Sie ihn mithilfe des Serviceplans Connect Your Own Network als externen Peer-Knoten ein. Die entsprechenden Schritte sind in der MultiChain-Serviceinstanz auf der SAP Cloud Platform auszuführen, die Vorgehensweise entspricht daher der im Abschnitt »Anbindung auf der SAP Cloud Platform« in Abschnitt 9.3.2 beschriebenen Vorgehensweise.

9.5 Zusammenfassung

Nach der Lektüre dieses Kapitel können Sie über den Tellerrand von SAP Cloud Platform Blockchain hinausblicken und haben einen Eindruck von den dezentral funktionierenden Geflechten hybrider Blockchain-Netzwerke erhalten. Es dürfte nun klarer sein, welche Rolle die Blockchain-Services von SAP beim Auf- und Ausbau von Enterprise Blockchains spielen können. Ob Sie einen Knoten als Dreh- und Angelpunkt eines auf der SAP Cloud Platform initiierten Netzwerkes oder als einfachen Teilnehmerknoten eines existierenden Netzwerkes einrichten (oder eine beliebige Mischung aus beiden Ansätzen verwenden) – mit der SAP Cloud Platform können Sie viele Netzwerkausprägungen umsetzen. Ebenso haben Sie in diesem Kapitel gelernt, wie Blockchain-Netzwerke mit einem Framework wie der Camelot Hypertrust Platform oder auch ganz traditionell »zu Fuß« mit den Bordmitteln der Blockchain-Technologien Hyperledger Fabric und MultiChain erweitert werden können. Damit haben Sie wertvolle Grundkenntnisse in der Disziplin »Blockchain-Netzwerkadministration« erworben.

Im folgenden Kapitel werden wir noch einmal umfänglich rekapitulieren, welche Möglichkeiten Ihnen mit SAP Cloud Platform Blockchain zur Verfügung stehen. Außerdem werden wir einen Blick auf die Roadmap von SAP Cloud Platform Blockchain werfen und einige vielversprechende neue Technologien und Tools im Blockchain-Umfeld vorstellen.

Kapitel 10
Zusammenfassung und Ausblick

*Zum Abschluss wollen wir Ihnen einen Ausblick auf Entwicklungen geben,
die die Zukunft von SAP Cloud Platform Blockchain betreffen.*

Auf der Veranstaltung SAPPHIRE 2019 in Orlando, Florida, schwor SAP die Anwesenden trotz oder gerade wegen des Wegganges des langjährigen Vorstands und Cloud-Vordenkers Rob Enslin auf das Mantra »Cloud First« ein. Die Zukunft der SAP-Software liege dank Themen wie künstlicher Intelligenz (KI) und Analytics weiterhin in der Cloud, und diese solle einen noch größeren Beitrag zum Wachstum des Unternehmens leisten, als dies schon bisher der Fall war. Großartige Wachstumskurven wurden auf der SAPPHIRE dafür bemüht. Diese schöne Zukunft wird zurzeit allerdings noch etwas holprig eingeläutet: Viele SAP-Kunden tun sich schwer, den Cloud-Visionen von SAP zu folgen.

Dennoch sollen fleißig weitere Dienste in der Cloud angeboten werden, darunter auch neue Blockchain-Technologien wie MultiChain 2.0 und die Ethereum-Fork Quorum. Grund genug, in diesem Kapitel auf die Möglichkeiten von MultiChain 2.0 mit Smart Filters und die Enterprise Blockchain Quorum sowie alternative Distributed-Ledger-Technologien (DLTs) einzugehen. Darüber hinaus finden Sie in diesem Kapitel eine Zusammenfassung der bereits bestehenden Blockchain-Dienste auf der SAP Cloud Platform.

10.1 SAP Cloud Platform: Was war und was ist

Das Angebot an BaaS-Services (Blockchain as a Service) auf der SAP Cloud Platform startete am 17. Mai 2017. Zu diesem Datum kündigte Raimund Gross, Innovation Manager bei SAP, im Rahmen der SAP-Leonardo-Initiative unter anderem auch den SAP Cloud Platform Blockchain Service an (*http://s-prs.de/v691457*).

Was war

SAP entschied sich für Hyperledger Fabric und MultiChain 1.0 als Startangebote. Diese Kombination war zumindest etwas ungewöhnlich: Während Hyperledger Fabric als *die* Enterprise-Blockchain quasi gesetzt war, war MultiChain im Vergleich dazu eher eine kleine und unbedeutende Block-

Hyperledger-Fabric- und MultiChain-Services

chain. Sie bot zwar Business-Features, aber ansonsten eher begrenzte Möglichkeiten. Es drängt sich daher der Eindruck auf, dass der MultiChain-Service als Probe- oder Einstiegsangebot konzipiert wurde, um Kunden eine günstige Möglichkeit zu geben, bei geringem Arbeits- und Kostenaufwand und ohne Chaincode-Entwicklung erste Erfahrungen mit Blockchain-Diensten zu sammeln.

Im Vergleich zu anderen Cloud-Anbietern ist SAP damit relativ spät in das BaaS-Geschäft eingestiegen. Zuvor hatten Branchengrößen wie Microsoft und IBM bereits ähnliche Angebote ins Leben gerufen:

- Microsoft bietet Blockchain für die Plattform Azure schon seit dem Frühling 2016 an.
- IBMs erste Pressemeldung zur Blockchain-Technologie stammt aus dem Februar desselben Jahres.

Lediglich Amazon Web Services (AWS) und Oracle hinkten etwas hinterher und veröffentlichten ihre Angebote erst im Frühjahr/Sommer 2018.

Was ist Doch zurück zur SAP Cloud Platform. Im Oktober 2019 existieren mehrere Blockchain-Technologien und Versionen nebeneinander. Neben MultiChain 1.0 wird auch schon die neue Version 2.0 unterstützt, wenn auch nur im Rahmen von Trial-Accounts und mit dem Hinweis, dass diese Version nicht für den Einsatz in produktiven Umgebungen zugelassen ist. Auch die Ethereum-Variante Quorum von J. P. Morgan ist bereits unter den gleichen Bedingungen auf der SAP Cloud Platform verfügbar. SAP verfolgt hier das Konzept einer schrittweisen Einführung der Angebote. Den Status quo der einzelnen Angebote fassen wir im Folgenden kurz zusammen.

Hyperledger Fabric Hyperledger Fabric erfreut sich als De-facto-Standard für Enterprise Blockchains weiterhin zunehmender Beliebtheit und wird zügig weiterentwickelt. Zum Zeitpunkt der Drucklegung dieses Buches ist das Release 1.4.3 vom 27. August 2019 aktuell. Auf der SAP Cloud Platform wird seit dem 10. Mai 2019 Hyperledger Fabric in Version 1.4 genutzt:
http://s-prs.de/v691458

Die erste Version 1.4.0 wurde am 9. Januar veröffentlicht. Die Hyperledger Foundation publizierte weiterhin im April 2019 eine Alpha-Version der Version 2.0, die unter anderem die Erzeugung und Verwaltung eigener Assets (Besitzgüter) als Tokens anbietet. Damit können in Hyperledger Fabric endlich auch eigene Kryptowährungen erzeugt, aufgesetzt, verteilt, verfolgt und auch wieder eingelöst werden. Dies kann in Zukunft für beschleunigte und vereinfachte Abrechnungen zwischen teilnehmenden Partnern sorgen.

Die Blockchain Quorum ist eine private Alternative für Ethereum, bei der es keine Gebühren für die Ausführung von Smart Contracts gibt und bei der nur diejenigen Knoten miteinander kommunizieren, die das auch wirklich müssen. Damit werden die übertragenen Daten vor unberechtigten Zugriffen geschützt. Das Projekt nennt diese Vorgehensweise einen pragmatischen Ansatz für mehr Datenschutz. Nüchtern betrachtet kann man Quorum daher als ein zusätzliches Datenschutzmodul für Ethereum beschreiben. Ursprünglich für den Einsatz im Finanzwesen geplant, kann die Quorum-Blockchain auch für andere Transaktionsarten angepasst werden, etwa für Closed-loop-Supply-Chain-Szenarien in der Medizin, bei denen es um die Sicherung medizinischer Daten mit persönlichen Bezug geht, wie wir sie in Abschnitt 4.3.2, »Personalisierte Medizin«, beschrieben haben.

Quorum

Konzepte wie verbesserte Smart Contracts, neue Konsensverfahren wie Proof of Stake und eine schnelle Blockvalidierungszeit von 12 Sekunden sind alles Argumente, die die Attraktivität und potenzielle Entwicklungsmöglichkeiten von Quorum weiter untermauern. Als direkter Ableger von Ethereum wird Quorum auch in Zukunft von den Innovationen des großen Bruders profitieren. Quorum ist ab sofort für den nicht produktiven Einsatz auf der SAP Cloud Platform verfügbar und kann somit im Rahmen von nicht kommerziellen Testprojekten eingesetzt werden.

Sicherheitsfunktionen von Quorum
Einen Überblick über die im Rahmen des Quorum-Projekts zu Ethereum hinzugefügten Sicherheitsfeatures bietet der Artikel »Simplifying the Quorum Whitepaper« von Robert Greenfield unter der URL *http://s-prs.de/ v691459*.

[«]

MultiChain in der Version 2.0 ist ein großer Fortschritt gegenüber der Version 1.0. Eine neue, auf der JavaScript-V8-Engine von Google basierende Smart-Contract-Engine ermöglicht die Erstellung und Ausführung sogenannter *Smart Filters*. Ebenso gibt es eine granulare Berechtigungsverwaltung, das sogenannte *Permissions Management*, das eine genauere Rechtevergabe per Stream und per Asset erlaubt. Damit lassen sich die Rechte einzelner Teilnehmer genauer kontrollieren – so können z. B. Händler von normalen Benutzern unterschieden werden, um ihre Geschäftsdaten in besondere Streams zu speichern und mit einer gesonderten Währung untereinander abzurechnen. Die neuen *Stream Read Restrictions* hingegen erlauben es nur berechtigen Knoten, bestimmte Datenströme auszulesen.

MultiChain

Auch können eigene Datenströme wie JSON-Arrays, Text- oder Binärdaten in die MultiChain eingebracht werden. Ferner wird nun die Speicherung von Off-Chain-Daten unterstützt, für die automatisch Hash-Werte errechnet und in die Blockchain eingebettet werden. Die Möglichkeit, verschlüsselte Off-Chain-Daten zu versenden und zu empfangen, verhindert das Auslesen der Daten durch intermediären Knoten und Router und eröffnet neue Szenarien mit personenbezogenen Daten, die dank Gesetzen wie der Datenschutz-Grundverordnung (DSVGO) der EU besondere Anforderungen haben. Das ebenfalls neu eingeführte *Off-Chain Data Purging* erlaubt z. B. das datenschutzkonforme Löschen von Daten außerhalb der Blockchain.

Die Handhabung von privaten Schlüsseln ist außerdem flexibler geworden, und ein sogenannter *Cold Node*, d. h. ein Knoten, der auch unabhängig vom Netzwerk operieren kann, wurde hinzugefügt.

Eine neue, *Selective Stream Indexing* genannte Funktion zum Indexieren der zu speichernden Daten erlaubt die Kontrolle über die Nutzung von Speicherplatz auf dem Speichermedium. Selektives Datenauslesen verringert die benötigte Bandbreite beim Auslesen von Daten und spart Speicherplatz.

Lizenzmodell für MultiChain 2.0

Mit Version 2.0 hält außerdem ein neues Lizenzmodell bei MultiChain Einzug. Die kostenlose *Community Edition* ist weiterhin verfügbar, interessante Neuerungen wie die aufgeführten Features sind aber der *Enterprise Demo* für MultiChain 2.0 vorbehalten. Diese Version kann in den ersten 3 Monaten nach Aufsetzen einer Blockchain umsonst genutzt werden. Community-Edition- und Enterprise-Demo-Knoten können in einem Blockchain-Netzwerk auch im Mischbetrieb eingesetzt werden. Diese zusätzlichen Gebühren sollten im Fall der SAP Cloud Platform aber bereits mit den anfallenden Kosten abgegolten sein.

Aktuell ist MultiChain 2.0 nur für Knoten im Rahmen eines Trial-Accounts der SAP Cloud Platform verfügbar, aber es ist abzusehen, dass diese Version bald in den Regelbetrieb überführt werden wird.

10.2 SAP Cloud Platform: Was sein könnte

SAP scheint mit der SAP Cloud Platform abzuwarten, ob sich der Hype um Blockchains auch in konkreten Abonnentenzahlen niederschlägt. Man prüft, wie gut die neuen Cloud-Angebote angenommen werden, bevor weitere Aufwände für die Unterstützung neuer Blockchain-Frameworks gerechtfertigt erscheinen. Anders ist nicht zu erklären, dass derzeit zwar die Ethereum-Variante Quorum unterstützt wird, die weitaus bekanntere Blockchain Ethereum allerdings nicht. Einen technischen Grund gibt es dafür nicht: Quorum basiert auf Ethereum, sodass es prinzipiell auch möglich sein sollte, Ethereum-Knoten auf der SAP Cloud Platform zu betreiben.

Die Hyperledger Foundation hingegen macht mit ihrer professionellen Agenda und den vielen interessanten Projekten einen soliden Eindruck und liefert regelmäßig und zuverlässig neue Versionen. Hyperledger Fabric wird daher vollumfänglich auf der SAP Cloud Platform unterstützt. Vielleicht kann sich SAP ja in Zukunft noch für die Unterstützung weiterer Hyperledger-Projekte begeistern? Im Folgenden sehen wir uns das Potenzial einiger dieser Projekte genauer an.

10.2.1 Hyperledger Composer – eher nicht ...

Hyperledger Composer ist eine auf Node.js basierende Sandbox-Umgebung zur vereinfachten Entwicklung von Chaincode für Hyperledger Fabric. Unter der URL *https://composer-playground.mybluemix.net* gibt es eine stabile und öffentlich zugängliche Version, mit der man erste Schritte in Sachen Chaincode-Entwicklung unternehmen kann (siehe Abbildung 10.1). Die Sandbox-Umgebung lässt sich dazu auch lokal installieren.

Sandbox-Umgebung für Chaincode

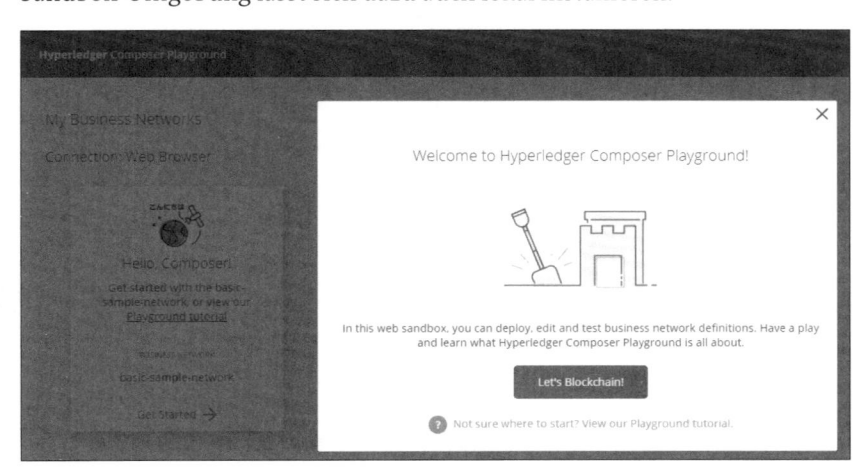

Abbildung 10.1 Startfenster des Hyperledger Composers

> **Weiterentwicklung von Composer gestoppt**
>
> Die stürmischen Entwicklungen im Blockchain-Umfeld machten auch während der Arbeiten an diesem Buch keinen Halt. Wir wollten Ihnen hier ursprünglich die Vorzüge der Composer-Umgebung nahebringen, die aus unserer Sicht eine ideale Ergänzung zur SAP Cloud Platform für Blockchain-Einsteiger darstellen könnte. Aber die Arbeiten am Composer-Projekt wurden am 29. August 2019 überraschend eingestellt. Hinter den Kulissen wird gemunkelt, dass IBM als einer der Hauptsponsoren lieber dem Hauptprojekt Hyperledger Fabric mehr Ressourcen zuweisen wollte. Die Aufgabe

> von Composer ist sehr bedauerlich, da es sich um eine interessante und einfache Lern- und Rapid-Prototyping-Umgebung für Hyperledger-Fabric-Projekte handelte.

Chaincoder Eine Alternative zu Hyperledger Composter stellt die Umgebung *Chaincoder* von Bernd Noetscher dar (*https://www.chaincoder.org/*). Dabei handelt es sich um eine integrierte Entwicklungsumgebung für Hyperledger-Fabric-Projekte (siehe Abbildung 10.2). Zwar kann man in dieser Umgebung die Struktur und Organisation von Hyperledger-Fabric-Projekten erlernen und lokal simulieren, aber es fehlt die Möglichkeit zum Deployment der fertigen Projekte auf der SAP Cloud Platform. Dennoch ist die Chaincoder-Umgebung eine nützliche Hilfe, da sie alle Komponenten einer Hyperledger-Fabric-Blockchain unter einer Oberfläche vereint.

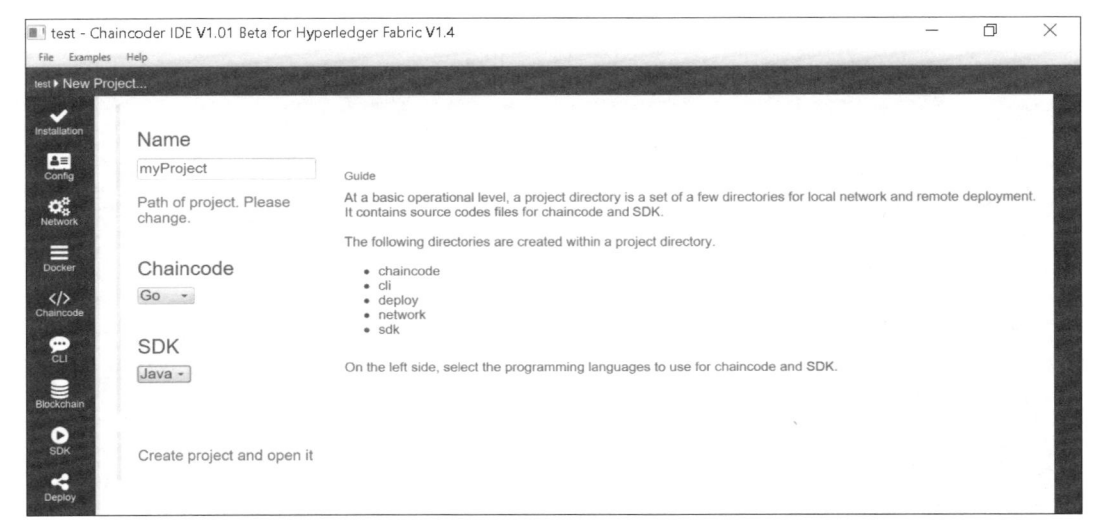

Abbildung 10.2 Chaincoder-Entwicklungsumgebung für Hyperledger Fabric

10.2.2 Hyperledger Grid

Als Hyperledger Grid wird ein im Dezember 2018 begonnenes Projekt bezeichnet, das sich derzeit ebenfalls noch in der Entstehungsphase befindet. Es handelt sich dabei nicht um eine Blockchain, sondern um ein Ökosystem aus Technologien, Frameworks und Bibliotheken, die Entwicklern bei der technischen Entscheidungsfindung helfen sollen. Hyperledger Grid möchte damit die Entwicklung von Supply-Chain-Lösungen branchen- und plattformübergreifend beschleunigen. Dazu bietet das Projekt auch die Integration von Industriestandards an.

10.2 SAP Cloud Platform: Was sein könnte

Hyperledger Fabric bietet modulare Komponenten zur Entwicklung von Smart Contracts und Benutzeroberflächen an. Das umfasst auch domänenspezifische Datenmodelle, wie etwa GS1-Produktdefinitionen, Smart-Contract-Business-Logik, Bibliotheken und SDKs.

Smart Contracts und Client Interfaces

> **GS1**
>
> GS1 (Abkürzung für *Global Standards One*, im Netz unter *https://www.gs1.org/* vertreten) ist eine internationale privatwirtschaftliche Organisation, die Vorgaben zur Standardisierung und Verbesserung von Wertschöpfungsketten abgibt und realisiert. Sie ist ebenso für die weltweite Vergabe der sogenannten Global Trade Time Number (GTIN) verantwortlich.

Das Bindeglied zwischen den durch Hyperledger Grid bereitgestellten Komponenten und den zugrunde liegenden Blockchains soll dabei *Sabre* sein. Sabre ist die auf der Sprache *WebAssembly* (WASM) basierende Smart-Contract-Engine der Blockchain-Technologie *Hyperledger Sawtooth*.

> **WebAssembly**
>
> WebAssembly ist eine Maschinensprache für eine virtuelle Maschine, die in modernen Webbrowsern implementiert ist. Sie wird in einer geschützten Umgebung (Sandbox) ausgeführt und erlaubt die schnelle Ausführung von Programmcode.
>
> Ursprünglich war WebAssembly als Kompilationsziel für C/C++ gedacht und sollte so die Programmierung von Clients und Servern erlauben. Mittlerweile gibt es aber viele andere populäre Sprachen wie JavaScript, Rust, Go oder C#, die nach WebAssembly kompiliert und somit im Browser ausgeführt werden können. Eine Übersicht über diese Sprachen finden Sie unter *http://s-prs.de/v691460*. Mehr Informationen zum offenen Standard WebAssembly finden Sie unter *https://webassembly.org/*.

Die Positionierung von Hyperledger Grid im Technologie-Stack von Blockchain-Anwendungen ist in Abbildung 10.3 veranschaulicht.

Positionierung

Das Projekt klingt sehr vielversprechend, kann allerdings zum jetzigen Zeitpunkt (Oktober 2019) noch nicht allzu viele konkrete Ergebnisse vorweisen. Es soll folgende Komponenten beinhalten:

Stand des Projekts

- Referenzimplementierungen von Datentypen für Lieferketten (Supply Chains) inklusive domänenspezifischer Datenmodelle für existierende offene Standards wie GS1

- Business-Logik für Smart Contracts basierend auf Best Practices
- *Pike*, ein Smart Contract, der Identitätsrechte für Organisationen mit der Smart-Contact-Engine Hyperledger *Sawtooth Sabre* verwaltet
- SDKs, die die Entwicklung von Smart Contracts erleichtern, wie etwa das Rust SDK für Pike

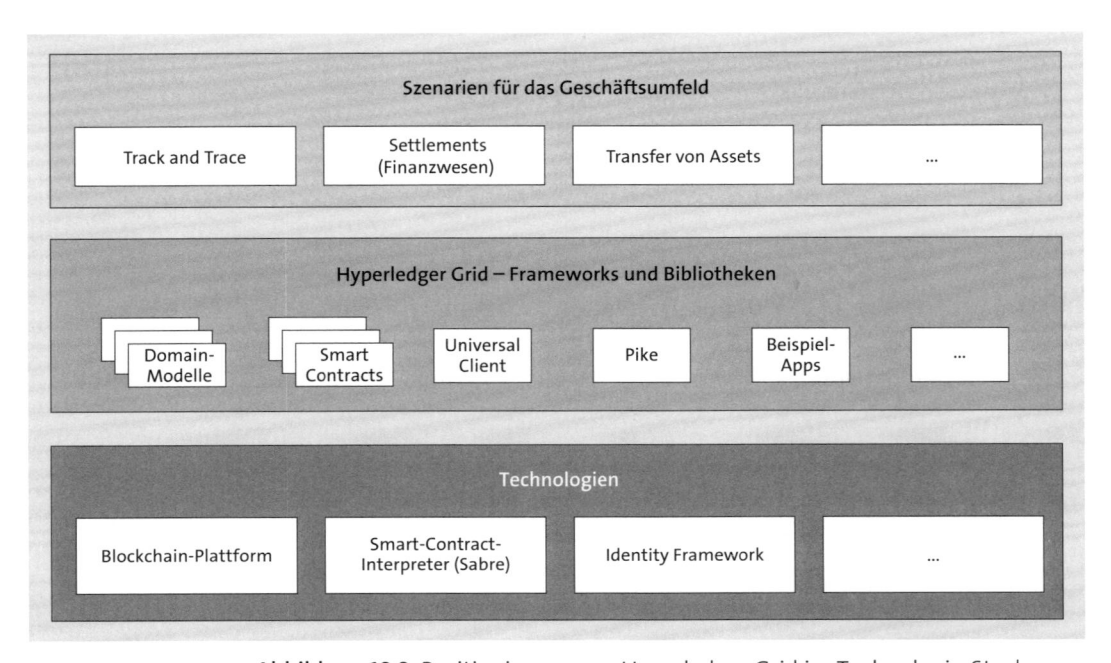

Abbildung 10.3 Positionierung von Hyperledger Grid im Technologie-Stack

Weiterhin verspricht Grid Beispielimplementierungen für Smart Contracts und Applikationen, die demonstrieren sollen, wie Komponenten des Hyperledger-Technologie-Stacks zu einer integrierten Business-Lösung kombiniert werden können. Explizit genannt wird z. B. der Grid-Track-and-Trace-Smart-Contract zur Verfolgung von Gütern innerhalb einer Lieferkette.

Das Git-Repository ist über die Adresse *https://github.com/hyperledger/grid* einsehbar. Die zugehörige Dokumentation ist zum jetzigen Zeitpunkt jedoch noch recht überschaubar und erschöpft sich in der Spezifikation spezieller Transaktionsinformationen. Man kann jedoch davon ausgehen, dass Hyperledger Grid allein schon aufgrund der thematischen Nähe zu Supply Chains in der einen oder anderen Form als Ergänzung zu den bestehenden BaaS-Angeboten der SAP Cloud Platform unterstützt werden wird.

10.2.3 Database Bridges und virtuelle Währungen

Einer der nächsten Schritte in der Entwicklung von Blockchains wird sicher die Programmierung von *Database Bridges* sein, d. h. von Datenbankanbindungen analog zur SAP-HANA-Integration auf der SAP Cloud Platform, wie wir sie in Kapitel 7 auf Basis von Hyperledger Fabric vorgestellt haben. Die Umsetzung dieser Datenbankanbindungen soll laut Ankündigung der MultiChain-Entwickler allerdings plattformunabhängig erfolgen, sodass beliebige Datenbanken eingesetzt werden können. Die Anbindung dieser Datenbanken soll laut der Vision der MultiChain-Entwickler die Analyse von großen Datenbeständen in Blockchains stark vereinfachen und beschleunigen.

Database Bridges

Obwohl spekulative Kryptowährungen dem guten Ruf der Blockchains eher abträglich waren, haben sie zur Erleichterung automatisierter Verrechnungsprozesse mit Smart Contracts sicherlich ihre Berechtigung. Entwicklungen wie die neue Token-Engine in der Hyperledger-Fabric-Version 2.0 Alpha oder der erneuerte ERC-777-Standard von Ethereum deuten darauf hin, dass es für Verbesserungen in der Handhabung von virtuellen Währungen weiterhin Raum nach oben gibt. Besonders gilt dies im Zusammenhang mit Enterprise-Szenarien, in denen Tokens bisher eher weniger genutzt wurden. Die neue Token-fähige Version 2.0 von Hyperledger Fabric wird aller Voraussicht nach Ende 2019 freigegeben und könnte automatisierten Zahlungen im Geschäftsumfeld den Weg weisen.

Virtuelle Währungen

> **Kryptowährungen in Hyperledger Fabric 2.0**
> Zur Erzeugung einer eigenen Währung mit Hyperledger Fabric 2.0 hat die Hyperledger Foundation einen Designvorschlag unter *http://s-prs.de/v691461* veröffentlicht. Ein konkret durchgespieltes und dokumentiertes Beispiel finden Sie unter: *http://s-prs.de/v691462*

[«]

10.3 Technischer Ausblick auf das Umfeld von Blockchains

Nach und nach entdecken alle größere Softwareanbieter die Blockchain im Zusammenhang mit eigenen Cloud-Angeboten und springen auf diesen fahrenden Zug auf. Die hohen Wachstumsraten bei Umsatz und Gewinn der SAP Cloud Platform in den letzten 12 Monaten sprechen eine deutliche Sprache und werden in absehbarer Zeit wahrscheinlich weiter anhalten. Diese rosigen Aussichten beziehen sich natürlich auf das komplette Angebot der SAP Cloud Platform und nicht nur auf die Blockchain-Dienste. Viele derzeitige Trends spielen dem Erfolg der SAP Cloud Platform in die Hände: der

Wachstum der SAP Cloud Platform

Wunsch nach Kostenreduzierung, die flexible Handhabung von Skalierungsszenarien sowie die generelle Zunahme der Datenmengen. Besonders durch Trendthemen wie Big Data, KI, Analytics und Internet der Dinge (Internet of Things, kurz IoT) lässt sich eine günstige Gesamtsituation für das weitere Wachstum der SAP Cloud Platform erwarten.

Dezentral verteilte Applikationen

Der große Siegeszug von dezentral verteilten Applikationen, die auf Blockchains basieren, wird mit großer Wahrscheinlichkeit kommen, sobald Unternehmen bereit sind, die überwiegenden Vorteile von gemeinsam geführten Blockchain-Netzwerken zu erkennen. Entsprechende Bemühungen zur Bildung von Konsortien sind bereits seit 2017 auf dem Weg. Zunehmender Nachweis- und Regulierungsdruck seitens der Verbraucher oder Gesetzgeber könnten ihr Übriges tun, um die Etablierung entsprechender Lösungen weiter voranzutreiben.

Steuerung komplexer Arbeitsabläufe

Blockchains wandeln sich derzeit von fälschungssicheren Datenbanken hin zu Steuerungszentralen für hochkomplexe Arbeitsabläufe mit vielen teilnehmenden Parteien, die untereinander über Teilfortschritte informiert werden müssen. Sie bieten dazu den Vorteil einer einzigen integrierten Ausführungsumgebung, wo früher mehrere Systeme mit entsprechend hohem Aufwand ineinandergreifen mussten.

Distributed-Ledger-Technologien

Alternative DLTs könnten wiederum die Anforderungen nach höheren Transaktionszahlen und besserer Energieeffizienz bedienen. Alles in allem bleiben die DLT ein Feld rasanter Forschung. Es vergeht kein Tag, an dem nicht ein weiteres Projekt, eine weitere Initiative oder eine neue Blockchain ausgerufen wird. Da das Feld mit dem der Kryptowährungen überlappt, fällt es manchmal schwer, die Spreu vom Weizen zu trennen. Enterprise Blockchains haben jedenfalls deutlich klarere Anforderungen in puncto Datenschutz, Verschlüsselung, Programmierung und Support als die Kryptowährungen.

Projekte im Geschäftsumfeld

Stabile Projekte für den Enterprise-Bereich zeichnen sich durch namhafte Partner, eine große und aktive Community und beständige Releases aus, die in einer verlässlichen Roadmap erklärt und angekündigt werden. Diese Konzepte werden derzeit am besten bei Hyperledger Fabric umgesetzt. Das Projekt fällt durch regelmäßige neue Versionen auf und dokumentiert den Entstehungsprozess ausführlich. Allein im Zeitraum der Erstellung dieses Buches sind ein Major Release, drei Minor Releases und eine Alpha Preview auf die neue Version 2.0 erschienen. Um dies zu würdigen, sollte man im Blick haben, dass es sich um Open-Source-Software mit dezentraler Architektur handelt, die aus mehreren anpassbaren Modulen besteht und mit verschiedenen Arten von Verschlüsselung arbeiten kann. Hyperledger

Fabric führt nicht ohne Grund das Feld der Enterprise-Blockchains an. Das Projekt löst regelmäßig ein, was andere Projekte nur versprechen, und wird damit zu einer verlässlich planbaren Größe für die Industrie.

Neue und alternative DLTs wie IOTA mit seinem gerichteten azyklischen Graphen (Directed Acyclic Graph, kurz DAG) namens Tangle, RadixDLT oder die auf Hashgraphs basierende Plattform Swirlds versprechen höhere Transaktionsdurchsätze als Blockchains und kommen ohne die umstrittenen und energieintensiven Konsensverfahren wie Proof of Work aus. Sie könnten das Angebot der SAP Cloud Platform in Zukunft womöglich komplettieren. Besonders das Projekt IOTA, das in den letzten Jahren viel Zuwendung aus der Wirtschaft erfahren hat, sticht dabei als potenzieller Kandidat deutlich hervor.

Alternative DLTs

IOTA hat deutsche Wurzeln und hat sich mit der Konzentration auf IoT, kostenlose Mikrotransaktionen und die Positionierung als Maschinenwährung schon früh an den Bedürfnissen der Industrie ausgerichtet. Mittlerweile gehören Bosch, die Deutsche Telekom, Volkswagen und BMW zu den Partnern dieses Projekts. Eine strategische Partnerschaft mit Microsoft komplettiert die Aufstellung auf der technologischen Seite. Im Sommer 2019 wurden außerdem Pläne von IOTA bekannt, das eigene Projekt als Industriestandard für IoT etablieren zu wollen. Allerdings kämpft IOTA mit technischen Problemen und sucht nach Wegen, seinen DAG Tangle mit dem Projekt Coordicide auf eine vollkommen dezentralisierte Architektur umzustellen. Trotzdem sollte IOTAs strikte Ausrichtung an den Bedürfnissen der Industrie im Zusammenhang mit der recht beeindruckenden Liste von Partnern dem Projekt eigentlich eine führende Position im Bereich von Enterprise-DLT-Anwendungen sichern können. Allein die Überschneidungen in der Kundenstruktur von SAP und IOTA sollte schon Gespräche zwischen den beiden Parteien rechtfertigen. Allerdings ist Microsoft als Partner von IOTA mit seiner Plattform Azure ein direkter Konkurrent zur SAP Cloud Platform.

IOTA

Neben den genannten DLTs gibt es weitere Alternativen zu den bisher auf der SAP Cloud Platform unterstützten und in diesem Buch behandelten Blockchains: Aufseiten der klassischen Blockchains wären noch die Enterprise Blockchains *R3 Corda Enterprise* oder vielleicht die deutsche Blockchain *Lisk* potenzielle Kandidaten für den weiteren Ausbau der Blockchain-Services der SAP Cloud Platform. Welche von SAP für den weiteren Ausbau der Cloud Platform in Betracht gezogen werden, hängt wohl auch von der Annahme der bereits bestehenden Angebote durch die Kunden ab.

Weitere klassische Blockchains

Der Erfolg einer DLT-Technologie ist sicher nicht zuletzt abhängig von ihrem Bekanntheitsgrad und der verwendeten Programmiersprache für die Smart Contracts. Die beliebtesten Programmiersprachen mit den größten

Faktor Programmiersprachen

473

Entwickler-Communitys sind Java, JavaScript und C#. Somit haben Blockchain-Frameworks, die diese Sprachen nutzen, auch automatisch Zugang zu einer größeren Anzahl potenzieller Entwickler. Eine Blockchain wie *Stratis*, die die im Business-Bereich beliebte Programmiersprache C# nativ unterstützt, wäre ebenfalls allein schon aufgrund der großen Zahl potenzieller Entwickler interessant, zumal Stratis auch eigene BaaS-Angebote anbietet, die mit denen der SAP Cloud Platform vergleichbar sind. Das Projekt bemüht sich sichtlich darum, sich als technologische Alternative zu bestehenden Angeboten zu positionieren. Mit dem Stratis-Token können Dienste der Stratis-Plattform bezahlt sowie auch Zahlungen an andere Teilnehmer vorgenommen werden. Das Projekt ähnelt auf den ersten Blick sehr dem Ethereum-Projekt.

Verwandte Technologien Angrenzende Technologien wie das *Interplanetary Filesystem* (IPFS), die heute schon zur Off-Chain-Speicherung von Daten genutzt werden, werden mit dem Erfolg Blockchain-basierter Lösungen zunehmend wichtiger.

> **IPFS**
>
> IPFS hat sich dem Motto »IPFS powers the distributed web« verschrieben. Es handelt sich um ein dezentral organisiertes Protokoll zur Verteilung von digitalen Inhalten auf Basis der Hash-Werte des jeweiligen Inhalts, nicht des Dateinamens. Es positioniert sich damit als Alternative zum HTTP-Protokoll, bei dem Dateien zentral von einem Server abgerufen werden. Bei IPFS werden Dateien anders betrachtet: Nicht ihr Name ist entscheidend, sondern der eindeutige Hash-Wert ihres Inhalts. Die Dateien werden auch nicht zentral auf einem Server vorgehalten, sondern Peer-to-Peer zwischen den Teilnehmern verteilt und organisiert. IPFS unterstützt dabei auch eine Versionierung.
>
> Mehr Informationen zu dieser interessanten Technologie finden Sie unter *https://ipfs.io*. Ein leicht verständliches deutschsprachiges Einführungsvideo finden Sie auf YouTube unter *http://s-prs.de/v691463*.

Anwendungen wie dezentral verteilte Blockchains mit angebundenen Datenbanken sind im Kommen und kombinieren die Transparenz und Fälschungssicherheit der Blockchains mit den schnellen Such- und Indexierungsalgorithmen der klassischen Datenbanken. Die Datenbanken können über eine einfach zu erlernende und beherrschende Abfragesprache wie SQL bearbeitet werden.

10.3 Technischer Ausblick auf das Umfeld von Blockchains

> **Alternativen zu Blockchains**
>
> Einen Überblick der Alternativen zu Blockchains gibt der Artikel »What are the different types of DLTs & how they work?« von Faisal Khan, der im Internet unter folgender URL abzurufen ist:
> *http://s-prs.de/v691464*

Beim Thema der dezentralisierten Anwendungen soll es letztlich um nichts Geringeres als die Zukunft des Internets gehen – das *Web 3.0*, das der Zentralisierung durch große Konzerne wie Facebook, Google und Amazon etwas entgegensetzen möchte. Das Angebot ist hier weiterhin extrem unübersichtlich. Konkurrierende Verfahren, Projekte, Protokolle und Initiativen kämpfen um die Etablierung als Quasistandard im Markt, indem sie jeweils versuchen, die größte Anzahl von Entwicklern auf ihre Seite zu ziehen. Dahinter steckt die Hoffnung, dass diese schon entsprechende Anwendungen entwickeln werden, die wiederum weitere Nutzer anziehen. Das hat zunächst recht wenig mit den Interessen etablierter Unternehmen zu tun, die gerne marktbeherrschende Positionen anstreben.

Zukunft des Internets

Aber Unternehmen bedienen sich eben gerne auch neuer Ideen, um besser, günstiger und sicherer produzieren zu können. Oft haben sie auch gar keine andere Wahl: Seit eh und je verlassen sie sich auf geprüfte Ideen und stabile Produkte der Open-Source-Szene für ihre Bedürfnisse, man denke nur an Datenbanken (MySQL, MongoDB), Webserver (Apache, Nginx) oder eben auch Blockchains (Hyperledger Fabric).

Der nächste Evolutionsschritt wird wohl die bereits angesprochene Kombination von dezentralen Blockchains mit Datenbanken sein. Vorbereitet wird dies bereits in Projekten wie *BigChainDB* (mittlerweile *IPDB*), *Bluzelle GUN* oder *Ties.DB*. Diese Projekte sind zum Teil noch recht jung und haben mit technologischen Herausforderungen zu kämpfen.

Der nächste logische Schritt

Auch ist die Kombination einer dezentralen Blockchain mit einer zentral organisierten Datenbank bisher nur schwer in eine bestehende Firmenlandschaft zu integrieren, sei es on premise oder in der Cloud, da der dezentrale Ansatz organisatorische Probleme mit sich bringt. Hinzu kommen vielleicht firmenpolitische Bedenken, wenn wichtige Geschäftsdaten in einer dezentral organisierten und damit nicht mehr allein kontrollierbaren Datenbank geteilt werden sollen.

Das Projekt IPDB ist aus dem vielversprechenden Projekt BigChainDB, einer dezentralen Datenbank für Blockchain-Anwendungen, hervorgegangen. Das Projekt IPDB (die InterPlanetary DataBase), und ihre Foundation haben im Juni 2019 ihre erste Roadmap vorgelegt und BigChainDB 2.0 veröffent-

IPDB

licht (*http://s-prs.de/v691465*). IPDB könnte sich beispielsweise als Persistenzmedium für größere Dokumente anbieten, die nicht in einer Blockchain gespeichert werden können oder sollen. Damit erfüllt sie den Zweck einer technischen Ergänzung oder Weiterentwicklung für Aufgaben, die zurzeit noch von Lösungen wie IPFS wahrgenommen werden. Joachim Lohkamp, Präsident der IPDB Foundation, erklärte dazu in einem wenig verbrämten Seitenhieb auf IPFS (Quelle: »Introduction to IPDB«, *http://s-prs.de/v691466*):

> »*Too many decentralised projects currently store their data on a ›filesystem‹ designed initially as an address and transport layer, which so happens to allow for file storage.*«

10.4 Prognosen für die Nutzung von Blockchains

Vorbehalte gegenüber der Blockchain

Bei der Beratung größerer Unternehmen in Bezug auf die Blockchain-Technologie haben wir festgestellt, dass die größten Hürden für den Einsatz eher psychologischer denn technischer Natur sind – viele Unternehmensführungen haben zunächst Vorbehalte in Bezug auf diese neue Technik, die sie in ihrer Komplexität und ihren neuen Vorteilen noch nicht überblicken können. Ängste vor Kontroll- und Datenverlust überwiegen. Auch sind viele Entscheider der Ansicht, dass Blockchains nur »neue Datenbanken« sind, die überteuert angeboten werden.

Wenn diese ersten Hürden genommen sind, müssen erst einmal die Vorzüge einer kollaborativen Zusammenarbeit zum Wohle aller beteiligten Partner im Rahmen eines Blockchain-Konsortiums erklärt werden. Viele Manager schrecken instinktiv davor zurück, Geschäftsdaten mit Konkurrenten oder Partnern zu teilen, selbst wenn dies Einsparungen, Datensicherheit sowie mehr Fairness und Transparenz für alle Beteiligten bedeuten würde. Oft erfolgt ein Sinneswandel erst unter dem Druck, bestehende technische Systeme ohnehin erneuern zu müssen, oder angesichts neuer Regularien, die es zu beachten gilt.

Initiativen

Aktivitäten wie Bildung von Konsortien für bestimmte Industriezweige und die Bildung eines Blockchain-Bundesverbandes zur Unterstützung wirtschaftlicher und politischer Forderungen weisen aber darauf hin, dass sich etwas tut. Auch auf europäischer Ebene hat man das Thema entdeckt: So gibt es z. B. ein *EU Blockchain Observatory* (*https://www.eublockchain-forum.eu/*), eine offene Plattform, auf der sich Unternehmer und Techniker zu Risiken und Möglichkeiten austauschen können.

Ebenso wurde im April 2018 eine *European Blockchain Partnership* formuliert (*http://s-prs.de/v691467*). Diese ist der *International Association for Trusted Blockchain Applications* (INABTA) beigetreten (*https://inatba.org/*). Erklärtes Ziel der EU ist die Förderung der Blockchain-Technologie im europäischen Raum. Einen Überblick aller Aktivitäten auf EU-Ebene gibt folgende Seite der Europäischen Kommission: *http://s-prs.de/v691468*

Laut der Prognosen diverser Marktbeobachter und Unternehmensberatungen soll sich der Markt für Blockchain-Technologien in den nächsten Jahren weiter rasant entwickeln und jedes Jahr fast verdoppeln. Für das Jahr 2023 wird ein Marktvolumen von 23,3 Milliarden prognostiziert (siehe Abbildung 10.4).

Marktprognosen

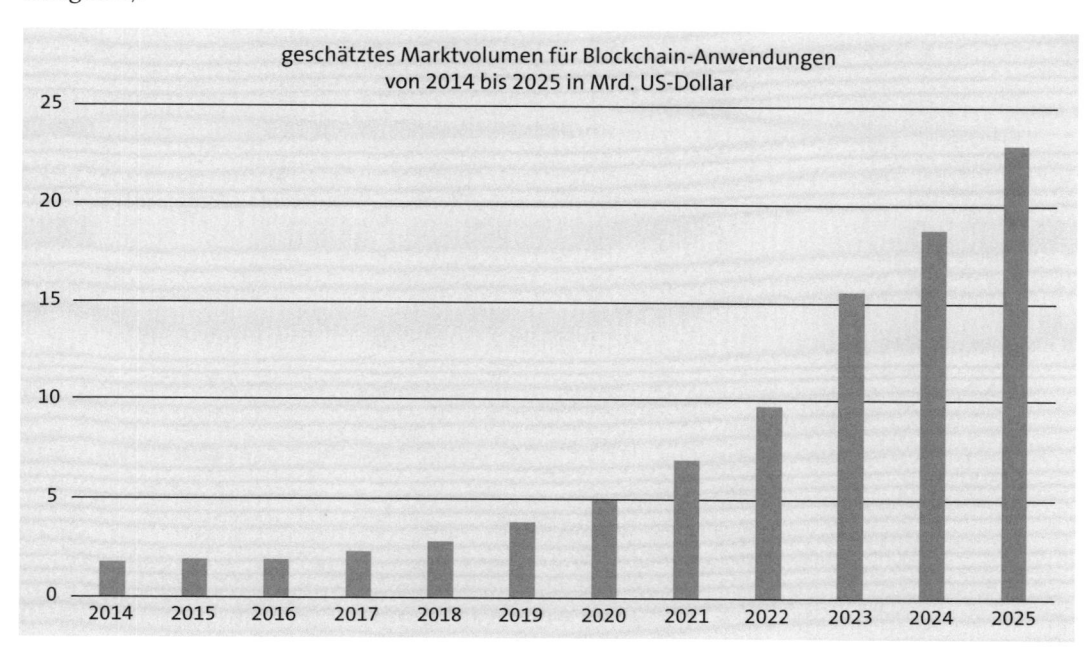

Abbildung 10.4 Geschätztes Marktvolumen für Blockchains (eigene Grafik, Werte aus verschiedenen Statistiken gemittelt)

10.5 Zusammenfassung

Wir haben in diesem letzten Kapitel versucht, Ihnen ein paar Einblicke in die weitere Entwicklung der SAP Cloud Platform und der dezentralen Technologien im Allgemeinen zu geben. Dazu haben wir die Entstehungsgeschichte der BaaS-Angebote auf der SAP Cloud Platform noch einmal nachgezeichnet und Erfolg versprechende Projekte wie Hyperledger Grid, die

Database Bridges und die kommende Unterstützung für selbst definierte Kryptowährungen in Hyperledger Fabric herausgestellt.

Danach haben wir einen technischen Ausblick auf das Umfeld von Blockchain-Anwendungen gewagt und ergänzende Projekte wie IPFS und IPDB besprochen, die als solche oder als technische Ideen in Zukunft ebenfalls eine wichtigere Rolle spielen werden. Schlussendlich wagten wir Prognosen für die zukünftige Nutzung von Blockchains. Dabei sind wir auch auf politische Initiativen in Deutschland und der EU eingegangen. Die weiterhin äußerst positiven Prognosen für die zukünftige Entwicklung Blockchain-basierter Anwendungen haben dieses Kapitel abgeschlossen.

Anhang

A Installation der Beispiele für dieses Buch 481
B Checkliste: Für welche Anwendungsfälle eignen sich
   Blockchains? 487
C Weiterführende Links und Publikationen 489
D Die Autoren 491

Anhang A
Installation der Beispiele für dieses Buch

Wir haben für dieses Buch eine Reihe von Beispielen für Hyperledger Fabric und MultiChain erstellt, die Sie auf verschiedene Art und Weise nutzen und ausprobieren können. Alle Dateien sind auf der Website des Rheinwerk Verlags unter *www.sap-press.de/4865* im Bereich **Materialien zum Buch** zu finden. Daneben finden Sie die Dateien in einem Git-Repository zu diesem Buch, das Sie unter folgender URL aufrufen können:

https://github.com/CamelotITLab/Blockchain_mit_SAP

Die Dateien aus dem Repository sind dazu gedacht, direkt in die SAP Web IDE geladen zu werden. Dafür gibt es zwei alternative Vorgehensweisen:

Vorgehensweisen

- Sie können die Dateien auf Projektbasis in Form eines erstellten Archivs (ZIP, MTAR oder Ähnliches) hochladen.
- Sie können das gesamte Repository mit allen Beispielprojekten importieren.

Diese beiden Vorgehensweisen beschreiben wir im Folgenden.

A.1 Import auf Projektbasis

Die erste Vorgehensweise auf Projektbasis ist die, die wir in den Kapiteln dieses Buches beschrieben haben. Die entsprechenden Archivdateien für das jeweilige Beispiel aus dem Releaseordner werden dazu in die SAP Web IDE importiert. Dazu wählen Sie im Abschnitt **Import an Application** den Button **Archive** auf der Startseite der SAP Web IDE (siehe Abbildung A.1). Diese können Sie über das Home-Icon oben links 🏠 jederzeit ansteuern.

Import als Archiv

A Installation der Beispiele für dieses Buch

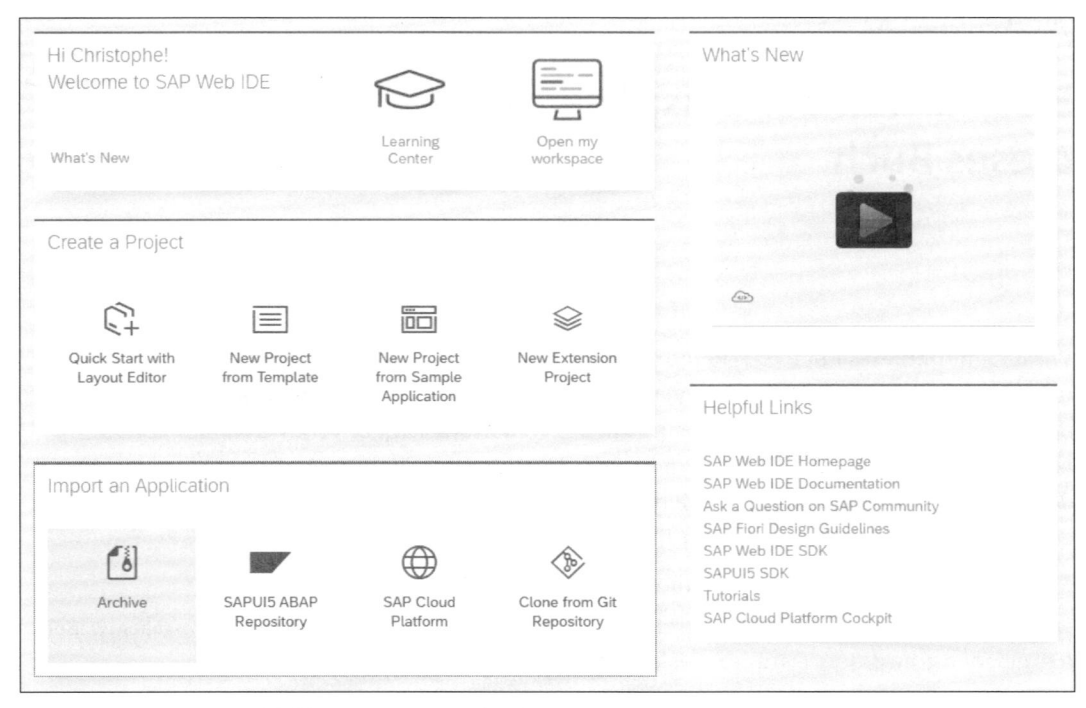

Abbildung A.1 Option für den Import eines ZIP-Archivs

Anschließend wählen Sie die zu importierenden Dateien im Importdialog aus, weisen einen Ordner zu, in den sie importiert werden sollen, und klicken auf **OK** (siehe Abbildung A.2).

Abbildung A.2 Importdialog zum Import des ZIP-Archivs

A.2 Import des gesamten Repositorys

Die zweite Vorgehensweise ist, das gesamte Repository für das Buch aus Git zu importieren. Diese Vorgehensweise scheint zunächst etwas einfacher, da alle Projekte auf einmal geladen werden. Allerdings ist für das Deployment des jeweiligen Projekts dann noch ein zusätzlicher Build-Schritt notwendig, bei dem Sie weitere Angaben machen müssen. Die erforderlichen Angaben hierzu sollten jedoch aus den Beschreibungen der Beispiele in den Kapiteln dieses Buches ersichtlich werden.

Um das Repository in die SAP Web IDE zu importieren, wählen Sie im Abschnitt **Import an Application** die Kachel **Clone from Git Repository** auf der Startseite der SAP Web IDE (siehe Abbildung A.3).

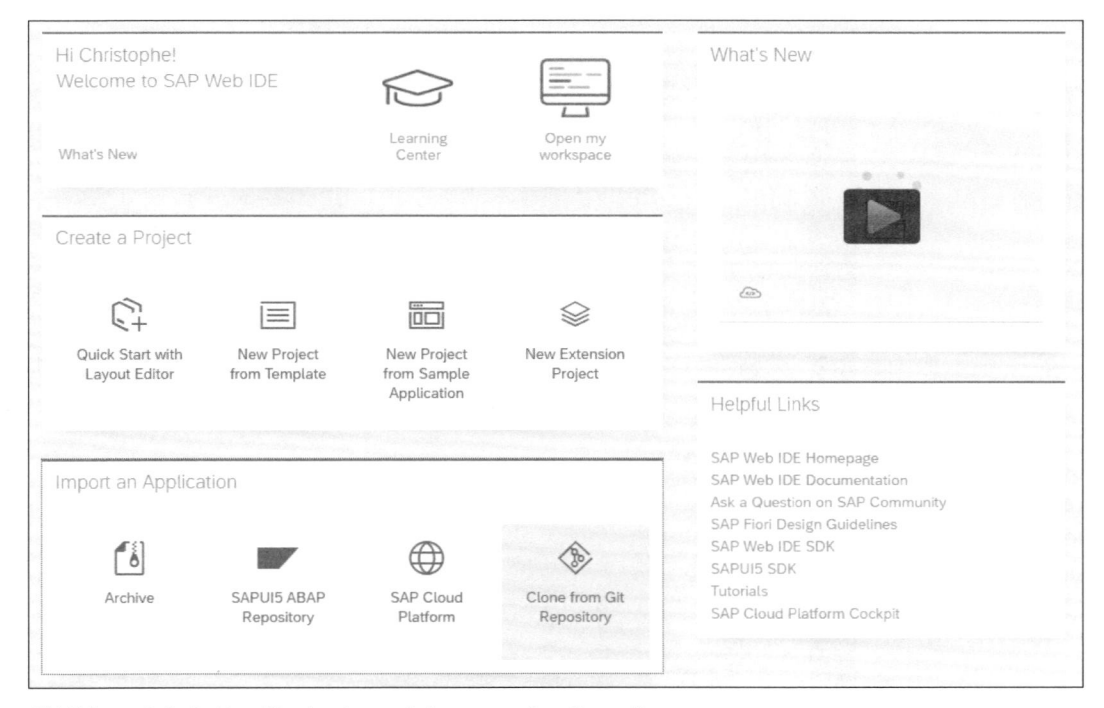

Abbildung A.3 Option für den Import des gesamten Repositorys

Es erscheint der Importdialog für das Repository, in dem Sie die **URL** des Repositorys angeben können (siehe Abbildung A.4). Um unser Beispielprojekt aus dem von uns bereitgestellten Git-Repository zu importieren, geben Sie die URL *https://github.com/CamelotITLab/Blockchain_mit_SAP* an, und bestätigen Sie Ihre Auswahl mit dem Button **Clone**.

483

A   Installation der Beispiele für dieses Buch

Abbildung A.4 Importdialog für das Git-Repository

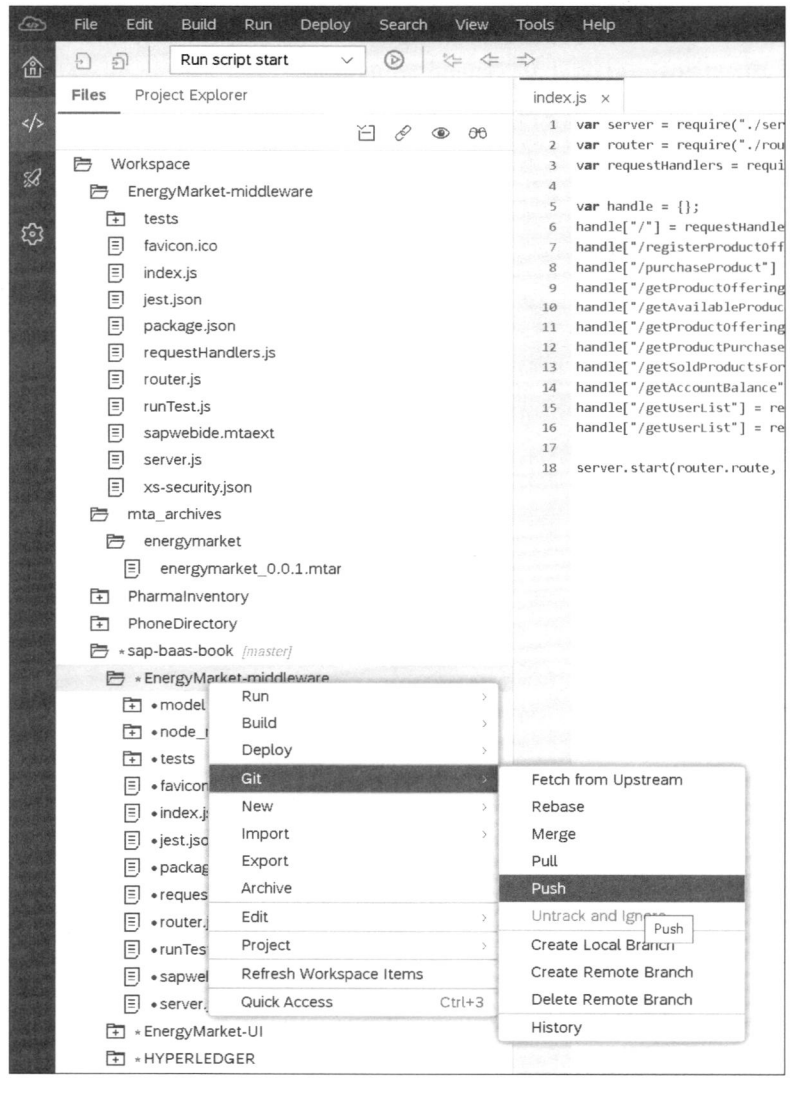

Abbildung A.5 Git-Befehle per rechten Mausklick auf Projektordner

Daraufhin öffnet sich das Projekt in der SAP Web IDE. Haben Sie Änderungen an den Projektdateien vorgenommen, können Sie das aktualisierte Projekt auch wieder per Push in das Git-Repository übertragen. Dazu nutzen Sie die Git-Befehle im Kontextmenü, das sich öffnet, wenn Sie mit der rechten Maustaste auf den Projektordner klicken (siehe Abbildung A.5).

Anhang B
Checkliste: Für welche Anwendungsfälle eignen sich Blockchains?

Viele SAP-Kunden sind unsicher, welche Vorteile die Blockchain-Technologie für sie haben kann. Die folgende Checkliste kann Ihnen dabei helfen, festzustellen, ob Sie diese Technologie für die Anforderungen Ihres Unternehmens in Erwägung ziehen sollten. Anhand der Checkliste können Sie ermitteln, ob ein durch die Blockchain ermöglichtes, vertrauensbasiertes Ökosystem Ihre bestehenden Geschäftsmodelle verändern oder ob durch ein solches Ökosystem neue Geschäftsmodelle entstehen können.

Checkliste

- *Muss Ihr Unternehmen gemeinsame Daten, Transaktionen, Aufzeichnungen oder Verträge auf sichere und dauerhafte Weise erfassen, damit sie vollständig rückverfolgbar und überprüfbar sind?*
  Trifft dies zu, eignet sich eine Blockchain zur Umsetzung, denn es handelt sich um eine chronologische und fälschungssichere Datenbank.

- *Müssen im Rahmen Ihres Workflows viele Parteien Daten hinzufügen oder abrufen oder vertraglich vereinbarte Transaktionen untereinander durchführen?*
  Blockchains können Vereinbarungen in Form von Smart Contracts zwischen Teilnehmern festlegen. Außerdem können Sie unterschiedliche Zugriffsebenen für verschiedene Parteien organisieren und den Datenaustausch durch automatisierte Benachrichtigungen erleichtern.

- *Arbeitet Ihr Unternehmen in einem Netzwerk mit anderen Herstellern oder Lieferanten, die sich gegenseitig nur begrenzt vertrauen und die konträre Interessen verfolgen?*
  Bei niedrigen Einrichtungskosten kann die Distributed-Ledger-Technologie den Teilnehmern sichere Transaktionen, vertrauenswürdige, überprüfte Daten und selbstausführende Verträge bieten.

- *Arbeitet Ihr Unternehmen in einer komplexen Wertschöpfungskette, die sich mit kostenintensiven oder geschäftskritischen Produkten befasst? Werden Vermögenswerte zwischen den Parteien gehandelt, und ist die Fähigkeit, Identitäten zu überprüfen oder Herkünfte nachzuweisen, entscheidend?*

Blockchains können Vermögenswerte entlang der Wertschöpfungskette und über ihren gesamten Lebenszyklus hinweg verfolgen, um das Risiko von Produktfälschungen zu minimieren.

- *Agiert Ihr Unternehmen als Vermittler, verbindet es unterschiedliche Parteien als vertrauenswürdige dritte Partei und schafft es Vertrauen?*
  Dieses Geschäftsmodell kann durch die Blockchain-Technologie bedroht sein.

Vorteile für Supply Chains

Folgende Möglichkeiten ergeben sich insbesondere für Blockchain-basierte Supply Chains:

- Erfassung der Menge und des Transfers von Assets (Paletten, Anhängern, Containern etc.), während sich diese zwischen den Knoten der Lieferkette bewegen
- Verfolgung von handelsbezogenen Dokumenten, wie z. B. Bestellungen, Änderungsaufträgen, Quittungen oder Versandbenachrichtigungen mit automatisierten Aktualisierungshinweisen
- Zuweisung oder Verifizierungen von Zertifikaten oder Zusicherung bestimmter Eigenschaften physischer Produkte, wie z. B. »biologisch« oder »Fair Trade« bei Lebensmittelprodukten oder das Label »Ökostrom« für erneuerbare Energien
- Verknüpfung von physischen Produkten mit Seriennummern, Barcodes, digitalen Tags (z. B. RFID) etc.
- Informationen über Herstellungsprozess, Montage, Lieferung und Wartung von Produkten
- verbesserte Transparenz durch vollständige Dokumentation des Produkts über die gesamte Lieferkette hinweg
- gute Skalierbarkeit, da die Anzahl von Teilnehmern praktisch unbegrenzt ist
- erhöhte Sicherheit durch eine fälschungssichere Technologie, die Datenredundanz nutzt

Anhang C
Weiterführende Links und Publikationen

Der Bereich der Distributed-Ledger-Technologien und speziell der Blockchains entwickelt sich nach wie vor stark weiter. Damit Sie sich über die neuesten Entwicklungen auf dem Laufenden halten können, empfehlen wir Ihnen folgende Internetseiten:

- SAP bietet in der *SAP Community* eine Schwerpunkt-Webseite zum Thema Blockchain an: *https://community.sap.com/topics/blockchain*
- Besonders interessant im Hinblick auf Blockchain-Neuerungen im SAP-Umfeld ist der *SAP Blockchain Newsroom*: *https://news.sap.com/tags/blockchain/*
- Der Branchenverband *Bitkom* unterhält eine Seite zum Themenschwerpunkt Blockchain, auf der er Termine und Publikationen bereitstellt: *https://www.bitkom.org/Themen/Technologien-Software/Blockchain/index.jsp*

  Alle diese Publikationen von Bitkom sind von recht guter Qualität. Speziell empfehlen wir Ihnen die folgenden Publikationen:
  - die Studie »Blockchain in Deutschland – Einsatz, Potenziale, Herausforderungen« (*https://www.bitkom.org/Bitkom/Publikationen/Blockchain-Deutschland-Einsatz-Potenziale-Herausforderungen*)
  - das »Faktenpapier Blockchain und Datenschutz« (*https://www.bitkom.org/Bitkom/Publikationen/Faktenpapier-Blockchain-und-Datenschutz.html*)
  - den Leitfaden »Evaluierung und Implementierung von Blockchain Use Cases«, der eine strukturierte Herangehensweise zur Bewertung, Planung und Realisierung eigener Blockchain-Projekte ausarbeitet (*https://www.bitkom.org/Bitkom/Publikationen/Evaluierung-Implementierung-Blockchain-Use-Cases*)

- Das *Bundesamt für Sicherheit in der Informationstechnologie* (BSI) bietet ein Papier mit dem Titel »Blockchain sicher gestalten – Konzepte, Anforderungen, Bewertungen«. Schwerpunkt dieses Papiers sind die Themen

Sicherheit und Effizienz sowie die Erfüllbarkeit datenschutzrechtlicher Vorgaben:
https://www.bsi.bund.de/SharedDocs/Downloads/DE/BSI/Krypto/Blockchain_Analyse.html

- Überregional engagiert sich der *Bundesverband Blockchain* für die Förderung der Blockchain-Technologie in Deutschland (*https://bundesblock.de/de/*). So bietet er z. B. Workshops zum Thema Blockchain Governance an (*https://bundesblock.de/de/second-bundesblock-governance-workshop/*).

- Das deutschsprachige Blog *Blockchainwelt* unter der URL *https://blockchainwelt.de/* informiert zu neuesten Entwicklungen im Bereich der Distributed-Ledger-Technologien und Kryptowährungen.

- Mehr Informationen zur Camelot Hypertrust Platform finden Sie unter der URL:
https://www.camelot-itlab.com/de/digital-innovation/camelot-hypertrust-network/

Anhang D
Die Autoren

Christophe Leske ist Experte für die Konzeption und Entwicklung von Chaincode für Blockchain-Netzwerke auf Basis von Hyperledger Fabric, Ethereum und MultiChain. Er verfügt über 25 Jahre Erfahrung im Bereich Softwareentwicklung und berät bei Camelot ITLab Unternehmen, um ihnen Wege zu einer produktiven Blockchain-Nutzung im Enterprise-Kontext zu weisen.

Andreas Göbel leitet bei Camelot ITLab das Blockchain Innovation Center. Als digitaler Vordenker verantwortet er nicht nur Pionierprojekte mit Großunternehmen, sondern auch die Entwicklung neuer Lösungen und Use Cases. Seine doppelte Kompetenz als innovativer Visionär und fachlich versierter SAP-Architekt stellt dabei Technologie und Anwendung gleichermaßen in den Fokus.

Steffen Joswig verantwortet als Geschäftsführer und CTO den Geschäftsbereich Innovations and Solutions bei Camelot ITLab. Als Supply-Chain-Enthusiast mit Technologiefokus ist er immer auf der Suche nach innovativen Wegen, um das Supply Chain Management auf eine neue Stufe zu heben. Die Zukunft des Supply Chain Managements sieht er unter anderem in der Verknüpfung mit Anwendungen, die auf Artificial Intelligence (AI) und Blockchain basieren.

Index

51-%-Attacke 40

A

ABAP-Umgebung 63, 103
Abrechnungsmodell 96
Account, Administration 107
AJAX 387
Änderungshistorie 181
Anonymisierung 46
Anwendungsentwicklung 215, 359
Anwendungsszenario 135
API 173, 360
api_key 364
Application Programming
    Interface 173, 360
Archiv
    Import 481
Asset 22, 188, 360, 400
    anlegen 403
    Empfängeradresse 407
    Empfängerrechte 409
    Kontostand 412
    versenden 411
asymmetrisches
    Verschlüsselungsverfahren 46
Authorization and Trust
    Management Service 288, 292

B

BaaS 62
Backbone 441
Beispiel
    Import 481
    Installation 481
Benutzerverwaltung 119
BigChainDB 475
Bitcoin 22, 24
    Adresse 46
    Blockchain Explorer 25
Bitkom 14
Blacklisting 152
Block 28, 30, 34
    Datenstruktur 35
    erzeugen 41

Blockchain 24
    Anwendungsentwicklung 215, 359
    Anwendungsszenarien 135
    erstellen 182
    Federated 27
    Framework 65, 433
    konsortiengeführte 27, 437
    Kosten 60
    logische 203
    Nachteile 52
    öffentliche 25
    Performance 58
    Private 26
    Semiprivate 26
    Sicherheit 57
    Transaktionen 52
    Typen 25
    Vorteile 51
    zustimmungspflichtige 66
Blockchain Application
    Enablement 175, 295
    aktivieren 172, 317
    Servicepläne 318
Blockchain as a Service 62
Blockchain Explorer 25
    Hyperledger 69
    MultiChain 186
    SAP Cloud Platform 70
blockchain-hana-integration 318
Bluzelle GUN 475
Bootstrapping 415, 419

C

CA → Certificate Authority
Camelot Hypertrust Middleware 435
Camelot Hypertrust Platform 456
CDS 103
Certificate Authority 216, 442, 450
Certificate Signing Request 442
Chaincode 54, 79, 218
    aktivieren 226
    aktualisieren 311
    Anwendungsszenarien 145
    Funktion 234, 299
    hochladen 311
    installieren 204, 312

Chaincode (Forts.)
- *Logbuch* 212
- *testen* 208, 236
- *Versionierung* 312
- *Verwaltung* 70

Chaincoder 468
Channel 66, 200
- *anlegen* 200
- *verwalten* 202

Client ID 251
Client Secret 251
Closed-Loop Supply Chain 148
Cloud First 463
Cloud Foundry
- *Foundation* 101
- *Umgebung* 63, 101

Cold Node 466
Common Name 442
Connect Your Own Network 86, 453
Container 92, 445
Continuous Delivery 94
Continuous Deployment 94
Continuous Integration 94
Controller 255, 385
Core Data Services 103
CouchDB 217
create 370
createkeypairs 415
CSR 442

D

DAG 23
DAO 55
DApp 55
Data Provisioning Agent 297, 336
Data Subscription 297
Database Bridge 471
Datenbanktabelle 340
Datenblock → Block
Datenmodell 228, 271
- *Umwandlung für SAP HANA* 321

Datenquelle, externe 328
Datenschutz 46, 159
Datentyp
- *Go* 324
- *selbst definierter* 297
- *SQL* 324

Decentralized App 55
Decentralized Autonomous Organization 55

DELETE 309
Deployment 266, 287, 397
Destination 95, 123, 287
- *anlegen* 249
- *konfigurieren* 249
- *Service* 288

Developer Story 81
Device Management 151
DevOps 101
Dezentralisierung 39
Difficulty 42
Digital Asset 65
Digital Supply Chain 136
digitale Lieferkette 136
digitaler Zwilling 140
Directed Acyclic Graph 23
Dissens 49
Distributed-Ledger-Technologie 21, 472
DLT 21, 472
Docker 92, 101, 445
Docker Compose 450
Domain 442
Double-Spending-Problem 25
DP Agent 297, 336
Durchsatz 58

E

Eclipse 327
eindeutiger Schlüssel 229
Einwegfunktion 31
Empfängeradresse 407
Energiewirtschaft 164
Enterprise Account 99, 107
Enterprise Blockchain 26, 45, 57
Entitlement 125
Ereignis 130, 385
Ethereum 54
Ethereum Virtual Machine 54
EthSharp 54
EU Blockchain Observatory 476
European Blockchain Partnership 477
Event 130, 385
EVM 54
External Node Story 84
externe Datenquelle 328

Index

F

Falltürfunktion 31
Fälschung 142
Fälschungssicherheit 51
Federal Information Processing
   Standard 31
Federated Blockchain 27, 437
FIPS 31
Fond 53
Fork 40
Framework 433
func 229
Funktion 229
   Chaincode 234

G

Genesis-Block 38
Gerätemanagement 151
getadressbalances 413
getadresses 408
geth 78
getnewaddress 407
Git-Repository 287
Global Account 114
Global Standards One 469
Go 66, 205, 228
   Funktion 229
   Struktur 228
GoLang → Go
grant 409
Graph, gerichteter azyklischer 23
GS1 469
Guardian 154

H

Hash-Funktion 31
   kryptografische 33
Hashgraph 23
Hash-Rate 43
Hash-Wert 31
Hexadezimalschreibweise 374
Home 111
HTTP-Methode 209
hybride Netzwerkarchitektur 429
   Hyperledger Fabric 441
   mit Framework 455
   MultiChain 450
   ohne Framework 441

Hyperledger
   Besu 68
   Burrow 68
   Caliper 59, 69
   Cello 69
   Composer 69, 80, 467
   Explorer 69
   Foundation 65, 67, 467
   Grid 468
   Indy 68
   Iroha 68
   Quilt 69
   Sawtooth 68, 469
Hyperledger Fabric 65, 464
   2.0 471
   Anwendungsentwicklung 215
   Architektur 216
   Blockchain erstellen 195
   *hybride Netzwerk-
      architektur* 430, 441
   Lesen und Schreiben 231
   Nutzungsszenarien 81
   Performance 59
   SAP Cloud Platform 69
   SAP-HANA-Integration 295
   Service 195
   Storys 81

I

i18n 385
IaaS 91
IIoT 151
ILP 69
Immutabilität 51
Import
   aus Archiv 481
   aus Repository 483
INABTA 477
Index 466
Industrial Internet of Things 151
Industrie 4.0 23
Infrastructure as a Service 91
Infrastrukturverwaltung 145
Input 34
INSERT 304
Interledger Protocol 69
Intermediär 22
International Association for
   Trusted Blockchain Applications ... 477
Internationalization 385

495

Internet der Dinge 23, 140
Interplanetary Filesystem 474
Invoke 235
IoT 23, 140
IOTA 23, 473
IPDB 475
IPFS 474
issue 403

J

JSON 179, 231

K

Kerberos 57
Knoten 29
   anbinden 190
   Arten 216
   externer 441
   Verwaltung 184
Kollision 34
Kollisionsresistenz 33
Kommunikationskanal → Channel
Konfliktlösung 47
Konsens 47
Konsensalgorithmus 29, 41, 78
konsortiengeführte Blockchain
   → Federated Blockchain
Kontostand 412
Kosten 60
Kryptografie, starke 32
kryptografische Hash-Funktion 33
kryptografisches Zertifikat 441
Kryptomaterial 441
   anlegen 443
   Hyperledger Fabric 441
Kryptowährung 22
   Erzeugung 400
   Initialisierung 423
   öffentliche 22
Kubernetes 92, 101

L

Laufzeitumgebung 100
Lawineneffekt 33
LDAP 57
Leightweight Directory Access
   Protocol 57
LevelDB 217

Lieferkette 136
   digitale 136
   geschlossene 148
Linux Foundation 67
Lisk 473
liststreamitems 377
Lokalisierung 385

M

MAC-Adresse 158
Machine Economy 23
Manifestdatei 221
Marktplatz, dezentraler 269
Marshal 231
Meldungsstruktur 297, 320
Member 107
Membership Providing 216
Mempool 42
Metadaten 344
Microservice 92
Microsoft 78
Middleware 168, 418, 435
Miner 41
Mining 41
Mobilfunk 152
Model 256
Model View Controller 247, 255, 269
MTA Development Descriptor 291
mta.yaml 288
MTAR 287
MultiChain 73
   2.0 .... 400, 465
   Anwendungsentwicklung 359
   API 361
   Blockchain erstellen 182
   Datenbankanbindung 471
   hybride Netzwerk-
     architektur 432, 450
   Lizenz 466
   Performance 75
   SAP Cloud Platform 75
   Service 182
Multi-Cloud Story 85
Multisignature-Transaktion 52
Multitarget-Archiv 287
MVC → Model View Controller

N

Nachvollziehbarkeit 51
Nakamoto, Satoshi 24
Neo-Umgebung 63, 102, 248
Netzwerkarchitektur, hybride
  → hybride Netzwerkarchitektur
Node 441
Node.js 269, 418, 435
Nonce 43
Nutzdaten 344

O

OAuth 2.0 208
Off-Chain
  Algorithmus 163
  Data Purging 466
  Daten 466
  Datenverarbeitung 438
  Storage 435
On-Chain Storage 163, 435
On-Premise-Host 446
OpenSSL 442
Orderer-Knoten 199, 216, 431
Output 34

P

P2PKH 46
PaaS 91
Payload 344
Peer Permissioning 78
Peer-CSR 444
Peer-Knoten 199, 216, 431
  anlegen 443, 458
  externer 441
Peer-to-Peer 78
Performance 52, 58–59
Permissioned Blockchain 66
Permissions Management 465
personalisierte Medizin 148
Platform as a Service 91
Predictive Analytics 141
Preisrechner 97
Private Blockchain 26
Production Story 83
Projekt veröffentlichen 397
Proof of History 180
Proof of Stake 45
Proof of State 179

Proof of Work 44, 49
Prozesssteuerung 145
Public Blockchain 25
Public-Key-Kryptografie 46
publish 374, 392

Q

QML 55
Quorum 65, 77, 465
Quota 120
Quota Plan 122, 124

R

R3 Corda Enterprise 473
RadixDLT 23
Region 111
Remote Procedure Call 174, 360
Remote Subscription 341
Replikationstabelle 346
Repository, Import 483
Representational State Transfer .. 173
Request for Comments 177
Response Body 211
REST 173
REST-API 172, 278
Ripple 26
Rolle 126
Round-Robin-Algorithmus 42, 45
Routing 291
RPC 174, 360

S

Sabre 469
SAP API Business Hub 173, 361
  Arbeitsumgebung konfigurieren 364, 402
SAP Cloud Platform 61, 91
  ABAP-Umgebung 63
  Abrechnungsmodelle 96
  Accounts 107
  Benutzerverwaltung 119
  Blockchain 62
  Cloud-Foundry-Umgebung 63
  Deployment einer Webanwendung 398
  Laufzeitumgebung 63, 100
  Navigation 109
  Neo-Umgebung 63

SAP Cloud Platform (Forts.)
  Regionen 105
  Trial-Account 99
SAP Fiori 103
SAP HANA 295
  Blockchain Adapter 296, 336
  Blockchain Service 62
  Cockpit 327
  Database Explorer 328
  Datenbanktabelle 340
  Datentypen 324
  Extended Application Services 63
  externe Datenquelle 328
  Integration 295
  Integration Service 296
  Tools 327
  virtuelle Tabelle 337
SAP Web IDE 100, 102, 247
  einrichten 252
  Import 481
SAPUI5 .... 218, 247
SAPUI5-Anwendung
  Deployment 266, 287, 397
  entwickeln 255
  Initialisierung 418
  testen 263
Schlüssel, eindeutiger 229
SDI 296
Secure Hash Algorithm 31
Security Group 130
SELECT 302
Selective Stream Indexing 466
Semiprivate Blockchain 26
send 411
sendasset 411
Serialisierung 231
Serpent 54
Server 435
Serverkomponente 275
Service 91, 113
  Funktionstest 173
  Instanz 129, 318
Service Key 129, 245, 362
  Aufbau 364
  generieren 315, 363
  SAP-HANA-Integration 314
Service Marketplace 98, 127
Serviceplan 71, 81
  Backbone 441
  Blockchain Enablement Services 175
  Blockchain-HANA-Integration 314

Serviceplan (Forts.)
  Node 441
SHA 31
Sicherheit 57
Single-Signature-Transaktion 52
Smart Contract 54
Smart Contract Engine 66
Smart Data Integration, Konnektor ... 296
Smart Filter 54, 74, 400
Smart Metering 165
Smart Stream 79
Solidity 54, 77
Space 109
  Developer 121
  Manager 121
  Navigation 121, 127
SQL-Anweisung in Blockchain
  verarbeiten 299
State Database 66, 217
Story
  Hyperledger Fabric 81
  Quorum 88
Stratis 474
Stream 175, 187, 360
  anlegen 387, 421
  auslesen 377, 387, 427
  Daten speichern 426
  erstellen 370
  Management 371
  Read Restriction 465
  Werte speichern 373
Streuung 33
Struktur 229
stub.getState() 231
stub.setState() 231
Subaccount 107
  anlegen 248
  einrichten 172
  Navigation 120
Subscription 97, 122
Supply Chain 136
Swagger 173, 236
Swarm 55
Swirlds 23

T

Tabelle
  BLOCKS 345
  CONFIGURATION 348
  HEADER 349

Tabelle (Forts.)
  PAYLOAD 350
  virtuelle 337
Tangle 23
Teilnehmerknoten → Peer-Knoten
Testnet Story 82
Ties.DB 475
Time-Stamp Protocol 177
Timestamping 177
Token 400
Track and Trace 138
Transaktion 22, 28
  Arten 52
  Bitcoin 34
  Durchsatz 58
  Multisignature 52
  Protokoll 184
  Single Signature 52
Transparenz 51
Trial-Account 99
Trusted Computing 154, 163, 438
Trusted Computing Appliance 437
Trustlet 163, 438

U

UI 255
Unique Key 229
Unix-Epoch 379
UPDATE 307
Update 61
User Interface 255

V

Verbose-Modus 389
Verfügbarkeitsprüfung 366

Verschlüsselung, asymmetrische 46
Versionierung 312
View 255, 384
Virtualisierung 92, 445
virtuelle Tabelle 337, 345

W

Wallet 22
Wallet Address 407
Wartung 61
WASM 469
Web 3.0 .... 14, 475
WebAssembly 469
Weltcomputer 54
Whisper 55
Workflow-Orchestrierung 145
World State 29, 217, 353

X

XS 63
xs-app.json 291

Y

YAML 221, 288, 312, 446

Z

Zeitserver 177
Zeitstempel 42, 177, 230
Zertifikat
  erstellen 450
  kryptografisches 441
  selbst signiertes 450
Zwölf-Faktoren-App 92

- Eigene intelligente Anwendungen entwickeln
- Services und APIs von SAP Leonardo Machine Learning nutzen
- Programmierbeispiele für Bild- und Texterkennung sowie Ähnlichkeitssuchen

Lars Gregori

Machine Learning mit SAP Leonardo

Lassen Sie Ihre SAP-Anwendungen für sich arbeiten! Das Buch führt Sie in Konzepte wie Deep Learning, neuronale Netze und Natural Language Processing im SAP-Umfeld ein. Sie erfahren, welche Services und Schnittstellen SAP für maschinelles Lernen auf der SAP Cloud Platform und über den SAP API Business Hub bereitstellt und wie Sie diese verwenden.

464 Seiten, gebunden, 89,90 Euro
ISBN 978-3-8362-6694-9
erschienen Mai 2019
www.sap-press.de/4795

»Das (...) Werkzeugpaket enthält eine Reihe von Techniken (...). Ausführbare Beispiele helfen beim Verständnis der komplexen Materie.«
iX - Magazin für professionelle Informationstechnik

- Alle Services und Funktionen der SAP Cloud Platform im Überblick
- Realistische Anwendungsbeispiele und hilfreiche Architekturdiagramme
- Zusammenhänge und Einsatzgebiete verständlich erklärt

Holger Seubert

SAP Cloud Platform
Services, Nutzen, Erfolgsfaktoren

Meistern Sie die Herausforderungen der Digitalisierung und installieren und betreiben Sie Echtzeitanwendungen in der Cloud. Mit diesem Buch erfahren Sie, wie Sie Skalierbarkeit, Business Services und APIs der SAP Cloud Platform für Ihre Daten und eigenen Cloud-Anwendungen optimal einsetzen. Ob Sie SAP-Fiori-Apps nutzen oder IoT-Anwendungen anbinden möchten – hier lesen Sie, wie es geht.

327 Seiten, gebunden, 69,90 Euro
ISBN 978-3-8362-6320-7
erschienen September 2018
www.sap-press.de/4646

Versandkostenfrei bestellen: www.sap-press.de

Index

Tabelle (Forts.)
  PAYLOAD 350
  virtuelle 337
Tangle 23
Teilnehmerknoten → Peer-Knoten
Testnet Story 82
Ties.DB 475
Time-Stamp Protocol 177
Timestamping 177
Token 400
Track and Trace 138
Transaktion 22, 28
  Arten 52
  Bitcoin 34
  Durchsatz 58
  Multisignature 52
  Protokoll 184
  Single Signature 52
Transparenz 51
Trial-Account 99
Trusted Computing 154, 163, 438
Trusted Computing Appliance 437
Trustlet 163, 438

U

UI 255
Unique Key 229
Unix-Epoch 379
UPDATE 307
Update 61
User Interface 255

V

Verbose-Modus 389
Verfügbarkeitsprüfung 366

Verschlüsselung, asymmetrische 46
Versionierung 312
View 255, 384
Virtualisierung 92, 445
virtuelle Tabelle 337, 345

W

Wallet 22
Wallet Address 407
Wartung 61
WASM 469
Web 3.0 .... 14, 475
WebAssembly 469
Weltcomputer 54
Whisper 55
Workflow-Orchestrierung 145
World State 29, 217, 353

X

XS 63
xs-app.json 291

Y

YAML 221, 288, 312, 446

Z

Zeitserver 177
Zeitstempel 42, 177, 230
Zertifikat
  erstellen 450
  kryptografisches 441
  selbst signiertes 450
Zwölf-Faktoren-App 92

- Eigene intelligente Anwendungen entwickeln
- Services und APIs von SAP Leonardo Machine Learning nutzen
- Programmierbeispiele für Bild- und Texterkennung sowie Ähnlichkeitssuchen

Lars Gregori

Machine Learning mit SAP Leonardo

Lassen Sie Ihre SAP-Anwendungen für sich arbeiten! Das Buch führt Sie in Konzepte wie Deep Learning, neuronale Netze und Natural Language Processing im SAP-Umfeld ein. Sie erfahren, welche Services und Schnittstellen SAP für maschinelles Lernen auf der SAP Cloud Platform und über den SAP API Business Hub bereitstellt und wie Sie diese verwenden.

464 Seiten, gebunden, 89,90 Euro
ISBN 978-3-8362-6694-9
erschienen Mai 2019
www.sap-press.de/4795

»Das (...) Werkzeugpaket enthält eine Reihe von Techniken (...). Ausführbare Beispiele helfen beim Verständnis der komplexen Materie.«
iX - Magazin für professionelle Informationstechnik

Rheinwerk

- Alle Services und Funktionen der SAP Cloud Platform im Überblick
- Realistische Anwendungsbeispiele und hilfreiche Architekturdiagramme
- Zusammenhänge und Einsatzgebiete verständlich erklärt

Holger Seubert

SAP Cloud Platform
Services, Nutzen, Erfolgsfaktoren

Meistern Sie die Herausforderungen der Digitalisierung und installieren und betreiben Sie Echtzeitanwendungen in der Cloud. Mit diesem Buch erfahren Sie, wie Sie Skalierbarkeit, Business Services und APIs der SAP Cloud Platform für Ihre Daten und eigenen Cloud-Anwendungen optimal einsetzen. Ob Sie SAP-Fiori-Apps nutzen oder IoT-Anwendungen anbinden möchten – hier lesen Sie, wie es geht.

327 Seiten, gebunden, 69,90 Euro
ISBN 978-3-8362-6320-7
erschienen September 2018
www.sap-press.de/4646

Versandkostenfrei bestellen: www.sap-press.de

- Die digitale Transformation meistern

- Internet der Dinge, Machine Learning, Big Data, Analytics, Blockchain

- Vom Design Thinking bis zu Best Practices für die Implementierung

Martin Elsner, Glenn González, Mark Raben

SAP Leonardo
Konzepte, Technologien, Best Practices

Was bietet SAP Leonardo, um Sie auf Ihrem Weg zur Digitalisierung zu unterstützen? Dieses Buch erklärt, was SAP Leonardo wirklich ist! Von den bereitgestellten Technologien über die Applikationen bis hin zu Vorgehensmodellen und Best Practices werden Sie durch das gesamte Spektrum des »Digital Innovation System« von SAP geführt. Anschauliche Beispiele aus der Praxis verdeutlichen den Nutzen der einzelnen Komponenten.

323 Seiten, gebunden, 69,90 Euro
ISBN 978-3-8362-6414-3
erschienen September 2018
www.sap-press.de/4684

- Neue Logistikfunktionen von SAP S/4HANA im Überblick
- Praktische Beispiele für Einkauf, Vertrieb, Retail, Produktion, Lager und Transport
- Expertentipps für Migration und Umstieg
- 2. Auflage zu Release 1809, inkl. Embedded TM und SAP Leonardo

Mario Destradi, Stephan Kiesel, Christian Lorey, Stefano Schütte, Bernd Lauterbach

Logistik mit SAP S/4HANA

Endlich Übersicht! Lernen Sie die Neuerungen kennen, die SAP S/4HANA für Beschaffung, Distribution, Retail, Lager und Transport bereithält. Sie erfahren, in welchen Bereichen sich Ihnen neue Möglichkeiten eröffnen und wo Sie die gewohnten Transaktionen weiterhin nutzen können. Darüber hinaus werden Sie mit den wichtigsten Erfolgsfaktoren für die Migration bekannt gemacht. Auch das Reporting mit Embedded Analytics, die Integration mit SAP S/4HANA Finance sowie SAP Leonardo werden vorgestellt. Berater, Projektmanager und Mitarbeiter in den Logistikabteilungen lernen in diesem Buch die Möglichkeiten von SAPs neuer Business Suite kennen – verständlich und aktuell (Release 1809).

616 Seiten, gebunden, 79,90 Euro
ISBN 978-3-8362-6671-0
2. Auflage 2019
www.sap-press.de/4789